Manual de Direito da União Europeia

Manual de Direito da União Europeia

2019 • 2ª Edição • Reimpressão

Ana Maria Guerra Martins
Professora Associada com Agregação
da Faculdade de Direito da Universidade de Lisboa

ALMEDINA

MANUAL DE DIREITO DA UNIÃO EUROPEIA
AUTORA
Ana Maria Guerra Martins
EDITOR
EDIÇÕES ALMEDINA, S.A.
Rua Fernandes Tomás, nºs 76-80
3000-167 Coimbra
Tel.: 239 851 904 · Fax: 239 851 901
www.almedina.net · editora@almedina.net
DESIGN DE CAPA
FBA.
PRÉ-IMPRESSÃO
João Jegundo
IMPRESSÃO E ACABAMENTO
Artipol - www.artipol.net
Março, 2017
DEPÓSITO LEGAL
422465/17

ALMEDINA | GRUPOALMEDINA

BIBLIOTECA NACIONAL DE PORTUGAL – CATALOGAÇÃO NA PUBLICAÇÃO

MARTINS, Ana Maria Guerra

Manual de direito da União Europeia. – 2ª
ed. - (Manuais universitários)
ISBN 978-972-40-6929-6

CDU 34

Aos meus alunos

ÍNDICE

PARTE II
A CONSTITUIÇÃO POLÍTICA DA UNIÃO EUROPEIA

PARTE IV
O SISTEMA JURÍDICO DA UNIÃO EUROPEIA

NOTA PRÉVIA

O presente livro, intitulado *Manual de Direito da União Europeia*, surge na sequência do nosso *Curso de Direito Constitucional da União Europeia* publicado em 2004, importando, no entanto, desde já, salientar que não se trata de uma segunda edição deste último.

Em primeiro lugar, a profunda refundação da União Europeia operada pelo Tratado de Lisboa obriga a reequacionar todos os temas e problemas de Direito da União Europeia à luz dos novos fundamentos jurídicos da União Europeia – o Tratado da União Europeia, o Tratado sobre o Funcionamento da União Europeia e a Carta dos Direitos Fundamentais da União Europeia. Em segundo lugar, os desenvolvimentos políticos e económico-financeiros ocorridos na Europa bem como no resto do Mundo, na última década, implicam uma visão do Direito da União Europeia integrada no contexto mais vasto do Direito Global. Em terceiro lugar, a investigação por nós realizada, em diversas áreas jurídicas, ao longo dos últimos oito anos, abriram-nos novas perspetivas que nem sempre confirmam as teses anteriormente adotadas. Por todas estas razões, o livro que agora se publica assume-se como um texto novo, concebido com base em pressupostos que, não sendo antagónicos, são, nalguns casos, diversos dos anteriores.

O presente Manual destina-se, primordialmente, aos estudantes dos vários graus de ensino universitário, pelo que integra o que consideramos deverem constituir os conteúdos do ensino da unidade curricular de Direito da União Europeia.

Partindo de uma perspetiva constitucional do Direito da União Europeia, melhor explicada na Introdução, a qual ainda não é a mais comum na Doutrina portuguesa, a presente obra pretende rasgar novos e atualizados horizontes nesta área jurídica. Escrito propositadamente num estilo simples, de modo a torná-lo acessível a quem, pela primeira vez, se aventura nas imbricadas questões europeias, o livro procura igualmente fornecer pistas e elementos de reflexão a quem quiser ir mais longe, desde logo, através da bibliografia e da Jurisprudência citadas nas notas de rodapé.

Lisboa, novembro de 2012

A autora
ANA MARIA GUERRA MARTINS

NOTA À 2ª EDIÇÃO

Passados cinco anos sobre a 1ª edição deste Manual, o qual tem sido testado diariamente no nosso ensino do Direito da União Europeia, é tempo de proceder à sua revisão, atualização e desenvolvimento.

Com efeito, numa obra de quase 600 páginas, é natural que não estejamos completamente satisfeitos com todos os conteúdos, também não espantará que haja gralhas e até alguns erros que necessitam de ser corrigidos e ainda que haja certos aspetos em que já não nos revemos totalmente porque, entretanto, o nosso pensamento evoluiu.

Por outro lado, os últimos cinco anos foram ricos em acontecimentos inesperados e até surpreendentes tanto em Portugal como na Europa e no resto do Mundo. Veja-se o caso da crises económica e financeira e da dívida soberana que arrastaram a crise do Euro, as quais conduziram a medidas de austeridade impostas a alguns Estados-membros, designadamente, a Portugal, pela Troika (Comissão Europeia, Banco Central Europeu e Fundo Monetário Internacional). Medidas essas que tiveram respercussões muito negativas, primordialmente, nos direitos fundamentais sociais e que contribuíram para abalar a já fraca adesão dos cidadãos à União Europeia.

O referendum no Reino Unido sobre a permanência ou não deste Estado na União Europeia que conduziu ao chamado Brexit que mais não é do que uma das muitas manifestações do ceticismo europeu, impõe uma profunda reflexão sobre as eventuais consequências da saída do Reino Unido da União Europeia assim como sobre o ressurgir de movimentos nacionalistas e populistas que a breve trecho poderão fazer perigar a construção europeia.

Além disso, a crise dos refugiados e o agudizar da ameaça terrorista na Europa demonstram bem, no primeiro caso, a falta de resposta da União Europeia à violação dos direitos fundamentais mais básicos do ser humano e, no segundo caso, alguma incapacidade da União Europeia para se proteger e impedir novos atentados.

Por todas estas razões, a 2ª edição deste Manual, não só atualiza como também estende o ensino a conteúdos que, entretanto, ganharam maior relevo. Trata-se, portanto, de uma nova edição revista, atualizada e aumentada.

Lisboa, fevereiro de 2017.

A Autora

ABREVIATURAS UTILIZADAS

AAVV	Autores vários
Ac.	Acórdão
Act. Dr.	*Actualités de Droit*
ADL	*Annales de Droit de Liège*
AJDA	*Actualité Juridique – Droit Administratif*
An. Dr. Louv.	*Annales de Droit de Louvain*
An. Soc.	*Análise Social*
AöR	*Archiv des öffentlichen Rechts*
Ariz. J. Int'l & Comp. L.	*Arizona Journal of International and Comparative Law*
AUE	Ato Único Europeu
Aussenwirt.	*Aussenwirtschaft*
Austr. Rev. Int. Eur. Law	*Austrian Review of International and European Law*
Baltic Yb Int'l L.	*Baltic Yearbook of International Law*
BayVBl.	*Bayerische Verwaltungsblätter*
BCE	Banco Central Europeu
BEI	Banco Europeu de Investimentos
BEUR	*Boletín europeo de la Universidad de La Rioja*
BFDC	*Boletim da Faculdade de Direito de Coimbra*
Bol. CE	*Boletim das Comunidades Europeias*
Bul. CE	*Bulletin des Communautés Européennes*
CambridgeYELS	*Cambridge Yearbook of European Legal Studies*
CDE	*Cahiers de Droit Européen*
CDFUE	Carta dos Direitos Fundamentais da União Europeia
CE	Comunidade Europeia
CECA	Comunidade Europeia do Carvão e do Aço
CED	Comunidade Europeia de Defesa
CEDH	Convenção Europeia dos Direitos do Homem
CEE	Comunidade Económica Europeia
CEEA	Comunidade Europeia da Energia Atómica
CI	*La Comunità Internazionale*

CIG	Conferência Intergovernamental
CJAI	Cooperação Judiciária e em matéria de Assuntos Internos
CLJ	*Cambridge Law Journal*
CLP	*Current Legal Problems*
CLR	*California Law Review*
CMLR	*Common Market Law Review*
Col.	Coletânea de Jurisprudência do Tribunal de Justiça e do Tribunal de Primeira Instância
Colum. J. Eur. L.	*The Columbia Journal of European Law*
Columb. J. Transnat'l L.	*Columbia Journal of Transnational Law*
ComPE	Comunidade Política Europeia
cons.	Considerando
Cornell Int' L. R.	*Cornell International Law Review*
CPE	Cooperação Política Europeia
CPJP	Cooperação Policial e Judiciária Penal
CRP	Constituição da República Portuguesa
CSE	Carta Social Europeia
CVDT	Convenção de Viena sobre Direito dos Tratados de 1969
DCDSI	*Diritto Comunitario e degli Scambi Internazionali*
DDC	*Documentação e Direito Comparado*
Dir.	*O Direito*
Dir. Pub.	*Diritto Pubblico*
Dir. Pubb. Comp. Eur.	*Diritto Pubblico Comparato Europeo*
Dir. Un. Eur.	*Il Dirittto dell'Unione Europea*
DJAP	*Dicionário Jurídico da Administração Pública*
DöV	*Die öffentliche Verwaltung*
Dr.	*Droits*
Dr. Prosp.	*Droit Prospectif*
DS	*Droit Social*
EADLR	*European Anti-Discrimination Law Review*
ECL	*European Current Law*
ECLYb	*European Current Law Yearbook*
EEE	Espaço Económico Europeu
EFARev.	*European Foreign Affairs Review*
EFTA	European Free Trade Association (Associação Europeia de Comércio Livre)
EHRLR	*European Human Rights Law Review*
EJIL	*European Journal of International Law*
ELJ	*European Law Journal*
ELR	*European Law Review*
ELSJ	Espaço de Liberdade, Segurança e Justiça
EPL	*European Public Law*
ERPL / REDP	*European Review of Public Law / Revue Européenne de Droit Public*
Eu-Const	*European Constitutional Law Review*

EuGRZ	*Europäische Grundrechte – Zeitschrift*
EuR	*Europarecht*
EuZW	*Europäische Zeitschrift für Wirtschaftsrecht*
EWS	*Europäisches Wirtschafts & Steuerrecht.*
Fordham Int'l L. J.	*Fordham International Law Journal*
Fordham L. Rev.	*Fordham Law Review*
GAAT	Acordo Geral sobre Tarifas e Comércio
GJ	*Gaceta juridica de la CE y de la competencia*
Gov. & Opp.	*Government and Opposition*
GYIL	*German Yearbook of International Law*
HagueYIL	*Hague Yearbook of International Law*
Harv. Int'l L.J.	*Harvard International Law Journal*
Harv. J. L. & Pub.Pol'y	*Harvard Journal of Law and Public Policy,*
HLR	*Harvard Law Review*
HRLJ	*Human Rights Law Journal*
ICLQ	*International and Comparative Law Quartely*
Int.	*Integration*
Int. J. Const. Law	*International Journal of Constitutional Law*
Int'l Law.	*The International Lawyer*
Int'l Spect.	*The International Spectator*
JCMS	*Journal of Common Market Studies*
JCP – La semaine juridique	*Jurisclasseur Periodique – La semaine juridique*
JOCE	*Jornal oficial das Comunidades Europeias/Journal officiel des Communautés européennes*
JOUE	Jornal Oficial da União Europeia
JT – Dr. Eur.	*Journal des Tribunaux – Droit européen*
JuS	*Juristische Schulung*
Jus – RSG	*Jus – Rivista di Scienze Giuridiche*
JZ	*Juristenzeitung*
LIEI	*Legal Issues of European Intergration*
Mcgil L. J.	*Mcgil Law Journal*
MERCOSUL	Mercado do Cone Sul
Minn. L. Rev.	*Minnesota Law Review*
MJ	*Maastricht Journal of Comparative and International Law*
MLR	*Modern Law Review*
MNE	Ministro dos Negócios Estrangeiros
Mon. L. R.	*Monash Law Review*
NAFTA	North American Free Trade Association
NATO	Organização do Tratado do Atlântico Norte
Neg. Estr.	*Negócios Estrangeiros*
NILQ	*Northern Ireland Legal Quartelly*
NJ	*Neue Justiz*
NJW	*Neue Juristische Wochenschrift*
Nord. J. Int'l L.	*Nordic Journal of International Law*

NYIL	*Netherlands Yearbook of International Law*
OCDE	Organização de Cooperação e Desenvolvimento Económico
OECE	Organização Económica de Cooperação Europeia
OMC	Organização Mundial de Comércio
PE	Parlamento Europeu
PECO's	Países da Europa Central e Oriental
Pers. Der.	*Persona y Derecho*
PESC	Política Externa e de Segurança Comum
Phil. & Pub. Af.	*Philosophy & Public Affairs*
PL	*Public Law*
PSDC	Política de Segurança e Defesa Comum
Quad. Cost.	*Quaderni Costituzionali*
RAE	*Revue des Affaires Européennes*
RB	*Revista da Banca*
RCADE	*Recueil des Cours de l'Académie du Droit Européen*
RCADI	*Recueil des Cours de l'Académie de Droit International*
RDES	*Revista de Direito e Estudos Sociais*
RDI	*Revue de Droit International*
RDP	*Revue de Droit Public et de la Science Politique en France et à l'Étranger*
RDUE	*Revue de Droit de l'Union européenne*
Rec.	*Recueil de Jurisprudence de la Cour de Justice des Communautés Europénnes*
Rec. Dalloz	*Recueil Dalloz*
REDC	*Revista Española de Derecho Constitucional*
REDI	*Revista Española de Derecho Internacional*
REE	*Revista de Estudos Europeos*
REI	*Révue Études Internationales*
Rev. Der. Com. Eur.	*Revista de Derecho Comunitário Europeo*
Rev. Inst. Eur.	*Revista de Instituciones Europeas*
Rev. Int. Eur.	*Revue d'intégration européenne*
RFDA	*Revue Française de Droit Administratif*
RFDUL	*Revista da Faculdade de Direito da Universidade de Lisboa*
RGDIP	*Revue Générale de Droit International Public*
RIFD	*Rivista internazionale di filosofia del diritto*
Riv. Dir. Eur.	*Rivista di Diritto Europeo*
Riv. Ital. Dir. Pub. Com.	*Revista Italiana di Diritto Pubblico Comunitario*
Riv. Trim. Dir. Pubb.	*Rivista Trimestriale di Diritto Pubblico*
RMC	*Revue du Marché Commun*
RMCUE	*Revue du Marché Commun et de l'Union Européenne*
RMUE	*Revue du Marché Unique Européen*
ROA	*Revista da Ordem dos Advogados*
RP do TJ	Regulamento de Processo do Tribunal de Justiça
RP do TG	Regulamento de Processo do Tribunal Geral

RTDE	*Revue Trimestrielle de Droit européen*
RTDH	*Revue Trimestrielle des Droits de l'homme*
RUDH	*Revue universelle des droits de l'homme*
SEAE	Serviço Europeu para a Ação Externa
SEBC	Sistema Europeu de Bancos Centrais
St. Dipl.	*Studia Diplomatica*
Staatswiss. u. Staatspr.	*Staatswissenschaft und Staatspraxis*
TCE	Tratado institutivo da Comunidade Europeia
TCECA	Tratado institutivo da Comunidade Europeia do Carvão e do Aço
TCEE	Tratado institutivo da Comunidade Económica Europeia
TCEEA	Tratado institutivo da Comunidade Europeia da Energia Atómica
TECE	Tratado que estabelece uma Constituição para a Europa
TEDH	Tribunal Europeu dos Direitos do Homem
TFP	Tribunal da Função Pública
TFUE	Tratado sobre o Funcionamento da União Europeia
TG	Tribunal Geral
TIJ	Tribunal Internacional de Justiça
Tilburg Foreign L. Rev.	*Tilburg Foreign Law Review*
TJ	Tribunal de Justiça
TL	Tratado de Lisboa
TPI	Tribunal de Primeira Instância
TUE	Tratado da União Europeia
UEM	União Económica e Monetária
UEO	União da Europa Ocidental
UQLJ	*University of Queensland Law Journal*
Vol.	Volume
VVDStRL	*Veröffentlichungen der Vereinigung der Deutschen Staatsrechtslehrer*
Wash. L. Rev.	*Washington Law Review*
Wisc. Int'l. L. J.	*Wisconsin International Law Journal*
YEL	*Yearbook of European Law*
ZaöRV	*Zeitschrift für ausländisches öffentliches Recht und Völkerrecht*
ZeuS	*Zeitschrift für Europarechtliche Studien*
ZSR/RDS	*Zeitschrift für Schweizerisches Recht/Revue du Droit Suisse*

BIBLIOGRAFIA GERAL

Tratando-se de um livro que se destina aos estudantes dos vários graus do ensino universitário, importa indicar uma lista de bibliografia geral, a qual não visa a enumeração de todas as obras publicadas sobre os diversos assuntos tratados no presente livro, mas antes selecionar aquelas que, de acordo com critérios de atualidade, de profundidade, de clareza, de abrangência, de diversidade de perspetiva e de acessibilidade dos textos, melhor sirvam os propósitos dos estudantes.

Assim, a mencionada lista inclui, em primeiro lugar, um conjunto de obras básicas composto por manuais atualizados de Direito da União Europeia, em várias línguas, bem como coletâneas de artigos e monografias sobre o Tratado de Lisboa, uma vez que, no estádio atual da sua evolução, a União Europeia continua a reger-se, no essencial, pelas versões do Tratado da União Europeia e do Tratado sobre o Funcionamento da União Europeia aprovadas em Lisboa. Em segundo lugar, a lista de bibliografia contém alguns comentários aos Tratados, privilegiando os que se encontram atualmente em vigor, sem, contudo, esquecer versões anteriores dos Tratados e até do Tratado que estabelece uma Constituição para a Europa, com o objetivo de permitir ao leitor um estudo mais aprofundado da evolução da integração europeia. Por último, indicam-se números monográficos sobre o Tratado de Lisboa e sobre o TECE de algumas revistas da especialidade assim como uma coletânea de textos dos Tratados atualmente em vigor e do TECE.

1. Obras Básicas

1.1. Em língua portuguesa

- Aavv – *Colóquio Ibérico: Constituição Europeia, Homenagem ao Doutor Francisco de Lucas Pires,* Coimbra, Coimbra Editora, 2005.
- Aavv – *O Tratado de Lisboa – Jornadas organizadas pelo Instituto de Ciências Jurídico-Políticas da Faculdade de Direito da Universidade de Lisboa,* Coimbra, Almedina, 2012.
- Aavv – *Uma Constituição para a Europa, Colóquio Internacional de Lisboa (maio de 2003),* Coimbra, Almedina, 2004.
- Duarte, Maria Luísa – *União Europeia – Estática e Dinâmica da Ordem Jurídica Eurocomunitária,* vol. I, Coimbra, Almedina, 2011.

- Gorjão Henriques, Miguel – *Direito da União Europeia*, 7ª ed., Coimbra, Almedina, 2014.
- Guerra Martins, Ana Maria – *A igualdade e a não discriminação dos nacionais de Estados terceiros legalmente residentes na União Europeia – da origem na integração económica ao fundamento na dignidade do ser humano*, Coimbra, Almedina, 2010.
  - *A natureza jurídica da revisão do Tratado da União Europeia*, Lisboa, Lex, 2000.
  - *Curso de Direito Constitucional da União Europeia*, Coimbra, Almedina, 2004.
  - *Ensaios sobre o Tratado de Lisboa*, Coimbra, Almedina, 2011.
  - *Estudos de Direito Público*, vol. I, Coimbra, Almedina, 2003.
  - *O Projeto de Constituição Europeia. Contributo para o Debate sobre o Futuro da União*, 2ª ed., Coimbra, Almedina, 2004.
- Lucas Pires, Francisco – *Introdução ao Direito Constitucional Europeu*, Coimbra, Almedina, 1997.
- Machado, Jónatas E. M. – *Direito da União Europeia*, 2ª ed., Coimbra, Coimbra Editora, 2014.
- Mota De Campos, João / Mota de Campos, João Luiz – *Manual de Direito Europeu – o sistema institucional, a ordem jurídica e o ordenamento económico da União Europeia*, 7ª ed., Coimbra, Coimbra Editora, 2014.
- Piçarra, Nuno (coord.), *A União Europeia segundo o Tratado de Lisboa – Aspetos centrais*, Coimbra, Almedina, 2011.
- Quadros, Fausto de – *Direito da União Europeia*, 3ª ed., Coimbra, Almedina, 2013.
- Quadros, Fausto de / Guerra Martins, Ana Maria – *Contencioso da União Europeia*, Coimbra, Almedina, 2007.
- Rangel de Mesquita, Maria José – *A União Europeia após o Tratado de Lisboa*, Coimbra, Almedina, 2010.

1.2. Em línguas estrangeiras

1.2.1. Em inglês

- Arnull, Anthony / Chalmers, Damian (eds.) – *The Oxford Handbook of European Union Law*, Oxford, Oxford University Press, 2015.
- Ashiagbor, Diamond / Countouris, Nicola / Lianos, Ioannis – *The European Union after the Treaty of Lisbon*, Cambridge, Cambridge Univ. Press, 2012.
- Barnard, Catherine / Peers, Steve (eds.) – *European Union Law*, Oxford, Oxford University Press, 2014.
- Biondi, Andrea / Eeckhout, Piet / Ripley, Stefanie – *EU Law after Lisbon*, Oxford, Oxford Univ. Press, 2012.
- Chalmers, Damian / Davies, Gareth / Monti, Giorgio – *European Union Law*, 3ª ed., Cambridge, Cambridge Univ. Press, 2014.
- Craig, Paul – *The Lisbon Treaty – Law, Politics and Treaty Reform*, Oxford, Oxford Univ. Press, 2010.
- Craig, Paul / De Búrca, Gráinne – *EU Law. Text, Cases and Materials*, 6ª ed., Oxford, Oxford University Press, 2015.
- Craig, Paul / De Búrca, Gráinne – *The Evolution of EU Law*, 2ª ed., Oxford, Oxford University Press, 2011.

- Dashwood, Alan / Dougan, Michael / Rodger, Barry / Spaventa, Eleanor / Wyatt, Derrick – *Wyatt and Dashwood's European Union Law*, 6ª ed., Oxford, Hart Publishing, 2011.
- Dinnage, James D. / Lafinneur, Jean-Luc. – *The Constitutional Law of the European Union*, 3ª ed., New Porvidence – NJ, LexisNexis, 2012.
- Griller, Stefan / Ziller, Jacques – *The Lisbon Treaty, EU Constitutionalism without a Constitutional Treaty?*, Viena, Springer, 2008.
- Hartley, TC – *The Foundations of European Union Law – An introduction to the Constitutional and Administrative Law of the European Union*, 7ª ed., Oxford, Oxford University Press, 2010.
- Kapteyn, P. J. C. / McDonnell, A. M. / Mortelmans, K. J. M. /Timmermans, C. W. A. (ed.) – *Kapteyn & Verloren Van Themaat, The Law of the European Union and European Communities – with reference to change to be made by the Treaty of Lisbon*, 4ª ed. Rev., Alphen aan den Rijn, Kluwer, 2008.
- Lenaerts, Koen / Van Nuffel, Piet – *European Union Law*, 3ª ed., Londres, Sweet & Maxwell, 2011.
- Pernice, Ingolf / Zemanek, Jiri (eds.) – *A Constitution for Europe: The IGC, the Ratification Process and Beyond*, Baden-Baden, Nomos, 2005.
- Piris, Jean-Claude – *The Lisbon Treaty – A Legal and Political Analysis*, Cambridge, Cambridge Univ. Press, 2010.
- Schütze, Robert – *European Constitutional Law*, 2ª ed., Cambridge, Cambridge Univ. Press, 2015.
- Weatherill, Stephen – *Cases and Materials on EU Law*, 12ª ed., Oxford, Oxford University Press, 2016.

1.2.2. Em francês

- Amato, Giuliano / Bribosia, Hervé / De Witte, Bruno (ed.) – *Genèse et destinée de la Constitution européenne – Genesis and destiny of the European Constitution*, Bruxelas, Bruylant, 2007.
- Blumann, Claude / Dubouis, Louis – *Droit institutionnel de l'Union européenne*, 6ª ed., Paris, Litec, 2016.
- Boutayeb, Chahira – *Droit institutionnel de l'Union européenne*, Paris, LGDJ, 2016.
- Brosset, E. / Chevallier-Govers, C. / Edjaharian, V. / Schneider, C. (dir.) – *Le Traité de Lisbonne – Reconfiguration ou déconstitutionnalisation de l'Union européenne?*, Bruxelas, Bruylant, 2009.
- Dony, Marianne – *Droit de l'Union européenne*, 6ª ed., Bruxelas, Editions de l'Univ. de Bruxelles, 2015.
- Gautron, Jean-Claude – *Droit européen 2012*, 14ª ed., Paris, Dalloz, 2012.
- Isaac, Guy / Blanquet, Marc – *Droit général de l'Union européenne*, 10ª ed., Paris, Dalloz, 2012.
- Jacqué, Jean-Paul – *Droit institutionnel de l'Union européenne*, 8ª ed., Paris, Dalloz, 2015.
- Louis, Jean Victor – *L'ordre juridique communautaire*, 6ª ed., Bruxelas, 1993.
- Pernice, Ingolf / Tanchev, Evgeni (eds.) – *Ceci n'est pas une Constitution – Constitutionalisation without a Constitution?*, Baden-Baden, Nomos, 2009.

- Pertek, Jacques – *Droit des institutions de l'Union européenne*, 5ª ed, Paris, Puf, 2016.
- Quadros, Fausto de – *Droit de l'Union Européenne, Droit constitutionnel et administratif de l'Union Européenne*, Bruxelas, Bruylant, 2008.
- Quermonne, Jean-Louis – *L'Union européenne dans de temps long*, Paris, Sciences Po, 2008.
- Rideau, Joël – *Droit institutionnel de l'Union européenne*, 6ª ed., Paris, LGDJ, 2010.
- Ziller, Jacques – *Les nouveaux traités européens: Lisbonne et après*, Paris, Montchrestien, 2008.

1.2.3. Em alemão

- Haratsch, Andreas / Koenig, Christian / Pechstein, Matthias – *Europarecht*, 8ª ed., Tübingen, Mohr Siebeck, 2012.
- Herdegen, Matthias – *Europarecht*, 17ª ed., Munique, Beck, 2015.
- Oppermann, Thomas / Classen, Claus Dieter / Nettesheim, Martin – *Europarecht*, 7ª ed., Munique, Beck, 2016.
- Pernice, Ingolf (dir.) – *Der Vertrag von Lissabon: Reform der EU ohne Verfassung? – Kolloquim zum 10. Geburtstag des WHI*, disponível no sítio www.ecln.net
- Streinz, Rudolf – *Europarecht*, 10ª ed., Heidelberga, C. F. Müller, 2016.

1.2.4. Em espanhol

- Mangas Martín, Araceli / Liñan Nogueras, Diego J. – *Instituciones y Derecho de la Unión Europea*, 8ª ed., Madrid, Tecnos, 2016.

1.2.5. Em italiano

- Adam, Roberto / Tizzano, Antonio – *Lineamenti di diritto dell'Unione Europea*, 3ª ed., Turim, Giappichelli, 2014.
- Gaja, Giorgio / Adinolfi, Adelina – *Introduzione al diritto dell'Unione Europea*, 2ª ed., Roma, Laterza, 2014.
- Martinelli, Francesco – *Manuale di diritto dell'Unione Europea. Aspetti istituzionali e politiche dell'Unione*, 23ª ed., Nápoles, Simone, 2016.
- Mengozzi, Paolo / Morviducci, Claudia – *Istituzioni di Diritto dell'Unione Europea*, Milão, CEDAM, 2014.
- Tesauro, Giuseppe – *Diritto dell'Unione Europea*, 7ª ed., Milão, CEDAM, 2012.

2. Comentários aos Tratados

2.1. Em língua portuguesa

- Porto, Manuel / Anastácio, Gonçalo (coord.) – *Tratado de Lisboa – Anotado e comentado*, Coimbra, Almedina, 2012.

2.2. Em línguas estrangeiras

- Adam, Stanilas – *L'Union européenne comme acteur international – Commentaire Mégret : Rélations extérieures*, 3ª ed., Bruxelas, IEE, 2015.

- Burgorgue-Larsen, Laurence / Levade, Anne / Picod, Fabrice – *Traité établissant une Constitution pour l'Europe – Commentaire article par article, Partie II – La Charte des droits fondamentaux de l'Union*, tomo 2, Bruxelas, Bruylant, 2005.
- Burgorgue-Larsen, Laurence / Levade, Anne / Picod, Fabrice – *Traité établissant une Constitution pour l'Europe – Commentaire article par article, Parties I et IV – «Architecture constitutionnelle»*, tomo 1, Bruxelas, Bruylant, 2007.
- Calliess, Cristian / Ruffert, Matthias / Blanke, Hermann-Josef / Brechmann, Winfried / Bröhmer, Jürgen / Cremer, Hans-Joachim – *EUV AEUV – das Verfassungsrecht der Europäischen Union mit Europäischer Grunderechte Charta: Kommentar*, 5ª ed., Munique, Beck, 2016.
- Constantinesco, Vlad / Gautier, Yves / Michel, Valérie (dir.) – *Le Traité établissant une constitution pour l'Europe: Analyses et commentaires*, Estrasburgo, Presses Universitaires de Strasbourg, 2005.
- Constantinesco, Vlad / Kovar, Robert / Jacqué, Jean-Paul / Simon, Denys (dir.) – *Traité instituant la CEE – commentaire article par article*, Paris, 1992.
- Constantinesco, Vlad / Kovar, Robert / Jacqué, Jean-Paul / Simon, Denys (dir.) – *Traité instituant l'Union européenne – commentaire article par article*, Paris, 1995.
- Grabitz, Eberhard / Hilf, Meinhard – *Das Recht der Europäischen Union – Kommentar*, 4 volumes, Munique, Beck, 2003.
- Jacqué, Jean-paul – *Commentaire J. Mégret*, Vol. 9, 2ª ed., Bruxelas, ULB, 2000.
- Louis, Jean-Victor / Dony, Marianne (dir.) – *Commentaire Mégret. Relations Extérieures*, vol. 12, 2ª éd., Bruxelas, ULB, 2005.
- Prioullaud, François-Xavier / Siritzky, David – *Le traité de Lisbonne – Texte et commentaire article par article des nouveaux traités européens (TUE – TFUE)*, Paris, La Documentation Française, 2008.
- Schwarze, Jürgen / Becker, Ulrich / Hjalte, Armin / Bär-Boussière, Bertold – *EU-Kommentar*, 3ª ed., Baden-Baden, Nomos, 2012.
- Streinz, Rudolf – *EUV / EGV Vertrag über die Europäische Union und Vertrag zur Gründung der Europäischen Gemeinschaft*, Munique, Beck, 2003.
- Streinz, Rudolf / Kruis, Tobias / Huber, Peter M. – *Vertrag über die Europäische Union und Vertrag über die Arbeitsweise der Europäischen Union*, 2ª ed., Munique, Beck, 2012.
- Streinz, Rudolf / Ohler, Christoph / Herrmann, Christoph – *Der Vertrag von Lissabon zur Reform der EU*, 3ª ed., C. H. Beck, Munique, 2010.
- Von Der Groeben, Hans / Schwarze, Jürgen – *Kommentar zum Vertrag über die Europäische Union und zur Gründung der Europäischen Gemeinschaft*, vol. I (art. 1º a 53º TUE e 1º a 80º TCE, vol. II (art. 81º a 97º TCE), 6ª ed., Baden-Baden, Nomos, 2003.
- Von Der Groeben, Hans / Thiesing, Jochen / Ehlermann, Claus-Dieter – *Kommentar zum EU-/EG-Vertrag*, 5 volumes, 5ª ed., Baden-Baden, Nomos, 1999.

3. Números monográficos de revistas

3.1. Em língua portuguesa

- *O Direito*, Ano 137º, 2005, IV-V.
- *O Direito*, Nº 5, 2010.
- *Revista de Estudos Europeus (A Constituição Europeia e Portugal)*, ano I, Nº 2, 2007.
- *Temas de Integração*, Nº 26, 2008, *Cinquenta anos passados: os desafios do futuro. O Tratado de Lisboa: a resposta adequada aos desafios?*

3.2. Em línguas estrangeiras

- *Diritto Pubblico Comparato ed Europeo*, 2008, vol. I, *Fórum Il Trattato di Lisbona*
- *Maastricht Journal of European and Comparative Law*, 2008, Vol. 15, Nº 1, *Symposium: First Reflections on the Treaty of Lisbon*
- *Revue des Affaires Européennes / Law & European Affairs*, 2007-2008/2, Partie 1, *Le traité de Lisbonne*

4. Coletâneas de Tratados

- Guerra Martins, Ana Maria / Prata Roque, Miguel – *O Tratado que estabelece uma Constituição para a Europa*, Coimbra, Almedina, 2004.
- Rangel de Mesquita, Maria José – *Direito da União Europeia. Textos Básicos*, Lisboa, AAFDL, 2016.

5. Sítios úteis da Internet

Atendendo a que atualmente a Internet é uma ferramenta de trabalho indispensável ao estudo do Direito da União Europeia, indicam-se a seguir quatro sítios considerados muito úteis:

- http://www.conventions.coe.int
- http://www.echr.coe.int
- http://www.europa.eu
- http://www.gddc.pt

Introdução

1. Premissas de que se parte: o constitucionalismo multinível

Para que tudo fique claro, desde o início, importa afirmar que o pressuposto de que se parte nesta obra é o do *constitucionalismo além do Estado*, o que significa que aceitamos que o constitucionalismo atual não se identifica – nem opera – exclusivamente, no âmbito territorial do Estado, antes admitindo níveis múltiplos[1].

Na verdade, a existência de centros de decisão política situados fora e a uma escala mais ampla que o Estado – global ou regional – os quais se afiguram suscetíveis de competir, ou até de se sobrepor ao Estado, não pode, por um lado, deixar imune o constitucionalismo nacional e, por outro lado, permite equacionar a questão da emergência de um constitucionalismo à escala global[2] ou regional.

Várias têm sido as correntes de pensamento que têm procurado explicar esta realidade: a tese do constitucionalismo à escala transnacional[3-4], a teoria do cons-

[1] Há mais de uma década que vimos defendendo esta tese. Cfr. Ana Maria Guerra Martins, *A natureza jurídica da revisão do Tratado da União Europeia*, Lisboa, 2000, p. 303 e segs; Idem, *Curso de Direito Constitucional da União Europeia*, Coimbra, 2004, p. 119 e segs; Idem, *A igualdade e a não discriminação dos nacionais de Estados terceiros legalmente residentes na União Europeia – Da origem na integração económica ao fundamento na dignidade do ser humano*, Coimbra, 2010, p. 22 e 23; Idem, *Manual de Direito da União Europeia*, Lisboa, 2012, p. 35 e segs.

[2] Cfr., por todos Neil Walker, 'Constitutionalism and Pluralism in Global Context', in Matej Avbelj / Jan Komárek, (eds), *Constitutional Pluralism in the European Union and Beyond*, Oxford, 2012, p. 17 e segs.

[3] Ao contrário do que alguns possam pensar, a utilização do adjetivo transnacional neste contexto nada tem a ver com o uso que do mesmo termo fez Philip C. Jessup no seu livro *Transnational Law* de 1956. Para este Autor a expressão *transnational law* significava que o Direito Internacional não se ocupava apenas das relações entre as Nações ou Estados, mas de qualquer ação ou evento que transcendesse as fronteiras nacionais. Por isso, o *transnational law* abrangia tanto o Direito Internacional público como o Direito Internacional Privado. O adjetivo transnacional tinha,

titucionalismo multinível (*multilevel constitutionalism*),[5] a tese do constitucionalismo plural[6] ou a teoria uma rede de interconstitucionalidade[7].

A aceitação deste ponto de partida levanta, porém, inúmeras e complexas questões jurídicas, cujo desenvolvimento, nesta sede, é completamente impossível.

portanto, um cariz, essencialmente, territorial, ou seja, visava caracterizar um Direito que se aplica para além das fronteiras do Estado. Pelo contrário, como inequivocamente resultará deste trabalho, o constitucionalismo transnacional que referimos não se apoia no critério geográfico ou territorial, antes coloca o acento tónico no conteúdo, na substância e no relacionamento do Direito com os seres humanos.
Aliás, atualmente, o termo transnacional está vulgarizado na doutrina europeia. Assim, a título meramente exemplificativo, veja-se, aplicando-o à cidadania europeia (*transnational European citizenship*) e ao processo de integração em geral, preferindo-o à expressão supranacional, SAMANTHA BESSON / ANDRÉ UTZINGER, "Introduction: Future Challenges of European Citizenship – Facing a Wide-Open Pandora's Box", *ELJ*, 2007, p. 581. Usando o termo transnacionalismo a par de *multilevel governance*, DORA KOSTAKOPOULOU, "European Union Citizenship: Writing the Future", *ELJ*, 2007, p. 627. Utilizando a expressão "democracia europeia transnacional" para caracterizar a conceção de democracia da União Europeia, cfr. HENRI OBERDORFF, "Le príncipe democratique dans l'Union Européenne", *in* E. BROSSET *et al.* (dir.), *Le Traité de Lisbonne – Reconfiguration ou déconstitutionalisation de l'Union européenne?*, Bruxelas, 2009, p. 185 e segs.

[4] Utilizando o conceito de transnacionalismo mas de uma forma muito crítica, cfr. MARCELO NEVES, *Transconstitucionalismo*, São Paulo, 2009, p. 83 e segs.

[5] Ver, por todos, INGOLF PERNICE, 'Multilevel Constitutionalism and the Crisis of Democracy in Europe', *Eu- Const*, 2015, 541 e segs; idem, 'The Treaty of Lisbon: Multilevel Constitutionalism in Action', *The Columbia Journal of European Law*, 2009, p. 349-407; idem, 'Multilevel Constitutionalism in the European Union', *EL Rev*, 2002, p. 511-529; idem, 'Multilevel Constitutionalism and the Treaty of Amsterdam: European Constitution-Making Revisited?', *CML Rev*, 1999, p. 707 e segs; "Multilevel Constitutionalism in the European Union", *ELR*, 2002, p. 511 e segs; INGOLF PERNICE / FRANZ C. MAYER, "De la Constitution composée de l'Europe, *RTDE*, 2000, p. 623 e segs.
Para uma visão muito crítica da teoria do constitucionalismo multinível, cfr. RENÉ BARENTS, "The Fallacy of Multilevel Constitutionalism", in MATEJ AVBELJ / JAN KOMÁREK, *Constitutional Pluralism in the European Union and Beyond*, p. 153 e segs.

[6] V. todos os contributos em MATEJ AVBELJ / JAN KOMÁREK, *Constitutional Pluralism in the European Union and Beyond*, Oxford, 2012, com especial destaque para FRANZ C. MAYER / MATTIAS WENDEL, "Multilevel Constitutionalism and Constitutional Pluralism – Querelle Allemande or Querelle d'Allemand?", p. 127 e segs e ainda J.H.H. WEILER, "Prologue: global and pluralist constitutionalism – some doubts", in GRÁINNE DE BÚRCA / J.H.H. WEILER, *The Worlds of European Constitutionalism*, Cambridge, 2012, p. 8 e segs; DANIEL HALBERSTAM, "Local, global and plural constitutionalism: Europe meets the world", in GRÁINNE DE BÚRCA / J.H.H. WEILER, *The Worlds of European Constitutionalism*, p. 150 e segs; NICO KRISCH, "The case for pluralism in postnational law", in GRÁINNE DE BÚRCA / J.H.H. WEILER, *The Worlds of European Constitutionalism*, p. 203 e segs; MIGUEL POIARES MADURO, *A Constituição Plural – Constitucionalismo e União Europeia*, Cascais, 2006, p. 15 e segs.

[7] Ver, por todos, J. J. GOMES CANOTILHO, *"Brancosos" e Interconstitucionalidade – Itinerários dos discursos sobre a historicidade constitucional*, Coimbra, 2006, *maxime*, p. 261 e segs; *Idem*, *Direito Constitucional e Teoria da Constituição*, 7ª ed., Coimbra, 2003, p. 1369 e segs e p. 1426 e segs.

Não podemos, todavia, prosseguir sem disponibilizar ao leitor um conjunto mínimo de elementos que o habilitem a compreender os termos da problemática que aqui está em causa.

Assim sendo, muito sucintamente, diga-se que a expressão constitucionalismo multinível se deve a INGOLF PERNICE que, em 1995, a usou *"para descrever e explicar a natureza constitucional específica da integração europeia"*[8]. Originariamente, o Autor estava, essencialmente, focado na existência do conceito de constituição fora do Estado, a qual emergia da "constituição nacional e da constituição europeia"[9], formando dois níveis de um sistema unitário – um sistema constitucional composto (*Verfassungsverbund*[10] *constitution composée*[11]) – nos domínios substancial, funcional e institucional.

Para INGOLF PERNICE o constitucionalismo multinível era, na época, um processo que afetava simultaneamente o direito nacional e o direito da União Europeia. *"Os dois níveis constitucionais estão em permanente interdependência"*.[12] O direito nacional e o direito originário da União Europeia são *"duas partes interdependentes, intervenientes e que se influenciam reciprocamente de um sistema unitário"*.[13]

Nos seus mais recentes estudos, o Autor está muito mais atento à relação entre o direito nacional e europeu na perspetiva não só dos Estados como dos cidadãos[14], admitindo o impacto da integração europeia em ambos[15]. Segundo o Autor, *"A União Europeia é um instrumento dos seus Estados e dos seus povos para fazer face a novos desafios e para atingir certos objetivos políticos comuns"*[16]. INGOLF PERNICE sustenta que o *"constitucionalismo multinível encoraja, portanto, a conceptualizar a União Europeia da perspetiva dos seus cidadãos"*[17], o que reforça *"a necessidade de asse-*

[8] FRANZ C. MAYER / MATTIAS WENDEL, "Multilevel Constitutionalism and Constitutional Pluralism – Querelle Allemande or Querelle d'Allemand?", in MATEJ AVBELJ / JAN KOMÁREK, *Constitutional Pluralism in the European Union and Beyond*, p. 127.

[9] FRANZ C. MAYER / MATTIAS WENDEL, "Multilevel Constitutionalism and Constitutional Pluralism – Querelle Allemande or Querelle d'Allemand?", p. 130.

[10] INGOLF PERNICE, "Europäisches und nationales Verfassungsrecht", *Veröffentlichungen der Vereinigung der Deutscher Staatsrechtslehrer*, 2000, p. 163 e segs.

[11] INGOLF PERNICE / FRANZ C. MAYER, "De la Constitution composée de l'Europe", *Revue Trimestrielle de Droit Européen*, 2000, p. 623-648.

[12] INGOLF PERNICE, "The Treaty of Lisbon: Multilevel constitutionalism in action", p. 373.

[13] INGOLF PERNICE, "The Treaty of Lisbon: Multilevel constitutionalism in action", p. 374.

[14] INGOLF PERNICE, "The Treaty of Lisbon: Multilevel constitutionalism in action", p. 372.

[15] Na nossa tese de doutoramento, caracterizamos a União Europeia como uma união de Estados e de povos ou cidadãos. ANA MARIA GUERRA MARTINS, *A natureza jurídica da revisão do Tratado da União Europeia*,p. 303 e segs.

[16] INGOLF PERNICE, "The Treaty of Lisbon: Multilevel constitutionalism in action", p. 376.

[17] INGOLF PERNICE, "The Treaty of Lisbon: Multilevel constitutionalism in action", p. 376.

gurar uma efetiva proteção dos direitos dos indivíduos"[18]. Segundo GIANCITO DELLA CANANEA, isto representa uma importante mudança de paradigma[19]. Em nosso entender, esta perspetiva é reforçada no mais recente estudo do Autor sobre o tema[20], em que conclui que *"o constitucionalismo multinível tem a ver com o papel do indivíduo na formação da arquitetura constitucional dos sistemas políticos multinível, como é o caso da União Europeia"*[21].

Porém, o constitucionalismo multinível, tal como INGOLF PERNICE o entende, só abrange dois níveis de normatividade e de instituições – o nível nacional e o nível da União Europeia.

Na nossa opinião, tendo em conta o papel que os cidadãos desempenham atualmente, designadamente na legitimação do poder político, a proteção e a tutela multinível dos direitos fundamentais deve constituir um elemento central da teoria do constitucionalismo multinível. Ora, se se aceitar esta premissa, não se pode deixar de admitir um terceiro nível no quadro da proteção dos direitos fundamentais na Europa – o nível do direito da CEDH.

Ou seja, o direito da CEDH e as instituições da CEDH cooperam, colaboram, intervêm e interagem no âmbito do processo constitucional europeu, constituindo um outro nível constitucional, ainda que restrito à proteção dos direitos fundamentais.

Além do constitucionalismo multinível também a tese do *pluralismo constitucional* procura explicar a existência de constitucionalismo sem Estado ou além do Estado bem como a relação entre o constitucionalismo nacional e o constitucionalismo europeu.

Ao contrário da teoria do constitucionalismo multinível que, como acabamos de ver, apresenta contornos bem definidos, a tese do *pluralismo constitucional* é tributária de alguma ambiguidade terminológica assim como de alguma indefinição substantiva, uma vez que nem todos os autores que se dizem defensores desta tese lhe conferem o mesmo conteúdo[22].

Seguindo MATEJ AVBELJ e JAN KOMÁREK[23], a ideia do pluralismo constitucional surgiu, em primeiro lugar, na integração europeia e ficou a dever-se a

[18] GIACINTO DELLA CANANEA, "Is European Constitutionalism Really "Multilevel"?, *Zeitschrift für ausländisches öffentliches Recht und Völkerrecht,* 2010, p. 300.

[19] GIACINTO DELLA CANANEA, "Is European Constitutionalism Really "Multilevel"?, p. 300.

[20] INGOLF PERNICE , "Multilevel Constitutionalism and the Crisis of Democracy in Europe", p. 544 e segs.

[21] INGOLF PERNICE, "Multilevel Constitutionalism and the Crisis of Democracy in Europe", p. 561.

[22] Para maiores desenvolvimentos ver MATEJ AVBELJ / JAN KOMÁREK, "Introduction", in MATEJ AVBELJ / JAN KOMÁREK, *Constitutional Pluralism in the European Union and Beyond,* p. 4 e segs.

[23] MATEJ AVBELJ / JAN KOMÁREK, "Introduction", in MATEJ AVBELJ / JAN KOMÁREK, *Constitutional Pluralism in the European Union and Beyond,* p. 2 e segs.

Neil MacCormick[24], o qual rompeu com a visão tradicional do primado absoluto do direito comunitário, advogada pelo Tribunal de Justiça e, em certos casos, rejeitada pelos tribunais constitucionais dos Estados-Membros, tendo sustentado que a análise mais adequada das relações entre o sistema jurídico dos Estados-membros e da Comunidade Europeia não deveria ser monista nem hierárquica mas antes pluralista e interativa.

Tendo surgido, essencialmente, como uma teoria explicativa das relações entre o direito comunitário e os direitos dos Estados-membros, o pluralismo constitucional acabou por se expandir, pela pena de Neil Walker[25], a outros níveis, fossem eles subestaduais, trans-estaduais, supraestaduais ou até não estaduais. Verificando que a emergência de novas entidades políticas sectoriais e funcionais punha em causa o constitucionalismo tradicional, o Autor tentou reabilitar o constitucionalismo no novo Mundo pós-Vestefália através do pluralismo.

A verdade é que, do nosso ponto de vista, sendo a principal preocupação da tese do *pluralismo constitucional* a de evitar os conflitos entre os vários níveis do Direito, isso não significa necessariamente um reforço da proteção e tutela dos direitos fundamentais. Pelo contrário, pode até contribuir para o seu abaixamento, na medida em que, porventura, o consenso é mais fácil de atingir quando o nível de proteção é mínimo do que quando é mais elevado.

Assim sendo, em nosso entender, a tese do constitucionalismo multinível é mais adequada para explicar o fenómeno da interação entre as ordens jurídicas nacionais e outras ordens jurídicas.

O enfoque que se dará neste livro ao Direito da União Europeia será, pois, com base nestas premissas.

1.1. O constitucionalismo nacional

O constitucionalismo, tal como o conhecemos hoje, é um fenómeno relativamente recente, tendo surgido ligado ao aparecimento do Estado moderno e com o intuito, por um lado, de limitar o poder dos governantes e, por outro lado, de afirmar os direitos das pessoas. Já a ideia de constituição como um conjunto de normas que pretende conferir uma unidade social e política à organização de uma determinada sociedade é quase tão antiga como a própria Humanidade[26], encontrando-se já presente no pensamento grego e romano[27].

[24] Neil MacCormick, "Beyond the Sovereign State", *Modern Law Review*, 1993, p. 1-18.

[25] Neil Walker, "Constitutionalism and Pluralism in Global Context", in Matej Avbelj / Jan Komárek, *Constitutional Pluralism in the European Union and Beyond*, p. 17 e segs.

[26] «*Todos os países possuem, possuíram sempre, em todos os momentos da sua história, uma constituição real e efetiva*». Neste sentido, Ferdinand Lassale, *Qué es una constitución?*, Barcelona, 1989, p. 101.

[27] Em Aristóteles podemos encontrar a ideia de constituição como ordenamento fundamental de uma associação política e como conjunto de regras organizatórias destinadas a disciplinar as relações entre os vários órgãos de soberania.

A primeira tentativa de constituição escrita verificou-se em Inglaterra com o *Agreement of People* (1647-1649), sendo o *Instrument of People* de CROMWELL considerado como a primeira constituição escrita[28-29]. Mas é no séc. XVIII, com as revoluções americana e francesa, que se assiste ao surgimento da constituição escrita, a qual está na base daquilo que, atualmente, designaríamos como constitucionalismo nacional. Surge, então a ideia da organização constitucional do Estado[30].

O constitucionalismo nacional bem como o próprio Estado necessitaram de muita energia para se afirmarem. Daí que tenham procurado, durante todo o séc. XIX, manter-se incólumes a interferências externas. E conseguiram-no, pelo menos, até ao final da I Guerra Mundial. No período entre as duas Guerras já ocorreram alguns fenómenos que contribuíram para pôr em causa o constitucionalismo exclusivamente ligado ao Estado, mas foi, sobretudo, após a II Guerra Mundial que a eventual rutura dessa ligação exclusiva se foi tornando cada vez mais evidente.

Nos nossos dias, o constitucionalismo dito nacional só se pode, verdadeiramente, compreender através da sua interligação com o constitucionalismo global e com o constitucionalismo europeu. Com efeito, os fenómenos da pós-modernidade, como sejam a globalização, a regionalização e a interdependência ao nível externo vão obrigar a reequacionar o constitucionalismo nacional. Os avanços tecnológicos e científicos que transformaram o Mundo numa "aldeia global" não se compadecem com o caráter autónomo e exclusivo inerente ao conceito de poder político estadual defendido pelo constitucionalismo da Modernidade. A decisão política interna em todos os setores é cada vez menos livre e mais depen-

Em Roma a constituição aparece como organização jurídica do povo. CÍCERO considera a *res publica* como «*agregado de homens associados mediante um consentimento jurídico e por causa de uma utilidade pública*». Neste sentido, J. J. GOMES CANOTILHO, *Direito Constitucional*, Coimbra, 1993, p. 58.

[28] Sobre a evolução do conceito de constituição, ver WOLFRAM HERTEL, *Supranationalität als Verfassungsprinzip: Normativität und Legitimation als Elemente des Europäischen Verfassungsrechts*, Berlim, 1998, p. 28 e segs; MICHAEL DICKSTEIN, *Der Verfassungsbegriff der Europäischen Union. En même temps une contribution à la naissance de l'État européen*, Linz, 1998, p. 10 e segs; JÖRG GERKRATH, *L'emergence d'un droit constitutionnel pour l'Europe*, Bruxelas, 1997, p. 33 e segs; DARIO CASTIGLIONE, "The Political Theory of the Constitution", *in* RICHARD BELLAMY *et al.*, *Constitutionalism in Transformation, European and Theoretical Perspetives*, Oxford, 1996, p. 6 e segs; HEINZ MOHNHAUPT, "A. Verfassung I", *in* HEINZ MOHNHAUPT *et al.*, *Verfassung. Zur Geschichte des Begriffs von der Antike bis zur Gegenwart*, Berlim, 1995, p. 5 e segs; JUAN FERRANDO BADÍA, *Teoría de la Constitución*, Valencia, 1992, p. 132 e segs; PAUL BASTID, *L'idée de Constitution*, Paris 1985, p. 9 e segs; CARLO GHISALBERTI, "Costituzione", *in Enciclopedia del Diritto*, Vol. XI, Milão, 1962, p. 133 e segs; COSTANTINO MORTATI, *"La Costituzione in generale"*, *Enciclopedia del Diritto*, Vol. XI, Milão, 1962, p. 140 e segs.

[29] Como afirma FERDINAND LASSALE: «*O específico dos tempos modernos – há que frisá-lo bem, e não o esquecer, pois tem muita importância –, não são as Constituições reais e efetivas, mas antes as Constituições escritas, as folhas de papel*». *In Que és una constitución?*, p. 111.

[30] Há quem veja a origem da constituição escrita mais remotamente na Magna Carta (1215), ou na *Petition of Rights* (1628), em Inglaterra.

dente de uma série de fatores que não são de todo controláveis por parte de um só Estado, por mais forte que ele seja, mas antes por poderes públicos externos territoriais, como é o caso da União Europeia, ou sectoriais e funcionais, como se verifica ao nível mundial.

As sociedades estaduais deixaram de ser autossuficientes em áreas tão distintas – e tão relevantes – como a segurança, a economia, o ambiente e a cultura, estando a sua sobrevivência dependente do sistema mundial. A maior parte dos problemas que os governos enfrentam hoje em dia – o buraco da camada de ozono, o aquecimento global, as doenças epidémicas, a regulação da internet, os riscos atómicos e químicos, o terrorismo, os recursos marinhos – ultrapassam as suas fronteiras e, por isso, não se resolvem com uma simples decisão interna, antes necessitam de uma solução à escala global.

Com efeito, uma das principais funções do Estado é a manutenção da segurança dos seus cidadãos e da sua integridade territorial. Ora, após a II Guerra Mundial, o surgimento das Nações Unidas representou uma limitação geral em matéria de defesa e de segurança. A evolução da tecnologia da guerra bem como a divisão do Mundo em dois blocos levou à criação de Organizações Internacionais de segurança, nomeadamente a NATO e o Pacto de Varsóvia, as quais reforçaram a limitação do poder dos Estados para levarem a cabo uma política externa e de defesa independente.

Atualmente, apesar da queda do bloco soviético, a situação não mudou. O fim da guerra-fria levou à dissolução do Pacto de Varsóvia e ao repensar da NATO, bem como ao desenvolvimento de novas estruturas de segurança coletiva, como foi o caso da CSCE, hoje OSCE. O poder altamente destruidor das armas atuais, sobretudo nucleares e químicas, que põem em perigo a sobrevivência da Humanidade, vai impulsionar uma concertação muito maior entre os Estados. A guerra, devido às novas tecnologias, passa a ser vista numa perspetiva global e a paz internacional passa a ser um dos fins ou objetivos maiores de todas as Organizações Internacionais ligadas à defesa e à segurança. O direito à guerra deixa de ser uma das prerrogativas internacionais do Estado, dando lugar a um dever de contribuir para a paz mundial e de não praticar atos que a ponham em causa. Surge assim um dever de lealdade fundamentado num Direito Internacional global e não no Direito Constitucional interno.

Um outro domínio em que a autonomia do Estado tem vindo a ser posta em causa é o da economia. A internacionalização dos sistemas de produção, de distribuição e de comercialização levou à globalização do sistema financeiro e bancário. Como se viu, num passado ainda recente, a falência do *Lehman Brothers* acarretou uma crise económico-financeira mundial. As políticas internas de regulação das finanças e da economia passaram a estar dependentes das decisões tomadas nos *fora* internacionais competentes, como sejam, entre outros, a OMC, o FMI e o Banco Mundial. E essas decisões repercutem-se diretamente na vida dos cidadãos, afetando os seus direitos, como ainda recentemente se viu em países como Portugal, Chipre, Irlanda, Espanha e ainda se está a ver na Grécia.

As questões relacionadas com o ambiente representam um outro domínio em que as hipóteses de sucesso de cada Estado, por si só, são quase nulas. Só ações concertadas, coordenadas e de cooperação de todos os Estados permitirão resolver – ou, pelo menos, minimizar – certos problemas, como é o caso do aquecimento do planeta, da destruição da camada de ozono, das chuvas ácidas, da poluição da atmosfera e das águas, da desertificação, do esgotamento dos recursos de água, do tratamento dos lixos nucleares e químicos, do esgotamento dos recursos piscícolas, da utilização da energia nuclear e do crescimento demográfico.

A própria cultura também se internacionaliza. A sociedade de bem-estar atingida, em primeiro lugar, nos Estados Unidos da América e, posteriormente, em todo o Mundo capitalista, torna-se do conhecimento geral – ou quase – e leva populações de outros lugares a aspirarem legitimamente ao mesmo nível de vida. Na verdade, a melhoria das vias de comunicação e dos meios de transporte torna muito mais fácil a mobilidade dos cidadãos e as novas tecnologias da informação levam a notícia de um lado ao outro do Globo em escassos segundos, o que torna o Mundo totalmente interativo. Os valores culturais ocidentais vão expandir-se e impor-se em todo o Mundo, devido ao domínio que os países ocidentais têm dos *media*. Um acontecimento ocorrido a milhares de quilómetros de distância pode ter mais repercussões no território de um determinado Estado do que o que de mais importante ocorreu dentro das suas fronteiras.

Tudo isto vai tornar mais difícil ao Estado o exercício exclusivo do poder político dentro do seu território e sobre o seu povo. Além disso, ao contrário do que se verificava anteriormente, as decisões tomadas ao nível internacional repercutem-se diretamente na vida das pessoas.

Com efeito, a internacionalização e a globalização dos problemas levaram ao surgimento de centros de decisão que se situam em níveis diferentes do Estado, como sejam as Organizações Internacionais, que aglutinam vários ou, em alguns casos, quase todos os Estados do Globo. Mas também surgem entidades independentes do Estado ao nível internacional que vão desempenhar um papel muito importante na nova Ordem Jurídica internacional, como sejam as organizações não governamentais ou as empresas multinacionais. As primeiras funcionam, muitas vezes, como complementares ou como grupos de pressão em relação aos próprios Estados. As segundas, devido à sua dimensão e à influência que exercem em vários ou em quase todos os Estados do Globo, são um poder que os Estados têm de levar em linha de conta quando tomam decisões económicas.

A afirmação e a sobrevivência dos Estados dependem, portanto, da sua inserção neste sistema mundial, do qual não têm quaisquer hipóteses de sair. Os Estados não podem escolher entre fazer parte dele ou ficar do lado de fora. Por outras palavras, os Estados isoladamente deixaram de ter controlo sobre este sistema mundial. O poder político estadual, por definição independente de interferências externas, vai ter de passar a contar com todos estes fatores externos[31].

A soberania como um poder ilimitado do Estado sobre as pessoas e as coisas dentro do próprio território (soberania no plano interno) e uma liberdade completa nas relações com os outros Estados (soberania no plano externo), com sujeição aos limites que o próprio Estado aceitava[32] está totalmente ultrapassada[33].

[31] Sobre a problemática da globalização e da interdependência, cfr. CARLO FOCARELLI, "Costituzionalismo internazionale e costitutzionalizzazione della Global Governance: Alla richercha del diritto global", *Politica del Diritto*, 2011, p. 201 e segs; NISHA MUKHERJEE / JONATHAN KRIECKHAUS, "Globalization and Human Being", *International Political Science Review*, 2011, p. 150 e segs; RENAUD DEHOUSSE, "Intégration ou désintégration? Cinq thèses sur l'incidence de l'intégration européenne sur les structures étatiques", *EUI Working Paper RSC* nº 96/4; EARL H. FRY, «La perméabilisation de l'État-Nation dans un monde d'interdépendence globale et de mutations sous-nationales», *in* CHRISTIAN PHILIP *et al.*, *Au-delà et en deçà de l'État-Nation*, Bruxelas, 1996, p. 23 e segs; MICHAEL ZÜRN, "Über den Staat und die Demokratie in der Europäichen Union", *in Probleme einer Verfassung für Europa*, Bremen, 1995, p. 2 e segs; DAVID HELD *et al.*, «Globalization and the Liberal Democratic State», *Gov. & Opp.*, 1993, p. 261 e segs; ANDREW GAMBLE, "Shaping a New World Order: Political Capacities and Policy Challenges", *Gov. & Opp.*, 1993, p. 326; JOSEPH A. CAMILLERI *et al.*, *The End of Sovereignty? The Politics of a Schrinking and Fragmenting World*, 1992, *passim;* ROBERT KEOHANE *et al.*, *Power and Interdependence*, 2ª ed., Washington, 1989.

[32] A noção clássica de soberania remonta ao séc. XVI e é profundamente influenciada pelo ambiente político da época. Na sequência da queda do regime feudal e do declínio da autoridade da Igreja assiste-se ao surgimento do Estado moderno e da monarquia absoluta, cujo poder do monarca se pretende afirmar, tanto ao nível externo, em relação ao poder do Papa e dos outros Estados, como ao nível interno, em relação aos vários senhores. No espaço de 50 anos surgem, na Europa, poderosos Estados-nações na Inglaterra, na França e na Espanha e, mais tarde, na Suécia e na Rússia. Era necessário encontrar uma justificação teórica para esta prática. Tal justificação encontrou-se na teoria da soberania que se deve a vários autores, dos quais se destacam JEAN BODIN e HOBBES. O primeiro Autor, no seu *De Republica* (1576), tenta procurar elementos de estabilidade no Mundo politicamente instável em que vivia. Como tal defendeu que o Estado, se se quisesse manter como Estado, apenas poderia ter um poder supremo do qual proviessem as leis que se iriam aplicar a todos, exceto ao poder supremo que as elaborou. A soberania era, portanto, encarada essencialmente como um poder interno. HOBBES, no *Leviathan* (1651), dedicou-se também ao estudo da soberania ao nível interno. Influenciado pela guerra civil e pelas crises políticas em Inglaterra, concebeu a soberania como absoluta, ilimitável e irresponsável. Só mais tarde, já no séc XIX, o Estado vai reclamar a soberania no sentido da independência do controlo externo, ou seja, ao nível internacional. A teoria da soberania surge, portanto, para justificar o poder supremo do monarca tanto ao nível interno como externo. A soberania é concebida como um poder legal ilimitado dentro do território do Estado sobre todas as pessoas e coisas e como uma liberdade total de atuação nas relações com outros Estados ou os seus nacionais, apenas sujeita às restrições impostas pela vontade do Estado. Sobre as origens da teoria da soberania, cfr. DANIEL PHILPOTT, "Ideas and the Evolution of Sovereignty", *in* SOHAIL H. HASHMI (ed.), *State Sovereignty – Change and Persistence in International Relations*, Pennsylvania, 1997, p. 15 e segs; REINHOLD ZIPPELIUS, *Teoria Geral do Estado*, 3ª ed. (trad.), Lisboa, 1997, p. 72 e segs; CÉDRIC CHAPUIS, *Die Übertragung*

1.2. O constitucionalismo global

Após a II Guerra Mundial assistiu-se a um desenvolvimento muito rápido de uma Ordem Jurídica global, na qual proliferam Organizações Internacionais e regulamentação internacional que implicam uma clara limitação da soberania dos Estados. É certo que, em teoria, os Estados são livres de não assinar um tratado ou de não participar numa organização internacional e, por isso, há quem defenda que a soberania atualmente reside, precisamente, nesse direito de não participação. Mas a verdade é que num Mundo interdependente, como é o atual, nenhum Estado consegue sobreviver isolado. A ideia de interdependência caminha hoje a par da ideia de soberania, limitando-a[34]. Os Estados têm objetivos comuns e afirmam-se, enquanto tal, através da participação na vida da comunidade internacional e do cumprimento das normas nela produzidas.

Como já é possível identificar, na Ordem Jurídica global, os três poderes públicos conhecidos no contexto nacional – normativo, executivo e judicial – bem como formas de participação dos cidadãos, alguns sustentam a existência de um direito constitucional global[35]. O poder normativo é constituído, num primeiro nível, pelos tratados internacionais e pelo costume internacional e, num segundo nível, por normas adotadas por órgãos previstos nos tratados, que não se dirigem apenas aos Estados mas também à sociedade civil no interior dos Estados, às pessoas singulares, às empresas e a organizações não governamentais. Apesar de não existir uma entidade central semelhante à que, ao nível nacional, designamos como governo, pode identificar-se um poder executivo com características muito especiais, que inclui numerosos centros de decisão com funções executivas – os chamados "governos" sectoriais. No plano do poder judicial, criaram-se, ao nível internacional, a partir de 1990, um conjunto de tribunais, que têm por missão garantir e proteger os direitos e os deveres decorrentes das obrigações internacionais[36].

von Hoheitsrechten auf Supranationalen Organisationen, Basileia, 1993, p. 48 e segs; R. P. Anand, "Sovereignty Equality of States in International Law, *RCADI*, t. 197, 1986, II, p. 23 e segs; F. H. Hinsley, *Sovereignty*, 2ª ed., Cambridge, 1986, *maxime* p. 126 e segs.

[33] Para maiores desenvolvimentos sobre estas questões, cfr. Ana Maria Guerra Martins, *A natureza jurídica da revisão...*, p. 251 e segs.

[34] Sobre a limitação da soberania dos Estados por força da interdependência do Mundo atual, ver Gurutz Jáuregui, "Estado, soberania y constitución: algunos retos del Derecho Constitucional ante el siglo XXI", *Rev. Der. Pol.*, 1998, p. 45 e segs; Harry G. Gelber, *Sovereignty Through Interdependence*, Londres, 1997, *passim;* Earl H. Fry, "La perméabilisation...", p. 23 e segs; Joseph A. Camilleri *et al.*, *The End...*, *passim;* R. P. Anand, "Sovereignty...", p. 13 e segs; Philippe Schmitter, A Comunidade Europeia: uma forma nova de dominação política, *An. Soc.*, 1992, p. 755 e segs.

[35] Cfr., na doutrina portuguesa, Fausto de Quadros, "Global Law, Plural Constitutionalism and Global Administrative Law", *in* Javier Robalino-Orellana / Jaime Rodríguez-Arana Muñoz, *Global Administrative Law Towards Lex Administrativa*, Londres, 2010, p. 329 e segs.

[36] Neste sentido Sabino Cassese, "La globalisation du Droit", *in Mélanges en honneur de Jean-Paul Costa*, Paris, 2011, p. 124 e 125.

Em nosso entender, a Ordem Jurídica global está, contudo, ainda muito longe do grau de perfeição atingido por outras ordens jurídicas, designadamente, as nacionais e a da União Europeia. Na verdade, não dispõe de um corpo de regras gerais comuns, unificador das diversas regulamentações sectoriais, assim como não se consegue vislumbrar um executivo unificado global. Até mesmo o sistema jurisdicional global se revela menos coerente e eficaz do que os sistemas jurisdicionais nacionais e europeu[37], na medida em que, desde logo, não é fácil convencer os Estados a submeterem-se à jurisdição de um tribunal internacional porque a ideia de soberania implica a ideia de imunidade de jurisdição.

No fundo, na Ordem Jurídica global, o Estado continua a desempenhar um papel dominante, até porque ao associar-se com outros Estados acaba por recuperar ao nível internacional a força que, numa atuação isolada, já tinha perdido.

1.3. O constitucionalismo regional

Paralelamente ao constitucionalismo global, descortinam-se igualmente experiências de constitucionalismo regional, das quais a União Europeia é a melhor sucedida[38]. Na verdade, a internacionalização da economia, aliada à dificuldade de regulamentação do comércio ao nível universal, de que a OMC é a expressão mais acabada, levaram ao surgimento de múltiplas organizações internacionais regionais com objetivos económicos. No continente americano o acordo NAFTA, entre o Canadá, os EUA e o México, e o acordo Mercosul, entre a Argentina, o Brasil, o Paraguai e o Uruguai, têm como objetivo a eliminação entre os Estados que neles são partes dos entraves ao comércio dentro da zona. Na Ásia surgem organizações com objetivos semelhantes, como, por exemplo, a ASEAN entre o Brunei, a Indonésia, a Malásia, as Filipinas, a Singapura e a Tailândia.

Também no domínio da proteção dos direitos humanos se podem encontrar experiências regionais, embora nem todas tenham atingido o mesmo grau de desenvolvimento[39]. A proclamação dos direitos humanos surgiu, em primeiro lugar, na Europa e na América e só depois se estendeu à África e ao mundo árabe-islâmico, sendo obra de Organizações Internacionais específicas, como o

[37] Sabino Cassese, "La globalisation du Droit", cit., p. 127 e segs.

[38] A União Europeia ultrapassou há muito a fase de construção de uma zona de comércio livre, em que as outras organizações regionais ainda se encontram. Cfr. Ana Maria Guerra Martins, *A natureza jurídica da revisão...*, p. 255.

[39] Cfr. Ana Maria Guerra Martins, "As garantias jurisdicionais dos direitos humanos no Direito Internacional regional – os mais recentes desenvolvimentos", *in Estudos Jurídicos e Económicos em homenagem ao Professor Doutor António de Sousa Franco*, Vol. I, Coimbra, 2006, p. 117 e segs; Idem, *Direito Internacional dos Direitos Humanos*, Coimbra, 2006, p. 191 e segs.

Conselho da Europa, a Organização de Estados Americanos, a Organização de Unidade Africana, hoje União Africana, e a Liga dos Estados Árabes[40].

Dentro do constitucionalismo regional merece um particular destaque o constitucionalismo europeu, por ser aquele que, por um lado, alcançou um maior nível de aprofundamento e, por outro lado, é nele que, geograficamente, nos inserimos. Acresce que, tendo este livro como objeto o Direito da União Europeia, é natural que dediquemos ao constitucionalismo da União Europeia uma maior atenção.

1.3.1. O constitucionalismo europeu em sentido amplo

Independentemente da ausência de consenso quanto à sua definição, o constitucionalismo europeu integra o Direito Constitucional dos Estados-membros (não só da União Europeia mas também do Conselho da Europa), o Direito da União Europeia e o Direito da Convenção Europeia dos Direitos do Homem.

Não obstante a influência recíproca destes três níveis de constitucionalismo, a qual conduz à formação de um conjunto de normas e princípios convergentes e transnacionais, especialmente, nos domínios da proteção dos direitos fundamentais e da *rule of law*[41], cada um deles goza de uma independência e de uma autonomia que o individualizam em relação aos outros.

1.3.2. O constitucionalismo da União Europeia

O estádio de evolução em que se encontra a Ordem Jurídica da União Europeia é muito diferente do acima descrito quanto à Ordem Jurídica global, havendo mesmo quem sustente que "*a União Europeia pode ser entendida como um passo importante no caminho para uma sociedade mundial constituída politicamente*"[42].

Como defendemos há quase duas décadas[43], a União Europeia possui características que a individualizam relativamente aos outros sujeitos de Direito Internacional, designadamente, os Estados e as organizações internacionais, devendo a sua Ordem Jurídica ser equacionada como algo de único, embora interagindo com as Ordens Jurídicas nacionais e com a Ordem Jurídica global.

Aparentemente, o fracasso do Tratado que estabelece uma Constituição para a Europa[44], devido aos referendos negativos em França e na Holanda, em maio e

[40] Só o continente asiático ainda não se dotou de nenhum mecanismo institucional específico destinado a promover e proteger os direitos humanos. Para maiores desenvolvimentos, cfr. ANA MARIA GUERRA MARTINS, *Direito Internacional dos Direitos Humanos*, p. 103 e segs.

[41] RAINER ARNOLD, "European Constitutional Law", *in* NADEZDA SISKOVA, *The Process of Constitutionalisation of the EU and Related Issues*, Groningen, 2008, p. 47.

[42] JÜRGEN HABERMAS, *Um Ensaio sobre a Constituição da Europa*, Lisboa, 2012, p. 62.

[43] ANA MARIA GUERRA MARTINS, *A natureza jurídica da revisão...*, p. 272 e segs.

[44] Publicado no Jornal Oficial da União Europeia, C 310, de 16 de dezembro de 2004.

junho de 2005, respetivamente, constituiria argumento bastante para afastar a constitucionalização da União. Mas a verdade é que esse Tratado, por si só, não teria dissipado todas as dúvidas quanto à questão constitucional, pelo menos, de um ponto de vista formal, e, por outro lado, a sua não entrada em vigor também não se revela capaz de comprometer o futuro constitucional da União, de uma perspetiva substancial[45].

É certo que politicamente, o mandato da CIG[46], anexo às conclusões do Conselho Europeu, de junho de 2007[47], que estabeleceu a base exclusiva e os termos em que a CIG deveria desenvolver os seus trabalhos, assumiu expressamente que *"o TUE e o Tratado sobre o Funcionamento da União não terão caráter constitucional"*, pelo que *"esta mudança refletir-se-á na terminologia utilizada em todos os textos dos Tratados"*, do ponto de vista jurídico, a ausência do termo *Constituição* e da terminologia constitucional nos Tratados não é decisiva[48]. Aliás, os anteriores Tratados nunca incluíram essa terminologia, o que não impediu a Doutrina, logo desde a década de 60[49] e até aos nossos dias[50], bem

[45] Neste sentido, Ana Maria Guerra Martins, *Ensaios sobre o Tratado de Lisboa,* Coimbra, 2011, p. 41; Idem, "O Tratado de Lisboa - um passo à frente ou atrás no sentido da constitucionalização da União?", *in Estudos em homenagem ao Prof. Doutor Sérvulo Correia,* Vol. IV, Coimbra, 2010, p. 571 e segs; Idem, "The Treaty of Lisbon - After all another step towards a European Constitution?", *in* Ingolf Pernice / Eugeni Tanchev (eds.), *Ceci n'est pas une Constitution - Constitutionalism without Constitution?,* Baden-Baden, 2009, p. 56 e segs; Koen Lenaerts, "De Rome à Lisbonne, La Constitution Européenne en Marche?", *CDE,* 2008, p. 230 e 232; Nicolas Moussis, «Le Traité de Lisbonne: une Constitution sans en avoir le titre», *RMCUE,* 2008, p. 161 e segs.

[46] Sobre este mandato ver, por todos, Maria José Rangel de Mesquita, "Sobre o mandato da Conferência Intergovernamental definido pelo Conselho Europeu de Bruxelas: é o Tratado de Lisboa um novo Tratado?", *in Estudos em Honra do Professor Doutor José de Oliveira Ascensão,* Vol. I, Coimbra, 2008, p. 551 e segs.

[47] O texto do mandato encontra-se disponível no sítio da União Europeia. www.europa.eu.int

[48] Neste sentido, Ana Maria Guerra Martins, *Ensaios sobre o Tratado de Lisboa,* cit., p. 42; Idem, "O Tratado de Lisboa...", p. 571 e segs; Idem, "The Treaty of Lisbon...", p. 56 e segs; Stefan Griller, "Is this a Constitution? Remarks on a Contested Concept", *in* Stefan Griller / Jacques Ziller, *The Lisbon Treaty, EU Constitutionalism without a Constitutional Treaty?,* Nova York, 2008, p. 22 e 23.

[49] Na década de 60, cfr., por exemplo, Carl Friedrich Ophüls, „Die Europäischen Gemeinschaftsverträge als Planungsverfassungen", *in* Joseph H. Kaiser, *Recht und Politik der Planung in Wirtschaft und Gesellschaft,* Baden-Baden, 1965, p. 229 *e* segs; Fritz Münch, „Prolégomènes à une theorie constitutionnelle des Communautés Européennes, *Riv. Dir. Eur.,* 1961, p. 127 e segs; Léontin Constantinesco, „La spécificité du droit communautaire", *RTDE,* 1966, p. 9; Werner J. Feld, „The European Community Court: its Role in the Federalizing Process", *Minn. L. Rev.,* 1965, p. 423 e segs.

Mais tarde, na década de 70, cfr. Hans Peter Ipsen, „Constitutional Perspetives of the European Communities", *in* P. D. Dagtoglou, *Basic Problems of European Communities,* Oxford, 1975, p. 190 e segs; Ernst Wohlfarth, „Elemente einer europäischen Verfassung. Betrachtungen zur

como a Jurisprudência do Tribunal de Justiça[51], de sustentarem o seu caráter constitucional.

Dito isto, e sem qualquer "obsessão constitucional", pensamos que, de uma perspetiva formal e positivista de constituição, a qual, segundo RAINER ARNOLD, abrange três elementos: *i)* a existência de um ou mais documentos que codificam a maior parte do Direito Constitucional (elemento formal, diríamos nós, instrumental), *ii)* a superioridade hierárquica em relação à legislação ordinária (elemento funcional) e *iii)* a sua adoção por um poder constituinte proveniente do

rechtlichen Entwicklung der Gemeinschaft", *in Miscellanea W. J. GANSHOF VAN DER MEERSCH*, Bruxelas, 1972, p. 585 e segs.
Posteriormente, nos anos 80, ver GERT NICOLAYSEN, „Ansichten zur Gemeinschaftsverfassung", *EuR*, 1987, p. 299 e segs; WERNER WEIDENFELD *et al.*, *Wege zur Europäischen Union – Vom Vertrag zur Verfassung?*, Bona, 1986, p. 19 e segs; HANS-J. GLAESNER, „Kooperation und Konflikt zwischen den Gemeinschaftsorganen im Spannungsfeld der Gemeinschaftsentwicklung", *in* SIEGFRIED MAGIERA, *Entwicklungsperspektiven der Europäischen Gemeinschaft*, Berlim, 1985, p. 223 e segs; ROLAND BIEBER, „Zur Verfassungsentwicklung der Europäischen Gemeinschaft", Osnabrück, 1988, *passim;* PIERRE PESCATORE, „Die Gemeinschaftsverträge als Verfassungsrecht – ein Kapitel Verfassungsgeschichte in der Perspektive des europäischen Gerichtshofs, systematisch geordnet", *in Festschrift für HANS KUTSCHER*, p. 319 e segs; WERNER VON SIMSON, „Wachstumsprobleme einer europäischen Verfassung", *in Festschrift für HANS KUTSCHER*, p. 481 e segs; HEINRICH MATTHIES, „Die Verfassung des Gemeinsamen Marktes", *in Gedächtnisschrift für CHRISTOPH SASSE*, vol. I, Baden-Baden, 1981, p. 115 e segs; ERIC STEIN, "Lawyers, Judges, and the Making of a Transnational Constitution", *AJIL*, 1981, p. 1 e segs.
Nos anos 90, cfr., entre outros, JEAN-CLAUDE PIRIS, «L'Union européenne a-t-elle une constitution? Lui en faut-il une?», *RTDE*, 1999, p. 599 e segs; J. H. H. WEILER, «Federalism and Constitutionalism: Europe's Sonderweg», *Working Paper*, 2000, in http//www.jeanmonnetprogram.org/papers; CHRISTIAN KOENIG, «Ist die Europäische Union verfassungsfähig?», *DöV*, 1998, p. 268 e segs; JÖRG GERKRATH, *L'émergence d'un droit constitutionnel...*, p. 149 e segs; J. H. H. WEILER, «European Neo-constitutionalism: in Search of Foundations for the European Constitutional Order», *in* RICHARD BELLAMY *et al.*, *Constitutionalism in Transformation...*, p. 105 e segs.

[50] Ver, entre muitos outros, INGOLF PERNICE, *Fondements du droit constitutionnel européen*, Paris, 2004, p. 3 e segs; ANA MARIA GUERRA MARTINS, *Curso de Direito Constitucional...*, p. 121 e segs; CHRISTOPH MÖLLERS, "Verfassungsgebende Gewalt – Verfassung – Konstitutionalisierung. Begriffe der Verfassung in Europa", *in* ARMIN VON BOGDANDY (dir.), *Europäisches Verfassungsrecht – Theoretische und dogmatische Grundzüge*, Berlim, 2003, p. 1 e segs; INGOLF PERNICE, «Multilevel Constitutionalism...", 2002, p. 511 e segs; KOEN LENAERTS / MARLIES DESOMER, «New Models of Constitution-making in Europe: The Quest for Legitimacy», *CMLR*, 2002, p. 1217 e segs; CELSO CANCELA OUTEDA, *El processo de constitucionalización de la Unión Europea – de Roma a Niza*, Santiago de Compostela, 2001, *maxime* p. 243 e segs; ANA MARIA GUERRA MARTINS, *A natureza jurídica da revisão...*, p. 303 e segs; INGOLF PERNICE / FRANZ C. MAYER, «De la Constitution composée... », p. 623 e segs; CHRISTIAN WALTER, «Die Folgen der Globalisierung für die europäische Verfassungsdiskussion», *DVbl*, 2000, p. 1 e segs.

[51] Ver ac. de 23/4/86, *Os Verdes c. PE*, proc. 294/83, Col. 1986, p. 1339 e segs.

povo (elemento genético)[52], continua a ser problemático individualizar no Direito da União Europeia uma constituição no sentido de um instrumento criado por um poder constituinte proveniente do povo com uma superioridade hierárquica indiscutível sobre a restante legislação[53]. Já numa perspetiva substancial, em que a principal função da constituição se prende com a criação de instituições que respeitam determinados valores e princípios[54], ou seja, se por constituição entendermos um conjunto de regras fundamentais, com uma força jurídica superior, relativas ao sistema de governo de uma comunidade política ou de uma pluralidade de comunidades políticas integradas num todo transnacional mais vasto, encontra-se, certamente, no Direito da União Europeia, um conjunto de regras e princípios básicos relativos aos três poderes públicos – legislativo, executivo e judicial – bem como um conjunto de regras e princípios, atinentes aos direitos dos seres humanos em geral e dos cidadãos em especial[55], que saem reforçados após o Tratado de Lisboa[56], na medida em que a Carta dos Direitos Fundamentais da União passou a ter o mesmo valor jurídico que os Tratados institutivos.

Na verdade, ao contrário do que sucede na Ordem Jurídica global, descortinam-se, no Direito da União Europeia, um conjunto de normas e de princípios relativos, designadamente, aos fins da União, aos valores que lhe estão subjacentes, ao papel central do ser humano no seio da União, ao sistema institucional bem como ao papel do Tribunal de Justiça como garante da Ordem Jurídica da União que substancialmente assumem um valor constitucional. Além disso, o relacionamento da União Europeia com os seus Estados-membros e o seu posicionamento na cena internacional confirmam esta ideia.

Sem querer antecipar o estudo pormenorizado dos Tratados (da União Europeia e sobre o Funcionamento da União Europeia), que será efetuado ao longo deste livro, não podemos deixar de identificar os aspetos que fundamentam a asserção de que nem aqueles Tratados nem os posteriores desenvolvimentos puseram em causa a natureza constitucional da União e do Direito que ela gera e em que se apoia[57].

Assim, começando pelos fins ou objetivos da União Europeia, verifica-se que uma parte significativa dos mesmos coincide com os fins tradicionalmente impu-

[52] Rainer Arnold, "European Constitutional Law", cit., p. 42.

[53] Ana Maria Guerra Martins, *A natureza jurídica da revisão...*, p. 314 e segs e 342 e segs.

[54] Rainer Arnold, "European Constitutional Law", cit., p. 46.

[55] Ana Maria Guerra Martins, *A natureza jurídica da revisão...*, p. 335 e segs.

[56] O Tratado de Lisboa modificou o TUE e o TCE, bem como o TCEEA (artigo 4º, nº 2). O texto do Tratado de Lisboa está publicado no JOUE C 306, de 17 de dezembro de 2007, tendo sido as versões consolidadas do TUE e do TFUE republicadas, por último, no JOUE C 202, de 7/6/2016.

[57] Ernst-Ulrich Petersmann, "The Reform Treaty and Constitutional Finality of European Integration", *in* Stefan Griller / Jacques Ziller, *The Lisbon Treaty...*, p. 338.

tados ao Estado, como é o caso da segurança, do bem-estar e da justiça. Por outro lado, há certos fins mais recentemente assumidos pelo Estado, como sejam o combate à exclusão social e às discriminações e a proteção social ou a promoção do ambiente que a União também deve prosseguir. Ou seja, o artigo 3º do TUE prevê fins da União que coincidem com os fins dos seus Estados-membros, como é o caso da promoção da paz, dos seus valores e do bem-estar dos povos (nº 1), a liberdade, a segurança e a justiça (nº 2), o desenvolvimento sustentável, assente num crescimento económico equilibrado e na estabilidade de preços, numa economia social de mercado altamente competitiva que tenha por meta o pleno emprego e o progresso social e a melhoria da qualidade do ambiente (nº 3, par. 1º), o combate à exclusão social e às discriminações, a promoção da justiça e da proteção social, a igualdade entre homens e mulheres, a solidariedade entre gerações e a proteção dos direitos das crianças (nº 3, par. 2º).

A par destes fins que se justapõem aos dos Estados, a União Europeia possui igualmente objetivos próprios previstos no artigo 3º TUE – a promoção da coesão económica, social e territorial e a solidariedade entre os Estados-membros (nº 3, par. 3º), o respeito da diversidade cultural e linguística e a salvaguarda e desenvolvimento do património cultural europeu (nº 3, par. 4º), o estabelecimento de uma união económica e monetária cuja moeda é o euro (nº 4) bem como a sua afirmação no plano internacional (nº 5).

A coincidência de alguns objetivos da União Europeia com os dos seus Estados-membros não bastaria, contudo, para fundamentar o caráter constitucional do Direito da União. Com efeito, uma sociedade democrática deve fundar-se num conjunto de valores e princípios, ainda que não estejam textualmente expressos na Constituição. Por outras palavras, toda a Constituição pressupõe uma certa ideia de Direito que, forçosamente, se deve basear, pelo menos, no respeito da da democracia, da *rule of law* e dos direitos fundamentais. Ora, a União Europeia, aspirando a ser uma entidade democrática e enquanto ente integrador de uma pluralidade de sociedades democráticas não deve fugir a esta regra.

Se, no início, as Comunidades Europeias surgiram, essencialmente, ancoradas nos valores do mercado e da livre concorrência, a posterior evolução da integração europeia, no sentido da aquisição inequívoca de uma dimensão política, vai implicar a ampliação dos valores nos quais a União Europeia se funda.

A União Europeia, enquanto parte integrante do constitucionalismo europeu, no qual se incluem entidades internacionais mais amplas, do ponto de vista do âmbito de aplicação territorial, mas mais restritas do ponto de vista material, como é o caso do Conselho da Europa, bem como comunidades políticas internas mais restritas, na ótica do território, mas mais amplas numa perspetiva substancial, como sejam os Estados-membros, passa a comungar dos fundamentos axiológicos que resultam de uma herança cultural, política e jurídica comum europeia[58] (ou de um *corpus juris* europeu). A União partilha os seus valores com outras entidades, como, aliás, resulta claramente do 2º considerando do preâmbulo do TUE[59] bem como do segundo período do artigo 2º do mesmo Tratado.

A versão atual do TUE, ao contrário das suas antecessoras[60], indica, explicitamente, no seu artigo 2º[61], a base axiológica da União[62], o que não deve ser subavaliado no contexto do constitucionalismo da União Europeia, uma vez que, contrariamente ao que sucedia com o antigo artigo 6º, nº 1, do TUE, esses valores vinculam o legislador e o administrador da União e os seus Estados-membros bem como os tribunais da União e os tribunais nacionais. Ou seja, a base axiológica da União vai influenciar, em primeiro lugar, a interpretação e a aplicação de qualquer disposição de ambos os Tratados – TUE e TFUE –, o que significa que o Tribunal de Justiça e os tribunais nacionais devem ter em conta os valores da União, quando interpretam e aplicam o Direito da União. Em segundo lugar, os órgãos da União devem respeitar os valores da União, quando adotam atos legislativos ou administrativos, e até nas suas práticas administrativas ao nível interno bem como na sua atuação externa (artigos 3º, nº 5, e 21º, nº 1, e nº 2, al. *a)*, do TUE). Em terceiro lugar, tanto os candidatos a Estados-membros como os Estados-membros devem respeitar os valores da União. Nos termos do artigo 49º do TUE, a adesão à União de um novo Estado-membro depende, antes de mais, do respeito dos valores referidos no artigo 2º do TUE. De acordo com o artigo 7º do TUE, a existência de um risco manifesto de violação grave dos valores referidos no artigo 2º pode levar à suspensão de certos direitos dos Estado-membro em questão, incluindo o direito de voto do representante desse Estado-membro no seio do Conselho.

[58] Um dos objetivos da União, após o TL, é precisamente a salvaguarda e o desenvolvimento do património comum europeu (artigo 3º, nº 3, par. 4º, TUE).

[59] «*Inspirando-se no património cultural, religioso e humanista da Europa de que emanaram os valores universais que são os direitos inalienáveis da pessoa humana, bem como a liberdade, a democracia, a igualdade e o Estado de Direito*».

[60] O Tratado de Amesterdão introduziu o artigo 6º, nº 1, do TUE, o qual determinava que "*a União assenta nos princípios da liberdade, da democracia, do respeito pelos direitos do Homem e pelas liberdades fundamentais, bem como do Estado de Direito, princípios que são comuns aos Estados-membros*". Daquele preceito retiravam-se, implicitamente, os valores da União, dado que a cada um dos princípios enunciados correspondia um valor.

[61] Este preceito replica, *ipsis verbis*, o artigo com o mesmo número do TECE.

[62] Para maiores desenvolvimentos, cfr. ANA MARIA GUERRA MARTINS, *Ensaios...*, p. 69 e segs; Idem, "Os fundamentos axiológicos da União Europeia após o Tratado de Lisboa. Um estudo sobre o artigo 2º TUE", *in* NUNO PIÇARRA (coord.), *A União Europeia segundo o Tratado de Lisboa – Aspetos centrais*, Coimbra, 2011, p. 47 e segs, bem como toda a bibliografia aí citada.

Além disso, a base axiológica da União que é constituída pelos valores da dignidade humana, da liberdade, da democracia, da igualdade, do Estado de Direito e do respeito dos direitos humanos, incluindo os direitos das pessoas pertencentes a minorias, os quais, segundo o artigo 2º do TUE, *"são comuns aos Estados-membros numa sociedade caracterizada pelo pluralismo, a não discriminação, a tolerância, a justiça, a solidariedade e a igualdade entre homens e mulheres"*, vai inspirar quer as normas do TUE quer as disposições do TFUE.

Assim, a dignidade humana é o fundamento último de muitas normas dos Tratados, como, por exemplo, os artigos 18º e seguintes do TFUE, relativos à não discriminação e à cidadania da União, ou os artigos 67º e seguintes do TFUE sobre o espaço de liberdade, segurança e justiça.

O valor da liberdade do ser humano no seio da sociedade sempre se encontrou subjacente a um dos princípios económicos basilares do Tratado institutivo da Comunidade (Económica) Europeia – o princípio da livre circulação de mercadorias, de pessoas, de serviços e de capitais – o qual resistiu a todas as revisões, e até foi aprofundado e desenvolvido. A ideia de liberdade está igualmente na base da criação do espaço de liberdade, segurança e justiça e do título II da CDFUE, o qual se refere às liberdades.

O valor da democracia, intimamente ligado à constitucionalização da União, explica, indubitavelmente, o título II do TUE relativo aos princípios democráticos e a reforma institucional, assim como alguns preceitos da Carta (cfr. artigo 11º relativo à liberdade de expressão e de informação, artigo 12º que diz respeito à liberdade de expressão e de informação e artigo 13º sobre a liberdade das artes e das ciências).

Intimamente relacionado com o valor da democracia, o valor da *rule of law* faz parte do âmago do constitucionalismo moderno e é potencialmente aplicável a todas as entidades que exerçam poderes públicos, pelo que a União Europeia, porque exerce poderes públicos, que antes pertenciam aos Estados-membros, deve considerar-se submetida à *rule of law*. Além disso, os atos, as normas e as medidas em geral dos poderes públicos da União afetam diretamente tanto a esfera jurídica dos particulares como a dos Estados-membros, pelo que só a observância estrita do Direito previamente estabelecido poderá justificar tal afetação.

Ora, o valor da *rule of law* saiu reforçado da última revisão de fundo dos Tratados, designadamente, porque a Carta dos Direitos Fundamentais da União Europeia passou a ter caráter vinculativo, a jurisdição do Tribunal de Justiça foi alargada e foi incluída uma declaração respeitante ao primado do Direito da União Europeia sobre os Direitos nacionais. Acrescente-se ainda que certos aspetos da última reforma institucional são claramente tributários da ideia da *rule of law*.

O valor da igualdade está subjacente a um dos princípios mais importantes do Direito da União – o princípio da igualdade e da não discriminação[63], o qual saiu reforçado pelo TL, como já sustentámos em anterior trabalho[64]. Além de se manterem normas emblemáticas que integravam os anteriores Tratados, como é o caso do artigo 3º, nº 3, do TUE que erige a objetivo da União o combate à exclusão social e à discriminação, bem como a promoção da igualdade entre homens e mulheres, ou do artigo 157º, nº 1, do TFUE, o qual reconhece, de modo expresso, a igualdade de remuneração entre trabalhadores masculinos e femininos por trabalho igual ou de valor igual, introduzem-se novas normas que têm repercussões na igualdade e na não discriminação, como, por exemplo, o artigo 9º do TUE que determina que a União deve observar o princípio da igualdade de todos os seus cidadãos em todas as suas atividades e o artigo 10º do TFUE que consagra o caráter transversal do princípio da não discriminação em função do sexo, raça ou origem étnica, religião ou crença, deficiência, idade ou orientação sexual. Acresce que a CDFUE dedica todo um título – o título III – à igualdade[65].

Mas a alteração introduzida pelo TL com maior impacto, do ponto de vista do constitucionalismo da União Europeia, foi, sem dúvida, o reconhecimento dos direitos, liberdades e princípios contidos na CDFUE com um valor jurídico idêntico aos dos Tratados (artigo 6º, nº 1, do TUE). Por conseguinte, a União passou a dispor de um catálogo de direitos fundamentais, o qual pode ser invocado nos Tribunais da União Europeia e nos tribunais nacionais, nos termos constantes do artigo 51º, nº 1, 1ª parte, da CDFUE. O caráter vinculativo da Carta está, contudo, sujeito a alguns limites, os quais serão estudados mais adiante.

Além do estatuto jurídico da Carta, o TL trouxe ainda uma outra inovação importante no domínio da proteção dos direitos fundamentais, na medida em que previu a adesão da União à CEDH. Sabe-se hoje – após o Parecer nº 2/13 do Tribunal de Justiça – que essa adesão não será, na prática, facilmente realizável.

Note-se, contudo, que se assistiu nos últimos anos a um reforço da proteção dos direitos fundamentais ao nível da União Europeia, o qual se enquadra num movimento mais vasto que visa atribuir ao ser humano um papel central no âmbito

[63] Sobre o princípio da igualdade e da não discriminação no Direito da União Europeia, cfr. Ana Maria Guerra Martins, *A igualdade e a não discriminação ...*, p. 153 e segs, bem como toda a bibliografia aí citada.

[64] Ana Maria Guerra Martins, "O Tratado de Lisboa reforça o princípio da igualdade e da não discriminação?", *in Estudos em homenagem ao Prof. Doutor Martim de Albuquerque*, vol. I, Coimbra, 2009, p. 55 e segs.

[65] Para maiores desenvolvimentos, cfr. Ana Maria Guerra Martins, *A igualdade e a não discriminação...*, p. 450 e segs.

da União Europeia. As normas relativas ao espaço de liberdade, segurança e justiça, à cidadania da União bem como determinados princípios, como, por exemplo, o da aplicabilidade direta e do efeito direto, são algumas das manifestações que marcam essa tendência.

Do ponto de vista institucional, as preocupações constitucionais são evidentes, na medida em que, o Tratado de Lisboa qualificou, pela primeira vez, na História da integração europeia, as funções de cada um dos órgãos da União segundo uma terminologia constitucional – legislativas, orçamentais, de controlo político – e definiu as formas do seu exercício (artigos 14º e seguintes do TUE).

O mesmo se diga das regras relativas à repartição de atribuições entre a União e os seus Estados-membros – artigos 2º a 6º do TFUE. Pela primeira vez, na História da União Europeia, se clarificaram aspetos fundamentais, como sejam as categorias de atribuições, a definição do seu conteúdo e a enumeração das áreas que se devem considerar incluídas em cada uma dessas categorias. Ora, estes assuntos afiguram-se essenciais, do ponto de vista constitucional, permitindo traçar a fronteira entre os poderes da União e os poderes dos Estados-membros.

No que diz respeito ao relacionamento da União com os seus Estados-membros, deve referir-se a declaração sobre o primado, a qual tem igualmente repercussões na questão constitucional. Nessa declaração pode ler-se: "*a Conferência lembra que, em conformidade com a jurisprudência constante do Tribunal de Justiça da União Europeia, os Tratados e o direito adotado pela União com base nos Tratados primam sobre o direito dos Estados-membros, nas condições estabelecidas pela referida jurisprudência*".

Um outro aspeto que não pode deixar de ser mencionado a este nível é a extensão da jurisdição do Tribunal de Justiça a áreas que dela têm estado excluídas ou que têm sido submetidas à sua jurisdição com bastantes limitações[66], como é o caso de algumas vertentes do espaço de liberdade, segurança e justiça e do controlo da observância do artigo 40º do TUE relativo à delimitação das atribuições da União em sede de PESC e das políticas inseridas no TFUE[67].

[66] Note-se, todavia, que o alargamento da competência dos Tribunais da União é alvo de algumas limitações. Ao contrário do que faria supor o desaparecimento da estrutura tripartida da União, as normas do Tratado relativas à PESC assim como os atos adotados com base nelas continuam subtraídos à jurisdição do Tribunal (artigo 275º, par. 1º, TFUE). E mesmo a jurisdição do Tribunal de Justiça sobre o atual terceiro pilar foi inicialmente adiada por 5 anos (artigo 10º do Protocolo sobre disposições transitórias).

[67] No mesmo sentido, Emmanuelle Bribosia, "Le traité de Lisbonne: un pas supplémentaire dans le processus de constitutionnalisation des droits fondamentaux", *in* Paul Magnette / Anne Weyembergh, *L'Union européenne: la fin d'une crise?*, Bruxelas, 2008, p. 185.

O TL alargou igualmente as possibilidades de acesso dos indivíduos aos Tribunais da União Europeia[68].

Por último, refira-se que a "ação da União Europeia na cena internacional" deve também ser enquadrada no contexto do constitucionalismo da União, desde logo porque assenta em valores e princípios, como sejam a democracia, o Estado de Direito, a universalidade e a indivisibilidade dos direitos humanos. A União tenta "exportar" estes valores e princípios para o resto do Mundo através da inclusão das chamadas cláusulas de direitos fundamentais nos tratados que celebra com terceiros Estados. A exigência de que os seus parceiros respeitem estes valores e princípios é uma constante das relações externas da União Europeia, sob pena de suspensão ou mesmo cessação de vigência do tratado em causa.

Acresce ainda que a ação da União, no domínio da segurança e da defesa, nos últimos quinze anos, se tem pautado pela participação dos seus Estados-membros no terreno das operações civis e militares, com o objetivo de contribuir para a afirmação dos direitos humanos, da democracia e do Estado de direito.

Sem prejuízo de desenvolvimentos ulteriores com vista a esclarecer as afirmações que têm vindo a ser feitas, do que até aqui se expôs já resulta que a União Europeia se rege por regras e princípios, cuja origem se deve ancorar no constitucionalismo moderno, mas que ao nível transnacional adquirem uma nova dimensão. É, pois, com base nestes postulados que o presente livro será elaborado.

2. Metodologia

Os métodos de abordagem do Direito da União Europeia são múltiplos, o que se repercute no resultado final a que cada Autor chega em obras deste tipo. Assim, há quem dê ao estudo da História da integração europeia uma importância diminuta como há quem o considere um aspeto fundamental para a compreensão do estádio atual da evolução da União Europeia. Por nós, integramo-nos claramente nesta segunda tendência, pois consideramos que, tendo os diversos tópicos deste livro sido objeto de desenvolvimento ao longo dos anos, é fundamental o conhecimento do passado para se perceberem as soluções atualmente consagradas. Além disso, o estudo da História da integração é crucial para perspetivar o futuro, pois, muitas vezes, aquilo que parece utópico, num dado momento, acaba por se revelar pouco tempo depois como o mais adequado.

O ponto de partida da investigação levada a cabo no presente livro será consituído pelas fontes vinculativas de Direito da União Europeia. Assim, a propó-

[68] O TFUE confere legitimidade ativa em sede de recurso de anulação às pessoas singulares e coletivas no que diz respeito aos atos regulamentares que lhe digam diretamente respeito e que não incluam medidas de execução (artigo 263º, nº 4, TFUE) bem como em relação às decisões que estabeleçam medidas restritivas contra pessoas singulares ou coletivas, adotadas pelo Conselho com base no Capítulo 2 do Título V do TUE, ou seja, em matéria de PESC (artigo 275º, par. 2º, TFUE).

sito de cada matéria, curar-se-á de apreciar o Direito Originário em vigor, com especial destaque para o TUE e o TFUE bem como a CDFUE, sem prejuízo da referência às anteriores versões dos Tratados, quando tal se afigure necessário para estabelecer o contraste com a situação atual ou para demonstrar a sua continuidade. Em segundo lugar, dedicaremos uma especial atenção aos princípios gerais de Direito e aos princípios de Direito da União Europeia. Porque não se trata de um estudo monográfico, o Direito Derivado e o Direito Internacional de que a União Europeia é parte serão mencionados somente a propósito dos domínios em que assumam uma particular relevância. Já a Jurisprudência dos Tribunais da União Europeia, especialmente, do Tribunal de Justiça, mas também do Tribunal Geral (antigo Tribunal de Primeira Instância – cfr. artigo 19º, nº 1, do TUE), tendo em conta a importância que assume no Direito da União Europeia, será objeto de um estudo mais aprofundado.

Além das fontes acabadas de enunciar, a nossa investigação basear-se ainda no *soft law*, o qual abrange um conjunto de atos que, embora não tendo efeitos jurídicos vinculativos, acabam por ter uma enorme importância, do ponto de vista político, até porque, muitas vezes, antecipam o Direito vinculativo, como, por exemplo, os programas de ação, as resoluções e as recomendações dos órgãos da União. E como não podia deixar de ser, teremos igualmente em consideração a Doutrina que sobre todas as outras fontes se tem debruçado. Por último, tendo em conta os desenvolvimentos políticos, económicos e financeiros mais recentes, sempre que se justifique, além do *law in the books*, chamaremos a atenção para o *law in action*.

3. Plano da obra

Tendo presentes as premissas de que partimos, o livro dividir-se-á em quatro partes, sendo que a primeira será dedicada ao estudo da evolução do processo de integração europeia, desde as suas origens até à atualidade. A segunda parte incidirá sobre a Constituição Política da União Europeia. A terceira parte debruçar-se-á sobre as atribuições, a estrutura orgânica e os procedimentos de decisão da União Europeia. Por último, a quarta parte tratará do sistema jurídico da União Europeia. Cada uma destas partes será dividida em capítulos, como resulta do plano que a seguir se apresenta:

Introdução

Parte I – A evolução do processo de integração europeia – das origens à atualidade

Capítulo I – Da criação das Comunidades Europeias até ao Ato Único Europeu

Capítulo II – Da criação das União Europeia até ao Tratado de Nice

Capítulo III – Da refundação da União Europeia até à crise atual

Parte II – A Constituição Política da União Europeia
Capítulo IV – A União Europeia como união de Estados e de cidadãos
Capítulo V – A cidadania da União Europeia
Capítulo VI – A proteção dos direitos fundamentais na União Europeia
Parte III – As atribuições, a estrutura orgânica e os procedimentos de decisão da União Europeia
Capítulo VII – As atribuições da União Europeia
Capítulo VIII – A estrutura institucional e orgânica da União Europeia
Capítulo IX – Os procedimentos de decisão da União Europeia
Parte IV – O sistema jurídico da União Europeia
Capítulo X – As fontes de Direito da União Europeia
Capítulo XI – As relações entre o Direito da União Europeia e os Direitos internos dos Estados-membros
Capítulo XII – O diálogo entre os Juízes nacionais e o Tribunal de Justiça da União Europeia

PARTE I
A Evolução do Processo de Integração Europeia – Das origens à atualidade

Capítulo I
Da criação das Comunidades Europeias até ao Ato Único Europeu

4. Os projetos de integração europeia anteriores à criação das Comunidades Europeias

4.1. A ideia de Europa e de identidade europeia

Do preâmbulo do Tratado da União Europeia, atualmente em vigor, resulta clara a sua inspiração "(...) *no património cultural, religioso e humanista da Europa, de que emanaram os valores universais que são os direitos invioláveis e inalienáveis da pessoa humana, bem como a liberdade, a democracia, a igualdade e o Estado de direito,* (...)", pelo que se afigura essencial o conhecimento das origens e da evolução da ideia de Europa[69].

Embora não existam certezas quanto ao significado inicial do termo Europa nem quanto ao momento em que, pela primeira vez, foi usado, uma coisa é certa: a palavra Europa é muito anterior a qualquer projeto de integração europeia.

A mitologia grega descreve-a como uma mulher, filha de um rei fenício, que foi seduzida pelo Deus grego Zeus, o qual a transportou, metamorfoseado de touro, da Fenícia para Creta. Por outro lado, a Europa era também a palavra fenícia que designava o sol[70].

Julga-se que o primeiro texto que utilizou a palavra Europa data do séc. VIII A.C., sendo atribuído a Hesíodo. Dois séculos mais tarde, Heródoto refere a

[69] Sobre a ideia de Europa e de identidade europeia, cfr., na doutrina portuguesa, José Duarte Nogueira, *Direito Europeu e Identidade Europeia*, Lisboa, 2007, p. 17 e segs.

[70] Cfr. Élisabeth du Réau, *L'idée d'Europe – Des mythes aux réalités*, s. l., Ed. Complexe, 2008, p. 18; Rogelio Pérez-Bustamante / Juan Manuel Uruburu Colsa, *História da União Europeia*, Coimbra, 2004, p. 13 e segs; Pim den Boer, «Essay 1 – Europe to 1914: the Making of an Idea», Kevin Wilson / Jan van der Dussen (eds.), *The History of the Idea of Europe*, Londres / Nova Iorque, 2000, p. 15.

Europa como uma das três partes do Mundo, a par da Ásia e da África[71] e como sendo uma terra excessivamente bela e de elevado valor[72].

Na Grécia Antiga a Europa estava associada à ideia de Ocidente, ou seja, aos territórios a Oeste da Grécia. Com a deslocação do centro do território grego, na época de Alexandre, o Grande, a Europa passou a designar os territórios situados na Grécia e na Ásia Menor. Pelo contrário, a expansão de Roma nunca foi considerada uma expansão europeia. Não se pode dizer que no Império Romano se encontrasse um sentimento de pertença partilhado por todos os Europeus, ou seja, uma identidade europeia[73].

O termo Europa não se encontra na Bíblia[74], mas alguns doutores da Igreja aceitaram a divisão tripartida do Mundo (Europa, Ásia e África), como foi o caso de Santo Agostinho[75].

A Europa como ideia política reemergiu no séc. VIII com o avanço dos Mouros no Sul e no Leste. Nessa época a ideia de Europa encontrava-se associada à ideia de Cristandade Ocidental[76]. No século seguinte, Carlos Magno, que se definia a si próprio como o pai da Europa, procurou impor um sistema político em toda a região, com base em múltiplos centros políticos e administrativos. Além disso, desenvolveram-se práticas económicas comuns e criou-se uma cultura cristã comum. No fundo, são estes os três elementos constitutivos da identidade europeia – sistema político, economia e cultura comuns[77].

Apesar disso, a palavra Europa no sentido de um espaço cujos habitantes partilhavam um determinado modo de vida que se fundamentava no humanismo cristão só se começou a usar no séc. XII. Além das crenças religiosas comuns, a Europa partilhava ainda uma particular forma de economia política, com trocas comerciais entre as diversas cidades que se tornaram o centro da economia local. Uma outra característica da Europa é a perseguição aos não Cristãos, sejam eles pagãos ou tenham outras crenças religiosas, como a judaica ou a islâmica[78].

A unidade cultural, civilizacional e espiritual da Europa afirma-se, pois, desde a Antiguidade Clássica, tendo conseguido manter-se durante a Idade Média em

[71] Cfr. Pim den Boer, "Essay 1 – Europe to 1914...", p. 14, 15.

[72] Cfr. Élisabeth du Réau, *L'idée d'Europe...*, p. 18.

[73] Neste sentido, Pim den Boer, "Essay 1 – Europe to 1914...", p. 19.

[74] Pim den Boer, "Essay 1 – Europe to 1914...", p. 19.

[75] Pim den Boer, "Essay 1 – Europe to 1914...", p. 21.

[76] Cfr. Élisabeth du Réau, *L'idée d'Europe...*, p. 22, 23; Pim den Boer, "Essay 1 – Europe to 1914...", p. 27 e segs.

[77] Neste sentido, Damian Chalmers / Gareth Davies / Giorgio Monti, *European Union Law*, 5ª ed., Cambridge, 2014, p. 5.

[78] Neste sentido, Damian Chalmers / Gareth Davies / Giorgio Monti, *European Union Law*, cit., p. 5.

torno da figura do Papa que se "*arvorava em verdadeiro chefe de uma vasta República Cristã*"[79]. Efetivamente, tanto o Império de Carlos Magno como o Sacro Império Romano-Germânico encontram a sua unidade na pessoa do Papa, mas foi somente no decurso do séc. XIV que a palavra Europa passou a ser usada com frequência num amplo número de escritos[80]. E é também no séc. XIV que emerge uma certa ideia de Europa que se identifica com a liberdade, a cristandade e a civilização[81].

Os desenvolvimentos posteriores do séc. XVI e XVII vão trazer contributos significativos para a evolução da ideia de Europa. Como reação contra a proliferação e difusão de poderes provenientes da Idade Média, a centralização política impõe-se com o surgimento do Estado moderno, o qual passa a deter um poder supremo exclusivo e independente, interna e externamente, em diversos domínios, como sejam a produção de normas jurídicas, a matéria fiscal e a condução da política externa.

Do ponto de vista cultural, a Europa considerava-se num estádio muito mais avançado do que o resto do Mundo, na medida em que possuía uma elite que partilhava uma tradição cultural comum. Ora, o colonialismo do Novo Mundo justifica-se, na ótica dos europeus, precisamente, por essa superioridade cultural europeia.

Desde o século XVIII que a Europa se afirma como um lugar onde coexistem múltiplas comunidades políticas que partilham um determinado modo de vida que se fundamenta no progresso, na civilização, na aprendizagem e na cultura. Historicamente, a Europa considerava-se o centro do Mundo, o que tem como consequência uma certa intolerância para com os não Europeus[82], a qual, está, de resto, bem patente no processo de integração europeia. Veja-se, por exemplo, o diferente modo como a União Europeia trata os nacionais de Estados-membros e os nacionais de terceiros Estados[83].

A afirmação da Europa e da identidade europeia completa-se já no século XX. Apesar de comungar de alguns valores com os Estados Unidos da América, como sejam a economia de mercado e a democracia constitucional, a Europa afasta-se dos Estados Unidos em muitos aspetos, como, por exemplo, em matéria de Estado social e da proibição da pena de morte.

79 Paulo de Pitta e Cunha, "Tentativas históricas de União Europeia" (1963), *in Integração Europeia – Estudos de economia, política e direito comunitários*, Lisboa, 1993, p. 14.

80 Cfr. Pim den Boer, "Essay 1 – Europe to 1914...", p. 34.

81 Cfr. Élisabeth du Réau, *L'idée d'Europe...*, p. 27; Pim den Boer, "Essay 1 – Europe to 1914...", p. 13.

82 Neste sentido, Damian Chalmers / Gareth Davies / Giorgio Monti, *European Union Law*, cit., p. 5; Élisabeth du Réau, *L'idée d'Europe...*, p. 27.

83 Cfr. Ana Maria Guerra Martins, *A igualdade e a não discriminação..., passim.*

Na verdade, a ideia de identidade europeia é prévia à criação das Comunidades Europeias e da União Europeia, mas elas vão funcionar como uma espécie de catalisador, pois as suas realizações vão contribuir para a construção, aprofundamento e desenvolvimento dessa identidade e para a tomada de consciência de muitos aspetos com ela relacionados. Com efeito, a União Europeia dispõe de autonomia e de especificidade em relação aos Estados-membros que a compõem. O espírito e a consciência de uma certa identidade ao nível da Europa é devida à identificação de uma comunhão de interesses, princípios e valores, os quais, embora precedam a União, devem por ela ser aproveitados, aprofundados e progressivamente desenvolvidos.

A identidade europeia define-se, pois, a partir da existência de determinadas semelhanças que aproximam mais os Estados e os povos da Europa uns dos outros do que de terceiros, o que conduz à criação de determinados laços de solidariedade que unem esses Estados e esses povos. Por outro lado, a identidade europeia pressupõe a identificação dos cidadãos com um determinado modelo económico, social e político protagonizado, por enquanto, pela União. A identidade europeia leva ainda a que os outros – os terceiros, ou seja, os que não fazem parte da União – a reconheçam como um todo.

São diversas as manifestações do respeito da identidade europeia nos atuais Tratados. Assim, a afirmação, no artigo 2º do TUE, de um conjunto de valores comuns que adquirem relevo universal dentro da União, a referência, no preâmbulo do TUE, ao aprofundamento dos laços de solidariedade entre os povos da Europa bem como a menção, no artigo 1º do TUE, a uma nova etapa no processo de criação de uma união cada vez mais estreita entre os povos da Europa são três exemplos muito elucidativos. A cidadania da União prevista nos artigos 20º e seguintes do TFUE, a qual implica a atribuição de determinados direitos aos nacionais dos Estados-membros, contribui igualmente para a criação de uma consciência europeia que se afirma pela pertença a algo de que os outros estão excluídos – a União. A existência de uma moeda única – o euro – é outro elemento importante na definição da identidade europeia. Na verdade, a moeda é um dos principais elementos de identificação de um povo, pelo que o aparecimento de uma moeda única europeia, que pode ser usada em qualquer Estado dentro da chamada zona Euro, não pode deixar de ser encarada como um aspeto relevante neste contexto. Por último, tem-se verificado uma certa tendência de afirmação da Europa no resto do Mundo e de reconhecimento da União como um todo por parte de terceiros, a qual se tem feito sentir, sobretudo, a partir da existência de uma política comercial comum e dos vários passos dados em matéria de política externa e de segurança comum.

4.2. A ideia de "União Europeia" antes da II Guerra Mundial

4.2.1. Os precursores do séc. XVII ao séc. XIX

Associado à ideia de Europa descortina-se, pelo menos, desde os finais do século XVII, em escritos de diversos escritores, filósofos, economistas e até poetas, um objetivo de unidade política europeia que há de fundamentar, inicialmente, as Comunidades Europeias e, posteriormente, a União Europeia. Referindo somente os mais relevantes[84], diremos que, em 1693, WILLIAM PENN, no seu *Essay Towards the Present and Future Peace of Europe,* sustentou a criação de um Parlamento europeu composto por representantes dos Estados, cujo principal escopo seria prevenir guerras entre os Estados e promover a justiça. Em 1710, um discípulo de PENN, JOHN BELLERS propôs um sistema cantonal baseado no modelo suíço. A Europa deveria ser dividida em 100 cantões, os quais contribuiriam para um Exército Europeu e estariam representados num Senado Europeu. A ideia de União Europeia, para estes dois autores, tinha subjacente um cariz fortemente confederal.

Com maior divulgação e, como tal, mais influentes foram os projetos do Abade SAINT PIERRE, de JEAN-JACQUES ROUSSEAU ou de EMMANUEL KANT.

SAINT PIERRE foi autor de dois textos importantes entre 1713 e 1717 – *Projet pour rendre la paix perpétuelle en Europe* e *Projet pour rendre la paix perpétuelle entre souverains chrétiens* – nos quais, embora oscilando entre a ideia de Europa e a ideia de Cristandade, defendeu um projeto federal limitado à Europa, no qual os soberanos estabeleceriam uma Sociedade Europeia, criariam um Congresso ou Senado Perpétuo com representantes permanentes. A guerra seria proibida, exceto com caráter sancionatório. Previa-se ainda a criação de câmaras de comércio para regularem os conflitos comerciais. ROUSSEAU, influenciado por SAINT PIERRE, no seu *Jugement pour la Paix Perpétulle,* apresentado em 1782, retoma estas ideias mas, tendo em conta as dificuldades que a situação política da Europa enfrentava na época, limita-se a defender a criação de um federação de Estados fundada no princípio da vontade nacional. O projeto mais arrojado veio da Alemanha e deve-se a KANT, o qual, em 1795, na sua *Paz Perpétua,* na esteira de ROUSSEAU, defendeu uma confederação geral dos Estados europeus, mas considerava que, para assegurar a paz perpétua, os regimes dos Estados deveriam ser republicanos, porque só em República se requeria o consentimento do povo para fazer a guerra.

Note-se que estes três projetos, mais do que a construção de uma confederação ou de uma federação europeia, visavam, primordialmente, a concertação dos príncipes e soberanos que, naquela época, travavam lutas sangrentas. Por essa e por outras razões, nenhum destes projetos vingou.

[84] Para mais desenvolvimentos, cfr. ÉLISABETH DU RÉAU, *L'idée d'Europe...*, p. 43 e segs; ROGELIO PÉREZ-BUSTAMANTE / JUAN MANUEL URUBURU COLSA, *História da União...*, p. 21 e segs; PIM DEN BOER, "Essay 1 – Europe to 1914...", p. 13; PAULO DE PITTA E CUNHA, "Tentativas históricas de União Europeia", cit., p. 12 e segs.

No início do séc. XIX assiste-se na Europa à emergência dos nacionalismos, o que, aliás, perdurou no tempo e, por si só, não é favorável ao desenvolvimento da ideia da criação de uma organização europeia com pendor federal ou confederal. Apesar disso, em 1814, SAINT-SIMON redigiu, a pedido dos Parlamentos de França e de Inglaterra, um texto intitulado *De la reorganisation de la societé européenne*, no qual preconizou a substituição do sistema de organização política do Estado-Nação por um sistema central soberano. Os Estados europeus (leia-se: França e Inglaterra com abertura à Alemanha) seriam governados pelos parlamentos nacionais, devendo ser criado um parlamento europeu para decidir sobre as questões de interesse comum. Esta proposta rompe com a tradição do Estado-Nação que imperava naquele tempo. Não tendo tido qualquer eco nos debates do Congresso de Viena de 1815[85] [86], a proposta de SAINT SIMON de uma Europa unida foi muito bem acolhida, durante toda a primeira metade do século XIX, por autores como MAZZINI, PROUDHON ou VICTOR HUGO.

Ficou célebre o discurso de abertura do Congresso da Paz, proferido, em 21 de agosto de 1849, em Paris, por VICTOR HUGO, seu Presidente, o qual afirmou, de modo quase profético:

> *"Un jour viendra où vous toutes les nations du continent, sans perdre vos qualités distinctes et votre glorieuse individualité vous vous fondrez étroitement dans une unité supérieure et vous constituerez la fraternité européenne".*
>
> *"Un jour viendra où il n'y aura que d'autres champs de bataille que les marchés s'ouvrant au commerce et les esprits s'ouvrant aux idées".*
>
> *«Un jour viendra, où les boulets et les bombardements seront remplacés par les votes, par le suffrage universel du peuple, par le véritable arbitrage d'un grand Sénat souverain qui sera à l'Europe ce qui est le Parlement à l'Angleterre...».*

Apesar de no seu discurso referir os Estados Unidos da Europa (*nous aurons les États-Unis de l'Europe qui couronneront le Vieux-Monde comme les États-Unis d'Amérique couronnet le nouveau*), não resulta claro se a organização europeia, que VICTOR HUGO preconizava, deveria ter uma natureza federal ou confederal. Uma coisa é certa: não se enganou quando afirmou que não seriam precisos quatrocentos anos para que essa organização viesse a surgir. Mas a verdade é que o tempo em que viveu VICTOR HUGO não era propício ao desenvolvimento destas ideias, na medida em que o Estado-Nação se encontrava no auge. Além disso, nunca se conseguiu explicar a relação entre estas novas estruturas e o Estado.

[85] Cfr. ÉLISABETH DU RÉAU, *L'idée d'Europe...*, p. 50.

[86] Após a derrota de Napoleão, o Congresso de Viena estabelece a nova carta territorial e política europeia. Para desenvolvimento deste tema, cfr. ÉLISABETH DU RÉAU, *L'idée d'Europe...*, p. 43 e segs.

4.2.2. Os projetos de "União Europeia" após a I Guerra Mundial

A I Guerra Mundial vem alterar este *status quo*, tendo funcionado como um estímulo para aqueles que viam na União Europeia o único meio de evitar novas guerras entre os Estados europeus e de responder à crescente concorrência económica dos Estados Unidos, da Argentina e do Japão.

Assim sendo, logo após a I Guerra Mundial, LUIGI EUNAUDI (futuro Presidente da República italiana) propôs a congregação dos povos europeus numa Europa unida. Porém, os conflitos de interesses desencadeados aquando da assinatura do Tratado de Paz de Versalhes contribuíram para exacerbar os nacionalismos e afastaram a aceitação imediata das ideias de EUNAUDI.

Em 1922 o Conde checo COUDENHOVE-KALERGI dirigiu a diversos jornais europeus uma mensagem em que expôs a necessidade de instituir uma «união paneuropeia», a qual se inspirava na Constituição dos Estados Unidos da América. Apelava aos parlamentos nacionais para consentirem no abandono de soberania e chamava a atenção para a necessidade de despertar a opinião pública favorável à unificação europeia. Em 1923 publicou um livro intitulado *Pan-Europe* e fundou a revista *Pan-Europe*. Lançou o movimento pan-europeu, com o apoio discreto do Presidente checo MASARYK. No início de 1925 desloca-se a Paris onde granjeia o apoio de destacadas figuras do jornalismo – LOUISE WEISS e HENRY DE JOUVENEL – e da política – PAUL PAINLEVÉ, ÉDOUARD HERRIOT, LOUIS LOUCHER e ARISTIDE BRIAND.

Em 1925 HERRIOT lançou no Parlamento francês um apelo oficial à unidade da Europa, ideia que foi bem acolhida e, dois anos mais tarde, em 1927, o ministro francês LOUCHER propôs a criação de cartéis europeus do carvão, do aço e dos cereais.

Por iniciativa de COUDENHOVE-KALERGI realizou-se, em 1926, o 1º Congresso Pan-europeu, em Viena[87]. O programa da União pan-europeia de COUDENHOVE-KALERGI assentava em nove pontos. Começando por afirmar a União pan-europeia como organizadora do movimento federalista europeu, preconizava:

1. A *confederação europeia* com garantia recíproca de igualdade, de segurança e da soberania de todos os Estados europeus;
2. Um *tribunal federal* europeu para regular todos os conflitos entre Estados europeus;

[87] Sobre as várias iniciativas de CONDENHOVE, cfr. GÉRARD BOSSUAT, *Histoire de l'Union européenne – Fondations, élargissements, avenir*, Paris, 2009, p. 28 e segs; ÉLISABETH DU RÉAU, *L'idée d'Europe...*, p. 76 e segs; ROGELIO PÉREZ-BUSTAMANTE / JUAN MANUEL URUBURU COLSA, *História da União...*, p. 30 e segs; PETER BUGGE, "Essay 2: The Nation Supreme – The idea of Europe 1914-1945", *in* KEVIN WILSON / JAN VAN DER DUSSEN (eds.), *The History of the Idea...*, p. 96 e segs; PAULO DE PITTA E CUNHA, "Tentativas históricas de União Europeia", cit., p.23 e segs.

3. Uma *aliança militar* europeia, com uma força aérea comum para garantir a paz e o desarmamento equilateral;
4. A criação progressiva de uma *união aduaneira* europeia;
5. A colocação em comum das *colónias* dos Estados europeus;
6. Uma *moeda* europeia;
7. O respeito das *civilizações nacionais* de todos os povos da Europa, fundamento da comunidade de cultura europeia;
8. A proteção de todas as *minorias* nacionais e religiosas da Europa, contra a desnacionalização e a opressão;
9. A colaboração da Europa com os outros Estados no quadro da *Sociedade das Nações* universal[88].

A proposta de uma Europa Unida teve um apoio bastante significativo nos meios intelectuais da época. PAUL VALÉRY, THOMAS MANN, STEFAN ZWEIG, SIGMUND FREUD, JOSÉ ORTEGA Y GASSET e até ALBERT EINSTEIN foram algumas das figuras que o apoiaram. Já no plano político as personalidades de proa mostraram-se mais céticas. Além do Chanceler austríaco SEIPEL ou de KONRAD ADENAUER, a união pan-europeia não conseguiu outros apoios políticos relevantes[89]. Em Inglaterra a ideia nem sequer foi levada a sério.

No fundo, o seu apoio mais importante foi o do então Ministro dos Negócios Estrangeiros francês – ARISTIDE BRIAND – o qual, em 5 de setembro de 1929, proferiu um discurso, na Assembleia da SDN, em que defendeu a criação de uma espécie de "laço federal" entre as nações europeias que se deveria consubstanciar numa concertação intereuropeia permanente que incluísse a unidade económica europeia e a unidade política. No dia 9 de setembro, reunidos no Hotel des Bergues – Genève, os vinte e seis delegados europeus da SDN discutiram a proposta de BRIAND e, embora com dúvidas, e sem o entusiasmo esperado, encarregaram-no de preparar um memorando em que desenvolvesse as suas ideias. GUSTAV STRESEMANN, então Ministro dos Negócios Estrangeiros alemão, foi dos poucos que respondeu positivamente a este apelo, não sem previamente ter expressado dúvidas quanto à oportunidade de criar um grupo europeu no seio da SDN, o qual poderia pôr em causa o caráter universal da sociedade internacional. Aceitava, contudo, sem reservas a unidade económica europeia.

O Memorando BRIAND, que, ao que parece, terá sido redigido por ALÉXIS LÉGER[90], ficou pronto em 1 de maio de 1930, tendo sido difundido a 17 de maio

[88] O programa encontra-se reproduzido em GÉRARD BOSSUAT, *Histoire de l'Union européenne...*, p. 30.
[89] Neste sentido, GÉRARD BOSSUAT, *Histoire de l'Union européenne...*, p. 31.
[90] Neste sentido, GÉRARD BOSSUAT, *Histoire de l'Union européenne...*, p. 58.

do mesmo ano. O memorando insistia na Europa política, incluindo um projeto de União Federal Europeia, em que seria respeitada a soberania dos Estados. Previa a instituição de uma conferência europeia representativa dos Estados-membros onde seriam examinadas todas as questões relativas aos povos europeus e de um comité político permanente composto por membros da conferência política que seria o executivo da União. O memorando precisava igualmente a articulação com a SDN bem como a organização económica. Neste último domínio defendia a criação de um mercado comum com vista ao aumento do nível de vida e à organização racional da produção e das trocas comerciais em que a circulação de mercadorias, capitais e pessoas seria progressivamente liberalizada. O memorando subordinava o económico ao político[91].

Excetuando o caso do Reino Unido, o memorando foi acolhido com alguma simpatia nos meios políticos, mas também com muita desconfiança. Com efeito, os outros governos europeus suscitaram dúvidas sobre, designadamente, o efetivo respeito das soberanias nacionais, a compatibilidade entre a nova organização e a SDN, a igualdade entre os pequenos e os grandes Estados bem como sobre o modo como se relacionaria a cooperação económica com a cooperação política.

O Governo francês tentou responder a estas críticas na sessão da Assembleia da SDN de setembro de 1930, mas a verdade é que os tempos não eram propícios à sua aceitação. Em primeiro lugar, o projeto comungava de alguma obscuridade, uma vez que preconizava a criação de uma associação federal, mas não abdicava da soberania de nenhuma das Nações que nela pudessem vir a participar. Em segundo lugar, a resistência do Reino Unido tornava-o inviável, uma vez que ninguém queria avançar sem um Estado com a importância que o Reino Unido tinha na época. Em terceiro lugar, a crise económica mundial forçava os governos a adotarem medidas protecionistas, pelo que as propostas de integração económica também não eram bem vistas. No fundo, os Estados não estavam dispostos a assinar um pacto tão radical e vinculativo, manifestando, todavia, a sua disponibilidade para participar em reuniões periódicas ou extraordinárias em que se discutissem as questões europeias. A morte de BRIAND, em 1932, e as tensões internacionais, devidas à chegada de HITLER ao poder na Alemanha, levam ao exacerbamento dos nacionalismos, o que não é favorável à unidade livre e voluntária da Europa. E assim a iniciativa de BRIAND acabou por ser abandonada, tendo sido preciso esperar pelo fim da II Guerra Mundial para reavivar o interesse dos governantes e dos políticos em geral pela ideia de uma Europa unida.

[91] Sobre o memorando Briand, cfr. GÉRARD BOSSUAT, *Histoire de l'Union européenne...*, p. 51 e segs; ÉLISABETH DU RÉAU, *L'idée d'Europe...*, p. 97 e segs; ROGELIO PÉREZ-BUSTAMANTE / JUAN MANUEL URUBURU COLSA, *História da União...*, p. 31 e segs; PETER BUGGE, "Essay 2: The Nation Supreme...", p. 101 e segs; PAULO DE PITTA E CUNHA, "Tentativas históricas de União Europeia", cit., p. 25 e segs.

4.3. Os desenvolvimentos posteriores à II Guerra Mundial

O fim da II Guerra Mundial e o desejo de paz na Europa foram os dois principais fatores que contribuíram para o ressurgimento da ideia de unidade europeia. Não se devem, todavia, descurar outros aspetos, como o colapso total das economias e das estruturas europeias, a pendência de uma ameaça exterior – a Rússia –, a existência de problemas comuns, designadamente, políticos, económicos, sociais e de defesa, e ainda a consciência entre os responsáveis políticos da necessidade de uma ação solidária na reconstrução da Europa.

4.3.1. O relançamento da ideia de "união europeia": o discurso de Churchill e o Congresso da Haia

Considerado por muitos como um dos principais marcos no relançamento da ideia da união europeia, o discurso de WINSTON CHURCHILL, pronunciado na Universidade de Zurique, em 19 de setembro de 1946, apela à construção de "*uma espécie de Estados Unidos da Europa*", sendo que, em seu entender, "*o primeiro passo para a recriação da família europeia tem de passar por uma parceria entre a França e a Alemanha*"[92], ou seja, a reconciliação entre a França e a Alemanha afigurava-se crucial. A proposta de CHURCHILL incluía a constituição entre os dois países de uma confederação capaz de garantir uma comunhão de destinos, mas essa confederação não incluiria o Reino Unido que já fazia parte de uma outra comunidade – a *Commonwealth.*

O discurso de CHURCHILL mobilizou os europeístas de vários Estados que, na época, se encontravam unidos em torno de diversos movimentos pró-europeus[93]. Sob impulso do *United Europe Movement,* no final de 1947, foi criado um Comité Internacional de Coordenação, o qual integrava muitos outros movimentos. Convocado por este Comité, realizou-se, em Haia, nos dias 7 a 10 de maio de 1948, um congresso com o objetivo de discutir a questão da unidade da Europa[94].

No Congresso da Haia participaram mais de mil pessoas – 775 delegados de 24 Estados europeus, observadores americanos e canadianos e jornalistas – incluindo doze antigos primeiros-ministros, inúmeros ministros e parlamentares assim como personalidades de todos os quadrantes.

[92] Discurso de Winston Churchill, *in 50 Anos de Europa – os grandes textos da construção europeia*, 2ª ed., Publicação do Gabinete em Portugal do Parlamento Europeu, p. 15.

[93] Sobre a importância do Movimento Europeu e das suas realizações, cfr. PAULO DE PITTA E CUNHA, "O Movimento Europeu" (1963), *in Integração Europeia...*, p. 33 e segs.

[94] Sobre o Congresso da Haia, cfr. BINO OLIVI / ALESSANDRO GIACONE, *L'Europe difficile – la construction européenne*, 3ª ed., Paris, 2012, p 13 e segs; GÉRARD BOSSUAT, *Histoire de l'Union européenne...*, p. 109 e segs; ÉLISABETH DU RÉAU, *L'idée d'Europe...*, p. 165 e segs; ROGELIO PÉREZ-BUSTAMANTE / JUAN MANUEL URUBURU COLSA, *História da União...*, p. 55 e segs.

No Congresso defrontaram-se, essencialmente, duas teses:

- a tese federalista que pugnava pela instituição imediata de uma federação política;
- a tese unionista que agrupava os que defendiam os contactos intergovernamentais.

Após longas e apaixonantes discussões, a moção final do Congresso[95] acabou por ser aprovada por unanimidade, mas a tendência federalista não conseguiu fazer passar a sua principal proposta que era a da eleição por sufrágio direto e universal de uma assembleia constituinte.

Da moção final consta a convocação, com toda a urgência, de uma Assembleia Europeia constituída por parlamentares nacionais, que visaria:

- contribuir para criar e exprimir a opinião pública europeia;
- recomendar as medidas imediatas adequadas ao estabelecimento progressivo, tanto no plano político como no plano económico, da unidade necessária na Europa;
- examinar os problemas jurídicos e constitucionais colocados pela criação de uma União ou de uma federação, assim como as suas consequências económicas e sociais;
- elaborar os projetos de instrumentos jurídicos necessários para o efeito;
- propor a criação de um Tribunal encarregado de assegurar o respeito de uma carta europeia dos direitos de humanos.

Os congressistas decidiram ainda a criação de um «Comité para a Europa Unida».

Na verdade, as conclusões do Congresso da Haia parecem antecipar a via pela qual se vai realizar, no futuro, a unificação da Europa – uma forma mais pragmática, ou seja, mais próxima da tese unionista. Com efeito, apesar das propostas federalistas, a unidade da Europa vai construir-se, especialmente após a derrota eleitoral de Churchill no Reino Unido, pela via da cooperação intergovernamental. Esta via – que, note-se, respeita a soberania dos Estados – vai afirmar-se em diversos planos: o económico, o da defesa e o político através de múltiplas iniciativas e da criação de algumas organizações internacionais (europeias)[96]. Pelo

[95] Excertos das resoluções aprovadas no Congresso podem consultar-se em *50 Anos de Europa – os grandes textos da construção europeia*, cit., p. 19.

[96] Para uma visão geral sobre as organizações internacionais europeias, cfr., entre muitos outros, Henry G. Schermers / Niels M. Blokker, *International Institutional Law: Unity within Diversity*, 5ª ed., Haia, 2011; José A. Pastor Ridruejo, *Curso de Derecho Internacional Publico y Organizaciones Internacionales*, 15ª ed., Madrid, 2011; Manuel Diez de Velasco / José Manuel Sobrino

contrário, a via comunitária, que hoje apelidaríamos constitucional, implicando transferências de soberania dos Estados para uma entidade comum, vai iniciar-se pelo lado económico e só, muito mais tarde, vai ser transposta para o plano político.

4.3.2. A recuperação económica da Europa: o Plano Marshall

No plano económico, a ameaça da guerra fria bem como os riscos políticos decorrentes da situação de ruína económica, em que a Europa se encontrava no pós-guerra, constituíram as principais razões que levaram os americanos a propor um plano de ajuda económico-financeira à Europa. A ideia foi lançada, em 5 de junho de 1947, pelo Secretário de Estado GEORGE MARSHALL num discurso perante os finalistas de Harvard[97]. Em 16 de julho de 1947 reuniram-se, em Paris, 16 Estados europeus com o objetivo de apreciar a proposta norte-americana.

O Programa de Recuperação Económica para a Europa – que ficou conhecido como o Plano MARSHALL[98] – foi aprovado pelo Congresso norte-americano, em 2 de abril de 1948, tendo sido dirigido a todos os Estados da Europa. A Rússia recusou-se a aceitar qualquer negociação, tendo arrastado consigo todos os seus aliados.

O Plano impunha a criação de uma organização destinada a geri-lo, o que implicava que os países europeus se tinham de entender quanto à forma de fruir e de utilizar, eficazmente, o auxílio económico e financeiro que lhes era concedido pelos americanos. Um dos objetivos do Plano MARSHALL parece, pois, ter sido a unidade da Europa que, aliás, tinha muitos adeptos na Administração americana e entre os americanos em geral[99]. A OECE poderia ter sido o ponto de partida de uma integração económica e política europeia, mas os ingleses opuseram-se, veementemente, a qualquer perda de soberania, o que inviabilizou o papel político da organização[100].

HEREDIA, *Las organizaciones internacionales*, 16ª ed., Madrid, 2010; IGNAZ SEIDL-HOHENVELDERN / GERHARD LOIBL, *Das Recht der Internationalen Organisationen einschliesslich der Supranationalen Gemeinschaft*, 7ª ed., Colónia, 2000; JOÃO MOTA DE CAMPOS *et al.*, *Organizações Internacionais*, Lisboa, 1999, p. 577 e segs; RENÉ-JEAN DUPUY (dir.), *Manuel sur les organisations internationales*, 2ª ed., Dordrecht, 1998; MARGARIDA SALEMA D'OLIVEIRA MARTINS / AFONSO D'OLIVEIRA MARTINS, *Direito das Organizações Internacionais*, vol. II, 2ª ed., Lisboa, 1996, p. 249 e segs; NIGEL DAVID WHITE, *The Law of International Organisations*, Manchester, 1996.

97 Excertos deste discurso estão publicados em *50 Anos de Europa – os grandes textos da construção europeia*, cit., p. 16.

98 Sobre o Plano Marshall, ver MARIE-THÉRÈSE BITSCH, *Histoire de la construction européenne de 1945 à nos jours*, s. l., Ed. Complexe, 2004, p. 34 e segs; ROGELIO PÉREZ-BUSTAMANTE / JUAN MANUEL URUBURU COLSA, *História da União...*, p. 47 e segs; C. ZORGBIBE, *Histoire de la construction européenne*, Paris, 1993, p. 15 e segs; JEAN MONNET, *Mémoires*, Paris, 1976, p. 381 e segs.

99 Neste sentido, GÉRARD BOSSUAT, *Histoire de l'Union européenne...*, p. 128.

100 Neste sentido, BINO OLIVI / ALESSANDRO GIACONE, *L'Europe difficile...*, p. 12.

4.3.3. A afirmação da via intergovernamental no domínio económico

Assim, em 16 de abril de 1948, foi assinada, em Paris, a Convenção que criou a OECE.

A OECE tinha os seguintes objetivos:

- o relançamento económico;
- a eliminação gradual das restrições quantitativas ao comércio intra-europeu;
- a instituição no seu âmbito de uma União Europeia de Pagamentos, que repondo a convertibilidade das moedas, facilitasse o desenvolvimento das trocas comerciais entre os países membros.

Estes objetivos foram rapidamente cumpridos, pelo que, em 1960, a OECE extinguiu-se, tendo em seu lugar surgido a OCDE, a qual detém fins mais amplos e é alargada aos EUA e ao Canadá.

Em dezembro de 1949, os Estados Unidos da América propuseram a criação de uma União Europeia de Pagamentos com vista a ultrapassar o obstáculo da inconvertibilidade das moedas europeias, eliminar as restrições quantitativas e suprimir as práticas comerciais bilaterais. Os ingleses aceitaram a proposta, pelo que, em 7 de julho de 1950, o Conselho da OECE aprovou a UEP[101].

4.3.4. A afirmação da via intergovernamental no âmbito da defesa

No plano da defesa foi assinado, em 1947, o Tratado de Dunquerque entre a França e o Reino Unido, que era um pacto de aliança e assistência mútuas tendente a garantir as duas potências contra o ressurgimento da agressão alemã. Foi, porém, a ameaça provinda da ex-URSS que levou cinco Estados europeus (Bélgica, Holanda, Luxemburgo, França e Inglaterra) a concretizarem os seus propósitos de defesa comum.

Em 17 de março de 1948 foi assinado o Tratado de Bruxelas, que institui uma organização – a União Ocidental – que se tornaria em 1954 a União da Europa Ocidental. Tratava-se de um compromisso de assistência mútua, em caso de agressão armada na Europa. O tratado previa entre os Estados participantes um sistema de consultas mútuas no domínio da cooperação económica, social e cultural e organizava um sistema de resolução pacífica dos conflitos entre os Estados-membros.

O mais importante marco no domínio da defesa militar europeia foi, porém, a criação da NATO/OTAN pelo Tratado de Washington, assinado em 4 de abril

[101] Para um estudo mais desenvolvido da via intergovernamental no plano económico, cfr. Gérard Bossuat, *Histoire de l'Union européenne...*, p. 125 e segs; Élisabeth du Réau, *L'idée d'Europe...*, p. 145 e segs; Marie-Thérèse Bitsch, *Histoire de la construction européenne...*, p. 34 e segs; Paulo de Pitta e Cunha, "O Movimento Europeu", cit., p. 37 e segs.

de 1949. Tendo em consideração que a defesa militar europeia necessitava do apoio norte-americano, além de Estados europeus, a NATO vai integrar os EUA e o Canadá.

Note-se que a Alemanha só vai passar a fazer parte do sistema de defesa europeia com a revisão do Tratado de Bruxelas. Essa revisão ocorreu por força dos Acordos de Paris, de 23 de outubro de 1954, os quais criaram a União da Europa Ocidental. Os seus signatários foram a França, o Reino Unido, a Bélgica, a Holanda, o Luxemburgo, a Alemanha, a Itália, a que se juntaram, mais tarde, a Espanha, Portugal e a Grécia[102]. A UEO foi formalmente extinta em 30 de junho de 2011, tendo a sua estrutura e tarefas sido progressivamente integradas na UE, desde 1998.

4.3.5. A afirmação da via intergovernamental no plano político

No plano político, na sequência do Congresso da Haia, os Governos francês e belga decidiram, em 1948, propor ao Conselho da UEO as conclusões daquele Congresso bem como a criação de uma Assembleia Parlamentar Europeia. Franceses e ingleses não se entenderam, pelo que estes últimos apresentaram uma contraproposta baseada num sistema de cooperação intergovernamental de tipo clássico, que viria a culminar na criação do Conselho da Europa. Em 5 de maio de 1949, a Bélgica, a França, a Holanda, o Luxemburgo, o Reino Unido, a Dinamarca, a Irlanda, a Itália, a Noruega e a Suécia assinaram, em Londres, o Estatuto do Conselho da Europa.

Os membros do Conselho da Europa reconhecem o princípio do primado do Direito e o princípio de que qualquer pessoa sob sua jurisdição goza dos direitos humanos e das liberdades fundamentais (artigo 3º do Estatuto do Conselho da Europa). Só pode ser membro do Conselho da Europa o Estado que observe estes princípios (artigo 4º do Estatuto do Conselho da Europa), sendo que a sua violação pode levar à suspensão ou expulsão (artigos 8º e 9º do Estatuto do Conselho da Europa).

O principal objetivo do Conselho da Europa é a proteção dos direitos humanos, daí que a sua mais conhecida realização seja a Convenção Europeia dos Direitos do Homem, a qual se enquadrou no movimento de dotar a Europa de uma carta comum de direitos e liberdades, que repercuta os valores políticos e culturais das democracias ocidentais. Note-se, porém, que a atividade do Conselho da Europa em matéria de proteção, promoção e tutela dos direitos humanos não se resume à CEDH[103].

[102] Para maiores desenvolvimentos sobre a via intergovernamental em matéria de defesa, cfr. Marie-Thérèse Bitsch, *Histoire de la construction européenne...*, p. 39 e segs; Paulo de Pitta e Cunha, "O Movimento Europeu", cit., p. 39 e segs.

[103] Uma lista completa das convenções de direitos humanos promovidas pelo conselho da Europa, pode ver-se em http://www.coe.int/en/web/conventions/full-list.

Esta causa foi entusiasticamente abraçada pela Europa (ocidental) de então, por duas razões:

- as atrocidades cometidas durante a II Guerra Mundial, com o consequente atropelo e a violação dos mais elementares direitos inerentes à dignidade da pessoa humana, tinham mostrado a necessidade de uma maior proteção dos direitos humanos;
- o desejo de afirmação de um quadro ideológico comum em relação aos países de Leste e de consolidação da unidade dos Estados ocidentais relativamente à ameaça soviética.

A esse entusiasmo inicial vieram depois juntar-se receios em relação à perda de soberania, que dificultaram *grosso modo* as negociações da CEDH. Após várias vicissitudes e muitas reticências, o texto final da Convenção foi assinado, em Roma, a 4 de novembro de 1950, tendo entrado em vigor, em 3 de setembro de 1953, após o depósito do 10º instrumento de ratificação.

À Convenção juntam-se 16 Protocolos[104] (nem todos estão em vigor), dos quais alguns acrescentam novos direitos (Protocolos nºs 1, 4, 6, 7, 12 e 13) e outros introduzem modificações na competência, na estrutura e no funcionamento dos seus órgãos de controlo (Protocolos nºs 2, 3, 5, 8, 9, 10, 11 e 14)[105].

Em suma, a componente política, ao contrário do que tinha sido proposto pelo Congresso da Haia, passa ser tratada numa perspetiva intergovernamental[106].

5. Os anos 50: a criação das Comunidades Europeias

5.1. O Tratado CECA

Tendo em conta o cenário acima traçado em que a impossibilidade de convencer o Reino Unido a participar em ações concretas conducentes à integração europeia era uma realidade que não podia ser menosprezada, o Ministro dos Negócios Estrangeiros francês, ROBERT SCHUMAN, apresentou, em 9 de maio de 1950, uma proposta de colocação do conjunto da produção franco-alemã de carvão e aço, sob o controlo de uma alta autoridade comum, numa organização aberta à participação de outros países da Europa. Ideia, aliás, que já vinha germinando

[104] A Convenção e os Protocolos devem ser vistos como um todo.

[105] Sobre o Conselho da Europa e a Convenção Europeia dos Direitos do Homem, cfr. ANA MARIA GUERRA MARTINS, *Direito Internacional dos Direitos Humanos,* cit., p. 192 e segs.

[106] Para um estudo mais aprofundado da via intergovernamental no domínio político, cfr. ÉLISABETH DU RÉAU, *L'idée d'Europe...*, p. 178 e segs; MARIE-THÉRÈSE BITSCH, *Histoire de la construction européenne...*, p. 57 e segs; ROGELIO PÉREZ-BUSTAMANTE / JUAN MANUEL URUBURU COLSA, *História da União...*, p. 58 e segs; C. ZORGBIBE, *Histoire de la construction...*, p. 19 e segs; PAULO DE PITTA E CUNHA, "O Movimento Europeu", cit., p. 39 e segs.

desde antes da II Guerra[107]. Esta proposta ficou conhecida como a Declaração SCHUMAN[108], a qual foi elaborada por JEAN MONNET, um reconhecido federalista[109]. Cinco governos acolheram favoravelmente a proposta francesa: o alemão, o italiano, o belga, o holandês e o luxemburguês.

A Declaração permitiu, por um lado, apaziguar as angústias francesas em relação ao perigo alemão e, por outro lado, representou para os alemães a oportunidade de voltarem a entrar na cena política europeia e em pé de igualdade com os seus parceiros.

Apesar do fracasso que representou a curto prazo para a federação europeia, pois tratava-se de um projeto muito modesto, a Declaração SCHUMAN acabou por se revelar como um grande impulso para a integração europeia, na medida em que levou à criação da primeira Comunidade Europeia – a do Carvão e do Aço – tendo ficado para a História como o verdadeiro momento de criação das Comunidades Europeias[110].

Com efeito, o Tratado institutivo da Comunidade Europeia do Carvão e do Aço foi assinado, em 18 de abril de 1951, e entrou em vigor, em 25 de julho de 1952. Destinando-se a vigorar por 50 anos a partir da data da sua entrada em vigor (artigo 97º do TCECA), a sua validade expirou, em 23 de julho de 2002. A partir daí o carvão e o aço passaram a estar sujeitos ao regime geral do TCEE (posteriormente TCE) até à entrada em vigor do Tratado de Lisboa, estando atualmente regulados no TFUE.

Pelo Tratado CECA seis Estados europeus (França, Itália, República Federal da Alemanha, Bélgica, Luxemburgo e Países Baixos) decidiram pôr sob uma autoridade comum todo um setor produtivo – o do carvão e do aço – fundamental na época. Tal facto representou uma limitação da soberania dos Estados e uma inovação qualitativa por referência ao que até então se conhecia nas relações internacionais.

A CECA tinha, essencialmente, dois tipos de objetivos:

- Políticos – a manutenção da paz no Mundo e na Europa;
- Económicos e sociais – segundo o artigo 2º do TCECA, esta organização tinha como fins a contribuição para a expansão económica, o aumento

[107] Cfr. GÉRARD BOSSUAT, *Histoire de l'Union européenne...*, p. 42 e segs.

[108] O texto da Declaração Schuman pode consultar-se em *50 Anos de Europa – os grandes textos da construção europeia*, cit., p. 23 e 24.

[109] Cfr. o testemunho de JEAN MONNET nas suas *Mémoires*, cit., p. 415 e segs.

[110] Para maiores desenvolvimentos sobre os antecedentes da CECA, cfr. BINO OLIVI / ALESSANDRO GIACONE, *L'Europe difficile...*, p. 26 e segs; GÉRARD BOSSUAT, *Histoire de l'Union européenne...*, p. 145 e segs; ÉLISABETH DU RÉAU, *L'idée d'Europe...*, p. 196 e segs; ROGELIO PÉREZ-BUSTAMANTE / JUAN MANUEL URUBURU COLSA, *História da União...*, p. 61 e segs; MARIE-THÉRÈSE BITSCH, *Histoire de la construction européenne...*, p. 61 e segs; JEAN MONNET, *Mémoires*, cit., p. 459 e segs; PAULO DE PITTA E CUNHA, "O Movimento Europeu", cit., p. 43 e segs.

do emprego e o relançamento do nível de vida nos Estados-membros, de harmonia com a economia geral dos Estados-membros e graças ao estabelecimento de um mercado comum nas condições definidas no artigo 4º do TCECA. Para alcançar esse objetivo os Estados acordaram na criação de um mercado comum, objetivos comuns e órgãos comuns.

Os órgãos criados pelo Tratado CECA eram os seguintes:

- A Alta Autoridade – órgão com poder de decisão (artigos 8º e seguintes do TCECA), independente dos Estados, atuava no interesse geral da Comunidade, não aceitando nem recebendo instruções de nenhum Governo nem de nenhum outro organismo (artigo 9º, nº 2, do TCECA). Na versão original do Tratado afirmava-se o caráter supranacional das funções dos membros da Alta Autoridade e a obrigação de os Estados respeitarem esse caráter supranacional, afirmação essa que desapareceu com o Tratado de Fusão de 1965, que referiremos adiante.
- A Assembleia – era composta pelos representantes dos povos dos Estados reunidos na Comunidade (artigos 20º e seguintes do TCECA). Inicialmente a Assembleia era formada por delegados dos Parlamentos nacionais e detinha somente um poder de controlo.
- O Conselho – era formado por representantes dos Estados (artigos 26º e seguintes do TCECA), partilhando com a Alta Autoridade a tomada das decisões mais importantes, pois era necessário o seu parecer conforme. O Conselho tinha por missão harmonizar a ação da Alta Autoridade e dos Governos responsáveis pela política económica geral dos seus países (artigo 26º, par. 1º, do TCECA).
- O Tribunal – assegurava o controlo do Direito, dispondo de competência para assegurar o respeito do Direito na interpretação e aplicação do Tratado e dos regulamentos de execução (artigo 31º do TCECA). A sua jurisdição era obrigatória.

Através do TCECA, os Estados abdicaram de poderes a favor de uma entidade comum em setores da sua economia vitais para a época. A experiência comunitária é única e precursora na História da Humanidade[111], pois nunca Estados seculares, independentes e soberanos tinham abdicado tão intensamente da sua soberania a favor de uma entidade comum, em obediência a valores que só em comum podiam ser salvaguardados[112].

[111] E é uma experiência bem sucedida, pois, apesar de todas as suas vicissitudes, conseguiu, até ao momento, impedir a guerra entre os Estados da Europa, o que é um feito extraordinário.

[112] A experiência dos Estados Unidos da América não se lhe pode comparar, uma vez que se tratava de Estados muito jovens, que tinham acabado de aceder à independência.

O Tratado CECA estabelecia uma relação direta entre a Alta Autoridade e as empresas (artigos 65º, 66º e 80º do TCECA), sem necessidade de mediação por parte dos Estados.

Segundo o artigo 6º, par. 1º, do TCECA, esta Comunidade dispunha de personalidade jurídica e, de acordo com o artigo 6º, par. 2º, do TCECA, detinha capacidade jurídica nas relações internacionais[113].

5.2. Os antecedentes dos Tratados CEE e Euratom

O Tratado CECA, apesar de, como ficou notado, representar um avanço no domínio das relações internacionais, significou igualmente o abandono temporário do ideal federalista global. Porém, durante as negociações do Tratado CECA, iniciou-se a guerra da Coreia, assistiu-se ao aumento da ameaça da União Soviética de Estaline, ao rearmamento da Alemanha e à sua entrada na NATO, o que, de certo modo, não agradou à França[114].

Como resposta, o Ministro da Defesa francês PLÉVEN, em 24 de outubro de 1950, apresentou à Assembleia Nacional francesa uma proposta, em parte da lavra de MONNET, de criação, para a defesa comum, de um exército europeu ligado às instituições políticas da Europa unida, colocado sob a responsabilidade de um Ministro da Defesa europeu, sob controlo de uma Assembleia europeia e com um orçamento militar comum. No fundo, propunha-se a extensão do método supranacional à defesa[115].

Deve notar-se que a proposta não foi objeto de particular entusiasmo e as negociações entre os seis membros da CECA foram particularmente difíceis.

[113] Sobre a Comunidade Europeia do Carvão e do Aço, cfr., entre outros, DIRK SPIERENBURG *et al.*, *Histoire de la Haute Autorité de la Communauté Européenne du Charbon et de l'Acier – une expérience supranationale*, Bruxelas, 1993; ROLANDO QUADRI *et al.*, *Trattato istitutivo della Comunità Europea del Carbone e dell'Acciaio – Commentario*, Milão, 1970, 2 vols; AAVV, *Natura ed exercizio del potere soprannazionale nell'organizzazione economica della Comunità carbo-siderurgica*, Milão, 1969; GIUSEPPE SPERDUTI, *La C.E.C.A. – Ente sopranazionale*, Pádua, 1966; ROBERT KOVAR, *Le pouvoir réglementaire de la Communauté Européenne du Charbon et de l'Acier*, Paris, 1964; PIERRE MATHIJSEN, *Le Droit de la Communauté Européenne du Charbon et de l'Acier*, Haia, 1958; HANS-JÜRGEN SCHLOCHAUER, "Die Frage der Rechtsnatur der Europäischen Gemeinschaft für Kohle und Stahl", *in Festschrift für* HANS WEHBERG, Francforte, 1956, p. 361 e segs; DANIEL VIGNES, *La Communauté Européenne du Charbon et de l'Acier*, Paris, 1956; ALBERT VAN HOUTTE, "La Comunitá Europea del Carbone e dell'Acciaio. Comunitá sopranazionale", *CI*, 1956, p. 391 e segs; JEAN MAROGER, "L'évolution de l'idée de supranationalité", *Pol. Etr.*, 1956, p. 299 e segs; HENRY L. MASON, *The European Coal and Steel Community – Experiment in Supranationalism*, Haia, 1955, p. 121 e segs; RICCARDO MONACO, "Le Comunita sopranazionali nell'ordinamento internazionale", *CI*, 1953, p. 441 e segs; PAUL REUTER, *La Communauté Européenne du Charbon et de l'Acier*, Paris, 1953; E. VAN RAALTE, "The Treaty Constituing the European Coal and Steel Community", *ICLQ*, 1952, p. 73 e segs.

[114] Sobre esta conjuntura, cfr. JEAN MONNET, *Mémoires*, cit., p. 487 e segs.

[115] Cfr. JEAN MONNET, *Mémoires*, cit., p. 505 e segs.

Finalmente, em 27 de maio de 1952, foi assinado o Tratado da Comunidade Europeia de Defesa (CED), de inspiração francesa. Esta Comunidade deveria traduzir-se na criação de um exército comum europeu. O artigo 38º do Tratado, introduzido por influência de DE GASPERI, atribuía à Assembleia da CED a missão de criar uma estrutura política federal ou confederal.

Com efeito, a iniciativa da CED só adquiriria verdadeiramente sentido no quadro de uma Comunidade política que enquadrasse a Comunidade já existente e as que viessem a surgir. Assim, em 1952, constituiu-se uma Assembleia *ad hoc* composta por membros da Assembleia CECA e do Conselho da Europa, com o objetivo de elaborar, no prazo de 6 meses, um projeto de ComPE. O projeto saído da Assembleia *ad hoc*, no início de 1953, cujo mentor foi BEYEN, ministro holandês, apresentou-se sob a forma de um projeto de Constituição europeia com uma estrutura federal e de construção de um mercado comum. Este projeto não foi, contudo, aceite pelos Seis, os quais admitiam a ideia de construir uma ComPE mas sem um cariz tão marcadamente federal e manifestavam sérias reticências quanto à criação do mercado comum. Foram os franceses quem mais se lhe opôs.

A mudança de Governo, entretanto, ocorrida em França vai ditar a sorte da CED e por arrastamento da ComPE. Com efeito, as preocupações com a cedência de soberania, no domínio militar, levaram, em 30 de agosto de 1954, à recusa de ratificação do Tratado CED por parte da Assembleia Nacional Francesa. Assim se liquidou também o projeto da ComPE, que, entretanto, tinha sido transmitido aos Governos dos seis Estados-membros.

Em 1954, na sequência do fracasso da CED e da ComPE, JEAN MONNET anuncia que não estará disponível para a renovação do mandato como Presidente da Alta Autoridade. Numa tentativa de ultrapassar o pessimismo que então se vivia em relação à integração europeia, a 4 de abril de 1955, o Governo holandês enviou a PAUL-HENRI SPAAK o Memorando BEYEN de 1952, no qual se propunha a criação de uma comunidade supranacional global cuja tarefa seria realizar a integração económica da Europa no sentido lato, devendo começar por uma união aduaneira e posteriormente passar à criação de um amplo mercado comum europeu e de uma união económica e monetária[116]. Surpreendido com a amplitude das propostas holandesas, SPAAK, que defendia a integração sectorial, foi obrigado a tê-las em conta, dado que BEYEN as tornou públicas em 21 de abril de 1955.

Em 1955, na sequência da crise desencadeada por JEAN MONNET, o Conselho CECA reuniu, em Messina, com o objetivo de tratar da sua substituição. Em maio de 1955 um memorando do Benelux, enviado aos participantes da conferência

[116] Excertos do memorando BEYEN estão publicados em *50 Anos de Europa – os grandes textos da construção europeia*, cit., p. 35.

de Messina, apresentava os dois caminhos possíveis para a integração europeia – global (defendido por BEYEN) ou sectorial (apoiado por SPAAK), o que obrigou a conferência a pronunciar-se sobre esta questão.

Apesar do ceticismo francês, a reunião de Messina (1 a 3 de junho de 1955) acabou por se debruçar sobre o memorando do Benelux, tendo sido aprovada uma resolução na qual os Seis se afirmavam favoráveis ao desenvolvimento de novas instituições comuns, à integração progressiva das economias nacionais, à criação de um mercado comum e à harmonização da política social[117]. Com o objetivo de preparar os projetos destinados a exprimir os resultados deste acordo de princípio criou-se um comité especial, presidido por PAUL-HENRI SPAAK.

Os resultados dos trabalhos deste comité constaram do Relatório SPAAK, que foi apresentado em Veneza, em 21 de abril de 1956[118]. O Relatório concluiu pela necessidade de criação de duas novas comunidades dotadas de quatro instituições, as quais teriam como objetivo a criação de um mercado comum geral e a instituição de uma entidade dotada de autoridade própria. O Relatório foi aprovado pelos Ministros dos Negócios Estrangeiros dos Seis e, assim, surgiu a proposta de criação da CEE e do Euratom ou CEEA[119].

Em 25 de março de 1957 foram assinados, em Roma, três Tratados: o Tratado institutivo da CEE, o Tratado institutivo da CEEA e o Tratado relativo a certas instituições comuns, os quais entraram em vigor em 1 de janeiro de 1958.

5.3. Os Tratado CEE e Euratom

O Tratado da Comunidade Económica Europeia estabelecia objetivos que afetavam o núcleo duro da soberania dos Estados-membros. Esses objetivos constavam tanto do preâmbulo como do articulado (em especial, do artigo 2º do TCEE).

Os objetivos consagrados no preâmbulo incluíam:

- a paz e a união cada vez mais estreita entre os povos europeus;
- o estabelecimento de bases comuns do desenvolvimento económico;
- o progresso económico e social;
- a melhoria constante das condições de vida e de emprego dos povos da Europa.

[117] Excertos do texto desta resolução estão publicados em *50 Anos de Europa – os grandes textos da construção europeia*, cit., p. 36.

[118] Excertos do Relatório Spaak estão publicados em *50 Anos de Europa – os grandes textos da construção europeia*, cit., p. 39 e segs.

[119] Para maiores desenvolvimentos sobre os antecedentes da CEE e do Euratom, cfr. BINO OLIVI / ALESSANDRO GIACONE, *L'Europe difficile...*, p. 36 e segs; GÉRARD BOSSUAT, *Histoire de l'Union européenne...*, p. 167 e segs; ÉLISABETH DU RÉAU, *L'idée d'Europe...*, p. 203 e segs; ROGELIO PÉREZ-BUSTAMANTE / JUAN MANUEL URUBURU COLSA, *História da União...*, p. 61 e segs; JEAN MONNET, *Mémoires*, cit., p. 578 e segs; PAULO DE PITTA E CUNHA, "O Movimento Europeu", cit., p. 49 e segs.

Os objetivos constantes do articulado reconduziam-se à construção de um mercado comum geral. Para a prossecução destes objetivos, o Tratado criou uma estrutura institucional, cujos principais órgãos eram os seguintes:

- O Conselho era o órgão, por excelência, representativo dos Estados (artigo 145º, 2º trav., do TCEE). Detinha o poder normativo na aplicação do Tratado, o poder de adotar decisões de natureza constitucional (artigos 138º e 201º do TCEE), o poder de decisão ao nível do alargamento da competência dos órgãos comunitários (artigo 235º TCEE), o poder de decisão em matéria orçamental, o poder de assegurar a coordenação das políticas económicas dos Estados-membros. A regra de votação era a da maioria (artigo 148º, nº 1, TCEE), o que revelava o desejo de evitar o domínio do processo de decisão comunitário por parte de cada um dos Estados-membros isoladamente.
- A Comissão era o órgão independente dos Estados-membros, defendia os interesses da Comunidade, não devendo receber instruções dos Governos (artigo 157º, nº 2, do TCEE). A Comissão era a guardiã dos Tratados (artigo 155º do TCEE), detendo poderes de se informar junto dos Estados e das empresas, de proceder a verificações no limite do respeito dos direitos de defesa das empresas, de aplicar sanções às empresas, no caso de violarem certas regras, designadamente, as da concorrência, de desencadear o processo por incumprimento contra os Estados-membros, de controlar a aplicação das cláusulas de salvaguarda, de negociação dos tratados internacionais de que a Comunidade fosse parte, de gestão dos serviços da Comunidade e dos fundos comunitários.
- A Assembleia Parlamentar (posteriormente designada Parlamento Europeu) era o órgão representativo dos povos europeus. Os seus poderes, em matéria legislativa, eram, no início, essencialmente, consultivos. A possibilidade de eleição do Parlamento por sufrágio direto e universal (artigo 138º, nº 3, TCEE) estava prevista, no Tratado, desde a sua entrada em vigor, o que é inovador e único na História das Organizações Internacionais. Porém, como veremos, essa eleição só veio a ocorrer muito mais tarde.
- O Tribunal de Justiça era o órgão jurisdicional, independente dos Estados, pois o Tratado previa um sistema comunitário de garantia do cumprimento das normas.

Sendo o Tratado CEE um tratado-quadro, o pleno cumprimento dos objetivos nele previstos impunha a adoção de medidas, de atos e de normas por parte dos órgãos da CEE. As fontes de Direito Derivado estavam, inicialmente, previstas no artigo 189º do TCEE como sendo os regulamentos, as diretivas, as decisões, os pareceres e as recomendações. Algumas delas, como, por exemplo, os regulamentos, apresentavam particularidades em relação às normas e atos provenientes de outras Organizações Internacionais, especialmente, no que concerne à aplicabilidade direta.

As relações entre a Comunidade e os seus Estados-membros baseavam-se numa comunhão de interesses e num vínculo de solidariedade, que tinha consequências, fundamentalmente, ao nível da repartição de atribuições entre a Comunidade e os seus Estados-membros bem como ao nível da cooperação entre ambos na execução do Direito Comunitário[120].

Os Estados-membros comprometeram-se a adotar todas as medidas necessárias ao cumprimento dos objetivos do Tratado e a não adotar quaisquer medidas que pusessem em causa esses objetivos (artigo 5º do TCEE).

Inicialmente o orçamento comunitário viveu das contribuições dos Estados (artigo 199º TCEE), tal como sucede, geralmente, nas Organizações Internacionais, mas a versão originária do Tratado já previa a possibilidade de este orçamento dispor de receitas próprias (artigo 201º do TCEE). A construção das finanças comunitárias como finanças autónomas data do início da década de 70.

O Tratado CEE tinha uma vigência ilimitada (artigo 240º do TCEE), o que não impediu a modificação da sua denominação aquando da revisão dos Tratados realizada em Maastricht – passou-se a designar Tratado da Comunidade Europeia – nem a sua substituição pelo Tratado sobre o Funcionamento da União Europeia, na revisão operada pelo Tratado de Lisboa. Por outras palavras: o TCEE, atualmente, já não existe, constituindo, todavia, um elemento fundamental da História da integração europeia.

Pelo contrário, o Tratado CEEA que visava promover a utilização da energia nuclear para fins pacíficos e o desenvolvimento da potente indústria nuclear continua a existir mesmo após a entrada em vigor do Tratado de Lisboa. Não será, contudo, objeto de estudo autónomo neste livro.

6. Os anos 60 e 70 – um período de estagnação?

6.1. A posição do Reino Unido

Na sequência do fracasso das negociações, que se iniciaram, em fevereiro de 1957, entre os Estados-membros da OECE e os da CEE no sentido da criação de uma zona de comércio livre entre eles[121], o Reino Unido que – por sua exclusiva vontade – tinha ficado fora da construção europeia, em 1958, decidiu impulsionar a criação de uma zona de comércio livre entre ele e mais seis Estados europeus –

[120] A expressão Direito Comunitário deve ser entendida, ao longo deste livro, por referência ao Direito anterior ao Tratado de Maastricht, bem como, após a revisão operada por este Tratado, ao Direito relativo ao primeiro pilar (ou seja, às Comunidades Europeias).

[121] Para mais desenvolvimentos, cfr. GÉRARD BOSSUAT, *Histoire de l'Union européenne...*, p. 210 e 211.

a Noruega, a Suécia, a Áustria, a Suíça, a Dinamarca e Portugal. Em 4 de janeiro de 1960 foi assinada, em Estocolmo, a Convenção que criou a EFTA ou AECL, a qual entrou em vigor em 6 de maio de 1960. A EFTA tinha objetivos, essencialmente, económicos, situando-se num plano estritamente intergovernamental.

O enfraquecimento da *Commonwealth* associado ao sucesso das Comunidades Europeias levaram o Reino Unido a alterar a sua posição em relação à integração europeia. Assim sendo, em 9 de dezembro de 1961, este Estado pede, pela primeira vez, a adesão às Comunidades Europeias, a qual é vetada pela França de DE GAULLE, em 14 de janeiro de 1963.

6.2. As dificuldades de construção da Europa política

Na conferência de Paris, de fevereiro de 1961, o General DE GAULLE apresentou um projeto de união política europeia original – a Europa dos Estados – o qual, embora tenha sido aceite por ADENAUER, teve a oposição dos outros parceiros comunitários. Por essa razão, foi criada uma comissão – a comissão FOUCHET – com a missão de dar forma à vontade de união política da Europa. Em 18 de julho de 1961 foi adotada pelos Seis uma resolução, que ficou conhecida como a Declaração de Bad-Godesberg[122], na qual se decidiu a criação de uma união de Estados europeus. Esta declaração é tida, por alguns, como o ato de nascimento da ideia da Europa política.

A primeira versão do Plano FOUCHET foi apresentada, em 2 de novembro de 1961, consubstanciando-se num projeto de tratado que previa a criação de uma união indissolúvel de Estados e abarcava, essencialmente, aspetos sociais e políticos[123]. Tendo sido rejeitada esta primeira versão, em 18 de janeiro de 1962, foi apresentado um segundo Plano FOUCHET que alargava o domínio do futuro tratado à economia e previa a existência de recursos próprios[124]. As propostas contidas nestes dois Planos, de inspiração francesa, baseavam-se numa matriz de União de Estados de tipo confederal, em que a cada Estado seria atribuído direito de veto, tendo sido apoiadas apenas pela França. Pelo contrário, as restantes delegações, favoráveis à Europa dos povos, defenderam uma União de Estados e de povos europeus, assim como a adoção de uma política externa comum e de uma política de defesa comum[125].

[122] Excertos da Declaração de Bad-Godesberg estão publicados em *50 Anos de Europa – os grandes textos da construção europeia*, cit., p. 53.

[123] Excertos do primeiro Plano Fouchet para uma União Política Europeia estão publicados em *50 Anos de Europa – os grandes textos da construção europeia*, cit., p. 54.

[124] Excertos do segundo Plano Fouchet estão publicados em *50 Anos de Europa – os grandes textos da construção europeia*, cit., p. 55.

[125] Excertos da contraproposta das restantes delegações estão publicados em *50 Anos de Europa – os grandes textos da construção europeia*, cit., p. 55.

Sendo conhecido pela sua defesa da Europa dos Estados, baseada na cooperação intergovernamental e pela consequente oposição a toda organização de base supranacional, DE GAULLE tentou, pois, subverter a ideia de aprofundamento da integração europeia que estava subjacente à Declaração de Bad-Godesberg. Não tendo sido possível chegar a qualquer acordo entre a delegação francesa e as restantes delegações, as negociações foram suspensas e os Planos FOUCHET acabaram por ser abandonados[126].

O isolamento da França dentro da Europa comunitária começava a ser visível, tendo a tensão aumentado ainda mais com o veto francês, acima mencionado, ao alargamento ao Reino Unido.

6.3. A crise da cadeira vazia e os acordos de Luxemburgo

O ano de 1965 foi marcado por uma das maiores crises das Comunidades Europeias. Em março de 1965 a Comissão de HALLSTEIN formulou três propostas, com vista à passagem à terceira etapa do mercado comum (1 de janeiro de 1966), as quais, segundo ela, deveriam ser negociadas em conjunto. A primeira visava aumentar os poderes da Assembleia, a segunda defendia um sistema de recursos próprios, de modo a tornar as Comunidades financeiramente independentes das contribuições nacionais e a terceira incluía uma série de regulamentos financeiros relativos à política agrícola comum. A França recusou, veementemente, a primeira proposta e com isso inviabilizou as restantes, dado que a Comissão insistiu na negociação em *package*.

Após o fracasso das negociações, a França iniciou, em 1 de julho de 1965, a sua política da cadeira vazia, ou seja, recusou-se a participar nas reuniões do Conselho. Esta crise só viria a ser ultrapassada, em 30 de janeiro de 1966, pelos acordos de Luxemburgo, também designados como compromisso de Luxemburgo, os quais, constam de um comunicado que diz o seguinte:

> *«1. Se, no caso de decisões suscetíveis de ser adotadas por maioria, sob proposta da Comissão, estiverem em jogo interesses muito importantes de um ou mais parceiros, os membros do Conselho esforçar-se-ão num prazo razoável por chegar a soluções que poderão ser adotadas por todos os membros do Conselho, no respeito dos seus interesses mútuos e dos da Comunidade, conforme ao art 2º do Tratado.*

[126] Sobre o projeto de união política europeia do General DE GAULLE e o fracasso dos planos FOUCHET, cfr. BINO OLIVI / ALESSANDRO GIACONE, *L'Europe difficile...*, p. 61 e segs; GÉRARD BOSSUAT, *Histoire de l'Union européenne...*, p. 221 e segs; ÉLISABETH DU RÉAU, *L'idée d'Europe...*, p. 249 e segs; ROGELIO PÉREZ-BUSTAMANTE / JUAN MANUEL URUBURU COLSA, *História da União...*, p. 89 e segs; MARIE-THÉRÈSE BITSCH, *Histoire de la construction européenne...*, p. 135 e segs; C. ZORGBIBE, *Histoire de la construction...*, p. 52 e segs; JEAN MONNET, *Mémoires*, cit., p. 649 e segs; PAULO DE PITTA E CUNHA, "O Movimento Europeu", cit., p. 57 e segs.

2. No que diz respeito ao parágrafo anterior, a delegação francesa preconiza que quando se trata de interesses muito importantes, a discussão deverá prosseguir até que se chegue a um acordo unânime.

3. As seis delegações constatam que existe uma divergência sobre o que deverá ser feito no caso em que a conciliação não se atinja completamente.

4. As seis delegações constatam, todavia, que esta divergência não impede o retomar, segundo o processo normal, dos trabalhos da Comunidade.»

Na prática, os acordos de Luxemburgo instituíram o direito de veto dos Estados no Conselho, sempre que estes entendessem que estavam em causa os seus interesses vitais. Com efeito, antes de a questão ser levada a votação no seio do Conselho, um Estado-membro poderia invocar os seus interesses vitais para impedir a votação, o que dava a qualquer Estado um direito de veto em relação a qualquer assunto.

O afastamento da regra da maioria qualificada, prevista no antigo artigo 148º, nº 1, do TCEE, causado pelos acordos de Luxemburgo, viria a afetar as regras de decisão previstas no Tratado bem como a forma de relacionamento dos órgãos no processo de decisão. Por outro lado, os acordos do Luxemburgo viriam a ser responsáveis pela paralisia do Conselho nas duas décadas seguintes[127].

Apesar de tudo o que acabou de se descrever, em 1965, foram também dados passos significativos no domínio institucional. Em 8 de abril de 1965, os Seis assinaram, em Bruxelas, o Tratado de Fusão, o qual instituiu um Conselho único e uma Comissão única. Tendo em conta que os outros dois órgãos – Assembleia e Tribunal de Justiça – já eram únicos desde 1958, o quadro institucional das três Comunidades passou a ser um só, embora os órgãos continuassem a dispor de diferente competência consoante a Comunidade ao abrigo da qual estavam a atuar.

Em 11 de maio de 1967 o Reino Unido renovou o pedido de adesão às Comunidades Europeias e a França vetou de novo a sua entrada, com base em razões económicas e monetárias, o que a deixou bastante isolada em matéria de política europeia.

6.4. A Cimeira de Haia de 1969 e os seus desenvolvimentos na década de 70

As Comunidades atravessavam, efetivamente, uma crise, no final da década de 60, que só foi ultrapassada, em 1969, na Cimeira da Haia de 1 e 2 de dezembro.

[127] Especificamente sobre a crise da cadeira vazia e os acordos do Luxemburgo, cfr. C. PHILIP, «Compromis de Luxembourg», *in* AMI BARAV *et al.*, *Dictionnaire juridique des Communautés européennes*, Paris, 1993, p. 261 e segs; JERZY KRANZ, «Le vote dans la pratique du Conseil des ministres des Communautés européennnes», *RTDE*, 1982, p. 403 e segs; FRANÇOIS BELLANGER, «Contribution à l'étude de la nature juridique des "accords de Luxembourg" du 29 janvier 1966», *NILR*, 1968, p. 179 e segs.

Convocada por iniciativa da França para examinar os problemas da Comunidade, esta Cimeira reuniu sob o tríptico: aprofundamento (UEM), alargamento (ao Reino Unido) e acabamento (da política agrícola comum). De entre as decisões relevantes tomadas nesta Cimeira devem mencionar-se a afirmação da necessidade de concretização da União Económica e Monetária e de criação de recursos próprios, decisão que se encontrava pendente desde a crise da cadeira vazia.

É de notar que estes acordos de princípio só foram possíveis porque, em 1969, o general De Gaulle se tinha demitido, tendo sido substituído por Pompidou, o qual sustentava uma política de maior abertura em relação à Europa.

6.4.1. O alargamento ao Reino Unido, à Irlanda e à Dinamarca

Na sequência da Cimeira da Haia foram tomadas diversas decisões no sentido da concretização do que aí tinha sido acordado. A primeira delas prendeu-se com a abertura de negociações com os Estados candidatos à adesão – Reino Unido, Irlanda, Dinamarca e Noruega – logo em 1970. O primeiro alargamento viria a concretizar-se com a assinatura do Tratado de adesão, em 22 de janeiro de 1972, com o Reino Unido, Irlanda, Dinamarca e Noruega. Na sequência de um referendo interno, a Noruega não viria a ratificar o Tratado, pelo que a partir de 1 de janeiro de 1973, as Comunidades passaram a ser compostas por nove Estados-membros. Além disso, o Conselho adotou a Decisão de 21 de abril de 1970[128] relativa aos recursos próprios, com fundamento no antigo artigo 201º do TCEE, o qual previa, desde o início, a possibilidade de criação de recursos próprios das Comunidades.

6.4.2. A cooperação política europeia

Tendo a Cimeira da Haia encarregue os Ministros dos Negócios Estrangeiros dos Seis de preparar um relatório sobre a melhor forma de obter progressos em matéria de união política no contexto do alargamento ao Reino Unido, Irlanda, Dinamarca e Noruega, o Relatório Davignon[129] – assim ficou conhecido – foi, definitivamente, adotado, em 27 de outubro de 1970, na Cimeira do Luxemburgo. Dele resultava a instauração da cooperação política europeia.

Considerando que o alargamento, entretanto, se tinha tornado uma realidade, a Cimeira de Paris de 1972 convidou os Ministros dos Negócios Estrangeiros a apresentar uma nova proposta sobre a forma de melhorar a cooperação política, com vista a permitir à Europa uma maior contribuição para o equilíbrio internacional. Daí resultou o Segundo Relatório Davignon sobre cooperação política[130]

[128] Publicada no JOCE L 94/70, p. 19.

[129] Excertos do Relatório Davignon estão publicados em *50 Anos de Europa – os grandes textos da construção europeia*, cit., p. 75 e 76.

[130] Excertos do Segundo Relatório Davignon estão publicados em *50 Anos de Europa – os grandes textos da construção europeia*, cit., p. 89 e 90.

que foi apresentado, em 23 de julho de 1973, no qual se sustentava a necessidade de cooperação entre os Estados-membros das Comunidades e de adoção de posições comuns no que dizia respeito aos principais problemas internacionais.

A Cimeira seguinte realizada em Copenhaga, em 14 e 15 de dezembro de 1973, ocorreu, todavia, num ambiente pouco propício à tomada de decisões de grande fôlego. A crise monetária internacional, a crise militar no Médio Oriente e a crise energética tornaram impossível aos Nove chegarem a posições comuns, tendo sido apenas adotada uma Declaração sobre a identidade europeia, na qual se definiam os seus elementos fundamentais, sobretudo, no respeitante às relações entre as Comunidades e o resto do Mundo.

Mais tarde, em 1974, coube à Cimeira de Paris II, criar o quadro institucional – o Conselho Europeu – da cooperação política europeia.

6.4.3. A união económica e monetária

Ainda no plano da concretização do aprofundamento da integração europeia, decidido na Cimeira da Haia, foi aprovada, em 22 de março de 1971, uma resolução do Conselho[131] tendente à instauração de uma união económica e monetária, por etapas, inspirada no Plano WERNER, de outubro de 1970[132]. Este Plano previa a criação de uma política monetária comum, a aproximação das políticas económicas dos Estados e a criação de uma moeda única, ou, pelo menos, o congelamento das taxas de câmbio entre as moedas europeias. O Plano não vingou, devido à recusa da França que via nele um reforço das instituições europeias. Apesar disso, em fevereiro de 1971, os Seis decidiram realizar a união económica e monetária em três etapas (até 1980). A crise mundial – que então se vivia – não era, todavia, propícia à criação da UEM.

Apesar do fracasso da serpente monetária europeia, o Presidente da Comissão – ROY JENKINS – propôs, em 27 de outubro de 1977, a criação de um Sistema Monetário Europeu, o qual foi aprovado no Conselho Europeu de Bruxelas de 5 e 6 de dezembro de 1977. O Sistema entrou em vigor, em 13 de março de 1979, sem o Reino Unido, em resultado do que tinha sido acordado nos Conselhos Europeus de Bremen, de 6 e 7 de julho de 1978[133], e de Bruxelas, de 4 e 5 de dezembro de 1978. O SME fundou-se em inúmeros documentos e relatórios, de entre os quais se deve destacar o acima mencionado plano WERNER.

131 Publicada no JOCE C 28/71, p. 1.

132 Excertos do Plano WERNER estão publicados em *50 Anos de Europa – os grandes textos da construção europeia*, cit., p. 77.

133 Das conclusões do Conselho Europeu de Bremen resulta a estrutura do SME. Excertos dessas conclusões estão publicadas em *50 Anos de Europa – os grandes textos da construção europeia*, cit., p. 126.

6.4.4. A necessidade de reforma institucional

Não obstante os avanços efetuados, a verdade é que, devido aos acordos de Luxemburgo, acima mencionados, a Comissão tinha muita dificuldade em fazer passar as suas propostas no Conselho, o que implicava, muitas vezes, o incumprimento dos prazos previstos no Tratado quanto a determinados objetivos. Daí que os relatórios apresentados na década de 70 se refiram com frequência à necessidade de reforma das instituições comunitárias.

Assim, na sequência da Cimeira de Paris de 1972, que havia solicitado às instituições que elaborassem relatórios sobre a criação da União Europeia, o Parlamento Europeu adotou uma resolução, em 10 de julho de 1975, da qual se deve destacar a parte relativa à eleição do parlamento por sufrágio direto e universal.

Elaborado a pedido do Conselho, mas no âmbito dos propósitos enunciados no comunicado final da Cimeira de Paris de 1974, o Relatório TINDEMANS foi apresentado, em 29 de dezembro de 1975, tendo sido submetido aos Conselhos Europeus do Luxemburgo e de Bruxelas de 1976. Não tendo obtido consenso entre os Estados-membros, o Conselho Europeu da Haia, de 29 e 30 de novembro de 1976, limitou-se a solicitar aos Ministros dos Negócios Estrangeiros e à Comissão que apresentassem relatórios anuais sobre os progressos realizados em direção à União, sem ter assumido qualquer outro compromisso quanto à adoção das propostas previstas naquele Relatório, as quais giravam em torno da criação da União Europeia. Nele se definiam as diferentes componentes da União Europeia que incluía uma vertente externa forte a par de uma política económica e monetária sólida e uma afirmação muito clara da coesão económica e social e da necessidade de aproximar a Europa dos cidadãos. Para realizar estes objetivos o Relatório defendia a necessidade de uma reforma institucional, de modo a tornar as instituições mais eficazes e democráticas. Com base neste espírito sustentava-se que ao Parlamento deveriam ser atribuídos verdadeiros poderes legislativos[134].

Na Cimeira de Paris, de 9 e 10 de dezembro de 1974, decidiu-se a criação do Conselho Europeu. Como disse GISCARD D'ESTAING, morreram nessa data as Cimeiras de Chefes de Estado e de Governo e nasceu o Conselho Europeu.

No Comunicado final daquela Cimeira pode ler-se que os Chefes de Governo, preocupados em globalizar as atividades comunitárias e as que relevam da cooperação política, decidiram reunir-se, acompanhados dos Ministros dos Negócios

[134] Sobre o Relatório Tindemans, cfr., entre outros, HEINRICH SCHNEIDER / WOLFGANG WESSELS, *Auf dem Weg zur Europäischen Union? Diskussionsbeiträge zum Tindemans-Bericht*, Bona, 1977; JEAN BURNER, „Rapport Tindemans: une tentative mort-née de faire l'Union politique de l'Europe", *RMC*, 1976, p. 548 e segs; GABRIEL FERRAN, „El informe Tindemans sobre la Union Europea", *Rev. Inst. Eur.*, 1976, p. 327 e segs; ANTONIO TRUYOL Y SERRA, „El informe Tindemans", *REDI*, 1976, p. 91 e segs; Idem, „Las evidencias institucionales del Informe Tindemans", *Rev. Inst. Eur.*, 1976, p. 301 e segs.

Estrangeiros, três vezes por ano, e sempre que necessário, em Conselho das Comunidades e a título de cooperação política, acrescentando ainda que estas disposições não afetam de forma nenhuma as regras e os processos estabelecidos nos tratados, nem as dos acordos de Luxemburgo e de Copenhaga, no que diz respeito à cooperação política.

O Conselho Europeu tem, portanto, a sua origem imediata num ato informal dos Estados-membros, ou seja, no comunicado final da Cimeira de Paris, devendo desempenhar uma dupla função:

- detém competência relativamente a assuntos comunitários;
- é o órgão da cooperação política europeia.

Na sequência da decisão da Cimeira de Paris, de dezembro de 1974, de passar a eleger o Parlamento Europeu por sufrágio direto e universal, foi aprovado, em 20 de setembro de 1976, o Ato relativo à eleição dos representantes ao Parlamento Europeu[135], tendo-se realizado as primeiras eleições com este fim entre 7 e 10 de Junho de 1979.

Em 22 de julho de 1975 foi assinado um novo tratado em matéria orçamental, onde se previa a criação do Tribunal de Contas.

7. Os anos 80 – o impulso do Ato Único Europeu

7.1. Os antecedentes do Ato Único Europeu

Em 1 de janeiro de 1981 deu-se o segundo alargamento das Comunidades. A Grécia tinha com a Comunidade um tratado de associação desde 1961, tendo pedido, formalmente, a adesão em 1975. O seu processo de negociação foi interrompido durante a «ditadura dos coronéis», tendo o Tratado de adesão vindo a ser assinado, somente, em 29 de maio de 1979.

Em novembro de 1981 os Ministros dos Negócios Estrangeiros alemão e italiano elaboraram o chamado Plano GENSCHER-COLOMBO[136], o qual vai influenciar a Declaração Solene sobre a União Europeia de Estugarda, de 19 de junho de 1983. Tendo em conta o período de grandes desafios económicos e sociais que as Comunidades Europeias atravessavam, o Conselho Europeu de Estugarda estabeleceu, nesta Declaração, um verdadeiro mandato político para permitir o seu relançamento.

[135] Publicado no JOCE L 278/76, de 8/10/76, p. 5.

[136] Sobre o Plano GENSCHER-COLOMBO, cfr., entre outros, JOSEPH H. H. WEILER, „The Genscher-Colombo Draft European Act: The Politics of Indecision", *Rev. Int. Eur.*, 1983, p. 129 e segs; PAULINE NEVILLE-JONES, „The Genscher-Colombo Proposals of European Union", *CMLR*, 1983, p. 657 e segs.

Em 14 de fevereiro de 1984 o Parlamento Europeu aprovou um projeto de Tratado sobre a União Europeia, que ficou conhecido como o Tratado SPINELLI[137], o qual propunha uma União Europeia de tipo federal em que a política externa, as políticas macro-económicas e de comércio seriam comuns e o poder das instituições seria reforçado.

Este projeto de Tratado, apesar de não ter sido aprovado, pelos Chefes de Estados e de Governo, representou igualmente um passo importante no sentido do relançamento da construção europeia, uma vez que, tal como o Plano Genscher / Colombo e a Declaração Solene de Estugarda sobre a União Europeia, vai influenciar o Ato Único Europeu, que estudaremos no ponto seguinte.

Antes, porém, importa sublinhar-se que Portugal e Espanha tinham, entretanto, solicitado a adesão às Comunidades, em março e junho de 1977, respetivamente. Após um longo período de negociações, o Tratado de adesão de Portugal e Espanha foi assinado, em 12 de junho de 1985, e entrou em vigor, em 1 de janeiro de 1986, tendo as Comunidades passado a ser constituídas por doze Estados-membros.

7.2. As principais razões que levaram à revisão dos Tratados

A versão originária dos Tratados não permaneceu intocada até ao AUE. Pelo contrário, como se pode inferir das páginas anteriores, sofreu algumas modificações ao longo dos tempos[138], mas a sua primeira revisão de fundo, com fundamento no antigo artigo 236º do TCEE (atual artigo 48º do TUE), ocorreu com o AUE, que foi assinado, em fevereiro de 1986, e entrou em vigor, em 1 de julho de 1987.

[137] Sobre o projeto de Tratado Spinelli, cfr., entre outros, DUSAN DIJANSKI, «Du projet de Traité d'Union du Parlement Européen à l'Acte Unique Européen», *Rev. Int. Eur.*, 1987, p. 109 e segs; F. CAPOTORTI *et al.*, *Le Traité d'Union Européenne – Commentaire*, Bruxelas, 1985; JEAN-PAUL JACQUÉ, «The Draft Treaty Establishing the European Union», *CMLR*, 1985, p. 19 e segs; F. CAPOTORTI, «La structure institutionnelle de l'Union Européenne», *in L'Union Européenne – Colloque organisé par les Cahiers de Droit Européen à l'occasion de son vingtième anniversaire, CDE*, 1985, p. 505 e segs; JEAN-VICTOR LOUIS, «Principes de base et modalités de l'action de l'Union Européenne», *in L'Union Européenne – Colloque organisé par les Cahiers de Droit Européen...*, p. 530 e segs; JOHN STEENBERGER, «Les politiques de l'Union», *in L'Union Européenne – Colloque organisé par les Cahiers de Droit Européen...*, p. 553 e segs; JOSEPH WEILER / JAMES MODRALL, «Institutional Reform: Consensus or Majority», *ELR*, 1985, p. 316 e segs; MAURO FERRI, «Le projet de Traité de l'Union Européenne», *ADL*, 1984, p. 275 e segs; DIETMAR NICKEL, «Le projet de Traité instituant l'Union Européenne elaboré par le Parlement Européen», *CDE*, 1984, p. 149 e segs; PAUL DE SAINT-MIHIEL, «Le projet de Traité instituant l'Union Européenne», *RMC*, 1984, p. 149 e segs; CLAUS-DIETER EHLERMANN, «Réflexions sur les structures institutionnelles de la Communauté», *ADL*, 1984, p. 307 e segs.

[138] As principais alterações foram introduzidas pelo Tratado de Fusão de 8/4/65, pela Decisão do Conselho e pelo Tratado Orçamental de 22/4/70, pelo Tratado sobre matéria financeira de 22/7/75 e pela Decisão e Acordo do Conselho sobre a eleição dos Deputados ao Parlamento Europeu por sufrágio universal e direto de 20/9/76.

Em meados dos anos 80, as Comunidades Europeias confrontavam-se com vários problemas que tinham de resolver, sob pena de não conseguirem responder aos desafios económicos e sociais que estavam a enfrentar.

Em primeiro lugar, devido ao já mencionado compromisso do Luxemburgo de 1966, as Comunidades viviam uma certa paralisia institucional que era necessário ultrapassar.

Em segundo lugar, e ainda do ponto de vista institucional, o Parlamento Europeu reclamava uma maior participação no procedimento legislativo, desde o Ato de Bruxelas, de 20 de setembro de 1976, que previa a sua eleição por sufrágio direto e universal, alegando que as Comunidades sofriam de défice democrático, o que, na época, era corroborado pela Comissão e apoiado pela generalidade da doutrina juscomunitária.

Em terceiro lugar, era necessário reformular a política agrícola comum, a qual absorvia percentagens muito elevadas do orçamento comunitário que eram, sobretudo, canalizadas para os agricultores franceses e alemães, enquanto o maior contribuinte líquido era o Reino Unido. Esta situação gerou acesos debates nos Conselhos Europeus dos finais dos anos 70, nos quais o Reino Unido reclamava uma participação no orçamento mais equitativa.

Em quarto lugar, por força dos sucessivos alargamentos, as Comunidades apresentavam uma maior heterogeneidade, dado que os Estados que a compunham detinham níveis de desenvolvimento muito diferentes, ao contrário do que acontecia com os seis membros fundadores. Essa heterogeneidade necessitava de um novo enquadramento que a versão originária dos Tratados não permitia.

Por último, a via da UEM que, entretanto, se encontrava em curso não era possível com o Tratado de Roma, na medida em que este não continha os instrumentos jurídicos necessários à passagem à fase seguinte.

Daí que o Conselho Europeu de Fontainebleau, de 25 e 26 de junho de 1984, tenha criado dois comités com vista à apresentação de propostas de revisão dos Tratados de Roma no domínio da Europa dos cidadãos (comité Adonnino) e da reforma institucional (comité Doodge ou Spaak 2).

Com base nos relatórios destes comités, o Conselho Europeu de Milão, de junho de 1985, resolveu convocar uma CIG, com o objetivo de rever os tratados, não obstante a contestação de MARGARET TATCHER, então Primeiro-Ministro do Reino Unido.

7.3. As principais modificações introduzidas pelo AUE

Para fazer face aos desafios acabados de enunciar, foram introduzidas alterações nos Tratados[139], em vários domínios, dos quais cumpre destacar as seguintes:

[139] Para uma visão geral do AUE, cfr. JEAN DE RUYT, *L'Acte Unique Européen*, 2ª ed., Bruxelas, 1989; JOSE MARIA BENEYTO, *Europa 1992. El Ato Unico Europeo: Mercado Interior y Cooperacion Politica*

- O respeito pela democracia, pelo Estado de direito e pelos direitos fundamentais;
- O sistema institucional;
- O mercado interno;
- A introdução de novas políticas comuns e da coesão económica e social;
- O alargamento das atribuições externas da Comunidade;
- A cooperação política europeia.

Na linha da Declaração de Copenhaga sobre identidade europeia, de 14 de dezembro de 1973, acima citada, da Declaração Comum da Assembleia, do Conselho e da Comissão sobre os Direitos do Homem, de 5 de abril de 1977[140], adotada no Luxemburgo, e da Declaração sobre a Democracia feita no âmbito do Conselho Europeu de Copenhaga, de 7 e 8 de abril de 1978, o AUE veio afirmar, no preâmbulo, que os Estados-membros estão dispostos a promover em conjunto a democracia, que se funda nos direitos fundamentais reconhecidos nas constituições dos Estados-membros, na Convenção Europeia dos Direitos do Homem e na Carta Social Europeia, nomeadamente, a liberdade, a igualdade e a justiça social.

Apesar de se tratar de uma referência no preâmbulo, sem qualquer desenvolvimento no articulado, pelo menos do ponto de vista político, representava a vontade de «humanizar» as Comunidades e de ultrapassar o seu caráter primordialmente económico, devendo ser valorada como um antecedente importante de algumas modificações posteriores.

Do ponto de vista institucional, foram várias as alterações introduzidas pelo AUE com repercussões importantes no futuro da construção europeia.

Em primeiro lugar, cumpre referir a consagração formal do Conselho Europeu, cuja composição aparecia, pela primeira vez, definida num texto de Direito Originário, ainda que não se fizesse qualquer referência à sua competência[141].

Europea, Madrid, 1989; GEORGE A. BERMANN, "The Single European Act: A New Constitution for the Community?", *Columb. J. Transnat'l L.*, 1989, p. 529 e segs; RUI MANUEL MOURA RAMOS, "O Ato Único Europeu", *in Das Comunidades à União Europeia. Estudos de Direito Comunitário*, Coimbra, 1994, p. 143 e segs; JOSÉ ANTÓNIO PINTO RIBEIRO, "O Ato Único Europeu", *RB*, 1987, p. 101 e segs; FRANCISCO ALDECOA LUZARRAGA, "El Acta Unica Europea. Primer passo incierto en la profundacion comunitaria hacia la Union Europea", *Rev. Inst. Eur.*, 1986, p. 543 e segs; JEAN-PAUL JACQUÉ, "L'Acte Unique Européen", *RTDE*, 1986, p. 575 e segs; H. J. GLAESNER, "L'Acte Unique Européen", *RMC*, 1986, p. 307 e segs; GIANCITO BOSCO, "Commentaire de l'Acte Unique Européen des 17-28 février 1987", *CDE*, 1987, p. 355 e segs; PAULO DE PITTA E CUNHA, "Um novo passo na integração comunitária: o Ato Único Europeu", *in Integração Europeia...*, p. 389 e segs; PIERRE PESCATORE, "Observations critiques sur l'"Acte unique européen", *DDC*, 1985, p. 9 e segs.

[140] Publicada no JOCE C 103/77, p. 1.

[141] O artigo 2º do AUE estabelecia que o Conselho Europeu era composto pelos Chefes de Estado ou de Governo dos Doze e pelo Presidente da Comissão das Comunidades Europeias, assistidos pelos Ministros dos Negócios Estrangeiros e por um membro da Comissão.

Um outro aspeto que deve ser salientado é o do reforço dos poderes do Parlamento Europeu[142] ao nível do procedimento de decisão[143], o qual se estendeu igualmente ao domínio dos acordos de adesão (antigo artigo 237º TCEE) e dos acordos de associação (antigo artigo 238º TCEE)[144].

Além disso, o AUE reconheceu a competência de execução da Comissão, dado que o Conselho nos atos que adotava deveria atribuir à Comissão competência de execução das normas que estabelecia (artigo 10º do AUE)[145].

Note-se, todavia, que a alteração institucional mais relevante foi a da reposição da regra de votação, por maioria, no seio do Conselho.

Por último, deve salientar-se que o AUE introduziu, no antigo artigo 168ºA do TCEE, a base jurídica necessária para a criação do Tribunal de Primeira Instância[146] (rebatizado como Tribunal Geral pelo Tratado de Lisboa)[147].

[142] Especificamente sobre o impacto do AUE nos poderes do Parlamento Europeu, cfr. R. Bieber, "Legislative Procedure for the Establishment of the Single Market", *CMLR*, 1988, p. 711 e segs; John Fitzmaurice, "An Analysis of the European Community's Cooperation Procedure", *JCMS*, 1988, p. 389 e segs; David Edward, "The Impact of the Single European Act on the Institutions", *CMLR*, 1987, p. 19 e segs; Marie-José Domestici-Met, "Les procédures legislatives communautaires après l'Acte Unique", *RMC*, 1987, p. 556 e segs; Roland Bieber *et al.*, "Implications of the Single Act for the European Parliament", *CMLR*, 1986, p. 767 e segs.

[143] O AUE introduziu o procedimento de cooperação entre o Parlamento Europeu e o Conselho (cfr. antigo artigo 149º, nºs 2 e 3, TCEE), que se baseava, fundamentalmente, na ideia de que, se o Conselho pretendesse aprovar um ato em sentido contrário ao parecer do PE, necessitava de reunir a unanimidade, ao passo que se pretendesse seguir a opinião do PE lhe bastaria a maioria qualificada. Tal alteração tinha por objetivo estimular a adoção mais frequente das posições do PE.

[144] Estes preceitos exigiam o parecer conforme do PE.

[145] Cfr. Claude Blumann, "Le pouvoir exécutif de la Comission à la lumière de l'Acte Unique Européen", *RTDE*, 1988, p. 23 e segs.

[146] Sobre a possibilidade de criação do TPI pelo AUE, cfr. José Luís da Cruz Vilaça *et al.*, "The Court of First Instance of the European Communities: A Significant Step Towards the Consolidation of the European Community as a Community Governed by the Rule of Law", *YEL*, 1990, p. 1 e segs; Jacques Biancarelli, "La création du Tribunal de première instance des Communautés européennes: une luxe ou une nécessité?", *RTDE*, 1990, p. 1 e segs; R. Joliet *et al.*, "Le tribunal de première instance des Communautés européennes", *RMC*, 1989, p. 423 e segs; H. G. Schermers, "The European Court of First Instance", *CMLR*, 1988, p. 541 e segs.

[147] A decisão de criação de um tribunal de primeira instância pertencia ao Conselho, com base numa proposta do Tribunal de Justiça, ouvidos a Comissão e o Parlamento Europeu. O TPI viria a ser criado pela Decisão 88/591/CECA, CEE e Euratom, de 24/10/88 (JOCE L 319 de 25/11/88, p. 1), entretanto, revogada pelo Tratado de Nice. A criação do TPI representou um passo importante na democratização do sistema judicial comunitário, com a consequente redução do défice judiciário, na medida em que permitiu uma maior proteção judicial dos particulares. A partir daí, o TJ deixou de ser um tribunal de primeira e última instância.

Do ponto de vista económico, o AUE erigiu em objetivo comunitário a construção do mercado interno até 31 de dezembro de 1992[148]. O mercado interno era definido como «*um espaço sem fronteiras, no qual a livre circulação das mercadorias, das pessoas, dos serviços e dos capitais é assegurada, de acordo com as disposições do presente Tratado*». O mercado interno constituía, sem dúvida, um impulso à UEM.

O AUE introduziu também normas que consagravam, por um lado, «novas» políticas e, por outro lado, a coesão económica e social.

Com efeito, o AUE introduziu novas bases jurídicas para algumas políticas que, não constando do Direito Originário, já tinham sido criadas, com base no antigo artigo 235º do TCEE (atual artigo 352º do TFUE) e em decisões dos representantes dos Estados-membros reunidos no seio do Conselho. É o caso da política de investigação e desenvolvimento tecnológico[149], da política de ambiente[150-151] e da cooperação no domínio da política económica e monetária[152], alertando, expressamente, que o salto qualitativo na via da UEM necessitava de uma nova revisão dos Tratados.

Os artigos 21º e 22º do AUE previam a inserção no Tratado dos artigos 118ºA e 118ºB do TCEE em matéria de política social[153] [154]. Foi igualmente introduzido

[148] Sobre o mercado interno situado no AUE, cfr., entre outros, ALFONSO MATTERA, *Il mercato unico europeo: norme e funziamento*, Turim, 1990; JOSÉ MARIA ALBUQUERQUE CALHEIROS, "Sobre o conceito de mercado interno na perspetiva do Ato Único Europeu", *DDC*, 1989, p. 383 e segs; CLAUS GULMANN, "The Single European Act: Some Remarks from a Danish Perspective", *CMLR*, 1987, p. 31 e segs; C. D. EHLERMANN, "The Internal Market Following the Single European Act", *CMLR*, 1987, p. 381 e segs; NICHOLAS FORWOOD *et al.*, "The Single European Act and Free Movement – Legal Implications of the Provisions for the Completion of the Internal Market", *ELR*, 1986, p. 396 e segs; JULIET LODGE, "The Single European Act: Towards a New Euro-Dynamism?", *JCMS*, 1986, p. 203 e segs.

[149] A Comunidade assumiu «*o objetivo de reforçar as bases científicas e tecnológicas da indústria europeia e de favorecer o desenvolvimento da sua competitividade internacional*» (antigo artigo 130ºF, nº 1, do TCEE).

[150] Sobre a política de ambiente no AUE, cfr., entre outros, LUDWIG KRÄMER, "The Single European Act and the Environmental Protection: Reflections on Several New Provisions in Community Law", *CMLR*, 1987, p. 659 e segs; DIRK VANDERMEERSCH, "The Single European Act and Environmental Policy of the European Economic Community, *ELR*, 1987, p. 407 e segs.

[151] Os objetivos da Comunidade são a preservação, a proteção da saúde das pessoas e a utilização prudente e racional dos recursos naturais (antigos artigos 130ºR a 130ºT do TCEE).

[152] Sobre a política monetária no AUE, cfr., por todos, JEAN-VICTOR LOUIS, "«Monetary Capacity» in the Single European Act", *CMLR*, 1988, p. 9 e segs.

[153] Sobre a política social no AUE, cfr., entre outros, ÉLIANE VOGEL-POLSKY, "L'Acte Unique Européen ouvre-t-il l'espace social européen?", *DS*, 1989, p. 177 e segs.

[154] Note-se que não se tratava de uma inovação muito relevante, na medida em que o seu objetivo era bastante restrito, limitando-se à harmonização no progresso das condições existentes nos domínios da melhoria das condições de trabalho, da proteção da saúde e da segurança dos trabalhadores bem como o desenvolvimento do diálogo entre parceiros sociais ao nível europeu, que poderia conduzir a convenções coletivas.

um novo Título no Tratado, relativo à coesão económica e social[155], o qual se afigurava bastante importante, na medida em que preconizava o desenvolvimento harmonioso do conjunto da Comunidade e a redução das diferenças entre as diversas regiões e do atraso das menos favorecidas. O AUE pretendeu, assim, dotar a Comunidade dos instrumentos necessários para a alteração das regras de funcionamento dos fundos estruturais, as quais com os sucessivos alargamentos se tinham vindo a mostrar francamente desajustadas.

No que diz respeito às atribuições externas à Comunidade, o AUE previu normas específicas em matéria de investigação e desenvolvimento tecnológico e em matéria de ambiente[156].

No domínio da política externa da Comunidade, o AUE consagrou, no essencial, as práticas já existentes em matéria de cooperação política europeia, devendo igualmente considerar-se que lançou as bases para a criação de uma política externa e de segurança comum que viria a constituir o segundo pilar intergovernamental do TUE[157].

7.4. Os Acordos de Schengen

Verificada a impossibilidade de atingir consensos em relação à abolição gradual dos controlos de fronteiras internas, cinco Estados-Membros da Comunidade (Bélgica, Luxemburgo, Holanda, França e Alemanha) assinaram, em 1985 (14 de junho), o acordo Schengen, ao qual poderiam aderir – e aderiram – outros Estados da Comunidade, na época, a 15 (Itália em 1990, Portugal e Espanha em 1991, Grécia em 1992, Áustria em 1995 e Dinamarca, Finlândia e Suécia em 1996).

[155] Sobre a coesão económica e social, cfr., entre outros, J. Van Ginderachter, "La réforme des fonds structurels", *RMC*, 1989, p. 271 e segs; Serena Angioli, "Elementi di politica regionale comunitaria alla luce delle riforma dei fondi struturali prevista dall'Atto Unico Europeo", *DCDSI*, 1988, p. 39 e segs; Daniel Gabdin, "Quelle politique régional pour la Communauté Économique Européenne", *RMC*, 1988, p. 68 e segs; Philip Lowe, "The Reform of the Community's Structural Funds", *CMLR*, 1988, p. 503 e segs.

[156] Sobre o alargamento das atribuições externas pelo AUE, cfr. Stelios Perrakis, «Les relations extérieures de la Communauté européenne après l'Acte Unique européen», *RMC*, 1989, p. 488 e segs; C. D. Ehlermann, «L'Acte Unique Européen et les compétences de la Communauté: un progrès?», *in* Paul Demaret (ed.), *Rélations extérieures de la Communauté européenne et le marché intérieur: aspects juridiques et fonctionnels*, Colloque 12, 13 décembre, Bruxelas, 1986, p. 79 e segs; V. Constantinesco, «Les compétences internationales de la Communauté et ses Etats membres à travers l'Acte Unique européen», *in* Paul Demaret (ed.), *Rélations*..., p. 63 e segs; A. Mattera, «L'achèvement du marché intérieur et ses implications sur les relations extérieures», *in* Paul Demaret (ed.), *Rélations*..., p. 201 e segs.

[157] Sobre a CPE situada no AUE, cfr., entre outros, José Maria Beneyto, *Europa 1992*..., p. 239 e segs; Diego Liñan Nogueras, «Cooperacion politica y Acta Unica Europea», *Rev. Inst. Eur.*, 1988, p. 45 e segs; David Freestone *et al.*, «Community Competence and Part III of the Single European Act», *CMLR*, 1986, p. 793 e segs.

O Acordo de 1985 tinha um caráter predominantemente programático, no qual se indicavam quais os setores em que era necessário harmonizar as respetivas políticas e encetar formas de cooperação entre os respetivos responsáveis.

Em 19 de junho de 1990 os Estados-membros da Comunidade, com exceção do Reino Unido e da Irlanda, assinaram a convenção de aplicação do acordo Schengen, a qual, nos seus 142 artigos, definia as medidas de harmonização necessárias para abolir definitivamente os controlos das fronteiras internas da Comunidade.

São estas duas convenções que constituem o denominado acervo Schengen.

7.5. A Carta Comunitária dos Direitos Sociais Fundamentais dos Trabalhadores

As Comunidades Europeias sempre tiveram muita dificuldade em integrar a dimensão social. A prova disso está no Ato Único Europeu que, apesar de ter desenvolvido algumas políticas, pouco fez em prol da política social. Assim, por impulso de JACQUES DELORS, que defendia uma política social comum com vista a combater o desemprego, foi aprovada no Conselho Europeu de Estrasburgo, de 8 e 9 de dezembro de 1989, a Carta Comunitária dos Direitos Sociais Fundamentais dos Trabalhadores. Assinada por todos os Estados-membros, com exceção do Reino Unido, compreende 26 artigos dos quais se devem destacar a liberdade de circulação dos trabalhadores e a igualdade de tratamento, o direito a um emprego justamente remunerado, a melhoria das condições de vida, o direito à proteção social adequada, o direito de concluir convenções coletivas, o direito à greve, a formação profissional, a igualdade de tratamento entre homens e mulheres, a proteção da saúde e da segurança, a proteção das crianças e dos adolescentes e a inserção profissional dos deficientes.

Apesar de não ter efeitos jurídicos vinculativos, a Carta Comunitária vai desempenhar um papel importante no futuro, desde logo, devido à influência que vai exercer na CDFUE em matéria de direitos sociais.

Capítulo II
Da criação da União Europeia ao Tratado de Nice

8. O Tratado da União Europeia assinado em Maastricht

8.1. A génese do Tratado da União Europeia

O AUE, embora tenha introduzido inovações muito tímidas, gerou uma dinâmica de desenvolvimento na integração europeia, que acabou por se revelar impulsionadora do avanço para etapas de integração económica mais evoluídas, como é o caso da união económica e monetária. Com efeito, o grande mercado interno impõe a criação, por um lado, de novas políticas, e, por outro lado, dos meios financeiros necessários para a sua realização, pelo que se começou a formar um certo consenso no sentido de que esses objetivos não se conseguiriam alcançar com os quadros institucionais existentes no âmbito dos Tratados constitutivos das Comunidades Europeias. A revisão dos Tratados afigurava-se, portanto, imperativa, caso se pretendesse avançar para estádios de integração mais profundos.

Uma vez resolvidos os problemas atinentes aos meios necessários à realização do AUE no Conselho Europeu de Bruxelas, de fevereiro de 1988[158], com a adoção do chamado Pacote Delors I, em que se previa a reforma da PAC, dos fundos estruturais e do orçamento comunitário, o Conselho Europeu de Hanover, de 27 e 28 de junho de 1988[159], decidiu constituir um comité, liderado pelo Presidente da Comissão – Jacques Delors –, com o objetivo de estudar e propor passos concretos para a via da UEM.

O relatório, apresentado por aquele comité, em 12 de abril de 1989[160], propunha a criação, em três etapas, de uma verdadeira UEM, dotada de uma política

[158] Ver as conclusões deste Conselho Europeu no Boletim das Comunidades Europeias Nº 2/1988, p. 8 a 24.

[159] As conclusões estão publicadas no Boletim CE nº 6/1988, p. 8 e segs.

[160] Europa/Documents nºs 1550/1551 de 20/4/89.

monetária e de moeda comuns, sob a responsabilidade de um Sistema Europeu de Bancos Centrais, autónomo e independente dos órgãos comunitários e nacionais, acompanhada da coordenação das políticas económicas dos Estados-membros.

O Conselho Europeu de Madrid, de 26 e 27 de junho de 1989[161], reafirmou a determinação das Comunidades no sentido da realização progressiva da UEM, tal como previsto no AUE, na perspetiva do mercado interno. Além disso, decidiu que o início da primeira fase da UEM seria, em 1 de julho de 1990, encarregando as instâncias competentes (a Comissão, o Conselho, o Comité de Governadores de Bancos Centrais e o Comité Monetário) de organizarem os trabalhos preparatórios para a convocação de uma conferência intergovernamental, a qual foi convocada, com base no antigo artigo 236º do Tratado de Roma (atual artigo 48º do TUE), pelo Conselho Europeu de Estrasburgo, de 8 e 9 de dezembro de 1989[162], para o segundo semestre de 1990, sob a presidência italiana. Tal como tinha sucedido com o AUE, a convocação desta CIG fez-se contra a vontade do Reino Unido.

Inicialmente, o objeto dessa conferência intergovernamental restringia-se à UEM, a qual, até àquele momento, era considerada como o passo lógico e suficiente subsequente ao AUE. Todavia, o processo de realização da UEM revelou-se insuficiente, em muitos domínios, quer devido a fatores externos às Comunidades, quer por força de circunstâncias internas, pelo que se gerou um certo consenso a favor de uma revisão mais ampla dos tratados com incidência direta no sistema institucional.

Com efeito, a conjuntura política internacional revelou-se um fator decisivo da necessidade de acelerar o processo de integração europeia. A queda do muro de Berlim, a unificação alemã, a desagregação da URSS e a Guerra do Golfo geraram uma nova ordem geopolítica mundial, que, em conjunto com as tensões demográficas, a pobreza no Terceiro Mundo e a destruição da camada de ozono, impuseram às Comunidades a necessidade de reequacionarem a sua posição em face dos grandes desafios mundiais, o que implicaria, muito provavelmente, alguns saltos qualitativos na integração europeia.

E assim ressurgiu a ideia da União Política. Coube, porém, a JACQUES DELORS, em 17 de janeiro de 1990, aquando da apresentação do programa anual da Comissão ao Parlamento Europeu, defender a necessidade de a conferência intergovernamental se debruçar não só sobre as questões monetárias, mas também sobre outros aspetos, incluindo os institucionais, o que foi bem aceite em alguns meios comunitários, ao ponto de, em 20 de março de 1990, o Governo Belga ter apresentado um memorando, em que enunciou as primeiras propos-

[161] Conclusões publicadas no Boletim CE nº 6/1989, p. 8 e segs.

[162] Conclusões publicadas no Boletim CE Nº 12/1989, p. 8 e segs.

tas sobre a União Política Europeia subordinadas a três ideias-chave: a melhoria do funcionamento institucional, o reforço da legitimidade democrática e o desenvolvimento da dimensão externa da Comunidade. Ideias essas que viriam a constituir o *leitmotiv* dos futuros desenvolvimentos da integração europeia.

O impulso decisivo para a revisão alargada dos Tratados comunitários verificou-se, contudo, nas vésperas (12 de abril) do Conselho Europeu extraordinário de Dublin I, de 28 de abril de 1990[163], através de uma carta conjunta do Chanceler KOHL e do Presidente MITTERAND enviada ao Primeiro-Ministro irlandês, na qual estes dois Estadistas defendiam uma alteração mais profunda dos Tratados, de modo a ter em conta as transformações, entretanto, ocorridas na Europa. Segundo KOHL e MITTERAND, os trabalhos da União Política deveriam concentrar-se no reforço da legitimidade democrática, na maior eficácia dos órgãos comunitários, na unidade e na coerência das ações a empreender e na definição e implementação de uma política externa e de segurança comuns.

E foi com base nestas premissas que, no segundo Conselho Europeu de Dublin, de 25 e 26 de junho 1990[164], se decidiu convocar uma segunda conferência intergovernamental sobre União Política.

As duas conferências intergovernamentais decorreram simultaneamente, mas, do ponto de vista material, desenrolaram-se em separado. O resultado final dos seus trabalhos foi submetido a aprovação dos Estados-Membros no célebre Conselho Europeu de Maastricht, de dezembro de 1991[165].

As conferências intergovernamentais, que abriram, formalmente, em 15 de dezembro de 1990, em Roma, acordaram concentrar-se nos seguintes aspetos:

- a legitimidade democrática – o reforço da participação do Parlamento no processo de decisão comunitário, a associação do PE à nomeação dos membros da Comissão, bem como o reforço do papel das entidades regionais e locais;
- a PESC – a definição dos interesses comuns dos Estados na matéria e a criação de um quadro institucional específico;
- a cidadania – a participação dos cidadãos de um dos Estados-membros nas eleições para o Parlamento Europeu e locais do Estado em que residem, bem como a liberdade de circulação das pessoas e a sua proteção fora das fronteiras comunitárias;
- o alargamento das atribuições comunitárias em matéria social, de coesão económica e social, de meio ambiente, de saúde, de investigação, de

[163] Conclusões publicadas no Boletim das Comunidades Europeias nº 4/90, p. 7 e segs.

[164] Conclusões publicadas no Boletim das Comunidades Europeias nº 6/1990, p. 7 e segs.

[165] Sobre os antecedentes próximos do Tratado de Maastricht, cfr. ANA MARIA GUERRA MARTINS, *O Tratado da União Europeia – contributo para a sua compreensão*, Lisboa, 1993, p. 13 e segs.

energia, de infra-estruturas e de património cultural e educacional e, eventualmente, dos assuntos internos e de justiça;
- a eficácia – a clarificação do papel do Conselho Europeu, o reforço da regra da maioria qualificada na adoção das decisões por parte do Conselho e das competências de execução da Comissão[166].

Entretanto tinha ocorrido o Conselho Europeu de Roma, de 27 e 28 de outubro de 1990[167], em que se tinha reafirmado a vontade de prosseguir os objetivos da união económica e monetária e de manter os calendários previstos.

Os trabalhos das conferências intergovernamentais decorreram durante cerca de um ano. O texto de alteração dos tratados comunitários foi aprovado, em Maastricht, em 10 de dezembro de 1991, tendo sido assinado, posteriormente, em 7 de fevereiro de 1992. Porém, o Tratado acabou por somente entrar em vigor, em 1 de novembro de 1993, devido ao primeiro referendo negativo dinamarquês, que ocorreu em 2 de junho de 1992, e colocou a Europa perante um problema complexo, na medida em que, segundo o antigo artigo 236º do TCEE, as normas de revisão do Tratado, para entrarem em vigor, necessitavam de ser ratificadas por todos os Estados-membros, exigência que, aliás, se mantém atualmente.

Com o intuito de ultrapassar a situação foi aprovada, em 12 de dezembro de 1992, a Decisão de Edimburgo[168], a qual foi apresentada ao eleitorado dinamarquês como uma revisão do texto inicial, o que é, no mínimo, duvidoso que corresponda à realidade, dado que a mesma se limitava a reafirmar o anteriormente acordado. De qualquer modo, essa declaração permitiu à Dinamarca realizar um segundo referendo, em 18 de maio de 1993, o qual foi votado favoravelmente, e assim se tornou possível a ratificação do Tratado da União Europeia por parte da Dinamarca.

8.2. O conteúdo do Tratado da União Europeia

Tendo em conta que o Tratado da União Europeia, tal como resultou de Maastricht, já não se encontra em vigor, e que a maior parte das soluções então consagradas já foram objeto de profundas modificações, das quais cumpre destacar, por último, a refundação da União Europeia ocorrida com o Tratado de Lisboa, não faria sentido proceder aqui a uma análise muito detalhada das inovações introduzidas pelo Tratado de Maastricht. Parece-nos, contudo, que a plena compreensão do "momento constitucional" que a União Europeia atravessa atual-

[166] As conclusões do Conselho Europeu de Roma II estão publicadas no Boletim das Comunidades Europeias nº 12/90.

[167] Conclusões publicadas no Boletim das Comunidades Europeias nº 10/1990.

[168] Cfr. Parte B das Conclusões do Conselho Europeu de Edimburgo de 11 e 12 de dezembro de 1992 (Bol. CE's 12/92).

mente só será possível através do seu enquadramento nas últimas duas décadas de construção europeia, ou seja, a partir do Tratado de Maastricht. Isto porque aquele Tratado introduziu alguns dos temas que – não obstante as vicissitudes, entretanto, sofridas bem como as diversas crises que têm surgido – continuam a marcar o processo de integração europeia, tal como o conhecemos hoje[169].

Assim, vamos salientar seis aspetos:

a) a criação da União Europeia;
b) o reforço do papel do cidadão da União, designadamente, através da criação da cidadania da União, da consagração expressa da proteção dos direitos fundamentais e do reforço do papel do Parlamento Europeu;
c) a consagração de novas atribuições às Comunidades, especialmente, em matéria de união económica e monetária;
d) o princípio da subsidiariedade;
e) as modificações no quadro institucional;
f) a consagração da flexibilidade e da diferenciação.

8.2.1. A criação da União Europeia

Apesar de ter estado presente no discurso político, desde o início do processo da integração europeia, ao nível do Direito Originário, coube ao Tratado de Maastricht proceder à criação da União Europeia, a qual apresentava uma estrutura tripartida[170]. Isto é, fundava-se nas três Comunidades então existentes e era completada por dois pilares intergovernamentais, a saber:

[169] Para uma visão geral do Tratado de Maastricht, cfr., AAVV, *Em torno da revisão do Tratado da União Europeia*, Coimbra, 1997; AAVV, *A União Europeia na encruzilhada*, Coimbra, 1996; AAVV, *Traité sur l'Union Européenne – Commentaire article par article*, Paris, 1995; AAVV, *A União Europeia*, Coimbra, 1994; Ton Heukels *et al.*, "The Configuration of the European Union: Community Dimensions of Institutional Interaction", *in Essays in honour of* Henry G. Schermers, vol. 2, Dordrecht, 1994, p. 195 e segs; David O' Keeffe / Patrick M. Twomey, *Legal Issues of the Maastricht Treaty*, Londres, 1994; J. Cloos / D. Vignes / J. Weyland / G. Reinesch, *Le traité de Maastricht – genèse, analyse, commentaires*, Bruxelas, 1993; Vlad Constantinesco, "La structure du Traité instituant l'Union Européenne – les dispositions communes et finales; les nouvelles compétences", *CDE*, 1993, p. 251 e segs; Robert Lane, "New Community Competences under the Maastricht Treaty", *CMLR*, 1993, p. 939 e segs; Joerg Monar / Werner Ungerer / Wolfgang Wessels, *The Maastricht Treaty on European Union*, Bruxelas, 1993; Ana Maria Guerra Martins, *O Tratado da União Europeia...*; Araceli Mangas Martin, "El Tratado de Unión Europea: análisis de su estructura", *GJ*, 1992, p. 13 e segs; Claire-Françoise Durand, "Le Traité de l'Union Européenne (Maastricht, 7 février 1992) – quelques réflexions", *in Commentaire MEGRET. Le droit de la CEE*, vol. 1, 2ª ed., Bruxelas, 1992, p. 357 e segs; Marie-Françoise Labouz, *Les accords de Maastricht et la Constitution de l'Union Européenne*, Paris, 1992; Yves Doutriaux, *Le Traité sur l'Union Européenne*, Paris, 1992.

[170] Sobre a estrutura da União Europeia no Tratado de Maastricht, ver, entre outros, Fausto de Quadros / Fernando Loureiro Bastos, "União Europeia", *DJAP*, vol. VII, Lisboa, 1996, p.

- A PESC, a qual abrangia o conjunto das questões relativas à segurança da União Europeia, incluindo a definição a termo de uma política de defesa, que poderia conduzir, no futuro, a uma defesa comum. A PESC constituía tarefa da União e dos seus Estados-membros, os quais não transferiram, definitiva nem temporariamente, as suas atribuições para a União em matéria de defesa e mantinham o controlo das ações em matéria de segurança e de relações externas com ela relacionadas. A PESC representava, pois, um avanço muito tímido em relação à Cooperação Política Europeia que tinha sido formalizada no AUE[171].
- A CJAI – a construção de um mercado sem fronteiras internas, no qual as mercadorias, as pessoas, os serviços e os capitais circulam livremente, tornou clara a necessidade de regras comuns em matéria de asilo, de imigração, de controlo de fronteiras externas, de luta contra a criminalidade internacional, de cooperação judicial em matéria penal e civil e de polícia. Por isso, o objetivo da CJAI era o desenvolvimento de uma cooperação estreita no domínio da justiça e dos assuntos internos, deslocando para o plano do Direito Originário a regulamentação destas matérias[172].

543 e segs; C. Alibert, "Union Européenne", *in* Ami Barav / Christian Philip, *Dictionnaire juridique des Communautés Européennes*, Paris, 1993, p. 1136 e segs; Fernando Loureiro Bastos, *A União Europeia – Fins, objetivos e estrutura orgânica*, Lisboa, 1993; Deirdre Curtin, "The Constitutional Structure of the Union: A Europe of Bits and Pieces", *CMLR*, 1993, p. 17 e segs; Astéris D. Pliakos, "La nature juridique de l'Union européenne", *RTDE*, 1993, p. 187 e segs; Ulrich Everling, "Reflections on the Structure of the European Union", *CMLR*, 1992, p. 1053 e segs.

[171] Especificamente sobre a PESC no Tratado de Maastricht, cfr., entre outros, Barbara-Christine Ryba, "La politique étrangère et de sécurité commune (PESC) – mode d'emploi et bilan d'une année d'application (fin 1993/1994)", *RMCUE*, 1995, p. 14 e segs; André Collet, "Le Traité de Maastricht et la Défense", *RTDE*, 1993, p. 225 e segs; Luis Ignacio Sanchez Rodriguez, "La politica exterior y de seguridad comun en el Tratado de la Union Europea", *GJ*, 1992, p. 97 e segs; Victoria Abellan Honrubia, "Pressupuestos de una politica comun en materia de relaciones exteriores y de seguridad", *Rev. Inst. Eur.*, 1992, p. 9 e segs.

[172] Especificamente sobre a CJAI no Tratado de Maastricht, cfr. Nicoletta Parisi (org.), *Giustizia e affari interni nell'Unione europea*, Turim, 1996; F. Jesus Carrera Hernandez, "El derecho de asilo de los ciudadanos de la Union en el interior de la EU", *Rev. Inst. Eur.*, 1995, p. 837 e segs; Bruno Nascimbene, *Da Schengen a Maastricht*, Milão, 1995; Roland Bieber *et al.*, *Justice and Home Affairs in the European Union. The Development of the Third Pillar*, Bruxelas, 1995; D. M. Curtin / J. F. M. Pown, «La coopération dans le domaine de la justice et des affaires intérieures au sein de l'Union Européenne: une nostalgie d'avant Maastricht», *RMUE*, 1995, p. 13 e segs; Marc Lepoivre, «Le domaine de la justice et des affaires intérieures dans la perspective de la conférence intergouvernemental», *CDE*, 1995, p. 323 e segs; J. Monar / R. Morgan, *The Third Pillar of the European Union. Cooperation in the Fields of Justice and Home Affairs*, Bruxelas, 1994; Eduardo Vilariño Pintos, "La cooperación en los ambitos de justicia e interior en el Tratado de la Union Europea. Los aspetos basicos para su realización", *Rev. Inst. Eur.*, 1994, p. 61 e segs; Peter-Christian Müller-Graff, "The Legal Basis of the Third Pillar and its Position in the Framework of the

O TUE elencava os objetivos da União Europeia, os quais eram económicos, sociais e políticos.

A União Europeia era assistida por um quadro institucional único, ou seja, por órgãos com competência para a prossecução dos objetivos, e que eram os seguintes:

- o Conselho Europeu, órgão por excelência da União;
- o Parlamento Europeu, o Conselho, a Comissão e o Tribunal de Justiça, os quais exerciam a sua competência, de acordo com as disposições dos Tratados institutivos das Comunidades Europeias e com as outras disposições do Tratado.

8.2.2. A cidadania da União e a proteção dos direitos fundamentais

Uma das críticas mais frequentemente dirigida ao processo de integração europeia prendia-se com o seu afastamento do cidadão europeu, pelo que se considerou necessário aprofundar o envolvimento dos cidadãos, mas isso só se conseguiria com um impulso político, o qual foi dado pelo TUE, através, por um lado, da criação da cidadania da União e, por outro lado, da consagração expressa da proteção dos direitos fundamentais.

Com efeito, o TUE considerava como objetivo da União o reforço da proteção dos direitos e interesses dos nacionais dos Estados-membros, através da instauração de uma cidadania da União. O desenvolvimento deste objetivo não constava, contudo, do TUE, mas sim do Tratado CE[173].

Union Treaty", *CMLR*, 1994, p. 493 e segs; Roberto Adam, "La cooperazione nel campo della Giustizia e degli affari interni: da Schengen a Maastricht", *Riv. Dir. Int'l*, 1994, p. 225 e segs; Juan Miguel Zaragoza / Alejandro Blanco De Castro, "El titulo VI del Tratado de la Unión: Cooperación en asuntos de Justicia e interior", *GJ*, 1992, p. 173 e segs.

[173] Sobre a cidadania da União situada no Tratado de Maastricht, cfr., entre outros, Jo Shaw, "The Many Pasts and Futures of Citizenship in the European Union", *ELR*, 1997, p. 554 e segs; Ulrich K. Preuss, "Two Challenges to European Citizenship", *in* Richard Bellamy / Dario Castiglione, *Constitutionalism in Transformation...*, p. 122 e segs; Siofra O'Leary, *The Evolving Concept of Community Citizenship – From the Free Movement of Persons to Union Citizenship*, Haia, 1996; Idem, *European Union Citizenship – Options for Reform*, Londres, 1996; Jean-Denis Mouton, *La citoyenneté de l'Union: passé, présent et avenir*, Saarbrücken, 1996; Stephen Hall, "Loss of Union Citizenship in Breach of Fundamental Rights", *ELR*, 1996, p. 129 e segs; Siofra O'Leary, "The Relationship Between Community Citizenship and the Protection of Fundamental Rights in Community Law", *CMLR*, 1995, p. 519 e segs; Michelle C. Everson / Ulrich K. Preuss, *Concepts, Foundations, and Limits of European Citizenship*, Bremen, 1995; Maximo La Torre, "Citizenship: a European Challenge", *in* Esa Paasivirta / Kirsi Rissanen, *Principles of Justice and the Law of the European Union* – Proceedings of the COST – AJ Seminar, Helsínquia, 1995, p. 123 e segs; Rui Manuel Moura Ramos, "Les nouveaux aspects de la libre circulation des personnes. Vers une citoyenneté européenne", *in Das Comunidades à União Europeia*, Coimbra, 1994, p. 249 e segs; Robert Kovar

Um outro aspeto que mereceu a atenção da conferência intergovernamental foi a proteção dos direitos fundamentais. Isto porque à medida que os objetivos da Comunidade se iam estendendo, tornava-se cada vez mais nítido o caráter incompleto das soluções encontradas neste domínio, designadamente, pelo Tribunal de Justiça. Além disso, a passagem de uma Comunidade meramente económica a uma União política tinha como consequência uma maior limitação dos poderes da autoridade pública em relação aos cidadãos como forma de garantir os ideais da democracia e da Comunidade de direito.

Ora, de acordo com a tradição política humanista ocidental, o respeito dos direitos do ser humano enquanto tal constitui um dos elementos essenciais da identidade europeia, o que, aliás, já tinha sido politicamente afirmado pelas Comunidades Europeias em diversos momentos (cfr. Declaração de Copenhaga sobre a identidade europeia de 1973, Declaração Comum a Assembleia, do Conselho e da Comissão sobre os Direitos do Homem de 1977 e Declaração sobre a Democracia de 1978).

Tendo em consideração os objetivos políticos da União, o TUE não podia deixar de consagrar expressamente a proteção dos direitos fundamentais no articulado[174]. Assim, pela primeira vez, uma disposição do Tratado estabeleceu que a União respeita os direitos fundamentais, tal como são garantidos pela Convenção Europeia dos Direitos do Homem, e tal como resultam das tradições constitucionais comuns aos Estados-membros enquanto princípios gerais de direito. Além disso, um dos objetivos da PESC era o reforço e o desenvolvimento da democracia e do Estado de direito, bem como o respeito dos direitos do homem e das liberdades fundamentais e no domínio do terceiro pilar, o TUE referia que as ques-

/ Denys Simon, "La citoyenneté européenne", *CDE*, 1993, p. 285 e segs; Carlos Jimenez Piernas, "La protección diplomatica y consular del ciudadano de la Unión Europea", *Rev. Inst. Eur.*, 1993, p. 9 e segs; Astéris Pliakos, "Les conditions d'exercice du droit de petition", *CDE*, 1993, p. 317 e segs; Carlos Closa, "The Concept of Citizenship in the Treaty on European Union", *CMLR*, 1992, p. 1137 e segs; J. Liñan Nogueras, "De la ciudadania europea a la ciudadania de la Union", *GJ*, 1992, p. 63 e segs; Pedro Solbes Mira, "La citoyenneté européenne", *RMCUE*, 1991, p. 168 e segs; C. Blumann, "L'Europe des citoyens", *RMCUE*, 1991, p. 283 e segs; Constantin Stephanou, "Identité et citoyenneté européennes", *RMC*, 1991, p. 30 e segs.

[174] Sobre a proteção dos direitos fundamentais situada no Tratado de Maastricht, ver, entre outros, Walter Pauly, "Strukturfragen des unionsrechtlichen Grundrechtsschutzes. Zur konstitutionellen Bedeutung von Art. F Abs. 2 EUV", *EuR*, 1998, p. 242 e segs; Bengt Beutler, „Art F", *in* Hans Von Der Groeben *et al.*, *Kommentar zum EU-/EG-Vertrag*, vol. I, 5ª ed., Baden-Baden, 1997, p. 98 e segs; Nanette A. Neuwahl, "The Treaty on the European Union: A Step Forward in the Protection of the Human Rights?", *in* Nanette A. Neuwahl / Allan Rosas, *The European Union and the European Rights*, Haia, 1995, p. 13 e segs; Giorgio Gaja, "The Protection of Human Rights under the Maastricht Treaty", *in* Deirdre Curtin / Ton Heukels, *Essays in honour of Henry G. Schermers*, vol. 2, Dordrecht, 1994, p. 548 e segs; Lars Bondo Krogsgaard, "Fundamental Rights in the European Community after Maastricht", *LIEI*, 1993, p. 99 e segs.

tões de interesse comum seriam tratadas no âmbito da Convenção Europeia dos Direitos do Homem e da Convenção relativa ao Estatuto dos Refugiados de 1951 e que se teria em conta a proteção concedida pelos Estados-membros às pessoas perseguidas por motivos políticos.

A proteção dos direitos fundamentais dirigia-se tanto aos nacionais dos Estados-membros da União como aos nacionais de Estados terceiros, o que conduziu a uma conceção mais abrangente do que a preconizada até ao TUE[175].

8.2.3. A nova repartição de atribuições entre as Comunidades e os Estados-membros

O TUE procedeu a uma reformulação da repartição de atribuições entre as Comunidades Europeias e os seus Estados-membros, tendo consagrado novas atribuições à Comunidade Europeia, que deixou de se denominar Comunidade Económica Europeia. De entre essas novas atribuições é de salientar, devido à sua especial importância, a matéria da união económica e monetária[176].

Acresce que certas atribuições que já faziam parte do Direito Originário ou Derivado foram objeto de desenvolvimento e/ou de aperfeiçoamento, como, por exemplo, a coesão económica e social, a política de ambiente e a promoção da investigação e desenvolvimento tecnológico.

Note-se ainda que o TUE entrou em domínios que constituem o cerne da soberania dos Estados, como é o caso da cidadania, da política monetária e da política de vistos. Além disso, foi o TUE que preparou o terreno para futuras transferências de soberania em matéria de imigração, asilo e controlo das fronteiras externas, as quais viriam, efetivamente, a ocorrer em Amesterdão.

Para compensar a perda de soberania por parte dos Estados, o TUE impôs o respeito das identidades nacionais e da cultura dos Estados assim como introduziu o princípio da subsidiariedade, que referiremos no ponto seguinte. Deste modo, procurou-se um equilíbrio entre o poder político individual de cada Estado e o poder político comum da União.

175 Sobre esta nova conceção, cfr. ANA MARIA GUERRA MARTINS, *A igualdade e a não discriminação...*, p. 292 e segs.

176 Sobre a união económica e monetária no Tratado de Maastricht, cfr., entre muitos outros, EDUARDO M. H. DA PAZ FERREIRA, *Direito Comunitário II (União Económica e Monetária). Relatório*, RFDUL (separata), 2001; CARLOS LARANJEIRO, *Lições de integração monetária europeia*, Coimbra, 2000; *Idem, União Económica e Monetária e Euro*, Coimbra, 1999; JOSÉ LUIS DA CRUZ VILAÇA, *O Euro e o Direito Comunitário*, Lisboa, 1998; PAULO DE PITTA E CUNHA, "Some Reflections on Monetary Union and Fiscal Federalism", *RFDUL*, 1997, p. 365 e segs; ANIBAL CAVACO SILVA, *Portugal e a moeda única*, Lisboa, 1997; JEAN-VICTOR LOUIS, "L'Union économique et monétaire", *in Commentaire MEGRET. Le droit de la CEE*, vol. 6, 2ª ed., Bruxelas, 1995, p. 1 e segs; MANUEL CONTHE, «La Union Economica y Monetaria: la larga genesis de un tratado», *GJ*, 1992, p. 101 e segs; JEAN-VICTOR LOUIS, "L'Union Economique et Monétaire", *CDE*, 1992, p. 251 e segs.

8.2.4. O princípio da subsidiariedade

O princípio da subsidiariedade merece uma referência autónoma, na medida em que foi um dos temas centrais dos debates da conferência intergovernamental sobre a União Política. Defrontaram-se aí, fundamentalmente, duas tendências: de uma banda, os defensores de uma maior integração procuraram aproximá-lo do princípio federal paralelo, de outra banda, os opositores do aprofundamento da integração viram nele uma hipótese de descentralização.

O princípio acabou por ficar consagrado tanto no TUE como no TCE. Assim, o Preâmbulo do TUE refere-se-lhe nos seguintes termos:

> «*resolvidos a continuar o processo de criação de uma união cada vez mais estreita entre os povos da Europa em que as decisões são tomadas ao nível mais próximo possível dos cidadãos, de acordo com o princípio da subsidiariedade*».

O TUE estabelecia que «*os objetivos da União serão alcançados de acordo com as disposições do presente Tratado e nas condições e segundo o calendário nele previstos, respeitando o princípio da subsidiariedade*» e que «*as decisões serão tomadas ao nível mais próximo possível dos cidadãos*». Por último, o TUE afirmava, expressamente, que «*a União respeitará as identidades nacionais dos Estados-membros*».

A definição do princípio da subsidiariedade constava do TCE nos seguintes moldes:

> «*nos domínios que não sejam das suas atribuições exclusivas, a Comunidade intervém apenas, de acordo com o princípio da subsidiariedade, se e na medida em que os objetivos da ação encarada não possam ser suficientemente realizados pelos Estados-membros, e possam, pois, devido à dimensão ou aos efeitos da ação prevista, ser melhor alcançados ao nível comunitário*».

A redação atual do preceito paralelo do TFUE não diverge muito do que então ficou consagrado.

O princípio aplicava-se – e continua a aplicar-se – às matérias de atribuições concorrentes entre os Estados-membros e a Comunidade, estando, portanto, excluída a sua aplicação às atribuições exclusivas da Comunidade, bem como às atribuições reservadas aos Estados-membros.

A aplicação do princípio da subsidiariedade pressupunha, portanto, uma prévia definição da repartição de atribuições entre as Comunidades e os Estados-membros, o que sempre foi um tema muito controverso no Direito Comunitário, não tendo o Tratado de Maastricht logrado clarificá-lo.

Após o apuramento prévio do caráter exclusivo ou concorrente de determinada atribuição, os órgãos comunitários competentes antes de atuarem tinham a obrigação de averiguar se a ação que pretendiam levar a efeito preenchia o critério da suficiência dos Estados, pelo qual se averiguava se os objetivos da ação encarada não podem ser suficientemente realizados pelos Estados e o critério da maior eficácia da Comunidade, de acordo com o qual se apreciava se os objetivos da ação encarada, devido à sua dimensão ou aos seus efeitos, não podiam ser melhor alcançados pela Comunidade[177].

[177] Sobre o princípio da subsidiariedade situado no Tratado de Maastricht, cfr. MARGARIDA SALEMA D'OLIVEIRA MARTINS, *O princípio da subsidiariedade em perspetiva jurídico-política*, Coimbra, 2003, p. 135 e segs; FAUSTO DE QUADROS, *O princípio da subsidiariedade no Direito Comunitário após o Tratado da União Europeia*, Coimbra, 1995, p. 11 e segs; TORSTEN STEIN, "El principio de subsidiariedad en el derecho de la Union Europea", *Rev. Est. Pol.*, 1995, p. 69 e segs; THEODOR SCHILLING, "A New Dimension of Subsidiarity: Subsidiarity as a Rule and a Principle", *YEL*, 1994, p. 203 e segs; GIROLAMO STROZZI, "Le principe de subsidiarité dans la perspective de l'intégration européenne: une énigme et beaucoup d'attentes", *RTDE*, 1994, p. 373 e segs; ANGEL BOIXAREU CARRERA, "El principio di subsidiariedad", *Rev. Inst. Eur.*, 1994, p. 771 e segs; ANA MARIA GUERRA MARTINS, *O Tratado da União Europeia...*, p. 36 e segs; PAOLO CARETTI, "Il principio di sussidiarietà e i suoi riflessi sul piano dell'ordinamento comunitario e dell'ordinamento nazionale", *Quad. Cost.*, 1993, p. 7 e segs; JO STEINER, "Subsidiarity under the Maastricht Treaty", *in* DAVID O' KEEFFE *et al.*, *Legal Issues...*, p. 49 e segs; A. G. TOTH, "A Legal Analysis of Subsidiarity", *in* DAVID O' KEEFFE *et al.*, *Legal Issues...*, p. 37 e segs; FRANS PENNINGS, "Is the Subsidiarity Principle Useful to Guide the European Integration Process?", *Tilburg Foreign L. Rev.*, 1993, p. 153 e segs; MARIE CORNU, *Compétences culturelles en Europe et principe de subsidiarité*, Bruxelas, 1993; NICHOLAS EMILIOU, "Subsidiarity: An Effective Barrier Against «the Entreprises of Ambition»", *ELR*, 1992, p. 313 e segs; DEBORAH CASS, "The Word that Saves Maastricht? The Principle of Subsidiarity and the Division of Powers within the European Community», *CMLR*, 1992, p. 1107 e segs; GEORGES VANDERSANDEN, «Considérations sur le principe de subsidiarité», *in Mélanges offerts à J. VELU, Présence du droit public et des droits de l'homme*, Bruxelas, 1992, p. 193 e segs; HERVÉ BRIBOSIA, «Subsidiarité et répartitions de compétences entre la Communauté et ses Etats membres», *RMUE*, 1992, p. 166 e segs; ENZO MATTINA, «Subsidiarité, démocratie et transparence», *RMUE*, 1992, p. 204 e segs; E. GAZZO, «Lever le voile de la "subsidiarité" pour ne pas tomber dans les pièges qu'elle peut cacher», *RMUE*, 1992, p. 221 e segs; RICCARDO PERISSICH, «Le principe de subsidiarité, fil conducteur de la politique de la Communauté dans les années à venir», *RMUE*, 1992, p. 7 e segs; VLAD CONSTANTINESCO, «Subsidiarité... vous avez dit subsidiarité?», *RMUE*, 1992, p. 227 e segs; A. G. TOTH, «The Principle of Subsidiarity in the Maastricht Treaty», *CMLR*, 1992, p. 1079 e segs; J. MERTENS DE WILMARS, «Du bon usage de la subsidiarité», *RMUE*, 1992, p. 193 e segs; MARK WILKE / HELEN WALLACE, «Subsidiarity: Approaches to Power-Sharing in the European Community», RIIA Discussion Papers 27; ANDREW ADONIS / JONES STUART, «Subsidiarity and the European Community Constitutional Future», *Staatswiss. u. Staatspr.*, 1991, p. 179 e segs; P. J. C. KAPTEYN, «Community Law and the Principle of Subsidiarity», *RAE*, 1991, p. 35 e segs; A. MATTERA, «Subsidiarité, reconnaissance mutuelle et hiérarchie des normes européennes», *RMUE*, 1991, p. 7 e segs; VLAD CONSTANTINESCO, «Le principe de subsidiarité: un passage obligé vers l'Union Européenne», *in Mélanges JEAN BOULOUIS*, p. 35 e segs; FRANCISCO LUCAS PIRES, «A política social comunitária como exemplo do princípio de subsidariedade», *RDES*, 1991, p. 239 e segs; KURT SCHELTER, «La subsidiarité: principe directeur de la future Europe», *RMC*, 1991, p. 138 e segs.

8.2.5. As modificações no quadro institucional

O TUE procurou dar resposta às reivindicações de maior legitimidade democrática[178], de maior eficácia[179] e de maior transparência[180] institucional das Comunidades[181].

Na verdade, a Comunidade nasceu sob o signo do défice democrático[182], pois a transferência de poderes que antes pertenciam aos Estados e, como tal, estavam sujeitos ao controlo democrático dos povos de cada um deles, por intermédio dos seus parlamentos nacionais, não foi acompanhada da atribuição a esses povos de um controlo eficaz e adequado da ação dos órgãos comunitários. Essa "deficiência" acentuou-se à medida que ocorreram novas transferências de tarefas dos Estados para as Comunidades.

[178] A maior legitimidade democrática procurou-se através do reforço das competências do Parlamento Europeu e da investidura da Comissão.

[179] A maior eficácia tentou alcançar-se através da alteração do processo de decisão comunitária e do aumento dos casos de votação por maioria qualificada no seio do Conselho.

[180] A maior transparência procurou-se na aproximação das decisões comunitárias aos cidadãos e na publicidade dos atos preparatórios das decisões comunitárias.

[181] Genericamente sobre a reforma institucional acordada em Maastricht, cfr., entre outros, JEAN-CLAUDE PIRIS, "Après Maastricht, les institutions sont-elles plus efficaces, plus démocratiques et plus transparents?", *RTDE*, 1994, p. 1 e segs; ENRIQUE GONZALEZ SANCHEZ, "La evolución institucional de la Union Europea: del sistema quadripartito previsto en los tratados originarios a un sistema institucional tripartito en la perspetiva de realización de la unificacion europea", *Rev. Inst. Eur.*, 1994, p. 85 e segs; WERNER UNGERER, "Institutional Consequences of Broadening and Deepening the Community: the Consequences for the Decision-Making Process", *CMLR*, 1993, p. 71 e segs; TREVOR C. HARTLEY, "Constitutional and Institutional Aspects of Maastricht Agreement", *ICLQ*, 1993, p. 213 e segs; JOËL RIDEAU, "Le Traité de Maastricht du 7 février 1992 sur l'Union européenne. Aspects institutionnels", *RAE*, 1992, p. 21 e segs; JEAN BOULOUIS, "À propos des dispositions institutionnels du traité sur l'Union Européenne", *RAE*, 1992, p. 5 e segs; JAVIER DIEZ-HOCHLEITNER, "La reforma institucional de las Comunidades Europeas acordada en Maastricht", *GJ*, 1992, p. 9 e segs.

[182] Sobre o défice democrático das Comunidades Europeias anterior ao Tratado de Maastricht e o modo como este o tentou ultrapassar, cfr., THOMAS W. POGGE, "How to Create Supra-National Institutions Democraticaly. Some Reflections on the European Union Democratic Deficit", *in* ANDREAS FOLLESDAL / PETER KOSLOWSKI, *Democracy and the European Union*, Berlim, 1998, p. 161 e segs; KLAUS ARMINGEON, "Comment: the Democratic Deficit of the European Union", *Aussenwirt.*, 1995, p. 67 e segs; RUDOLF HRBEK, "Der Vertrag von Maastricht und das Demokratie-Defizit der Europäischen Union auf dem Weg zu stärkerer demokratischer Legitimation?", *Gedächtnisschrift GRABITZ*, p. 171 e segs; HANS-HUGO KLEIN, "Die Europäische Union und ihr demokratisches Defizit", *in* JÜRGEN GOYDKE *et al.* (Dir.), *Festschrift für WALTER REMMERS*, Colónia, 1995, p. 195 e segs; MICHAEL ZÜRN, „Über den Staat und die Demokratie...", p. 1 e segs; PHILIP RAWORTH, „A Timid Step Forwards: Maastricht and the Democratisation of the European Community, *ELR*, 1994, p. 16 e segs; CHARLES REICH, „Qu'est-ce que... le déficit démocratique?", *RMCUE*, 1991, p. 14 e segs.

O TUE procurou minimizar esse défice democrático por duas vias: por um lado, reforçando os poderes do PE e, por outro lado, aumentando o número de casos de votação, por maioria qualificada, no seio do Conselho.

Assim, o Parlamento Europeu viu os seus poderes aumentados em quatro domínios[183]. No que diz respeito ao seu processo eleitoral uniforme, o PE passou a ter de dar um parecer favorável, ao contrário do que sucedia até ao TUE em que a sua participação se limitava à apresentação de projetos. Em matéria de poder legislativo, o Tratado de Maastricht introduziu o procedimento de codecisão Conselho/PE assim como aumentou os casos em que se exigia o parecer favorável do PE. No plano do controlo político, o Parlamento alargou a sua competência, através do poder que lhe foi conferido para constituir comissões de inquérito e da exigência de apresentação de relatórios por parte dos outros órgãos comunitários. Por último, o PE aumentou a sua participação na designação de membros de outros órgãos, designadamente, passou a ser necessário um voto de aprovação por parte do PE na designação do Presidente e dos outros membros da Comissão e só, posteriormente, se daria a nomeação, de comum acordo, pelos Governos dos Estados-membros.

A introdução do procedimento de codecisão teve repercussões ao nível da regra de votação no seio do Conselho, uma vez que este órgão passou a decidir, por maioria qualificada, e não por unanimidade, num maior número de casos. Este procedimento aplicou-se, inicialmente, apenas em 14 situações.

As alterações institucionais tiveram como principal objetivo a aproximação da União aos seus cidadãos, tendo tentando aumentar a sua participação na vida política comunitária. Os resultados alcançados não foram, contudo, totalmente satisfatórios. Na verdade, muitas normas introduzidas em Maastricht não tiveram as consequências positivas que delas se esperava. Assim, à norma referente à eleição uniforme do PE opôs-se o Reino Unido, devido ao seu sistema eleitoral por círculos uninominais, do qual não pretendia abdicar. As regras relativas ao procedimento legislativo, embora possam ter contribuído para o tornar mais democrático, não contribuíram decerto para o tornar mais eficaz. As regras de nomeação da Comissão bem como as relativas ao seu controlo político também não conseguiram atingir os objetivos inicialmente traçados (basta para tanto pensar nas dificuldades que ocorreram na eleição de JACQUES SANTER bem como nas dificuldades que a Comissão viveu no âmbito do seu mandato e que acabaram por desencadear a sua dissolução). Ao mesmo insucesso foi votada a norma relativa à criação de partidos políticos europeus, a qual não conseguiu incenti-

[183] Especificamente sobre o reforço dos poderes do Parlamento Europeu no Tratado de Maastricht, cfr. GEORG RESS, „Democratic Decision-Making in the European Union and the Role of the European Parliament", *in Essays in Honour of* HENRY G. SCHERMERS, p. 153 e segs; CHARLES REICH, „Le Traité sur l'Union européenne et le Parlement européen", *RMCUE*, 1992, p. 287 e segs.

var a formação de qualquer partido político europeu, sendo que as eleições para o PE continuaram a decorrer com um cariz fortemente nacional. A participação dos parlamentos nacionais melhorou, na medida em que se passaram a verificar reuniões periódicas entre os membros do PE e dos parlamentos nacionais[184] – as denominadas COSAC's – mas essas reuniões estiveram longe de gerar consensos muito alargados.

Do ponto de vista institucional, o Tratado de Maastricht introduziu ainda alterações, no domínio da competência do Tribunal de Justiça[185], as quais reforçaram o papel do PE no contencioso comunitário, mas também o papel dos cidadãos, uma vez que o PE é por eles direta e universalmente eleito.

Dessas alterações devem salientar-se as seguintes:

- A consagração da legitimidade ativa e passiva do PE e do BCE para o recurso de anulação e para a ação de omissão;
- O alargamento do objeto do recurso de anulação aos atos adotados em conjunto pelo PE e pelo Conselho;
- A possibilidade de invocação da exceção de ilegalidade em relação aos atos adotados em conjunto pelo PE e pelo Conselho;
- A modificação introduzida no processo por incumprimento, no que diz respeito à obrigação de executar o acórdão que declara o incumprimento e em relação à aplicação de sanções ao Estado que não cumpre um acórdão que anteriormente declarou o incumprimento.

8.2.6. A flexibilidade e a diferenciação

A flexibilidade e a diferenciação não são novidades introduzidas em Maastricht. A verdade é que, desde os finais dos anos 60 e início da década de 70, sob denominações diversas, cujo sentido nem sempre coincidia – Europa *à la carte*, Europa de círculos concêntricos, Europa a duas ou mais classes, Europa de geometria variável, integração escalonada, Europa a duas ou várias velocidades ou integra-

[184] Sobre o estreitamento das relações entre o PE e os parlamentos nacionais após o Tratado de Maastricht, cfr., Joël Rideau, "National Parliaments and the European Parliament – Cooperation and Conflict", *in* Eivind Smith (ed.), *National Parliaments as Cornerstones of European Integration*, Londres, 1996, p. 159 e segs; Karlheinz Neunreither, "The Democratic Deficit of the European Union: Towards Closer Cooperation Between the European Parliament and the National Parliaments", *Gov. & Opp.*, 1994, p. 299 e segs; Guy Scoffoni, «Les relations entre le Parlement européen et les parlements nationaux et le renforcement de la légitimité démocratique de la Communauté», *CDE*, 1992, p. 22 e segs; Gérard Laprat, «Réforme des traités: le risque du double déficit démocratique. Les Parlements nationaux et l'élaboration de la norme communautaire», *RMCUE*, 1991, p. 710 e segs.

[185] Margarita A. Robles Carrillo, "La posición del TJCE en el Tratado de la Union Europea: alcance y consecuencias de los articulos C y L", *Rev. Inst. Eur.*, 1994, p. 809 e segs.

ção diferenciada[186] – muitas foram as vozes que se ergueram no sentido de que, na impossibilidade de conseguir o consenso de todos, em determinadas áreas, seria preferível que apenas alguns Estados avançassem para formas de cooperação mais estreita, enquanto os outros se manteriam à margem.

Ainda que a flexibilidade só tenha vindo a ser genericamente consagrada no Tratado de Amesterdão, através das cláusulas de "*cooperação reforçada*", o Tratado de Maastricht introduziu a possibilidade de não participação de alguns Estados – os chamados *opt outs* – em áreas de vital importância para as Comunidades e para a União Europeia: a união económica e monetária, a política social e os pilares intergovernamentais.

Aliás, pode afirmar-se que o Tratado de Maastricht marcou o fim da tentativa, até aí sempre conseguida, de obter o consenso de todos os Estados-membros para os avanços mais significativos e de, assim, assegurar a participação de todos, na medida em que permitiu, em determinados domínios, a alguns Estados avançarem para formas de cooperação mais estreita, ficando à margem os que não podiam, ou não queriam, participar.

No que diz respeito à união económica e monetária, o Reino Unido e a Dinamarca beneficiaram de um *opt out*, ou seja, da possibilidade de não participarem, na terceira fase da união económica e monetária, bastando para tal que manifestassem a sua vontade nesse sentido. Podiam fazer cessar o seu estatuto privilegiado, através de uma notificação da vontade de integrar o regime comum, sendo certo que, nesse caso, teriam de preencher os critérios de convergência. Uma vez feito cessar o seu estatuto privilegiado, a sua integração na UEM seria definitiva. Nunca usaram esta prerrogativa nem virão a usá-la, tendo em conta que estão de saída da União.

O não preenchimento dos critérios de convergência, previstos no TCE e no Protocolo nº 6, também configurava uma situação de diferenciação, mas, nesse caso, dependia de condições exteriores à vontade dos Estados. Aqueles que não conseguissem preencher os critérios de convergência poderiam mais tarde integrar a UEM, bastando para tanto uma decisão, por maioria qualificada, do Conselho da União, que integra todos os Estados e não apenas os que fazem parte da UEM.

[186] Sobre estes conceitos, ver José Martín y Perez de Nanclares, "La flexibilidad en el Tratado de Amsterdam: especial referencia a la nocion de cooperación reforzada", *Rev. Der. Com. Eur.*, 1998, p. 210 e segs; Bernd Martenczuk, "Die differenzierte Integration nach dem Vertrag von Amsterdam", *ZEuS*, 1998, p. 448 e segs; Claus Dieter Ehlermann, "Différentiation, flexibilité, coopération renforcée: les nouvelles dispositions du traité d'Amsterdam", *RMUE*, 1997, p. 56 e segs; Ana Maria Guerra Martins, *A Europa a Duas Velocidades e o Ato Único Europeu*, Lisboa, 1991, p. 11 e segs; Bernd Langeheine *et al.*, "L'Europe à deux vitesses: ni voie royale ni fausse route, RMC, 1984, p. 243; Hans Eckart Scharrer, "Abgestufte Integration – Eine Alternative zum herkömmlichen Integrationskonzept?", *Int.* 3/1981, p. 123 e segs.

No domínio da política social, o Tratado de Maastricht continha um Protocolo que integrava um acordo em matéria social entre apenas onze Estados (que, posteriormente, se tornaram catorze, devido ao alargamento a Norte), tendo o Reino Unido ficado de fora[187]. A flexibilidade assentava, portanto, num acordo internacional, mas utilizavam-se as instituições, os procedimentos e os mecanismos do Tratado CE. A cessação desta forma de diferenciação não se encontrava prevista no protocolo nem no acordo, mas, na prática, com a mudança de Governo no Reino Unido, este veio a pôr fim ao acordo e a política social foi integrada no Tratado de Amesterdão.

Em sede de pilares intergovernamentais, ou seja, no âmbito da PESC e da CJAI previa-se igualmente a possibilidade de alguns Estados avançarem para formas de cooperação mais estreitas. No quadro do segundo pilar, o Tratado previa a possibilidade de diferenciação relativamente à defesa. No terceiro pilar, o TUE previa que as disposições da CJAI não constituíam obstáculo à instituição e ao desenvolvimento de uma cooperação mais estreita entre dois ou mais Estados, na medida em que esta cooperação não contrariasse nem dificultasse a cooperação prevista no Tratado.

Dos exemplos de diferenciação previstos no Tratado de Maastricht apenas se mantém na íntegra, na atualidade, o relativo à UEM, mas, como veremos, ao longo deste livro, a flexibilidade e a diferenciação passaram a ser uma constante nas revisões subsequentes dos Tratados.

9. O Tratado de Amesterdão

9.1. A génese e os objetivos do Tratado de Amesterdão

A revisão dos tratados das Comunidades Europeias operada pelo Tratado de Maastricht foi encarada como uma fase transitória no processo de integração europeia, pelo que, desde logo, se fixou um prazo para futuras alterações. Segundo o Tratado de Maastricht, deveria ser convocada, em 1996, uma outra conferência intergovernamental[188].

[187] Este protocolo autorizava os Estados parte no acordo a recorrer às instituições, aos procedimentos e mecanismos do Tratado para aprovar entre eles e aplicar, na medida em que lhes digam respeito, os atos e as decisões necessários à concretização do referido acordo. O Reino Unido não participava nas deliberações e na adoção pelo Conselho das deliberações das propostas da Comissão efetuadas com base no protocolo e no acordo.

[188] Sobre a discussão em torno da revisão do Tratado da União Europeia, cfr., entre outros, GRÁINNE DE BÚRCA, "The Quest of Legitimacy in the European Union", *MLR*, 1996, p. 349 e segs; A. WINTER *et al.*, *Reforming the Treaty on European Union – The Legal Debate*, Haia, 1996; PHILIPPE MANIN (Dir), *La révision du Traité sur l'Union Européenne. Perspectives et réalités (Rapport du groupe français d'étude pour la Conférence Intergouvernementale 1996)*, Paris, 1996; MARCELINO OREJA, «La Conférence intergouvernementale 1996: quarante ans de coopération européenne à un tournant», *RMUE*, 1995, p. 5 e segs; A. MATTERA, «L'Europe: la voie de l'espérance», *RMUE*, 1995, p. 169

Note-se que, entretanto, tinha sido assinado o Tratado de Adesão da Áustria, Finlândia, Suécia e Noruega, em 24 de junho de 1994, o qual entrou em vigor, em 1 de janeiro de 1995. A Noruega recusou, contudo, pela segunda vez, aderir à União Europeia, em referendo. A União Europeia com o quarto alargamento – a Norte – passou a dispor de 15 Estados-membros, o que significava que as dificuldades de obtenção de consensos e de adoção de decisões nos órgãos da União tinham aumentado.

No Conselho Europeu de Corfu, de 24 e 25 de junho de 1994, os Chefes de Estado e de Governo decidiram criar um grupo de reflexão para preparar os trabalhos da conferência, que ficou conhecido como o Grupo Westendorp, assim como convidaram os órgãos comunitários e os Estados-membros a apresentarem relatórios sobre o funcionamento do TUE.

Os órgãos de decisão – o Conselho, a Comissão e o Parlamento Europeu – apresentaram os seus relatórios em 10 de abril, 10 e 17 de maio, respetivamente. Outros órgãos, como o Tribunal de Justiça, o Tribunal de Primeira Instância, o Tribunal de Contas, o Comité Económico e Social e o Comité das Regiões, elaboraram igualmente relatórios, de acordo com as suas competências. Também os Estados-membros apresentaram relatórios, nos quais fizeram o balanço da aplicação do Tratado ou de alguns dos seus aspetos e, em certos casos, avançaram mesmo com propostas de revisão do Tratado. O Ministério dos Negócios Estrangeiros Português publicou uma brochura intitulada *Portugal e a Conferência Intergovernamental para a Revisão do Tratado da União Europeia* em 1996, onde expunha a posição portuguesa sobre o assunto.

e segs; Martin Bangemann, «Le vote majoritaire pour l'Union européenne élargie», *RMUE*, 1995, p. 175 e segs; Mario Monti, «Marché intérieur et révision des Traités», *RMUE*, 1995, p. 181 e segs; C. D. Ehlermann, «Différenciation accrue ou uniformité renforcée?», *RMUE*, 1995, p. 191 e segs; Jean-Victor Louis, «La réforme des institutions», *RMUE*, 1995, p. 233 e segs; José Luís da Cruz Vilaça, «Le système juridictionnel communautaire», *RMUE*, 1995, p. 243 e segs; Emma Bonino, «La réforme de la politique étrangère et de sécurité commune: aspects institutionnels», *RMUE*, 1995, p. 261 e segs; Günter Burghardt, «Politique étrangère et de sécurité commune: garantir la stabilité à long terme de l'Europe», *RMUE*, 1995, p. 267 e segs; J.-P. Jacqué, «Affaires Intérieures et Justice. Quelques Refléxions», *RMUE*, 1995, p. 279 e segs; Robert Toulemon, «Un recensement des réformes à accomplir», *RAE*, 1995, p. 91 e segs; Constantin Stephanou, «L'Union européenne et les analogies fédérale et confédérale. Réflexions dans la perspective de la Conférence intergouvernementale de 1996», *RMUE*, 1995, p. 83 e segs; Jean-Victor Louis, «Algunas reflexiones sobre la reforma de 1996», *Rev. Inst. Eur.*, 1995, p. 9 e segs; Justus Lipsius, «La conférence intergouvernementale de 1996», *RTDE*, 1995, p. 175 e segs; Andrea Pierucci, «La conferenza del 1996: riforma dei trattati o riforma dell'Unione?», *Riv. Ital. Dir. Pub. Com.*, 1995, p. 416 e segs.

O grupo de reflexão reuniu e trabalhou com base em todos estes relatórios e, em dezembro de 1995, apresentou o seu próprio relatório ao Conselho Europeu de Madrid, onde se fixavam as diretrizes da organização da CIG[189].

A revisão do Tratado obedeceu ao processo fixado no então artigo N, atual artigo 48º TUE, tendo os órgãos da União apresentado os seus pareceres favoráveis[190].

A conferência foi convocada, oficialmente, pela Presidência, em 29 de março de 1996, com o objetivo de se concentrar nos seguintes temas:

a) uma União mais próxima do cidadão;
b) maior democracia e eficácia das instituições da União;
c) o reforço da capacidade de ação externa da União.

Após mais de um ano de negociações[191], sob as presidências italiana e irlandesa, o Tratado de Amesterdão acabou por ser assinado durante a presidência holandesa, no dia 2 de outubro de 1997, mas só entrou em vigor, em 1 de maio de 1999, após o depósito do último instrumento de ratificação pela França[192].

Foram, essencialmente, dois os objetivos da revisão do Tratado efetuada em Amesterdão, a saber:

[189] SN 520/2/95 REV 2 (REFLEX 21).

[190] A Comissão apresentou o seu parecer, intitulado «*reforçar a união política e preparar o alargamento*», em 28 de fevereiro de 1996 (publicado no Bol. UE nº 1/2-1996, p. 167 e segs). O PE adotou, em 13 de março, a resolução A4/0068/96 (publicada no JOCE C 96 de 1/4/96, p. 77 e segs) e o Conselho dos Negócios Estrangeiros tomou posição, em 25 de março.

[191] Sobre a CIG 1996, cfr., Emile Noël, «La Conférence intergouvernementale de 1996 vers un nouvel ordre institutionnel», *RCADE*, vol. VI, livro 1, 1998, p. 1 e segs; AAVV, *Em torno da revisão do Tratado da União Europeia*, Coimbra, 1997; Andrew Duff, *Reforming the European Union*, Londres, 1997; Rudolf Hrbek (Dir.), *Die Reform der Europäischen Union. Position und Perspektiven anläblich der Regierungskonferenz*, Baden-Baden, 1997; Geoffrey Edwards *et al.* (ed.), *The Politics of European Reform – The 1996 Intergovernmental Conference and Beyond*, Londres, 1997; Jean-Denis Mouton / Torsten Stein, *Vers une nouvelle Constitution pour l'Union européenne? La conférence intergouvernementale de 1996*, Colónia, 1997; Helmut Kortenberg, «La négociation du Traité. Une vue cavalière», *RTDE*, 1997, p. 709 e segs; E. Brok, «Intergovernmental Conference 1996: Not a "Maastricht II"», *CMLR*, 1997, p. 1 e segs; AAVV, *A revisão do Tratado da União Europeia*, Coimbra, 1996; Jean-Victor Louis, *L'Union européenne et l'avenir de ses institutions*, Bruxelas, 1996; Idem, «La CIG. Vers quelle Europe?», *CDE*, 1996, p. 249 e segs; *Acompanhamento parlamentar da revisão do Tratado da União Europeia na Conferência Intergovernamental de 1996*, 2 vols., Lisboa, 1995.

[192] O Tratado de Amesterdão, tal como já tinha acontecido com o Tratado de Maastricht, provocou revisões constitucionais em alguns Estados-membros (França e Áustria) e foi objeto de referendo noutros (Irlanda e Dinamarca). Em França, a revisão constitucional ocorreu como consequência da decisão nº 97-394 DC de 1997 do Conselho Constitucional, que declarou algumas normas do Tratado inconstitucionais.

- a consolidação e a melhoria da União Europeia, enquanto entidade central;
- a concessão de uma posição privilegiada ao cidadão, enquanto principal destinatário da revisão.

9.2. As principais modificações introduzidas pelo Tratado de Amesterdão

Tal como se fez em relação ao Tratado de Maastricht, e pelas razões então invocadas, no âmbito deste livro, não se procederá ao estudo pormenorizado do Tratado de Amesterdão, antes se chamará atenção para alguns aspetos que se afiguram cruciais para a compreensão da evolução do processo de integração europeia, como sejam:

- a consolidação da União Europeia;
- o reforço do papel do cidadão na União;
- a reforma institucional;
- a atribuição de novas tarefas à União;
- o desenvolvimento dos princípios da subsidiariedade e da proporcionalidade;
- a consagração do princípio da flexibilidade como princípio da União;
- a suspensão dos direitos de um Estado-membro[193].

[193] Para uma visão geral do Tratado de Amesterdão, cfr. HÉLÈNE GAUDIN, "Amsterdam: l'échec de la hiérarchie des normes?", *RTDE*, 1999, p. 1 e segs; JEAN FOYER, "Union Européenne et états membres selon le Traité d'Amsterdam", *Mélanges en honneur de* NICHOLAS VALTICOS, Paris, 1999, p. 343 e segs; FRANCISCO LUCAS PIRES, *Amsterdão Do Mercado à Sociedade Europeia?*, Cascais, 1998; JAN BERGMANN / CHRISTOFER LENZ (Org.), *Der Amsterdamer Vertrag vom 2. Oktober 1997. Eine Kommentierung der Neuerungen des EU- und EG-Vertrages*, 1998; YVES LEJEUNE, *Le traité d'Amsterdam. Espoirs et déceptions*, Bruxelas, 1998; WALDEMAR HUMMER (Org.), *Die Europäischen Union nach dem Vertrag von Amsterdam*, Viena, 1998; ARMIN VON BOGDANDY (Org.), *Konsolidierung und Kohärenz des Primärrechts nach Amsterdam*, Baden-Baden, 1998; ARACELI MANGAS MARTIN, „El Tratado de Amsterdam: aspetos generales del pilar comunitario", *GJ*, 1998, p. 7 e segs; ANDREA MANZELLA, „After Amsterdam, the Constitutional Identity of the European Union", *Int'l Spect.*, 1998, p. 42; SEAN VAN RAEPENBUSCH, „Les résultats du Conseil européen (les 16 et 17 juin 1997). Présentation générale du Traité d'Amsterdam", *Act. Dr.*, 1998, p. 7 e segs; K. LENAERTS / E. DE SMIJTER, „Le traité d'Amsterdam", *JT – Dr. Eur.*, 1998, p. 25 e segs; CARL FREDRIK BERGSTRÖM, „L'Europa oltre il mercato interno: commento al Trattato de Amsterdam", *Riv. Ital. Dir. Pub. Com.*, 1998, p. 1 e segs; JOACHIM JENS HESSE / MARTIN SCHAAD, "Leapfrogging, Sidestepping or Paradise lost? Amsterdam and the European Union", *Staatswiss. u. Staatspr.*, 1998, p. 121 e segs; HELMUT LECHELER, "Die Fortentwicklung des Rechts der Europäischen Union durch Amsterdam-Vertrag", *JuS*, 1998, p. 392 e segs; ANTÓNIO GOUCHA SOARES, *O Tratado de Amesterdão e o novo passo da União Europeia*, Legislação, 1998, p. 5 e segs; MARIA JOÃO PALMA, *Desenvolvimentos recentes na União Europeia: o Tratado de Amesterdão*, Lisboa, 1998; SALLY LANGRISH, "The Treaty of Amsterdam: Selected Highlights", *ELR*, 1998, p. 3 e segs; WERNER BERG / ROLF KARPENSTEIN, "Änderungen der rechtlichen Grundlagen der EU durch den Vertrag von Amsterdam", *EWS*, 1998, p. 77 e segs; JEAN-LUC SAURON, "Le traité d'Amsterdam: une réforme inachevée?", *Rec. Dalloz*,

Refira-se ainda que o Tratado de Amesterdão procedeu ao expurgo das normas que, entretanto, tinham deixado de vigorar e à renumeração do articulado, numa tentativa de simplificação, pretendendo com isso permitir uma leitura mais fácil por parte dos cidadãos[194]. A verdade, porém, é que o Tratado continuou a ser ilegível para o cidadão comum, uma vez que o sistema de pilares e o número de protocolos e declarações anexos que, muitas vezes, até contradiziam o articulado o tornavam muito complexo.

9.2.1. A consolidação da União Europeia

O Tratado de Amesterdão procedeu a uma reformulação da União Europeia, tendo contribuído para a sua consolidação bem como para a sua maior coerência e unidade, através da aproximação dos pilares intergovernamentais – PESC[195]

1998, p. 69 e segs; F. Dehousse, «Le Traité d'Amsterdam, reflet de la nouvelle Europe», *CDE*, 1997, p. 265; Jean-Marc Favret, «Le Traité d'Amsterdam: une révision a minima de la «charte constitutionnelle» de l'Union Européenne», *CDE*, 1997, p. 556 e segs; Jean-Victor Louis, «Le Traité d'Amsterdam. Une occasion perdue?», *RMUE*, 1997, p. 5 e segs; Massimo Silvestro / Javier Fernandez Fernandez, «Le Traité d'Amsterdam: une évaluation critique», *RMCUE*, 1997, p. 662 e segs; Michel Petite, «Le traité d'Amsterdam: ambition et réalisme», *RMUE*, 1997, p. 17 e segs; Antonio Tizzano, «Brevi considerazioni introduttive sul Trattato di Amsterdam», *CI*, 1997, p. 673 e segs; Daniel Vignes, «Amsterdam, la enieme révision des traités européens», *St. Dipl.*, 1997, p. 10 e segs; AAVV, *Le Traité d'Amsterdam et les perspectives d'évolution de l'Union européenne*, Paris, 1997; Wilhelm Schönfelder / Reinhard Silberg, «Der Vertrag von Amsterdam: Entstehung und erste Bewertung», *Int.* 4/97, p. 203 e segs; Elmar Brok, «Der Amsterdamer Vertrag: Ettape auf dem Weg zur europäischen Einigung», *Int.* 4/97, p. 211 e segs; Jean-Victor Louis, «Le Traité d'Amsterdam. Une occasion perdue?", *RMUE*, 1997, p. 5 e segs; Sandro Gozi, "Prime reflessioni sul Trattato di Amsterdam: luci ed ombre sul futuro dell'Unione", *Riv. Ital. Dir. Pub. Com.*, 1997, p. 917 e segs; Heinrich Schneider, „Von Amsterdam in die Zukunft: Mit Trippelschritten vorwärts – oder in die Sachgasse?“, *Int.* 4/97, p. 197 e segs; Wolfgang Wessels, „Der Amsterdamer Vertrag – Durch Stäuckwerksreformen zu einer effizienteren, erweiteren und föderalen Union?“, *Int.* 3/97, p. 117 e segs.

[194] Jean-Paul Jacqué, «La simplification et la consolidation des traités», *RTDE*, 1997, p. 903 e segs.

[195] Sobre as modificações introduzidas na PESC pelo Tratado de Amesterdão, cfr. José Javier Fernandez Fernandez, «El Tratado de Amsterdam y la política exterior y de seguridad común de la Unión: análisis crítico desde de la ótica del Parlamento Europeo», *Rev. Der. Com. Eur.*, 1998, p. 79 e segs; Daniel Vignes, «Et si Amsterdam avait fait encore une autre chose de bien: permettre de réaliser la politique de défense commune?», *RMCUE*, 1998, p. 77 e segs; Nanette A. E. M. Neuwahl, «A Partner with a Troubled Personality: EU Treaty-Making in Matters of CFSP and JHA after Amsterdam», *EFARev.*, 1998, p. 177 e segs; Rudolf Streinz, «Der Vertrag von Amsterdam. Einführung in die Reform des Unionsvertrages von Maastricht und erste Bewertung der Ergebnisse», *EuZW*, 1998, p. 137 e segs; Wolff Heintschell, «Rechtliche Aspekte der Neufassung der GASP durch den Vertrag von Amsterdam», *Die Friedens-Warte*, 1998, p. 159 e segs; Matthias Dembinski, «Perspektiven der GASP nach dem Vertrag von Amsterdam», *Die Friedens-Warte*, 1998, p. 173 e segs; Hanspeter Neuhold, «The Provisions of the Amsterdam Treaty on the

e CJAI – ao pilar comunitário, designadamente, ao nível das fontes, dos órgãos e da fiscalização judicial dos atos e das normas. Os pilares intergovernamentais sofreram uma revisão global, a qual foi imposta, fundamentalmente, pela inoperância das disposições, adotadas em Maastricht, e pela necessidade de uma maior democratização da União. Note-se, contudo, que o Tratado de Amesterdão não conferiu expressamente personalidade jurídica internacional à União[196].

9.2.2. A «humanização» da União – o reforço do papel do cidadão

Como vimos, um dos objetivos da revisão dos Tratados foi o de conferir ao cidadão uma maior participação no processo de integração europeia, bem como o de "humanizar" a União. Daí que o Tratado de Amesterdão tenha procedido a alterações significativas nos domínios que mais repercussões poderiam ter nesses aspetos, como é o caso da proteção dos direitos fundamentais e da cidadania da União.

Assim, no âmbito da proteção dos direitos fundamentais[197], devem destacar-se os seguintes pontos:

- a afirmação expressa da jurisdição do Tribunal para apreciar os atos dos órgãos, com fundamento na violação de direitos fundamentais;

CFSP: Cosmetic Operation or Genuine Progress?», *in Liber Amicorum Prof.* SEIDL-HOHENVELDERN, Haia, 1998, p. 495 e segs; CRISEIDE NOVI, «Le novità del Trattato di Amsterdam in tema di politica esterna e di sicurezza comune», *Dir. Un. Eur.*, 1998, p. 433 e segs; UWE SCHMALZ, «The Amsterdam Provisions on External Coherence: Bridging the Union's Foreign Policy Dualism?», *EFARev.*, 1998, p. 421 e segs; ANTONIO REMIRO BROTÓNS, «Que ha significado el Tratado de Amsterdam para la PESC?», *GJ*, 1998, p. 71 e segs; ELFRIEDE REGELSBERGER / MATTHIAS JOOP, «Und sie bewegt sich doch! Die Gemeinsamene Auben- und Sicherheitspolitik nach den Bestimmungen des Amsterdamer Vertrages», *Int.* 4/97, p. 255 e segs; PHILIPPE BRAILLARD / RENÉ SCHWOK, «Les pays neutres dans la conférence intergouvernementale: «un engagement mesuré»», RMCUE, 1997, p. 277 e segs.

[196] DANIEL VIGNES, «L'absence de personnalité juridique de l'Union Européenne: Amsterdam persiste et signe», *in Liber Amicorum Professor* SEIDL-HOHENVELDERN, Haia, 1998, p. 757 e segs; A. TIZZANO, «La personnalité internationale de l'Union européenne», *RMUE*, 1998, p. 11 e segs.

[197] Sobre a proteção dos direitos fundamentais no Tratado de Amesterdão, cfr. MADELEINE COLVIN / PETER NOORLANDER, «Human Rights and Accountability after the Amsterdam Treaty», *EHRLR*, 1998, p. 191 e segs; PAOLA MORI, «La parità tra uomo e donna nel Trattato di Amsterdam», *Dir. Un. Eur.*, 1998, p. 571 e segs; J. JAVIER LASO PÉREZ, «El Tratado de Amsterdam y el respeto de la democracia y los derechos humanos», *BEUR*, 1998, nº 2, p. 31 e segs; FRÉDÉRIC SUDRE, «La Communauté et les droits fondamentaux après le traité d'Amsterdam: Vers un nouveau système de protection des droits de l'homme?», *JCP – La semaine juridique*, 1998, nºs 1 e 2, p. 9 e segs; PATRICK WACHSMANN, «Les droits de l'homme», RTDE, 1997, p. 883 e segs; STEFANIA NEGRI, «La tutela dei diritti fondamentali nell'ordinamento alla luce del Trattato di Amsterdam», *Dir. Un. Eur.*, 1997, p. 773 e segs; THÉRÈSE BLANCHET, «Transparence et qualité de la législation», *RTDE*, 1997, p. 915 e segs; EDUARDO GARCIA DE ENTERRIA, «Les droits fondamentaux et la révision du Traité de l'Union européenne», CDE, 1996, p. 609 e segs.

- a declaração nº 1 da conferência, relativa à abolição da pena de morte invoca o protocolo nº 6 à CEDH;
- a multiplicação das referências no Tratado aos direitos fundamentais e aos direitos humanos[198];
- o reforço dos direitos sociais através do aditamento de um considerando ao preâmbulo do Tratado, que refere a Carta Social Europeia, assinada em Turim, em 18 de outubro de 1961, e a Carta Comunitária dos Direitos Sociais Fundamentais dos Trabalhadores, de 1989 e da introdução de um Título VIII, relativo ao emprego, no qual ficou consagrado o direito ao emprego;
- o alargamento do âmbito de aplicação do princípio da não discriminação, através, nomeadamente, da inserção, no Tratado CE, de uma norma[199] (atual artigo 19º do TFUE), que estabelecia que o Conselho, deliberando por unanimidade, sob proposta da Comissão e após consulta ao PE, poderia tomar as medidas necessárias para combater a discriminação em razão do sexo, raça ou origem étnica, religião ou crença, deficiência, idade ou orientação sexual;
- a consagração de alguns direitos oponíveis à administração comunitária, como, por exemplo, o direito de acesso aos documentos do PE, do Conselho e da Comissão[200] e o direito à proteção de dados pessoais;

[198] V., por exemplo, ex-artigo 136º do TCE (atual artigo 151º do TFUE).

[199] Especificamente sobre este preceito, cfr. EDOUARD DUBOUT, *L'article 13 du traité CE – La clause communautaire de lutte contre les discriminations*, Bruxelas, 2006, p. 33 e segs; NINA ALTHOFF, *Die Bekämpfung von Diskriminierungen aus Gründen der Rasse und der ethnischen Herkunft in der Europäischen Gemeinschaft ausgehend von Art. 13 EG*, Frankfurt, 2005, p. 25 e segs; GIULIA CHITI, "Il Principio di Non Discriminazione e il Trattado di Amsterdam", *Riv. Ital. Dir. Pub. Com.*, 2000, p. 866 e segs; ELSPETH GUILD, "The European Union and Article 13 of the Treaty Establishing the European Community", *in* GAY MOON (ed.), *Race Discrimination – Developing and Using a New Legal Framework*, Oxford, 2000, p. 65 e segs; MARK BELL, "The New Article 13 EC Treaty: a Platform for a European Policy Against Racism?", *in* GAY MOON (ed.), *Race Discrimination...*, p. 82 e segs; LEO FLYNN, "The Implications of Article 13 EC – After Amsterdam, Will Some Forms of Discrimination be More Equal than Others?", *CMLR*, 1999, p. 1129 e segs; MARK BELL, "The New Article 13 EC Treaty: A sound Basis for European Anti-Discrimination Law", *MJ*, 1999, p. 5 e segs; ERIKA SZYSZCZAK, "Building a European Constitutional Order: Prospects for a General Non-discrimination Standard", *in* ALAN DASHWOOD / SÌOFRA O'LEARY, *The Principle of Equal Treatment in EC Law*, Londres, 1997, p. 41 e segs; MARK BELL / LISA WADDINGTON, "Throwing some light on Article 13 EC Treaty", *MJ*, 1999, p. 1 e segs; Idem, "Testing the Limits of the EC Treaty Article on Non-Discrimination", *ILJ*, 1999, p. 133 e segs; Idem, "The 1996 Intergovernmental Conference and the Prospects of a Non-Discrimination Treaty Article", *ILJ*, 1996, p. 321 e segs; A. LENGAUER, "The New General Principle of Non-Discrimination in the EC Treaty as Amended by the Treaty of Amsterdam", *Austr. Rev. Int'l Eur. Law*, 1998, p. 369 e segs.

[200] Especificamente sobre o direito de acesso aos documentos, cfr., entre outros, MICHAEL O'NEILL, "The Right of Acess to Community – Held Documentation as a General Principle of

- a declaração nº 11 relativa ao estatuto de que gozam, ao abrigo do Direito nacional, as Igrejas e associações ou comunidades religiosas nos Estados-membros bem como as organizações filosóficas ou não confessionais;
- a declaração nº 22 relativa à exigência de as Instituições da Comunidade respeitarem os direitos das pessoas com deficiências, quando adotam medidas de aplicação, ao abrigo do artigo 95º do TCE (atual artigo 114º do TFUE).

Não obstante a importância das inovações acabadas de enunciar, o Tratado de Amesterdão não se debruçou sobre dois aspetos cruciais – a adesão da União Europeia à Convenção Europeia dos Direitos do Homem e a inclusão de um catálogo de direitos fundamentais no Tratado – aspetos para os quais a Doutrina e alguns órgãos comunitários vinham chamando a atenção desde finais da década de 60. Estes dois problemas só virão a ter uma resposta com a revisão operada pelo Tratado de Lisboa. Se essa resposta foi satisfatória, ou não, é o que veremos mais adiante.

Em matéria de cidadania da União[201], passou a consagrar expressamente o caráter complementar da cidadania da União em relação à cidadania nacional e constitucionalizou o direito do cidadão da União se dirigir aos órgãos comunitários na sua língua e de obter uma resposta nessa mesma língua.

O direito de acesso aos documentos do PE, do Conselho e da Comissão passou a constar, de modo explícito, do TCE, sendo certo que estes órgãos, já anteriormente, tinham adotado atos no sentido de permitirem o acesso do público aos seus documentos[202], mas subsistiam dúvidas sobre se os particulares dispu-

EC Law", *EPL*, 1998, p. 403 e segs; PETER DYRBERG, "El acesso público a los documentos y las autoridades comunitárias", *Rev. Der. Com. Eur.*, 1997, p. 377 e segs.

[201] Sobre a cidadania da União no Tratado de Amesterdão, cfr., por exemplo, ANA MARIA GUERRA MARTINS, "A cidadania da União Europeia – Definição, conteúdo e contributo para a constitucionalização da União Europeia", *in Estudos em Homenagem ao Professor Doutor PAULO DE PITTA E CUNHA*, Vol. I, Coimbra, 2010, p. 9 e segs; Idem, "Citizenship in the European Union – Conditions of Citizenship", *ERPL / REDP*, 2007, p. 83 e segs; CARLOS CLOSA, "EU Citizenship at the 1996 IGC", *in* RANDALL HANSEN / PATRICK WEIL, *Dual Nationality, Social Rights and Federal Citizenship in the U.S. and Europe, The Reinvention of Citizenship*, Nova Iorque / Oxford, 2002, p. 299 e segs; LUCIA SERENA ROSSI, "Con il Trattato di Amsterdam l'Unione è più vicina ai suoi cittadini?", *Dir. Un. Eur.*, 1998, p. 339 e segs; Mª DOLORES BLÁZQUEZ PEINADO, "Los derechos de la ciudadania y otros derechos reconocidos a los ciudadanos de la Union: de Maastricht a Amsterdam", *Rev. Der. Com. Eur.*, 1998, p. 261 e segs; MEINHARD HILF, "Amsterdam – Ein Vertrag für die Bürger?", *EuR*, 1997, p. 354 e segs; Idem, "Die Union und die Bürger: Nicht viel Neues, aber immerhin", *Int.* 4/1997, p. 247 e segs; CYNTHIA JEAN, «La citoyenneté européenne: signification et perspetives dans le cadre du traité d'Amsterdam», *REI*, 1997, p. 735 e segs.

[202] Em 6 de dezembro de 1993 a Comissão e o Conselho tinham aprovado num código de conduta sobre o acesso do público aos documentos do Conselho e da Comissão. Alguns dias depois (20 de dezembro) o Conselho adotou a decisão 93/731 que pôs em prática o referido código de conduta

nham, ou não, de um verdadeiro direito subjetivo de acesso aos documentos. A partir do Tratado de Amesterdão esse direito subjetivo não só passou a existir como até adquiriu dignidade constitucional.

Acrescente-se ainda que o Protocolo relativo ao direito de asilo de nacionais dos Estados-membros da União Europeia estabelecia que cada Estado-membro seria considerado pelos restantes como um país de origem seguro para todos os efeitos jurídicos e práticas em matéria de asilo e que a cidadania e a discriminação entre os nacionais dos Estados-membros se encontravam excluídas da cláusula de cooperação reforçada.

Note-se que alguns aspetos da reforma institucional ocorrida em Amesterdão bem como as alterações em sede de atribuições e competências da União e das Comunidades tiveram igualmente em vista «humanizar» a União. Assim, o reforço dos poderes do PE contribuiu para aumentar a participação dos cidadãos na vida da União e para uma maior legitimidade democrática da União e as alterações no âmbito das políticas, designadamente, de emprego, social, de ambiente, de saúde pública e de proteção dos consumidores foram impulsionadas pelo papel central que se pretendia atribuir ao cidadão na União.

Segundo alguns, o afastamento dos cidadãos em relação à União devia-se, desde logo, à complexidade formal e material dos Tratados, pelo que o Tratado de Amesterdão procurou simplificá-los. A Declaração nº 42 permitiu o expurgo de todas as normas, que já não estavam em vigor e a renumeração sequencial das normas em vigor, retirando-lhe a complexidade atinente à existência de artigos com números, letras, números e letras[203]. A própria sistemática do Tratado foi melhorada, na medida em que as normas atinentes à União Europeia passaram a fazer parte dos primeiros artigos, surgindo depois as alterações aos Tratados comunitários, cujas normas foram igualmente renumeradas. Por fim, surgiam os protocolos e as declarações.

9.2.3. A reforma institucional possível

A necessidade de revisão do sistema institucional vinha sendo reclamada desde o primeiro alargamento, tendo-se tornado, contudo, mais urgente à medida que novos membros iam aderindo às Comunidades. Com efeito, o sistema institucional – que tinha sido pensado, na década de 50, para seis Estados-membros – mostrava-se incapaz de responder aos desafios de uma União a quinze. Como veremos ao longo deste livro, esta situação foi-se agravando com os novos alargamentos.

(JOCE L. 340 de 31/12/93) e a Comissão fez o mesmo alguns meses depois (decisão nº 94/90 de 8/2, JOCE L. 46 de 18/2/94). O Parlamento só em 1997 veio a adotar uma decisão semelhante (decisão nº 97/632/CECA, CE e Euratom de 10/7, publicada no JOCE L 263, 25/9/97).

[203] A simplificação do Tratado surge na sequência do Conselho Europeu de Turim, que sugeriu à Presidência da conferência a simplificação e a consolidação dos Tratados.

Com efeito, a queda do muro de Berlim provocou os pedidos de adesão dos Países da Europa Central e Oriental (denominados na gíria como PECO's) que antes faziam parte do bloco soviético. Assim, a Hungria e a Polónia declararam--se candidatos em 1994, a Eslováquia, a Letónia, a Estónia, a Lituânia e a Bulgária em 1995, a República Checa, a Eslovénia e a Roménia em 1996. Anteriormente, já tinha solicitado a adesão às então Comunidades Europeias a Turquia, a qual, desde 1963, tinha um acordo de associação com a CEE. Chipre e Malta, também Estados associados, solicitaram a adesão em julho de 1990.

Entre dezembro de 1991 e junho de 1996, a União celebrou acordos de associação com os PECO's com vista a prepará-los para responderem aos critérios formulados pelo Conselho Europeu de Copenhaga, de 22 de junho de 1993[204]. Estes países tinham perdido as suas tradições democráticas, a sua economia funcionava sem referência ao mercado e a sua moeda era muito fraca. Os acordos europeus tinham em vista reduzir as diferenças económicas entre eles e a União.

A reforma do sistema institucional da União afigurava-se, portanto, inevitável. Aliás, o sentimento de insatisfação perante o quadro institucional ao tempo vigente era partilhado pela Comissão, pelo Conselho e pelo Parlamento Europeu, que nos relatórios apresentados ao grupo de reflexão chamavam a atenção para a falta de eficácia e de democracia do mesmo. Enquanto a eficácia da Comissão era, segundo alguns, prejudicada pelo modo de nomeação dos seus membros, pelo seu excessivo número e pelo seu funcionamento interno, a ineficácia do Conselho devia-se, essencialmente, às suas regras de votação e ao sistema de ponderação de votos.

Para ultrapassar estes problemas, a CIG tinha como objetivos diminuir o número de comissários, aumentar os casos de votação, por maioria, e alterar o sistema de ponderação de votos, no seio do Conselho, de modo a torná-lo não só mais eficaz como também mais democrático.

Não se tendo conseguido chegar a qualquer consenso nestes domínios, a CIG limitou-se a aprovar o protocolo relativo ao alargamento[205], no qual se previu

[204] Nos termos das conclusões do Conselho Europeu de Copenhaga, para aderir à União, os Estados deveriam preencher três critérios: *a)* critério político – dispor de instituições estáveis que garantam a democracia, o Estado de direito, os direitos humanos, o respeito das minorias e a sua proteção; *b)* critério económico – existência de uma economia de mercado viável e a capacidade de fazer face às forças do mercado e à pressão concorrencial no interior da União; *c)* o critério do *acquis communautaire* – a aptidão para assumir as obrigações que decorrem da adesão, designadamente, cumprir os objetivos políticos, económicos e monetários.

[205] Especificamente sobre este protocolo, cfr. SYMÉON KARAGIANNIS, «Le protocole de 1997 sur les institutions dans la perspetive de l'élargissement de l'Union européenne, *RDUE*, 2000, p. 337 e segs; MARC-ANDRÉ GAUDISSART, «Le protocole sur les institutions dans la perspective de l'élargissement de l'Union européenne: vers un élargissement sans perspectives pour l'Union?», *in* YVES LEJEUNE, *Le traité d'Amsterdam. Espoirs et déceptions*, Bruxelas, 1998, p. 411 e segs; PHILIPPE

que antes do próximo alargamento da União, a Comissão deveria ser composta por um nacional de cada Estado-membro e a ponderação de votos no Conselho deveria ser alterada. Essa nova ponderação teria em vista compensar os Estados que viessem a perder um comissário, ou seja, os Estados grandes (artigo 1º do Protocolo). Além disso, previa-se uma reforma institucional de fundo, através da convocação de uma conferência intergovernamental o mais tardar um ano antes de a União passar a ser constituída por mais de vinte Estados, com o objetivo de proceder a uma revisão global das disposições do Tratado, referentes à composição e ao funcionamento das Instituições (artigo 2º do Protocolo).

Nos termos dos Tratados (atual artigo 51º do TUE), os protocolos fazem parte integrante do Tratado e, como tal, têm efeito jurídico vinculativo, podendo, inclusivamente, ser invocados perante o Tribunal de Justiça. Assim, os Estados obrigaram-se a resolver a questão da ponderação de votos e do número de comissários antes do próximo alargamento, tendo-se previsto a convocação de uma nova CIG, sujeita a um prazo incerto. O seu objeto seria a reforma institucional, mas, naturalmente, não se fixou à partida o seu conteúdo. Em 2000 realizou-se a CIG que deu lugar ao Tratado de Nice.

Não obstante o fracasso da reforma institucional, no que diz respeito à Comissão e ao Conselho, o Tratado de Amesterdão introduziu algumas modificações significativas relativamente aos outros órgãos, as quais contribuíram para reforçar a legitimidade democrática da União e, por conseguinte, o papel do cidadão[206].

O PE viu os seus poderes reforçados, desde logo, em sede de participação no procedimento legislativo[207], o qual se estendeu a novas matérias – os 14 casos previstos no Tratado de Maastricht passaram a 24, abrangendo, por exemplo, o emprego, a política social, a saúde pública ou a luta contra a fraude comunitária,

Manin, «L'élargissement de l'Union européenne et son adaptation institutionnellle, *in* AAVV, *Le Traité d'Amsterdam et les perspectives d'évolution de l'Union européenne*, Paris, 1997, p. 35 e segs.

[206] Sobre a reforma institucional operada pelo Tratado de Amesterdão, cfr. Girolamo Strozzi, „Le modifiche instituzionali e del procedimento decisionale", *Dir. Un. Eur.*, 1998, p. 409 e segs; Norbert K. Riedel, "Der Vertrag von Amsterdam und die institutionnelle Reform der Europäischen Union – Ergebnisse der Regierungskonferenz zur Entwicklung der europäischen Union im institutionnellen Bereich", *BayVBl.*, 1998, p. 547 e segs; Araceli Mangas Martin, „La reforma institucional en el Tratado de Amsterdam", *Rev. Der. Com. Eur.*, 1998, p. 9 e segs; Jörg Ukrow, „Die Fortentwicklung des Rechts der Europäischen Union durch den Vertrag von Amsterdam", *ZEuS*, 1998, p. 162 e segs; Claude Blumann, „Aspects institutionnels", *RTDE*, 1997, p. 736 e segs; Roland Bieber, „Reformen der Institutionnen und Verfahren – Amsterdam kein Meisterstück", *Int.* 4/97, p. 236 e segs.

[207] Sobre o reforço dos poderes do PE, cfr. Renaud Dehousse, "European Institutional Architecture after Amsterdam: Parliamentary System or Regulatory Structure?", *EUI Working Paper RSC* nº 98 /11, p. 8 e segs; Roberta Garabello, "I nuovi poteri del parlamento europeo nel quadro delle riforme istituzionali apportate dal trattato di Amsterdam", *CI*, 1998, p. 271 e segs.

mas também matérias antigas como os transportes e a coesão económica e social. Além disso, o procedimento de codecisão sofreu alterações significativas, tendo sido suprimida a terceira leitura, que assegurava uma posição de supremacia do Conselho em relação ao PE. A partir de Amesterdão o PE e o Conselho passaram a estar efetivamente numa posição de igualdade como verdadeiros colegisladores[208]. O procedimento de cooperação apenas se manteve no respeitante à união económica e monetária, por ter sido considerado contraproducente tocar nessas normas, numa altura em que o processo conducente à criação da UEM ainda não estava concluído. Da supressão do procedimento de cooperação e da supressão da terceira leitura no procedimento de codecisão resultou uma assinalável simplificação do procedimento legislativo comunitário. O procedimento de parecer conforme manteve-se, mas apenas relativamente às questões constitucionais ou internacionais, sendo retirado das matérias legislativas.

Acresce que o Tratado de Amesterdão elevou para 700 o número máximo de membros do Parlamento e impôs que as futuras alterações do número de representantes do PE eleitos em cada Estado deveriam assegurar a representação adequada dos povos dos Estados reunidos na Comunidade.

Também ao nível do Comité das Regiões[209], criado pelo Tratado de Maastricht, se introduziram alterações a dois níveis:

- Autonomia organizacional – o órgão passou a dispor de serviços administrativos próprios, de poder para elaborar o seu próprio regulamento interno e a qualidade de membro do Comité tornou-se incompatível com a de membro do PE;
- Alargamento de poderes – a consulta a este órgão passou a ser obrigatória em matéria de saúde pública, transportes, ambiente, questões sociais e, sobretudo, questões de cooperação transfronteiriça.

A consolidação e o reforço dos poderes do Comité das Regiões devem ser valoradas como um contributo importante para a maior aproximação dos cidadãos à União, pois este órgão é constituído por representantes das coletividades regionais e locais que, deste modo, são ouvidas na tomada de decisão comunitária.

O Tratado de Amesterdão reforçou ainda o papel dos parlamentos nacionais, tendo-lhes dedicado um Protocolo, no qual lhes conferia o controlo da ação gover-

[208] Especificamente sobre as modificações introduzidas no procedimento de codecisão pelo Tratado de Amesterdão, ver Charles Reich, "Le Traité d'Amsterdam et le champ d'application de la procédure de codécision", *RMCUE*, 1997, p. 665 e segs.

[209] Sobre o Comité das Regiões após o Tratado de Amesterdão, cfr. Thomas Wiedmann, "Der Ausschuß der Regionen nach dem Vertrag von Amsterdam", *EuR*, 1999, p. 49 e segs; Pierre-Alexis Feral, "Le Comité des Régions de l'Union Européenne: du Traité de Maastricht au Traité d'Amsterdam", *Dr. Pr.*, 1998, p. 77 e segs.

namental em matéria europeia, através da transmissão atempada das propostas legislativas da Comissão. Além disso, institucionalizou a COSAC.

Por último, apesar de não ter procedido à tão reclamada reforma judicial, o Tratado de Amesterdão contribuiu para o reforço dos poderes do Tribunal[210], na medida em que alargou a sua jurisdição a áreas que antes lhe estavam totalmente vedadas. A competência do TJ passou a abranger:

a) os tratados institutivos das três Comunidades Europeias;
b) as disposições relativas ao terceiro pilar, com algumas restrições;
c) as disposições relativas à cooperação reforçada;
d) a proteção dos direitos fundamentais no âmbito do pilar comunitário;
e) as disposições finais do TUE.

A competência do TJ alargou-se, portanto, aos seguintes domínios:

- à matéria dos vistos, do asilo, da imigração e de outras matérias referentes à livre circulação de pessoas bem como ao acervo proveniente dos acordos de Schengen[211];
- ao terceiro pilar, embora com restrições;
- à garantia do cumprimento das condições relativas à cooperação reforçada;
- à matéria de proteção dos direitos fundamentais no âmbito do pilar comunitário.

Este alargamento de competência do TJ foi conseguido à custa de alguns desvios aos princípios tradicionalmente aceites no contencioso comunitário[212]. Esta matéria não será, contudo, objeto de desenvolvimento, no presente livro,

[210] Sobre o reforço dos poderes do Tribunal de Justiça no Tratado de Amesterdão, cfr., MATTHIAS PECHSTEIN, "Die Justitiabilität des Unionsrechts", *EuR*, 1999, p. 1 e segs; ALBERTINA ALBORS-LLORENS, "Changes in the Jurisdiction of the European Court of Justice under the Treaty of Amsterdam", *CMLR*, 1998, p. 1273 e segs; NIAL FENNELLY, "Preserving the Legal Coherence within the New Treaty. The European Court of Justice after the Treaty of Amsterdam», *MJ*, 1998, p. 185 e segs; LUIS NORBERTO GONZÁLEZ ALONSO, «La jurisdicción comunitaria en el nuevo espacio de libertad, seguridad y justicia», *Rev. Der. Com. Eur.*, 1998, p. 501 e segs; JEAN-PIERRE PUISSOCHET, «La juridiction communautaire: son rôle dans une Union européenne élargie et transformée», *in* AAVV, *Le Traité d'Amsterdam et les perspectives d'évolution...*, p. 21 e segs.

[211] O protocolo que integra o acervo de Schengen no âmbito da União Europeia continha um anexo, no qual se enumeravam os atos que fazem parte deste acervo.

[212] Para maiores desenvolvimentos sobre os desvios aos princípios tradicionais do contencioso da União Europeia, ver FAUSTO DE QUADROS / ANA MARIA GUERRA MARTINS, *Contencioso da União Europeia*, 2ª ed., Coimbra, 2007, p. 124 e segs, 192 e segs, 261, bem como toda a bibliografia aí citada.

porque, em primeiro lugar, as disposições em causa já não estão em vigor e, em segundo lugar, extravasa do âmbito da unidade curricular de Direito da União Europeia que aqui tratamos.

9.2.4. A nova repartição de atribuições entre a União e os Estados-membros

Ao contrário do que se teria razoavelmente podido prever no início da CIG, o Tratado de Amesterdão acabou por introduzir alterações significativas em matéria de repartição de atribuições entre a União e os Estados-membros, das quais devem salientar-se as seguintes:

- a criação de um espaço de liberdade, segurança e justiça, com a consequente comunitarização de alguns aspetos do terceiro pilar;
- a comunitarização dos acordos de Schengen;
- a integração do acordo social no Tratado CE;
- as modificações de algumas normas relativas às políticas e às ações comunitárias;
- a extensão das atribuições e competências externas da Comunidade.

No domínio da justiça e dos assuntos internos, a ideia-base que presidiu às alterações introduzidas no terceiro pilar foi a da criação de um espaço de liberdade, de segurança e de justiça, no qual o cidadão ocupasse o lugar central.

O artigo 2º do TUE previa a manutenção e o desenvolvimento da União «*enquanto espaço de liberdade, de segurança e de justiça, em que seja assegurada a livre circulação de pessoas, em conjugação com medidas adequadas em matéria de controlos na fronteira externa, asilo e imigração, bem como de prevenção e combate à criminalidade*».

Este objetivo foi desenvolvido no Tratado CE, nas disposições relativas aos vistos, asilo, imigração e outras políticas relativas à livre circulação de pessoas e, no TUE, nas disposições relativas à cooperação policial e judiciária em matéria penal[213].

[213] Sobre o espaço de liberdade, segurança e justiça criado pelo Tratado de Amesterdão, ver ROLAND BANK, "The Emergent EU Policy on Asilum and Refugees. The New Framework Set by the Treaty of Amsterdam: Landmark or Standstill?", *Nord. J. Int'l L.*, 1999, p. 17 e segs; CARLO CURTI GIALDINO, "Schengen et le troisième pilier: le contrôle juridictionnel organisé par le traité d'Amsterdam", *RMUE*, 1998, p. 106 e segs; HERVÉ BRIBOSIA, "Liberté, sécurité et justice: l'imbroglio d'un nouvel espace", *RMUE*, 1998, p. 27 e segs; JÖRG MONAR, "Justice and Home Affairs in the Treaty of Amsterdam: Reform at the Price of Fragmentation", *ELR*, 1998, p. 330 e segs; KAY HAILBRONNER, "European Immigration and Asylum Law under the Amsterdam Treaty", *CMLR*, 1998, p. 1047 e segs; ALEJANDRO VALLE, "La refundación de la libre circulación de personas, tercer pilar y Schengen: el espacio europeo de libertad, securitad y justicia", *Rev. Der. Com. Eur.*, 1998, p. 41 e segs; ERCÜMENT TEZCAN, "La coopération dans les domaines de la justice et des affaires intérieures dans le cadre de l'Union européenne et le Traité d'Amsterdam", *CDE*, 1998,

A comunitarização de alguns domínios do terceiro pilar não podia deixar de ter repercussões na manutenção do acervo de Schengen, nos moldes em que este existia. Isto porque as mesmas matérias deveriam ser tratadas num quadro comunitário, por força do Tratado de Amesterdão, e num quadro intergovernamental e institucional, que lhe era totalmente estranho, por força dos acordos de Schengen. Com efeito, a cooperação entre os Estados com base naqueles acordos realizava-se à margem do Direito Comunitário, mas podia com ele colidir, dada a proximidade de conteúdos e, por isso, sempre foi objeto de alguma desconfiança por parte dos mais integracionistas. A possibilidade de se verificarem casos de sobreposição era uma realidade.

De entre as várias soluções possíveis, o Tratado de Amesterdão optou por incluir um protocolo que integrava o acervo de Schengen no âmbito da União Europeia, no qual se previa que todos os Estados-membros, com exceção do Reino Unido e da Irlanda, instaurassem uma cooperação reforçada nos domínios abrangidos pelos acordos de Schengen. Essa cooperação realizar-se-ia no quadro institucional e jurídico da União Europeia (artigo 1º do protocolo), desaparecendo, assim, o quadro institucional, previsto nos acordos de Schengen e com base nos princípios da progressividade e da flexibilidade, na medida em que enquanto o Conselho não adotasse a decisão relativa às bases jurídicas, referidas no artigo 2º, nº 1, 2º par., do protocolo, os atos adotados com base nos acordos de Schengen eram considerados atos baseados no Título VI, ou seja, no terceiro pilar (par. 4º do artigo 2º), o que, obviamente, facilitou a aceitação da integração do acervo de Schengen no TUE. Além disso, os atos que fossem adotados com base nos acordos de Schengen só poderiam vir a ter um efeito mais vinculativo, semelhante ao das decisões comunitárias, mediante uma decisão unânime do Conselho (artigo 2º, nº 1, par. 2). Assistiu-se, portanto, a um adiamento da decisão definitiva.

De acordo com o referido protocolo, o Reino Unido e a Irlanda – que não faziam parte dos acordos de Schengen – não se encontravam vinculados, prevendo-se a possibilidade de poderem vir, a todo o tempo, a requerer a aplicação, no todo ou em parte, das disposições deste acervo (artigo 4º). Podiam ainda participar através da notificação, por escrito, ao Presidente do Conselho de que o desejavam fazer (artigo 5º).

p. 671 e segs; Henri Labayle, "Un espace de liberté, de sécurité et de justice", *RTDE*, 1997, p. 842 e segs; Reinhard Rupprecht, "Justiz und Inneres nach Amsterdamer Vertrag", *Int.* 4/97, p. 264 e segs; Peter-Christian Müller-Graff, "Justiz und Inneres nach Amsterdam – Die Neuerungen in erster und dritter Säule", *Int.* 4/97, p. 271 e segs; Monica Den Boer, "Justice and Home Affairs Cooperation in the Treaty on European Union: More Complexity Despite Communitarization", *MJ*, 1997, p. 311 e segs.

A Dinamarca - que fazia parte dos acordos de Schengen - não quis ficar de fora, mas também não quis participar plenamente, pelo que passou a dispor de um estatuto especial, que se consubstanciava na não aplicação da decisão do Conselho a que se referia o nº 1, 2º par. do artigo 2º nas partes do acervo de Schengen cuja base jurídica fosse o título referente aos vistos, asilo, imigração e outras políticas relativas à livre circulação de pessoas. A Dinamarca justificou esta exigência por força das dificuldades surgidas aquando da ratificação de Maastricht.

Enquanto o Reino Unido e a Irlanda não tinham qualquer interesse na matéria, a Dinamarca pretendia participar num quadro intergovernamental, recusando toda e qualquer comunitarização.

Um outro aspeto em que o Tratado de Amesterdão trouxe novidades foi a revogação do acordo social. Isto porque a subida ao Poder dos Trabalhistas, no Reino Unido, criou as condições necessárias à modificação da posição deste Estado.

A política social[214] passou a estar prevista no TCE. Neste domínio devem referir-se, fundamentalmente, duas inovações:

- a menção de que a Comunidade e seus os Estados-membros devem ter presentes na sua atuação os direitos sociais fundamentais, tal como constam da Carta Social Europeia de 1961 e da Carta Comunitária dos Direitos Sociais Fundamentais dos Trabalhadores de 1989;
- a aplicação do procedimento de codecisão em relação à adoção de algumas decisões, nas quais se incluem as relativas ao princípio da não discriminação entre o homem e a mulher.

O Tratado de Amesterdão introduziu igualmente alterações nas políticas e ações comunitárias[215] que mais diretamente se relacionavam com os cidadãos.

A política de emprego[216] passou a estar estritamente associada à política económica, o que era bem visível no antigo artigo 2º do TCE, onde a expressão «*elevado nível de emprego e proteção social*» aparecia logo após «*o desenvolvimento harmonioso e equilibrado das atividades económicas no interior da Comunidade*». Além disso, o título relativo ao emprego era precedido de um título relativo à UEM, o que

[214] Sobre a reforma da política social, cfr. LAMMY BETTEN, "The Democratic Deficit of Participatory Democracy in Community Social Policy", *ELR*, 1998, p. 20 e segs; ADELINA ADINOLFI, "Le innovazione previste dal Trattato di Amsterdam in tema di politica sociale", *Dir. Un. Eur.*, 1998, p. 563 e segs.

[215] Sobre as políticas e ações comunitárias, cfr. RICARDO GOSALDO BONO, "Les politiques et actions communautaires", *RTDE*, 1997, p. 769 e segs.

[216] Sobre a política de emprego no Tratado de Amesterdão, cfr., SUSANNA CAFARO, "Il rapporto tra gli orientamenti in materia di occupazione, introdotti con il Trattato di Amsterdam, e gli indirizzi di massima per le politiche economiche degli Stati membri e dellà Comunitá", *Dir. Un. Eur.*, 1998, p. 547 e segs.

demonstrava a ligação que se pretendeu estabelecer entre as questões económicas e as sociais. O elevado nível de emprego e a proteção social elevada passaram a fazer parte dos objetivos da União e da Comunidade, respetivamente. As atribuições da Comunidade, neste domínio, eram de mera coordenação da atividade dos Estados-membros, incentivo à cooperação entre os Estados-membros e apoio da mesma. A ação da Comunidade era, portanto, subsidiária e de coordenação em relação aos Estados, devendo respeitar plenamente as competências destes.

No domínio da política do ambiente, o Tratado de Amesterdão, em consonância com o Direito Internacional do Ambiente, inseriu no seu texto, o princípio do desenvolvimento sustentável como objetivo da União e incluiu, pela primeira vez, nos objetivos da União a missão de promover um elevado nível de proteção e melhoria da qualidade do ambiente. Consagrou-se, igualmente, o princípio da integração da política de ambiente na definição e execução das políticas e ações da Comunidade, em especial com o objetivo de promover um desenvolvimento sustentável. Do ponto de vista do procedimento de decisão, a cooperação foi substituída pela codecisão, devendo o Comité das Regiões ser obrigatoriamente consultado.

Em matéria de saúde pública, apesar de a proteção da saúde continuar a pertencer aos Estados, a Comunidade viu as suas competências alargadas, na medida em que a sua ação passou a incidir não só sobre a prevenção das doenças, mas também sobre a melhoria da saúde pública. Além disso, a Comunidade passou a poder adotar uma série de medidas, neste domínio, de acordo com o procedimento de codecisão.

A defesa dos consumidores assumiu também novos contornos, na medida em que estes passaram a ser encarados não apenas de um ponto de vista económico, como compradores e vendedores, mas antes numa visão de conjunto. A Comunidade deverá contribuir para a proteção da saúde, da segurança e dos interesses económicos dos consumidores, bem como para a promoção do seu direito à informação, à educação e à organização para a defesa dos seus interesses.

Em matéria cultural, a Comunidade deve ter em conta, quando atua ao abrigo de outras disposições do Tratado, os aspetos culturais, nomeadamente, a diversidade das culturas dos Estados-membros. Assiste-se, pois, à confirmação da diversidade cultural como princípio de Direito Comunitário.

Além das alterações ao nível interno, acabadas de enunciar, o Tratado de Amesterdão introduziu igualmente algumas modificações no domínio das relações externas da Comunidade[217], das quais se devem destacar, em primeiro lugar,

[217] Sobre as alterações introduzidas pelo Tratado de Amesterdão nas relações externas da Comunidade, cfr., ALAN DASHWOOD, "External Relations Provisions of the Amsterdam Treaty", *CMLR*, 1998, p. 1019 e segs; CARLO NIZZO, "La politica commerciale comune nel Trattato di Amsterdam", *Dir. Un. Eur.*, 1998, p. 541 e segs; ENZO CANNIZZARO, "Sui rapporti fra il sistema

a possibilidade, mediante decisão, por unanimidade, do Conselho, da aplicação, em matéria de política comercial, das normas relativas às relações externas às negociações de acordos internacionais no setor dos serviços e da propriedade intelectual[218] e, em segundo lugar, a consagração de regras diferentes para a suspensão de aplicação de um acordo de associação[219].

9.2.5. Os princípios da subsidiariedade e da proporcionalidade

O Tratado de Amesterdão continha um protocolo relativo aos princípios da subsidiariedade e da proporcionalidade, o qual clarificava alguns aspetos relativos à natureza do princípio da subsidiariedade bem como ao seu caráter neutro e sindicável perante o Tribunal de Justiça[220].

9.2.6. A consagração da flexibilidade como princípio da União Europeia

Como já mencionámos, o princípio da flexibilidade ou da diferenciação faz parte do Direito Comunitário, desde a origem das Comunidades, mas foi com o Tratado de Amesterdão que passou a ter uma aplicação generalizada a todos os setores (com exceção da PESC)[221].

della cooperazione rafforzata e il sistema delle relazioni esterne della Comunità, *Dir. Un. Eur.*, 1998, p. 331 e segs; Pierre de Nerviens, "Les relations externes", *RTDE*, 1997, p. 801 e segs.

[218] No parecer 1/94, de 15/4/94 (Rec. 1994, p. I-5267), o Tribunal tinha recusado a inclusão na competência de política comercial comum da Comunidade de certos aspetos relativos aos serviços e à harmonização de regras em matéria de proteção da propriedade intelectual, tendo considerado que a matéria em causa deveria ser objeto de um acordo misto.

[219] Eleftheria Neframi, «Quelques réflexions sur la réforme de la politique commerciale par le Traité d'Amsterdam: le maintien du status quo et l'unité de la représentaion internationale de la Communauté», *CDE*, 1998, p. 137 e segs; Olivier Blin, «L'article 113 CE après Amsterdam», *RMCUE*, 1998, p. 447 e segs.

[220] Sobre os princípios da subsidiariedade e da proporcionalidade situados no Tratado de Amesterdão, cfr. Pierre-Alexis Feral, "Le principe de subsidiarité: progrès ou status quo après le traité d'Amsterdam?", *RMUE*, 1998, p. 95 e segs; Markus Kennter, "Das Subsidiaritätsprotokoll des Amsterdamer Vertrags", *NJW*, 1998, p. 2871 e segs; Chiara Cattabriga, "Il Protocollo sull'applicazione dei principi di sussidiarità e di proporzionalità", *Dir. Un. Eur.*, 1998, p. 362 e segs; Vlad Constantinesco, "«Les clauses de coopération renforcée». Le protocole sur l'application des principes de subsidiarité et de proportionnalité», *RTDE*, 1997, p. 765 e segs.

[221] Sobre a flexibilidade situada no Tratado de Amesterdão, cfr. Eric Philippart / Geoffrey Edwards, «The Provisions on Closer Cooperation in the Treaty of Amsterdam: The Politics of Flexibility in the European Union», *JCMS*, 1999, p. 87 e segs; Giorgio Gaja, «How Flexible is Flexibility under Amsterdam Treaty?», *CMLR*, 1998, p. 855 e segs; Helmut Kortenberg, «Closer Cooperation in the Treaty of Amsterdam», *CMLR*, 1998, p. 833 e segs; Florence Chaltiel, «Le Traité d'Amsterdam et la coopération renforcée», *RMCUE*, 1998, p. 289 e segs; José M. de Areilza / Alfonso Dastis Quecedo, «Cooperaciones reforzadas en el Tratado de Amsterdam: misión cumplida?», *GJ*, 1998, p. 105 e segs; José Martín y Perez De Nanclares, «La flexibilidad en el Tratado de Amsterdam: especial referencia a la nocion de cooperación reforzada», *Rev.*

As dificuldades surgidas nas negociações de Maastricht, bem como na sua entrada em vigor, demonstraram que o avanço de todos, ao mesmo tempo, era quase impossível e impraticável. Daí que se tenham encarado seriamente soluções de não se avançar nos domínios em que havia oposição de alguns Estados ou de se avançar sem esses Estados. Foi esta última solução que acabou por prevalecer.

Consagrou-se a flexibilidade e a cooperação reforçada como princípio geral. Além disso, a flexibilidade manifestou-se ainda, no Tratado de Amesterdão, sob a forma de derrogações concedidas a certos Estados – Reino Unido, Irlanda e Dinamarca – em relação a algumas matérias, em que não se conseguiu chegar a consenso, como, por exemplo, ao nível da comunitarização de alguns aspetos do terceiro pilar e do acervo de Schengen.

9.2.7. A possibilidade de suspensão dos direitos de um Estado-membro

O Tratado de Amesterdão criou um meio não jurisdicional ou político para sancionar os Estados-membros, o qual se consubstanciava na possibilidade de suspensão de direitos de um Estado-membro que não respeitasse os princípios da União, quais sejam a liberdade, a democracia, o respeito pelos Direitos do Homem e pelas liberdades fundamentais, bem como o Estado de direito[222].

10. O Tratado de Nice

10.1. Os antecedentes do Tratado de Nice

O Tratado de Nice foi aprovado na CIG, de 10 e 11 de dezembro 2000, tendo sido, posteriormente, assinado, em 26 de fevereiro de 2001.

Tal como já tinha sucedido em situações anteriores, a entrada em vigor do Tratado foi retardada pelo processo interno de vinculação de um Estado-membro – no caso, a Irlanda – que, de acordo com o seu direito constitucional o submeteu a um primeiro referendo cujo resultado foi negativo. A Irlanda procedeu a um segundo referendo, em novembro de 2002, pois não poderia ter ratificado o Tratado, enquanto o povo não se manifestasse favoravelmente. Este segundo referendo foi positivo, o que permitiu a entrada em vigor do Tratado, no dia 1 de fevereiro de 2003[223].

Der. Com. Eur., 1998, p. 205 e segs; Josef Janning, «Dynamik in der Zwangsjacke – Flexibilität in der Europäischen Union nach Amsterdam», *Int.* 4/97, p. 285 e segs.

[222] Sobre o mecanismo de suspensão dos direitos de um Estado-membro introduzido em Amesterdão, cfr. Amaryllis Verhoeven, "How Democratic Need European Union Members Be? Some Thoughts After Amsterdam", *ELR*, 1998, p. 217 e segs.

[223] Para uma visão geral sobre o Tratado de Nice, cfr. Fernando M. Mariño Menéndez, "Integración e intergubernamentalidad en el orden internacional y en el orden europeo: consideraciones sobre el modelo constitucional de la Unión Europea tras el Tratado de Niza", *in* Carlos Moreiro González (coord.), *Tratado de Niza – Análisis, comentarios y texto*, Madrid, 2002, p. 15 e segs; Peter-Christian Müller-Graff, "Der Post-Nizza Prozess. Auf dem Weg zu einer

Note-se que esta revisão dos Tratados ocorreu em pleno processo de instauração da moeda única. O Conselho Europeu de Cannes, de 27 e 28 de junho de 1995, tinha reiterado a vontade dos Estados, com exceção do Reino Unido e da Dinamarca, de passarem à moeda única, em 1 de janeiro de 1999, com respeito pelos critéiros de convergência, tal como estava previsto no Tratado de Maastricht. A denominação da moeda única - euro - foi fixada no Conselho Europeu de Madrid, de 15 e 16 de dezembro de 1995, tendo sido fixadas as taxas de conversão das várias moedas entre elas e em euros. Em 1 de junho de 1998 foram instalados o BCE e o Sistema Europeu de Bancos Centrais (SEBC). Em 1 de janeiro de 1999, a moeda única substituiu (do ponto de vista escritural) as moedas nacionais, tendo a circulação efetiva das notas e das moedas sido iniciada em 1 de janeiro

europäischen Verfassung?", *Int.*, 2002, p. 208 e segs; HEINRICH SCHNEIDER, "Der Post-Nizza Prozess: ein direkter Anlauf zur Konstitutionalisierung der Europäischen Union?", *Int.*, 2002, p. 198 e segs; MARIA EDUARDA AZEVEDO, "A dupla leitura de Nice", *Neg. Estr.*, nº 1, 2001, p. 71 e segs; FRANCISCO SEIXAS DA COSTA, "Portugal e o Tratado de Nice - Notas sobre a estratégia negocial portuguesa", *Neg. Estr.*, 2001, n. 1, p. 45 e segs; KIERAN ST C BRADLEY, "Institutional Design in the Treaty of Nice", *CMLR*, 2001, p. 1095 e segs; DANIEL VIGNES, "Nice, une vue apaisée - réponse à deux questions", *RMCUE*, 2001, p. 81 e segs; JIM CLOOS, "Nice: une étape obligé", *RMCUE*, 2001, p. 5 e segs; PIETER VAN NUFFEL, "Le traité de Nice - un commentaire", *RDUE*, 2001, p. 329 e segs; THOMAS WIEDMANN, "Der Vertrag von Nizza - Genesis einer Reform", *EuR*, 2001, p. 185 e segs; REINHOLD GNAN, "Der Vertrag von Nizza", *BayVBl.*, 2001, p. 449 e segs; JEAN TOUSCOZ, "Un large débat - l'avenir de l'Europe après la conférence intergouvernementale de Nice (CIG-2000)", *RMCUE*, 2001, p. 225 e segs; ELMAR BROK, "Die Ergebnisse von Nizza. Eine Sichtweise aus dem Europäischen Parlament", *Int.*, 2001, p. 86 e segs; ALAN DASHWOOD, "The Constitution of the European Union after Nice: Law-making Procedures", *ELR*, 2001, p. 215 e segs; PETER SCHÄFER, "Der Vertrag von Nizza - seine Folgen für die Zukunft der Europäischen Union", *BayVBl.*, 2001, p. 460 e segs; ASTRID EPINEY *et al.*, "Der Vertrag von Nizza", *DVBl.*, 2001, p. 941 e segs; JAN WOUTERS, "Institutional and Constitutional Challenges of the European Union", *ELR*, 2001, p. 342 e segs; PIERRE PESCATORE, "Guest Editorial: Nice - Aftermath", *CMLR*, 2001, p. 265 e segs; JOHN PINDER, "Der Vertrag von Nizza - Wegbereiter eines föderalen oder intergouvernamentalen Europa?", *Int.*, 2001, p. 77 e segs; FRANKLIN DEHOUSSE, "Le Traité de Nice: un tournant fondamental dans l'histoire de l'intégration européenne", *JT*, 2001, p. 409 e segs; GUNTER PLEUGER, "Der Vertrag von Nizza: Gesamtbewertung der Ergebnisse", *Int.*, 2001, p. 1 e segs; BRUNO DE WITTE, "The Nice Declaration: Time for a Constitutional Treaty of the European Union", *Int. Spect.*, 2001, p. 21 e segs; ROBERT TOULEMON, "Quelle Constitution pour quelle Europe?", *RMCUE*, 2001, p. 293 e segs; JÜRGEN SCHWARZE, "Perspektiven für die Reform der europäischen Gemeinshaftverträge nach den Beschlüssen von Nizza", *EuZ*, 2001, p. 76 e segs; CARLOS J. MOREIRO GONZÁLEZ, "La cooperación económica, financiera y técnica con terceros países", *BEUR*, 2001, p. 41 e segs; CARLOS J. MOREIRO GONZÁLEZ, "El Tratado de Niza: una invitación al «intergubernamentalismo mágico»?", *in* CARLOS MOREIRO GONZÁLEZ (coord.), *Tratado de Niza...*, p. 113 e segs; FRANCISCO J. FONSECA MORILLO, "De Berlín a Niza: panorama y leciones", *BEUR*, 2001, p. 2 e segs; FRANCISCO ALDECOA LUZARRAGA, "La apertura del processo constituyente", *BEUR*, 2001, p. 7 e segs; LOÏC GRARD, "La condition internationale de l'Union européenne après Nice", *RAE*, 2000, p. 374 e segs.

de 2002. A zona Euro integrava, inicialmente, onze Estados-membros (Alemanha, Áustria, Bélgica, Espanha, Finlândia, França, Irlanda, Itália, Luxemburgo, Países Baixos e Portugal), tendo, posteriormente, aderido a Grécia, em 2001, a Eslovénia, em 2007, Chipre e Malta, em 2008 e a Eslováquia, em 2009.

Foi, pois, no contexto da criação da união monetária que decorreram as negociações do Tratado de Nice.

A ideia da CIG 2000, realizada em Nice, foi oficialmente lançada no Conselho Europeu de Colónia, de junho de 1999[224], tendo sido, posteriormente, confirmada pelo Conselho Europeu de Helsínquia, de dezembro de 1999, o qual decidiu que a CIG deveria examinar a dimensão e a composição da Comissão, a ponderação de votos no seio do Conselho, a extensão eventual da votação por maioria qualificada no Conselho e outros aspetos relacionados com as instituições[225].

A Comissão emitiu o seu parecer, em 26 de janeiro de 2000[226], e o Parlamento Europeu, em 3 de fevereiro de 2000[227]. A CIG 2000 acabou por ser, oficialmente, convocada, em 14 de fevereiro de 2000.

O principal objetivo do Tratado foi, sem dúvida, a realização da tão esperada, e várias vezes adiada, reforma institucional da União Europeia, uma vez que os problemas institucionais deixados em aberto em Amesterdão – os chamados *leftovers* – tinham de se resolver antes do alargamento da União aos Estados da Europa Central e de Leste. Recorde-se que as negociações de adesão tinham sido, entretanto, iniciadas com os países melhor preparados, em 31 de março de 1998 – Chipre, Polónia, Hungria, República Checa, Eslovénia e Estónia – e em dezembro de 1999, com os outros seis candidatos – Malta, Eslováquia, Letónia, Lituânia, e sob condição, com a Roménia e a Bulgária.

A Conferência Intergovernamental de 2000 iniciou-se durante a Presidência portuguesa, com um debate sobre o programa de trabalho e o modo de funcionamento. A conclusão dos seus trabalhos estava prevista para dezembro de 2000, durante a Presidência francesa, o que veio a verificar-se.

Na primeira reunião, os representantes dos Governos inventariaram as questões relativas às instituições, que deveriam ser debatidas, a saber:

- as matérias que podiam passar a ser votadas por maioria qualificada;
- as instituições que mereciam ser debatidas e com que objetivo;
- a necessidade de abranger nesse debate o Parlamento Europeu e porquê.

No decurso das negociações tornou-se claro que outros temas deveriam ser incluídos na ordem de trabalhos. Em 4 de abril de 2000, os representantes dos

[224] Ver as Conclusões deste Conselho Europeu no Bol. UE nº 6/1999.

[225] Ver as Conclusões deste Conselho Europeu no Bol. UE nº 12/1999.

[226] O parecer pode ver-se em http://europa.eu.int/comm/nicetreaty/indexfr.htm.

[227] O parecer pode ver-se em http://europa.eu.int/comm/nicetreaty/indexfr.htm.

Governos realizaram um primeiro debate sobre a ponderação de votos e a reforma do sistema jurisdicional. Esta questão veio a ser novamente discutida, em 16 de maio de 2000, pelo Grupo de Representantes dos Governos. Entretanto, decorreram outras reuniões, das quais se destaca a reunião dos representantes dos Governos, de 6 de junho, antes do Conselho Europeu de Santa Maria da Feira, que se debruçou sobre a ponderação de votos, o Tribunal de Justiça e o Tribunal de Primeira Instância, o procedimento de suspensão dos direitos de um Estado-membro, as relações económicas externas e os atos legislativos.

No Conselho Europeu da Feira, de 19 e 20 de junho de 2000, fez-se o ponto da situação dos progressos dos trabalhos da CIG e decidiu-se o alargamento dos trabalhos da CIG às cooperações reforçadas.

A partir deste Conselho Europeu tornou-se claro que a CIG 2000 tinha objetivos mais ambiciosos do que a simples reforma institucional. Além disso, deve sublinhar-se que, paralelamente, estavam a decorrer os trabalhos da Convenção sobre a Carta dos Direitos Fundamentais da União Europeia. Trabalhos esses que o Conselho considerou que deveriam prosseguir.

Em 6 de julho de 2000, a CIG reuniu, pela primeira vez, sobre a Presidência da França. Esta primeira reunião caracterizou-se pela apresentação de propostas e de documentos, claramente, favoráveis aos Estados Grandes, os quais não podiam ser aceites pelos Estados Médios e Pequenos. As principais divergências situavam-se nos domínios das regras de votação no seio do Conselho, designadamente, na ponderação de votos e na passagem de certas matérias à votação por maioria qualificada, na composição da Comissão e nas cooperações reforçadas. O desacordo entre Grandes, por um lado, e Médios e Pequenos, por outro, teve o seu ponto alto no Conselho Europeu informal de Biarritz, em outubro de 2000. O debate continuou sobre as questões mais controversas, sem grandes progressos, até ao Conselho Europeu de Nice[228]. O consenso parecia possível somente em relação a matérias menos polémicas, como a reforma jurisdicional, a revisão do procedimnento de suspensão dos direitos de um Estado-membro ou a reorganização dos Tratados.

A Presidência francesa divulgou, em 6 de dezembro de 2000, o primeiro projeto de Tratado[229] que havia de constituir a base das negociações em Nice, as quais foram, até então, das mais duras da história da integração europeia. Por diversas vezes se pensou que não iria ser possível chegar a um acordo.

[228] Sobre a "luta" entre Estados Grandes, por um lado, e Estados Médios e Pequenos, por outro, cfr. ANA MARIA GUERRA MARTINS, "Portugal: the Fight against the «Big» Ones", *in* FINN LAURSEN (ed.), *The Treaty of Nice: Actors Preferences, Bargaining and Institutional Choice*, Leiden, 2006, p. 247 e segs.

[229] O relato pormenorizado da evolução dos trabalhos da CIG 2000 pode ver-se no sítio: http://www.europa.eu.int/comm/archives/igc2000.

A versão final do Tratado de Nice acabou por contar com contributos de vários intervenientes[230], que foram sendo tornados públicos e difundidos no servidor Europa[231].

10.2. As reformas introduzidas pelo Tratado de Nice

Apesar das dificuldades das negocições acima assinaladas, o Tratado de Nice introduziu alterações significativas, das quais se devem destacar as referentes:

- à reforma institucional;
- às cooperações reforçadas;
- à suspensão dos direitos de um Estado-membro;
- a algumas políticas – política comercial comum, social, de ambiente e à cooperação económica, financeira e técnica com países terceiros;
- à PESC;
- ao terceiro pilar.

É de realçar que o Tratado não afetou qualitativamente a estrutura da União, que manteve o seu caráter tripartido, continuou a não deter personalidade jurídica internacional e a não abranger a defesa.

10.2.1. A reforma institucional

Antes de avançar, deve frisar-se que o Tratado de Nice não operou qualquer rutura no sistema institucional da União. Pelo contrário, a revisão nele operada deve antes ser encarada como o culminar de um processo, que se iniciou em Maastricht, ou até mesmo com o Ato Único Europeu, e que, entretanto, se tinha esgotado, como o provam os desenvolvimentos posteriores da integração europeia, designadamente, o TECE e o Tratado de Lisboa.

O tema central da reforma institucional de Nice[232] foi, sem dúvida, a ponderação de votos no seio do Conselho, questão que acabou por condicionar todas as

[230] Tribunal de Contas, Comité Económico e Social, Comité das Regiões e representantes da sociedade civil em geral.

[231] http://europa.eu.int/comm/nicetreaty/indexfr.htm.

[232] Sobre a reforma institucional realizada pelo Tratado de Nice, cfr. PAZ ANDRÉS SÁENZ DE SANTA MARIA, "La reforma institucional en el Tratado de Niza: la búsqueda del círculo cuadrado", *in* CARLOS MOREIRO GONZÁLEZ (coord.), *Tratado de Niza...*, p. 41 e segs; ANA MARIA GUERRA MARTINS, "O Tratado de Nice – a reforma institucional e o futuro da Europa", AAVV, *Estudos em homenagem à Professora Doutora Isabel de Magalhães Collaço*, Coimbra, 2002, p. 779 e segs; JEAN-MARC FAVRET, "Le Traité de Nice du 26 février 2001: vers un affaiblissement irréversible de la capacité d'action de l'Union européenne ?", *RTDE*, 2001, p. 271 e segs; MICHEL PETITE, "Nice, traité existentiel, non essentiel", *RDUE*, 2001, p. 887 e segs; HELEN WALLACE, "Stimmen und Stimmungen aus Nizza: Entscheidungen der Regierungskonferenz 2000 zum Rat", *Int.*, 2001,

outras. Tal compreende-se se pensarmos que é aí que se joga, inequivocamente, o Poder dos Estados no âmbito da União Europeia. Alterou-se significativamente o equilíbrio entre, por um lado, os Estados Grandes e os Estados Médios e Pequenos. A Alemanha, a França, a Itália e o Reino Unido passaram a deter 29 votos contra os anteriores 10, ou seja, quase o triplo; a Espanha passou a contar com 27 votos contra os anteriores 8, isto é, mais do que o triplo; a Bélgica, Portugal e a Grécia passaram de 5 para 12; a Dinamarca, a Irlanda e a Finlândia de 3 para 7, quer dizer, pouco mais do que o dobro; a Holanda de 5 para 13, tendo sido pela primeira vez destacada dos médios; a Áustria e a Suécia aumentaram o seu número de votos de 4 para 10 e, por fim, o Luxemburgo alargou-o de 2 para 4. Em consequência do aumento do número de votos de cada Estado, o Tratado teve de modificar igualmente as regras relativas às maiorias necessárias para aprovação das normas e dos atos comunitários[233]. Assim, as deliberações por maioria qualificada passaram a ser tomadas se obtivessem, no mínimo, 169 votos, os quais deveriam exprimir a votação favorável da maioria dos membros sempre que, por força do Tratado, as decisões devessem ser tomadas sob proposta da Comissão. Nos restantes casos, as deliberações seriam tomadas se obtivessem, no mínimo, 169 votos que exprimisse a votação favorável de, pelo menos, dois terços dos membros. O Tratado de Nice introduziu ainda um outro elemento relevante no domínio da tomada de decisões no seio do Conselho – a população de cada um dos Estados-membros da União. Assim, a aprovação de decisões no seio do Conselho ficou também dependente de uma percentagem da população da União – 62%. Sempre que o Conselho tomasse uma decisão, por maioria qualificada, qualquer membro do Conselho poderia pedir que se verificasse se os Estados-membros que constituíam essa maioria qualificada representavam, pelo menos,

p. 124 e segs; ANDREU OLESTI RAYO, "Las modificaciones institucionales en el tratado de Niza", *BEUR*, 2001, p. 14 e segs; ECKHARD PACHE / FRANK SCHORKOPF, "Der Vertrag von Nizza – institutionelle Reform zur Vorbereitung der Erweiterung", *NJW*, 2001, p. 1377 e segs; JÖRG MONAR, "Die Kommission nach dem Vertrag von Nizza: ein gestärkter Präsident und ein geschwächtiger Organ?", *Int.*, 2001, p. 114 e segs; ARMIN HATJE, "Die institutionnelle Reform der Europäischen Union – der Vertrag von Nizza auf dem Prüfstand", *EuR*, 2001, p. 143 e segs; CESÁREO GUTIÉRREZ ESPADA, "Una reforma «difícil pero productiva»: la revision institucional en el Tratado de Niza", *Rev. Der. Com. Eur.*, 2001, p. 27 e segs; XENOPHON A. YATAGANAS, "The Treaty of Nice: The Sharing of Power and the Institutional Balance in the European Union – A Continental Perspective", *ELJ*, 2001, p. 242 e segs; JEAN-CLAUDE GAUTRON, "Le traité de Nice satisfait-il aux exigences de l'élargissement?", *RAE*, 2000, p. 343 e segs; JEAN-VICTOR LOUIS, "La réforme des institutions de l'Union européenne – schéma pour une réflexion", *RMCUE*, 2000, p. 681 e segs; JEAN-LOUIS QUERMONNE, "Observations sur la réforme des institutions", *RMCUE*, 2000, p. 686 e segs.

[233] De acordo com o Tratado de Amesterdão, as deliberações que tinham por base uma proposta da Comissão necessitavam de obter, pelo menos, 62 votos favoráveis, para serem aprovadas, enquanto que, se essa proposta não existir, além dos 62 votos era necessária a votação favorável de, pelo menos, 10 Estados.

62% da população total da União, sendo que, se essa condição não estivesse preenchida, a decisão não seria adotada.

Um outro aspeto que teve implicações muito importantes no Conselho foi o aumento do número de casos de votação, por maioria qualificada, em detrimento da regra da unanimidade. Passou a decidir-se de acordo com esta regra em mais 27 novos casos. Note-se, porém, que a maioria qualificada continuou a não se aplicar às matérias mais sensíveis, ou seja, as que maior conexão têm com a soberania nacional, como, por exemplo, as questões constitucionais (alargamento de poderes dos órgãos da União), a fiscalidade e a política social.

Por fim, o Conselho viu ainda os seus poderes reforçados nos seguintes domínios:

- constatação da existência de um risco claro de violação grave por parte de um Estado-membro dos princípios da UE;
- autorização das cooperações reforçadas no âmbito da PESC;
- tomada de medidas para fomentar a cooperação entre os Estados-membros com base no Eurojust;
- criação das câmaras jurisdicionais;
- adoção de disposições que recomendem aos Estados-membros a atribuição de competências ao TJ em matéria de propriedade intelectual;
- novas competências no que diz respeito à cooperação económica, financeira e técnica.

No que diz respeito à Comissão, o Tratado de Nice modificou as regras relativas:

- à composição[234];
- ao aumento de poderes do Presidente[235];
- ao modo de designação[236].

[234] A Comissão continuava a ser composta por um nacional de cada Estado-membro, mas, o Conselho, deliberando por unanimidade, podia alterar o número de membros da Comissão. Estas regras só viriam a ser aplicadas a partir de 1 de janeiro de 2005 e só poderiam produzir efeitos a partir da entrada em vigor da primeira comissão a seguir a essa data.

[235] O Presidente passou a dispor dos poderes de orientação política da Comissão, de decisão da organização interna da Comissão, com o objetivo de assegurar a coerência, a eficácia e a colegialidade, de estrutura e distribuição dos pelouros entre os comissários e alteração dos mesmos durante o respetivo mandato, de nomeação dos vice-presidentes e de solicitar a demissão de um comissário, após a aprovação do colégio.

[236] Numa primeira fase, o Conselho reunido ao nível de Chefes de Estado e de Governo, deliberando por maioria qualificada, passou a designar a personalidade que pretendia nomear como Presidente da Comissão, designação que deveria ser aprovada pelo Parlamento Europeu. Numa segunda fase, o Conselho, reunido ao nível de Ministros dos Negócios Estrangeiros e deliberando por maioria qualificada e de comum acordo com o Presidente designado, aprovava a lista das outras

Além disso, o Tratado de Nice alargou o poder de iniciativa da Comissão nos seguintes casos:

- no âmbito da PESC[237];
- no que toca à criação de câmaras jurisdicionais pelo Conselho;
- no domínio da constatação da existência de um risco claro de violação grave por parte de um Estado-membro.

No que toca ao Parlamento Europeu, o Tratado de Nice introduziu modificações[238], no que diz respeito aos seguintes aspetos:

- número de membros do Parlamento Europeu – que passou para setecentos e trinta e dois;
- distribuição dos Deputados entre os Estados-membros, tendo em conta a futura adesão dos novos Estados-membros, reduzindo, por um lado, o número de Deputados dos Estados que, na época, integravam a União, e por outro lado, estabelecendo regras que se destinavam a ser aplicadas após a adesão;
- alargamento da competência, na medida em que o Tratado de Nice estendeu os casos de aprovação de atos comunitários, segundo o procedimeno de codecisão.

Além disso, deve referir-se o reforço dos poderes do Parlamento Europeu no domínio jurisdicional, pois passou a ser considerado recorrente privilegiado, em sede de recurso de anulação, e a deter legitimidade ativa no processo consultivo previsto no antigo artigo 300º, nº 6, do TCE.

10.2.2. A reforma jurisdicional

O Tribunal de Justiça e o Tribunal de Primeira Instância (atualmente, Tribunal Geral), contrariamente ao que se poderia prever quando se iniciaram as negociações do Tratado de Nice, foram os órgãos que mais "lucraram" com a revisão do TUE.

personalidades que tencionava nomear membros da Comissão, estabelecida em conformidade com as propostas apresentadas por cada Estado-membro. Numa terceira fase, o Presidente e os demais membros da Comissão continuaram a estar sujeitos a um voto de aprovação do Parlamento Europeu, o que lhes assegurava uma legitimidade democrática ao nível da União. De seguida, os membros da Comissão eram nomeados pelo Conselho por maioria qualificada.

[237] Previa-se a exigência de parecer prévio da Comissão no caso da cooperação reforçada, quando o Conselho atuasse com base numa proposta dos Estados-membros.

[238] Cfr. antigo artigo 2º do Protocolo relativo ao alargamento da União.

Há muito que a Doutrina vinha reclamando uma reforma do sistema jurisdicional da União Europeia. É certo que as anteriores revisões do TCE tinham introduzido modificações na arquitetura judicial comunitária, mas em nenhum caso se alterou o sistema propriamente dito. Isto porque se considerava que qualquer modificação de fundo implicaria uma opção política sobre o sentido e o futuro da integração europeia.

As questões jurisdicionais tiveram, no entanto, um tratamento privilegiado na CIG 2000. Em maio de 1999, o TJ e o TPI apresentaram um documento de reflexão, intitulado o *Futuro do Sistema Jurisdicional da União Europeia*[239], no qual se identificaram os problemas, se apresentaram propostas de alterações imediatas do Regulamento de Processo, se sugeriram medidas que implicavam alterações dos Tratados ou dos Estatutos, se propuseram medidas concretas de reformulação do sistema jurisdicional em matéria de composição e organização do Tribunal de Justiça e do Tribunal de Primeira Instância, de transferência de competência no âmbito dos recursos diretos para o TPI e de reformulação do processo das questões prejudiciais. Posteriormente, foi nomeado, pela Comissão, um grupo de reflexão sobre o futuro do sistema jurisdicional comunitário, presidido por Ole Due, denominado os "Amigos da Presidência". Esse grupo apresentou o seu parecer[240] ao Conselho, em 19 de janeiro de 2000. Este documento foi objeto de divulgação pelo próprio Presidente do Tribunal de Justiça – ao tempo, G. C. Rodriguez Iglesias – no editorial de *Cahiers de Droit Européen*[241]. O Tribunal apresentou propostas concretas de alteração do Tratado, naquilo que denominou como a *Contribuição do Tribunal de Justiça e do Tribunal de Primeira Instância na Conferência Intergovernamental.*

O Tratado de Nice incorporou, no domínio jurisdicional, todos esses contributos, através da consagração de novas normas no Tratado CE, assim como da modificação de normas já existentes. Além disso, alterou também o Estatuto do Tribunal de Justiça, que consta de um Protocolo anexo ao Tratado.

As novidades introduzidas no sistema jurisdicional da União Europeia tinham como objetivo preparar o alargamento e obviar à sobrecarga de trabalho do Tribunal, a qual prejudicava a celeridade processual. A alteração da composição, da organização e do funcionamento do Tribunal de Justiça e do Tribunal de Primeira Instância, a modificação da repartição de competência entre os dois Tribunais, a possibilidade de criação de câmaras jurisdicionais (tribunais especializados) para contenciosos específicos e algumas pequenas alterações em matéria de con-

[239] Este documento está disponível no sítio http://curia.eu.int.

[240] Inédito.

[241] G. C. Rodriguez Iglesias, «L'avenir du système juridictionnel de l'Union européenne», *CDE*, 1999, p. 275 e segs.

tencioso comunitário foram as principais alterações introduzidas pelo Tratado de Nice neste domínio[242].

10.2.3. Os valores da União e a suspensão dos direitos de um Estado-membro

O Tratado de Nice traz algumas inovações importantes ao nível da consolidação dos valores comuns da União.

A chamada questão austríaca[243], que ocorreu no primeiro semestre de 2000, tornou clara a incapacidade do mecanismo de suspensão dos direitos de um Estado-membro para responder a situações em que os princípios consagrados no antigo artigo 6º, nº 1, do TUE ainda não foram violados, mas poderão vir a ser postos em risco. Daí que se tenha introduzido um mecanismo preventivo de alerta no antigo artigo 7º do TUE[244].

[242] Sobre a reforma do sistema jurisdicional operada pelo Tratado de Nice, cfr. RUI MANUEL MOURA RAMOS, "O Tratado de Nice e a reforma do sistema jurisdicional comunitário", *Temas de integração*, 2001/2002, p. 77 e segs; P. J. G. KAPTEYN, "Reflections on the Future of the Judicial System of the European Union after Nice", *YEL*, 2001, p. 173 e segs; MANUEL LÓPEZ ESCUDERO, "Modificaciones del Tratado de Niza en el sistema jurisdiccional comunitário", *BEUR*, 2001, p. 27 e segs; JAVIER ROLDÁN BARBERO, "La reforma del poder judicial en la Comunidad Europea", *Rev. Der. Com. Eur.*, 2001, p. 77 e segs; OLIVIA TAMBOU, "Le système juridictionnel communautaire revu et corrigé par le Traité de Nice", *RMCUE*, 2001, p. 164 e 168 e segs; DÁMASO RUIZ-JARABO, "La reforma del Tribunal de Justicia realizada por el Tratado de Niza y su posterior desarrollo", *in* CARLOS MOREIRO GONZÁLEZ (coord.), *Tratado de Niza...*, p. 83 e segs; ANGUS JOHNSTON, "Judicial Reform and the Nice Treaty", *CMLR*, 2001, p. 499 e segs; BERNHARD W. WEGENER, "Die Neuordnung der EU-Gerichtsbarkeit durch den Vertrag von Nizza", *DVBl.*, 2001, p. 1258 e segs; J. SACK, "Zur künftigen europäischen Gerichtsbarkeit nach Nizza", *EuZW*, 2001, p. 77 e segs; EMMANUEL COULON, "L'indispensable réforme du Tribunal de première instance des Communautés européennes", *RAE*, 2000, p. 254 e segs; ROSARIO SILVA DE LA PUERTA, "El grupo de reflexión sobre el futuro del sistema jurisdiccional de las Comunidades Europeas", *in* CARLOS MOREIRO GONZÁLEZ (coord.), *Tratado de Niza...*, p. 105 e segs; JOËL ANDRIANTSIMBAZOVINA, "Le modèle juridictionnel de la Cour européenne des droits de l'homme et la réforme de la Cour de justice des Communautés européennes", *RAE*, 2000, p. 410 e segs; ARJEN W. H. MEIJ, "Guest Editorial: Architects or Judges? Some Comments in Relation to the Current Debate», *CMLR*, 2000, p. 1039 e segs; HJALTE RASMUSSEN, «Remedying the Crumbling EC Judicial System», *CMLR*, 2000, p. 1071 e segs; DENIS WAELBROECK, «Vers une nouvelle architecture judiciaire européenne?», *CDE*, 2000, p. 3 e segs; OLIVIER DUBOS, «Quel avenir pour le Tribunal de première instance après le traité de Nice?», *RAE*, 2000, p. 426 e segs; ULRICH EVERLING, «Die Zukunft der europäischen Gerichtsbarkeit in einer erweiterten Europäischen Union», *EuR*, 1997, p. 398 e segs.

[243] Na sequência das eleições de outubro de 1999, na Áustria, catorze Estados-membros da União Europeia adotaram, em 31 de janeiro de 2000, uma «reação comum», em que declaravam que restringiriam os seus contactos com o Governo austríaco, no caso de ele vir a incorporar o partido FPÖ. As medidas dos catorze foram levantadas a 15 de setembro de 2000 após o relatório dos «três sábios» sobre a situação na Áustria.

[244] Sobre as modificações introduzidas no artigo 7º do TUE pelo Tratado de Nice, cfr. JAVIER LASO PÉREZ, "La intervención democrática en la Unión europea después del asunto austríaco

O nº 1 do preceito passou a dispor o seguinte:

> *«Sob proposta fundamentada de um terço dos Estados-membros, do Parlamento Europeu ou da Comissão, o Conselho, deliberando por maioria qualificada de quatro quintos dos seus membros, e após parecer favorável do Parlamento Europeu, pode verificar a existência de um risco manifesto de violação grave de algum dos princípios enumerados no nº 1 do artigo 6º por parte de um Estado-membro e dirigir-lhe as recomendações apropriadas. Antes de proceder a essa constatação, o Conselho deve ouvir o Estado-membro em questão e pode, deliberando segundo o mesmo processo, pedir a personalidades independentes que lhe apresentem num prazo razoável um relatório sobre a situação desse mesmo Estado-membro.*
>
> *O Conselho verificará regularmente se continuam válidos os motivos que conduziram a essa constatação».*

Este parágrafo acarretou a modificação da al. *e)* do antigo artigo 46º do TUE, referente à competência do TJ e ao exercício dessa competência, que passou a incluir as disposições processuais previstas no antigo artigo 7º do TUE na competência do TJ, pronunciando-se aquele Tribunal a pedido do Estado-membro em questão, no prazo de um mês, a contar da data da constatação do Conselho.

10.2.4. A modificação de algumas normas referentes às políticas comunitárias

Das conclusões do Conselho Europeu de Nice ressaltavam também as preocupações da União em relação a certas políticas e ações comuns, designadamente, a fixação de uma agenda social, a harmonização fiscal da poupança, o reforço da segurança alimentar e o reforço da segurança marítima. As preocupações no domínio social traduziram-se na alteração das disposições relativas a esta matéria, prevendo-se a possibilidade de criação de um Comité de Proteção Social. No âmbito da política comercial foi modificado o antigo artigo 133º, nº 5, TCE que estendeu a aplicação das normas constantes dos nºs 1 a 4 aos acordos comerciais em matéria de serviços e de propriedade intelectual. Em sede de política de cooperação económica, financeira e técnica com países terceiros foi introduzido um preceito no TCE, que estabeleceu como objetivo desta política o desenvolvimento e a consolidação da democracia e do Estado de direito e do respeito dos Direitos do Homem e das liberdades fundamentais.

y la reforma del Tratado de Niza", *BEUR*, 2001, p. 45 e segs; HELMUT SCHMITT VON SYDOW, "Liberté, démocratie, droits fondamentaux et État de droit: analyse de l'article 7 du traité UE", *RDUE*, 2001, p. 285 e segs.

10.2.5. As alterações nos pilares intergovernamentais

10.2.5.1. *A PESC*

No domínio da PESC, pode afirmar-se que as principais inovações ocorreram à margem da revisão dos Tratados. A guerra do Kosovo demonstrou a necessidade de definir uma política externa e de segurança comuns, pelo que o Conselho Europeu de Colónia, de junho de 1999, decidiu dotar a União dos meios necessários «para decidir e agir em face das crises». Os cinco Estados reunidos no Eurocorps (Alemanha, Bélgica, Espanha, França e Luxemburgo) tomaram a decisão de o transformar em «corpo de reação rápido europeu».

O Conselho Europeu de Helsínquia, de dezembro de 1999, decidiu a criação até 2003 de uma força de reação rápida não permanente, composta por 50000 militares capazes de se deslocarem num prazo de 2 meses, em caso de crise internacional, se a NATO não intervier.

O Conselho Europeu de Nice aprovou a criação de estruturas operacionais para gestão de crise - o Comité Político e de Segurança, o Comité Militar e o Estado-Maior - os quais, na prática, funcionavam desde o ano 2000. Como se disse, trata-se de estruturas criadas à margem do Tratado.

Dentro do quadro da União propriamente dito, a principal inovação do Tratado de Nice foi a autonomização da defesa europeia, tendo a UEO deixado de ser o braço armado da União[245].

10.2.5.2. *A CPJP*

O Conselho Europeu de Tampere, de outubro de 1999, previu a criação, antes do fim de 2001, de uma unidade de juízes europeus - a Eurojust - que teria competência para investigar sobre a grande criminalidade, o que acarretou modificações nos antigos artigos 29º e 31º do TUE[246].

[245] Sobre a PESC no Tratado de Nice, cfr. Luis N. González Alonso, "La política europea de seguridad y defensa después de Niza", *Rev. Der. Com. Eur.*, 2001, p. 197 e segs; Javier González Vega, "Los «acuerdos de Niza, la PESC y la arquitetura europea de seguridad y defensa", *BEUR*, 2001, p. 11 e segs; Elfriede Regelsberger, "Die Gemeinsame Aussen- und Sicherheitspolitik nach "Nizza" - begrenzter Reformeifer und aussenvertragliche Dynamik", *Int.*, 2001, p. 156 e segs; Martín Kremer / Uwe Schmalz, "Nach Nizza - Perspektiven der Gemeinsamen Europäischen Sicherheits- und Verteidigungspolitik", *Int.*, 2001, p. 167 e segs; Anne Cammilleri, "Le Traité de Nice et la politique européenne de defense", *RAE*, 2000, p. 389 e segs.

[246] Sobre o espaço de liberdade, segurança e justiça no Tratado de Nice, cfr. Javier Quel López, "Análisis de las reformas en el espacio de libertad, seguridad y justicia en el Tratado de Niza", *Rev. Der. Com. Eur.*, 2001, p. 117 e segs; Isabel Lirola Delgado, "El espacio de libertad, seguridad y justicia en el Tratado de Niza: una cuestión meramente incidental?", *BEUR*, 2001, p. 29 e segs.

10.2.6. A reforma das cooperações reforçadas

Como vimos, as regras relativas às cooperações reforçadas introduzidas pelo Tratado de Amesterdão impunham condições de tal forma rígidas para a sua aplicação que impossibilitaram, na prática, a realização de qualquer ação de cooperação reforçada no âmbito daquele Tratado.

Tendo em conta esta situação, que o alargamento a Leste tendia a agravar, a Comissão, no seu já mencionado parecer, de 26 de janeiro de 2000, defendeu a modificação das referidas regras nos seguintes termos:

- o número mínimo de Estados para iniciar uma cooperação reforçada deveria ser de um terço e não da maioria, como se previa no Tratado de Amesterdão;
- os processos particulares, que permitiam opor a tomada de decisão à maioria qualificada, deviam ser suprimidos;
- devia possibilitar-se a cooperação reforçada em matéria de PESC.

Após um primeiro consenso no Conselho Europeu de Biarritz, de 13 e 14 de outubro de 2000, em que se conseguiu chegar a acordo sobre a dupla necessidade de prever um dispositivo aberto e de respeitar o acervo comunitário, as cooperações reforçadas acabaram por sofrer as seguintes modificações:

a) a extensão do mecanismo das cooperações reforçadas à PESC com a exigência de condições específicas, como sejam o respeito dos princípios, dos objetivos e das orientações gerais e da coerência da PESC. Deviam ainda respeitar as competências da Comunidade, bem como a coerência entre o conjunto das políticas da União e a sua ação externa. Das cooperações reforçadas encontravam-se excluídas as questões com implicações militares ou no domínio da defesa;

b) a supressão das condições específicas relativamente ao pilar comunitário e ao terceiro pilar;

c) a manutenção das condições gerais;

d) a supressão do direito de veto dos Estados (exceto no que toca ao segundo pilar);

e) a fixação do número mínimo de Estados (oito) para iniciar uma cooperação reforçada;

f) no quadro do pilar comunitário exigia-se o parecer conforme do PE, quando a matéria em causa exigisse a aplicação do procedimento de codecisão.

Estas alterações foram introduzidas em normas de caráter geral e em disposições específicas para cada um dos pilares[247].

[247] Sobre as cooperações reforçadas no Tratado de Nice, cfr. ARACELI MANGAS MARTIN, "Las cooperaciones reforzadas en el Tratado de Niza", *in* CARLOS MOREIRO GONZÁLEZ (coord.),

As condições gerais para a realização de uma cooperação reforçada diziam respeito aos objetivos e finalidades da cooperação reforçada, à competência da União e da CE e ao respeito dos direitos e prerrogativas dos Estados.

10.2.7. Balanço sobre o Tratado de Nice

A maioria da Doutrina considerou os resultados da conferência de Nice dececionantes, quer fossem encarados do ponto de vista da preparação do alargamento, quer fossem avaliados em termos absolutos.

As causas do fracasso prenderam-se, essencialmente, com:

- o caráter restrito da agenda, que teve como consequência uma diminuta margem de negociação dos Estados;
- a dificuldade de obtenção de consensos nas matérias intimamente relacionadas com o exercício do Poder dentro da União.

As principais críticas incidiram sobre a falta de clareza dos compromissos alcançados nos domínios da ponderação de votos no seio do Conselho, da composição da Comissão ou da reforma jurisdicional. Na verdade, a enorme complexidade do texto aprovado em Nice não contribuiu, certamente, para aproximar os cidadãos da União Europeia.

Tendo consciência das suas insuficiências, limitações e até incongruências, o Tratado previu novamente a sua revisão a curto prazo – em 2004. É de notar que ainda que o Tratado de Nice nunca tivesse sido ratificado por todos os Estados-membros, ele teria servido para lançar o debate sobre o futuro da integração europeia.

10.3. As implicações do Tratado de Nice sobre o futuro da integração europeia

Note-se que o Tratado de Nice não representou qualquer rutura constitucional, pois não introduziu alterações substanciais suscetíveis de transformar a natureza jurídica da União Europeia, mas teve importantes repercussões ao nível do Direito Constitucional da União, uma vez que ajustou o equilíbrio de Poder no seio da União nas suas três vertentes – o equilíbrio entre os órgãos, o equilíbrio entre os Estados-membros e o equilíbrio entre os Estados-membros e a União.

Tratado de Niza..., p. 67 e segs; XAVIER PONS RAFOLS, "Las cooperaciones reforzadas en el Tratado de Niza", *Rev. Der. Com. Eur.*, 2001, p. 145 e segs; CLAUS GIERING / JOSEF JANNING, "Flexibilität als Katalysator der Finalität? Die Gestaltungskraft der "Verstärkten Zusammenarbeit»", *Int.*, 2001, p. 146 e segs; STÉPHANIE RODRIGUES, "Le Traité de Nice et les coopérations renforcées au sein de l'Union européenne", *RMCUE*, 2001, p. 11 e segs; FRANCETTE FINES, „La réforme des coopérations renforcés", *RAE*, 2000, p. 359 e segs.

Muito significativa foi a declaração nº 23, respeitante ao futuro da União, adotada pela Conferência, na qual se previu a convocação de uma CIG para 2004, com o objetivo de debater, entre outras, as seguintes questões:

- o estabelecimento e a manutenção de uma delimitação mais precisa das competências entre a União Europeia e os Estados-membros, que respeite o princípio da subsidiariedade;
- o estatuto da Carta dos Direitos Fundamentais da União Europeia proclamada em Nice, de acordo com as conclusões do Conselho Europeu de Colónia;
- a simplificação dos Tratados a fim de os tornar mais claros e mais compreensíveis, sem alterar o seu significado;
- o papel dos parlamentos nacionais na arquitetura europeia.

Como se vê, tratava-se de assuntos cuja essencialidade está fora de dúvida. O debate acerca do futuro da integração europeia passou a centrar-se nos aspetos constitucionais. Na verdade, as dificuldades de obtenção de consensos em Nice demonstraram o esgotamento de um modelo de integração pensado para seis Estados-membros, tendo impelido à «descoberta» de um novo modelo, o que viria a ocupar toda a primeira década do novo milénio e ainda hoje – apesar das dificuldades que a União Europeia tem enfrentado nos últimos tempos – continua a fazer parte da discussão atual.

Foi para responder a este magno desafio que o Conselho Europeu de Laeken, de 15 de dezembro de 2001, decidiu a transposição do método da convenção usado na elaboração da Carta dos Direitos Fundamentais da União Europeia para a revisão do Tratado.

Sem prejuízo do seu estudo *ex professo*, no Capítulo VI, deste livro e apenas com o intuito de tornar mais percetível os desenvolvimentos futuros do processo de integração europeia, importa adiantar uma breve nota sobre a génese, o método de elaboração, os objetivos, o conteúdo e a força jurídica inicial da Carta.

11. A Carta dos Direitos Fundamentais da União Europeia

11.1. Os antecedentes da CDFUE

Surgindo a proteção dos direitos fundamentais, historicamente, ligada, de modo intrínseco, ao constitucionalismo moderno, não é imaginável que a progressiva transferência de poderes dos Estados para a União Europeia seja suscetível de se converter numa eventual diminuição dos direitos das pessoas. Daí que se tenha assistido, desde logo, do ponto de vista político, à afirmação de que as Comunidades – e mais tarde, a União Europeia – deveriam não só respeitar como também proteger os direitos fundamentais.

E a verdade é que, apesar de, no início do processo de integração, se ter verificado alguma resistência ao reconhecimento dos direitos fundamentais por parte de alguns órgãos das Comunidades Europeias, designadamente do TJ[248], a partir dos finais da década de 60 tornou-se clara a insustentabilidade daquela posição, tendo o próprio TJ admitido que as Comunidades deveriam assegurar o respeito dos direitos fundamentais consagrados nas tradições constitucionais comuns aos Estados-membros[249] e no Direito Internacional dos Direitos Humanos[250], em especial na CEDH[251], como princípios gerais de Direito.

Esta Jurisprudência foi sendo, sucessivamente, confirmada e desenvolvida e os princípios nela consignados foram mesmo introduzidos nos Tratados, através das revisões, com especial destaque para o Tratado de Maastricht.

A Carta enquadra-se, pois, num contexto de afirmação de direitos das pessoas por parte da União Europeia[252].

[248] Ac. de 4/2/59, *Stork*, proc. 1/58, Rec. 1958-59, p. 43 e segs e ac. de 15/7/60, *Comptoirs de vente de la Rhur*, procs. 36 a 38 e 40/59, Rec. 1960, p. 890.

[249] Ac. de 12/11/69, *Stauder*, proc. 29/69, Rec. 1969, p. 419 e ac. de 17/12/70, *Internationale Handelsgesellschaft*, proc. 11/70, Rec. 1970, p. 1125.

[250] Ac. de 14/5/74, *Nold*, proc. 4/73, Rec. 1974, p. 491.

[251] Ac. de 15/5/86, *Johnston*, proc. 222/84, Col. 1986, p. 1651 e segs; ac. de 13/12/79, *Hauer*, proc. 44/79, Rec. 1979, p. 2727 e segs; ac. de 28/10/75, *Rutili*, proc. 36/75, Rec. 1975, p. 1219.

[252] Para uma visão geral da Carta dos Direitos Fundamentais da União Europeia, tal como resultou da Convenção que a elaborou, cfr., além da Doutrina citada nas notas seguintes, YVES CARLIER / OLIVIER DE SCHUTTER (dir.), *La Charte des droits fondamentaux de l'Union européenne – son apport à la protection des droits de l'Homme en Europe*, Bruxelas, 2002; MARIA LUÍSA DUARTE, "A Carta dos Direitos Fundamentais da União Europeia – natureza e meios de tutela", *in Estudos em Homenagem à Professora Doutora* ISABEL MAGALHÃES COLLAÇO, Vol. I, Coimbra, 2002, p. 723 e segs; JEAN-PAUL JACQUÉ, "La Charte des droits fondamentaux de l'Union européenne – aspects juridiques généraux", *ERPL/REDP*, 2002, p. 119 e segs; P. CRAIG, "The Community Rights and the Charter", *ERPL/REDP*, 2002, p. 221 e segs; J. DUTHEIL DE LA ROCHÈRE, "Les droits fondamentaux reconnus par la Charte et leurs applications", *ERPL/REDP*, 2002, p. 234 e segs; RUI MANUEL MOURA RAMOS, "A Carta dos Direitos Fundamentais da União Europeia e a proteção dos Direitos Fundamentais", *Cuadernos Europeos de Deusto*, 2001, p. 161 e segs; FRANCISCO DEL POZO RUIZ, "Diez notas a propósito de la Carta de los derechos fundamentales de la Unión Europea", *BEUR*, 2001, p. 60 e segs; FLORENCE BENOÎT-ROHMER, "La Charte des droits fondamentaux de l'Union européenne", *Rec. Dalloz*, 2001, p. 1483 e segs; JUAN ANTONIO CARRILLO SALCEDO, «Notas sobre el significado político y jurídico de la Carta de Derechos fundamentales de la Unión Europea», *Rev. Der. Com. Eur.*, 2001, p. 7 e segs; LORD GOLDSMITH Q. C., «A Charter of Rights, Freedoms and Principles», *CMLR*, 2001, p. 1201 e segs; EMMANUELLE BRIBOSIA / OLIVIER DE SCHUTTER, «La Charte des droits fondamentaux de l'Union européenne», *JT*, 2001, p. 281 e segs; ECKHARD PACHE, «Die Europäische Grundrechtscharta – ein Rückschritt für den Grundrechtsschutz in Europa?», *EuR*, 2001, p. 475 e segs; PETER J. TETTINGER, "Die Charta der Grundrechte der Europäischen Union", *NJW*, 2001, p. 1001 e segs; KOEN LENAERTS / EDDY DE SMITTER, "A «Bill of Righs» for the European Union", *CMLR*, 2001, p. 273 e segs; JONAS BERING LIISBERG, "Does the EU Charter of Fundamental Rights Threaten the Supremacy of Community Law?", *CMLR*, 2001,

11.2. O método de elaboração da CDFUE: a Convenção

Em simultâneo com a CIG 2000, na qual foi aprovado o Tratado de Nice, decorreu uma convenção, com a missão de negociar e aprovar uma carta de direitos fundamentais para a União Europeia.

A convocação dessa convenção surgiu na sequência de uma decisão do Conselho Europeu de Colónia, de 3 e 4 de junho de 1999, tendo alguns meses mais tarde, o Conselho Europeu de Tampere, de 15 e 16 de outubro de 1999[253], optado por criar um grupo, com representação das várias bases de legitimidade política[254] que deveria apresentar as suas conclusões ao Conselho Europeu. Esse grupo autodenominou-se Convenção[255], fazendo lembrar a Convenção de Filadélfia que elaborou a Constituição norte-americana. Não se devem confundir, todavia, as duas convenções. A convenção que elaborou a Carta não era uma assembleia constituinte, pois faltava-lhe, desde logo, a legitimidade democrática: nem os membros do Parlamento Europeu nem os membros dos parlamentos nacionais, eleitos por sufrágio direto e universal, se encontravam mandatados pelos seus eleitores para criarem uma carta de direitos fundamentais que se destinasse a servir de base a uma Constituição Europeia.

11.3. Os objetivos da CDFUE

Segundo o mandato do Conselho Europeu de Colónia, a Carta não visava criar direitos novos, mas sim tornar visíveis os direitos já existentes que constituissem património comum dos europeus, aumentando, deste modo, a segurança jurídica e a consequente proteção dos cidadãos. Não pretendendo ser inovatória, a

p. 1171 e segs; Christoph Grabenwarter, «Die Charta der Grundrechte für die Europäischen Union», *DVBl.*, 2001, p. 1 e segs.

[253] As conclusões do Conselho Europeu de Tempere estão publicadas no Boletim da União Europeia nº 10/1999.

[254] A convenção integrou representantes dos parlamentos nacionais, do Parlamento Europeu, dos Governos dos Estados-membros bem como da Comissão. Participaram ainda como observadores permanentes, o Conselho da Europa e o Tribunal de Justiça, com direito a usar da palavra. Os dez Estados aderentes e os três então candidatos à adesão (Bulgária, Roménia e Turquia) foram plenamente associados aos trabalhos. Além disso, verificou-se uma grande abertura à sociedade civil.

[255] Sobre a convenção como método de revisão dos Tratados institutivos da União Europeia, ver Ana Maria Guerra Martins, "O modelo de revisão na Constituição Europeia: em busca de uma terceira via?", *in Estudos em Honra de Ruy de Albuquerque*, Coimbra, 2006, p. 61 e segs; Idem, "As Convenções de Filadélfia e de Bruxelas – convergências e divergências do processo de formação das Constituições americana e europeia", *in* Jorge Miranda *e. a.* (org.), *Estudos em Memória do Professor Doutor António Marques dos Santos*, vol. II, Coimbra, 2005, p. 13 e segs; Idem, "Amendment of the Constitution – Procedural and Political Questions", *in* Ingolf Pernice / Jiri Zemanek (eds.), *A Constitution for Europe...*, p. 199 e segs, bem como toda a bibliografia citada nestes estudos.

Carta inspirou-se na CEDH[256], no que diz respeito aos direitos civis e políticos, nos próprios Tratados, em matéria dos direitos do cidadão e na Carta Comunitária de Direitos Sociais Fundamentais dos Trabalhadores de 1989 e na Carta Social Europeia de 1961, em relação aos direitos sociais.

Um dos principais objetivos da convenção que elaborou a Carta terá sido conferir-lhe caráter vinculativo, através da sua inserção no TUE. Porém, cedo se verificou a ausência de consenso quanto a este aspeto, pelo que a CDFUE acabou por ser solenemente proclamada pela Comissão, pelo Parlamento Europeu e pelo Conselho e politicamente aprovada pelos Estados-membros, no Conselho Europeu de Nice, em 7 de dezembro de 2000.

Por esta razão, o estatuto jurídico da CDFUE foi um dos aspetos incluídos na declaração nº 23 anexa ao Tratado de Nice acima mencionada.

Acrescente-se que a CDFUE pretendia constituir um forte impulso ao processo de constitucionalização da União Europeia bem como consolidar um movimento de implicação dos indivíduos, isto é, dos seres humanos enquanto tais, no processo de integração europeia, o que é notório em vários considerandos do seu preâmbulo (designadamente, na referência aos povos da Europa, na afirmação expressa de que a União coloca o ser humano no cerne da sua ação e na precisão de que as pessoas individualmente consideradas, assim como a comunidade humana e as gerações futuras adquirem responsabilidades e deveres, por força do gozo dos direitos enunciados na Carta)[257].

256 Sobre o debate em torno das relações da CDFUE com a CEDH, cfr. Rui Medeiros, "La Charte des droits fondamentaux de l'Union européenne, la Convention européenne des droits de l'Homme et le Portugal", *ERPL/REDP*, 2002, p. 629 e segs; Hans Christian Krüger / Jörg Polakiewicz, "Vorschläge für ein kohärentes System des Menschenrechtsschutztes in Europa", *EuGRZ*, 2001, p. 92 e segs; Rui Medeiros, "A Carta dos Direitos Fundamentais da União Europeia, a Convenção Europeia dos Direitos do Homem e o Estado português", *in Nos 25 anos da Constituição da República Portuguesa de 1976*, Lisboa, 2001, p. 7 e segs; Marc Fischbah, «Le Conseil de l'Europe et la Charte des droits fondamentaux de l'Union européenne», *RUDH*, 2000, p. 7 e segs; Florence Benoît-Rohmer, «L'adhésion de l'Union à la Convention européenne des droits de l'homme», *RUDH*, 2000, p. 57 e segs; Manfred Zuleeg, «Zum Verhältnis nationaler und europäischer Grundrechte – Funktionnen einer EU-Charta der Grundrechte», *EuGRZ*, 2000, p. 511 e segs; Siegbert Alber / Ulrich Widmaier, «Die EU-Charta der Grundrechte und ihre Auswirkungen auf die Rechtsprechung – zu den Beziehungen zwischen EuGH und EGMR», *EuGRZ*, 2000, p. 497 e segs.

257 Sobre o amplo debate doutrinário que se gerou, naquela época, em torno da Convenção que elaborou a Carta dos Direitos Fundamentais da União Europeia, cfr. Gráinne De Búrca, "The Drafting of the European Union Charter of Fundamental Rights", *ELR*, 2001, p. 126 e segs; Wolfgang Dix, "Charte des droits fondamentaux et convention – de nouvelles voies pour réformer l'UE?", *RMCUE*, 2001, p. 305 e segs; Jean-Paul Jacqué, «La démarche initiée par le Conseil européen de Cologne», *RUDH*, 2000, p. 3 e segs; Jacqueline Dutheil De La Rochère, «La Convention sur la Charte des droits fondamentaux et le processus de construction européenne», *RMCUE*, 2000, p. 223 e segs; Idem, «La Charte des droits fondamentaux de l'Union européen-

11.4. O conteúdo da CDFUE

A CDFUE não elenca os direitos com base no critério clássico – muito usado nos instrumentos internacionais de direitos humanos – direitos civis e políticos, por um lado, e direitos económicos, sociais e culturais, por outro, nem usa a termonologia clássica dos instrumentos internacionais – "direitos humanos". Ao invés, este instrumento aproxima-se da terminologia usada nas constituições dos Estados-membros – "direitos fundamentais" – iniciando-se com um preâmbulo, seguido de sete títulos: Dignidade, Liberdade, Igualdade, Solidariedade, Cidadania, Justiça e Disposições Finais[258].

A inviolabilidade da dignidade do ser humano (artigo 1º) é o pórtico de entrada para o sistema de direitos fundamentais consagrado na Carta. É a base de todos os outros direitos, incluindo os direitos à vida (artigo 2º), à integridade física (artigo 3º), a proibição da tortura e dos tratos ou penas desumanos ou degradantes (artigo 4º) e a proibição da escravatura e do trabalho forçado (artigo 5º).

O reconhecimento destes direitos na Carta foi alvo de um amplo consenso, uma vez que eles fazem parte de instrumentos internacionais, designadamente,

ne: quelle valeur ajoutée, quel avenir?», *RMCUE*, 2000, p. 674 e segs; NATIVIDAD FERNÁNDEZ SOLA, «À quelle nécessité juridique répond la négociation d'une Charte des droits fondamentaux de l'Union européenne?», *RMCUE*, 2000, p. 595 e segs; ALBRECHT WEBER, «Die Europäische Grundrechtscharta – auf dem Weg zu einer europäischen Verfassung», *NJW*, 2000, p. 537 e segs; LAURENCE BURGORGUE-LARSEN, «La Charte des droits fondamentaux de l'Union européenne racontée au citoyen européen», *RAE*, 2000, p. 398 e segs; ANTÓNIO VITORINO, «La Charte des droits fondamentaux de l'Union européenne», *RDUE*, 2000, p. 499 e segs; FRANÇOISE TULKENS, «Towards a Greater Normative Coherence in Europe – the Implications of the Draft Charter of Fundamental Rights of the European Union», *HRLJ*, 2000, p. 329 e segs; STEPHAN GRIGOLLI, «The Current Discussion on the EU Charter of Fundamental Rights», *The European Legal Forum*, 2000, p. 2 e segs; TIM EICKE, «The European Charter of Fundamental Rights Unique Opportunity or Unwelcome Distraction», *EHRLR*, 2000, p. 280 e segs; RICARDO ALONSO GARCIA, «La carta de los derechos fundamentales de la Unión Europea», *GJ*, 2000, p. 3 e segs; MELCHIOR WATHELET, «La Charte des droits fondamentaux: Un bon pas dans une course qui reste longue», *CDE*, 2000, p. 585 e segs; J. H. H. WEILER, «Does the European Union Truly Need a Charter of Rights?», *ELJ*, 2000, p. 95 e segs.

[258] Para um comentário desenvolvido dos vários preceitos da Carta, cfr. LAURENCE BURGORGUE-LARSEN *et al.*, *Traité établissant une Constitution pour l'Europe – Commentaire article par article, Parte II – La Charte des droits fondamentaux de l'Union*, tomo II, Bruxelas, 2005; HANS D. JARASS, *EU-Grundrechte*, Munique, 2005; JÜRGEN MEYER (org.), *Kommentar zur Charta der Grundrechte der Europäischen Union*, Baden-Baden, 2003; ANTÓNIO GOUCHA SOARES, *A Carta dos Direitos Fundamentais da União Europeia*, Coimbra, 2002; GUY BRAIBANT, *La Charte des droits fondamentaux de l'Union européenne – Témoignage et commentaires*, Paris, 2001; AAVV, *Carta de Direitos Fundamentais da União Europeia*, Coimbra, 2001.

da CEDH e do Pacto de Direitos Civis e Políticos das Nações Unidas, bem como das tradições constitucionais comuns aos Estados-Membros[259].

O Título II inclui as liberdades clássicas, como é caso do direito à liberdade e à segurança (artigo 6º), do respeito da vida privada e familiar (artigo 7º), do direito de contrair casamento e de constituir família (artigo 9º), da liberdade de pensamento, de consciência e religião (artigo 10º), da liberdade de expressão e de informação (artigo 11º), da liberdade de reunião e de associação (artigo 12º) e a liberdade das artes e das ciências (artigo 13º), a par de direitos sociais, como, por exemplo, a liberdade profissional e o direito ao trabalho (artigo 15º) e o direito à educação (artigo 14º) e de direitos económicos, como a liberdade de empresa (artigo 16º) e o direito de propriedade (artigo 17º) e de direitos de terceira geração, como o direito à proteção de dados pessoais (artigo 8º). O direito de asilo (artigo 18º) e a proteção em caso de afastamento, expulsão ou extradição (artigo 19º) enquadram-se nos direitos dos estrangeiros de que a União deve assegurar o respeito.

A igualdade e a não discriminação, embora consagradas parcelarmente nos Tratados desde a sua versão originária, são, pela primeira vez, equacionadas numa perspetiva global. Reconhece-se a igualdade perante a lei (artigo 20º), a proibição da discriminação em função da nacionalidade (artigo 21º, nº 2) e a proibição da não discriminação em função de quinze categorias suspeitas, nas quais, entre outras, se incluem o sexo, a raça ou origem étnica, a religião ou crença, a deficiência, a idade e a orientação sexual. A igualdade entre homens e mulheres (artigo 23º) foi sujeita a um tratamento específico. A Carta reconhece ainda que certas categorias de pessoas possuem problemas particulares que necessitam de uma resposta especial. É o caso das crianças (artigo 24º), das pessoas idosas (artigo 25º) e das pessoas com deficiências (artigo 26º). A inclusão do respeito da diversidade cultural, religiosa e linguística (artigo 22º) no Título relativo à igualdade (Título III) tem como pressuposto que a concretização da diversidade cultural, religiosa e linguística deve efetuar-se, nomeadamente, através da não discriminação[260].

O Título IV relativo à solidariedade inclui a maior parte dos direitos sociais reconhecidos na CDFUE[261]: o direito à informação e à consulta dos trabalhadores na empresa (artigo 27º), o direito de negociação e de ação coletiva (artigo

[259] Especificamente sobre os direitos civis e políticos, na versão originária da CDFUE, cfr. PATRICK WACHSMAN, «Droits civils et politiques», *RUDH*, 2000, p. 15 e segs.

[260] Sobre a igualdade na Carta, cfr. ANA MARIA GUERRA MARTINS, *A igualdade e a não discriminação...*, p. 447 e segs.

[261] Especificamente sobre os direitos sociais, na versão originária da Carta, cfr. ANA MARIA GUERRA MARTINS, "A Carta dos Direitos Fundamentais da União Europeia e os direitos sociais", *Direito e Justiça*, 2001, p. 189 e segs; OLIVER DE SCHUTTER, «La contribution de la Charte des droits

28º), o direito de acesso aos serviços de emprego (artigo 29º), a proteção em caso de despedimento sem justa causa (artigo 30º), as condições de trabalho justas e equitativas (artigo 31º), a proibição do trabalho infantil e proteção dos jovens no trabalho (artigo 32º), a proteção da vida familiar e da vida profissional (artigo 33º), o direito à segurança social e à assistência social (artigo 34º), a proteção da saúde (artigo 35º), o acesso a serviços de interesse económico geral (artigo 36º), mas também inclui os chamados direitos de terceira geração, como é o caso da proteção do ambiente (artigo 37º) e da defesa do consumidor (artigo 38º).

As normas relativas à cidadania previstas no Título V da CDFUE[262] retomam, no essencial, as normas do TCE que sobre ela versavam. O estatuto do cidadão da União abrange o direito de eleger e ser eleito nas eleições para o Parlamento Europeu (artigo 39º) e nas eleições municipais (artigo 40º), o direito a uma boa administração (artigo 41º), o direito de acesso aos documentos (artigo 42º), o direito de petição ao Provedor de Justiça (artigo 43º) e ao Parlamento Europeu (artigo 44º), a liberdade de circulação e de permanência (artigo 45º) e a proteção diplomática e consular (artigo 46º).

É de sublinhar que, ao contrário do que se verificava no TCE, a liberdade de circulação e de permanência pode vir a abranger os nacionais de terceiros Estados legalmente residentes no território de um dos Estados-membros da União (artigo 45º, nº 2).

Por último, em matéria de Justiça consagram-se o direito a ação judicial efetiva e a julgamento imparcial (artigo 47º), a presunção da inocência e os direitos de defesa do arguido (artigo 48º), os princípios da legalidade e da proporcionalidade dos delitos e das penas (artigo 49º) e o direito a não ser julgado ou punido penalmente mais do que uma vez pelo mesmo delito (artigo 50º), ou seja, direitos que integram a CEDH ou os seus protocolos.

O último capítulo da CDFUE estabelece as disposições gerais relativas ao âmbito de aplicação (artigo 51º), ao âmbito e à interpretação dos direitos e dos princípios (artigo 52º), ao nível de proteção (artigo 53º) e à proibição do abuso de direito (artigo 54º). Estas disposições irão, posteriormente, sofrer algumas alterações e aditamentos.

11.5. A ausência de força jurídica vinculativa inicial da CDFUE

Até à entrada em vigor do TL, a CDFUE não tinha força jurídica vinculativa, o que não impediu a invocação das suas normas quer por atores institucionais da

fondamentaux de l'Union européenne à la garantie des droits sociaux dans l'ordre juridique communautaire», *RUDH*, 2000, p. 33 e segs.

[262] Especificamente sobre os direitos de cidadania, na versão originária da Carta, cfr. Denys Simon, «Les droits du citoyen de l'Union», *RUDH*, 2000, p. 22 e segs.

União Europeia, tais como a Comissão[263], os Advogados-Gerais do Tribunal de Justiça[264], o Tribunal de Primeira Instância[265] (Tribunal Geral após o Tratado de Lisboa) e o próprio Tribunal de Justiça[266], quer por órgãos dos Estados-membros, designadamente, pelos tribunais nacionais.

Podia-se, então, considerar que a Carta se enquadrava numa categoria pré-normativa, normalmente designada como *soft law*.

[263] A Comissão por decisão interna, de 13 de março de 2001, assumiu o compromisso de conduzir a sua atuação em conformidade com a Carta. Ver também Comunicação da Comissão sobre o respeito da Carta dos Direitos Fundamentais nas propostas legislativas da Comissão. Metodologia para um controlo sistemático e rigoroso (COM (2005) 172, final).

[264] Ver conclusões dos Advogados-Gerais Tizzano, de 8/2/2001, *BECTU*, proc. C-173/99, Col. 2001, p. I-4881, par. 27 e 28; Jacobs, de 22/3/2001, *Z./PE*, proc. C-270/99P, Col. 2001, p. I-9197, par. 40; Leger, de 10/7/2001, *Hautala*, proc. C-353/99P, Col. 2001, p. I- 9565, par. 82 e 83; Misho, de 20/09/2001, *Booker*, proc. C-20/00 e C-64/00, Col. 2003, p. I-7411, p. 26, Poiares Maduro, de 29/06/2004, *Nardone*, proc. C-181/03, Col. 2005, p. I-199; Kokott, de 8/9/2005, *PE c. Conselho*, proc. C-540/03, Col. 2006, p. I-5769, par. 58.

[265] Ver Acórdão de 31/01/2002, *Max.mobil Telekommunikation Service*, Proc. T-54/99, paras. 48, 57; Acórdão de 15/2/2005, *Pyres / Comissão*, proc. T-256/01, Col. FP, p. FP-IA23, para. 66.

[266] Ver ac. de 27/6/2006, *PE c. Conselho*, proc. C-540/03, Col. 2006, p. I-5769, par. 38; ac. de 11/12/2007, *International Transport Workers Federation / Viking Line*, proc. C-438/05, Col. 2007, p. I-10779; ac. de 18/12/2007, *Laval*, proc. C-435/06, Col. 2007, p. I-10141; ac. de 14/2/2008, *Dynamic Medien*, proc. C-244/06, Col. 2008, p. I-505, para. 44; ac. de 3/4/2008, *Dirk Ruffert*, proc. C-346/06, Col. 2008, p. I-1989.

Capítulo III
Da refundação da União Europeia até à crise atual

12. O Tratado que estabelece uma Constituição para a Europa
12.1. Antecedentes do TECE
12.1.1. O Conselho Europeu de Laeken

Antes de avançar, importa sublinhar que o início do novo milénio – ao contrário do que se verifica atualmente – foi um tempo de grande otimismo para a integração europeia, tendo os defensores do seu aprofundamento político acreditado que aquele era o momento adequado para realizar tal desiderato.

Assim, na sequência da declaração nº 23 do Tratado de Nice, atrás mencionada, o Conselho Europeu de Laeken, de 15 de dezembro de 2001, decidiu convocar uma convenção para assegurar uma preparação tão ampla e transparente quanto possível da futura conferência intergovernamental, tendo nomeado como seu Presidente Valéry Giscard d'Estaing e como Vice-Presidentes Giuliano Amato e Jean-Luc Dehaene[267].

A Convenção sobre o Futuro da Europa foi encarregue, pelo Conselho Europeu de Laeken, de formular propostas sobre três matérias:

- a aproximação dos cidadãos do projeto europeu e das instituições europeias;
- a estruturação da vida política e do espaço político europeu numa União alargada;
- a consagração da União num fator de estabilização e numa referência na nova ordem mundial.

De acordo com o mandato do Conselho Europeu, que constava do anexo I das Conclusões da Presidência, sob o título Declaração de Laeken sobre o futuro da União Europeia, a Convenção tinha por missão examinar as questões essenciais

[267] Ver conclusões da Presidência no servidor Europa da Internet http://europa-eu.int.

que se colocavam ao futuro desenvolvimento da União e procurar as diferentes respostas possíveis, para o que estabeleceria um documento final que poderia compreender tanto diferentes opções, precisando o apoio que cada uma delas tinha recolhido, como recomendações em caso de consenso.

O Conselho Europeu de Laeken não conferiu, pois, qualquer mandato expresso à Convenção para elaborar uma Constituição para a Europa. O anexo I das Conclusões mencionava somente o termo «texto constitucional» e «constituição» a propósito da simplificação e da reorganização dos Tratados, mas sempre ao lado do termo «tratado», sem nunca manifestar preferência por um ou por outro. Além disso, as referências aos termos «tratado constitucional» e «constituição» aparecem sempre em jeito de interrogação, nunca de afirmação. Foi a Convenção que se inclinou, desde cedo, no sentido da adoção de um projeto de Constituição Europeia ou de Tratado Constitucional, na medida em que se gerou um certo consenso no sentido da inclusão da Carta dos Direitos Fundamentais no texto do projeto, o que, de acordo com uma opinião muito generalizada, implicaria a natureza constitucional do texto saído da convenção.

Sublinhe-se, todavia, que da Convenção deveria sair apenas um projeto de alterações a introduzir no Tratado da União Europeia, sendo que o texto dessas alterações propriamente dito teria de ser aprovado pela Conferência Intergovernamental, como, aliás, veio a suceder com o Tratado que estabelece uma Constituição para a Europa.

12.1.2. A Convenção sobre o futuro da Europa

Como já se disse, as negociações da Carta foram efetuadas no seio de uma convenção, tendo este método sido considerado bastante original, na medida em que se afastou da prática seguida até então, a qual incluía a nomeação de um grupo de peritos pelos Estados-membros ou pelo Conselho, com a incumbência de apresentar as suas conclusões e/ou as suas propostas ao Conselho ou ao Conselho Europeu. A convenção apresenta a vantagem de estar mais próxima dos cidadãos da União. Ou seja, do ponto de vista da legitimidade democrática, o método da convenção tinha como escopo ultrapassar as críticas reiteradamente dirigidas ao processo de revisão então previsto nos Tratados que se prendiam com o seu défice democrático. Com efeito, tradicionalmente, os parlamentos nacionais só participavam numa fase em que o texto aprovado pela conferência intergovernamental já se não podia alterar e o Parlamento Europeu tinha uma competência, meramente, consultiva. Pelo contrário, o método da convenção permite a participação destes órgãos numa fase preliminar, podendo influenciar, efetivamente, a decisão final.

Do ponto de vista formal, a convenção parece ter sido concebida como uma fase anterior e exterior, mas adicional e em estreita conexão com o processo de revisão previsto nos Tratados. Só assim não seria se o projeto de constituição para a Europa se pudesse considerar uma manifestação autónoma de um efetivo poder constituinte originário da União Europeia, o que, pelas razões a seguir enunciadas, não se verificava. A Convenção não procedeu à aprovação de qualquer texto constitucional definitivo, mas antes de um projeto que se destinou a ser discutido na CIG. Projeto esse que foi objeto de modificações, mais ou menos substanciais, na CIG 2003/2004. O texto objeto de ratificação pelos Estados-membros é o que saiu da CIG 2003/2004 e não o que foi aprovado pela convenção. Assim sendo, a convenção não exerceu qualquer poder constituinte originário, devendo antes ser entendida como uma entidade consultiva.

Do ponto de vista substancial, as alterações introduzidas nos Tratados pelo projeto de TECE aprovado pela convenção incidiam no núcleo duro do TUE, pelo que se devem qualificar como uma revisão total do TUE.

A aplicação do método da convenção à revisão geral do TUE não constituiu, contudo, uma tarefa fácil. Pelo contrário, muitas foram as dificuldades, devido à multiplicidade de matérias envolvidas e à necessidade de tomar opções políticas de fundo.

A Convenção sobre o Futuro da Europa iniciou os seus trabalhos em fevereiro de 2002 e funcionou em três fases distintas, de acordo com a agenda que ela própria estabeleceu. É certo que essas fases não se podem demarcar no tempo de uma forma absolutamente nítida, nem rígida, uma vez que, em certos casos, coexistiram, mas podem-se distinguir do seguinte modo:

- a fase das audições;
- a fase do exame;
- a fase das propostas.

A fase das audições decorreu, principalmente, entre março e junho de 2002 e desenvolveu os seus trabalhos no plenário. Segundo o *Praesidium*[268], o debate a travar sobre a União Europeia e o seu futuro deveria ser aberto e nele deveriam participar não só os membros da convenção como a sociedade civil em geral (organizações não governamentais, associações, universidades, sindicatos, coletividades locais e territoriais), através do envio de textos, designadamente, pela Internet[269].

[268] O *Praesidium* era composto por doze membros mais um convidado dos Estados aderentes, incluindo o Presidente e os dois Vice-Presidentes da Convenção, bem como dois representantes da Comissão, dois representantes dos parlamentos nacionais e dois representantes do Parlamento Europeu, três representantes dos Estados-membros e um representante dos Estados aderentes. O *Praesidium* tinha como função preparar os documentos e os projetos de textos jurídicos bem como examinar, fazer a triagem e analisar as emendas propostas pelos membros da Convenção.

[269] O Grupo de Direito Público Europeu, ao qual pertencemos, efetuou várias reuniões subordinadas ao tema a Constituição Europeia, tendo enviado as suas propostas à Convenção. AAVV, *European Group of Public Law – Proposal on the Debate on the European Constitution*, Londres, 2003.

A fase do exame iniciou-se, em junho de 2002, e caracterizou-se pelo trabalho em grupo e em círculos de discussão. Tendo em conta as dificuldades de funcionamento em plenário, devido ao elevado número dos seus membros, a convenção, por iniciativa do seu Presidente, optou por constituir grupos de trabalho sectoriais[270] e três círculos de discussão[271], que apresentaram os respetivos relatórios finais[272], tendo em vista facilitar a prossecução dos trabalhos. Alguns desses grupos exerceram uma profunda influência no texto final do projeto de TECE, como foi o caso dos grupos I, II, VII, IX e X.

A fase das propostas decorreu durante toda a primeira metade do ano de 2003, no plenário, tendo-se então discutido os projetos concretos de revisão dos Tratados, com base num primeiro anteprojeto do *Praesidium* apresentado, em 29 de outubro de 2002[273].

Em seguida, foram submetidas emendas a esse anteprojeto por parte dos convencionais em diferentes períodos, seguidas de diversos debates em plenário.

Este procedimento foi seguido, essencialmente, para a Parte I, excluindo os preceitos relativos aos órgãos[274], para a Parte IV e para os artigos da Parte III, respeitantes à ação externa da União e ao espaço de liberdade, segurança e justiça. Já o mesmo não se verificou em relação aos artigos da Parte III sobre as políticas, que foram redigidos por um grupo de peritos dos três órgãos comunitários, o qual comunicou os seus trabalhos à convenção, em 27 de maio de 2003. A utilização deste método deveu-se ao facto de se ter considerado que se tratava de meras adaptações impostas pelas decisões tomadas quanto à Parte I, que, por isso, não necessitavam de tanta discussão no plenário. Todavia, assim não sucedeu. O plenário introduziu a esse texto inúmeras emendas, nomeadamente, no que

[270] Grupo I – Subsidiariedade; Grupo II – Carta dos Direitos Fundamentais; Grupo III – Personalidade jurídica; Grupo IV – Parlamentos nacionais; Grupo V – Competências complementares; Grupo VI – Governação económica; Grupo VII – Ação Externa; Grupo VIII – Defesa; Grupo IX – Simplificação; Grupo X – Liberdade, Segurança e Justiça; Grupo XI – Europa Social. Os primeiros seis operaram entre junho e outubro de 2002 e os restantes seis entre outubro e dezembro do mesmo ano. Entre dezembro de 2002 e janeiro de 2003 foi criado um último grupo sobre a Europa Social por pressão do plenário.

[271] Círculo de discussão sobre o Tribunal de Justiça, círculo de discussão sobre o procedimento orçamental e círculo de discussão sobre os recursos próprios.

[272] Os relatórios estão disponíveis em http://europa.eu.int/futurum/index.

[273] CONV 369/02.

[274] A primeira leitura dos preceitos relativos aos órgãos deu-se, em 15 e 16 de maio, tendo ficado imediatamente clara a falta de consenso neste domínio. Assim, não houve segunda leitura em plenário, mas sim um dia de consultas com os quatro componentes, isto é, os representantes dos Governos, os parlamentares nacionais, os membros do PE e os dois comissários, com o objetivo de conseguir um compromisso que pudesse ser aceite globalmente no plenário.

diz respeito à qualificação das bases jurídicas como legislativas ou executivas e em relação à votação por maioria qualificada[275].

12.1.3. O projeto de Tratado que estabelece uma Constituição para a Europa

O projeto de Tratado que estabelece uma Constituição para a Europa[276] acabou por ser adotado por consenso[277], isto é, não foi votado na convenção[278]. Após a sua aprovação, em 13 de junho e 10 de julho de 2003, foi entregue ao presidente do Conselho Europeu, em Roma, em 18 de julho de 2003.

O projeto[279] apresentava uma estrutura quadripartida, em que a Parte I continha as normas e os princípios estruturantes da União relativos aos seguintes aspetos:

[275] Sobre os trabalhos da Convenção sobre o futuro da Europa, ver, entre outros, ANA MARIA GUERRA MARTINS, *O Projeto de Constituição Europeia. Contribuito para o Debate sobre o Futuro da União*, 2ª ed., Coimbra, 2004, p. 36 e segs; ALBERTO COSTA, *Na Convenção Europeia – Posições, Argumentos, Debates*, Lisboa, 2004, p. 3 e segs; MARIA EDUARDA AZEVEDO, *Convenção sobre o Futuro da Europa – Reflexões e Testemunhos*, Lisboa, 2004, p. 20 e segs; GUILHERME D'OLIVEIRA MARTINS, *Que Constituição para a União Europeia – Análise do Projeto da Convenção*, Lisboa, 2003, p. 23 e segs; VALÉRY GISCARD D'ESTAING, "The Convention and the Future of Europe: Issues and Goals", *Int. J. Const. Law*, 2003, p. 346 e segs; ROBERT BADINTER, "A European Constitution: Perspetives of a French Delegate to the Convention", *Int. J. Const. Law*, 2003, p. 363 e segs; GIULIANO AMATO, "The European Convention: First Achievements and Open Dilemas", *Int. J. Const. Law*, 2003, p. 355 e segs; C. LADENBURGER, "Towards a Post-national Constitution – Federal, Confederal or Genuinely sui generis? Introductory Remarks on the Convention Method, and Some Features of an Improved Constitutional Charter", *ERPL/REDP*, 2003, p. 75 e segs; ANA MARIA GUERRA MARTINS, "Vers une Constitution post-nationale – fédérale, confédérale ou vraiment sui generis?", *ERPL/REDP*, 2003, p. 39 e segs; JAN WOUTERS, "Exit the Convention, Come the ICG. Some Reflections on the Convention as a Method for Constitutional Change in the EU", *MJ*, 2003, p. 225 e segs; JOSÉ MARTÍN Y PÉREZ DE NANCLARES, "El proyecto de Constitución europea: reflexiones sobre los trabajos de la Convención", *Rev. Der. Com. Eur.*, 2003, p. 527 e segs; GUY SCOFFONI, "Convention pour l'avenir de l'Europe et Convention de Philadelphia: la question du mode de production d'une constitution", *RAE*, 2001-2002, p. 683 e segs.

[276] O texto a que nos referimos é designado como CONV 850/03 e está publicado pelo serviço de publicações da União Europeia, podendo ser consultado no servidor Europa na Internet – http://european-convention.eu.int/docsTreaty/cv00850.pt03.pdf. Ao longo deste livro só, excecionalmente, o tomaremos em conta, pois foi ultrapassado pelo texto aprovado na CIG 2003/2004, o qual difere dele em alguns aspetos.

[277] A decisão, por consenso, é comum nas negociações internacionais, nas quais há interesses muito divergentes em confronto e não é desejável colocar certos Estados na situação de vencidos, enquanto outros vão ficar na situação de vencedores. Este modo de decisão está normalmente associado à negociação em sistema de *package deal*, ou seja, negociação por conjuntos de normas.

[278] Ao contrário do que alguns defendem, a ausência de votação final não significa que a Convenção tenha sido dirigida segundo métodos autoritários, pois para se chegar a uma solução consensual foram introduzidas tantas alterações quanto as necessárias.

[279] Sobre o projeto de TECE aprovado pela Convenção, cfr., na Doutrina Portuguesa, PAULO DE PITTA E CUNHA, *A Constituição Europeia. Um Olhar Crítico sobre o Projeto*, Coimbra, 2004; ANA

- Definição e objetivos da União;
- Direitos Fundamentais e Cidadania da União;
- Competências da União;
- Instituições da União;
- Exercício das competências da União;
- Vida democrática da União;
- Finanças da União;

MARIA GUERRA MARTINS, *O Projeto de Constituição Europeia...*; ALBERTO COSTA, *Na Convenção Europeia...*; GUILHERME D'OLIVEIRA MARTINS, *Que Constituição para a União Europeia...*; ANA MARIA GUERRA MARTINS, "Vers une Constitution post-nationale..., p. 39 e segs. Na doutrina estrangeira, cfr. OLIVIER BEAUD / ARNAUD LECHEVALIER / INGOLF PERNICE / SYLVIE STRUDEL, *L'Europe en voie de Constitution. Pour un bilan crituque des travaux de la Convention*, Bruxelas, 2004; LUCIA SERENA ROSSI, *Vers une nouvelle architecture de l'Union européenne – le projet de Traité-Constitution*, Bruxelas, 2004; CHRISTIAN PHILIP / PANAYOTIS SOLDATOS, *La Convention sur l'avenir de l'Europe – Essai d'évaluation du projet de traité établissant une Constitution pour l'Europe*, Bruxelas, 2004; PATRICK BIRKINSHAW, "A Constitution for the European Union? A Letter from Home", *EPL*, 2004, p. 57 e segs; FRANCIS SNYDER, "Editorial: Is the European Constitution Dead?", *ELJ*, 2004, p. 255 e segs; DIMITRIS N. TRIANTAFYLLOU, *Le projet constitutionnel de la Convention européenne – Présentation critique de ses choix clés*, Bruxelas, 2003; INGOLF PERNICE / MIGUEL POIARES MADURO, *A Constitution for the European Union – First Comments on the 2003-Draft of the European Convention*, Baden-Baden, 2003; DANIEL VIGNES, "«Il faut faire avec...»", *RMCUE*, 2003, p. 425 e segs; PATRICIA HEINDL *et al.*, "The Future Constitution of Europe – European Convention, IGC 2004, and the Prospects for European Integration", *Verwaltung aktuell*, 2003, p. 154 e segs; LEOPOLDO ELIA, "Prime osservazioni sulla forma di governo nella costituzione per l'Europa", *Dir. Pub.*, 2003, p. 757 e segs; MARKUS G. PUDER, "Constitutionalizing the European Union – More than a Sense of Direction from the Convention on the Future of Europe", *Fordham Int'l L. J.*, 2002/2003, p. 1562 e segs; FLORENCE CHALTIEL, "Une Constitution pour l'Europe, an I de la république européenne", *RMCUE*, 2003, p. 493 e segs; ALAN DASHWOOD *et al.*, "Draft Constitutional Treaty of the European Union and related documents", *ELR*, 2003, p. 3 e segs; MICHAEL DOUGAN, "The Convention's Draft Constitutional Treaty: bringing Europe closer to its lawyers?", *ELR*, 2003, p. 763 e segs; GIL CARLOS RODRÍGUEZ IGLESIAS, "La constitucionalización de la Unión europea", *Rev. Der. Com. Eur.*, 2003, p. 893 e segs; JULIANE KOKOTT / ALEXANDRA RÜTH, "The European Convention and its Draft Treaty establishing a Constitution for Europe: Appropriate Answers to the Laeken Questions?", *CMLR*, 2003, p. 1315 e segs; JEAN-VICTOR LOUIS, "Le project de Constitution: continuité ou rupture?", *CDE*, 2003, p. 215 e segs; JÜRGEN SCHWARZE, "The Convention's Draft Treaty establishing a Constitution for Europe", *CMLR*, 2003, p. 1037 e segs; A. TIZZANO, "Prime note sul progetto di Costituzione europea", *Dir. Un. Eur.*, 2003, p. 249 e segs; LOÏC GRARD, "«Traité constitutionnel», une réalité juridique", *RDP*, 2003, p. 1259 e segs; THOMAS SCHMITZ, "Le peuple européen et son rôle lors d'un acte constituant dans l'Union européenne", *RDP*, 2003, p. 1079 e segs; BRUNO DE WITTE, "The European Constitutional Treaty: Towards an Exit Strategy for Recalcitrant Member States ?", *MJ*, 2003, p. 3 e segs; BRUNO DE WITTE (Ed.), *Ten Reflections on the Constitutional Treaty for Europe*, E. book, Robert Schuman Centre for Advanced Studies and European University Institut, San Domenico di Fiesole, 2003; JOSEPH PINI, "Qu'est-ce qu'une constitution?", *RAE*, 2001-2002, p. 655 e segs; LAURENCE BURGORGUE-LARSEN, "Pourquoi une constitution européenne ?", *RAE*, 2001-2002, p. 670 e segs.

- A União e os Estados vizinhos;
- Qualidade de membro da União.

A Parte II incorporava no Tratado a Carta dos Direitos Fundamentais da União Europeia. A Parte III continha as regras técnicas sobre as políticas e o funcionamento da União, ou seja, desenvolvia e densificava a Parte I. A Parte IV incorporava as disposições gerais e finais, as quais diziam respeito à revogação dos tratados anteriores, à sucessão e continuidade jurídica em relação à Comunidade e à União, ao âmbito de aplicação territorial, às uniões regionais, aos protocolos, aos processos de revisão (ordinário e simplificado), ao período de vigência, à adoção, à ratificação e à entrada em vigor, bem como aos textos autênticos.

O desenvolvimento de algumas matérias, como, por exemplo, o papel dos parlamentos nacionais na União Europeia, a aplicação dos princípios da subsidiariedade e da proporcionalidade, a representação dos cidadãos no Parlamento Europeu e a ponderação de votos no Conselho Europeu e no Conselho de Ministros, o Eurogrupo e as alterações ao Tratado Euratom, era remetido para protocolo.

12.1.4. A Conferência Intergovernamental de 2003/2004

O projeto aprovado pela Convenção constituiu a base de trabalho da CIG 2003, a qual reuniu, pela primeira vez, em Roma, em 4 de outubro de 2003. Ficou decidido que a CIG reuniria somente ao nível dos Primeiros-Ministros e dos Chefes de Estado, sendo as reuniões preparadas pelos Ministros dos Negócios Estrangeiros.

Após uma primeira tentativa infrutífera de aprovação de um texto em dezembro de 2003, sob a presidência italiana, a CIG chegou a um consenso, em junho de 2004, sob a presidência irlandesa, tendo aprovado o texto do TECE.

Tal como a maior parte da Doutrina antevia, aquele texto respeitava, na sua essência, as opções fundamentais bem como o equilíbrio global do projeto aprovado pela Convenção. Contudo, também foram introduzidas alterações significativas em relação a aspetos que não tinham sido consensuais na Convenção, como foi o caso das questões institucionais. A composição da Comissão, a ponderação de votos no seio do Conselho, a definição da maioria qualificada, as formações do Conselho, as regras relativas à designação do Presidente do Conselho Europeu foram alguns dos temas que ocuparam a CIG. Além disso, as questões relativas à defesa, ao âmbito de aplicação da maioria qualificada, em certos domínios, particularmente em matéria de cooperação policial e judiciária penal foram também objeto de algumas alterações. A CIG alterou ainda o procedimento orçamental e introduziu um procedimento de revisão simplificado no TECE.

O texto aprovado pela CIG 2004 foi, em seguida, tratado por peritos jurídicos – como sempre sucede – de modo a torná-lo um documento coerente, na medida em que o texto que tinha servido de base às negociações – o projeto da Convenção – continha incoerências, lacunas, falta de homogeneidade nas formulações jurídicas e não tinha examinado a questão de saber quais as normas dos atos de adesão e dos protocolos que era necessário manter, o que se compreende se pensarmos que a Convenção não beneficiou de um grupo de peritos juristas para este efeito[280].

Tendo em consideração que o TECE[281] não chegou sequer a entrar em vigor, não vamos proceder, neste livro, ao seu estudo *ex professo*. Será, contudo, referido, a propósito de cada tema, sempre que as soluções nele consagradas sejam inspiradoras – pela positiva ou pela negativa – das atualmente vigentes.

Antes de avançar, deve notar-se que, em 16 de abril de 2003, foi assinado, em Atenas, o Tratado de adesão de dez novos Estados-membros[282], o qual entrou em vigor em 1 de maio de 2004. A partir desta data, a União passou a contar com vinte e cinco Estados-membros. A Bulgária e a Roménia viram a sua adesão protelada, por razões, essencialmente, económicas.

12.2. A assinatura e o fracasso do processo de ratificação do TECE

O texto do TECE, na sua fórmula final, foi assinado, em Roma, em 29 de outubro de 2004.

De acordo com o seu artigo IV-447º, o Tratado deveria ser ratificado pelas Altas Partes Contratantes, em conformidade com as respetivas normas constitucionais e entraria em vigor no dia 1 de novembro de 2006, se tivessem sido depositados todos os instrumentos de ratificação, ou não o tendo sido, no primeiro dia do segundo mês seguinte ao do depósito do instrumento de ratificação do Estado signatário que proceder a esta formalidade em último lugar. Tratando-se de uma revisão dos Tratados existentes, dever-se-ia respeitar o artigo 48º do TUE então em vigor, ou seja, o TECE deveria ser aprovado e ratificado por todos os Estados-membros, segundo as regras constitucionais de cada um deles.

[280] Sobre a CIG 2003/2004, cfr. Bobby McDonagh, "The Intergovernmental Conference: how the deal was done", *in* Giuliano Amato / Hervé Bribosia / Bruno de Witte (eds.), *Genèse et Destinée de la Constitution Européenne*, Bruxelas, 2007, p. 87 e segs; Jean-Claude Piris, *The Lisbon Treaty – A Legal and Political Analysis*, Cambridge, 2010, p. 17 e segs; Paul Craig, *The Lisbon Treaty – Law, Politics and Treaty Reform*, Oxford, 2010, p. 16 e segs.

[281] Para uma visão geral sobre o TECE, cfr., do muito que se escreveu, Giuliano Amato / Hervé Bribosia / Bruno de Witte (eds.), *Genèse et Destinée...*; Jean-Claude Piris, *Le Traité Constitutionnel pour l'Europe: une analyse juridique*, Bruxelas, 2006; Ingolf Pernice / Jiri Zemanek (eds.), *A Constitution for Europe: The IGC, the Ratification Process and Beyond*, Baden-Baden, 2005; Marianne Dony / Emmanuelle Bribosia, *Commentaire de la Constitution de l'Union européenne*, Bruxelas, 2005; Olivier de Schutter / Paul Nihoul, *Une Constitution pour l'Europe – Réflexions sur les transformations du droit de l 'Union européenne*, Bruxelas, 2004.

[282] Chipre, Estónia, Hungria, Letónia, Lituânia, Malta, Polónia, República Checa, Eslováquia e Eslovénia.

Em alguns Estados pôs-se a questão da compatibilidade do TECE com as Constituições nacionais, como foi o caso da França e da Espanha, e noutros decidiu-se, por razões constitucionais (Dinamarca e Irlanda) ou políticas, organizar um referendo nacional (Luxemburgo, França, Holanda, Espanha, Polónia, Portugal e Reino Unido).

Ao longo do ano de 2005 foram efetuados referendos ao TECE em quatro Estados-membros, dois dos quais foram no sentido da ratificação (Luxemburgo e Espanha) e os outros dois foram negativos (França e Holanda). Entretanto, decorriam os processos de ratificação dos outros Estados-membros, sendo que, no outono de 2006, 16 dos então 25 Estados-membros tinham procedido à ratificação do TECE.

Na sequência dos resultados dos referendos negativos em França e na Holanda, sete Estados-membros (República Checa, Dinamarca, Irlanda, Polónia, Portugal, Suécia e Reino Unido) suspenderam os seus processos de ratificação.

12.3. O impasse subsequente e o período de reflexão

Os resultados dos referendos negativos em França e na Holanda – dois Estados-membros fundadores das Comunidades Europeias – que até então sempre tinham estado no centro das decisões da integração europeia, mergulharam a Europa numa profunda crise político-institucional[283], pelo que o Conselho Europeu de junho de 2005 adotou uma Declaração, em que, procurando não pôr em causa a continuação do processo, deu início a um período de reflexão sobre o que fazer no futuro e prometeu retomar a questão na primeira metade de 2006. Porém, em junho de 2006, o Conselho Europeu reavaliou o problema, tendo, por um lado, decidido prolongar o período de reflexão e, por outro, instado a Presidência a apresentar, no primeiro semestre de 2007, um relatório, no qual, após amplas consultas a todos os Estados-membros, se avaliasse o estado da discussão em relação ao TECE e se explorassem as possibilidades de desenvolvimentos futuros.

Em 1 de janeiro de 2007 a Bulgária e a Roménia tornaram-se membros da União Europeia e, entretanto, 18 Estados-membros tinham procedido à ratificação do TECE e os sete, acima mencionados, continuavam com os respetivos processos de ratificação suspensos.

[283] Sobre as consequências do fracasso da ratificação do TECE, ver NEIL WALKER, "After finalité? The future of the European constitutional idea?", *in* GIULIANO AMATO / HERVÉ BRIBOSIA / BRUNO DE WITTE (eds.), *Genèse et Destinée...*, p. 1245 e segs; JO SHAW, "What happens if the Constitutional Treaty is not ratified ?", *in* INGOLF PERNICE / JIRI ZEMANEK (eds.), *A Constitution for Europe...*, p. 77 e segs; STANISLAW BIERNAT, "Ratification of the Constitutional Treaty and Procedures for the Case of Veto", *in* INGOLF PERNICE / JIRI ZEMANEK (eds.), *A Constitution for Europe...*, p. 97 e segs; JEAN-CLAUDE PIRIS, *Le Traité Constitutionnel pour l'Europe...*, p. 248 e segs.

As discussões entre os Chefes de Estado e de Governo dos Estados-membros da União, ocorridas na sequência do Conselho Europeu, de junho de 2006, revelaram que a ratificação do TECE por todos os Estados-membros era politicamente impossível, mas verificou-se igualmente um consenso no sentido de que era necessário fortalecer a UE, aprofundar a democratização do seu processo de decisão e, para tanto, era imprescindível negociar e adotar um novo tratado tão rapidamente quanto possível com o objetivo de ultrapassar a crise em que a Europa se encontrava.

As eleições para o PE em 2009, a nova composição da Comissão prevista no Protocolo sobre o alargamento da União anexo ao Tratado de Nice que se aplicaria a partir de 1 de novembro de 2009 e a revisão intermédia das Perspetivas Financeiras para 2007-2013 terão sido alguns dos fatores que determinaram a aprovação de um novo Tratado até 2009.

13. O Tratado de Lisboa – a saída da crise?

13.1. Antecedentes

13.1.1. O mandato da CIG 2007

Tendo em consideração as limitações temporais, acabadas de referir, o relatório que a Presidência alemã deveria apresentar no primeiro semestre de 2007, não poderia ser vago, antes deveria conter um mandato claro e preciso para a CIG, pois só assim seria possível começar a negociar imediatamente após o Conselho Europeu e chegar a uma solução consensual antes das eleições para o PE em 2009.

A tarefa de acomodar as posições dos vários Estados-membros não constituía uma tarefa fácil, uma vez que o novo tratado teria de ser aceite, por um lado, pelos dezoito Estados-membros que já tinham ratificado o TECE, e, por outro lado, pela França e pela Holanda, que o tinham rejeitado em referendo, assim como por aqueles que, entretanto, tinham suspendido os processos de ratificação do TECE, com especial destaque para o Reino Unido, a Polónia e a República Checa. Enquanto o primeiro grupo pretendia manter o mais possível as reformas previstas no TECE, o segundo grupo sustentava que o novo tratado se deveria apresentar como um novo texto do ponto de vista político.

O mandato da CIG foi apresentado no Conselho Europeu de Bruxelas, de 21 e 22 de junho de 2007, pela Presidência alemã. Tratou-se de um texto muito preciso, que se tornou possível, devido ao facto de a maior parte das questões em discussão – e em relação às quais era necessário chegar a acordo – já virem a ser objeto de análise há muitos anos, primeiramente como *left-overs* de Amesterdão, depois na CIG 2000 e, mais tarde, na Convenção sobre o Futuro da Europa e na CIG 2003/2004.

O mandato da CIG estabeleceu a base jurídica exclusiva e os termos em que a CIG deveria desenvolver os seus trabalhos, a qual deveria reunir com o objetivo de rever os Tratados existentes e não de criar um texto constitucional que se lhes substituísse.

Partindo deste pressuposto, o mandato assumiu expressamente que *"o TUE e o Tratado sobre o Funcionamento da União não terão caráter constitucional"* e que *"esta mudança refletir-se-á na terminologia utilizada em todos os textos dos Tratados"*[284]. O termo Constituição não deverá ser usado, a figura do Ministro dos Negócios Estrangeiros será substituída pelo Alto Representante da UE para os Negócios Estrangeiros, a nova tipologia de fontes de Direito Derivado será retirada (leis, leis-quadro, etc.) e não haverá nenhum preceito relativo aos símbolos (o hino, a bandeira e o lema).

Segundo o referido mandato, o novo tratado deverá introduzir nos Tratados existentes – que se mantêm em vigor – as inovações resultantes da CIG 2004. O TUE manterá o seu nome, mas o TCE passará a denominar-se Tratado sobre o Funcionamento da União. A palavra Comunidade desaparecerá, devendo ser substituída pela palavra União, a qual passará a ter personalidade jurídica.

O mandato prosseguia com indicações muito precisas das alterações a introduzir nos dois Tratados constitutivos da União Europeia, as quais, para evitar duplicações, não vão ser indicadas neste momento, mas antes a propósito de cada tópico.

13.1.2. A CIG 2007 e a aprovação do Tratado de Lisboa

A CIG 2007 foi convocada pela Presidência portuguesa que se seguiu à Presidência alemã, tendo iniciado os seus trabalhos, em julho de 2007, a três níveis: Chefes de Estado e de Governo, Ministros dos Negócios Estrangeiros e representantes pessoais dos Chefes de Estado e de Governo.

Apesar da precisão e clareza do mandato da CIG definido pelo Conselho Europeu, as negociações do Tratado de Lisboa ainda depararam com algumas dificuldades[285], as quais se relacionaram, essencialmente, com a composição do Parlamento Europeu, o apuramento da maioria qualificada no seio do Conselho, a repartição de atribuições entre a União e os Estados-membros, o Tribunal de Justiça e a designação do Alto Representante.

[284] O texto do mandato encontra-se disponível no sítio da União Europeia. www.europa.eu.int

[285] Sobre as negociações do Tratado de Lisboa, ver, entre outros, PAUL CRAIG, *The Lisbon Treaty...*, p. 20 e segs; JEAN-CLAUDE PIRIS, *The Lisbon Treaty...*, p. 40 e segs; JEAN-PAUL JACQUÉ, "Du traité constitutionnel au traité de Lisbonne", *RDP*, 2008, p. 823 e segs; HENRI OBERDORFF, "Le Traité de Lisbonne: une sortie de crise pour l'Union européenne ou plus?", *RDP*, 2008, p. 775 e segs; HENRI LABAYLE, "Porquoi faire simple quand on peut faire compliqué? commentaires réalistes sur l'élaboration du Traité de Lisbonne", *in Mélanges en hommage à* GEORGES VANDERSANDEN, Bruxelas, 2008, p. 245 e segs; JACQUES ZILLER, *Les nouveaux traités européens: Lisbonne et après*, Paris, 2008, p. 11 e segs.

Uma vez resolvidos estes problemas, o Tratado foi assinado em Lisboa, em 13 de dezembro de 2007.

13.2. As vicissitudes da ratificação do Tratado de Lisboa

A ratificação do Tratado de Lisboa, tal como já antes tinha sucedido com os seus antecessores, não foi isenta de vicissitudes[286]. O primeiro obstáculo veio da Irlanda, a qual, por imposição constitucional, realizou um referendo, em 12 de junho de 2008, cujo resultado foi negativo.

As principais razões desse voto negativo consistiam no seguinte:

- falta de informação sobre o Tratado de Lisboa;
- perceção de perda de independência;
- desejo de proteger a identidade irlandesa;
- proteção da neutralidade da Irlanda;
- proteção do sistema de impostos das empresas;
- perda do comissário irlandês;
- questões éticas ligadas ao casamento entre pessoas do mesmo sexo, ao aborto e à eutanásia.

Numa tentativa de ultrapassar estes obstáculos, as conclusões do Conselho Europeu de 11 e 12 de dezembro de 2008, aceitaram, por um lado, que se o Tratado de Lisboa entrasse em vigor seria tomada uma decisão, nos termos da qual a Comissão continuaria a incluir um nacional de cada Estado-membro e, por outro lado, sublinhava-se que nada no Tratado de Lisboa poria em causa as competências dos Estados-membros em matéria fiscal nem a política de segurança e defesa de cada um dos Estados-membros, incluindo a neutralidade da Irlanda. Além disso, as normas constitucionais irlandesas sobre o direito à vida, educação e família não seriam afetadas pelo caráter vinculativo da Carta nem pelas normas relativas ao espaço de liberdade, segurança e justiça do Tratado. Por último, reafirmava-se a importância dos direitos dos trabalhadores.

Adotou-se, portanto, uma solução próxima da que, há mais de uma década, tinha sido ensaiada para ultrapassar as dificuldades de ratificação do Tratado de Maastricht por parte da Dinamarca. Assim, das conclusões do Conselho Europeu, de 18 e 19 de junho de 2009, constavam 5 parágrafos sobre a Irlanda e o Tratado de Lisboa, e em anexo uma Decisão dos Chefes de Estado e de Governo dos 27 Estados-membros, reunidos em Conselho Europeu, sobre as preocupações do povo irlandês relativas ao Tratado de Lisboa (direito à vida, família e educação, taxação, segurança e defesa) que se destinava a clarificar o sentido do Tra-

[286] Sobre as vicissitudes da entrada em vigor do Tratado de Lisboa, cfr., Jean-Claude Piris, *The Lisbon Treaty...*, p. 51 e segs.

tado e que viria a entrar em vigor na mesma data daquele Tratado. Além disso, faziam parte do *package* uma Declaração sobre os direitos dos trabalhadores e outras questões sociais e uma Declaração Nacional da Irlanda sobre a neutralidade e defesa.

Em 2 de outubro de 2009 teve lugar um segundo referendo na Irlanda, cujo resultado foi largamente positivo (67,13%).

Uma vez ultrapassado o problema na Irlanda, o último obstáculo à ratificação do Tratado de Lisboa, veio da República Checa, cujo processo parlamentar tinha sido suspenso, devido à fiscalização da constitucionalidade requerida pelo Senado sobre a compatibilidade constitucional da Carta dos Direitos Fundamentais e de algumas disposições do Tratado com a Constituição checa. O Tribunal Constitucional decidiu, por unanimidade, no sentido da não inconstitucionalidade, pelo que ambas as Câmaras do Parlamento autorizaram a ratificação do Tratado. Porém, o Presidente da República decidiu não ratificar o Tratado imediatamente e, mais tarde, em 9 de outubro de 2009, anunciou publicamente que fazia depender a conclusão do processo da negociação de uma garantia idêntica à conferida pelo Protocolo nº 30 relativo à aplicação da Carta dos Direitos Fundamentais à Polónia e ao Reino Unido.

Em resposta a esta exigência foi inserido em anexo às conclusões do Conselho Europeu, de 29 e 30 de outubro de 2009, um projeto de protocolo sobre a aplicação da Carta dos Direitos Fundamentais da União Europeia à República checa, o qual deveria ser inserido no próximo tratado de adesão, o que, aliás, não veio a suceder.

Ultrapassada esta última dificuldade, o Presidente checo ratificou o Tratado de Lisboa, o qual entrou em vigor no dia 1 de dezembro de 2009[287].

[287] Para uma visão geral do Tratado de Lisboa, cfr., MANUEL LOPES PORTO / GONÇALO ANASTÁCIO (coord.), *Tratado de Lisboa – Anotado e comentado*, Coimbra, 2012; DIAMOND ASHIAGBOR / NICOLA COUNTOURIS / IOANNIS LIANOS, *The European Union after the Treaty of Lisbon*, Cambridge, 2012; ANDREA BIONDI / PIET EECKHOUT / STEFANIE RIPLEY, *EU Law after Lisbon*, Oxford, 2012; AAVV, *O Tratado de Lisboa – Jornadas organizadas pelo Instituto de Ciências Jurídico-Políticas da Faculdade de Direito da Universidade de Lisboa*, Coimbra, 2012; ANA MARIA GUERRA MARTINS, *Ensaios sobre o Tratado de Lisboa*, cit.; NUNO PIÇARRA (coord.), *A União Europeia segundo o Tratado de Lisboa – Aspetos centrais*, Coimbra, 2011; PAUL CRAIG, *The Lisbon Treaty*...; JEAN-CLAUDE PIRIS, *The Lisbon Treaty*...; MARIA JOSÉ RANGEL DE MESQUITA, *A União Europeia após o Tratado de Lisboa*, cit.; RUDOLF STREINZ / CHRISTOPH OHLER / CHRISTOPH HERRMANN, *Der Vertrag von Lissabon zur Reform der EU*, 3rd ed., Munique, 2010; E. BROSSET / C. CHEVALLIER-GOVERS / V. EDJAHARIAN / C. SCHNEIDER (dir.), *Le Traité de Lisbonne – Reconfiguration ou déconstitutionnalisation de l'Union européenne?*, Bruxelas, 2009; STEFAN GRILLER / JACQUES ZILLER, *The Lisbon Treaty*...; FRANÇOIS-XAVIER PRIOULLAUD / DAVID SIRITZKY, *Le traité de Lisbonne – Texte et commentaire article par article des nouveaux traités européens (TUE – TFUE)*, Paris, 2008; JACQUES ZILLER, *Les nouveaux traités européens*...; PAUL CRAIG, "The Treaty of Lisbon: Process, architecture and substance",

13.3. Os desenvolvimentos posteriores à entrada em vigor do Tratado de Lisboa

13.3.1. O contexto político, económico e financeiro

A entrada em vigor do Tratado de Lisboa coincidiu, de algum modo, com acontecimentos na Europa e no Mundo, designadamente, a crise económica e financeira de 2008, a que se juntou a crise da dívidas soberanas e a crise do euro, o aumento do terrorismo internacional e a crise dos refugiados, que em nada contribuíram para o desenvolvimento de novos projetos de integração europeia ou para o aprofundamento dos já existentes. Pelo contrário, as medidas de austeridade impostas, em alguns casos, por entidades internacionais (o Fundo Monetário Internacional) e por órgãos da própria União Europeia (em especial, a Comissão e o Banco Central Europeu) que vieram a ser adotadas pela maior parte dos Governos europeus para fazer face à crise económica e financeira levaram os cidadãos a interrogarem-se sobre as vantagens de pertença a uma entidade – a UE – que, ao invés de contribuir para o aumento dos seus direitos, nomeadamente os direitos sociais, pode ser a causa próxima da sua diminuição. Esta conjuntura é propícia, sem dúvida, ao aparecimento de movimentos populistas contra a União Europeia, o que se verificou em quase todos os Estados-membros.

Além disso, os sucessivos e mais recentes atentados terroristas ocorridos no coração da Europa, dos quais se destacam os de Paris, de Bruxelas, de Nice e de Berlim, geraram um sentimento de insegurança nos cidadãos assim como a perceção de que se os Estados-membros não têm capacidade para os prevenir, a União Europeia também não tem acrescentado grande mais valia neste domínio.

A juntar a tudo isto, o afluxo – sem precedentes – de refugiados à Europa pôs a nu a vulnerabilidade da construção europeia neste domínio, a qual, numa situação em que estão em causa os mais elementares direitos inerentes à dignidade da pessoa humana, não foi capaz de encontrar em comum uma solução adequada. Acresce que a crise dos refugiados serviu igualmente aos movimentos populistas e nacionalistas para alimentarem a xenofobia e o racismo, os quais se julgavam controlados – senão mesmo extintos – na Europa.

É esta insatisfação generalizada, insegurança e incerteza nos cidadãos europeus que leva ao aumento, em quase todos os Estados-membros da União Euro-

ELR, 2008, p. 137 e segs; Jörg Philipp Terhechte, "Der Vertrag von Lissabon: Grundlegende Verfassungsurkunde der europäischen Rechtsgemeinschaft oder technischer Änderungsvertrag?", *EuR*, 2008, p. 143 e segs; Roberto Baratta, "Le principali novità del Trattato di Lisbona", *Dir. Un. Eur.*, 2008, p. 21 e segs; Michael Dougan, "The Treaty of Lisbon 2007: Winning Minds, Not Hearts", *CMLR*, 2008, p. 617 e segs; Araceli Mangas Martín, "Un Tratado No Tan Simple: El Realismo Mágico del Funzionalismo", *RDCE*, 2008, p. 335 e segs; Jacqueline Dutheil de la Rochère / Florence Chaltiel, "Le Traité de Lisbonne: Quel Contenu?", *RMCUE*, 2007, p. 617 e segs; Ingolf Pernice (dir.), *Der Vertrag von Lissabon: Reform der EU ohne Verfassung? – Kolloquim zum 10. Geburtstag des WHI*, available at the website www.ecln.net.

peia, da votação em partidos anti-europeístas, nacionalistas e populistas, sejam eles de direita ou de esquerda, em detrimento dos partidos mais ideológicos, pró-União Europeia e que apoiam uma sociedade cosmopolita e multicultural. Assiste-se atualmente a uma inversão política em toda a Europa e até os mais elementares valores e princípios da construção europeia começam a ser postos em causa.

Aliás, o referendo ocorrido no Reino Unido, no passado dia 23 de junho de 2016, que deu uma vitória – ainda que escassa – aos defensores da saída da União Europeia, o chamado Brexit, veio confirmar a tendência anti-integração europeia. É certo que o Reino Unido nunca foi grande entusiasta da integração europeia. Sempre que se deram passos no sentido de uma maior integração, o Reino Unido ficou de fora ou obteve um estatuto muito particular. Vejam-se os casos do acordo social e da UEM em Maastricht, dos acordos Schengen em Amesterdão, ou do Protocolo relativo à Carta de Direitos Fundamentais da União Europeia em Lisboa. Porém, a verdade é que as dificuldades de relacionamento com a União Europeia nunca antes tinham posto em causa a sua pertença. Só no passado 23 de junho de 2016, o seu povo afirmou querer sair da União Europeia, com todas as consequências que isso implica e que, neste momento, são extremamente difíceis de prever.

Antes de avançar, importa ainda chamar a atenção para as modificações que os Tratados, entretanto, sofreram para fazer face à crise económica e financeira – mas não só – quer com base nos procedimentos de revisão neles previstos quer fora deles.

13.3.2. As modificações dos Tratados de acordo com procedimentos de revisão neles previstos

Contrariamente ao que se poderia supor, tendo em conta as dificuldades inerentes ao processo de aprovação e ratificação do Tratado de Lisboa, ainda mal aquele Tratado tinha entrado em vigor, já nos meios políticos europeus se discutia e se tomavam medidas no sentido da sua alteração com base nos procedimentos de revisão estabelecidos no TUE.

Assim, com base no artigo 48º, nº 6, do TUE (processo de revisão simplificada) foram alterados os artigos 136º, 349º e 355º do TFUE. A Decisão do Conselho Europeu 2010/718/UE de 29 de outubro altera o estatuto da ilha de São Bartolomeu perante a União Europeia[288], a Decisão do Conselho Europeu 2011/199/UE, de 25 de março de 2011, altera o artigo 136º do TFUE no que respeita a um mecanismo de estabilidade para os Estados-membros cuja moeda seja o euro[289]

[288] Cfr. JOUE L 325 de 9/12/2010.

[289] Decisão do Conselho Europeu nº 2011/199/UE, publicada no JOUE L 91, de 6/4/2011, p. 1 e segs.

e a Decisão do Conselho Europeu 2012/419/UE, de 11 de junho, altera o estatuto de Maiote perante a União Europeia[290].

Destas três Decisões, deve destacar-se a segunda que aditou o nº 3 ao artigo 136º do TFUE, o qual tem o seguinte teor:

> *"Os Estados-Membros cuja moeda seja o euro podem criar um mecanismo de estabilidade a acionar caso seja indispensável para salvaguardar a estabilidade da área do euro no seu todo. A concessão de qualquer assistência financeira necessária ao abrigo do mecanismo ficará sujeita a rigorosa condicionalidade".*

Foi esta Decisão que permitiu criar o mecanismo europeu de estabilidade com vista a providenciar o instrumento necessário para lidar com situações de risco para a estabilidade financeira da área do euro no seu todo como as que ocorreram em alguns Estados (Grécia, Portugal, Espanha, Itália e Irlanda), ajudando desse modo a preservar a estabilidade económica e financeira da própria União. Além disso, na reunião de 16 e 17 de dezembro de 2010, o Conselho Europeu acordou em que, dado que esse mecanismo se destina a salvaguardar a estabilidade financeira da área do euro no seu todo, o nº 2 do artigo 122º do TFUE deixaria de ser necessário para esse efeito. Por conseguinte, os Chefes de Estado ou de Governo acordaram em que não deveria ser utilizado para tal.

O Mecanismo Europeu de Estabilidade foi criado com base num acordo internacional, como veremos já a seguir.

Antes, contudo, importa referir que foi incluído nos Tratados um Protocolo sobre as preocupações do povo irlandês a respeito do Tratado de Lisboa, através da Decisão do Conselho Europeu, de 11 de maio de 2012 (2013/106/UE[291]). Esta modificação do Tratado foi realizada com base no processo de revisão ordinário sem convocação de uma Convenção, nos termos do artigo 48º, nº 3, do TUE.

13.3.3. A resposta à crise do euro pela via do Direito Internacional

Note-se, todavia, que a resposta à crise do euro, além da adoção de atos de direito derivado[292] e de *soft law*[293], incluiu a conclusão de tratados internacionais entre

[290] Cfr. JOUE L 204 de 31/7/2012.

[291] JOUE L 60, de 2/3/2013, p. 129 e 130.

[292] Os regulamentos que integravam o Pacto de Estabilidade e Crescimento (Regulamento CE nº 1466/97 do Conselho, de 7 de julho, e Regulamento CE nº 1467/97 do Conselho, de 7 de julho, sobre o procedimento relativo aos défices excessivos, foram alterados e completados, em 2011, por um conjunto de diplomas que integram o chamado "Six Pack" sobre matéria orçamental, do qual se destaca a previsão do Semestre Europeu para a coordenação das políticas económicas e que inclui, entre outros, a apresentação e a avaliação dos programas de estabilidade e convergência dos Estados. A estas normas foi aditado o denominado "Two Pack", que integra o Regulamento 472/2013/UE do Parlamento Europeu e do Conselho, de 21 de maio de 2013, relativo ao reforço da supervisão

Estados-membros da União Europeia[294] (não todos)[295], como foi o caso do Tratado que estabelece o Mecanismo Europeu de Estabilidade, assinado em 1 de fevereiro de 2012, entre os então 17 Estados-membros da zona euro, que entrou em vigor em setembro de 2012; o Tratado sobre a Estabilidade, a Coordenação e a Governação na União Económica e Monetária (Tratado Orçamental)[296], assinado em 2 de março de 2012, entre os 17 Estados da zona euro e mais oito Estados-membros[297] que entrou em vigor em 1 de janeiro de 2013[298] e o Acordo relativo à transferência e mutualização das contribuições para o Fundo Único de Resolução[299], o qual foi criado pelo Regulamento 806/2014/UE do Parlamento Europeu e do Conselho, de 15 de julho de 2014, que estabelece regras e procedimentos uniformes para a resolução de instituições de crédito e de certas empresas de investimento no quadro de um Mecanismo Único de Resolução e de um Fundo Único de Resolução e que altera o Regulamento (UE) nº 1093/2010 do Parlamento Europeu

económica e orçamental dos Estados-membros da área do euro afetados ou ameaçados por graves dificuldades no que diz respeito à sua estabilidade financeira e o Regulamento 473/2013/UE do Parlamento Europeu e do Conselho, de 21 de maio de 2013, que estabelece disposições comuns para o acompanhamento e a avaliação dos projetos de planos orçamentais e para a correção do défice excessivo dos Estados-Membros da área do euro.

293 Há quem defenda que os *Memoranda of Understanding* concluídos entre os membros da troika (Comissão, BCE e FMI) com os Estados-membros que beneficaram de assistência financeira, entre os quais se incluiu Portugal, se integram no *soft law*. A discussão desta questão veja-se em Claire Kilpatrick, "Are the Bailouts Immune to EU Social Challenge because they are not EU Law?", *EUConst*, 2014. p. 393-421 e em F. Pereira Coutinho, 'A natureza jurídica dos memorandos da "troika"', *Themis*, 2013, p. 147-179, embora os autores em causa não concordem com esta caracterização.

294 Sobre a utilização do direito internacional durante a crise do Euro, v. Bruno de Witte, "Using International Law in the Euro Crisis - Causes and Consequences", *ARENA Working Paper* 4/2013.

295 Para uma visão geral da nova governança da UEM, v. Roberto Cisotta, "What Role for the Commission in the New Governance of the Economic and Monetary Union?", *IAI Working Papers 1324*, July 2013, p. 1 e segs.

296 Sobre o Tratado Orçamental, v. Paul P. Craig, "The Stability, Coordination and Governance Treaty: Principles, Politics and Pragmatism", *ELR*, 2012, p. 231 e segs; Giuseppe Martinico / Carla Maria Cantore, "The New 'Treaty on Stability, Coordination and Governance in the Economic an Monetary Union': Assimetry or Des-integration?", Real Instituto Elcano, *Working paper 10/2012*, http://www.realinstitutoelcano.org/wps/portal/rielcano; AAVV, "Another Legal Monster? An EUI Debate on the Fiscal Compact Treaty", *EUI Working Papers*, 2012/09.

297 Deste Tratado não fazem parte o Reino Unido nem a República Checa.

298 Este tratado surge na sequência da decisão, de 9 de dezembro de 2011, dos Chefes de Estado ou de Governo dos Estados-membros cuja moeda é o euro de avançarem para uma união económica mais forte, incluindo um novo pacto orçamental e uma coordenação reforçada das políticas económicas através de um acordo internacional.

299 Este Acordo foi criado na sequência da Decisão dos Representantes dos Estados-Membros da área do euro, reunidos no Conselho da União Europeia, de 18 de dezembro de 2013, respeitante à negociação e celebração de um acordo intergovernamental relativo ao Fundo Único de Resolução.

e do Conselho[300]. Este acordo foi assinado, em 21 de maio de 2014, por todos os Estados-membros da União Europeia, com exceção da Suécia e do Reino Unido.

O Mecanismo Europeu de Estabilidade assumiu as atribuições que antes pertenciam ao Fundo Europeu de Estabilidade Financeira e ao Mecanismo Europeu de Estabilização Financeira para a prestação, quando necessário, de assistência financeira aos Estados-membros da área do euro[301].

O Tratado que cria o Mecanismo Europeu de Estabilidade deve ser lido em consonância com o Tratado sobre a Estabilidade, a Coordenação e a Governação na União Económica e Monetária, na medida em que se complementam na promoção da responsabilidade e solidariedade orçamentais na união económica e monetária, embora o Tratado Orçamental seja mais incisivo no objetivo de reforçar a disciplina orçamental, através da introdução de medidas que garantam uma maior fiscalização e uma resposta mais eficaz face à emergência de desequilíbrios. O seu principal objetivo, como se afirma no preâmbulo, é a adoção, com a maior celeridade possível, por parte dos Estados-membros da área do euro, de regras específicas, de natureza económica e orçamental, incluindo uma "regra de equilíbrio orçamental" – a chamada "regra de ouro" – e um mecanismo automático para a adoção de medidas corretivas, que conduzam a um cumprimento mais estrito dos critérios quantitativos introduzidos pelo Tratado de Maastricht, nomeadamente os respeitantes ao défice máximo e ao limite de 60% do PIB para a dívida pública.

O Acordo relativo à transferência e mutualização das contribuições para o Fundo Único de Resolução visa reforçar a confiança no setor bancário, prevenir a corrida aos bancos e o contágio, minimizar a relação negativa entre os bancos e os emitentes da dívida soberana e eliminar a fragmentação do mercado interno nos serviços financeiros.

Estes tratados não se traduziram em qualquer modificação formal do TFUE nem do TUE, mas permitem colocar a questão de saber se implicaram alguma modificação ou mutação constitucional[302].

Na verdade, embora se trate de acordos internacionais assinados, aprovados e ratificados, de acordo com o processo de vinculação internacional de cada um dos Estados, à margem dos processos de revisão do Direito da União Europeia,

[300] JOUE L 225, de 30/7/2014.

[301] Sobre a Decisão do Conselho Europeu, de 25 de março de 2011, e o projeto de Tratado que cria o Mecanismo Europeu de Estabilidade, cfr. JEAN-VICTOR LOUIS, "The unexpected revision of the Lisbon Treaty and the establishment of a European stability mechanism", *in* DIAMOND ASHIAGBOR / NICOLA COUNTOURIS / IOANNIS LIANOS, *The European Union...*, p. 284 e segs.

[302] Negando essa mutação constitucional, v. BRUNO DE WITTE, "Euro Crisis Responses and the EU Legal Order: Increased Institutional Variation or Constitutional Mutation?", *EuConst*, 2015, p. 434 e segs.

eles têm um ligação umbilical ao Direito da União Europeia. Isto porque se servem, muitas vezes, das instituições da União Europeia, atribuindo-lhes novas competências, declaram que a sua aplicação e interpretação será feita em conformidade com os Tratados em que se funda a União Europeia e até reconhecem a jurisdição do Tribunal de Justiça. Talvez tudo isto não chegue para se falar em mutação constitucional, pois ao longo da História da integração europeia sempre existiram situações deste tipo. Isto não significa que estes acordos não levantem, muitas e complexas dúvidas que se prendem, designadamente, com a sua falta de democraticidade e de transparência assim como com a sua eventual desconformidade com a *rule of law*.

Note-se ainda que, não obstante toda a polémica que se gerou em torno destes acordos, pelo menos um deles – o Tratado que cria o Mecanismo Europeu de Estabilidade – foi sancionado pelo próprio Tribunal de Justiça, o qual chamado a decidir sobre a sua compatibilidade com o Direito da União Europeia[303], o considerou compatível.

13.3.4. A Adesão da Croácia e o Brexit

Por último, devem ainda ser mencionados dois acontecimentos, cujo impacto na integração europeia é inegável – a assinatura do Tratado de Adesão da Croácia à União Europeia, em 9 de dezembro de 2011, o qual entrou em vigor, em 1 de julho de 2013[304], e o referendo no Reino Unido à permanência ou retirada deste Estado-membro da União Europeia.

Em cumprimento de uma promessa eleitoral do então Primeiro-Ministro, David Cameron, teve lugar, em 23 de junho de 2016, um referendo no Reino Unido que devolveu ao povo a questão de saber se aquele Estado deveria permanecer (*remain*) na União Europeia ou sair (*leave*).

Antes da realização do referendo muitos foram os que alertaram para os perigos da vitória do sim à saída[305]. Porém, foi essa a solução que prevaleceu perante uma Europa estupefacta e em estado de choque.

Note-se que antes da realização do referendo, o Reino Unido tinha conseguido fazer aprovar no Conselho Europeu, de 18 e 19 de fevereiro de 2016, o projeto de uma decisão relativa a um novo quadro para o Reino Unido na União Europeia, a qual seria juridicamente vinculativa no sentido da confirmação e reafirmação do seu estatuto especial. Esta decisão destinava-se a vigorar a partir da notifica-

[303] Acórdão de 27/11/2012, *Pringle*, proc. C 370/12, Coletânea, 2012, p. 754 e segs.

[304] JOUE L 112 de 24.4.2012.

[305] Gregor Irwin, *Brexit: the impact on the UK and the EU*, Global Counsel, 2015, p. 1-42, disponível em www.global-counsel.co-uk.; Swati Dhingra / Gianmarco Ottaviano /Thomas Sampson, "Should We Stay or Should We Go? The Economic consequences of Leaving the EU", Centre for Economic Performance, 2015.

ção da decisão de permanência do Reino Unido. Deve notar-se que esta decisão, adotada pelos Chefes de Estado e de Governo reunidos no Conselho Europeu, foi um dos argumentos mais usados durante a campanha a favor do *remain* pelo então Primeiro-Ministro[306].

O Governo do Reino Unido divulgou mesmo vários documentos[307] de apoio à permanência na UE, de entre os quais se deve destacar *The best of two worlds: the United Kingdom's special status in a reformed European Union*, em fevereiro de 2016[308], o qual refletia bem o estatuto especial que o Reino Unido sempre teve – e continuaria a ter – na UE.

Independentemente das razões que levaram à vitória do Brexit[309], a verdade é que ele ocorreu e as suas consequências são imprevisíveis.

Em nosso entender, a saída do Reino Unido da União Europeia coloca problemas constitucionais complexos tanto do lado da União Europeia como do lado do Reino Unido[310] e dos outros Estados-Membros, os quais nunca antes se colocaram.

A prmeira consequência do referendum negativo do Reino Unido é a de que o acordo entre o Reino Unido e os outros 27 alcançado no Conselho Europeu de fevereiro de 2016 não entrará em vigor.

Menos evidente, do lado da União Europeia, é o modo como irá ser aplicado o artigo 50º do TUE, uma vez que se trata de uma condicionante constitucional que irá ser usada pela primeira vez. A este tema voltaremos mais adiante, quando estudarmos a retirada de um Estado-membro da União Europeia, sem prejuízo de avançarmos, desde já, que o processo previsto neste preceito é bastante complexo, implicando uma negociação internacional entre os que ficam e o que sai, a qual após a notificação da saída só pode durar dois anos, a menos que o Conselho Europeu, por unanimidade, com o acordo do Estado que sai, decida prorrogar esse prazo.

Neste contexto, vários cenários são possíveis: passados os dois anos, prorroga-se o prazo da negociação que pode demorar o tempo que os Estados-membros quiserem; não se prorroga o prazo, continuando-se a negociação com o Estado

[306] Para uma análise desta decisão, ver Agustín José Menendéz, "Can Brexit be Turned into a Democratic Shock? Five Points", *ARENA Working Paper* 4/2016, p. 1-7.

[307] Ver, por exemplo, *The process for withdrawing from the European Union* (February 2016); *Rights and obligations of European Union Membership* (April 2016); *Alternatives to membership: possible models for the United Kingdom outside the European Union* (March 2016); *The UK's cooperation with the EU on justice and home affairs, and on foreign policy and security issues.* Todos disponíveis em www.gov.uk/government/publications.

[308] Disponível em www.gov.uk/government/publications.

[309] Agustín José Menendéz, "Can Brexit be Turned into a Democratic Shock?...", p. 7-22.

[310] Para uma análise destas questões, v. Holger Hestermeyer, "How Brexit Will Happen? A Brief Primer on European Union Law and Constitutional Questions Raised by Brexit", *Journal of International Arbitration*, 2016, p. 429-450.

que sai fora da União; não se continuam as negociações e fica-se com o que se conseguiu até aí, passando-se a negociar numa base de Estado terceiro.

Até agora esta questão, embora tenha estado sempre latente, nunca se tinha verdadeiramente colocado. Daí que sejam muitas as dúvidas quanto à aplicação deste preceito.

Esta não é, contudo, a única condicionante constitucional do lado da União Europeia.

O Reino Unido é a quinta maior economia do Mundo e a segunda da União Europeia. É um contribuinte líquido para o orçamento da União. É o terceiro Estado membro mais populoso (12,7 % da população da UE). É o Estado da União que mais investe em defesa, pelo que em matéria de política externa, de segurança e de defesa, a União perde um membro fundamental. O Reino Unido tem, pois, um enorme peso na UE, pelo que a sua saída terá seguramente um grande impacto no futuro modelo constitucional da União.

Desde logo, pode ter um efeito de contágio, especialmente se for bem sucedida, noutros Estados-membros e implicar uma desintegração da União a médio prazo, mas também pode ter o efeito contrário, ou seja, a União pode sofrer uma transmutação no sentido de maior integração e regulação por influência do eixo Paris – Berlim, implicando uma maior diferenciação.

Tendo em conta todas estas dúvidas, ao contrário do que nos primeiros dias a seguir ao Brexit se defendeu, inclusivamente nos órgãos da União, de que a saída do Reino Unido deveria ser rápida e com condições severas para dar o exemplo a outros que eventualmente quisessem sair (ver resolução do PE de 28.6.2016 e declarações da Comissão e do Conselho), a verdade é que atualmente são mais as vozes que consideram que a saída do Reino Unido deve ser feita com toda a serenidade e com tempo para permitir pesar bem os prós e os contra das soluções que vierem a ser negociadas do que as daqueles que entendem que a saída deve ser rápida e dura.

Com efeito, a escolha do modelo para as futuras relações entre o Reino Unido e a União Europeia tem de ser muito bem pensada.

Do lado do Reino Unido, existem problemas constitucionais internos para os quais também se chamou a atenção antes e durante a campanha e que se tornaram mais evidentes nos dias seguintes ao referendo: os equilíbrios internos dentro do próprio Reino Unido. Com efeito, existe uma divisão muito clara entre os que querem sair (Inglaterra e País de Gales) e os que querem ficar (Escócia e Irlanda do Norte).

Houve mesmo quem tivesse sustentado que poderia ocorrer a desagregação do Reino Unido e a criação de uma federação em que a Escócia e a Irlanda do Norte continuariam a pertencer à UE. Esta não é, contudo, a questão mais premente no momento atual. Apesar de as vozes da independência na Escócia se terem reativado logo a seguir ao referendo, tudo indica que, entretanto, se acalmaram, tendo havido mesmo quem defendesse que a Escócia apenas pretendeu ser mais ouvida nas negociações da saída.

Do ponto de vista do direito interno do Reino Unido colocou-se ainda uma outra questão constitucional muito interessante, qual seja, a saber se o Governo de Sua Majestade era ou não competente para notificar o Conselho Europeu, ao abrigo do artigo 50º TUE, a qual deu origem à decisão da *High Court of Justice*, de 3 de novembro de 2016[311]. Esta decisão foi objeto de recurso para a *Supreme Court* que proferiu a sua decisão, em 24 de janeiro de 2017[312].

A questão colocada à *High Court of Justice* foi a de saber se a notificação, de acordo com o artigo 50º do TUE, pode ser feita pela Coroa, através do Governo em funções, com base nos *prerogative powers* ou se o mecanismo do artigo 50º do TUE terá de ser acionado pelo Parlamento ou sujeito a uma autorização prévia do Parlamento.

Partindo do princípio que o artigo 50º, nºs 1 e 2, do TUE vai ser acionado, o *High Court of Justice* não discutiu o caráter revogável ou não da notificação porque as partes estavam de acordo quanto a esse ponto. Antes considerou que, uma vez enviada a notificação, ela teria inevitavelmente como efeito a saída do Reino Unido da União. Foi partindo deste pressuposto que o tribunal analisou os princípios de direito constitucional em causa, designadamente o princípio da soberania do Parlamento, o princípio das *prerogative powers* do Governo bem como a relevância desses princípios para o caso em análise.

O tribunal considerou que o *European Communities Act* de 1972 confere precedência ao direito da UE sobre a legislação primária do Parlamento. Sendo a única exceção ao princípio da soberania do parlamento, a qual foi reconhecida diversas vezes na jurisprudência e na doutrina, só o próprio parlamento pode revogar o Acto de 72.

Por outro lado, o tribunal analisou a extensão dos poderes da Coroa com base na sua prerrogativa, princípio que também consta do direito constitucional do Reino Unido, mas com os limites que constam do *Bill of Rights* de 1688.

Em regra, a condução das relações internacionais e o poder de fazer (e de desfazer) tratados é considerado prerrogativa da Coroa, mas o Governo não pode alterar o direito interno sem intervenção do Parlamento, caso esteja em causa legislação que confira ou retire direitos às pessoas.

Ora, tendo em conta os direitos e obrigações provenientes das Comunidades Europeias, e, mais tarde da União Europeia, e a criação do Direito da UE pelos

[311] Accessível em https://www.judiciary.gov.uk/judgments/r-miller-v-secretary-of-state-for-exiting-the-european-union-accessible/

[312] https://www.supremecourt.uk/cases/docs/uksc-2016-0196-judgment.pdf

tratados e pelas instituições, conjugados com o princípios de Direito da UE, não é possível à Coroa no exercício dos seus poderes de prerrogativa retirar todos estes direitos às pessoas.

Se foi necessária a intervenção do Parlamento para permitir a alteração da ordem jurídica nacional aquando da adesão às Comunidades Europeias assim como sempre que o *European Communities Act* foi revisto, porque se trata de um *constitutional statute,* então também será necessária a intervenção do Parlamento para a retirada da União. Segundo o tribunal, o Governo representado no processo pelo Secretário de Estado não tem poder para a notificação da retirada com base no artigo 50º do TUE.

Esta decisão causou algum mal-estar no Reino Unido, tendo alguns considerado que os queixosos não deveriam ter colocado o tribunal no olho do furacão de uma questão política. Outros consideraram que o tribunal deveria ter suspendido o processo e ter colocado uma questão prejudicial ao TJUE.

A *Supreme Court* confirmou esta decisão, em 24 de Janeiro de 2017. Além disso, este Tribunal decidiu que não é necessário o consentimento da Assembleia da Irlanda do Norte antes da aprovação do ato do Parlamento.

Além desta questão constitucional, o Reino Unido enfrenta outras questões constitucionais importantes, como sejam a da sua própria subsistência enquanto Reino Unido.

Além disso, a relação da Irlanda do Norte com a Irlanda pode vir a alterar-se.

Consoante o modelo de acordo de saída que vier a ser adotado, alguns dos aspetos adiante mencionados poderão ficar salvaguardados, mas, à partida, parece que a saída implicará:

a) a aprovação de uma enorme quantidade de legislação para substituir a legislação da União, o que ocupará o Parlamento britânico mais do que o normal;

b) a negociação de uma enorme quantidade de acordos internacionais com terceiros Estados quer para substituir aqueles em que o Reino Unido é parte como membro da União Europeia quer os acordos que se vierem a concluir no futuro;

c) a perda, pelo menos, dos direitos políticos de cidadania da União dos nacionais britânicos;

d) alguma perda de atratividade para o investimento estrangeiro;

e) a perda de influência na política externa e de defesa mundial;

f) a perda dos fundos da União, designadamente, na investigação científica;

g) a perda da cooperação com os outros Estados-Membros em matéria de criminalidade organizada e terrorismo, designadamente, em matéria de mandado de detenção europeu.

Do lado dos outros Estados-Membros, também terá de ser feito um esforço de adaptação à nova realidade, sendo que alguns Estados-membros serão mais afetados pela retirada do Reino Unido do que outros. Além disso, os Estados--membros em que existem problemas de autonomias, como é o caso da Espanha, tudo farão para que eventuais problemas constitucionais do Reino Unido relacionados com a unidade do Estado e as soluções que para eles vierem a ser encontradas, não encoragem os independentistas dos seus países.

PARTE II
A Constituição Política da União Europeia

Capítulo IV
A União Europeia como união de Estados e de cidadãos

14. A estrutura da União Europeia
14.1. A estrutura tripartida inicial

A expressão "União Europeia" apareceu no discurso da integração europeia, desde muito cedo[313], mas foi no Tratado de Maastricht que, pela primeira vez, ganhou foros de Direito Originário.

A União Europeia, tal como a definia o Tratado de Maastricht, fundava-se nas Comunidades Europeias (previamente existentes), completadas pelas políticas e formas de cooperação por ele instituídas. Essas políticas e formas de cooperação eram a PESC e a CJAI, a qual, com o Tratado de Amesterdão, passou a estar limitada à CPJP.

A União surgiu, portanto, com uma estrutura tripartida, vulgarmente designada por pilares, que assentava, em primeiro lugar, nas Comunidades Europeias e, em segundo lugar, nos dois pilares intergovernamentais[314]. O regime jurídico

[313] Aparecia, por exemplo, nos planos FOUCHET, no Relatório TINDEMANS, no projeto GENSCHER-COLOMBO e no projeto de Tratado de União Europeia do Parlamento Europeu de 1984.

[314] Sobre a estrutura da União Europeia, cfr. FAUSTO DE QUADROS, *Droit de l'Union européenne – Droit constitutionnel et administratif de l'Union européenne*, Bruxelas, 2008, p. 37 e segs; Idem, *Direito da União Europeia*, Coimbra, 2004, p. 54 e segs; ANA MARIA GUERRA MARTINS, *Curso de Direito Constitucional...*, p. 170 e segs; WERNER SCHROEDER, "European Union and European Communities", *Jean Monnet Working Paper 9/03*; RAMSES A. WESSEL, "The Constitutional Relationship between the European Union and the European Community: Consequences for the Relationship with the Member States", *Jean Monnet Working Paper 9/03*; PHILIP ALLOT, "The concept of European Union", *CambridgeYELS*, vol. 2, 1999, p. 31 e segs; BRUNO DE WITTE, "The Pillar Structure and the Nature of the European Union: Greek Temple or French Gothic Cathedral?", *in* TON HEUKELS *et al.*, *The European Union after Amsterdam – a Legal Analysis*, Haia, 1998, p. 51 e segs; FAUSTO DE QUADROS / FERNANDO BASTOS, "União Europeia", cit., p. 543 e segs; DEIRDRE CURTIN, "The Constitutional Structure...", p. 17 e segs; ANA MARIA GUERRA MARTINS, *O Tratado da União Europeia...*, cit.,

aplicável a cada um dos três pilares distinguia-se ao nível dos procedimentos de decisão, no plano dos atos e normas que os órgãos podiam adotar e em relação ao controlo jurisdicional que podia ser exercido. Enquanto as Comunidades obedeciam ao normalmente designado "método comunitário", que implicava uma maior participação do Parlamento Europeu e da Comissão, a regra de votação por maioria qualificada no seio do Conselho, o controlo jurisdicional dos atos adotados por parte dos Tribunais da União, a PESC e a CJAI pautavam-se pelo comummente apelidado "método intergovernamental", em que a Comissão e o Parlamento Europeu estavam praticamente afastados da decisão, a qual cabia quase exclusivamente ao Conselho Europeu e/ou ao Conselho que decidiam, por unanimidade, ou por consenso, e aos Estados-membros, os atos adotados não se aplicavam diretamente nas Ordens Jurídicas nacionais e o Tribunal de Justiça não exercia qualquer controlo jurisdicional sobre eles.

Com o Tratado de Amesterdão iniciou-se, por um lado, um processo de emancipação da União Europeia em relação às Comunidades Europeias, a qual começou a adquirir uma existência própria e, por outro lado, tentou-se uma maior aproximação dos pilares intergovernamentais ao pilar comunitário, no que diz respeito ao sistema de fontes[315], aos poderes dos órgãos[316] e ao sistema de fiscalização judicial[317]. Ou seja, verificou-se nos pilares intergovernamentais uma tendência de "fuga para as Comunidades".

Assim, no domínio da PESC, um dos objetivos do Tratado de Amesterdão foi, precisamente, o reforço da capacidade de ação externa da União e da sua identidade, o que implicou a revisão global das normas do segundo pilar. Com efeito, as normas adotadas em Maastricht tinham-se revelado inadequadas para atingir o principal desiderato nelas inscrito – a afirmação da União na cena internacional.

O terceiro pilar da União, isto é, a CJAI também sofreu profundas alterações. Por um lado, procedeu-se à "comunitarização" de certas matérias nele enquadradas – as disposições relativas aos vistos, asilo, imigração e outras políticas relativas à livre circulação de pessoas – e, por outro lado, manteve-se o que restava da CJAI no âmbito intergovernamental – ou seja a matéria da CPJP manteve-se no TUE.

Assim sendo, a partir da revisão dos Tratados operada em Amesterdão, a União iniciou um percurso no sentido da unidade, da coerência e da uniformização dos procedimentos, dos mecanismos e das instituições, o que teve implicações

p. 20 e segs; JOSEPH H. H. WEILER, "Neither Unity Nor Three Pillars – The Trinity Structure of the Treaty on European Union", *in* J. MONAR *et al.*, *The Maastricht Treaty...*, p. 49 e segs.

315 As decisões-quadro previstas no TUE são decalcadas das diretivas.

316 O PE passa a ser obrigatoriamente consultado e a Comissão passa a dispor de um direito de iniciativa que partilha com os Estados-membros.

317 O Tribunal de Justiça passa a ter competência nas matérias relativas ao terceiro pilar nas condições previstas no então artigo 35º do TUE.

no modo como a União devia ser estudada. A partir do Tratado de Amesterdão deixou de fazer sentido a análise meramente tripartida da União, em que, de um lado, se situavam as Comunidades e, do outro lado, se encontravam os pilares intergovernamentais, tendo passado a ser encarada numa perspetiva mais uniforme. As características das Comunidades – que ocupavam uma posição preponderante – também se transmitiam à União.

Note-se ainda que a busca de maior unidade e coerência da União teve repercussões no plano externo, nomeadamente, através da criação da figura do Alto Representante para a PESC (o "Senhor ou Senhora PESC") e da consagração da possibilidade de o Conselho celebrar acordos internacionais em matéria de PESC e da CPJP (antigo artigo 24º do TUE).

O Tratado de Nice prosseguiu esta tendência, não tendo introduzido alterações substanciais neste domínio.

Deve-se, portanto, ao Tratado de Amesterdão o início do caminho que há-de conduzir à unificação União, a qual – pelo menos, do ponto de vista formal – só se vai concretizar no Tratado de Lisboa.

14.2. A atual estrutura unitária e as suas insuficiências

Com efeito, o Tratado de Lisboa procurou ultrapassar a ambivalência de que a União Europeia sofria desde a sua criação, tendo-lhe conferido uma estrutura unitária[318]. A União Europeia sucede às Comunidades Europeias e aos pilares intergovernamentais (artigo 1º do TUE[319]) e passa a deter personalidade jurídica por expressa atribuição do Tratado (artigo 47º do TUE). As Comunidades Europeias e os pilares intergovernamentais desapareceram, tendo sido integrados na União Europeia, pelo que deixou definitivamente de fazer sentido estudar os vários domínios de atuação da União por referência à sua pertença a um ou outro pilar.

Note-se, porém, que a unificação formal da União não foi acompanhada da correspondente uniformização de todos os procedimentos de decisão, do sistema de fontes nem do controlo jurisdicional dos Tribunais da União. Ao invés, como melhor veremos ao longo deste livro, mantêm-se diferenças significativas entre as matérias que anteriormente integravam as Comunidades Europeias e as áreas que antes faziam parte dos pilares intergovernamentais, sendo certo que o antigo terceiro pilar sofre menos desvios do que o antigo segundo. Abundam,

[318] Sobre a estrutura da União Europeia após o Tratado de Lisboa, cfr. PAUL CRAIG, *The Lisbon Treaty...*, p. 25 e segs; JEAN-CLAUDE PIRIS, *The Lisbon Treaty...*, p. 63 e segs; ANDREA OTT, "Depillarisation: The entrance of Intergovernmentalism through the backdoor?", *MJ*, 2008, p. 35 e segs.

[319] Para um comentário a este artigo, cfr. MARCELO REBELO DE SOUSA, "Anotação ao artigo 1º do TUE", *in* MANUEL LOPES PORTO / GONÇALO ANASTÁCIO (coord.), *Tratado de Lisboa...*, p. 23 a 26.

pois, os resquícios da precedente estrutura tripartida, a qual, do ponto de vista material, ainda encontra respaldo nos Tratados. Não se trata, todavia, da manutenção do sistema de pilares mas antes da consagração de regimes jurídicos distintos consoante as matérias que estão em causa. Atualmente pode afirmar-se que, a par de um regime geral previsto nos Tratados, sobrevivem regimes específicos em relação a algumas matérias, com especial destaque para a PESC, ou seja, para o antigo segundo pilar[320].

15. A personalidade jurídica da União Europeia

15.1. Antecedentes

Como ponto prévio, importar clarificar o que se entende por personalidade jurídica quando está em causa uma entidade como a União Europeia.

A personalidade jurídica é a suscetibilidade de alguém ser titular de direitos e de estar adstrito a obrigações. Esses direitos e obrigações podem provir diretamente do Direito Interno ou do Direito Internacional. No primeiro caso, estamos perante a personalidade jurídica interna e, no segundo caso, enfrentamos o problema mais complexo da personalidade jurídica internacional.

O TCE reconhecia, no antigo artigo 281º, personalidade jurídica à Comunidade Europeia, sem, contudo, a qualificar como interna ou internacional.

O Tribunal de Justiça, no caso *AETR*[321], considerou que se tratava de personalidade jurídica internacional, por contraposição à personalidade jurídica interna afirmada no antigo artigo 282º do TCE, o qual dispunha que em cada um dos Estados-membros a Comunidade gozava da mais ampla capacidade jurídica reconhecida às pessoas coletivas pelas legislações nacionais, podendo, designadamente, adquirir ou alienar bens móveis e imóveis, sendo representada para o efeito pela Comissão. Daí que o Tribunal tenha decidido, nesse acórdão, que a Comunidade gozava da capacidade de estabelecer relações com Estados terceiros em toda a extensão dos objetivos definidos no Tratado, ou seja, a Comunidade dispunha de capacidade jurídica internacional.

A afirmação da personalidade jurídica internacional da Comunidade Europeia não resolvia, porém, a questão de saber se a União Europeia era igualmente tributária de subjetividade internacional, na medida em que a União Europeia e a Comunidade Europeia eram duas entidades diferentes, do ponto de vista do Direito Internacional.

[320] Para maiores desenvolvimentos, cfr. Deirdre M. Curtin / Ige F. Dekker, "The European Union from Maastricht to Lisbon: Institutional and Legal Unity out of Shadows", in Paul Craig / Gráinne de Búrca, *The Evolution of EU Law*, cit., p. 155 e segs.

[321] Ac. de 31/3/71, *Comissão c. Conselho*, proc. 22/70, Rec. 1970, p. 263 e segs.

15.2. Da ausência inicial de personalidade jurídica da União Europeia

Sendo a personalidade jurídica internacional a suscetibilidade de se ser titular de direitos e de se estar adstrito a obrigações diretamente provenientes do Direito Internacional, a ausência de uma previsão expressa nos Tratados a atribuir – ou a reconhecer – essa personalidade à União Europeia, não implicaria, por si só, a sua inexistência. Se dos Tratados se conseguisse retirar que a União Europeia gozava dos direitos e prerrogativas inerentes à subjetividade internacional, ou seja, do direito de celebração de tratados internacionais (*jus tractum*), do direito de legação (*jus legationis*), do direito de participação em Organizações Internacionais, do direito de reclamação internacional e da responsabilidade internacional, poder-se-ia afirmar, sem hesitação, a sua personalidade jurídica internacional.

O Tratado de Maastricht – que criou a União Europeia – não se pronunciou, de modo expresso, sobre a personalidade jurídica internacional da União, mas ao prever os objetivos e o quadro institucional da União permitiu colocar a questão da sua consagração implícita.

A existência ou não de personalidade jurídica internacional da União dependia, antes de mais, da resposta que se desse à questão se saber se a União exercia, em algum caso, autonomamente (em relação à Comunidade e/ou aos seus Estados-membros) os direitos e prerrogativas inerentes à subjetividade internacional acima mencionados.

Ora, de acordo com o Tratado de Maastricht, a realização dos objetivos da União era, em grande medida, da competência das Comunidades no que dizia respeito ao pilar comunitário, ou dos Estados-membros no tocante aos pilares intergovernamentais, o que significava que, por exemplo, a celebração de tratados internacionais com terceiros Estados ou cabia à Comunidade ou aos Estados-membros, detendo a União capacidade internacional para celebrar tratados internacionais apenas num caso – o dos acordos de adesão com os novos Estados-membros. Em todas as outras matérias, a sua representação ou era assegurada pelas Comunidades, nas matérias atinentes ao pilar comunitário, ou pelos Estados-membros, nos assuntos relativos aos pilares intergovernamentais.

No que toca às outras prerrogativas inerentes à personalidade e à capacidade internacionais – direito de legação, direito de participação em Organizações Internacionais, direito de reclamação internacional e responsabilidade internacional – ou não existiam, de todo, ou eram asseguradas pela Comunidade e/ou pelos Estados-membros.

Tratava-se, pois, de uma situação anómala, em que uma determinada entidade dispunha de determinados objetivos e de certos órgãos, mas não dispunha da capacidade internacional correspondente.

O Tratado de Amesterdão alterou este quadro, sem, contudo, ter resolvido, definitivamente, este problema, pois também não consagrou, expressamente, a personalidade jurídica internacional da União.

O Tratado de Amesterdão introduziu, todavia, um preceito – o antigo artigo 24º do TUE – que permitia ao Conselho celebrar acordos internacionais nos domínios dos pilares intergovernamentais, o que levou alguma Doutrina[322] a interrogar-se se teria havido uma consagração – implícita – da personalidade jurídica internacional da União.

A resposta positiva a esta pergunta dependia, por um lado, de averiguar se o Conselho quando agia, o fazia em nome da União ou em nome dos Estados-membros e, por outro lado, se os Estados ficavam vinculados por esses acordos. Ora, a declaração nº 4 adotada pela conferência especificava que aqueles acordos não implicavam qualquer transferência de competência para a União Europeia, o que parecia apontar no sentido de que continuavam a ser os Estados (e não a União) a deter a competência externa nas matérias dos pilares intergovernamentais. O Conselho agiria, portanto, em nome dos Estados-membros e não em nome da União. É certo que a esta tese sempre se poderia contrapor o caráter não vinculativo da referida declaração, mas, mesmo assim, tratava-se de um elemento interpretativo que não deveria ser ignorado. Por outro lado, a vinculatividade destes acordos para os Estados-membros divergia bastante da vinculatividade dos acordos celebrados, no domínio comunitário, os quais, eram obrigatórios para os Estados e para os órgãos comunitários. Pelo contrário, nenhum Estado ficava vinculado por um acordo celebrado, com base no antigo artigo 24º do TUE, se declarasse que o mesmo devia obedecer às suas normas constitucionais. Ou seja, só no caso de nenhum Estado fazer essa declaração, o acordo, concluído pelo Conselho, seria obrigatório para todos os Estados-membros.

Em suma, o Tratado de Amesterdão avançou no sentido da consagração de personalidade jurídica internacional da UE, mas não deu o passo definitivo, havendo quem defendesse a sua existência[323] e quem a negasse[324].

O Tratado de Nice alterou o antigo artigo 24º do TUE, no sentido de permitir a aprovação de certos acordos por maioria qualificada (nºs 3 e 4), bem como de afirmar claramente a vinculação das instituições da União aos acordos celebra-

[322] Cfr. bibliografia citada nas duas notas seguintes.

[323] Neste sentido, ver GERHARD HAFNER, "The Amsterdam Treaty and the Treaty-Making Power of the European Union", *in Liber Amicorum Professor* SEIDL-HOHENVELDERN, Haia, 1998, p. 265 e segs; MANFRED ZULEEG, "Die Organisationsstruktur der Europäischen Union – Eine Analyse der Klammerbestimmungen des Vertrags von Amsterdam", *in* ARMIN VON BOGDANDY (Dir.), *Konsolidierung und Kohärenz...*, p. 151 e segs; A. TIZZANO, "La personnalité internationale de l'Union...", p. 11 e segs; ALAN DASHWOOD, "External Relations Provisions of the Amsterdam Treaty", *CMLR*, 1998, p. 1040; DANIEL VIGNES, "L'absence de personnalité juridique de l'Union...", p. 769.

[324] V. NANETTE A. E. M. NEUWAHL, "A Partner With a Troubled Personality...", p. 185; RUDOLF STREINZ, "Der Vertrag von Amsterdam...", p. 140; WOLFF HEINTSCHELL, „Rechtliche Aspekte der Neufassung der GASP...", p. 159 e segs; JÖRG MONAR, „Justice and Home Affairs in the Treaty of Amsterdam: Reform at the Price of Fragmentation", *ELR*, 1998, p. 327.

dos com fundamento nele, mas também não resolveu, de uma vez por todas, o problema da personalidade e capacidade jurídicas internacionais da União, pois não a estabeleceu expressamente. As dúvidas acerca da existência ou não de personalidade jurídica internacional da União Europeia mantinham-se após Nice.

15.3. A consagração da personalidade jurídica da União Europeia no Tratado de Lisboa

Apesar dos desenvolvimentos ocorridos entre o Tratado de Maastricht e o Tratado de Nice, a verdade é que se chegou ao Tratado de Lisboa sem uma solução inequívoca acerca da personalidade jurídica internacional da União, o que dificultava o relacionamento da União Europeia com o resto do Mundo[325]. Com efeito, a dualidade da capacidade internacional da União Europeia e das Comunidades Europeias prejudicava a segurança e a certeza jurídicas nas negociações com terceiros Estados e Organizações Internacionais, assim como diminuía a afirmação da identidade da União ao nível internacional, desde logo, porque nem sempre se afigurava evidente para os terceiros Estados e para as Organizações Internacionais se estavam a negociar com a União ou com as Comunidades. Urgia, portanto, clarificar esta questão.

A primeira tentativa séria para resolver este problema proveio da Convenção sobre o Futuro da Europa, a qual constituiu um grupo de trabalho – o Grupo III – especificamente com o propósito de estudar este assunto. Das conclusões desse grupo resultou claro, que, no futuro, a União deveria dispor de personalidade jurídica e que essa personalidade deveria ser única e substituir as personalidades das Comunidades até aí existentes. Esta opção teria implicações a outros níveis, designadamente, na negociação de tratados internacionais e na representação externa da União.

O projeto de TECE, saído daquela Convenção, acabou por acolher a solução proposta pelo grupo III relativo à personalidade, consagrando, assim, a personalidade jurídica da União, no seu artigo 6º, não havendo dúvidas que a personalidade consagrada naquele preceito era a internacional, uma vez que o artigo III-332º do referido projeto se referia à personalidade jurídica ao nível interno.

[325] Além da bibliografia citada nas notas precedentes, cfr. ainda JEAN-VICTOR LOUIS, "La personnalité juridique internationale de la Communauté et de l'Union européenne", *in* JEAN-VICTOR LOUIS / MARIANNE DONY (dir.), *Commentaire Mégret. Relations Extérieures*, vol. 12, 2ª éd., Bruxelas, 2005, p. 25 e segs; NANETTE NEUWAHL, "Legal Personality of the European Union – International and Institutional Aspects", *in* VINCENT KRONENBERGER (ed.), *The European Union and the International Legal Order: Discord or Harmony?*, Haia, 2001, p. 3 e segs; JAN KLABBERS, "Presumptive Personality: The European Union in International Law", *in* MARTTI KOSKENNIEMI (ed.), *International Law Aspects of the European Union*, Haia, 1998, p. 231 e segs.

Note-se ainda que o projeto de TECE não se limitava a consagrar a personalidade jurídica internacional da União. Pelo contrário, retirava daí os necessários corolários em termos de direitos e prerrogativas da União inerentes à subjetividade internacional. Assim, a União passaria a dispor de direitos de participação na vida internacional, que iriam desde o *jus tractum* e do *jus legationis* até à participação em Organizações Internacionais.

O TECE aceitou a solução consagrada no mencionado projeto, reconhecendo, igualmente, de modo explícito, a personalidade jurídica internacional da União, no seu artigo I-7º. Como já sabemos, este Tratado nunca veio a entrar em vigor, pelo que esta questão continuava em aberto aquando das negociações do Tratado de Lisboa. Por isso, o mandato da CIG 2007 referiu-se-lhe, expressamente, afirmando que a União passará a ter personalidade jurídica.

O Tratado de Lisboa resolveu definitivamente a questão, tendo consagrado a personalidade jurídica internacional da União no artigo 47º do TUE. Por conseguinte, a União goza, atualmente, dos direitos e prerrogativas inerentes à subjetividade internacional[326].

Assim sendo, a União tem capacidade para celebrar tratados internacionais[327]. Porém, devido à complexidade da repartição de atribuições entre a União e os seus Estados-membros, a União participa, com frequência, ao lado dos Estados-

[326] Para um estudo desenvolvido da subjetividade internacional da União Europeia, cfr., por todos, MARIA JOSÉ RANGEL DE MESQUITA, *A atuação externa da União Europeia depois do Tratado de Lisboa*, Coimbra, 2011, *maxime* p. 35 a 140. Cfr. igualmente da mesma Autora, "Anotação ao artigo 47º do TUE", *in* MANUEL LOPES PORTO / GONÇALO ANASTÁCIO (coord.), *Tratado de Lisboa...*, p. 172 a 174.

[327] Sobre a capacidade internacional da União para celebrar convenções internacionais, cfr., entre outros, MARIA JOSÉ RANGEL DE MESQUITA, *A atuação externa...*, p. 309 e segs; MARISE CREMONA, "Defining competence in EU external relations: lessons from the Treaty reform process", *in* ALAN DASHWOOD / MARC MARESCEAU, *Law and Practice of EU External Relations*, Cambridge, 2008, p. 34 e segs; GEERT DE BAERE, *Constitutional Principles of EU External Relations*, Oxford, 2008, p. 9 e segs; PIET EECKHOUT, *External Relations of the European Union – Legal and Constitutional Foundations*, Oxford, 2004, p. 9 e segs; ALAN DASHWOOD, "Implied External Competence of the EC", *in* MARTTI KOSKENNIEMI (ed.), *International Law Aspects...*, p. 113 e segs; PANOS KOUTRAKOS, "Legal Basis and Delimitation of Competences in EU External Relations", *in* MARISE CREMONA / BRUNO DE WITTE (ed.), *EU foreign relations law constitutional fundamentals*, Oxford and Portland, 2008, p. 171 e segs; Idem, *EU International Relations Law*, Oxford, 2006, p. 7 e segs; RICARDO PASSOS / STEPHAN MARQUARDT, "International Agreements – Competences, Procedures and Judicial Control", *in* GIULIANO AMATO / HERVÉ BRIBOSIA / BRUNO DE WITTE (eds.), *Genèse et Destinée...*, p. 875 e segs; PAOLO MENGOZZI, «The European Union Balance of Powers and the Case Law related to EC External Relations», *in The Global Community – Yearbook of International Law and Jurisprudence*, vol. II, Oxford, 2006, p. 817 e segs; JEAN-VICTOR LOUIS, "La compétence de la CE de conclure des accords internationaux", *in* JEAN-VICTOR LOUIS / MARIANNE DONY (dir.), *Commentaire Mégret...*, p. 57 e segs; INGOLF PERNICE / FRANK HOFFMEISTER, "The Division of Economic Policy Powers Between the European Community and its Member States – *Status Quo* and Proposals de *Lege Ferenda*", *in* ARMIN VON BOGDANDY / PETROS MAVROIDIS / YVES

-membros na negociação, assinatura e conclusão dos acordos – trata-se dos chamados acordos mistos[328] – o que tem causado sérias dificuldades – e continuará a causar –, por exemplo, ao nível da identificação do sujeito internacional responsável pela implementação do acordo ou pelo seu incumprimento, no caso de tal vir a suceder.

De qualquer forma, note-se que as dificuldades enunciadas não constituíram no passado qualquer impedimento à celebração de centenas, senão milha-

MÉNY (ed.), *European Integration and International Coordination Studies in Transnational Economic Law in Honour of Claus-Dieter Ehlermann*, Haia, 2002, p. 363 e segs.

[328] Sobre os acordos mistos, cfr. ALAN DASHWOOD, "Mixity in the Era of the Treaty of Lisbon", *in* CHRISTOPHE HILLION / PANOS KOUTRAKOS (eds.), *Mixed Agreements Revisited, The EU and its Member States in the World*, Oxford, 2010, p. 351 e segs; HENRIK BULL, "Mixity Seen from Outside the EU but Inside the Internal Market", *in* CHRISTOPHE HILLION / PANOS KOUTRAKOS (eds.), *Mixed Agreements Revisited...*, p. 320 e segs; MARISE CREMONA, "Disconnection Clauses in EU Law and Practice", *in* CHRISTOPHE HILLION / PANOS KOUTRAKOS (eds.), *Mixed Agreements Revisited...*, p. 138 e segs; JENO CZUCZAI, "Mixity in Practice: Some Problems and Their (Real or Possible) Solution", *in* CHRISTOPHE HILLION / PANOS KOUTRAKOS (eds.), *Mixed Agreements Revisited...*, p. 231 e segs; CHRISTOPHE HILLION, "Mixity and Coherence in EU External Relations: the Significance of the "Duty of Cooperation", *in* CHRISTOPHE HILLION / PANOS KOUTRAKOS (eds.), *Mixed Agreements Revisited...*, p. 87 e segs; FRANK HOFFMEISTER, "Curse or Blessing? Mixed Agreements in the Recent Practice of the European Union and its Member States, *in* CHRISTOPHE HILLION / PANOS KOUTRAKOS (eds.), *Mixed Agreements Revisited...*, p. 249 e segs; PIETER JAN KUIJPER, "International Responsibility for EU Mixed Agreements", *in* CHRISTOPHE HILLION / PANOS KOUTRAKOS (eds.) *Mixed Agreements Revisited...*, p. 208 e segs; MARC MARESCEAU, "A Typology of Mixed Bilateral Agreements", *in* CHRISTOPHE HILLION / PANOS KOUTRAKOS (eds.), *Mixed Agreements Revisited...*, p. 11 e segs; PETER OLSON, "Mixity from the Outside: the Perspetive of a Treaty Partner", *in* CHRISTOPHE HILLION / PANOS KOUTRAKOS (eds.), *Mixed Agreements Revisited...*, p. 331 e segs; RICARDO PASSOS, "Mixed Agreements from the Perspective of the European Parliament", *in* CHRISTOPHE HILLION / PANOS KOUTRAKOS (eds.), *Mixed Agreements Revisited...*, p. 269 e segs; INGE GOVAERE, "Beware of the Trojan Horse: Dispute Settlement in (Mixed) Agreements and the Autonomy of the EU Legal Order", *in* CHRISTOPHE HILLION / PANOS KOUTRAKOS (eds.), *Mixed Agreements Revisited...*, p. 187 e segs; PANOS KOUTRAKOS, "Interpretation of Mixed Agreements", *in* CHRISTOPHE HILLION / PANOS KOUTRAKOS (eds.), *Mixed Agreements Revisited...*, p. 116 e segs; ALLAN ROSAS, "The Future of Mixity", *in* CHRISTOPHE HILLION / PANOS KOUTRAKOS (eds.), *Mixed Agreements Revisited...*, p. 367 e segs; CHRISTIAAN TIMMERMANS, "Openning Remarks – Evolution of Mixity since the Leiden 1982 Conference", *in* CHRISTOPHE HILLION / PANOS KOUTRAKOS (eds.), *Mixed Agreements Revisited...*, p. 1 e segs; GEERT DE BAERE, *Constitutional Principles of EU...*, p. 231 e segs; PANOS KOUTRAKOS, *EU International...*, p. 137 e segs; MARIANNE DONY, "Les accords mixtes", *in* JEAN-VICTOR LOUIS / MARIANNE DONY (dir.), *Commentaire Mégret...*, p. 167 e segs; PIET EECKHOUT, *External Relations of the European Union...*, p. 190 e segs; LENA GRANVIK, "Incomplete Mixed Environmental Agreements of the Community and the Principle of Bindingness", *in* MARTTI KOSKENNIEMI (ed.), *International Law Aspects...*, p. 255 e segs; ALLAN ROSAS, "Mixed Union – Mixed Agreements", *in* MARTTI KOSKENNIEMI (ed.), *International Law Aspects...*, p. 125 e segs.

res, de convenções internacionais por parte das Comunidades (e em menor grau da União), nos mais diversos domínios – política comercial comum, ambiente, Direito Internacional do Mar, Direito Internacional Penal, ajuda humanitária, cooperação ao desenvolvimento – quer isoladamente, nas matérias de atribuições exclusivas, quer em conjunto com os seus Estados-membros, nos outros casos. E também se deve referir que a União é encarada pelos seus parceiros como um sujeito de Direito Internacional.

A União goza igualmente do direito de participação em Organizações Internacionais[329]. Note-se, contudo, que, tal como sucede com a celebração de tratados internacionais, a participação da União em Organizações Internacionais não é isenta de controvérsia, tanto interna como externamente. Por um lado, os interesses dos Estados-membros nem sempre coincidem (pense-se, por exemplo, no caso da ONU, em que a par de Estados-membros que têm assento permanente no Conselho de Segurança, com todas as prerrogativas – e responsabilidades – que daí decorrem, no contexto da paz e da segurança internacionais, outros têm um estatuto de neutralidade, encontrando-se, pois, nos antípodas dos primeiros). Por outro lado, sucede que, da parte dos terceiros Estados e das próprias Organizações Internacionais, se verifica alguma desconfiança em relação a uma entidade que surge como bicéfala (ou até pluricéfala – quanto às matérias de segurança e defesa) e fora dos parâmetros tradicionais do Direito Internacional. Um dos exemplos paradigmáticos de participação da União numa Organização Internacional como membro de pleno direito é o caso da OMC (e antes no GATT), mas mesmo aí já se verificaram algumas vicissitudes decorrentes das características específicas da União Europeia. Daí que um dos princípios fundamentais da participação da União em Organizações Internacionais, aliás, como em qualquer atuação na cena internacional, seja o da cooperação leal entre os Estados e a União e viceversa, bem como a coerência e a consistência da ação externa da União.

[329] Sobre o direito de participação da União em Organizações Internacionais, cfr. entre outros, Maria José Rangel de Mesquita, *A atuação externa...*, p. 345 e segs; Catherine Flaesch-Mougin, "Les relations avec les organisations internationales et participation à celles-ci", *in* Jean-Victor Louis / Marianne Dony (dir.), *Commentaire Mégret...*, p. 337 e segs; Piet Eeckhout, *External Relations of the European Union...*, p. 199 e segs; Sergio Marchisio, "EU's Membership in International Organizations", *in* Enzo Cannizzaro (ed.), *The European Union as an Ator in International Relations*, Haia, 2002, p. 231 e segs; Michael Hofstötter, "Suspension of Rights by International Organisations: The European Union, the European Communities and other International Organisations", *in* Vincent Kronenberger (ed.), *The European Union...*, p. 23 e segs; Kari Möttölä, "Collective and Co-Operative Security Arrangements in Europe", *in* Martti Koskenniemi (ed.), *International Law Aspects....*, p. 87 e segs; Marc Weller, "The European Union within the European Security Architecture", *in* Martti Koskenniemi (ed.), *International Law Aspects...*, p. 57 e segs.

Dos direitos inerentes à personalidade jurídica internacional um dos que tem tido maiores dificuldades em se impor é o direito de legação[330], na medida em que, não obstante a União (e antes as Comunidades Europeias) ter delegações diplomáticas nos Estados terceiros e viceversa, a verdade é que o estatuto dessas missões não se equipara exatamente ao das missões diplomáticas dos Estados. Sublinhe-se, no entanto, que o estatuto internacional da União não tem de ser decalcado a partir do dos Estados. O Tratado de Lisboa procurou ultrapassar esta fragilidade, através da criação do SEAE, sob a autoridade do Alto Representante para os Negócios Estrangeiros e para a Política de Segurança.

Um outro direito decorrente da personalidade jurídica internacional da União, que sofre alguma limitação neste contexto, é o direito de reclamação internacional[331], desde logo, por força da exclusividade de jurisdição do Tribunal de Justiça afirmada pelos Tratados (artigo 19º do TUE). Acresce que é notória a relutância do Tribunal em aceitar, por exemplo, a criação, através de convenções internacionais, de tribunais com jurisdição sobre a União ou sobre os seus Estados-membros[332] ou a sujeição da União à jurisdição de Tribunais previamente existentes, como é o caso do TEDH[333].

E não se pense que é por uma questão de "inimizade" ao Direito Internacional. Pelo contrário, os Tribunais da União até se têm mostrado bastante "amigos" do Direito Internacional.

Por último, deve salientar-se que a União é suscetível de ser responsabilizada pelas violações do Direito Internacional que lhe sejam imputáveis e, em casos extremos, até pelas que sejam imputáveis aos seus Estados-membros, uma vez que os terceiros Estados não têm obrigação de conhecer a repartição de atribuições entre a União e os seus Estados-membros e o Tribunal reconhece o princípio *pacta sunt servanda*[334].

[330] Sobre o direito de legação, cfr. MARIA JOSÉ RANGEL DE MESQUITA, *A atuação externa...*, p. 341 e segs; JEAN-VICTOR LOUIS, "La personnalité juridique internationale...", p. 29 e segs; CHRISTINE KADDOUS, *Le droit des relations extérieures dans la jurisprudence de la Cour de justice des Communautés européennes*, Basileia, 1998, p. 133 e segs.

[331] Sobre o direito de reclamação internacional da União Europeia, cfr., entre outros, JEAN-VICTOR LOUIS, "La personnalité juridique internationale...", p. 29 e segs; CHRISTINE KADDOUS, *Le droit des relations extérieures...*, p. 133 e segs.

[332] Cfr., por exemplo, parecer de 26/4/77, *parecer nº 1/76*, Rec. 1976, p. 741 e segs e parecer de 14/12/91, *parecer nº 1/91*, Col. 1991, p. I-6079 e segs.

[333] Cfr. Parecer de 18/12/2014, *parecer nº 2/13*, Col. 2014, p. 2454 e segs e Parecer de 28/3/96, *parecer nº 2/94*, Col. 1996, p. I-1759 e segs.

[334] Sobre a responsabilidade internacional da União Europeia e dos seus Estados-membros, cfr. entre outros, PIETER JAN KUIJPER, "International Responsibility for EU Mixed Agreements", *in* CHRISTOPHE HILLION / PANOS KOUTRAKOS (eds.) *Mixed Agreements Revisited...*, p. 208 e segs; JEAN-VICTOR LOUIS, "La personnalité juridique internationale...", p. 41 e segs; ELEFTHERIA

Em conclusão, o Tratado de Lisboa não só afirmou expressamente a personalidade jurídica internacional da União Europeia como retirou daí os correspondentes corolários.

16. A adesão e a retirada da União Europeia

16.1. A adesão à União Europeia

Como já dissemos, na Parte I deste livro, antes as Comunidades Europeias e depois a União Europeia viram o número de Estados-membros aumentar de forma progressiva, em razão dos sete alargamentos que, entretanto, ocorreram.

Recapitulando, o primeiro alargamento deu-se, em 1 de janeiro de 1973, e incorporou, nas então Comunidades Europeias, o Reino Unido, a Irlanda e a Dinamarca. O primeiro Tratado de Adesão foi assinado, em 22 de janeiro de 1972, com o Reino Unido, Irlanda, Dinamarca e Noruega, mas este último Estado não procedeu à ratificação do tratado. A partir daquela data, as Comunidades passaram a ser compostas por nove Estados-membros.

O segundo alargamento verificou-se, em 1 de janeiro de 1981, e estendeu as Comunidades Europeias à Grécia. Este Estado tinha com a Comunidade um tratado de associação desde 1961. Em 1975 pediu formalmente a adesão, tendo sido o processo de negociação congelado durante a «ditadura dos coronéis». O Tratado de Adesão da Grécia às Comunidades Europeias só vai ser assinado, em 29 de maio de 1979.

O terceiro alargamento integrou Portugal e Espanha nas Comunidades Europeias. Estes dois países pediram a adesão às Comunidades em 1977 (março e junho, respetivamente), mas o Tratado de Adesão de Portugal e Espanha só foi assinado, em 12 de junho de 1985, tendo entrado em vigor, em 1 de janeiro de 1986. A partir desse momento as Comunidades passaram a ser constituídas por doze Estados-membros.

O quarto alargamento – aos países do Norte da Europa – incluiu a Áustria, a Finlândia e a Suécia. Mais uma vez a Noruega também assinou o Tratado de Adesão, mas devido a um referendo negativo acabou por não aderir à União Europeia. O Tratado de Adesão entrou em vigor, em 1 de janeiro de 1995, pelo que, a partir dessa data, a União passou a contar com quinze Estados-membros.

NEFRAMI, "International Responsibility of the European Community and of the Member States under Mixed Agreements", *in* ENZO CANNIZZARO (ed.), *The European Union...*, p. 193 e segs; CHRISTIAN TOMUSCHAT, "The International Responsibility of the European Union", *in* ENZO CANNIZZARO (ed.), *The European Union...*, p. 177 e segs; GEERT A. ZONNEKEYN, "EC Liability for Non-Implementation of Adopted WTO Panels and Appellate Body Reports – the example of the "innocent exporters in banana case", *in* VINCENT KRONENBERGER (ed.), *The European Union...*, p. 251 e segs; CHRISTINE KADDOUS, *Le droit des relations extérieures...*, p. 169 e segs.

O quinto alargamento a dez países[335] da Europa Central e do Leste ocorreu em 1 de maio de 2004. A partir desta data, a União passou a contar com vinte e cinco Estados-membros.

O sexto alargamento foi mais demorado, na medida em que a Bulgária e a Roménia viram a sua adesão protelada, por razões, essencialmente, económicas, mas acabaram por aderir à União Europeia em 1 de janeiro de 2007.

O sétimo alargamento abrangeu a Croácia. O Tratado de Adesão da Croácia à União Europeia foi assinado, em 9 de dezembro de 2011, e entrou em vigor, em 1 de julho de 2013.

A adesão de novos Estados-membros sempre teve de respeitar as regras estabelecidas primeiro nos Tratados das Comunidades Europeias (artigos 98º do TCECA, 237º do TCEE e 205º do TCEEA) e posteriormente no TUE (ex-artigo 49º).

Atualmente rege esta matéria o artigo 49º do TUE, o qual estabelece que "*qualquer Estado europeu que respeite os valores referidos no artigo 2º e esteja empenhado em promovê-los pode pedir para se tornar membro da União*".

A exigência de que o Estado respeite os valores do artigo 2º do TUE foi introduzida pelo Tratado de Lisboa, mas já antes se tinha chegado a idêntica conclusão na declaração conjunta do PE, do Conselho e da Comissão, de 5 de abril de 1977, bem como no comunicado final do Conselho Europeu de Copenhaga de 7 e 8 de abril de 1978, retomado no Conselho Europeu de Copenhaga de 21 e 22 de junho de 1993, o qual estabeleceu os critérios de adesão. Só Estados europeus podem aderir à União, sendo certo que o caráter europeu não se afere provavelmente só em função do fator geográfico, mas também em razão de fatores que contribuem para a identidade europeia, como sejam os históricos e culturais.

Tradicionalmente, além destas duas condições de adesão, os Estados aderentes sempre respeitaram o chamado *acquis communautaire*.

A adesão de um Estado à União Europeia obedece a um procedimento que, segundo o artigo 49º do TUE, se inicia com o respetivo pedido de adesão dirigido ao Conselho. O Parlamento Europeu e os parlamentos nacionais são informados desse pedido. O Conselho pronuncia-se por unanimidade, após ter consultado a Comissão e após aprovação do Parlamento Europeu, que se pronuncia por maioria dos membros que o compõem. O Conselho Europeu aprova os critérios de elegibilidade.

Na prática, as negociações de adesão são levadas a cabo entre o Estado aderente e as instituições da União. No final as condições de admissão e as adaptações dos Tratados em que a União se funda serão objeto de acordo entre os Estados-

[335] Chipre, Estónia, Hungria, Letónia, Lituânia, Malta, Polónia, República Checa, Eslováquia e Eslovénia.

-membros e o Estado peticionário. Esse acordo será submetido à ratificação de todos os Estados Contratantes, de acordo com as respetivas normas constitucionais (artigo 49º, par. 2º do TUE)[336].

16.2. A retirada da União Europeia

A questão de saber se os Estados-membros da União tinham o direito de sair da União Europeia nos mesmos termos em que o podiam fazer no Direito Internacional (cfr. artigo 56º, nºs 1 e 2, da CVDT) sempre foi um tema controverso na Doutrina juscomunitária. Para alguns, a vigência ilimitada dos Tratados, a ausência de norma expressa que o permitisse, a natureza da própria União e a autonomia da Ordem Jurídica criada pelos Tratados, os quais criam direitos e deveres para os cidadãos que não devem ser postos em causa pelos Estados de um momento para o outro, constituíam obstáculos ao direito de saída[337]. Assim, para estes autores se um Estado pretendesse sair da União teria de negociar essa saída com a União. Para outros, os Estados teriam forçosamente que manter o direito de saída fundado nas regras de Direito Internacional, designadamente na cláusula *rebus sic stantibus* (artigo 62º da CVDT)[338] [339].

O Tratado de Lisboa consagrou expressamente, no artigo 50º do TUE, a possibilidade de saída voluntária para qualquer Estado-membro da União Europeia. Esta regra tem a sua origem no artigo I-60º do TECE, da qual não difere substancialmente.

Tendo em conta que um dos principais problemas que a União Europeia enfrenta, neste momento, é o da retirada do Reino Unido, importa analisar, em pormenor, o artigo 50º do TUE, o qual irá ser aplicado pela primeira vez.

[336] Sobre a adesão no Tratado de Lisboa, cfr., por todos, JEAN-VICTOR LOUIS, "Union Membership: Accession, Suspension of Membership Rights and Unilateral Withdrawal. Some Reflections", in INGOLF PERNICE / JIRI ZEMANEK (eds.), *A Constitution for Europe...*, p. 223 e segs.

[337] Neste sentido, THEODOR SCHILLING, "Treaty and Constitution. A Comparative Analysis of an Uneasy Relationship", *MJ*, 1996, p. 62; ULRICH EVERLING, „Zur Stellung der Mitgliedstaaten der Europäischen Union als "Herren der Verträge", *in* ULRICH BEYERLIN *et al.*, *Recht zwischen Umbruch und Bewahrung, Festschrift für Rudolf Bernhardt*, Berlim, 1995, p. 1175; JEAN-VICTOR LOUIS, *L'ordre juridique communautaire*, 6ª ed., Bruxelas, 1993, p. 90; MICHEL WAELBROECK, „Art 240º", *in Commentaire MEGRET. Le droit de la CEE*, vol. 15, Bruxelas, 1987, p. 564; ULRICH EVERLING, „Sind die EG-Mitgliedstaaten der Europäischen Gemeinschaft noch Herren der Verträge?", *Festschrift für Hermann Mosler*, Berlim, 1983, p. 183; J. A. HILL, „The European Economic Community: the Right of Member State Withdrawal", *Ga. J. Int'l & Comp. L.*, 1982, p. 355, *maxime* p. 357; MANFRED ZULEEG, „Der Bestand der Europäischen Gemeinschaft", *in Das Europa der zweiten Generation, Gedächtnisschrift für Christoph Sasse*, Baden-Baden, 1981, p. 62.

[338] PETER M. HUBER, „Der Staatenverbund der Europäischen Union", *in* JÖRN IPSEN *et al.* (dir.), *Verfassungsrecht im Wandel*, Colónia, 1995, p. 355.

[339] Os argumentos a favor e contra as duas posições vejam-se, por todos, em J. A. HILL, "The European...", p. 350 e segs.

Note-se, desde já, que o artigo 50º do TUE prevê um processo muito complexo para a retirada do Estado, pelo que muitas têm sido as dúvidas de interpretação colocadas[340].

Em primeiro lugar, este preceito estabelece, no seu nº 1, que "*Qualquer Estado-Membro pode decidir, em conformidade com as respetivas normas constitucionais, retirar-se da União*", o que significa que o Estado não tem de fundamentar a sua decisão, mas tem de agir de acordo com o seu Direito Constitucional. Ora, este é o primeiro problema com que o Reino Unido se está a defrontar, na medida em que o Governo se considera competente para desencadear o processo, mas a *Supreme Court* decidiu que só Parlamento tem competência para este efeito.

Esta não é uma questão exclusiva do Reino Unido. Muito provavelmente, se o problema se colocasse noutros Estados-membros também surgiriam dúvidas a este respeito. E se assim for, outro problema se poderá colocar – o da competência para dirimir eventuais conflitos. Essa competência pertence aos tribunais internos, designadamente, aos constitucionais ou ao TJUE na sua qualidade de último árbitro da interpretação dos Tratados?

Em nosso entender, a competência para aferir da conformidade de alguns aspetos do processo de retirada de um Estado-membro da União com as suas normas constitucionais só pode caber aos tribunais nacionais e dentro destes – quando existam – aos tribunais constitucionais. O TJUE não tem competência para interpretar as normas internas dos Estados-membros, pelo que a questão que se colocou, no Reino Unido, isto é, a de saber se é o Parlamento ou o Governo que deve iniciar formalmente o processo de retirada – é da exclusiva competência dos tribunais nacionais.

Em segundo lugar, de acordo com o nº 2 do artigo 50º do TUE, "*Qualquer Estado-Membro que decida retirar-se da União notifica a sua intenção ao Conselho Europeu. Em função das orientações do Conselho Europeu, a União negocia e celebra com esse Estado um acordo que estabeleça as condições da sua saída, tendo em conta o quadro das suas futuras relações com a União. Esse acordo é negociado nos termos do nº 3 do artigo 218º do Tratado sobre o Funcionamento da União Europeia. O acordo é celebrado em nome da União pelo Conselho, deliberando por maioria qualificada, após aprovação do Parlamento Europeu*".

Este número do preceito levanta, desde logo, o problema de saber se a notificação está sujeita a algum prazo, isto é, se, ocorrendo, por exemplo, um referendo, como sucedeu no Reino Unido, no sentido da saída ou uma decisão do órgão constitucional competente de um qualquer Estado-membro no mesmo sentido, o Estado-membro em causa está obrigado a proceder à notificação e se

[340] Para um estudo do processo do artigo 50º do TUE na ótica da retirada do Reino Unido, v. "Editorial Comments", *CMLR*, 2016, p. 1491-1500.

o deve fazer num determinado prazo. Isto porque a saída de um Estado-membro da União é um elemento muito perturbador da vida normal da União Europeia. Embora não exista nenhum prazo definido, diríamos que se impõe que essa notificação seja feita num prazo razoável.

Uma outra questão que o nº 2 do artigo 50º TUE coloca é a de saber se a notificação da intenção de se retirar da União é irrevogável ou se, durante o processo de saída, o Estado pode voltar atrás na sua decisão e optar por permanecer na União. O preceito não responde a esta questão, mas o nº 5 afirma que"*Se um Estado que se tenha retirado da União voltar a pedir a adesão, é aplicável a esse pedido o processo referido no artigo 49º*", o que parece apontar no sentido da irreversibilidade do processo, uma vez desencadeado. Aliás, existem boas razões para acompanhar esta interpretação, sendo a primeira delas impedir que os Estados usem este processo como forma de pressão para conseguirem o que querem dentro da União. Mas fará sentido usar como argumento o nº 5 do artigo 50º a favor da irrevogabilidade da notificação? Parece-nos que não, pois a retirada ainda não teria sido consumada.

A favor da possibilidade de revogação da notificação da intenção de saída também se podem alinhar alguns argumentos, designadamente, o respeito pela democracia. Se, entretanto, a vontade do povo tiver mudado durante as negociações, por ter chegado à conclusão que fica pior fora do que dentro da União, não será de admitir a revogação da notificação de saída? Parece-nos que, pelo menos, até à assinatura do acordo internacional, a que se refere o artigo 50º, nº 2, do TFUE, essa é sempre uma possibilidade em aberto.

Se esta questão se vier efetivamente a colocar, havendo divergências de interpretação do preceito, quem é competente para dirimir este conflito? Em nosso entender, esta é uma questão de interpretação do Tratado e não do direito interno dos Estados-membros, pelo que caberá ao TJUE resolvê-la. O meio contencioso a utilizar dependerá de muitos fatores que é impossível, neste momento, prever. De qualquer modo, uma pergunta se afigura evidente: o processo consultivo, previsto no artigo 218º, nº 11, do TFUE, é aqui aplicável? Afirmando o artigo 50º, nº 2, do TUE que o acordo de retirada é celebrado com base no artigo 218º, nº 3, do TFUE, não é seguro que os restantes números deste preceito sejam aplicáveis numa situação destas. A verdade é que também não está excluído, pelo que nos inclinamos no sentido positivo. Além disso, é possível equacionar outros meios contenciosos, como seja o processo das questões prejudiciais do artigo 267º do TFUE.

O processo previsto para a retirada implica a negociação de um acordo internacional entre a União e o Estado-membro que sai, nos termos do artigo 218º, nº 3, do TFUE. Trata-se, portanto, de um acordo da União Europeia. Assim, a Comissão recomenda a abertura de negociações ao Conselho, o qual adota uma decisão que recomenda a abertura de negociações e designa o negociador ou o chefe da equipa de negociação.

Este acordo deve estabelecer, antes de mais, as condições da saída bem como o quadro das futuras relações desse Estado com a União. Note-se que as relações entre o Estado que sai e a União não ficam totalmente definidas no acordo de retirada – elas serão antes objeto de um acordo posterior – mas tem de ficar definido o seu quadro.

Se em relação às condições da saída, não nos podemos inspirar na história, na medida em que não existem exemplos anteriores, já em relação ao quadro das futuras relações do Estado que se retira com a União é possível recorrer aos modelos de acordos entre a União e terceiros Estados já existentes, dos quais se devem destacar:

- o modelo norueguês;
- o modelo dos acordos bilaterais que existe, por exemplo, com a Suiça, com a Turquia ou com o Canadá;
- o modelo da Organização Mundial de Comércio.

Não é, todavia, evidente que esses modelos sirvam os propósitos do Reino Unido. Aliás, num documento oficial divulgado pelo Governo britânico, em Março de 2016, todos estes modelos eram considerados menos favoráveis ao Reino Unido do que a situação de membro da União que então se verificava[341]. É claro que esse documento deve ser enquadrado no contexto da campanha eleitoral de então, em que o Governo defendia o *remain*. Mesmo assim, provavelmente será necessário encontrar uma nova via.

O acordo de retirada é celebrado em nome da União pelo Conselho, deliberando por maioria qualificada, após aprovação do Parlamento Europeu.

Uma vez celebrado o acordo de retirada, nos termos do nº 3 do artigo 50º do TUE, "*Os Tratados deixam de ser aplicáveis ao Estado em causa a partir da data de entrada em vigor do acordo de saída ou, na falta deste, dois anos após a notificação referida no nº 2, a menos que o Conselho Europeu, com o acordo do Estado-Membro em causa, decida, por unanimidade, prorrogar esse prazo*".

Ou seja, uma vez realizada a notificação de saída, inicia-se a fase da negociação, a qual termina ao fim de dois anos, a menos que o Conselho Europeu, por unanimidade, com o acordo do Estado que sai, decida prorrogar esse prazo.

Ao imporem este prazo ao processo negocial, os autores do Tratado parecem ter querido tornar as negociações o mais céleres possível, evitando assim cenários de indefinição prolongada. No entanto, é possível prorrogar esse prazo, se, do lado do Conselho Europeu e do Estado que está em vias de sair, houver acordo nesse sentido. Essa prorrogação pode até ser por tempo indeterminado, pois não há previsão de qualquer limite. Se não houver prorrogação de prazo, mesmo assim, pode continuar-se a negociação com o Estado fora da União.

[341] *Alternatives to membership: possible models for the United Kingdom outside the European Union* (March 2016), disponível em www.gov.uk/government/publications.

Segundo o artigo 50º, nº 4, do TUE, as decisões do Conselho Europeu e do Conselho relativas à retirada de um determinado Estado-membro são tomadas sem a participação do membro destas instituições que pretende sair da União, sendo a maioria qualificada definida nos termos do artigo 238º, nº 3, al. *b)*, do TFUE[342].

17. Os valores da União Europeia

17.1. Enquadramento do problema

Toda a sociedade democrática se deve fundar em valores e princípios, ainda que eles não se encontrem literalmente expressos em nenhum texto com valor constitucional.

Os Tratados que precederam o TL não mencionavam, expressamente, os valores das Comunidades Europeias nem da União. Ou seja, nas versões originárias dos Tratados não se encontrava qualquer referência aos valores subjacentes às Comunidades, o que – sublinhe-se – não é sinónimo de ausência de base axiológica. Pelo contrário, os valores que atualmente fundam a União sempre estiveram subjacentes à integração europeia. Senão veja-se o caso, por exemplo, do valor da democracia que esteve na base de muitas propostas de alargamento dos poderes do Parlamento Europeu ou do valor relativo à proteção dos direitos fundamentais que fundamentou a Jurisprudência do Tribunal de Justiça neste domínio.

Mas a verdade é que somente na revisão dos Tratados realizada em Amesterdão se introduziu o antigo artigo 6º, nº 1, no TUE, do qual se inferiam, implicitamente, os valores da União, dado que a cada um dos princípios nele enunciados deveria corresponder um valor[343].

Antes da entrada em vigor do Tratado de Lisboa, já tivemos oportunidade de nos debruçar, em vários estudos, sobre os valores subjacentes à União Europeia[344].

17.2. Antecedentes do artigo 2º do TUE

O atual artigo 2º do TUE replica *ipsis verbis* o artigo com o mesmo número do TECE, o qual, pela primeira vez, na História da integração europeia, dedicou um preceito aos valores da União[345].

[342] Em geral, sobre o direito de retirada dos Estados-membros da União Europeia, cfr., por todos, JEAN-VICTOR LOUIS, "Union Membership...", p. 229 e segs.

[343] Para um estudo desenvolvido do artigo 6º, nº 1, do TUE, na versão de Amesterdão, cfr., por todos, FRANZ SCHORKOPF, *Homogenität in der Europäischen Union...*, p. 36 e segs.

[344] ANA MARIA GUERRA MARTINS, "Os valores da União na Constituição Europeia", *in Colóquio ibérico: Constituição europeia, BFDUC, Studia Jurídica* nº 84, 2005, p. 497 e segs; Idem, *Curso de Direito Constitucional...*, p. 210 e segs; Idem, "Les valeurs communes...", p. 130 e segs; Idem, *A natureza jurídica...*, p. 349 e segs.

[345] O artigo 2º do TECE tinha a seguinte redação: «*A União funda-se nos valores do respeito pela dignidade humana, da liberdade, da democracia, da igualdade, do Estado de Direito e do respeito dos direitos,*

Na ótica do TECE, a União era concebida como uma entidade axiologicamente fundamentada, de modo explícito, com todas as consequências que isso implicava em termos políticos e de afirmação constitucional[346]. Por isso, apesar de os valores enumerados, no artigo I-2º do TECE, se assemelharem bastante aos que, anteriormente, já constituíam a base axiológica da União, a redação do preceito deparou com algumas dificuldades[347]. Desde logo surgiram resistências, na Convenção sobre o Futuro da Europa, relativamente à necessidade e à utilidade de incluir um preceito sobre valores no texto constitucional. Ultrapassado esse primeiro obstáculo, foi necessário chegar a um consenso em relação à questão de saber que valores deveriam constar do preceito. Após várias propostas e contrapropostas, a Convenção chegou à seguinte redação:

> *«A União funda-se nos valores do respeito da dignidade humana, da liberdade, da democracia, da igualdade, do Estado de Direito, e do respeito pelos direitos humanos. Estes valores são comuns aos Estados-membros, numa sociedade caracterizada pelo pluralismo, a tolerância, a justiça, a solidariedade e a não discriminação».*

Por proposta da Presidência italiana[348], a CIG 2003/2004 aditou referências aos direitos das minorias e ao princípio da igualdade entre homens e mulheres[349].

A versão final do artigo I-2º do TECE parece colocar, num primeiro plano, os valores da dignidade humana, da liberdade, da democracia, da igualdade, do Estado de direito e do respeito dos direitos, incluindo dos direitos das pessoas pertencentes a minorias, que considera como valores comuns à União e aos

incluindo dos direitos das pessoas pertencentes a minorias. Esses valores são comuns aos Estados membros, numa sociedade caracterizada pelo pluralismo, a não discriminação, a tolerância, a justiça, a solidariedade e a igualdade entre mulheres e homens».

[346] Sobre os valores que fundamentam a União no contexto do TECE, ver ANA MARIA GUERRA MARTINS, "Os valores da União na Constituição Europeia", cit., p. 497 e segs; FAUSTO QUADROS, "Einige Gedanken zum Inhalt und zu den Werten der Europäischen Verfassung", *in* MICHAEL BRENNER *et al.*, *Der Staat des Grundgesetzes – Kontinuität und Wandel*, Heidelberga, 2004, p. 1125 e segs; Idem, "O conteúdo e os valores da Constituição Europeia", *in* AAVV, *Uma Constituição para a Europa*, Coimbra, 2004, p. 189 e segs; VLAD CONSTANTINESCO, "Valeurs et contenu de la Constitution européenne", *in* AAVV, *Uma Constituição para a Europa*, cit., p. 161 e segs; FEDERICO SORRENTINO, "Brevi reflessione sui valori e sui fini dell'Unione Europea nel progetto di costituzione europea", *Dir. Pub.*, 2003, p. 810 e 811; ROLAND BIEBER, "Ingérence ou manifestation d'une responsabilité commune? – La protection des valeurs de l'Union européenne à l'égard des Etats-membres", *in* Institut Suisse de Droit Comparé (ed.), *L'intégration européenne: historique et perspectives*, Zurique, 2002, p. 95 e segs.

[347] Sobre essas dificuldades, ver ALBERTO COSTA, *Na Convenção Europeia...*, p. 16 e segs.

[348] Cfr. Documento CIG 52/03 ADD 1, de 25 de novembro de 2003.

[349] A menção da igualdade entre homens e mulheres foi introduzida por pressão do Lobby Europeu das Mulheres.

Estados-membros, enquanto parece relegar para segundo plano o pluralismo, a não discriminação, a tolerância, a justiça, a solidariedade e a igualdade entre mulheres e homens, os quais não são mencionados em relação com a União, mas com a sociedade.

A verdade é que, em bom rigor, a segunda frase do artigo I-2º do TECE teve como escopo contentar os vários intervenientes no processo de elaboração do texto do TECE. Com exceção da justiça e da solidariedade, a referência ao pluralismo e à tolerância já está implícita no valor da democracia e as menções da não discriminação e da igualdade entre mulheres e homens podiam retirar-se do valor da igualdade previsto na primeira frase do preceito. De qualquer forma, a referência à solidariedade e à justiça é importante, na medida em que se trata de valores específicos da União.

Estabelecido o enquadramento do tema bem como a origem do artigo 2º do TUE, passemos à análise dos valores que fundam a União Europeia.

17.3. A dignidade humana

O primeiro valor referido no artigo 2º do TUE é a dignidade humana e não é por acaso. Impondo o respeito da dignidade humana o reconhecimento de que todo o ser humano, em qualquer lugar e a qualquer tempo, pelo simples facto de o ser, deve ser titular de um núcleo mínimo de direitos e não pode ser degradado à qualidade de objeto[350], a União Europeia está obrigada, em todas as suas ações, a pautar-se por estas regras.

Dito isto, deve notar-se que o valor da dignidade humana não se afigura de fácil apreensão, como se pode inferir do que tem escrito sobre o assunto quer a doutrina portuguesa quer a estrangeira. Assim, citando José Carlos Vieira de Andrade, "*o conceito de dignidade humana foi naturalmente, ao longo dos tempos, um daqueles que sempre suscitou, mesmo no domínio limitado do pensamento ocidental, as mais profundas divergências, salientando-se as que opõem as respetivas conceções religiosas, racionais e "científicas"*"[351]. Jorge Reis Novais admite "*a dificuldade na determinação de um conteúdo concretizado deste princípio* [da dignidade da pessoa humana] *de forma intersubjectivamente incontestável*"[352]. E, mais recentemente, José de Melo Alexandrino afirma que "*o princípio de dignidade da pessoa humana parece pertencer àquele lote de realidades particularmente avessas à claridade, chegando a*

[350] Ver Jochen A. Frowein, "Human Dignity in International Law", *in* David Kretzmer / Eckard Klein (ed.), *The Concept of Human Dignity in Human Rights Discourse*, Haia, 2002, p. 21 e segs.

[351] José Carlos Vieira de Andrade, *Os Direitos Fundamentais na Constituição Portuguesa de 1976*, 4ª ed., Coimbra, 2009, p. 93, nota 58.

[352] Jorge Reis Novais, *Os princípios constitucionais estruturantes*, Coimbra, 2004, p. 56.

dar a impressão de se obscurecer na razão direta do esforço dispendido para o clarificar"[353]. Na doutrina estrangeira também se encontra o mesmo sentimento. "A *noção de dignidade, tal como a de igualdade, pertence ao grupo das noções se não confusas, pelo menos de «conteúdo variável»*"[354]. Porém, "[*a*] *necessidade de proteger o homem na integralidade das suas várias dimensões é de todos os tempos e de todos os lugares*"[355], impulsionando a uma busca permanente de consenso que nem sempre tem sido bem sucedida.

Surgindo, essencialmente, ligado à filosofia, à moral e à religião, o conceito de dignidade humana só muito tardiamente – já em pleno séc. XX – vai transpor estas fronteiras e passar para o discurso jurídico, em primeiro lugar, para o Direito Constitucional e, após a II Guerra Mundial, para o Direito Internacional[356]. É a partir daí que a dignidade humana passou a ser incorporada na maior parte dos textos de direitos humanos. Mas a verdade é que a ligação implícita entre o conceito de dignidade humana e os direitos humanos é muito anterior, como o demonstra JÜRGEN HABERMAS, num recente estudo[357].

Ao nível do Direito das Comunidades Europeias, as referências à dignidade humana no Direito Derivado, em ligação com a liberdade e com a igualdade de tratamento, datam de finais da década de 60. Veja-se, por exemplo, o considerando nº 5 do Regulamento (CEE) nº 1612/68, de 15 de outubro de 1968, relativo à livre circulação dos trabalhadores na Comunidade[358] (atualmente revogado pela Diretiva nº 2004/38/CE, do Parlamento Europeu e do Conselho, de 29 de abril de 2004[359]).

A ideia de proteção da dignidade humana enforma igualmente – ainda que de modo implícito – a Jurisprudência do Tribunal de Justiça, pelo menos, desde a década de 70. Assim, por exemplo, o acórdão *Defrenne II*[360], ao condenar as discriminações fundadas no sexo, tem subjacente a ideia da dignidade da mulher[361].

[353] JOSÉ DE MELO ALEXANDRINO, "Perfil constitucional da dignidade da pessoa humana: um esboço traçado a partir da variedade de conceções", *in Estudos em honra do Professor Doutor* JOSÉ DE *OLIVEIRA ASCENSÃO*, vol. I, Coimbra, 2008, p. 481.

[354] LÉON INGBER, «De l'égalité à la dignité en Droit: de la forme au contenu», *in Mélanges offerts à PIERRE VAN OMMESLAGHE*, Bruxelas, 2000, p. 905.

[355] VASCO DUARTE DE ALMEIDA, "Sobre o valor da dignidade da pessoa humana", *RFDUL*, 2005, p. 623.

[356] Para um estudo mais desenvolvido sobre as origens filosóficas, morais e religiosas da dignidade humana, cfr. ANA MARIA GUERRA MARTINS, *A igualdade e a não discriminação...*, p. 507 e segs, bem como toda a bibliografia aí citada.

[357] JÜRGEN HABERMAS, "O conceito de dignidade humana e a utopia realista dos direitos humanos", *in Um Ensaio...*, p. 30 e segs.

[358] JOCE L 257, de 19/10/1968, p. 2 e segs.

[359] JOUE L 229, de 29/6/2004, p. 35 e segs.

[360] Ac. de 8/4/76, *Defrenne II*, proc. 43/75, Rec. 1976, p. 455.

[361] Cfr. STÉPHANE RETTERER, "Le concept de dignité en droit communautaire: du droit positif au droit prospectif", *in* PHILIPPE PEDROT (dir.), *Ethique, Droit et Dignité de la Personne – Mélanges CHRISTIAN BOLZE*, Paris, 1999, p. 90.

Além disso, na década de 80 são frequentes as referências à dignidade da mulher em resoluções, programas de ação, declarações comuns e comunicações dos órgãos comunitários[362], ou seja, no *soft law*.

Sublinhe-se, contudo, que a dignidade humana não era mencionada no antigo artigo 6º, nº 1, do TUE, na versão de Amesterdão, tendo sido alcandorada ao Direito Originário somente com o TL. Apesar disso, a dignidade humana já fazia parte do Direito da União pela via das tradições constitucionais comuns aos Estados-membros e do Direito Internacional dos Direitos Humanos, tendo irradiado para todos os domínios do Direito da União Europeia.

Com a entrada em vigor do TL, a dignidade humana passa a ser reconhecida, no Direito Originário, a vários propósitos. Além do já mencionado artigo 2º do TUE, o qual a aponta como o primeiro valor em que se funda a União, só depois enunciando a liberdade, a democracia, a igualdade, o Estado de Direito e o respeito pelos direitos humanos, a CDFUE confere à dignidade humana um lugar proeminente, uma vez que abre com ela o catálogo dos direitos fundamentais da União. Com efeito, o título I da Carta relativo à dignidade abre com um preceito, no qual se afirma: "*A dignidade do ser humano é inviolável. Deve ser respeitada e protegida*". Deste modo, a dignidade humana é a porta de entrada para os direitos à vida (artigo 2º) e à integridade do ser humano (artigo 3º) e para a proibição da tortura ou dos tratos ou penas desumanos ou degradantes (artigo 4º) e da escravatura e do trabalho forçado (artigo 5º), os quais constituem o núcleo duro de qualquer catálogo de direitos fundamentais. A violação destes direitos implica, indubitavelmente, dos mais graves atentados à dignidade humana.

De acordo com a anotação[363] ao artigo 1º da CDFUE, a dignidade da pessoa humana não deve ser encarada somente como "*um direito fundamental em si mesmo, mas antes constitui a própria base dos direitos fundamentais*".

O predomínio inicial dos objetivos económicos da integração europeia ofuscou esta realidade. A dignidade humana é o fundamento último de muitas normas dos Tratados. Preceitos, como, por exemplo, os artigos 18º e seguintes do TFUE, relativos à não discriminação e à cidadania da União, ou os artigos 67º e seguintes do TFUE, sobre o espaço de liberdade, segurança e justiça, devem ser interpretados e aplicados com base no valor da dignidade humana. E já era assim na versão anterior dos Tratados.

[362] Para maiores desenvolvimentos, STÉPHANE RETTERER, "Le concept de dignité en droit communautaire...", p. 91 e segs.

[363] As anotações foram inicialmente elaboradas pelo *Praesidium* da Convenção que elaborou a Carta e, posteriormente, foram atualizadas pelo *Praesidium* da Convenção sobre o Futuro da Europa, destinando-se, nos termos do artigo 52º, nº 7, da CDFUE, a orientar os órgãos jurisdicionais da União e dos Estados-membros na interpretação da Carta.

A Carta não define, todavia, qual o conteúdo, a natureza e a função que a dignidade humana deve desempenhar no contexto do sistema de direitos fundamentais da União Europeia e não existe na Doutrina um consenso universal quanto a estes aspetos[364]. Como já mencionámos, da anotação do *Praesidum* ao artigo 1º da CDFUE pode inferir-se que o respeito da dignidade humana se traduz num verdadeiro direito subjetivo[365] – "[a] *dignidade do ser humano constitui não só um direito fundamental em si mesma (...)*". A própria Jurisprudência do Tribunal referida nas mesmas anotações aponta em sentido idêntico – "*No seu acórdão de 9 de outubro de 2001, no processo C-377/98, Países Baixos contra o Parlamento Europeu e Conselho, Colect. 2001, p. I-7079, nos pontos 70 a 77, o Tribunal de Justiça confirmou que o direito fundamental à dignidade da pessoa humana faz parte do direito da União.*"

Porém, tendo a dignidade humana sido introduzida, na Jurisprudência do TJ, pela via das tradições constitucionais comuns aos Estados-membros, a sua caracterização como direito fundamental não é pacífica. Com efeito, com exceção da Alemanha, em que, por razões históricas, parece existir um certo consenso no sentido de que o artigo 1º da *Grundgesetz* consagra um direito fundamental ao respeito da dignidade humana, em todos os outros Estados-membros a posição maioritária inclina-se no sentido contrário. Aliás, o Tribunal de Justiça, mais do que a existência de um direito fundamental à dignidade humana ou ao respeito da dignidade humana, tem vindo a afirmar a existência de um princípio geral de Direito de respeito da dignidade humana.

O Tribunal socorreu-se igualmente da dignidade humana, nos casos *P. contra S.*[366] e *Omega*[367], bem como nas conclusões do Advogado-geral JACOBS, no caso *Konstantinidis*[368].

Da anotação ao artigo 1º da Carta resulta ainda que "(...) *nenhum dos direitos consignados na presente Carta poderá ser utilizado para atentar contra a dignidade de outrem e que a dignidade do ser humano faz parte da essência dos direitos fundamentais nela consignados. Não pode, pois, ser lesada, mesmo nos casos em que um determinado direito seja objeto de restrições*".

O *Praesidium* procurou, assim, reforçar o papel do respeito da dignidade humana no sistema de direitos fundamentais da União, através da sua incorpo-

[364] Para maiores desenvolvimentos sobre os termos desta discussão, cfr. ANA MARIA GUERRA MARTINS, *A igualdade e a não discriminação...*, p. 513 e segs, bem como toda a bibliografia aí citada.

[365] Neste sentido, BERTRAND MATHIEU, «Article II – 61», *in* LAURENCE BURGORGUE-LARSEN *et al.*, *Traité établissant une Constitution pour l'Europe...*, tomo II, p. 37.

[366] Acórdão de 30/4/1998, *P. contra S.*, proc. C-13/94, Col. 1998, p. I-2143

[367] Ac. de 14/10/2004, proc. C-36/02, Col. 2004, p. I-9609. Para um comentário deste acórdão, cfr. ANDRÉ VON WALTER, "La protection de la dignité humaine face au droit communautaire", *AJDA*, 2005, p. 153 e segs.

[368] Ac. de 30/3/93, proc. C-168/91, Col. 1993, p. I-1191.

ração no conteúdo de todos os outros direitos nela consagrados, alcandorando-o a princípio interpretativo de todos eles. No fundo, este excerto da anotação ao artigo 1º vem corroborar a ideia atrás referida de que, além de um direito fundamental, a dignidade humana é a base de todos os direitos fundamentais compilados na Carta.

O facto de a União ancorar o seu sistema de direitos fundamentais no respeito pela dignidade humana está, por um lado, em consonância com as tradições constitucionais comuns aos Estados-membros e, por outro lado, com o Direito Internacional dos Direitos Humanos, os quais constituem a base da proteção dos direitos fundamentais na União, desde as suas primeiras afirmações na Jurisprudência do TJ. Não se trata, portanto, de uma especificidade da União Europeia, antes se insere no contexto mais vasto da sua participação numa rede de interconstitucionalidade, num constitucionalismo plural, num constitucionalismo multinível, o qual, no domínio dos direitos humanos, é particularmente evidente[369].

17.4. A liberdade

A afirmação do valor da liberdade do ser humano no seio da sociedade é uma conquista da Modernidade e resulta das teorias jusnaturalistas racionalistas do séc. XVII, as quais baseiam a explicação da sociedade na liberdade e na igualdade formal dos homens. Mas a ideia de liberdade não é um valor absoluto em si mesmo, tendo surgido associada à ideia de igualdade, que a limita, e vice-versa.

A ideia de liberdade adquire o seu apogeu com o liberalismo e envolve a liberdade política de votar e poder ser eleito para cargos públicos, a liberdade de expressão e de reunião, a liberdade de consciência e de pensamento, a liberdade pessoal com o direito de possuir propriedade e a liberdade contra toda a detenção e imputação arbitrárias.

O valor da liberdade implica o respeito da liberdade física do indivíduo, que inclui a liberdade de movimentação, ou seja, a livre de circulação dentro de um determinado espaço territorial, o respeito de alguns direitos, como sejam a liberdade de expressão, de informação, de consciência, de religião e de culto, de associação e de criação cultural. Politicamente, o valor da liberdade aparece associado à ideia de democracia e impõe, portanto, uma relação democrática entre governantes e governados, o que implica o direito de votar e ser eleito para cargos públicos.

A liberdade também faz parte dos valores que inspiram o Direito das Comunidades Europeias, desde a sua origem, constituindo, posteriormente, uma fonte

369 Para maiores desenvolvimentos sobre a proteção multinível dos direitos fundamentais, v. Ana Maria Guerra Martins / Miguel Prata Roque, "A tutela multinível dos direitos fundamentais", *Revista do Esmape*, vol. 19, nº 40, 2014, p. 35-70.

de inspiração do Direito da União Europeia. O antigo artigo 6º, nº 1, do TUE, introduzido na revisão de Amesterdão, reconheceu o princípio da liberdade como um dos fundamentos em que assentava a União. Mas mesmo antes de ter sido expressa e especificamente mencionada como princípio fundamentante da União, a ideia de "liberdade" já se encontrava subjacente a um dos princípios económicos basilares do Tratado institutivo da Comunidade (Económica) Europeia – o princípio da livre circulação de mercadorias, de pessoas, de serviços e de capitais – o qual resistiu a todas as revisões, tendo até, entretanto, sido aprofundado e desenvolvido.

É igualmente a ideia de liberdade que mais tarde (na revisão de Amesterdão) vai servir de base ao Tratado da União Europeia quando incluiu entre os objetivos da União a manutenção e o desenvolvimento enquanto espaço de liberdade, segurança e justiça, em que deve ser assegurada a livre circulação de pessoas, em conjugação com medidas adequadas em matéria de controlos na fronteira externa, asilo e imigração, bem como de prevenção e combate à criminalidade.

Após a entrada em vigor do TL, diversas partes dos Tratados assim como da Carta devem procurar o seu fundamento no valor da liberdade. Em primeiro lugar, o valor da liberdade continua a inspirar alguns objetivos da União, como, por exemplo, o estabelecimento do mercado interno (artigo 3º, nº 3, do TUE) que se caracteriza pela abolição de obstáculos à livre circulação de mercadorias, de pessoas, de serviços e de capitais (artigos 26º, nº 1, do TFUE) ou o espaço de liberdade, segurança e justiça, sem fronteiras internas, em que é assegurada a livre circulação de pessoas (artigo 3º, nº 2, do TUE). Além disso, é o valor da liberdade que fundamenta as disposições no domínio da concorrência (artigos 101º e seguintes do TFUE). Em segundo lugar, o título II da CDFUE relativo à liberdade concentra-se em alguns direitos civis e políticos, tais como o direito à liberdade e à segurança (artigo 6º), a liberdade de associação (artigo 12º), a liberdade de expressão (artigo 11º), o direito de propriedade (artigo 17º) e o respeito da vida privada e familiar (artigo 7º). Além disso, a liberdade de empresa (artigo 16º), que, no contexto da UE, se revela de uma enorme importância, também se baseia no valor da liberdade.

Em suma, o valor da liberdade tem desempenhado um papel muito importante na evolução do Direito da União Europeia.

17.5. A democracia

O valor da democracia faz igualmente parte das tradições constitucionais comuns aos Estados-membros, tendo sido afirmado pela Comunidade Europeia muito antes de constar do articulado dos Tratados.

No documento sobre a identidade europeia adotado, em Copenhaga, em 14 de dezembro de 1973, os Chefes de Estado e de Governo sublinharam a vontade de salvaguardar os princípios da democracia representativa, do império da lei, da justiça social e do respeito dos direitos do homem, enquanto elementos da identidade europeia. Decorrida mais de uma década, o preâmbulo do AUE assumiu que os Estados-membros estavam dispostos a promover em conjunto a democracia. O TJ afirmou o princípio democrático, entre muitos outros, no acórdão *Roquette Frères*[370], tendo anulado um regulamento do Conselho, por falta de consulta do Parlamento Europeu, com o argumento de que a Comunidade devia respeitar os princípios democráticos fundamentais, pelo que o povo devia tomar parte no exercício do Poder por intermédio da sua assembleia representativa.

Já a primeira referência no articulado dos Tratados ao respeito do valor da democracia constava do artigo F, nº 1, do TUE introduzido pelo Tratado de Maastricht, o qual afirmava que "*a União respeitará a identidade nacional dos seus Estados-membros, cujos sistemas de governo se fundam nos princípios democráticos*".

A revisão de Amesterdão reforçou a exigência do respeito da democracia por parte dos Estados-membros, na medida em que previa a suspensão de um Estado-membro que não observasse o princípio democrático. Além disso, o respeito da democracia foi alcandorado a condição de adesão à União. O Tratado de Nice alterou o preceito relativo à suspensão no sentido de o Conselho poder verificar a existência de um risco manifesto de violação grave, entre outros, do princípio democrático.

Chegados a este ponto, deve definir-se qual o conteúdo do valor da democracia.

Invocando a formulação de LINCOLN quanto à "essência" da democracia – governo do povo, pelo povo e para o povo – que ainda hoje é considerada "*a síntese mais lapidar dos momentos fundamentais do princípio democrático*"[371], diremos que a democracia implica que o poder provém do povo, é exercido pelo povo e para o povo. Assim sendo, os cidadãos devem eleger os órgãos de decisão política, devem poder participar na adoção das decisões políticas e devem dispor do poder de controlar os governantes. São várias as formas através das quais a participação do povo se pode efetivar na prática, sem que o valor da democracia seja afetado. Essa participação pode ocorrer diretamente ou através de instituições eleitas periodicamente, as quais devem agir em nome do povo, observando os princípios previamente estabelecidos no pacto inicial. Neste último caso, poder-se-á prever em certas situações – mais, ou menos, frequentes – que o povo seja diretamente ouvido, nomeadamente, através de referendo. Por outras palavras, a democracia não se esgota numa única concretização, sendo compatível

[370] Ac. de 15/10/80, proc. 145/79, Rec. 1980, p. 3333.

[371] J. J. GOMES CANOTILHO, *Direito Constitucional e Teoria da Constituição*, 7ª ed., Coimbra, 2003, p. 287.

com um leque mais abrangente de concretizações[372], tal como já anteriormente defendemos[373].

Nos Estados que respeitam o império do Direito e dos direitos fundamentais, o princípio democrático assume-se, de um modo geral, como uma norma jurídica constitucionalmente positivada[374], o que implica que a legitimidade do Poder está sujeita à prossecução de determinados fins e à realização de certos valores e princípios, dos quais se destacam a soberania popular, a garantia dos direitos fundamentais, o pluralismo de opinião e a organização democrática do poder político[375].

A democracia é, pois, uma ideia complexa que abrange diversas dimensões. Por um lado, nela se inclui uma conceção mais restrita – a chamada democracia representativa[376] – que se expressa através de órgãos representativos, de eleições periódicas, do pluralismo partidário e da separação de poderes – mas, por outro lado, não pode deixar de responder às exigências dos cidadãos no sentido de uma maior participação efetiva nos processos de decisão, o que vai conduzir ao desenvolvimento de uma outra componente da democracia – a mais recente democracia participativa[377].

A democracia pressupõe, portanto, uma sociedade aberta e ativa, uma vez que o poder político não se deve considerar vinculado a determinadas pessoas, devendo antes permitir a todos a participação crítica no processo político em condições de igualdade[378]. Se inicialmente apenas o Estado se encontrava sujeito ao princípio democrático, atualmente este estende-se à sociedade em geral, sem deixar de assumir um papel fundamental – como sempre sucedeu – ao nível do Estado.

Ora, partindo destas premissas, facilmente se compreende que uma entidade com as atribuições da União Europeia não deve ficar imune às exigências da democracia, na medida em que a sua atuação é suscetível de afetar direta e imediatamente os cidadãos. Assim sendo, o valor da democracia encontra-se intimamente ligado à constitucionalização da União. Daí que o objetivo de criação de uma União mais democrática, mais transparente e mais eficaz tenha vindo a

[372] ANTONIO D'ATENA, "Il principio democrático nel sistema dei principi costituzionali", *Diritto e Societá*, 1996, p. 28.

[373] ANA MARIA GUERRA MARTINS, *A natureza jurídica da revisão...*, p. 355 e segs.

[374] J. J. GOMES CANOTILHO, *Direito Constitucional...*, p. 287.

[375] J. J. GOMES CANOTILHO, *Direito Constitucional...*, p. 288.

[376] Esta é a forma mais comum como se apresenta a democracia contemporânea. ANTONIO D'ATENA, "Il principio democrático...", p. 29.

[377] J. J. GOMES CANOTILHO, *Direito Constitucional...*, p. 288.

[378] Sobre o princípio democrático, cfr. ANA MARIA GUERRA MARTINS, "A interdição de partidos políticos contrários ao princípio democrático", *in Estudos em homenagem ao Professor Doutor Jorge Miranda*, Volume I, Coimbra, 2012, p.185 e segs bem como toda a bilbiografia aí citada.

ser, recorrentemente, afirmado nas sucessivas revisões dos Tratados. Aliás, as reivindicações de um quadro institucional mais democrático são quase tão antigas como a existência das próprias Comunidades, tendo-se agudizado após a eleição do Parlamento Europeu por sufrágio direto e universal.

O TL insere-se, pois, neste quadro evolutivo.

Com efeito, o valor da democracia explica, indubitavelmente, algumas alterações introduzidas nos Tratados, como sejam a inclusão do título II relativo aos princípios democráticos, alguns aspetos da reforma institucional e alguns preceitos da Carta (artigo 11º relativo à liberdade de expressão e de informação, artigo 12º que diz respeito à liberdade de expressão e de informação e artigo 13º sobre a liberdade das artes e das ciências).

No que diz respeito ao título II do TUE, deve notar-se que é a primeira vez, na História da integração europeia que se consagram os princípios democráticos (artigos 9º a 12º) num texto de Direito Originário, tendo-se feito menção expressa nos Tratados a alguns pontos que nunca tinham sido referidos anteriormente.

A reforma institucional levada a cabo pela CIG 2007 está profundamente ligada ao valor da democracia, tendo tido como pano de fundo – mais uma vez – a vontade de ultrapassar o défice democrático da União.

De facto, o valor da democracia influenciou, em grande medida, a revisão dos Tratados operada em Lisboa.

Se compararmos o TL com o TECE, o primeiro mantém e, nalguns casos, até reforça, a democraticidade da União.

Assim, a votação no seio do Conselho por maioria qualificada e a representação no Parlamento Europeu apresentam-se mais consentâneas com o critério demográfico[379].

O apuramento da maioria qualificada, no seio do Conselho, passa a ter em maior linha de conta o critério da população. A composição do PE por representantes dos cidadãos da União (artigo 14º, nº 2, do TUE) e a representação degressivamente proporcional (artigo 14º, nº 2, do TUE), prevendo-se um limiar mínimo – seis membros por Estado – e máximo de noventa e seis são igualmente manifestações do valor da democracia.

O TL exige, pela primeira vez, que o Conselho Europeu tenha em conta os resultados das eleições para o Parlamento Europeu na proposta de um candidato ao cargo de Presidente da Comissão (artigo 17º, nº 7, do TUE), o que é uma clara afirmação do valor da democracia.

Por último, deve mencionar-se que os casos de votação no Conselho por maioria qualificada bem como a adoção dos atos com base no procedimento legislativo ordinário aumentaram, com o consequente reforço dos poderes do PE.

[379] Gráinne de Búrca, "The EU on the Road from the Constitutional Treaty to the Lisbon Treaty", *in Jean Monnet Working Paper/08*, p. 9 e10, disponível no sítio www.jeanmonnetprogram.org

Além dos aspetos acabados de mencionar, verificam-se ainda outras modificações que contribuem, sem dúvida, para reforçar a democracia na União. É o caso da participação dos parlamentos nacionais no procedimento legislativo e do papel que desempenham no âmbito do princípio da subsidiariedade, do direito de petição dos cidadãos e da introdução do método da convenção no procedimento ordinário de revisão. Todos estes assuntos serão objeto de um estudo mais desenvolvido neste livro.

Em suma, o TL, em observância do valor da democracia, pretende criar uma União mais aberta e mais próxima dos seus cidadãos, assim como uma União mais eficaz e transparente. Não se deve, porém, escamotear o facto de que, nalguns casos, os avanços do TL foram conseguidos à custa de negociações árduas, do adiamento de questões essenciais e de *opt outs* que põem em causa a uniformidade do Direito da União Europeia.

O quadro que acabou de se traçar vale, essencialmente, para as matérias que anteriormente faziam parte do pilar comunitário, pois, apesar da eliminação formal da estrutura tripartida da União, a qual causava sérios problemas do ponto de vista da democracia, e da sua consequente substituição por uma estrutura unitária[380], o TL não conseguiu unificar totalmente os procedimentos de decisão, o sistema de fontes de Direito Derivado nem o controlo jurisdicional dos atos adotados nos vários domínios.

Sublinhe-se, todavia, desde já, que os eventuais desvios ao princípio democrático e ao valor da democracia em sede de PESC e de ELSJ não conduzem inevitavelmente à negação do constitucionalismo da União Europeia. Aliás, a avaliação das modificações introduzidas pelo TL, nestes domínios, passa, por um lado, pela comparação com o que existia antes e ainda pela constatação de que, pelo menos, no âmbito da PESC, a situação nos Estados-membros não é significativamente diferente. Com efeito, a condução da política externa compete ao Executivo e não ao Parlamento, e nem por isso se põe em causa o constitucionalismo nacional.

Se o TL ainda pode ser entendido no contexto do reforço do valor da democracia, já a resposta à crise do euro e das dívidas soberanas levou à adoção de um conjunto de actos de direito derivado, de actos de *soft law* e até de acordos internacionais entre Estados-membros da União Europeia (mas não todos) que conferem poderes de decisão muito importantes a instituições e órgãos já existentes, cuja legitimidade democrática é duvidosa, como é o caso do BCE, ou criam novos órgãos e instituições que se afastam igualmente deste valor. Daí

[380] Recorde-se que, segundo o artigo 1º TUE, a União Europeia sucede às Comunidades Europeias e aos pilares intergovernamentais – PESC e CPJP.

que um dos principais problemas que a União Europeia enfrenta, hoje em dia, seja a deriva intergovernamental, cujo défice democrático é muito acentuado[381].

17.6. A igualdade

O valor da igualdade funda dois princípios muito importantes do Direito da União Europeia – o princípio da igualdade e o princípio da não discriminação. Com efeito, a proibição da discriminação em função da nacionalidade e a igualdade de remuneração entre homens e mulheres desempenharam um papel fundamental no Direito Comunitário, desde os primórdios da integração europeia[382], continuando a constituir dois alicerces fundamentais do Direito da União Europeia atual. As sucessivas revisões do Tratado (com especial destaque para o Tratado de Amesterdão) e a Jurisprudência do Tribunal de Justiça estenderam o âmbito de aplicação destes princípios[383].

O TL confere uma ampla proteção à igualdade e à não discriminação, mantendo, por um lado, as normas que já integravam os anteriores Tratados neste domínio e, por outro lado, introduzindo novas regras. Como exemplos das primeiras podem mencionar-se o objetivo da União de combate à exclusão social e à discriminação, bem como a promoção da igualdade entre homens e mulheres (artigo 3º, nº 3, do TUE), o reconhecimento expresso da igualdade entre homens e mulheres (artigo 157º do TFUE) e a manutenção do antigo artigo 13º do TCE, atual artigo 19º do TFUE, embora deslocando-o, do ponto de vista sistemático, para a Parte II do Tratado relativa à não discriminação e cidadania da União. Além disso, o TL introduz todo um conjunto de novas normas que têm o intuito de ampliar a consagração do valor da igualdade. É o caso dos artigos 9º do TUE e 10º do TFUE bem como do título III da CDFUE.

Em suma, o valor da igualdade está na base dos princípios da igualdade e da não discriminação que, em nosso entender, saem reforçados com o Tratado de Lisboa[384].

[381] Para maiores desenvolvimentos v. NICOLE SCICLUNA, "Politicization without Democratization: How the Eurozone Crisis is transforming EU Law and Politics", *I.CON*, 2014, p. 545-571.

[382] Ver KOEN LENAERTS, «L'égalité de traitement en droit communautaire: un principe unique aux apparences multiples», *CDE*, 1991, p. 21-22.

[383] Ver DENIS MARTIN, *Égalité et non-discrimination dans la jurisprudence communautaire – Étude critique à la lumière d'une approche comparatiste,* Bruxelas, 2006, p. 35-220; RÉMI HERNU, *Principe d'égalité et principe de non-discrimination dans la jurisprudence de la Cour de Justice des Communautés Européennes,* Paris, 2003, *passim*.

[384] Cfr. ANA MARIA GUERRA MARTINS, "O Tratado de Lisboa reforça o princípio da igualdade e da não discriminação?", in *Estudos em homenagem ao Prof. Doutor* MARTIM DE ALBUQUERQUE, Coimbra, 2010, p. 55 e segs.

17.7. O Estado de direito

Diretamente relacionado com o valor da democracia está o valor do Estado de direito segundo o qual o exercício dos poderes públicos, em nome do povo, implica a sujeição dos titulares dos órgãos a regras jurídicas previamente estabelecidas. A ideia de Estado de direito visa conciliar a necessidade de realização das tarefas públicas por parte dos órgãos do Estado com o respeito dos direitos dos indivíduos. É esta dupla função do conceito de Estado de direito que vai justificar o seu entendimento cada vez mais amplo.

O Estado de direito comporta uma dimensão formal e uma dimensão material. Formalmente, é um Estado onde a separação de poderes, a independência dos tribunais, a legalidade da administração, a proteção jurídica contra atos do poder público bem como a indemnização pelos danos causados pela administração aos particulares é assegurada. Materialmente, é um Estado onde é assegurada a execução destes princípios, designadamente através da vinculação constitucional do legislador e do respeito dos direitos fundamentais.

A ideia do Estado de direito tem repercussões em toda a atividade do Estado, incluindo a atividade administrativa. É o Estado de direito que justifica o princípio da legalidade da administração segundo o qual esta não deve atuar contra a lei nem sem fundamento legal, o princípio da prevalência da lei e da reserva de lei, o controlo judicial dos atos administrativos por tribunais independentes e a consagração da responsabilidade do Estado e dos funcionários por danos causados por factos ilícitos no cumprimento das suas tarefas.

A sujeição de todos os poderes públicos ao Direito vai condicionar toda a atividade legislativa e administrativa do Estado, entendendo-se aqui a expressão Direito num sentido amplo de Ordem Jurídica global[385].

O valor do Estado de direito está no âmago do constitucionalismo moderno e é aplicável a todas as entidades que exerçam poderes públicos, pois o que está em causa é o respeito do Direito, o império do Direito, com o objetivo de defender os indivíduos dos abusos de Poder. Daqui decorre que toda a entidade que seja suscetível de pôr em causa os direitos dos indivíduos deve considerar-se submetida ao princípio do Estado de direito.

[385] Sobre o Estado de Direito ver, entre muitos outros, JORGE REIS NOVAIS, *Os princípios constitucionais...*, p. 15 e segs; J. J. GOMES CANOTILHO, *Direito Constitucional...*, p. 92 e segs; JORGE MIRANDA, *Manual de Direito Constitucional,* Tomo I, 7ª ed., Coimbra, 2003, p. 83 e segs; REINHOLD ZEPPELIUS, *Teoria Geral do Estado,* 3 ª ed. (trad.), Lisboa, 1997, p. 383 e segs; EBERHARD SCHMIDT-ASSMANN, "Der Rechtstaat", *in* JOSEF ISENSEE *et al., Handbuch des Staatsrechts der Bundesrepublik Deutschland,* vol. 1, 2ª ed., Heidelberga, 1995, p. 997 e segs; JACQUES-YVAN MORIN, "L'État de droit: émergence d'un principe du droit international", *RCADI,* 1995, tomo 254, p. 21 e segs; PAULO OTERO, *Ensaio sobre o caso julgado inconstitucional,* Lisboa, 1993, p. 22 e segs; RAINER ARNOLD, "Rechtsstaat und Normenkontrolle in Europa", *in* JÜRGEN F. BAUR *et al., Festschrift für* BODO BÖRNER, Colónia, 1992, p. 7 e segs.

Por esta razão, antes as Comunidades Europeias e, atualmente, a União Europeia, na medida em que exercem poderes públicos, que antes pertenciam aos seus Estados-membros, têm de observar os mesmos princípios que os Estados observariam se fossem eles a atuar, incluindo o princípio do Estado de direito. Além disso, os poderes públicos da União (e antes da Comunidade) afetam diretamente tanto a esfera jurídica dos particulares como a dos Estados-membros, pelo que só a observância estrita do Direito previamente estabelecido pode justificar tal afetação.

Isto mesmo foi sustentado pelo Tribunal de Justiça, entre outros, no acórdão *Os verdes*[386], no qual se explicitou que a Comunidade Económica Europeia é uma Comunidade de direito, na qual nem os seus Estados nem as instituições podem escapar ao controlo da conformidade dos seus atos com a carta constitucional de base que é o Tratado.

Em anteriores trabalhos já tivemos oportunidade de estudar a aplicação do princípio do Estado de direito à União Europeia[387]. Por ora, importa sobretudo averiguar quais as alterações introduzidas pelo TL que se ancoram no valor do Estado de direito (*rule of law*).

Em nosso entender, o valor do Estado de direito impulsionou as seguintes modificações dos Tratados:

a) A estrutura da União e os seus limites;
b) Alguns aspetos da reforma institucional, designadamente o reforço do princípio da separação de poderes e o alargamento do controlo jurisdicional;
c) A declaração respeitante ao primado do Direito da União Europeia sobre os Direitos nacionais;
d) O caráter vinculativo da CDFUE.

O TL eliminou a estrutura tripartida da UE, embora não se tenha verificado uma total correspondência entre a unidade formal e a unidade substancial da União Europeia.

No domínio da PESC, os atos legislativos[388] estão expressamente excluídos (artigos 24º, nº 1, par. 2º, e 31º, nº 1, par. 1º, do TUE), sendo substituídos pela definição das orientações gerais, pelas decisões que definam as ações a desenvolver pela União, as posições a tomar pela União, pelas regras de execução destas e pela

[386] Ver acórdão de 23/4/86, *Os Verdes c. PE*, proc. 294/83, Col. 1986, p. 1339 e segs.

[387] Ana Maria Guerra Martins, "Os valores da União na Constituição Europeia", cit., p. 497 e segs; Idem, *A natureza jurídica da revisão...*, p. 365 e segs.

[388] Trata-se de um resquício do TECE que hoje se deve interpretar como dizendo respeito aos regulamentos, diretivas e decisões de caráter geral previstos no artigo 288º do TFUE.

cooperação sistemática entre os Estados-membros (artigo 25º do TUE). Além disso, a ação externa está expressamente excluída da jurisdição do Tribunal de Justiça, excetuando a competência para verificar a observância do artigo 40º do TUE e fiscalizar a legalidade de certas decisões previstas no artigo 275º, par. 2º, do TFUE (artigo 24º, nº 1, par. 2º, do TUE).

Pelo contrário, no que diz respeito ao ELSJ, aplicam-se as fontes comuns de Direito Derivado – os regulamentos, as diretivas e as decisões – as quais gozam de primazia sobre o Direito dos Estados-membros e de aplicabilidade direta e efeito direto, quando a eles houver lugar. O Tribunal de Justiça passa a ter jurisdição para apreciar e julgar processos, no domínio do ELSJ, com duas exceções previstas no artigo 276º do TFUE[389].

As modificações acabadas de enunciar contribuem para o reforço da União de Direito, o que significa que, em comparação com a estrutura tripartida da União, em vigor desde a revisão de Maastricht, o TL representa, indubitavelmente, um avanço significativo no sentido da constitucionalização da União. E nem se diga que a exclusão da jurisdição da PESC e da PDSC conduz à negação do que acaba de se afirmar, desde logo, porque os tribunais nacionais também não dispõem de amplos poderes para fiscalizar a condução da política externa ao nível dos Estados, uma vez que esta se enquadra naquilo que a Doutrina americana designa como *"political questions"*.

Como dissemos, a separação de poderes e o controlo jurisdicional efetivo dos atos do poder público são dois importantes postulados da União de direito.

Ora, pela primeira na História da integração europeia, as funções de cada um dos órgãos da União são qualificadas segundo uma terminologia constitucional e definidas as formas do seu exercício. Assim, o Parlamento Europeu, juntamente com o Conselho, exerce funções legislativas e orçamentais. O Parlamento exerce ainda funções de controlo político e consultivas (artigo 14º, nº 1, do TUE). O Conselho exerce, juntamente com o Parlamento Europeu, funções legislativas e orçamentais. Além disso, exerce funções de definição das políticas e de coordenação (artigo 16º, nº 1, do TUE).

Denota-se aqui uma tentativa de aproximar a repartição de poderes entre os órgãos da União da repartição tradicionalmente assumida nos Estados, pelo menos no que diz respeito ao PE. Assim, ao órgão eleito por sufrágio direto e

[389] O TJ não pode fiscalizar a validade ou a proporcionalidade de operações de polícia nem tem competência para decidir sobre o exercício das responsabilidades que incumbem aos Estados-membros em matéria de manutenção da ordem pública e de garantia da segurança interna. Deve, todavia, notar-se que a jurisdição do Tribunal de Justiça não se aplicou imediatamente às normas relativas às matérias que anteriormente faziam parte do terceiro pilar, isto é, à cooperação policial e à cooperação judiciária em matéria penal. Neste domínio, o Tribunal só virá a adquirir competência nos 5 anos seguintes (artigo 10º do Protocolo relativo às disposições transitórias).

universal é cometido o poder legislativo, orçamental, de controlo político e consultivo. Mas a verdade é que o poder legislativo e orçamental é partilhado com o Conselho – órgão representante dos Estados-membros –, as funções de controlo político são bastante ténues, dado que a moção de censura está limitada à Comissão e mesmo, nesse caso, dificilmente se conseguirá no PE a maioria necessária para a aprovar.

O Conselho Europeu foge a esta repartição clássica de poderes, mas o Tratado teve a preocupação de determinar que este órgão não exerce competências legislativas (artigo 15º, nº 1, do TUE), o que não pode deixar de ser avaliado positivamente na perspetiva do constitucionalismo.

Além disso, o TL estende a jurisdição do Tribunal de Justiça a áreas que dela têm estado excluídas ou que têm sido submetidas à sua jurisdição com bastantes limitações[390]. O TL alarga igualmente as possibilidades de acesso dos indivíduos aos Tribunais da União Europeia, ao conferir legitimidade ativa, em sede de recurso de anulação, às pessoas singulares e coletivas, não só contra atos de que sejam destinatárias ou que lhe digam direta e individualmente respeito, como sucedia na versão anterior dos Tratados[391], mas também contra os atos regulamentares que lhe digam diretamente respeito e que não incluam medidas de execução (artigo 263º, nº 4, do TFUE).

O valor do Estado de direito impõe, com efeito, a existência de tribunais independentes e imparciais capazes de assegurar o respeito da Ordem Jurídica em causa, assim como o direito de acesso à justiça. Assim sendo, todo o Direito, isto é, todo o ato ou norma jurídicos se devem encontrar sujeitos ao controlo jurisdicional. É certo que os Tribunais da União veem a sua competência alargada, mas tem de se admitir que, ao contrário do que faria supor o desaparecimento da estrutura tripartida da União, certos domínios continuam subtraídos à jurisdição do Tribunal.

[390] No mesmo sentido, Emmanuelle Bribosia, "Le traité de Lisbonne: un pas supplémentaire dans le processus de constitutionnalisation des droits fondamentaux", *in* Paul Magnette / Anne Weyembergh, *L'Union européenne...*, p. 185.

[391] O Tribunal de Justiça interpretou o antigo artigo 230º, par. 4º, do TCE (atual 267º do TFUE) num sentido bastante restritivo (ver ac. de 25/7/2002, *Union de Pequeños Agricultores c. Conselho*, proc. C-50/00 P, Col. 2002, p. I-6677). Já o Tribunal de Primeira Instância (ac. de 3/5/2002, *Jégo Quéré v. Commission*, proc. T-177/01, Col. 2002, p. II-2365) bem como uma parte da Doutrina têm defendido uma interpretação mais flexível. Ver Fausto de Quadros / Ana Maria Guerra Martins, *Contencioso da União...*, p. 155, 162, 163; Denis Waelbroeck, «Le droit au recours juridictionnel effectif du particulier trois pas en avant, deux pas en arrière», *CDE*, 2002, p. 3 e segs; Pascal Gilliaux, «L'arrêt Unión de Pequeños Agricultores: entre subsidiarité juridictionnelle et effectivité», *CDE*, 2003, p. 177 e segs; Jürgen Schwarze, «The Legal Protection of the Individual against Regulations in European Union Law», *EPL*, 2004, p. 285 e segs. O TL acabou por aceitar esta conceção mais flexível da legitimidade ativa dos particulares em sede de recurso de anulação.

Um outro ponto de reforço da União de direito prende-se com a afirmação do primado do Direito da União sobre os Direitos dos Estados-membros. É certo que, contrariamente ao que se verificava no TECE[392], o TL se limita a incluir uma declaração sobre o primado segundo a qual "*a Conferência lembra que, em conformidade com a jurisprudência constante do Tribunal de Justiça da União Europeia, os Tratados e o direito adotado pela União com base nos Tratados primam sobre o direito dos Estados-membros, nas condições estabelecidas pela referida jurisprudência*".

Apesar de esta declaração não ter o mesmo valor jurídico que os Tratados, ela não pode deixar de ser avaliada na perspetiva da concretização do Estado de direito (*rule of law*), e, consequentemente, no sentido do aprofundamento do constitucionalismo da União Europeia. Dito isto, também não se deve esquecer que, se compararmos a solução consagrada no TL com a que decorria do TECE, a União de direito ficou mais pobre – ou melhor não enriqueceu tanto – mas isso não significa que o primado não deva continuar a ser respeitado e aplicar-se, como até aqui, ou seja, plenamente.

Uma das alterações introduzidas pelo TL com maior impacto, do ponto de vista da União de direito é, sem dúvida, o reconhecimento dos direitos, liberdades e princípios contidos na CDFUE com um valor jurídico idêntico aos dos Tratados (artigo 6º, nº 1, do TUE). A União passou a dispor de um catálogo de direitos fundamentais, o qual pode ser invocado nos Tribunais da União Europeia e nos tribunais nacionais, nos termos constantes do artigo 51º, nº 1, 1ª parte, da Carta.

O caráter vinculativo da Carta está, contudo, sujeito a alguns limites que analisaremos, em pormenor, mais adiante. Apesar de tudo, a solução consagrada no TL quanto ao estatuto jurídico da Carta não pode deixar de ser vista como um avanço no sentido da constitucionalização da União. Basta para tanto lembrar que a questão da inclusão (ou não) da Carta nos Tratados se arrastava desde dezembro de 2000 (data da CIG realizada em Nice), tendo vindo a ser sucessivamente adiada. Na verdade, não tendo sido incluída no Tratado de Nice, a Carta não tinha valor jurídico vinculativo, aproximando-se o seu estatuto jurídico do *soft law*. Após a entrada em vigor do TL, a CDFUE faz parte integrante do *hard law*, dado que a sua força jurídica é idêntica à dos Tratados institutivos da União.

Alguns Estados mostraram muitas reticências quanto à aceitação do caráter vinculativo da Carta, pelo que foi necessário conceder à Polónia e ao Reino Unido um estatuto específico que, todavia, não configura um verdadeiro *opt-out* relativamente à aplicação da CDFUE.

[392] O TECE incluía, expressamente, na Parte I, um preceito relativo ao princípio da supremacia do Direito da União sobre o Direito dos Estados-membros (ver artigo I-6º do TECE).

17.8. O respeito pelos direitos fundamentais

O respeito pelos direitos fundamentais é um valor que sempre esteve subjacente às Comunidades Europeias, tendo sido, posteriormente, assumido pela União Europeia por duas ordens de razões. Por um lado, a proteção dos direitos fundamentais surge, historicamente, ligada, de modo intrínseco, ao constitucionalismo moderno, pelo que ela constitui um dos pilares fundamentais da base axiológica de todos os Estados-membros da União. Por outro lado, a transferência de poderes dos Estados-membros para a União Europeia não deve converter-se numa diminuição da proteção das pessoas.

Não obstante, no início do processo de integração europeia, se ter verificado alguma resistência ao reconhecimento dos direitos fundamentais por parte dos órgãos das então Comunidades Europeias, a partir dos finais da década de 60 tornou-se clara a insustentabilidade desta posição, pelo que as Comunidades acabaram por assegurar o respeito dos direitos fundamentais consagrados precisamente nas tradições constitucionais comuns aos Estados-membros e no Direito Internacional dos Direitos Humanos, em especial na CEDH, como princípios gerais de Direito.

O Tratado de Lisboa insere-se, pois, no contexto pré-existente de afirmação dos direitos fundamentais por parte da União Europeia, tendo prosseguido o caminho traçado pelos seus antecessores, designadamente, através:

a) da equiparação do valor jurídico da CDFUE[393] ao dos Tratados operada pelo artigo 6º, nº 1, do TUE;

b) da atribuição de competência à União Europeia para aderir à CEDH prevista no artigo 6º, nº 2, do TUE.

É indiscutível a centralidade destes dois temas para o cumprimento do valor do respeito pelos direitos fundamentais afirmado no artigo 2º do TUE. Com efeito, a existência de um catálogo de direitos fundamentais da União Europeia equivalente ao dos seus Estados-membros – e, em muitos casos, até mais amplo – bem como a assunção dos poderes necessários para a União aderir à CEDH, desde que preenchidos determinados pressupostos, devem considerar-se como uma concretização do valor do respeito pelos direitos fundamentais, reforçando, por conseguinte, a vertente constitucional da União Europeia. Porém, como melhor resultará do subsequente estudo, no que diz respeito à CDFUE verificaram-se cedências à soberania dos Estados e, consequentemente, ao intergovernamentalismo e, no que toca à adesão à CEDH, o Parecer nº 2/13, do Tribunal de Justiça, de 18 de Dezembro de 2014, inviabilizou, pelo menos, por enquanto, essa adesão.

[393] A Carta foi solenemente proclamada pelos Presidentes do Parlamento Europeu, do Conselho e da Comissão, em Estrasburgo, em 12 de dezembro de 2007, estando publicada no JOUE nº C 303, de 14 de dezembro de 2007.

17.9. A suspensão dos direitos de um Estado-membro por desrespeito dos valores da União

17.9.1. Antecedentes

O Tratado de Amesterdão introduziu um mecanismo não jurisdicional ou político para sancionar os Estados que não cumprissem os princípios enunciados no antigo artigo 6º, nº 1, do TUE, o qual se consubstanciava na possibilidade de suspensão de direitos de um Estado-membro que não respeitasse os princípios da União. Por sua vez, o Tratado de Nice, na sequência da chamada "questão austríaca", introduziu um mecanismo preventivo de alerta, com o intuito de responder a situações em que os princípios consagrados no antigo artigo 6º, nº 1, do TUE ainda não tivessem sido violados, mas corressem o risco de o ser. O TECE retomava, no seu artigo I-59º, o mecanismo da suspensão de certos direitos resultantes da qualidade de membro da União[394].

17.9.2. O estado da questão no Tratado de Lisboa

Na sequência destes antecedentes, o Tratado de Lisboa estabelece, no artigo 7º, nº 1, do TUE, a possibilidade de o Conselho, sob proposta fundamentada de um terço dos Estados-membros, do Parlamento Europeu ou da Comissão Europeia, decidir, por maioria qualificada de quatro quintos dos seus membros, e após aprovação do PE, verificar a existência de um risco manifesto de violação dos valores referidos no artigo 2º do TUE por parte de um Estado-membro. O Estado em causa deve ser ouvido antes de o Conselho proceder a essa constatação, podendo o Conselho dirigir-lhe recomendações segundo o mesmo processo.

Tratando-se de uma decisão que terá certamente um impacto negativo no Estado-membro em questão, o artigo 7º, nº 1, par. 2º, do TUE impõe ao Conselho a verificação regular da persistência dos motivos que levaram a essa constatação.

Além da situação de verificação da existência de um risco manifesto de violação grave dos valores referidos no artigo 2º do TUE, o Conselho Europeu, deliberando por unanimidade, sob proposta de um terço dos Estados-membros ou da Comissão Europeia, e após aprovação do Parlamento Europeu, pode verificar a existência de uma violação grave e persistente, por parte de um Estado-membro, desses mesmos valores, após ter convidado esse Estado-membro a apresentar as suas observações sobre a questão (artigo 7º, nº 2, do TUE). Uma vez verificada a existência da violação, o Conselho, deliberando por maioria qualificada, pode

[394] Sobre o processo de suspensão antes do TL, cfr., entre outros, ANA MARIA GUERRA MARTINS, *Curso de Direito Constitucional...*, p. 239 e segs; JAVIER LASO PÉREZ, "La intervención democrática en la Unión europea...", p. 45 e segs; HELMUT SCHMITT VON SYDOW, "Liberté, démocratie, droits fondamentaux...", p. 285 e segs; FRANZ SCHORKOPF, *Die Massnahmen der XIV EU-Mitgliedstaaten gegen Österreich*, Berlin, 2001, p. 99 e segs; Idem, *Homogenität in der Europäischen Union...*, p. 104 e segs; AMARYLLIS VERHOEVEN, "How Democratic Need European Union Members Be?...", p. 217 e segs.

decidir suspender os direitos decorrentes da aplicação dos Tratados ao Estado-membro em causa, aí se incluindo o direito de voto do representante do Governo desse Estado-membro no Conselho (artigo 7º, nº 3, do TUE). Tendo em consideração que os Tratados conferem diretamente direitos e obrigações às pessoas singulares e coletivas, ao suspender os direitos de um Estado-membro, com base no artigo 7º, nº 3, do TUE, o Conselho deve ter em conta os direitos e obrigações das pessoas. Além disso, em caso de suspensão de alguns dos seus direitos, o Estado-membro continuará vinculado às obrigações que lhe incumbem por força dos Tratados (artigo 7º, nº 3, par. 2º, do TUE).

Nos termos do artigo 7º, nº 4, do TUE, se a situação que impôs a adoção das medidas tomadas, ao abrigo do nº 3 do mesmo preceito, se alterar, o Conselho, deliberando por maioria qualificada, pode decidir alterar ou revogar essas medidas.

De acordo com o artigo 7º, nº 5, do TUE, as regras de votação no seio do Parlamento Europeu, do Conselho Europeu e do Conselho constam do artigo 354º do TFUE. Segundo este preceito, o membro do Conselho ou do Conselho Europeu que represente o Estado-membro em relação ao qual se discute a suspensão de direitos não participa na votação. Além disso, o Estado-membro em causa não é tido em conta no cálculo dos dois terços ou dos quatro quintos dos Estados-membros previsto nos nºs 1 e 2 do artigo 7º do TUE. O Parlamento delibera por maioria dos dois terços dos votos expressos que representem a maioria dos membros que o compõem.

No prazo de um mês a contar do ato adotado pelo Conselho ou pelo Conselho Europeu, nos termos do artigo 7º do TUE, o Tribunal de Justiça é competente para se pronunciar sobre a legalidade do mesmo, a pedido do Estado-membro relativamente ao qual tenha havido uma constatação da existência de uma violação grave e persistente ou de um risco manifesto de violação, mas somente no que diz respeito à observância das disposições processuais previstas no referido artigo (artigo 269º do TFUE). O Tribunal deve pronunciar-se no prazo de um mês a contar da data do pedido.

18. Os objetivos da União Europeia

18.1. Antecedentes

O TCEE não utilizou a técnica da enumeração das atribuições. Pelo contrário, usou o chamado método funcional, o qual se consubstanciava no estabelecimento, em especial, no seu artigo 2º – mas também no preâmbulo – de uma lista de fins que a Comunidade deveria prosseguir através da realização das tarefas ou missões elencadas no seu artigo 3º.

Os objetivos enunciados no preâmbulo incluíam:

- a paz e a união cada vez mais estreita entre os povos europeus;
- o estabelecimento de bases comuns do desenvolvimento económico;

- o progresso económico e social;
- a melhoria constante das condições de vida e de emprego dos povos da Europa.

Os objetivos constantes do artigo 3º do TCEE reconduziam-se à construção de um mercado comum geral.

A técnica da atribuição de objetivos às Comunidades e de indicação dos instrumentos necessários para os atingir perdurou, no Tratado da Comunidade (Económica) Europeia, ao longo de todo processo de integração europeia, tendo-se, inclusivamente, expandido para o Tratado da União Europeia, o qual atribuía, no seu artigo 2º, um conjunto de objetivos à União Europeia.

As sucessivas revisões dos Tratados aditaram novos objetivos à Comunidade Europeia e enumeraram os objetivos da União Europeia.

Os novos objetivos introduzidos pelo Tratado de Maastricht, no artigo 2º do TCE, incluíram a união económica e monetária, o crescimento sustentável e não inflacionista que respeite o ambiente, um elevado nível de emprego e de proteção social, o aumento do nível da qualidade de vida, a coesão económica e social e a solidariedade entre os Estados-membros.

Os objetivos da União Europeia – segundo o Tratado de Maastricht – abrangiam a promoção de um progresso económico e social, equilibrado e sustentável, nomeadamente mediante a criação de um espaço sem fronteiras internas, o reforço da coesão económica e social e o estabelecimento de uma união económica e monetária, que incluirá a prazo uma moeda única, a afirmação da União na cena internacional, o reforço da defesa dos direitos e dos interesses dos nacionais dos Estados-membros, através da instituição de uma cidadania da União, o desenvolvimento de uma estreita cooperação no domínio da justiça e dos assuntos internos e a manutenção da integralidade do acervo comunitário.

O Tratado de Amesterdão aditou um novo objetivo à União Europeia: a manutenção e o desenvolvimento da União enquanto espaço de liberdade, de segurança e de justiça, em que seja assegurada a livre circulação de pessoas, em conjugação com medidas adequadas em matéria de controlos na fronteira externa, asilo e imigração, bem como de prevenção e combate à criminalidade. Após Amesterdão a Comunidade Europeia passou a ter por objetivo a igualdade entre homens e mulheres bem como um alto grau de competitividade e de convergência dos comportamentos das economias (cfr. artigo 2º do TCE).

O Tratado de Nice não trouxe grandes inovações neste domínio[395].

[395] Sobre os objetivos da União antes do Tratado de Lisboa, cfr. FAUSTO DE QUADROS, *Direito da União Europeia*, cit., p. 64 e segs.

18.2. Os objetivos da União após o Tratado de Lisboa

18.2.1. Os objetivos principais previstos no artigo 3º do TUE

O Tratado de Lisboa introduziu modificações significativas neste domínio, as quais refletiram, desde logo, a estrutura unitária da União. Assim, a lista dos objetivos das Comunidades e da União Europeia foi substituída por uma lista única de objetivos da União Europeia, a qual consta do artigo 3º TUE[396]. Além disso, ao contrário dos seus antecessores, o Tratado de Lisboa estabelece, nos artigos 2º a 6º do TFUE, regras claras relativas às categorias e aos domínios de competências da União.

O primeiro objetivo previsto no artigo 3º, nº 1, do TUE é a promoção da paz, dos valores da União e do bem-estar dos seus povos. Note-se que este objetivo esteve sempre presente no processo de integração europeia. Para tanto basta lembrar que a primeira Comunidade – a CECA – surgiu, em primeira linha, com o fim de acabar com a guerra na Europa e no Mundo e, consequentemente, de promover a paz mundial e europeia, mas a verdade é que este fim, em si mesmo, não constava do texto do TCECA, mas tão só do seu preâmbulo. O mesmo sucedendo com os Tratados que se lhe seguiram.

O Tratado de Lisboa, pelo contrário, enumera-o no seu articulado e confere-lhe o primeiro lugar no elenco dos objetivos da União. Tal entendimento não pode deixar ter consequências na perspetiva da constitucionalização da União, uma vez que a promoção da paz tem subjacente a ideia da segurança (externa), a qual é um fim político tradicionalmente atribuído ao Estado. O mesmo se diga da promoção do bem-estar das populações. Acrescente-se que a promoção dos valores da União implica a pré-existência de uma ideia de Direito que deve igualmente ser equacionada na ótica da constitucionalização da União.

O segundo objetivo da União enumerado no artigo 3º, nº 2, do TUE é o de proporcionar aos seus cidadãos um espaço de liberdade, de segurança e de justiça, em que seja assegurada a livre circulação de pessoas, em conjugação com medidas adequadas no domínio do controlo de fronteiras externas, de asilo e de imigração, bem como de prevenção e combate da criminalidade. Antes de mais, deve sublinhar-se que este objetivo coloca o ser humano no centro das preocupações da União, na medida em que se, por um lado, se dirige aos cidadãos da União, por outro lado, não descura os cidadãos de Estados terceiros ao referir expressamente o controlo de fronteiras externas, o asilo e a imigração. Além disso, o espaço de liberdade, segurança e justiça assume também grande relevo na perspetiva do constitucionalismo da União Europeia, uma vez que a liberdade, a segurança (interna) e a justiça são igualmente fins políticos maiores do Estado.

[396] Para um comentário deste preceito, cfr. MARCELO REBELO DE SOUSA, "Anotação ao artigo 3º do TUE", *in* MANUEL LOPES PORTO / GONÇALO ANASTÁCIO (coord.), *Tratado de Lisboa...*, p. 30 a 32.

O terceiro objetivo elencado no artigo 3º, nº 3, par. 1º, do TUE é o estabelecimento do mercado interno, o qual sucedeu ao mercado comum - objetivo económico clássico da integração europeia - previsto no Tratado da já extinta Comunidade Económica Europeia. Apesar de o mercado interno continuar a dever ser considerado como um objetivo económico fundamental da integração europeia, não pode deixar de se salientar que, no artigo 3º do TUE, surge a seguir aos objetivos políticos e não na primeira posição, como sucedia no início do processo de integração europeia. Além disso, o mercado interno já não se reconduz apenas a um espaço onde as mercadorias, as pessoas, os serviços e os capitais circulam livremente, como se verificava anteriormente. Pelo contrário, faz parte de uma realidade muito mais vasta e complexa, que inclui outros domínios, dos quais se devem destacar as questões sociais, ambientais e até culturais. O artigo 3º, nº 3, par. 1º, do TUE refere expressamente que a União se empenha no desenvolvimento sustentável, assente num crescimento económico equilibrado e na estabilidade de preços, numa economia social de mercado altamente competitiva que tenha por meta o pleno emprego e o progresso social e a melhoria da qualidade do ambiente e que a União fomenta o progresso científico e tecnológico.

O artigo 3º, nº 3, do TUE prossegue, afirmando, no seu parágrafo 2º, que a União combate a exclusão social e as discriminações e promove a justiça e a proteção sociais, a igualdade entre homens e mulheres, a solidariedade entre gerações e a proteção dos direitos das crianças. A União promove igualmente a coesão económica, social e territorial e a solidariedade entre os Estados-membros (artigo 3º, nº 3, par. 3º, do TUE), respeita a sua diversidade cultural e linguística e vela pela salvaguarda e pelo desenvolvimento do património cultural europeu (artigo 3º, nº 3, par. 4º, do TUE).

Note-se que nem todos estes objetivos constavam da versão originária dos Tratados, tendo alguns deles sido aditados mais tarde, nas sucessivas revisões.

O quarto fim da União, previsto no artigo 3º, nº 4, do TUE, é o estabelecimento de uma união económica e monetária cuja moeda é o euro. Trata-se de um objetivo que não fazia parte da versão originária dos Tratados das Comunidades Europeias, tendo sido introduzido pelo Tratado de Maastricht.

Por último, o artigo 3º, nº 5, do TUE estabelece o fim da afirmação da União no plano internacional. "*Nas suas relações com o resto do Mundo, a União afirma e promove os seus valores e interesses e contribui para a proteção dos seus cidadãos. Contribui para a paz, a segurança, o desenvolvimento sustentável do planeta, a solidariedade e o respeito mútuo entre os povos, o comércio livre e equitativo, a erradicação da pobreza e a proteção dos direitos do Homem, em especial os da criança, bem como para a rigorosa observância e o desenvolvimento do direito internacional, incluindo o respeito dos princípios da Carta das Nações Unidas*".

Do exposto resulta que a União partilha alguns fins tradicionalmente assumidos pelos Estados, como é o caso da segurança, quer interna quer externa, do bem-estar e da justiça, bem como fins que os Estados prosseguem mais recentemente, como sejam o combate à exclusão social e às discriminações, a proteção social ou a promoção do ambiente. Ou seja, o artigo 3º do TUE prevê fins da União que coincidem com os fins dos seus Estados-membros, como é o caso da promoção da paz, dos seus valores e do bem-estar dos povos (nº 1 do artigo 3º do TUE), a liberdade, a segurança e a justiça (nº 2 do artigo 3º do TUE), mas também enumera fins próprios da União, como, por exemplo, o mercado interno ou a união económica e monetária (nºs 3 e 4 do artigo 3º do TUE)[397].

18.2.2. Os objetivos horizontais previstos no TFUE

A plena compreensão dos objetivos da União pressupõe que se compaginem os objetivos acabados de enunciar com os objetivos previstos nas disposições de aplicação geral do TFUE[398]. Em primeiro lugar, nos termos do artigo 8º do TFUE, a União, na realização de todas as suas ações, terá por objetivo eliminar as desigualdades e promover a igualdade entre homens e mulheres. Em segundo lugar, na definição e execução das suas políticas e ações, a União deve ter em conta as exigências relacionadas com a promoção de um elevado nível de emprego, a garantia de uma proteção social adequada, a luta contra a exclusão social e um elevado nível de educação, formação e proteção da saúde humana (artigo 9º do TFUE), assim como deve ter por objetivo combater a discriminação em razão do sexo, raça ou origem étnica, religião ou crença, deficiência, idade ou orientação sexual (artigo 10º do TFUE). Em terceiro lugar, na definição e execução das suas políticas e ações, a União deve integrar as exigências em matéria de proteção do ambiente e de defesa dos consumidores (artigos 11º e 12º do TFUE). Nos termos do artigo 13º do TFUE, na definição e aplicação das politicas nos domínios da agricultura, da pesca, dos transportes, do mercado interno, da investigação e do desenvolvimento tecnológico, a União e os Estados-membros devem ter plenamente em conta as exigências em matéria de bem-estar dos animais, enquanto seres sensíveis, respeitando simultaneamente as disposições legislativas e admi-

[397] Sobre os principais objetivos da União Europeia, cfr. Koen Lenaerts / Piet Van Nuffel, *European Union Law...*, p. 108 e segs; Marianne Dony, *Droit de l'Union...*, p. 39 e segs; Alain Pilette / Etienne de Poncins, "Valeurs, objectifs et nature de l'Union", *in* Giuliano Amato / Hervé Bribosia / Bruno De Witte (eds.), *Genèse et Destinée...*, p. 302 e segs; Marianne Dony, "Les valeurs, objectifs et principes de l'Union", in Marianne Dony / Emmanuelle Bribosia, *Commentaire de la Constitution...*, p. 38 e segs.

[398] Sobre os objetivos horizontais da União Europeia, cfr. Koen Lenaerts / Piet Van Nuffel, *European Union Law...*, p. 110 e segs.

nistrativas e os costumes dos Estados-membros, nomeadamente em matéria de ritos religiosos, tradições religiosas e património regional.

O zelo pelos serviços de interesse económico geral (artigo 14º do TFUE), a promoção da boa governação, a participação da sociedade civil (artigo 15º do TFUE) e a proteção dos dados de caráter pessoal (artigo 16º do TFUE) constituem igualmente objetivos horizontais da União. O artigo 17º do TFUE prevê ainda que a União respeita o estatuto de que gozam, nos Estados-membros, ao abrigo do Direito nacional, as igrejas e associações ou comunidades religiosas, bem como as organizações filosóficas e não confessionais.

Todos estes objetivos se encontram em pé de igualdade com os que estão previstos no artigo 3º do TUE, uma vez que, nos termos do artigo 7º do TFUE, a União deve assegurar a coerência entre as suas diferentes políticas e ações, tendo em conta o conjunto dos seus objetivos.

18.3. O valor jurídico dos objetivos

Uma vez enumerados os objetivos da União Europeia, importa averiguar qual o seu valor jurídico.

O Tribunal de Justiça já teve ocasião de se debruçar sobre esta questão[399], tendo decidido que os objetivos nos quais se baseia a União Europeia não podem ter por efeito impor obrigações aos Estados-membros ou conferir direitos aos indivíduos[400], na medida em que dependem da implementação de políticas por parte da União ou dos Estados-membros. Afiguram-se, todavia, muito relevantes na interpretação do Direito da União, na medida em que o Tribunal de Justiça interpreta com frequência as disposições dos Tratados à luz dos objetivos da União[401]. Ou seja, as normas sobre as atribuições da União bem como as disposições relativas à competência dos órgãos constantes dos Tratados são lidas em consonância com os objetivos da União[402].

[399] Cfr. Pierre Pescatore, «Les objectifs de la Communauté européenne comme principes d'interprétation dans la jurisprudence de la Cour de Justice», *in Mélanges Ganshof van der Meersch*, t. II, Bruxelas, 1972, p. 325 e segs.

[400] Ac. de 24/1/91, proc. C-339/89, *Alsthom Atlantique*, Col. 1991, p. I-107, par. 9 ; ac. 3/10/2000, proc. C-9/99, *Echirolles Distribution*, Col. 2000, p. I-8207, par. 25 ; ac. de 3/6/2010, proc. C-484/08, *Caja de Ahorros y Monte de Piedad de Madrid*, Col. 2010, p. I-4785, par. 46-47.

[401] Ac. de 23/11/99, proc. C-149/96, *Portugal c. Conselho*, Col. 1999, p. I-8395, par. 86-87; ac. de 9/2/82, proc. 270/80, *Polydor*, Rec. 1982, p. 329, par. 16.

[402] Sobre o valor jurídico dos objetivos da União Europeia, cfr. Koen Lenaerts / Piet Van Nuffel, *European Union Law...*, p. 111 e segs.

19. A natureza jurídica da União Europeia

A natureza jurídica da União Europeia é muito controversa[403], como antes o foi a natureza jurídica das Comunidades Europeias[404], agrupando-se a Doutrina, fundamentalmente, em torno de quatro teses:

[403] Sobre a natureza jurídica da União Europeia, cfr., do muito que se escreveu, ROBERT SCHÜTZE, *European Constitutional Law*, Cambridge, 2012, p. 47 e segs; STEFAN OETER, "Föderalismus", in ARMIN VON BOGDANDY, *Europäisches Verfassungsrecht – Theoretische und dogmatische Grundzüge*, Berlim, 2003, p. 59 e segs; GIACINTO DE LA CANANEA, "Neither a Federation, nor a «Sui Generis» Organisation: the European Union as a Mixed Polity", *Jurist EU*, Paper 11/2003, in http://www.fd.unl.pt; MARTIN NETTESHEIM, "Die Konsoziative Föderation von EU and Mitglidstaaten", *ZeuS*, 2002, p. 507 e segs; CHARLES LEBEN, "Fédération d'États-nations ou Etat fédéral ?", *in Jean Monnet Working Papers* (http://www.jeanmonnetprogram.org/papers/00/00f0301.html); TANJA A. BOERZEL / THOMAS RISSE, "Who is Afraid of a European Federation ? How to Constitutionalise a Multi-Level Governance System", *in Jean Monnet Working Papers* (http://www.jeanmonnetprogram.org/papers/00/00f0301.html); J. H. H. WEILER, "Federalism and Constitutionalism: Europe's Sonderweg", *Jean Monnet Working Paper*, 2000 (http//www.jeanmonnetprogram.org/papers); MARIO P. CHITI, "La meta della integrazione europea: Stato, Unione Internazionale o «monstro simile»", *Riv. Ital. Dir. Pub. Com.*, 1996, p. 592 e segs; OLIVER DÖRR, „Zur Rechtsnatur der Europäischen Union", *EuR*, 1995, p. 334 e segs; HELMUT LECHELER, „Der Rechtscharakter der »Europäischen Union«", *in* JÖRN IPSEN *et al.*, *Verfassungsrecht im Wandel*, Colónia, 1995, p. 383 e segs; JOSEF ISENSEE, „Integrationsziel Europastaat?", *in* OLE DUE (Dir.), *Festschrift Everling*, vol. I, Baden-Baden, 1995, p. 567 e segs; STEPHAN BREITENMOSER, „Die Europäische Union zwischen Völkerrecht und Staatsrecht", *ZaöRV*, 1995, p. 951 e segs; HEINRICH SCHNEIDER, „Die Europäischen Union als Staatenverbund oder als Multinationale "Civitas Europea"?", *in* ALBRECHT RANDELSHOFER (Dir.), *Gedächtnisschrift für E. Grabitz*, Munique, 1995, p. 677 e segs; WERNER MAIHOFER, „Föderativverfassung und Kompetenzverteilung einer Europäischen Union", *in* WERNER WEIDENFELD, *Reform der Europäischen Union: Materialen zur Revision des Maastrichter Vertrags 1996*, 1995, p. 61 e segs; MEINHARD HILF, „Die Europäische Union und die Eigenstaatlichkeit ihrer Mitgliedstaaten", *in* PETER HOMMELHOFF *et al.*, *Der Staatenverbund der Europäischen Union*, Heidelberga, 1994, p. 75 e segs; THOMAS OPPERMANN, „Zur Eigenart der Europäischen Union", *in* PETER HOMMELHOFF *et al.*, *Der Staatenverbund ...*, p. 87 e segs; PETER M. HUBER, „Der Staatenverbund der Europäischen Union", *in* JÖRN IPSEN *et al.* (org.), *Verfassungsrecht...*, p. 349 e segs; TILMANN EVERS, „Supranationale Staalichkeit am Beispiel der Europäischen Union: Civitas civitum oder Monstrum?", *Leviathan*, 1994, p. 115 e segs; ASTÉRIS D. PLIAKOS, „La nature juridique de l'Union européenne", *RTDE*, 1993, p. 187 e segs; ARMIN VON BOGDANDY, „Supranationale Union als neuer Herrschaftstypus: Entstaatlichung und Vergemeinschaftung in staatstheoretischer Perspektive", *Int.*, 1993, p. 210 e segs; HERMANN-JOSEF BLANKE, „Die Unionsvertrag von Maastricht – Ein Schritt auf dem Weg zu einem europäischen Bundesstaat?", *DöV*, 1993, p. 412 e segs.

[404] Sobre a natureza jurídica das Comunidades Europeias, cfr., entre muitos outros, PETER FISCHER, „Is the European Community an International Organization?", *in* KONRAD GINTHER *et al.* (org.), *Völkerrecht zwischen normativem Anspruch und politischer Realität – Festschrift fuer* KARL ZEMANEK, Berlim, 1994, p. 181 e segs; JENNY P. SIOURTHAS, „Supranational Federations: The European Community as a Model", *Mon. L. R.*, 1993, 273 e segs; PHILIPPE SCHMITTER, „A Comunidade Europeia: uma forma nova de dominação política", *An. Soc.*, 1992, p. 739 e segs; CHARLES LEBEN, „À propos de la nature juridique des Communautés européennes", *Dr.*, 1991,

a) a tese da Organização Internacional, *maxime* supranacional;
b) a tese confederal;
c) a tese federal;
d) a tese da entidade *sui generis*.

Adiante-se, desde já, que, em nosso entender, nenhuma destas teses consegue explicar a realidade da União Europeia. Por consequência, a atenção que vamos dedicar a cada uma delas é a estritamente necessária para se perceber por que as afastamos.

19.1. A tese da Organização Internacional, maxime supranacional

A noção de Organização Internacional é das mais discutíveis em Direito Internacional Público, daí que a maior parte da Doutrina, em vez de tentar uma definição, prefira enunciar os elementos que dela fazem parte.

Mesmo a definição mais consensual, como seja a de que a Organização Internacional é uma associação de Estados constituída por tratado, que prossegue fins comuns, através de órgãos próprios e com personalidade jurídica, não é suficientemente abrangente, pois é impossível nela subsumir todas as organizações internacionais existentes, dado que o termo é empregue para designar realidades muito distintas, quer em termos de estrutura, quer em termos de natureza.

Não cabe no âmbito deste livro desenvolver este assunto, que, no plano de estudos das Faculdades de Direito das Universidades portuguesas, se insere na unidade curricular de Direito Internacional Público, pelo que remetemos os

p. 61 e segs; Ulrich Everling, „Zur föderalen Struktur der Europäischen Gemeinschaft", *in* Kay Hailbronner *et al.*, *Staat und Völkerrechtsordnung – Festschrift fuer* Karl Doehring, 1989, p. 179 e segs; Christopher Brewin, „The European Community: a Union of States without a Unity of Government", *JCMS*, 1987, p. 1 e segs; A. A. Preece, „The European Economic Community: an Organization International or a Federal State", *UQLJ*, 1985, p. 78 e segs; Mark L. Jones, „The Legal Nature of the European Community: A Jurisprudential Analysis Using H.L.A. Hart Model of Law and a Legal System", *Cornell Int'L. R.*, 1984, p. 1 e segs; Fausto de Quadros, *Direito das Comunidades Europeias e Direito Internacional Público – Contributo para o estudo da natureza jurídica do Direito Comunitário Europeu*, Lisboa, 1984; Joseph Weiler, „The Community System: the Dual Character of Supranationalism", *YEL*, 1981, p. 267 e segs; Vlad Constantinesco, *Compétences et pouvoirs dans les Communautés européennes*, Paris, 1974; Giuseppe Sperduti, „La comunità sopranazionali", *Riv. Dir. Eur.*, 1970, p. 3 e segs; Angelo A. M. Valenti, "Note sulla natura delle Comunità europee", *Riv. Dir. Eur.*, 1968, p. 121 e segs; Leontin Constantinesco, «La spécificité du droit communautaire», *RTDE*, 1966, p. 1 e segs; Gilles Gozard, «La supranationalité de la C.E.E.», *RDP*, 1966, p. 916 e segs; Michael Waelbroeck, «Contribution à l'étude de la nature juridique des Communautés européennes », *in Mélanges offerts à* Henri Rolin, Paris, 1964, p. 507 e segs; Guy Héraud, «Observations sur la nature juridique de la Communauté Economique Européenne», *RGDIP*, 1958, p. 26 segs.

estudantes para essa sede. Mas uma coisa é certa: não existe no Mundo nenhuma Organização Internacional que apresente:

a) tão amplo leque de objetivos como a União Europeia;
b) um quadro institucional tão independente dos Estados-membros como o da União Europeia, em que um dos seus órgãos (o Parlamento Europeu) é eleito por sufrágio direto e universal pelos cidadãos da União;
c) um sistema de fontes tão original, em que muitas delas se aplicam diretamente aos indivíduos, sem necessidade de transposição por parte dos Estados-membros (os regulamentos) e outras podem ser invocadas pelos particulares mesmo antes de serem transpostas para os ordenamentos jurídicos internos (diretivas);
d) um sistema de fiscalização judicial obrigatório e tão completo.

Mesmo para quem considere que se devem distinguir dois tipos de Organizações Internacionais: as intergovernamentais e as supranacionais, considerando que a União Europeia se deveria integrar nestas últimas, esbarra com dificuldades adicionais provenientes da delimitação da supranacionalidade. A Doutrina também nunca se entendeu quanto aos elementos que se devem incluir na definição de supranacionalidade, acabando, muitas vezes, por concluir que a classificação é meramente tendencial.

Perante tanta controvérsia e divergência não nos parece que faça muito sentido incluir a UE nesta categoria.

19.2. A tese confederal

A definição de confederação também não é pacífica na Doutrina. Ao longo da História existiram várias confederações que nem sempre comungaram das mesmas características. De qualquer modo, pode-se partir do princípio que a confederação é uma associação de Estados constituída por tratado, no qual se criam órgãos coletivos para exercerem determinadas atribuições. Essas atribuições incluem um exército, a direção das relações internacionais, a condução da guerra e a solução de conflitos entre os Estados-membros. O órgão coletivo é uma conferência de embaixadores e cada representante dispõe de um voto. A regra de votação é a da maioria, embora se reserve a unanimidade para alguns assuntos mais importantes. Um dos aspetos mais individualizadores da confederação é o direito de secessão por parte dos Estados.

A União Europeia tem algumas características que a podem aproximar de uma confederação:

- os seus membros são Estados;
- a UE foi constituída formalmente por um tratado – o TUE;

- o tratado institutivo criou órgãos comuns;
- os Estados-membros detêm o direito de retirada (artigo 50º do TUE introduzido pelo TL).

Mas a par destas semelhanças, existem diferenças que só podem conduzir a repudiar a tese confederal:

- as atribuições da União são, em certas matérias (económicas, por exemplo), muito mais vastas do que as das confederações e em relação a outros aspetos muito mais restritas, pois não incluem a defesa nem alguma parte das relações internacionais;
- a União possui uma estrutura institucional e orgânica muito mais desenvolvida do que a de qualquer confederação conhecida;
- o domínio dos Estados sobre a entidade comum é muito menor na União Europeia do que nas confederações;
- na União Europeia existe um sistema eficaz de controlo jurisdicional do Direito, o que nas confederações não se verifica.

As confederações são associações de Estados transitórias, as quais se destinam a desaparecer ou a serem transformadas em Estados federais, como aconteceu, por exemplo, com a confederação americana ou com a confederação suíça, sob o regime do pacto de 1815.

Não parece, portanto, fazer muito sentido a aproximação da União Europeia a uma determinada categoria dogmática para depois se concluir que ela não possui a maior parte das características dessa categoria e que, além disso, possui um sem número de especificidades.

19.3. A tese federal

Definir federalismo, federação e Estado federal não é tarefa fácil, pois, de uma banda, não existem duas federações iguais e, de outra banda, encontram-se várias conceções de federalismo, de federação e de Estado federal.

Para alguns autores, o federalismo refere-se à estrutura de um Estado-nação, no qual uma autoridade central eleita detém o poder e determina a política económica e monetária, representa e defende a federação ao nível internacional. A implementação e execução da política está na disposição da autoridade central, que tem poderes para criar impostos e o sistema político opera em todo o território. Existe também um sistema coerente de tribunais federais. As entidades componentes constituem núcleos de soberania em aspetos específicos que relevam do domínio regional.

No plano oposto encontramos aqueles que sustentam que a ideia federal é suficientemente ampla para poder ser reduzida ao Estado-Nação. O federalismo como modo de estruturar a relação entre autoridades interdependentes pode existir dentro e fora do quadro estadual, devendo distinguir-se o federalismo de integração do federalismo de devolução.

O primeiro – o federalismo de integração – refere-se à ordem constitucional que governa a criação de um novo núcleo de soberania pelas entidades componentes previamente independentes. Essas entidades detêm, contudo, uma parte da soberania. O segundo – o federalismo de devolução – reflete o movimento oposto, ou seja, a autoridade unitária é prévia e distribui os seus poderes pelas entidades componentes, que são criadas, artificial ou naturalmente, com base em razões geográficas, económicas ou sociológicas.

Por muito interessante que seja a afirmação do federalismo fora do quadro estadual, ela em nada contribui para esclarecer o nosso problema, pois todos os exemplos históricos de federalismo de integração se reconduzem ao quadro estadual. A eventual e única exceção seria a União Europeia, o que põe em dúvida o bem fundado da solução.

Em nosso entender, apesar das diferenças entre as várias federações, há alguns traços comuns a todas elas, que são os seguintes:

- o Estado federal, ao contrário da confederação, é um Estado composto por Estados anteriormente soberanos e independentes entre si que, a dado momento, decidem unir-se sob uma Constituição comum;
- essa Constituição cria órgãos comuns, que se destinam a exercer as atribuições comuns, isto é, as atribuições do Estado federal, as quais abrangem, pelo menos, a defesa nacional, a representação externa do Estado, a moeda e as finanças públicas;
- a estrutura orgânica do Estado federal tem de refletir, por um lado, o seu caráter estadual e, por outro lado, tem de respeitar as entidades que o compõem, ou seja, os Estados federados. Assim, existem órgãos nos quais devem estar representados os cidadãos, a par de outros em que estão representados os Estados. O Parlamento é normalmente bicameral;
- os Estados federados podem possuir mais ou menos atribuições, consoante o que ficou estabelecido na Constituição;
- a Constituição do Estado federal pode ser revista, por maioria simples ou qualificada, e não existe, de um modo geral, o direito de secessão.

Neste sentido, a UE não é uma federação pelas seguintes razões:

- antes de tudo, a União Europeia não é um Estado;
- por isso, também não é um Estado federal;
- formalmente não foi criada por uma Constituição, mas sim por um tratado;
- a União não dispõe de atribuições tão desenvolvidas como as do Estado federal;

- o TUE só, em casos muito reduzidos, pode ser revisto, por maioria ou por maioria qualificada;
- após o Tratado de Lisboa, os Estados-membros têm o direito de secessão.

19.4. A tese da entidade *sui generis*

Constatando as dificuldades de enquadramento da União Europeia nas categorias dogmáticas conhecidas, uma parte significativa da Doutrina optou por a considerar uma entidade *sui generis*, reconhecendo assim o seu caráter específico e, ao mesmo tempo, inovador no âmbito das relações internacionais bem como a impossibilidade de a enquadrar nas categorias dogmáticas tradicionais.

Em nosso entender, esta tese não permite qualquer avanço na explicação da União Europeia, pois limita-se a verificar a incapacidade do jurista para resolver a questão.

19.5. Posição adotada: a união de Estados e de cidadãos

Partindo do princípio que as categorias dogmáticas tradicionais não permitem uma explicação satisfatória para a UE, há que procurar um outro enquadramento jurídico.

Ora, a União Europeia, na sua origem, é uma união de Estados, mas comporta, desde o início do processo de integração europeia, certos meios necessários para a criação da união de cidadãos ou, dito de outro modo, de povos[405]. A União Europeia integrou, pois, lenta e progressivamente a componente dos cidadãos, o que conduziu à sua transformação numa união de Estados e de cidadãos.

Que a União Europeia é composta por Estados, dirigida aos Estados (embora não exclusivamente) e, numa grande parte, dominada pelos Estados - domínio esse de que é principal manifestação a regra da unanimidade na votação no seio do Conselho que ainda perdura nalguns casos - está fora de dúvidas. O que levanta sérias reticências é que o que acaba de se dizer seja suficiente para explicar a

[405] A expressão povos é aqui utilizada no sentido de conjunto de indivíduos, que, possuindo a cidadania da União, são diretamente afetados por um Direito criado para além das fronteiras do seu Estado e, por isso, devem poder expressar a sua opinião sobre o desenrolar do processo em instâncias que ultrapassam as fronteiras do seu Estado.
Os povos europeus devem ser vistos como um todo e não como um somatório de cada um dos povos dos Estados-membros, porque esses povos estão unidos, por determinados valores comuns, por determinados ideais e têm um destino comum. Há uma consciência coletiva europeia que se consubstancia na identidade europeia. Esta pressupõe a identificação dos cidadãos com um determinado modelo económico, social e político. É certo que os cidadãos europeus fazem parte dos Estados, são um dos seus elementos, mas ao adquirirem direitos, que lhe advêm diretamente das normas da União, estabelecem uma relação direta com a União que extravasa dos Estados, ou seja, não necessita da mediação dos Estados. Daqui decorre que parece correto autonomizá-los em relação aos seus Estados.

realidade da integração europeia. A Jurisprudência do TJ, a prática dos outros órgãos, a legislação da União e as sucessivas revisões dos Tratados, sem terem apagado a união de Estados – e muito menos os Estados – têm vindo a acentuar uma outra componente da União – os cidadãos e os povos.

A União Europeia é não só uma união de Estados, mas também uma união de cidadãos, que, tal como as federações, põe em causa a noção de soberania como poder supremo e exclusivo dentro do Estado.

Os Estados abdicaram do exercício de determinados poderes primeiro a favor das Comunidades e depois a favor da União. A totalidade do Poder político deixou de pertencer aos Estados, mas também não pertence, na íntegra, à União. Pelo contrário, o Poder político encontra-se repartido entre a União e os seus Estados-membros. Os Estados passaram a atuar em duas vertentes diferentes: enquanto Estados *tout court*, ou seja, isoladamente, e enquanto membros da União, isto é, como um elemento do conjunto.

A soberania deixou, assim, de estar ancorada, exclusivamente, nos Estados, para passar a estar repartida entre eles e a União. O Estado já não é a única entidade que detém a competência geral abrangente (*umfassende Allzuständigkeit*) nem a única que detém a *Kompetenz-Kompetenz*, uma vez que os Estados modernos são, pelo menos, do ponto de vista económico interdependentes. Assim, a União também dispõe de soberania, mas de uma soberania parcial.

A progressiva extensão das atribuições da União teve como consequência que os cidadãos também passaram a estar sujeitos a esta nova forma de agregação do Poder político, pelo que, ao longo da História da integração, tem-se vindo a verificar uma maior «implicação» dos cidadãos no processo de integração, a qual se manifesta, entre muitos outros aspetos, na cidadania da União, na maior participação do PE nas decisões da União Europeia, na existência de um catálogo de direitos fundamentais – a CDFUE –, no espaço de liberdade, segurança e justiça. Além disso, assiste-se a uma crescente tomada de consciência de que os cidadãos, além de pertencerem e deverem lealdade ao seu Estado de origem, também pertencem e devem lealdade à União Europeia. Ou seja: surge lenta, mas consistentemente, uma consciência europeia que consubstancia a identidade europeia.

O cidadão da União encontra-se, portanto, sob o domínio de dois «senhores» – o Estado do qual é nacional e a União Europeia.

Poderá objetar-se que a «implicação» dos cidadãos na União não é suficiente e é muito menor do que a que se verifica nos Estados, o que até se pode aceitar. Mas isso não pode significar que se esqueçam os cidadãos da Europa na conceptualização da União Europeia, como alguns pretendem[406], até porque tal

[406] No acórdão Maastricht, o *BVerfG* considerou a União como uma associação de Estados (*Staatenverbund*), constituída por tratado internacional, em que os Estados continuam a ser soberanos e

tese seria, desde logo, desmentida pela prática. Reiterando o que já dissemos, na Introdução deste trabalho, a afirmação dos direitos dos indivíduos tem vindo a ser efetuada fora do plano estadual, nomeadamente, ao nível internacional. Além disso, o Direito produzido fora do quadro estadual atinge, crescentemente, a esfera jurídica dos indivíduos. A relevância dos cidadãos europeus no processo de integração europeia não pode continuar, portanto, a ser subavaliada. Aliás, como temos vindo a assinalar, as sucessivas revisões dos Tratados têm contribuído para reforçar o papel dos cidadãos, na medida em que a maior parte das alterações introduzidas tiveram precisamente em vista colocar os cidadãos da União no centro do processo de integração europeia.

Tal como defendemos há quase duas décadas[407], continuamos a pensar que, não obstante todas as crises e vicissitudes que a União Europeia tem enfrentado, sobretudo nos últimos anos, são três os elementos que caracterizam a União Europeia, a saber:

a) a união;
b) os Estados;
c) os cidadãos.

A caracterização da União Europeia como uma união tem em vista acentuar que existem laços de solidariedade e de coesão fortes entre os seus membros. É certo que, devido a vários fatores, designadamente a crise económico-financeira de 2008, a crise do Euro que lhe sucedeu e o Brexit se perspetivam cenários de desagregação, pouco compatíveis com a ideia de união. De qualquer forma, pensamos que ainda é cedo para abdicar deste elemento na caracterização da União Europeia.

A União Europeia é uma união de Estados, o que significa, por um lado, que os Estados são um dos fundamentos da União, fazendo dela parte integrante e, por outro lado, que os Estados, enquanto tal, continuam a existir, não tendo sido eliminados pela União, desde logo porque não é esse o objetivo do processo de integração. Pelo contrário, a União apoia-se nos Estados para se desenvolver.

O terceiro elemento da UE são os cidadãos, o que tem como pressuposto que a União foi criada não só pelos Estados e para os Estados, mas também para e pelos cidadãos.

que essa União retira a sua legitimidade dos parlamentos nacionais. Esta tese atenta apenas numa parte da realidade e, como tal, é uma meia verdade. O Tribunal Constitucional alemão continua a considerar o Estado como o único garante da proteção dos direitos fundamentais, da democracia e do Estado de direito. Esta Jurisprudência foi mais recentemente reiterada no Acórdão sobre o Tratado de Lisboa.

407 Ana Maria Guerra Martins, *A natureza jurídica...*, p. 329 e segs.

Como temos vindo a salientar, a União Europeia possui, desde a sua origem, uma dimensão humana. A CECA surgiu como reação às atrocidades cometidas aos direitos humanos durante as duas guerras mundiais e a CEE, além de vastos objetivos económicos, possuía objetivos sociais e políticos que acentuavam a sua dimensão humana. A criação do grande mercado comum era vista como uma forma de contribuir para o desenvolvimento económico e a melhoria da qualidade de vida das populações.

Os órgãos da União produzem Direito, em vastas áreas, que se aplica diretamente aos cidadãos e estes têm acesso direto a algumas instituições da União. Existe, portanto, uma relação imediata entre a União e os cidadãos. Além disso, os cidadãos participam na tomada de decisão ao nível da União, participação essa que se consubstancia numa relação imediata cidadão/instituição da União, como sucede no Parlamento Europeu, ou através da interposição dos Estados, como se verifica no Conselho.

Não restam dúvidas que a União Europeia configura uma nova forma de agregação do Poder Político e que se trata de uma entidade composta pelos Estados e pelos cidadãos. Aliás, o TECE apontava claramente nesse sentido quando, no seu artigo I-1º, afirmava "*a presente Constituição, inspirada na vontade dos cidadãos e dos Estados da Europa de construírem o seu futuro comum, estabelece a União Europeia*". Apesar de este texto não fazer parte da versão do TUE que foi aprovada em Lisboa, a verdade é que o artigo 1º do TUE atualmente em vigor refere, no parágrafo 1º, os Estados-membros e o parágrafo 2º afirma que o Tratado "*assinala uma nova etapa no processo de criação de uma união cada vez mais estreita entre os povos da Europa*", o que permite equacionar a hipótese de o Tratado de Lisboa ter aceite a caracterização da União Europeia como uma união de Estados e de cidadãos na esteira do TECE. A reforçar este entendimento sempre se poderá alegar que a maior parte das soluções inscritas no TECE foram transpostas para o Tratado de Lisboa.

Capítulo V
A cidadania da União Europeia

20. A cidadania da União

Uma vez definida a União Europeia como uma união de Estados e de cidadãos, vamos centrar-nos, de imediato, no estudo da cidadania da União, na medida em que se trata de um aspeto crucial do constitucionalismo da União Europeia.

20.1. Preliminares

O conceito de cidadania é dinâmico e evolutivo. Apesar de a sua história remontar à Grécia e Roma clássicas – com uma prolongada ausência durante toda a Idade Média – tal como o conhecemos hoje, o conceito de cidadania resulta das revoluções americana e francesa. Na época, o conceito surgiu ancorado em dois princípios fundamentais: o da igualdade e o da liberdade. Como é sabido, o principal lema destas duas revoluções foi o de que os cidadãos devem ser todos livres e iguais.

O desenvolvimento da cidadania ocorreu, pois, no Estado-Nação e, por isso, se encontra muito ligado à nacionalidade, a qual significa a pertença de um indivíduo a um Estado por contraposição aos não membros. A revolução francesa fez convergir os conceitos de cidadania e de nacionalidade.

Classicamente, a cidadania é o estatuto jurídico-político que liga uma pessoa a um Estado, seja ele unitário ou federal. Note-se que nos Estados federais a atribuição da nacionalidade é da competência do Estado Federal[408].

[408] Um estudo comparativo da cidadania na União Europeia e nos Estados Unidos da América, veja-se em Thomas Fischer, "European 'Citizenship': In its Own Right and in Comparison with the United States", *CambridgeYELS*, vol. 5, 2002-2003, p. 357 e segs; David Martin, "New Rules for Dual Nationality", *in* Randall Hansen / Patrick Weil, *Dual Nationality, Social Rights and Federal Citizenship in the U.S. and Europe, The Reinvention of Citizenship*, Nova Iorque / Oxford, 2002, p. 34 e segs.

A cidadania deve ser encarada numa tripla dimensão – jurídica, psicológica e política. Em primeiro lugar, é um estatuto jurídico que confere um conjunto coerente de direitos e deveres aos indivíduos. Em segundo lugar, pressupõe um sentimento de ligação de um indivíduo a uma comunidade particular. Em terceiro lugar, pressupõe o direito de participar politicamente na vida dessa comunidade[409].

Como tivemos oportunidade de frisar em trabalho anterior[410], a introdução da cidadania da União, no Tratado de Maastricht, revela que os quadros tradicionais do pensamento jurídico-político se mostram inadequados para a explicar. Com efeito, embora o Estado continue a deter uma parte da competência pessoal exclusiva, ou seja, o Estado continua a deter o monopólio da atribuição da nacionalidade aos indivíduos, deixou de ser a única entidade com a qual a cidadania se relaciona.

Ao contrário do que sucede no Estado em que os conceitos de cidadania e de nacionalidade caminham lado a lado, no Direito da União Europeia, quem atribui a nacionalidade – o Estado-membro – não coincide com a entidade em relação à qual se vão exercer os direitos de cidadania. Ou seja, os conceitos de nacionalidade e cidadania voltam a separar-se, tal como sucedia antes das revoluções americana e francesa[411].

Assim sendo, a consagração da cidadania da União no Tratado parece implicar uma mutação do próprio conceito de cidadania, o qual se vai desligar, parcialmente, do Estado e se vai construindo numa perspetiva pós-nacional[412]. Isto é, as normas relativas à cidadania permitem alertar para o facto de que o Estado deixou de ser a única entidade por referência à qual se perspetiva a cidadania.

Ora, a introdução da cidadania no Tratado vai ter repercussões a vários níveis, incluindo o da aplicação do princípio da não discriminação, tanto no que diz respeito aos nacionais de Estados-membros como em relação aos nacionais de Estados terceiros. Na verdade, a cidadania caminha a par da ideia de pertença a uma comunidade de direitos e deveres, nos quais se inclui a noção de igualdade[413]. Dito de outro modo: a ideia de igualdade é inerente à de cidadania.

[409] Neste sentido, N. W. Barber, "Citizenship, Nationalism and the European Union", *ELR*, 2002, p. 242.

[410] Ana Maria Guerra Martins, *A natureza jurídica da revisão...*, p. 135.

[411] Sobre esta questão, ver Siofra O'Leary, *The Evolving Concept of Community Citizenship...*, p. 3 e segs; Michelle C. Everson / Ulrich K. Preuss, *Concepts, Foundations, and Limits of European Citizenship*, Bremen, 1995, p. 8 e segs; Carlos Closa, "Citizenship of the Union and Nationality of Member States", *in* David O' Keeffe *et al.*, *Legal Issues...*, p. 109 e segs.

[412] Cfr. Dora Kostakopoulou, "European Union Citizenship: Writing the Future", *ELJ*, 2007, p. 625; Carlos Closa, "EU Citizenship at the 1996 IGC", *in* Randall Hansen / Patrick Weil, *Dual Nationality...*, p. 299.

[413] Neste sentido, Nicolas Bernard, "What Are the Purposes of EC Discrimination Law?", *in* Janet Dine / Bob Watt (ed.), *Discrimination Law, Concepts, Limitations and Justifications*, Londres,

Já em 1984 E. Cerexhe alertava para a estreita conexão entre o princípio da não discriminação e a cidadania europeia: "*o princípio da não discriminação tal como concebido pelo Tratado e interpretado pelo Tribunal de Justiça conduz a interrogarmo-nos sobre a criação de uma cidadania europeia*"[414].

Vejamos então quais as origens da cidadania da União, quais as condições necessárias para a sua atribuição e quais os direitos (e deveres) que lhe estão associados.

20.2. As origens da cidadania da União

Apesar de o conceito de cidadania europeia ter sido sistematicamente introduzido apenas no Tratado de Maastricht, "*a ideia de uma cidadania da Comunidade e a retórica do "Povo Europeu" já estava em circulação há muito tempo*"[415]. Há mesmo quem veja no TCEE formas embrionárias de cidadania[416].

No domínio dos antecedentes da cidadania, os três principais marcos anteriores ao Tratado de Maastricht são o relatório Tindemans, o projeto de Tratado Spinelli e os relatórios do comité Adonnino. Com efeito, uma das primeiras referências à cidadania europeia e aos direitos dos cidadãos consta do relatório Tindemans, o qual contém um capítulo dedicado à Europa dos cidadãos. Mais tarde, o Parlamento Europeu, entretanto, eleito por sufrágio direto e universal, aprovou o projeto de Tratado da União Europeia, denominado projeto Spinelli, em 14 de fevereiro de 1984, o qual previa que os cidadãos dos Estados-membros fossem também cidadãos da União. Mas a mais séria proposta de criação de uma cidadania comunitária surge na sequência do Conselho Europeu de Fontainebleau, de 25 e 26 de junho de 1984, que encarregou um comité *ad hoc* – o comité Adonnino – de estudar as medidas necessárias para pôr em prática a Europa dos Cidadãos. Este comité apresentou dois relatórios, sendo que nos interessa, em particular, o relatório ao Conselho Europeu de Bruxelas, de 29 e 30 de março de 1985, no qual se recensearam as medidas necessárias para que os cidadãos europeus pudessem usufruir plenamente da livre circulação.

Não obstante as propostas acabadas de enunciar, o Ato Único Europeu não integra qualquer norma relativa à cidadania europeia. Na verdade, esta primeira revisão de fundo do Tratado surge ainda sob o signo da realização do mercado

1996, p. 91; David Martin, "New Rules for Dual Nationality", *in* Randall Hansen / Patrick Weil, *Dual Nationality...*, p. 45.

[414] E. Cerexhe, «L'égalité de traitement dans l'ordre juridique communautaire», *in Mélanges offerts à Henry Teitgen*, Paris, 1984, p. 65.

[415] Paul Craig / Gráinne de Búrca, *EU Law* ..., p. 820.

[416] Neste sentido, Francis G. Jacobs, "Citizenship of the European Union – A Legal Analysis", *ELJ*, 2007, p. 592.

(interno). Na época, a Comunidade não estava preparada para encarar o desafio político da cidadania[417].

A criação da cidadania da União, pelo Tratado de Maastricht, deveu-se, antes de mais, à introdução de uma dimensão política na integração europeia e ao desenvolvimento da sua dimensão social. Aliás, a própria cidadania é um instrumento privilegiado da passagem de uma Comunidade económica para uma União política[418]. Como bem nota Jo Shaw, *"se a União representa uma forma (emergente) de uma entidade política ['polity'], então tem de ter membros e estar relacionada com um 'povo'"*[419].

A inclusão da cidadania no Tratado de Maastricht – defendida na conferência intergovernamental, sobretudo, pela Comissão e por Espanha – não se revelou tarefa fácil[420]. Defrontaram-se então duas tendências antagónicas. De um lado, os defensores da tendência federal sustentavam a inclusão da cidadania no TUE, a sua independência em relação à nacionalidade dos Estados-membros e a atribuição de um conjunto alargado de direitos. Do outro lado, os intergovernamentalistas – tais como a Dinamarca e o Reino Unido – que, partindo da ligação profunda da cidadania ao Estado[421] e ao núcleo essencial da sua soberania – população e território – reagiram muito negativamente, tentando esvaziar o seu conteúdo. Após aturadas negociações[422], acabou por se chegar a um compromisso que incluiu, de uma banda, a cidadania no TCE e não no TUE e, de outra banda, o esvaziamento parcial do seu conteúdo e a sua dependência da atribuição da nacionalidade por parte dos Estados-membros.

Não é de estranhar que a aplicação do conceito de cidadania a uma entidade política, como é a União Europeia, que se não enquadra na esfera da *estatalidade*, mas antes na da *transnacionalidade* ou *da supranacionalidade* (como alguns preferem designá-la), cause sérias dificuldades. E a primeira relaciona-se, sem dúvida,

[417] Sobre as origens da cidadania da União, ver Anastasia Iliopoulou, *Libre circulation et non-discrimination, élements du statut de citoyen de l'Union européenne,* Bruxelas, 2008, p. 10 e segs; Jean-François Akandji- Kombé, «L'émergence de la citoyenneté européenne. De Rome à Maastricht», *in* Stéphane Leclerc / Jean-françois Akandji-Kombé (ed.), *La Citoyenneté Européenne,* Bruxelas, 2006, p. 7 e segs; Marie José Garot, *La citoyenneté de l'Union europeénne,* Paris, 1999, p. 73 e segs; Mª Dolores Blázquez Peinado, «Los derechos de ciudadania...», p. 263 e segs; Michelle C. Everson / Ulrich K. Preuss, *Concepts, Foundations...*, p. 14 e ss e 48 e segs.

[418] Ver Anastasia Iliopoulou, *Libre circulation...*, p. 18.

[419] Jo Shaw, «The Interpretation of European Union Citizenship», *MLR,* 1998, p. 295.

[420] Ver Carlos Closa, «The Concept of Citizenship in the Treaty on European Union», *CMLR,* 1992, p. 1141.

[421] Neste sentido, Joseph Weiler, "Introduction European Citizenship – Identity and Differentity", *in* Massimo la Torre (ed.), *European Citizenship – An Institutional Challenge,* Haia, 1998, p. 1.

[422] Sobre a negociação das normas relativas à cidadania da União, ver Siofra O'Leary, *The Evolving Concept...*, p. 23 e segs.

com a utilização do critério da nacionalidade dos Estados-membros como critério atributivo da cidadania da União. Parafraseando CATHERINE BARNARD, "*o conceito de cidadania é complexo e multifacetado, envolvendo relações entre os indivíduos, o seu próprio e os outros Estados e a União*"[423].

20.3. A nacionalidade de um Estado-membro como condição de aquisição da cidadania da União

20.3.1. Os poderes dos Estados-membros no domínio da cidadania

Na ótica do Direito Internacional, a atribuição da nacionalidade é uma competência exclusiva dos Estados, isto é, faz parte do seu domínio reservado[424]. Ora, este princípio de Direito Internacional não foi posto em causa pela consagração da cidadania da União, uma vez que ela não implicou a perda de poderes dos Estados-membros no domínio da atribuição da sua nacionalidade. Pelo contrário, no Direito da União Europeia, os Estados-membros mantêm intacta a sua competência para definir o modo como atribuem a nacionalidade[425]. Nas palavras de HANS ULRICH JESSURUN D'OLIVEIRA, "*[o] direito da nacionalidade pertence ao núcleo duro da identidade e da independência dos Estados como sujeitos de Direito Internacional*"[426].

O próprio Tribunal de Justiça, por exemplo, no caso *Kaur*[427], confirmou a competência estadual em matéria de atribuição da nacionalidade, embora tenha também retomado a fórmula do caso *Micheletti*[428], de acordo com a qual o exercício desta competência deverá respeitar o Direito Comunitário[429].

A União não pode, portanto, ela própria, atribuir a cidadania com base em critérios independentes, como o *jus soli*, o *jus sanguinis* ou até a residência[430]. O conceito de cidadania da União, consagrado no Tratado de Maastricht, revela-se totalmente dependente dos Direitos dos Estados-membros, dado que a ligação

[423] CATHERINE BARNARD, "Article 13: Through the Looking Glass of Union Citizenship", *in* DAVID O'KEEFFE / PATRICK TWOMEY (ed.), *Legal Issues ...*, p. 379.

[424] Ver Convenção relativa a certas questões sobre os conflitos das leis da nacionalidade (1930) e a Convenção Europeia sobre Nacionalidade (1997). Cfr. NGUYEN QUOC DINH / PATRICK DAILLIER / MATHIAS FORTEAU / ALAIN PELLET, *Droit International Public*, 8ª ed., Paris, 2009, p. 548.

[425] Neste sentido, HANS ULRICH JESSURUN D'OLIVEIRA, «Nationality and the European Union After Amsterdam», *in* DAVID O'KEEFFE / PATRICK TWOMEY (ed.), *Legal Issues...*, p. 395 e segs.

[426] HANS ULRICH JESSURUN D'OLIVEIRA, "Nationality and the European Union..., p. 411.

[427] Acórdão de 20/02/2001, *Kaur*, proc. C-192/99, Col. 2001, p. I-1237.

[428] Acórdão de 7/7/2002, *Micheletti*, Proc. C-369/90, Col. 1992, p. I- 4239, paras.10-11.

[429] Cfr. HELEN TONER, "Judicial Interpretation of European Union Citizenship – Transformation or Consolidation?", *MJ*, 2000, p. 170 e segs.

[430] Ver LUIS MARÍA DÍEZ PICAZO, «Cidadania Europea», in *Constitutionalismo de la Unión Europea*, Madrid, 2002, p. 52.

entre a União Europeia e os seus cidadãos é indiretamente criada através da nacionalidade dos Estados-membros[431].

A redação do artigo 20º, nº 1, do TFUE é, na sua essência, idêntica à dos preceitos correspondentes das anteriores versões dos Tratados. Com efeito, o artigo 20º, nº 1, do TFUE, estabelece que *"é cidadão da União qualquer pessoa que tenha a nacionalidade de um Estado-membro"*, aditando que *„a cidadania da União acresce à cidadania nacional e não a substitui"*.

A cidadania da União é, pois, uma cidadania de sobreposição (*«citoyenneté de superposition»*)[432]. *"Não é um estado independente, uma vez que está ligada a todas as pessoas que têm a nacionalidade de um dos Estados-membros – por outras palavras, é parasitária das definições de nacionalidade determinadas ao nível nacional"*[433].

O conceito de cidadania da União está pois ancorado na nacionalidade dos Estados-membros e não em qualquer outro critério.

Por seu turno, a resposta à questão de saber se uma pessoa é, ou não, nacional de um Estado-membro, depende única e exclusivamente da lei de nacionalidade do Estado-membro em causa[434], continuando, portanto, os Estados-membros a manter uma competência exclusiva nesta matéria[435]. Por outras palavras, a atribuição da nacionalidade na União Europeia não é da competência de uma autoridade comum, como acontece nos Estados federais, mas depende de vinte e oito diferentes autoridades nacionais, as quais atuam de forma independente umas das outras[436]. Daqui decorre que cada Estado pode ter as suas diferentes regras de nacionalidade e de cidadania, o que conduz à desigualdade das condições de acesso[437], condicionando a atribuição da cidadania da União[438] e, consequentemente, os direitos das pessoas.

Em suma, desde a entrada em vigor do Tratado de Maastricht, todos os nacionais dos Estados-membros passaram a ter duas cidadanias – a dos seus próprios

[431] Ver CYNTHIA JEAN, «La citoyenneté européenne: signification et perspetives dans le cadre du traité d'Amsterdam », *REI*, 1997, p. 739.

[432] VLAD CONSTANTINESCO, «La Citoyenneté de l'Union: une "vraie" citoyenneté ?», *in* LUCIA SERENA ROSSI, *Vers une nouvelle archicteture...*, p. 205.

[433] JO SHAW, «The Interpretation...», p. 298.

[434] Este princípio foi confirmado pela Declaração nº 2 anexa ao Tratado da União Europeia sobre nacionalidade do Estado-membro e pela Declaração de Edimburgo, de 11 e 12 de dezembro de 1992, relativa a certos problemas da Dinamarca a propósito do Tratado da União Europeia.

[435] CATHERINE JACQUESON, «Union Citizenship and the Court of Justice: Something New Under the Sun? Towards Social Citizenship», *ELR*, 2002, p. 260; ROBERT KOVAR / DENYS SIMON, «La citoyennete européenne», cit., p. 289 e segs.

[436] LUIS MARIA DIEZ PICAZO, «Cidadania Europea...», p. 49.

[437] Neste sentido, MARIE-JOSÉ GAROT, "A New Basis for European Citizenship: Residence?", *in* MASSIMO LA TORRE (ed.), *European Citizenship ...*, p. 233.

[438] Ver CYNTHIA JEAN, «La citoyenneté européenne...», p. 740.

Estados e a da União. Apesar disso, não têm duas nacionalidades. Com efeito, há cidadãos da União, mas não há quaisquer nacionais da União. A nacionalidade continua totalmente ligada aos Estados-membros, pelo que a diferença entre cidadania e nacionalidade tem relevância[439].

A Doutrina tem criticado bastante esta solução. Várias são as vozes que se têm ouvido no sentido da separação da cidadania da União dos Direitos dos Estados-membros bem como da substituição do critério da nacionalidade pelo da residência[440]. Este critério teria a dupla vantagem de ser autónomo, de não ser algo de novo, uma vez que já é usado no Direito da União a outros propósitos, e de não alterar a competência dos Estados-membros em matéria de nacionalidade[441]. Além disso, permitiria a inclusão de aproximadamente 13 milhões de nacionais de Estados terceiros legalmente residentes na União.

A dependência da cidadania relativamente à nacionalidade dos Estados-membros tem, pelo menos, uma consequência negativa para os indivíduos, que é a da perda da nacionalidade de um Estado-membro implicar a perda da cidadania da União e dos direitos que lhe são inerentes[442], o que tem levado alguma Doutrina a sustentar que o indivíduo deveria poder conservar a qualidade de cidadão da União para poder continuar a exercer certos direitos, designadamente, o direito de livre circulação. Para os defensores desta tese seria uma solução mais conforme com a lógica da União de proteção do indivíduo[443] e também não

[439] Elspeth Guild, *The Legal Elements of European Identity – EU Citizenship and Migration Law*, Haia, 2004, p. 37.

[440] Neste sentido, Samantha Besson / André Utzinger, "Introduction: Future Challenges of European Citizenship...", p. 581; Dora Kostakopoulou, "European Union Citizenship...", p. 644; Jean-Yves Carlier, "Les enjeux de la citoyenneté européenne", *in* Stéphane Leclerc / Jean-François Akandji-Kombé (ed.), *La Citoyenneté Européenne...*, p. 44; Dora Kostakopoulou, "Ideas, Norms and European Citizenship: Explaining Institutional Change", *MLR*, 2005, p. 243; Mª Concepción Pérez Villalobos, "La cultura de los derechos fundamentales en Europa. Los derechos de los imigrantes extracomunitarios y el nuevo concepto de ciudadanía", *in Derecho Constitucional y Cultura, Estudios en Homenaje a Peter Häberle*, Madrid, 2004, p. 706 e 709 e segs; Blanca Vilá Costa, "The Quest for a Consistent Set of Rules Governing the Status of non-Community Nationals", *in* Philip Alston, *The EU and Human Rights*, Oxford, 1999, p. 441; Marie-José Garot, "A New Basis for European Citizenship...", p. 229 e 233 e segs; Alvaro Castro Oliveira, "The Position of Resident Third-Country Nationals: is it too early to grant them Union Citizenship?", *in* Massimo La Torre (ed.), *European Citizenship...*, p. 196; Rut Rubio Marín, "Equal Citizenship and the Difference that Residence Makes", *in* Massimo la Torre (ed.), *European Citizenship...*, p. 206 e segs; Andrew Evans, "Union Citizenship and the Constitutionalization of Equality in EU Law", *in* Massimo la Torre (ed.), *European Citizenship...*, p. 291.

[441] Neste sentido, Anastasia Iliopoulou, *Libre circulation...*, p. 28.

[442] Neste sentido, Alvaro Castro Oliveira, "The Position of Resident Third-Country...", p. 186.

[443] Neste sentido, Anastasia Iliopoulou, *Libre circulation...*, p. 25; Stephen Hall, «Loss of Union Citizenship...», p. 129.

configuraria algo de desconhecido no Direito da União Europeia, uma vez que se poderia invocar o caso do trabalhador nacional de um Estado-membro que cessa a relação de trabalho. Apesar dessa cessação, em certos casos, pode manter-se a qualidade de trabalhador migrante, conservando, assim, alguns direitos que lhe estão associados[444].

Antes de avançar, convém realçar que a simples consagração da cidadania da União nos Tratados representa uma alteração de paradigma no que diz respeito à conceção do estatuto da pessoa no ordenamento jurídico comunitário[445] e um passo mais no sentido da afirmação de uma identidade europeia[446]. O indivíduo deixa de ser visto como um mero agente económico ou o beneficiário da integração europeia para passar a ser um elemento essencial da construção europeia[447]. Nas palavras de ANASTASIA ILIOPOULOU, *"a cidadania visa colocar o indivíduo no centro do edifício europeu e afirmar a dimensão humana e social deste"*[448].

Ora, numa perspetiva antropocêntrica, a cidadania nacional não deve ser considerada como um limite aos direitos e deveres do indivíduo, mas antes como um limite aos deveres e aos poderes do Estado nacional[449].

Com efeito, a inclusão da cidadania no Tratado de Maastricht implica a aceitação de um pressuposto, qual seja o de que os Europeus partilham alguns valores e comungam de uma herança cultural comum. Por outras palavras, o Tratado pressupõe que, quando comparados com outros povos, os Europeus têm algo em comum[450]. A cidadania da União contribui, pois, para a formação de uma identidade comum europeia[451].

[444] Em sentido contrário, HANS ULRICH JESSURUN D'OLIVEIRA, "Nationality and the European Union...", p. 407 e segs.

[445] Neste sentido, J. LIÑAN NOGUERAS, "De la ciudadania europea...", p. 65.

[446] Sobre a relação entre a cidadania e a identidade europeia, ver ELSPETH GUILD, *The Legal Elements...*, p. 13 e segs; N. W. BARBER, "Citizenship, Nationalism...", p. 242 e segs; SERGIO BARTOLE, "La cittadinanza e l'identità europea", *Annuario 1999, La costituzione europea, Atti del XIV Convegno Annuale, Perugia*, Milão, 1999, p. 445 e segs; CONSTANTIN A. STEPHANOU, "Identité et citoyenneté ...», p. 30 e segs.

[447] Neste sentido, ROBERT KOVAR, «Le droit du citoyen de l'Union Européenne de circuler et de séjourner librement sur le territoire des Etats Membres», *in Mélanges en hommage au Doyen Gérard COHEN-JONATHAN*, vol. II, Bruxelas, 2004, p. 1049; ULRICH K. PREUSS, "Two Challenges to European Citizenship", *in* RICHARD BELLAMY e. a., *Constitutionalism in Transformation...*, p. 122 e segs.

[448] ANASTASIA ILIOPOULOU, *Libre circulation...*, p. 15.

[449] Mª CONCEPCIÓN PÉREZ VILLALOBOS, "La cultura de los derechos fundamentales...", p. 711.

[450] Ver ANA MARIA GUERRA MARTINS, «Les valeurs communes...», p. 130 e segs.

[451] Cfr. ANA MARIA GUERRA MARTINS, "A cidadania da União Europeia...", p. 9 e segs; Idem, "Citizenship in the European Union...", p. 83 e segs.

20.3.2. Os limites aos poderes dos Estados-membros em matéria de cidadania

O mecanismo do reconhecimento da nacionalidade dos outros Estados não é desconhecido do Direito Internacional Público[452], mas no Direito da União Europeia, ao contrário do que sucede naquele[453], o Estado-membro da União não pode recusar o reconhecimento da nacionalidade de uma pessoa a quem outro Estado-membro reconhece a qualidade de seu nacional. Além disso, também não pode fazer depender esse reconhecimento de quaisquer outras condições, além da nacionalidade, tais como a residência no Estado-membro[454], e, desse modo, condicionar o gozo e o exercício dos direitos consagrados no Direito da União Europeia.

Um dos casos mais impressivos, neste domínio, é o caso *Chen*[455], no qual o Tribunal admitiu o direito de uma criança (filha de pais chineses), nascida num Estado-membro da União Europeia – que atribui a nacionalidade a todos aqueles que nascem no seu território – o direito de residência num outro Estado-membro da União na sua qualidade de cidadã da União. Esse direito de residência foi igualmente reconhecido à mãe da criança, cidadã chinesa, pois só assim se consegue assegurar o efeito útil do direito da criança[456].

Como afirmam KOEN LENAERTS e PIET VAN NUFFEL, "*isto significa que os Estados-membros devem incondicionalmente aceitar a cidadania da União conferida por outro Estado-membro*"[457]. Além disso, como sublinha, e bem, STEPHEN HALL "o *artigo 8º TCE* [refere-se à versão do Tratado de Maastricht] *introduziu uma restrição importante ao poder do Estado retirar a nacionalidade aos indivíduos; uma vez que também esses indivíduos são cidadãos da União*" [...] "*Tais medidas devem conformar-se com os standards de direitos humanos protegidos pelo Tribunal de Justiça*"[458]. Ao aceitarem a cidadania da União, os Estados-membros aceitam também um certo grau de reconhecimento recíproco, incondicional e mútuo, no que diz respeito às regras de nacionalidade. O que, em última análise, tem como consequência que se um Estado-membro for mais generoso na atribuição da nacionalidade do que os outros, acaba por vinculá-los também[459]. Há, todavia, duas formas de prevenir este resultado: *a)* a harmonização das condições de atribuição da nacionali-

[452] Cfr., por todos, NGUYEN QUOC DINH / PATRICK DAILLIER / MATHIAS FORTEAU / ALAIN PELLET, *Droit International...*, p. 548.

[453] Cfr. Acórdão de 6 de abril de 1955, *Liechtenstein v. Guatemala (Nottebohm)*, ICJ Rep. 1955, p. 23.

[454] Acórdão de 7/7/2002, *Micheletti*, cit., paras.10-11.

[455] Acórdão de 19/10/2004, *Chen*, proc. C-200/02, Col. 2004, p. I-9925.

[456] Sobre o caso *Chen*, ver BJORN KUNOY, "A Union of National Citizens: the Origins of the Courts Lack of *Avant-Gardisme* in the *Chen* Case", *CMLR*, 2006, p. 179 e segs.

[457] KOEN LENAERTS / PIET VAN NUFFEL, *Constitutional Law of the European Union*, 2ª ed., Londres, 2005, p. 545.

[458] STEPHEN HALL, «Loss of Union Citizenship...», p. 129.

[459] Neste sentido, THOMAS FISCHER, "European 'Citizenship'...", p. 365.

dade dos Estados-membros; *b)* a substituição do critério da nacionalidade pelo da residência. Até ao momento nenhuma destas duas hipóteses foi aceite pelos Estados-membros.

As soluções adotadas pelas diferentes leis de nacionalidade são bastante divergentes, o que acaba – apesar de todo o esforço que o Tribunal tem feito no sentido do reconhecimento mútuo das legislações relativas à nacionalidade – por conduzir ao tratamento diferenciado de indivíduos que se encontram em situações idênticas, sem que se verifique qualquer justificação além da nacionalidade.

Ora, uma entidade política, como a União Europeia, cuja base axiológica é, segundo o Tratado da União Europeia, o respeito pela dignidade humana, pela liberdade, pela democracia, pela igualdade, pelo Estado de direito e pelo respeito dos direitos humanos (artigo 2º do TUE), não se pode resignar ao que acaba de se constatar.

Na verdade, todos concordam que a cidadania só pode operar num ambiente democrático com respeito pelos direitos fundamentais e pelos princípios da igualdade e da não discriminação[460]. Como diz CYNTHIA JEAN, a criação da cidadania europeia deve ser encarada como um instrumento de legitimidade democrática[461] e como uma forma de aumentar o sentimento de pertença à União e de adesão a um projeto comum[462].

Como melhor veremos no ponto seguinte, o Tribunal de Justiça, na tentativa de minorar estes efeitos negativos, considerou que todo o cidadão da União tem direito a um tratamento igual ao exercer direitos que lhe advêm do Direito Comunitário (atualmente, do Direito da União Europeia), em especial, no exercício das liberdades garantidas pelo TCE (hoje TFUE). A desigualdade de tratamento tem de ser justificada sempre com base em razões objetivas, independentes da nacionalidade das pessoas em causa, e tem de ser proporcionada ao objetivo legitimamente prosseguido[463].

Mas note-se que a desigualdade que aqui está em causa é entre nacionais de Estados-membros e não entre nacionais de Estados-membros e nacionais de Estados terceiros ou entre nacionais de Estados terceiros entre si. Quanto a estes, a cidadania da União coloca outro tipo de problemas, que serão analisados a seguir.

[460] VLAD CONSTANTINESCO, «La Citoyenneté de l'Union...», p. 213.

[461] CYNTHIA JEAN, «La citoyenneté européenne...», p. 741. No mesmo sentido, N. W. BARBER, "Citizenship...", p. 246; DORA KOSTAKOPOULOU, "Ideas, Norms and European Citizenship...", p. 233.

[462] ANASTASIA ILIOPOULOU, *Libre circulation...*, p. 17.

[463] Acórdão de 11/7/2002, *D'Hoop*, proc. C-224/98, Col. 2002, p. I-6191, paras 27-41; Acórdão de 2/10/2002, *Garcia Avello*, proc. C-148/02, Col. 2002, para. 31. Para um comentário do caso *D'Hoop*, cfr. ANASTASIA ILIOPOULOU / HELEN TONER, "A New Approach to Discrimination against Free Movers? D'Hoop v Office National de l'Emploi", *ELR*, 2003, p. 389 e segs.

Uma última palavra para referir que este estado de coisas não teria sofrido alterações, caso o TECE tivesse entrado em vigor. Com efeito, segundo o artigo I-10º do TECE, *«possui a cidadania da União qualquer pessoa que tenha a nacionalidade de um Estado-membro. A cidadania da União acresce à cidadania nacional, não a substituindo»*. A substituição da expressão *"é complementar da"* por *"acresce à"* – que, aliás, foi retomada pelo Tratado de Lisboa – não é suficiente para autonomizar a cidadania da União da cidadania estadual, embora, do ponto de vista textual, pretenda individualizar um pouco mais as duas realidades. O TECE aceitava, portanto, a nacionalidade de um Estado-membro como critério de atribuição da cidadania da União[464].

20.4. Os direitos (e deveres) do cidadão da União

20.4.1. As bases jurídicas: o TUE e a CDFUE

Uma vez definida a titularidade da cidadania da União, há que esclarecer quais os direitos lhe estão associados.

Antes de mais, cumpre afirmar que, até à entrada em vigor do Tratado de Lisboa, os direitos inerentes à cidadania da União se fundamentavam, única e exclusivamente, no TCE. Pelo contrário, após a entrada em vigor deste Tratado[465], os direitos de cidadania passaram a ter uma dupla base no Direito Originário – o TFUE e a CDFUE[466] – o que, tendo em conta a sua igual força jurídica, é susce-

[464] Sobre a cidadania da União no TECE, ver JEAN-YVES CARLIER, «La libre circulation des travailleurs, citoyenneté et libre circulation des personnes», *in* OLIVIER DE SCHUTTER / PAUL NIHOUL, *Une Constitution pour l'Europe...*, p. 143 e segs; VLAD CONSTANTINESCO, «La Citoyenneté de l'Union...», p. 203 e segs.

[465] Sobre a cidadania da União no Tratado de Lisboa, cfr. NIAM NIC SHUIBHNE, "EU Citizenship after Lisbon", in DIAMOND ASHIAGBOR / NICOLA COUNTOURIS / IOANNIS LIANOS, *The European Union...*, p. 136 e segs; PAUL CRAIG / GRAÍNNE DE BÚRCA, *EU Law...*, p. 819 e segs; DAMIAN CHALMERS / GARETH DAVIES / GIORGIO MONTI, *European Union Law*, cit., p. 439 e segs; JO SHAW, «Citizenship: Contrasting Dynmaics at the Interface of Integration and Constitutionalism», *in* PAUL CRAIG / GRAÍNNE DE BÚRCA, *The Evolution...*, p. 575 e segs; JO SHAW, «The constitutional development of citizenship in the EU context: with or without the Treaty of Lisbon», INGOLF PERNICE / EVGENI TANCHEV (eds.), *Ceci n'est pas une Constitution...*, p. 104 e segs; MARIA JOSÉ RANGEL DE MESQUITA, «Cidadania Europeia e legitimação democrática após o Tratado de Lisboa», *in Cadernos o Direito*, 2010, p. 149 e segs; ANNETTE SCHRAUWEN, "European Union Citizenship in the Treaty of Lisbon: Any Change at all", *MJ*, 2008, p. 55 e segs.

[466] Sobre os direitos de cidadania consagrados na Carta, cfr. ROSTANE MEHDI, «Article II-99», *in* LAURENCE BURGORGUE-LARSEN *et al.*, *Traité établissant une Constitution pour l'Europe...*, tomo II, p. 505 e segs; MICHEL VERPEAUX, «Article II-100», *in* LAURENCE BURGORGUE-LARSEN *et al.*, *Traité établissant une Constitution pour l'Europe...*, tomo II, p. 514 e segs; DENYS SIMON, «Article II-101», *in* LAURENCE BURGORGUE-LARSEN *et al.*, *Traité établissant une Constitution pour l'Europe...*, tomo II, p. 525 e segs; JACQUES ZILLER, «Article II-102», *in* LAURENCE BURGORGUE-LARSEN *et al.*, *Traité établissant une Constitution pour l'Europe...*, tomo II, p. 538 e segs; CLAUDE BLUMANN,

tível de vir a causar problemas, designadamente ao nível da interpretação e da aplicação das normas, caso se verifique alguma divergência entre elas.

Assim, nos termos do artigo 20º, nº 2, do TFUE, os cidadãos gozam dos direitos e estão sujeitos aos deveres previstos no Tratado. Entre esses direitos contam-se os que estão mencionados na Parte II do Tratado relativa à cidadania – artigos 21º a 24º do TFUE –, mas também outros, como é o caso do direito a não ser discriminado em razão da nacionalidade nas matérias do âmbito de aplicação do Tratado que está previsto no artigo 18º TFUE[467].

Por sua vez, a CDFUE prevê os direitos de cidadania, no seu Título V, nos artigos 39º a 46º.

Se compararmos os preceitos relativos aos direitos de cidadania na Carta e no TFUE, vislumbram-se as seguintes diferenças:

a) A redação e a sistematização dos preceitos não são totalmente coincidentes;
b) A Carta autonomiza o direito a uma boa administração, nele incluindo o direito de todas as pessoas ao tratamento dos seus assuntos pelas instituições, órgãos e organismos da União de forma imparcial, equitativa e num prazo razoável, o direito de audição, o direito de acesso aos processos e o direito à fundamentação das decisões, o direito à reparação dos danos, por parte da União, causados pelas suas instituições, órgãos ou organismos e o direito de se dirigir às instituições da União numa das línguas dos Tratados e de obter uma resposta na mesma língua;
c) O artigo 45º da Carta menciona expressamente os nacionais de Estados terceiros que residem legalmente no território de um dos Estados-membros no domínio da liberdade de circulação e permanência.

«Article II-103», *in* LAURENCE BURGORGUE-LARSEN *et al.*, *Traité établissant une Constitution pour l'Europe...*, tomo II, p. 551 e segs; HUGUES PORTELLI, «Article II-104», *in* LAURENCE BURGORGUE-LARSEN *et al.*, *Traité établissant une Constitution pour l'Europe...*, tomo II, p. 567 e segs; JEAN-PAUL JACQUÉ, «Article II-105», *in* LAURENCE BURGORGUE-LARSEN *et al.*, *Traité établissant une Constitution pour l'Europe...*, tomo II, p. 573 e segs; FLORENCE POIRAT, «Article II-106», *in* LAURENCE BURGORGUE-LARSEN *et al.*, *Traité établissant une Constitution pour l'Europe...*, tomo II, p. 578 e segs; SIEGFRIED MAGIERA, «Kapitel V, Bürgerrechte», *in* JÜRGEN MEYER (org.), *Kommentar zur Charta der Grundrechte der Europäischen Union*, Baden-Baden, 2003, p. 433 e segs; MARC FALLON, "Les droits fondamentaux liés à la citoyenneté de l'Union Européenne, sous les regards croisés du traité C.E. et de la Charte", *in* YVES CARLIER / OLIVIER DE SCHUTTER (dir.), *La Charte des droits fondamentaux de l'Union européenne – son apport à la protection des droits de l'Homme en Europe*, Bruxelas, 2002, p. 149 e segs; DENYS SIMON, «Les droits du citoyen de l'Union », *RUDH*, 2000, p. 22 e segs.

[467] No caso *Martinez Sala*, o Tribunal decidiu que o direito à não discriminação em razão da nacionalidade é um direito de cidadania. Cfr. Acórdão de 12/05/1998, *Martinez Sala*, Proc. C-85/96. Col. 1998, p. I-2691, para. 62.

Sublinhe-se que, com exceção desta última, as divergências apontadas são mais aparentes do que reais, uma vez que os Tratados também consagram o direito a uma boa administração, embora, sistematicamente, não o incluam na parte respeitante à enumeração dos direitos referentes à cidadania. Ora, como dissemos, o facto de um direito não se encontrar, do ponto de vista sistemático, inserido, nas disposições referentes à cidadania, como sucede com o direito à não discriminação em função da nacionalidade, não obsta a que seja considerado *qua tale*.

Em nossa opinião, as razões que estão na base destas diferenças são, essencialmente, as seguintes:

a) A negociação da Carta efetuou-se independente e anteriormente à negociação da revisão dos Tratados;
b) A Carta constitui um texto autónomo, não integrado nos Tratados;
c) O âmbito de aplicação da Carta é diverso – mais restrito – do que o âmbito de aplicação dos Tratados.

Antes de avançar, deve notar-se que se a cidadania da União fosse decalcada da cidadania estadual – o que já tivemos oportunidade de afastar – os direitos que lhe estão associados seriam direitos exclusivamente reservados aos cidadãos da União, com exclusão dos não cidadãos, na medida em que a dicotomia nacional / estrangeiro é, no Estado, algo de inerente à cidadania. Pelo contrário, na União Europeia, não obstante a cidadania também ser, em princípio, excludente dos nacionais de terceiros Estados, tem-se assistido a um movimento de extensão dos beneficiários dos direitos de cidadania, que aponta no sentido de uma tendência de generalização da proteção jurídica[468].

Assim, devem distinguir-se três conjuntos de direitos de cidadania da União[469]:

a) os que estão reservados aos cidadãos da União;
b) os que se encontram ligados à residência;
c) os que são atribuídos a qualquer pessoa.

[468] Neste sentido, Vlad Constantinesco, «La Citoyenneté de l'Union...», p. 207.

[469] Sobre os direitos de cidadania da União, ver, entre muitos outros, Ana Maria Guerra Martins, "A cidadania da União Europeia", in Eduardo Paz Ferreira, *União Europeia – reforma ou declínio*, Lisboa, 2016, p. 284 e segs; Idem, "A cidadania da União Europeia...", p. 9 e segs; Idem, "Citizenship in the European Union...", p. 83 e segs; Fausto de Quadros, *Droit de l'Union européenne...*, p. 92 e segs; Stéphane Leclerc, "Les droits du citoyen européen", *in* Stéphane Leclerc / Jean-François Akandji-Kombé (ed.), *La Citoyenneté...*, p. 51 e segs; Catherine Wihtol De Wenden, "Les Fondements de la Citoyenneté Européenne", *in* Stéphane Leclerc / Jean-François Akandji-Kombé (ed.), *La Citoyenneté Européenne...*, p. 24 e segs; Fausto de Quadros, *Direito da União Europeia*, cit., p. 114 e segs; Maximo La Torre, «Citizenship: a European...», p. 131 e segs; David O'Keeffe, "Citizenship of the Union", *Act. Dr.*, 1994, p. 237 e segs; Robert Kovar / Denys Simon, «La citoyenneté...», p. 295 e segs.

Na primeira categoria, ou seja, na categoria mais restrita, devem integrar-se os direitos de participação política – o direito de participar, ativa e passivamente, nas eleições europeias e municipais (artigo 22º do TFUE e artigos 39º e 40º da Carta) – e o direito à proteção diplomática (artigo 23º do TFUE e artigo 46º da Carta).

Na segunda categoria, ou seja, no conjunto de direitos que são atribuídos a qualquer pessoa, desde que resida num dos Estados-membros da União, contam-se o direito de queixa ao Provedor de Justiça (artigo 24º, par. 3º, do TFUE e artigo 43º da Carta), o direito de petição ao Parlamento Europeu (artigo 24º, par. 3º, do TFUE e artigo 44º da Carta), o direito de acesso aos documentos do Parlamento Europeu, do Conselho e da Comissão (artigo 15º, nº 3, do TFUE e artigo 42º da Carta).

O direito de livre circulação também depende da residência, mas o conteúdo do direito varia consoante se trate de nacionais dos Estados-membros ou de nacionais de terceiros Estados, sendo que dentro destes últimos existem diferentes regimes. Assim, os primeiros gozam do direito de livre circulação e residência, o qual é extensivo às suas famílias, em conexão com a livre circulação de pessoas e serviços (artigo 21º, nº 1, do TFUE e artigo 45º, nº 1, da Carta)[470], enquanto os segundos estão sujeitos a condições muito mais restritas previstas no Direito da União Europeia e nas que vierem a ser criadas no futuro (artigo 45º, nº 2, da Carta).

Na terceira categoria, deve incluir-se o direito a uma boa administração (artigo 41º da Carta), cujo conteúdo já atrás enunciámos. Quanto ao direito a dirigir-se, por escrito, às instituições da União em qualquer das línguas dos Tratados e a receber uma resposta nessa mesma língua, embora o artigo 24º, par. 3º, do TFUE o reserve aos cidadãos da União, a Carta estende-o a "qualquer pessoa" (artigo 41º, nº 4), pelo que, quando estiverem em causa as instituições, os órgãos e os organismos da União ou os órgãos dos Estados-membros quando aplicam o Direito da União, deve dar-se prevalência a este conteúdo mais amplo, isto é, não se trata de um direito reservado aos cidadãos da União.

Mencione-se ainda que o direito eleitoral ativo e passivo nas eleições para o Parlamento Europeu e municipais, a proteção diplomática e o direito de queixa para o Provedor Justiça foram criados *ex novo* pelo Tratado de Maastricht, enquanto o direito de circular e residir e o direito de petição ao Parlamento Europeu foram somente codificados, pois já existiam antes da entrada em vigor do Tratado de Maastricht.

[470] Sobre o direito de livre circulação dos cidadãos da União, cfr. CHRISTINE KADDOUS, "Droits de l'Homme et Libertés de Circulation: Complémentarité ou Contradiction?" *in* Mélanges en hommage à *Georges Vandersanden*, Bruxelas, 2008, p. 563 e segs; JAN ZIEKOW, „Die Freizügigkeit des Unionsbürgers", *in* OLIVER DÖRR (dir.), *Ein Rechtsleher in Berlin, Symposium für ALBRECHT RANDELZHOFER*, Berlim, 2004, p. 102 e segs.

O catálogo de direitos inerentes à cidadania da União consagrado no TFUE e na Carta afigura-se bastante mais limitado do que catálogo de direitos, normalmente, associado à cidadania estadual. Porém, nos termos do artigo 25º do TFUE, é possível reforçar o atual quadro de direitos e/ou aditar novos direitos, sem necessidade de revisão dos Tratados pelos processos previstos no artigo 48º do TUE.

O estatuto do cidadão da União, tal como está consagrado no Tratado, tem sido alvo de várias críticas, devido ao seu caráter incompleto ou condicionado.

No que diz respeito ao exercício dos direitos, a cidadania da União difere profundamente da cidadania estadual, uma vez que o exercício da maioria dos direitos depende da condição de o nacional se deslocar do Estado de que é nacional para outro Estado-membro e de aí passar a residir. Ou seja, para poder usufruir dos direitos de cidadania é necessário deixar de residir, pelo menos, por algum tempo, no Estado da sua nacionalidade[471]. Esta exigência, na prática, pode conduzir a situações paradoxais: imagine-se, por um lado, o caso de um nacional de um Estado-membro que nunca saiu do território do Estado de que é nacional e, por outro lado, o de um cidadão turco que já nasceu num Estado-membro da União do qual também nunca saiu – o qual, sublinhe-se, não é puramente académico – este último, por força dos acordos celebrados entre a Turquia e a União (ou melhor: as Comunidades), goza de um direito à não discriminação em função da nacionalidade, no que diz respeito à livre circulação de trabalhadores, enquanto o nacional do Estado-membro não tem qualquer proteção, do ponto de vista do Direito da União Europeia, ficando totalmente sujeito ao Direito interno do Estado de que é nacional.

Finalmente, deve sublinhar-se que o estatuto de cidadão da União não comporta qualquer dever, sendo composto, única e exclusivamente, por direitos. Neste aspeto, a cidadania da União também contrasta com a cidadania estadual, a qual abrange alguns deveres, como, por exemplo, o dever de pagar impostos ou de cumprir serviço militar. Aliás, esta ausência de deveres dos cidadãos da União é reveladora de uma certa fraqueza dos laços de ligação entre o cidadão e a União.

Além disso, algumas das normas referentes à cidadania da União (ver, por exemplo, artigo 22º, nºs 1 e 2, do TFUE) admitem derrogações, com base na invocação de motivos bastante genéricos (*"sempre que problemas específicos de um Estado o justifiquem"*). Por outro lado, a implementação das normas relativas à cidadania exige, nalguns casos, a unanimidade no Conselho, o que demonstra bem as dificuldades que os Estados-membros enfrentam na cedência de soberania neste domínio.

Deve sublinhar-se que o conteúdo da cidadania da União não teria sofrido alterações significativas se o TECE tivesse entrado em vigor. Apesar das múlti-

471 Cfr. Elspeth Guild, *The Legal Elements...*, p. 49.

plas referências à cidadania da União (artigos I-10º, II-99º e seguintes), o TECE apenas aditava um único direito – o direito à boa administração (artigo II-101º). Ora, como vimos, este direito está incluído na CDFUE, pelo que por essa via também faz parte dos direitos do cidadão da União.

20.4.2. O direito à não discriminação e a cidadania da União

Tendo em conta a importância que o direito à não discriminação em função da nacionalidade assumiu – e continua a assumir – no Direito da União Europeia, importa dedicar-lhe um pouco mais de atenção.

O artigo 20º, nº 2, TFUE, que enumera os direitos de cidadania, não refere o direito à não discriminação em função da nacionalidade. Daí que seja legítimo colocar a questão de saber se ele se deve incluir, ou não, nos direitos de cidadania. É certo que, após o Tratado de Lisboa, a não discriminação e a cidadania constam de uma parte autónoma do TFUE – a Parte II – mas isso não significa que a cidadania inclua um direito à não discriminação. Porém, como já tivemos oportunidade de observar, numa sociedade democrática, a igualdade é inerente à cidadania. Se, numa primeira fase (1993-1997), que alguns apelidaram de "*judicialmente minimalista*"[472], o Tribunal de Justiça se limitou a interpretar e aplicar as normas relativas à cidadania da União como suplementares do Direito Comunitário existente, numa segunda fase (que se iniciou em 1998), o Tribunal explorou a importância constitucional da cidadania da União, estabelecendo a ligação entre ela e a igualdade de tratamento (e a não discriminação) em função da nacionalidade, alargando, assim, o âmbito de aplicação das normas relativas à cidadania[473-474].

[472] DORA KOSTAKOPOULOU, "Ideas, Norms and European Citizenship...", p. 233.

[473] Sobre a Jurisprudência do TJ relativa à cidadania da União e à não discriminação, cfr. ANDREAS LACH, *Umgekehrte Diskriminierungen im Gemeinschaftsrecht*, Frankfurt, 2008, p. 301 e segs; VON BOGDANDY, «Art. 12», *in* EBERHARD, GRABITZ / MEINHARD, HILF / MARTIN, NETTESHEIM, *Das Recht der Europäishen Union*, Vol. 1, Munique, 2008, §§ 35 e segs; JEAN-YVES CARLIER, "Les enjeux de la citoyenneté...", p. 33 e segs; FRANCIS G. JACOBS, "Citizenship of the European Union...", p. 598 e segs; DORA KOSTAKOPOULOU, "European Union Citizenship...", p. 634 e segs; ASTRID EPINEY, "Art.12 EGV", *in* CHRISTIAN CALLIESS / MATTHIAS RUFFERT (ed.), *EUV/EGV – Das Verfassungsrecht der Europäischen Union mit Europäischer Grundrechtecharta-Kommentar*, 3ª ed., Munique, 2007, § 18; DORA KOSTAKOPOULOU, "Ideas, Norms and European Citizenship...", p. 246 e segs; HELEN TONER, "Judicial Interpretation...", p. 161 e segs; NIAMH NIC SHUIBHNE, "Free Movement of Persons and the Wholly Internal Rule: Time to move on?", *CMLR*, 2002, p. 748 e segs; A. CASTRO OLIVEIRA, "Workers and other Persons: Step by Step from Movement to Citizenship – Case Law 1995-2001", *CMLR*, 2002, p. 78 e segs.

[474] SERGIO BARTOLE retira a proibição da discriminação entre cidadãos da União da relação de complementariedade entre a cidadania da União e a cidadania dos Estados-membros. Cfr. SERGIO BARTOLE, "La cittadinanza e l'identità europea"..., p. 457.

Foi, no, já citado, caso *Martinez Sala*[475], que o Tribunal, pela primeira vez, utilizou, em conjunto, os ex-artigos 12º e 17º do TCE (atuais artigos 18º e 20º do TFUE).

Os factos subjacentes ao caso eram os seguintes: *Martinez Sala*, nacional espanhola, residia na Alemanha desde 1968, onde tinha exercido algumas atividades assalariadas até 1986. A partir de 1988 passou a beneficiar da assistência social alemã. Em 1993, solicitou uma bolsa de estudos para o seu filho, que lhe foi recusada com fundamento no facto de a legislação alemã atribuir essa vantagem social aos nacionais e aos estrangeiros que possuíssem um título de residência.

Para o Tribunal, enquanto nacional de um Estado-membro que residia legalmente no território de outro Estado-membro, *Martinez Sala* relevava do âmbito de aplicação *ratione personae* das normas do Tratado sobre cidadania. Por outro lado, o então artigo 17º, nº 2, do TCE (atual artigo 20º, nº 2, do TFUE) reconhece aos cidadãos da União os direitos e deveres previstos no Tratado, nos quais se inclui o direito a não ser sujeito a discriminações em função da nacionalidade. A exigência de um título de residência a um nacional de um Estado-membro que pretende beneficiar de uma vantagem social, quando nada de idêntico é exigido aos nacionais do Estado de acolhimento conduz a uma discriminação proibida pelo antigo artigo 12º do TCE (atual artigo 18º do TFUE).

O Tribunal alargou, assim, significativamente, o campo dos beneficiários da não discriminação, a qual deixou, todavia, de estar dependente do exercício de uma atividade económica.

Esta Jurisprudência foi confirmada, no caso *Bickel-Franz*[476], no qual o Tribunal considerou que o direito a não ser discriminado em função da nacionalidade fundamenta o direito de um nacional de um Estado-membro se expressar em processo penal contra ele instaurado noutro Estado-membro, numa língua diferente da oficial, quando aos nacionais desse Estado é reconhecido esse direito. Ou seja, se um determinado Estado-membro dá aos que pertencem a uma determinada minoria linguística o direito de usarem a sua língua em processo penal, então também deve assegurar o mesmo direito aos nacionais de outros Estados-membros da mesma língua. Esta decisão do TJ fundamentou-se no facto de que, numa Comunidade que se baseia na livre circulação de pessoas e na liberdade de estabelecimento, as facilidades linguísticas têm uma particular importância porque a possibilidade de comunicar na sua própria língua facilita o exercício da liberdade de circulação e permanência num outro Estado-membro. Acresce que, no caso em apreço, esta solução não implicava custos insuportáveis para o

[475] Ac. de 12/5/98, *Martinez Sala*, cit., p. I-2691.

[476] Ac. de 24/11/98, *Bickel and Franz*, proc. C-274/96, Col. 1998, p. I-7637.

Estado, uma vez que ele a assegura aos seus nacionais, pelo que não se afigura desproporcionada[477].

No caso *Grzelczyk*[478], o Tribunal considerou que o estatuto de cidadão da União tem uma vocação de estatuto fundamental dos nacionais dos Estados-membros, pelo que estes, desde que se encontrem na mesma situação, têm direito ao mesmo tratamento que os nacionais de Estados-membros, sem prejuízo das exceções expressamente previstas no Tratado. Em suma, *Grzelczyk* tinha direito ao *minimex* – uma prestação social não contributiva que garantia um rendimento mínimo – apesar de a lei o conceder apenas aos cidadãos belgas e aos nacionais de Estados-membros com o estatuto de trabalhador no sentido comunitário.

Os casos *Martinez Sala* e *Grzelczyk* sugerem ainda que os membros independentes da família de um trabalhador "comunitário" que tenham a nacionalidade de um Estado-membro e residam com o trabalhador no Estado de acolhimento podem prevalecer-se do ex-artigo 12º, nº 1, do TCE (atual artigo 18º, nº 1, do TFUE), pelo que têm direito à assistência social nas mesmas condições que os nacionais do Estado de acolhimento[479].

Deve, no entanto, notar-se que o Tribunal nem sempre interpretou as normas relativas à não discriminação em conjugação com as normas sobre cidadania num sentido extensivo. Aliás, nos últimos anos tem proferido uma Jurisprudência muito mais restritiva.

No caso *Wijsenbeek*[480], o Tribunal decidiu que o exercício do direito de circular e permanecer livremente no território dos Estados-membros, conferido aos cidadãos da União, pelo então artigo 8ºA do TCE, na versão de Maastricht (atual artigo 18º do TFUE), não impede os controlos de fronteiras (e a consequente exigência de identificação), enquanto não houver disposições comuns ou harmonizadas no domínio em causa, designadamente, no que diz respeito às condições de acesso, vistos e asilo, na medida em que esses controlos sejam necessários para estabelecer a nacionalidade de um Estado-membro. O Direito Comunitário (hoje Direito da União Europeia) não se opõe a que a recusa de identificação por parte de um cidadão da União quando cruza uma fronteira interna de um Estado-membro seja sancionada penalmente, desde que essa sanção seja comparável às que se aplicam aos nacionais desse Estado para infração de igual gravidade e não sejam desproporcionadas, criando um entrave à livre circulação[481].

[477] Para um comentário deste acórdão, ver Guy Desolre, «Le principe de non discrimination, la liberté de circulation et les facilités linguistiques en matière judiciaire», *CDE*, 2000, p. 311 e segs.

[478] Ac. de 20/9/2001, *Grzelczyk*, proc. C-184/99, Col. 2001, p. I-6193.

[479] A. P. van der Mei, "Freedom of Movement for Indigents: A Comparative Analysis of American Constitutional Law and European Community Law", *Ariz J. Int'l & Comp. L.*, 2002, p. 839.

[480] Ac. de 21/9/99, *Wijsenbeek*, proc. C-378/97, Col. 1997, p. I-6207.

[481] Cfr. nºs 41 e segs do caso *Wijsenbeek*.

No caso *Kaba I*[482], o Tribunal também expressou uma visão mais restrita relativamente à aplicação do princípio da não discriminação aos nacionais de Estados terceiros ainda que familiares de nacionais de Estados-membros.

Para uma melhor compreensão do que estava em causa, nestes processos, é importante conhecer os factos subjacentes a estes acórdãos. *Kaba*, jugoslavo, entrou no Reino Unido como requerente de asilo, posteriormente casou com uma cidadã francesa, que aí exercia uma atividade assalariada. Em 1994, *Kaba*, como cônjuge de um nacional de um Estado-membro, obtém uma autorização de residência por 5 anos (que coincide com a da sua cônjuge). Em 1996 requer uma autorização de residência definitiva que lhe é recusada com fundamento no facto de, nos termos do direito de imigração inglês, esse tipo de autorizações só serem concedidas aos nacionais de Estados-membros e suas famílias após residirem 4 anos no Reino Unido e aí continuarem a residir. Ora, o período de residência da mulher de *Kaba* era apenas de um ano e dez meses.

Para o Tribunal a situação de *Kaba*, enquanto cônjuge de um nacional de um Estado-membro não era comparável à de um nacional de um Estado-membro e, muito menos, à de um nacional do Estado de acolhimento, pelo que a exigência aos cônjuges de nacionais dos outros Estados-membros de uma residência mais prolongada do que o tempo que se exige para os cônjuges dos nacionais de um Estado-membro não viola o princípio da não discriminação.

Esta Jurisprudência foi confirmada no caso *Kaba II*[483].

A decisão do Tribunal, nestes dois processos, foi, com toda a probabilidade, influenciada, pelas circunstâncias concretas dos casos. Em primeiro lugar, *Kaba* divorciou-se logo após ter requerido a residência definitiva, o que poderia indiciar um casamento de conveniência e, como tal, fraude à lei. Em segundo lugar, o provimento do seu pedido conduziria à invalidade de normas que se situavam no domínio do direito da imigração britânico, sendo certo que o Reino Unido não se encontra vinculado às normas da União neste domínio e, por fim, em terceiro lugar, se o TJ lhe tivesse dado razão, *Kaba*, nacional de um Estado terceiro, acabaria por ver reconhecidos mais direitos do que o cônjuge que era nacional de um Estado-membro.

A verdade é que, decorrido um ano e meio após o último acórdão *Kaba*, o Tribunal retoma a sua Jurisprudência anterior, no caso *Trojani*[484]. Estava em causa um cidadão francês que imigrou para a Bélgica, na qual obteve um título de residência provisório válido por 5 anos. Sem recursos económicos, solicitou o *minimex* às autoridades competentes, o qual lhe foi recusado. Segundo o Tribunal,

[482] Ac. de 11/4/2000, *Kaba I*, proc. C-356/98, Col. 2000, p. I-2623.
[483] Ac. de 6/3/2003, *Kaba II*, proc. C-460/00, Col. 2003, p. I-2219.
[484] Ac. de 7/9/2004, *Trojani*, proc. C-456/02, Col. 2004, p. I-7573.

o antigo artigo 12º do TCE não confere a *Trojani* o direito de residir na Bélgica, dado que não dispõe de meios de subsistência mínimos, uma vez que solicitou o *minimex*. Mas a verdade é que *Trojani* reside legalmente na Bélgica como se prova pela autorização de residência acima mencionada. Ora, para o Tribunal, se os Estados-membros podem condicionar a estada de um cidadão da União economicamente não ativo à disponibilidade de recursos suficientes, isso não significa que tal pessoa não possa beneficiar, durante a sua estada legal no Estado de acolhimento, do princípio fundamental relativo à igualdade de tratamento consagrado no antigo artigo 12º do TCE (atual artigo 18º do TFUE)[485].

O Tribunal estende, pois, a Jurisprudência *Martinez Sala* e *Grzelczyk* a um caso em que os laços com o Estado de acolhimento eram precários e incertos, quando alguns meses antes, no caso *Collins*[486], tinha decidido que nem as normas de livre circulação de trabalhadores nem as normas relativas à cidadania da União se opõem a que uma legislação nacional faça depender a atribuição de um benefício de segurança social para candidatos a emprego da condição de residência, desde que essa condição respeite o princípio da proporcionalidade e possa ser justificada com base em razões objetivas independentes da nacionalidade. Isto é, a ausência de uma ligação genuína entre um candidato a emprego e o mercado de trabalho do Estado de acolhimento pode inviabilizar a atribuição de certos benefícios sociais. Visto de outra perspetiva: os direitos dos cidadãos da União no Estado de acolhimento vão-se acumulando ao longo dos tempos, o que significa que a nacionalidade deixa de ser o fator determinante na atribuição de certos direitos para passar a ser a residência[487].

Posteriormente, nos casos *Schempp*[488], *Tas-Hagen Tas*[489], *Morgan*[490] e *Schwarz and Gootjes-Schwarz*[491], o Tribunal confirma que todo o cidadão da União, e não apenas o migrante, é abrangido pelo âmbito pessoal de aplicação dos Tratados (ou seja, basta a nacionalidade). Daqui decorre que as disposições relativas à cidadania alargam o âmbito de aplicação pessoal dos Tratados, no sentido em que o cidadão que não exerce o direito de livre circulação também adquire alguns direitos, por força da cidadania. Ora, a aceitação deste postulado vai ter consequências no que diz respeito ao âmbito de aplicação material dos Tratados.

[485] Nºs 39 e 40 do caso *Trojani* citado na nota anterior.

[486] Ac. de 23/3/2004, *Collins*, proc. C-138/02, Col. 2004, p. I-2703.

[487] Gareth Davies, "Any Place I Hang My Hat? or: Residence is the New Nationality", *ELJ*, 2005, p. 55.

[488] Ac. de 12/07/2005, proc. C-403/03, Col. 2005, p. I-6421.

[489] Ac. de 26/10/2006, proc. C-192/05, Col. 2006, p. I-10451.

[490] Ac. de 23/10/2007, proc. C-11/06, Col. 2007, p. I-9161.

[491] Ac. de 11/9/2007, proc. C-76/05, Col. 2007, p. I-6849.

Em suma, até à crise de 2008, o Tribunal entendia que o direito de circular e permanecer livremente no território dos Estados-membros abrangia o direito de entrada num outro Estado-membro[492], a livre circulação e o direito de residência efetiva num outro Estado-membro[493] e o direito de obter vantagens sociais em termos idênticos aos nacionais desse Estado[494]. Apesar de no início ter exigido a residência legal para que estes efeitos se produzissem[495] [496], posteriormente considerou que as regras que continham um elemento territorial, como é o caso da residência, afetavam o direito do cidadão da União de circular, bem como de escolher o seu local de residência e, como tal, só seriam admissíveis se prosseguissem um fim legítimo e passassem o teste da proporcionalidade[497].

Mais recentemente, nos casos *Rottmann*[498] e *Ruiz Zambrano*[499], o Tribunal de Justiça aceitou que, ainda que não se verifique o exercício da liberdade de circulação, o artigo 20º do TFUE se opõe a uma medida nacional que não priva formalmente o indivíduo dos direitos inerentes ao estatuto de cidadão da União, mas, na prática, produz os mesmos efeitos, uma vez que priva os cidadãos do gozo efetivo do essencial dos direitos conferidos pelo estatuto de cidadão da União.

O Tribunal não esclareceu, no entanto, três questões essenciais: Como interagem os artigos 20º e 21º do TFUE sem o elemento do exercício da liberdade de circulação? Quando é que uma medida nacional leva à privação de direitos de cidadania? Se e em que medida os direitos fundamentais devem ser tidos em conta para determinar a privação dos direitos de cidadania?

A resposta a estas questões vai ser dada, nos casos *McCarthy*[500] e *Dereci*[501]. No primeiro caso, o Tribunal interpreta restritivamente a noção de medida nacional capaz de produzir um efeito de privação de direitos, tendo, no segundo caso, continuado esta visão restritiva, ao considerar que só há privação dos direitos de cidadania quando o nacional de um Estado membro tiver de abandonar o território da União e não apenas o território do Estado-membro em causa. Por outro

[492] Ac. de 9/11/2000, *Exp. Yiadom*, proc. C-357/98, Col. 2000, p. I-9265.

[493] Ac. de 17/9/2002, *Baumbast*, proc. C-413/99, Col. 2002, p. I-7091, par. 84.

[494] Ac. de 12/5/98, *Martinez Sala*, cit., p. I-2691; ac. de 20/9/2001, proc. C-184/09, *Grzelczyk*, Col. 2001, p. I–6193.

[495] Ac. de 12/5/98, *Martinez Sala*, cit., p. I-2691; ac. de 7/9/2004, *Trojani*, cit., p. I-7573.

[496] Sobre o direito de circular e permanecer livremente no território dos Estados-membros bem como sobre a Jurisprudência do TJ que sobre ele se debruçou, ver Eleanor Spaventa, "Seeing the Wood despite the Trees? On the Scope of Union Citizenship and its Constitutional Effects", *CMLR*, 2008, p. 13 e segs; Robert Kovar, "Le droit du citoyen de l'Union... », p. 1051 e segs.

[497] Cfr., por todos, Eleanor Spaventa, "Seeing the Wood despite the Trees?...", p. 32 e segs.

[498] Ac. de 05/05/2011, *McCarthy*, Proc. C-439/09, Col. 2011, p. 277.

[499] Ac. de 08/03/2011, *Ruiz Zambrano*, Proc. C-34/09, Col. 2011, p. 124.

[500] Ac. de 05/05/2011, *McCarthy*, Proc. C-439/09, Col. 2011, p. 277.

[501] Ac. de 15/11/2011, *Dereci e o.*, Proc. C-256/11, Col. 2011, p. 734.

lado, o Tribunal considerou que os direitos não devem ser tidos em conta quando se avalia a questão prévia de saber se há ou não privação dos direitos[502]. Mais tarde, nos casos *Iida*[503] e *Ymeraga*[504], o Tribunal reafirmou esta jurisprudência[505].

Mas é no que diz respeito às matérias dos subsídios sociais, pensões não contributivas, subsídios de subsistência, subsídios de residência, que o Tribunal, após ter demonstrado alguma abertura, por exemplo, nos casos *Collins*[506] e *Brey*[507], tem desenvolvido uma jurisprudência muito restritiva, por exemplo, nos casos *Dano*[508], *Alimanovic*[509] e *Garcia Nieto*[510], a qual terá de ser provavelmente enquadrada no contexto da crise económica e financeira que assola a Europa desde 2008[511].

No caso *Dano* estava em causa a recusa do Centro de Emprego de Leipzig de conceder prestações do seguro de base («Grundsicherung»), a prestação de subsistência («existenzsichernde Regelleistung») e o subsídio social («Sozialgeld») bem como a participação nas despesas de alojamento e de aquecimento, previstas na legislação alemã à Senhora *Dano* e ao seu filho.

O órgão jurisdicional de reenvio perguntou, no essencial, se os artigos 18º do TFUE, 20º, nº 2, do TFUE, 24º, nº 2, da Diretiva 2004/38 e 4º do Regulamento nº 883/2004 devem ser interpretados no sentido de que se opõem a uma regulamentação de um Estado-membro por força da qual os cidadãos de outros Estados-membros, economicamente não ativos, são, total ou parcialmente, excluídos do benefício de determinadas «prestações pecuniárias especiais de caráter não contributivo» na aceção do Regulamento nº 883/2004, quando essas prestações são garantidas aos cidadãos do Estado-membro em causa que se encontrem na mesma situação.

Apesar de invocar toda a jurisprudência anterior mais permissiva, o Tribunal acaba por concluir que o Direito da União Europeia não se opõe a que a atribuição daquelas prestações a cidadãos da União economicamente não ativos

[502] Para um estudo crítico destes três acórdãos do Tribunal de Justiça, cfr., entre outros, DIMITRY KOCHENOV / RICHARD PLENDER, "EU Citizenship: From an Incipient Form to an Incipient Substance? The Discovery of the Treaty Text", *E.L.Rev.*, 2012, p. 369 e segs; PANOS STASINOPOULOS, "EU Citizenship as a Battle of the Concepts: *Travailleur* v *Citoyen*", *European Journal of Legal Studies,* 2011, p. 74-103.

[503] Ac. de 08/11/2012, *Iida,* Proc. C-40/11, Col. 2012, p. 691.

[504] Ac. de 08/05/2013, *Ymeraga*, Proc. C-87/12, Col. 2013, p. 291.

[505] Uma análise contextualizada desta jurisprudência pode ver-se em KOEN LENAERTS, "EU Citizenship...", p. 1-10.

[506] Ac. de 23/3/2004, *Collins,* proc. C-138/02, Col. 2004, p. I-2703.

[507] Ac. de 19/09/2013, *Brey*, proc. C-140/12, Col. 2013, p. 565.

[508] Ac. de 11/11/2014, *Dano,* proc. C-333-13, Col. 2014, 2358.

[509] Ac. de 15/09/2014, *Alimanovic,* proc. C-67/14, Col. 2015, p. 597.

[510] Ac. de 25/02/2016, *Garcia Nieto*, C-299/14, Col. 2016, p. 114.

[511] V. SOFIA OLIVEIRA PAIS, "Current Challenges: Freedom of Movement and Access of Economically Inactive Union Citizens to Social Benefits", *in* SOFIA OLIVEIRA PAIS (coord.), *EU Citizenship – Challenges and Opportunities,* Porto,2015, p. 21 e segs.

seja subordinada à exigência de que estes preencham as condições para dispor de um direito de residência no Estado-membro de acolhimento e que também não se opõe a uma regulamentação de um Estado-membro por força da qual os cidadãos de outros Estados-membros são excluídos do benefício de determinadas «prestações pecuniárias especiais de caráter não contributivo», quando essas prestações são garantidas aos cidadãos do Estado-membro de acolhimento que se encontrem na mesma situação, na medida em que esses cidadãos de outros Estados-membros não beneficiam de um direito de residência no Estado-membro de acolhimento.

No caso *Alimanovic* o órgão jurisdicional questionou o Tribunal de Justiça, em substância, sobre a compatibilidade com os artigos 18º do TFUE e 45º, nº 2, do TFUE de uma regulamentação nacional que exclui do benefício de certas prestações os nacionais de outros Estados-membros que têm a qualidade de candidatos a emprego quando essas prestações são garantidas aos nacionais do Estado-membro em causa que se encontrem na mesma situação.

O Tribunal começou por qualificar a natureza das prestações em causa, tendo admitido que se tratava de prestações de assistência social e medidas que visam facilitar o acesso ao mercado de trabalho, acabou por concluir que a sua função preponderante era a de garantir o mínimo dos meios de subsistência necessários para uma vida compatível com a dignidade humana.

Em consequência, o Tribunal decidiu que o Direito da União Europeia não se opõe a uma regulamentação nacional que exclui do seu benefício os nacionais de outros Estados-membros quando essas prestações são garantidas aos nacionais do Estado membro em causa nas mesmas circunstâncias.

O caso *Garcia Nieto* vai no mesmo sentido[512].

Do exposto resulta que nem sempre a Jurisprudência do Tribunal de Justiça é linear. Pelo contrário, até aparenta uma certa instabilidade, a qual se deve, essencialmente, ao casuísmo com que o Tribunal encara a cidadania da União. Para KOEN LENAERTS, não se verificam grandes saltos na fundamentação das decisões, mas antes a construção de uma jurisprudência com base numa técnica argumentativa e segundo o método progressivo – "*stone by stone*"[513].

Porém, este caráter muito casuístico conduz, em nosso entender, a uma certa incerteza e insegurança. O Tribunal atém-se muito às circunstâncias do caso, o que torna, por vezes, difícil antecipar as normas e os princípios aplicáveis num

[512] Para um estudo sistemático da jurisprudência do TJ relativa à cidadania da União, v. ALESSANDRA SILVEIRA, "Cidadania Social na União Europeia – *quo vadis*? Avanços e recuos entre forças de coesão", in EDUARDO PAZ FERREIRA, *União Europeia – reforma ou declínio*, Lisboa, 2016, p. 293 e segs.

[513] KOEN LENAERTS, "EU Citizenship and the European Court of Justice's '*stone-by-stone*' approach', *International Comparative Jurisprudence*, 2015, p. 1.

determinado caso. Tal é agravado pelo facto de o Tribunal se basear em normas não escritas, como a de que uma medida nacional não deve "*privar os cidadãos do gozo efetivo do essencial dos direitos conferidos pelo seu estatuto de cidadão da União*" ou a garantia de "*direitos derivados de um cidadão da União*" aos nacionais de Estados terceiros.

20.5. O impacto da cidadania da União nos nacionais de terceiros Estados

Apesar de as normas da cidadania da União se dirigirem, primordialmente, aos nacionais dos Estados-membros, elas acabam por ter um certo impacto nos nacionais de terceiros Estados e na política de imigração[514]. Com efeito, a abolição dos controlos sobre as pessoas nas fronteiras internas da União levou a que os Estados-membros sentissem a necessidade de chegar a acordo sobre regras comuns em matéria de entrada e residência de nacionais de terceiros Estados no seu território. Esta foi, aliás, a verdadeira razão da introdução, no Tratado de Amesterdão, das bases jurídicas da política de imigração bem como, mais tarde, da aprovação de Direito Derivado com o objetivo de melhorar o estatuto dos cidadãos dos nacionais de terceiros Estados.

Porém, de tudo o que se disse, resulta claro que um nacional de um terceiro Estado, mesmo que resida legalmente na União, por um longo período de tempo, não tem qualquer hipótese, de direito, ou de facto, de vir a adquirir a cidadania da União, pelo que não pode usufruir das vantagens que esta lhe poderia conferir, incluindo o direito a não ser discriminado[515]. Para isso necessita primeiro de adquirir a nacionalidade de um Estado-membro[516].

Ora, não está provado que um residente de longa duração, nacional de um Estado terceiro, não possa partilhar os valores comuns europeus e não esteja até mais integrado no Estado-membro de acolhimento do que o nacional de outro Estado-membro.

A cidadania da União tem, portanto, duas facetas distintas: a *includente*, a qual possibilita aos indivíduos considerados cidadãos da União o gozo de certos direitos (e, eventualmente, no futuro, a sujeição a certos deveres) consagrados no Tratado e a *excludente*, a qual exclui os estrangeiros, nacionais de países terceiros, e os apátridas, total ou parcialmente, dos direitos que lhe estão associados, incluindo o direito à não discriminação[517].

A cidadania da União diferencia, portanto, o "nós" do "eles", o que contribui para reforçar a exclusão social dos estrangeiros, não nacionais de Estados-mem-

[514] FIORELLA DELL'OLIO, *The Europeanization of Citizenship: Between the Ideology of Nationality, Immigration and European Identity*, Aldershot, 2005, p. 56.

[515] Neste sentido, MATTIAS MALMSTEDT, "From Employee to EU Citizen – A Development from Equal Treatment as a Means to Equal Treatment as a Goal?", *in* ANN NUMHAUSER-HENNING, *Legal Perspectives on Equal Treatment and Non-Discrimination*, Haia, 2001, p. 121.

[516] ALVARO CASTRO OLIVEIRA, "The Position of Resident...", 1998, p. 186.

[517] Ver CATHERINE BARNARD, "Article 13: Through the Looking Glass...", p. 379.

bros, uma vez que, não podendo adquirir a cidadania da União, não têm possibilidade de se movimentar no mercado interno para procurar emprego ou para se estabelecer noutro Estado-membro[518]. Além disso, também não adquirem os direitos políticos, designadamente, o direito de eleger e ser eleito nas eleições municipais e nas eleições para o Parlamento Europeu.

A realização da cidadania da União coloca, pois, problemas ao nível das duas vertentes da igualdade: a igualdade de tratamento e a igualdade de participação[519].

Ora, tendo em conta que a cidadania da União tem sido desenvolvida, designadamente pela Jurisprudência do TJ, em conexão com a proteção dos direitos fundamentais, a exclusão dos nacionais de Estados terceiros não se justifica à luz do universalismo dos direitos humanos nem do Estado de direito[520].

A entrada em vigor das modificações introduzidas pelo Tratado de Lisboa potencia ainda mais as dificuldades de manter esta diferenciação, na medida em que a Carta admite a extensão do direito de circular e permanecer aos nacionais de terceiros Estados que residam legalmente no território de um Estado-membro (artigo 45º, nº 2, da Carta)[521].

Note-se, contudo, que o facto de alguns direitos associados à cidadania da União serem reservados aos cidadãos da União, com exclusão, portanto, dos não cidadãos, não levantaria, em princípio, objeções substanciais, uma vez que no Estado a dicotomia nacional / estrangeiro é algo de inerente à cidadania (embora se admita que o Estado consagre um princípio de equiparação entre nacionais e estrangeiros, como acontece, por exemplo, em Portugal, por força do artigo 15º da CRP).

Como reflexo do diferente Direito Originário e Derivado em matéria de atribuição de direitos de cidadania aos nacionais de Estados-membros e aos nacionais de Estados terceiros, a Jurisprudência do TJ também trata diversamente uns e outros. Com efeito, o Tribunal é muito mais permissivo a inferir a ligação da não discriminação à cidadania quando se trata de conferir direitos aos nacionais de Estados-membros do que quando estão em causa nacionais de Estados terceiros. Neste último caso, o Tribunal assume uma posição muito mais restritiva, recusando, desde logo, o direito à não discriminação, o que prova que a cidadania da União não contribui, de modo significativo, para reforçar os direitos dos nacionais de terceiros Estados, designadamente o direito à não discriminação em função da nacionalidade[522].

[518] TAMARA K. HERVEY, "Putting Europe's House in Order: Racism, Race Discrimination and Xenophobia after the Treaty of Amsterdam", *in* DAVID O'KEEFFE / PATRICK TWOMEY (ed.), *Legal Issues...*, p. 333.

[519] Neste sentido, ANDREW EVANS, "Union Citizenship ...", p. 269.

[520] Cfr. JEAN-FRANÇOIS AKANDJI-KOMBÉ, «L'émergence de la citoyenneté européenne...», p. 21.

[521] Cfr. ANA MARIA GUERRA MARTINS, *A igualdade e a não discriminação...*, p. 227 e segs.

[522] Cfr. ANA MARIA GUERRA MARTINS, *A igualdade e a não discriminação...*, p. 227 e segs.

Capítulo VI
A proteção dos direitos fundamentais na União Europeia

21. Preliminares

Antes de mais, importa frisar que o estudo da proteção dos direitos fundamentais na Europa implica, atualmente, levar em conta três níveis de normas e de instituições que se justapõem, influenciam e interagem, com o intuito de atingir um grau mais elevado de proteção dos direitos fundamentais[523]. Por outras palavras, a proteção e a tutela dos direitos fundamentais na Europa opera ao nível de normas e instituições nacionais (com destaque para as constitucionais), da União Europeia e do Direito Internacional (*maxime*, da Convenção Europeia dos Direitos Humanos), dispondo cada um destes três níveis de um catálogo de direitos fundamentais diferenciado e de meios de tutela específicos (com especial destaque para os meios contenciosos). Verifica-se, portanto, uma proteção multinível dos direitos fundamentais.

Em consequência, um estudo exaustivo da proteção dos direitos fundamentais na União Europeia imporia levar igualmente em conta os outros dois níveis. Porém, tratando-se de um manual que se destina a ser usado na unidade curricular de Direito da União Europeia, vamos apenas debruçar-nos sobre a ótica deste Direito, deixando o Direito Constitucional e o Direito da CEDH para um posterior estudo específico sobre proteção e tutela multinível dos direitos fundamentais.

22. A construção pretoriana inicial da proteção dos direitos fundamentais

De acordo com a tradição política humanista ocidental, o respeito dos direitos fundamentais constitui um dos principais impulsos e um dos núcleos duros da

[523] Federico Fabbrini, *Fundamental Rights in Europe – Challenges and Transformations in Comparative Perspective*, Oxford, 2014, p. 4.

Ordem Constitucional europeia. Para a cultura política ocidental não há Constituição nem democracia sem o respeito dos direitos da pessoa humana enquanto tal, pelo que a proteção dos direitos fundamentais integra um dos elementos essenciais do constitucionalismo europeu bem como da identidade europeia.

A versão originária dos Tratados não continha um catálogo de direitos fundamentais, mas, desde cedo, se considerou que, apesar de as Comunidades terem um caráter eminentemente económico e de as suas atribuições serem funcionais, a importância dos poderes conferidos aos seus órgãos tornava possível uma violação dos direitos das pessoas, nomeadamente, dos direitos económicos e sociais e dos respeitantes à regularidade dos processos judiciais e administrativos pela própria Comunidade. Assim sendo, após a criação das Comunidades Europeias, os direitos fundamentais não podiam continuar a perspetivar-se apenas por referência aos Estados-membros, mas tinham de se encarar também no seio dessa nova forma de agregação do Poder Político em emergência, isto é, as Comunidades Europeias.

A preocupação do respeito dos direitos fundamentais por parte das Comunidades retirava-se implicitamente, desde logo, da versão originária do TCE, quando no preâmbulo se afirmavam os ideais de paz e de liberdade, bem como o objetivo de melhoria das condições de vida dos seus povos.

O primeiro órgão comunitário a tomar consciência desta problemática – e a tentar solucioná-la – foi, sem dúvida, o TJ, que, através de uma Jurisprudência elaborada ao longo de décadas, procedeu ao enquadramento da proteção dos direitos fundamentais no âmbito do Direito Comunitário.

Depois de uma primeira fase em que o TJ se recusou a aceitar a relevância dos direitos fundamentais no âmbito do Direito Comunitário acabou, numa segunda fase, por os integrar pela via dos princípios gerais de direito. Na verdade, é possível descortinar três fases distintas na Jurisprudência do TJ relativa aos direitos fundamentais, a saber:

a) a fase da recusa;
b) a fase da aceitação;
c) a fase da internacionalização.

Assim, num primeiro momento, o TJ recusou aferir a validade do Direito Comunitário pelos direitos fundamentais, com base na ideia de que se o Direito Comunitário prevalecia sobre o Direito nacional, essa prevalência incidia também sobre as normas constitucionais dos Estados-membros, incluindo as relativas aos direitos fundamentais[524]. Contudo, a proteção dos direitos fundamentais impôs-se, devido às tradições constitucionais comuns aos Estados-membros, na

[524] Ac. de 4/2/59, *Stork*, proc. 1/58, Rec. 1958-59, p. 43 e segs e ac. de 15/7/60, *Comptoirs de Vente de la Rhur*, procs 36 a 38 e 40/59, Rec. 1960, p. 890.

medida em que a transferência de soberania para as Comunidades não podia significar uma diminuição dos direitos dos indivíduos, pelo que, nos domínios em que as Comunidades deveriam atuar afigurou-se necessário encontrar uma forma de proteção no seio da própria Ordem Jurídica comunitária.

O Tribunal viu-se aqui confrontado com vários aspetos que exigiam uma ponderação muito atenta e de cuja solução muito iria depender o futuro da integração europeia. Por um lado, a especificidade das Comunidades Europeias e a consequente autonomia da Ordem Jurídica comunitária não se compadeciam com a sua subjugação às normas constitucionais nacionais, ainda que relativas aos direitos fundamentais. Mas, por outro lado, as Comunidades Europeias eram constituídas por Estados que comungavam de certos valores e princípios constitucionais, nos quais se incluía o respeito pelos direitos fundamentais[525]. A "habilidade" do Tribunal consistiu em atribuir a este valor um cunho comunitário e não apenas estadual, na medida em que as Comunidades não são apenas constituídas por Estados, mas também por cidadãos.

É, pois, devido à ponderação dos vários interesses em presença, a saber, a especificidade da Ordem Jurídica comunitária, as tradições constitucionais comuns aos Estados-membros e a proteção dos direitos dos indivíduos, que o Tribunal vai atenuar a sua posição rígida inicial.

Assim sendo, num segundo momento, que se inicia com o caso *Stauder*[526], o TJ aceita a integração dos direitos fundamentais nos princípios gerais de direito, cujo respeito o Tribunal deve assegurar. Mas vai ser, no caso *Internationale Handelsgesellschaft*, que, após ter negado a possibilidade de o Direito Comunitário ser posto em causa pelo Direito Constitucional dos Estados, o TJ vai afirmar:

> «*convém, todavia, examinar se alguma garantia análoga inerente ao direito comunitário foi desconhecida: com efeito o respeito dos direitos fundamentais é parte integrante dos princípios gerais de direito de que o Tribunal assegura o respeito; que a salvaguarda destes direitos, inspirando-se nas tradições comuns aos Estados-membros deve ser assegurada no quadro, na estrutura e nos objetivos da Comunidade*»[527].

Esta Jurisprudência é particularmente interessante não apenas pelo facto de deslocar a proteção dos direitos fundamentais para o nível do Direito Comunitário, mas também pela conceção de constitucionalismo multinível que lhe

[525] É de realçar que o conteúdo dos direitos fundamentais no Direito Comunitário pode não coincidir com o conteúdo que lhe é atribuído pelos Direitos nacionais. Aliás, esse conteúdo também não coincide em todos os Estados-membros. O Tribunal teve de proceder a uma ponderação, por vezes muito difícil, entre a relevância que deveria ser dada aos direitos individuais e o interesse público comunitário.

[526] Ac. de 12/11/69, proc. 29/69, Rec. 1969, p. 419.

[527] Ac. de 17/12/70, proc. 11/70, Rec. 1970, p. 1125.

está subjacente. De facto, o Tribunal procura, nestes acórdãos, compatibilizar os ordenamentos constitucionais nacionais e o ordenamento comunitário, dando corpo àquela que é uma das características fundamentais do constitucionalismo da União Europeia, a saber, a influência mútua dos dois ordenamentos – nacional e da União Europeia – e a existência de vasos comunicantes entre ambos.

Num terceiro momento, surge a fase da internacionalização, em que o Tribunal vai completar o quadro de proteção dos direitos fundamentais na Comunidade com a tomada em conta da CEDH e dos demais instrumentos de Direito Internacional, designadamente, o Pacto Internacional de Direitos Civis e Políticos.

Assim, no caso *Nold*, o TJ decidiu que:

> *«os instrumentos internacionais que dizem respeito à proteção dos direitos do homem nos quais os Estados membros cooperaram ou aos quais aderiram podem igualmente fornecer indicações que convém ter em conta no quadro do direito comunitário»*[528].

A Jurisprudência posterior veio confirmar que a CEDH é o quadro de referência, no que diz respeito à proteção dos direitos fundamentais[529]. Posteriormente, o Tribunal parece ir mais longe ao afirmar que não serão admitidas na Comunidade medidas incompatíveis com o respeito dos direitos humanos reconhecidos e garantidos pela Convenção[530].

Resumindo, as fontes de inspiração do TJ, em matéria de direitos fundamentais, foram, em primeiro lugar, jurídicas:

- os princípios comunitários retirados do Direito escrito – a não discriminação, as liberdades instituídas pelos Tratados, a promoção dos direitos sindicais básicos (ex-artigo 137º, nº 1, do TCE, atual artigo 153º do TFUE), a igualdade de remuneração entre homens e mulheres (ex-artigo 141º do TCE, atual artigo 157º do TFUE), a salvaguarda do segredo profissional (ex-artigo 287º do TCE, atual artigo 339º do TFUE), a tutela dos regimes de propriedade instituídos nos Estados-membros (ex-artigo 295º do TCE, atual artigo 345º do TFUE);
- as tradições constitucionais comuns aos Estados-membros – o Tribunal afirma que anulará ou declarará inválida qualquer disposição de Direito Derivado contrária aos direitos fundamentais, consagrados nas Constituições dos Estados-membros ou apenas numa delas[531];

[528] Ac. de 14/5/74, proc. 4/73, Rec. 1974, p. 491.

[529] Ac. de 15/5/86, *Johnston*, proc. 222/84, Rec. 1986, p. 1651 e segs; ac. de 13/12/79, *Hauer*, proc. 44/79, Rec. 1979, p. 2727 e segs; ac. de 28/10/75, *Rutili*, proc. 36/75, Rec. 1975, p. 1219.

[530] Ac. de 29/5/97, *Kremzow*, proc. C-299/95, Rec. 1997, p. I-2629.

[531] Trata-se do princípio do standard máximo, ou seja, da aplicação ao nível comunitário da garantia nacional mais elevada.

- os instrumentos internacionais relativos aos direitos humanos que os Estados-membros tenham subscrito[532].

Além das fontes jurídicas, o TJ inspirou-se igualmente em declarações políticas, como, por exemplo, na declaração comum do Parlamento Europeu, Conselho e Comissão, de 5/4/77, relativa aos direitos fundamentais e à democracia[533].

O âmbito da competência do TJ, no que diz respeito aos direitos fundamentais, abrange não só a legislação comunitária, como também a apreciação de medidas estaduais de execução de atos de Direito Derivado[534] e as medidas nacionais adotadas em derrogação da proibição de restringir as quatro liberdades, excluindo-se as medidas nacionais que não se situam dentro do âmbito do Direito Comunitário[535].

O TJ reconheceu, entre outros, os seguintes direitos:

- o princípio da igualdade de tratamento[536];
- o direito de propriedade[537];
- o livre exercício das atividades económicas e profissionais[538];
- o respeito da vida privada e familiar, do domicílio e da correspondência[539];
- a liberdade de associação[540];
- o respeito dos direitos de defesa[541];
- a liberdade religiosa[542];
- a liberdade de expressão[543];

532 O Tribunal consagra o princípio do standard mínimo europeu.

533 Publicada no JOCE C 103, de 27/4/77.

534 Ac. de 25/11/86, *Klensch*, proc. 201 e 202/85, Rec. 1986, p. 3477 e segs e ac. de 13/7/89, *Wachauf*, proc. 5/88, Rec. 1989, p. 2609 e segs.

535 Ac. de 18/6/91, *ERT*, proc. C-260/89, Rec. 1991, p. I-2925.

536 Ver, por exemplo, ac. de 19/10/77, *Ruckdeschel*, procs. 117/76 e 16/77, Rec. 1977, p. 1753; ac. de 5/10/94, *Alemanha c. Comissão*, proc. C-280/93, Rec. 1994, p. I-4701.

537 Ver, por exemplo, caso *Hauer*, cit., p. 3727; ac. de 18/3/80, *Valsabbia*, proc. 154/78, Rec. 1980, p. 907; caso *Wachauf*, cit., p. 2609; ac. de 11/7/89, *Schräder*, proc. 265/87, Rec. 1989, p. 2237.

538 Ver, por exemplo, caso *Hauer*, cit., p. 3727 e segs; ac. de 8/10/86, *Keller*, proc. 234/85, Rec. 1986, p. 2897; ac. de 10/7/91, *Neu E. A.*, procs. C-90 e C-91/90, Rec. 1990, p. I-3617; ac. de 13/11/90, *Marshall*, proc. C-370/88, Rec. 1990, p. I-4087.

539 Ver, por exemplo, ac. de 5/3/80, *Ferweda*, proc. 265/78, Rec. 1980, p. 617; ac. de 26/6/80, *National Panasonic*, proc. 136/79, Rec. 1980, p. 2033; ac. de 18/5/82, *AM et S*, proc. 155/79, Rec. 1982, p. 1575.

540 Ver, por exemplo, ac. de 8/10/74, *Union Syndicale*, proc. 175/73, Rec. 1974, p. 917.

541 Ver, por exemplo, ac. de 23/10/74, *Transocean Marine Paint*, proc. 17/74, Rec. 1974, p. 1080; ac. de 13/2/79, *Hoffmann-La Roche*, proc. 85/76, Rec. 1979, p. 461; ac. de 18/10/89, *Orkem-Solvay*, procs. 374/87 e 27/88, Rec. 1989, p. 3283; ac. de 21/9/89, *Hoechst*, procs. 43 e 63/89, Rec. 1989, p. 2930.

542 Ver, por exemplo, ac. de 27/10/76, *Prais*, proc. 130/75, Rec. 1976, p. 1589.

543 Ver, por exemplo, caso *ERT*, cit., p. I-2925; ac. de 5/10/94, *TV 10 SA*, proc. C-23/93, Rec. 1994, p. I-4795.

- o princípio da não retroatividade das disposições penais[544];
- a proibição das discriminações fundadas no sexo[545];
- o direito ao recurso judicial efetivo[546].

A afirmação da proteção dos direitos fundamentais desloca para o quadro comunitário os direitos, as liberdades e as garantias bem como os direitos económicos, sociais e culturais que, à partida, se encontravam protegidos apenas ao nível do Direito interno ou no quadro do Direito Internacional clássico, o que contribuiu para uma certa «humanização» da Comunidade. Os indivíduos não são apenas tidos em conta na sua faceta de agentes económicos (trabalhadores, prestadores de serviços, recetores de serviços), mas também na sua faceta humana.

Deve, contudo, realçar-se que a proteção dos direitos fundamentais no seio das Comunidades não se afigurava suficiente, nem poderia ser equiparada à que existia ao nível do Direito interno dos Estados-membros[547].

23. A consagração da proteção dos direitos fundamentais no Direito Originário e as suas insuficiências

O alargamento dos objetivos das Comunidades bem como a criação da União Europeia com objetivos próprios – essencialmente políticos – tornou mais nítido o caráter incompleto da solução em matéria de direitos fundamentais. Por isso, o Tratado de Maastricht consagrou, no articulado do TUE, o princípio do respeito dos direitos fundamentais.

Com efeito, o TUE, na versão de Maastricht, referia a proteção dos direitos fundamentais nas disposições comuns da União, nas normas respeitantes à PESC e nas normas relativas ao pilar da Justiça e Assuntos Internos.

Estas normas mais não faziam do que consagrar, no Direito Originário, a Jurisprudência constante do TJ, no domínio da proteção dos direitos fundamentais, pelo que o Tribunal continuou a apreciar a violação dos direitos fundamentais, no quadro do TCE.

Deve, no entanto, salientar-se que a proteção dos direitos fundamentais após Maastricht se aplicava tanto em relação aos nacionais dos Estados-membros da União como em relação aos nacionais de Estados terceiros, o que implicava que

[544] Ver, por exemplo, ac. de 10/7/84, *Regina c. Kent Kirk*, proc. 63/83, Rec. 1984, p. 2689; ac. de 11/6/87, *Pretore de Salo*, proc. 14/86, Rec. 1987, p. 2545.

[545] Ver, por exemplo, ac. de 15/6/78, *Defrenne*, proc. 149/77, Rec. 1978, p. 1365.

[546] Ver, por exemplo, caso *Johnston*, proc. cit., p. 1651; ac. de 15/10/87, *Heylens*, proc. 222/86, Rec. 1987, p. 4112.

[547] Sobre a evolução da proteção dos direitos fundamentais desde a criação das Comunidades até ao Tratado de Maastricht, ver, por todos, Gráinne de Búrca, "The Evolution of EU Human Rights Law", *in* Paul Craig / Gráinne de Búrca, *The Evolution...*, p. 475 a 480.

o âmbito de aplicação dos direitos fundamentais se tinha alargado. Isto porque o Direito da União Europeia passou a ser suscetível de afetar os nacionais de Estados terceiros que, enquanto seres humanos – e apenas por esse facto –, teriam direito a ver os seus direitos fundamentais protegidos.

A referência expressa à proteção dos direitos fundamentais no articulado do TUE tem consequências, quer do ponto de vista jurídico, quer do ponto de vista político. Assim, do ponto de vista jurídico, conferiu-se fundamento ao nível do Direito Constitucional ou Originário da União às soluções adotadas pelo TJ, afastando-se, deste modo, as dúvidas que a este respeito, eventualmente, pudessem subsistir. O Tratado encontrava-se, incontestavelmente, no cume da hierarquia das fontes de Direito da União, ou seja, numa posição superior à Jurisprudência do TJ. Do ponto de vista político, a menção expressa da proteção dos direitos fundamentais implicou uma opção de clarificação, de transparência e de «humanização» da Comunidade e da União e – porque não dizê-lo – de constitucionalização da União. Na verdade, surgindo a proteção dos direitos fundamentais historicamente ancorada no constitucionalismo, qualquer reforço dessa proteção contribui para a afirmação do constitucionalismo da União. Aliás, a passagem de uma Comunidade meramente económica a uma União política aumentou a necessidade de limitação dos poderes das autoridades públicas em relação aos cidadãos como forma de garantir os valores da democracia e da Comunidade e União de direito.

Todavia, deve sublinhar-se que a proteção dos direitos fundamentais ao nível da União não atingiu imediatamente o estado de perfeição. Pelo contrário, algumas das críticas de que foi alvo até ao TUE mantiveram plena atualidade.

O Tratado de Amesterdão introduziu igualmente modificações, que contribuíram para uma maior proteção dos direitos fundamentais no seio da União, as quais diziam respeito, designadamente, à competência do TJ para fiscalizar os atos das instituições, com base em violação da proteção dos direitos fundamentais, ao reforço dos direitos sociais, ao alargamento do âmbito de aplicação do princípio da não discriminação e aos direitos dos administrados.

Em suma, o ponto da situação, em matéria de proteção dos direitos fundamentais, a partir do Tratado de Amesterdão, era o seguinte:

- os direitos fundamentais constituíam uma das bases axiológicas da União Europeia;
- continuava a não existir um catálogo de direitos fundamentais próprio da União;
- nem a Comunidade nem a União detinham competência para aderir à CEDH. Na sequência do Parecer 2/94[548], em que o Tribunal de Justiça

[548] Parecer de 28/3/96, Rec. 1996, p. I-1759 e segs.

decidiu que, no quadro jurídico então vigente, a Comunidade não tinha competência para aderir à CEDH, pensou-se que a CIG 96 iria resolver definitivamente esta questão, mas tal não sucedeu.

Não obstante se ter há muito consciência da insuficiência da proteção dos direitos fundamentais no seio da União, provocada pela inexistência de um catálogo de direitos fundamentais, que permitisse ao indivíduo saber *a priori*, ou seja, antes do recurso a um qualquer tribunal, quais os direitos de que dispunha, aliado à ampla margem de manobra de que o TJ gozava por esse facto, o Tratado de Nice também não solucionou estes problemas. O reconhecimento dos direitos fundamentais no Direito da União acabava por depender muito mais de razões processuais, quais fossem a de que o processo chegasse ao TJ, do que de razões substanciais. Com efeito, o antigo artigo 6º, nº 2, do TUE, ao remeter para as tradições constitucionais comuns aos Estados-membros, não resolvia o problema da identificação do direito nem o do seu conteúdo, pois o mesmo direito podia ter um conteúdo diferente nos vários Estados-membros, o que prejudicava a vertente objetiva do direito, pois não era possível destacar quais os valores objetivos que lhe estavam subjacentes e que deveriam orientar toda a atividade hermenêutica e a atividade legislativa.

Foi com base neste cenário que, no Conselho Europeu de Colónia, de 3 e 4 de junho de 1999, se lançou oficialmente a ideia de que era necessário elaborar uma Carta dos Direitos Fundamentais da União Europeia[549], com o objetivo de tornar mais visíveis os direitos que já existiam e que faziam parte do património comum dos europeus.

Ao contrário do que alguns supunham na época, não foi possível obter consenso no sentido da inclusão da Carta no Tratado de Nice. Por conseguinte, a Carta não possuía caráter juridicamente vinculativo, pelo que a proteção dos direitos fundamentais no seio da União se manteve, no essencial, em moldes idênticos aos anteriores[550].

24. A proteção dos direitos fundamentais após o Tratado de Lisboa

Coube, pois, ao Tratado de Lisboa introduzir um conjunto de alterações significativas no domínio da afirmação dos direitos fundamentais por parte da União Europeia[551], as quais, ainda que se insiram numa linha de continuidade, também comportam duas inovações de enorme relevo, a saber:

[549] Conclusões publicadas no Boletim da União Europeia nº 6/1999.

[550] Sobre a proteção dos direitos fundamentais do Tratado de Maastricht até ao Tratado de Lisboa, ver, por todos, GRAÍNNE DE BÚRCA, "The Evolution of EU Human Rights Law", cit., p. 480 e segs.

[551] Cfr. JOËL RIDEAU, "La protection des droits fondamentaux dans l'Union européenne, Perspectives ouvertes par le traité de Lisbonne", *RAE*, 2007-2008, p. 185 e segs.

a) a equiparação do valor jurídico da CDFUE ao dos Tratados operada pelo artigo 6º, nº 1, do TUE;

b) a atribuição de competência à União Europeia para aderir à CEDH prevista no artigo 6º, nº 2, do TUE.

O Tratado de Lisboa, ao dotar a União Europeia de um catálogo de direitos fundamentais equivalente ao dos seus Estados-membros – e, em muitos casos, até mais amplo – bem como ao permitir a sua adesão à CEDH, desde que preenchidos determinados pressupostos, contribuiu, indubitavelmente, para o reforço da vertente constitucional da União Europeia, na medida em que se trata de dois temas centrais do constitucionalismo. Mas a verdade é que esta área também não ficou imune ao intergovernamentalismo, dado que se multiplicaram as cedências à soberania dos Estados.

24.1. O valor jurídico da CDFUE

24.1.1. O princípio da equiparação

Um dos principais objetivos da convenção que elaborou a Carta terá sido o de lhe conferir caráter vinculativo, através da sua inserção no TUE. Porém, cedo se verificou a ausência de consenso quanto a este aspeto. Daí que o Tratado de Nice se tenha limitado a incluir uma declaração, na qual se previa a convocação de uma CIG para 2004, com o objetivo de se debruçar, entre outras questões, sobre o estatuto jurídico da CDFUE.

Neste contexto, até à entrada em vigor do TL, a CDFUE não tinha força jurídica vinculativa, o que implicou uma ampla discussão[552] acerca deste tópico, na Convenção sobre o Futuro da Europa, a qual precedeu e preparou a CIG 2004. Foram aí avançadas várias hipóteses de integração da Carta no TECE, as quais constavam do Relatório Final do Grupo II (integração da Carta / Adesão à CEDH) nos seguintes termos:

"*a) Inserção dos artigos da Carta no início do Tratado Constitucional, num Título ou Capítulo desse tratado; ou*

b) Integração de uma referência adequada à Carta num artigo do Tratado Constitucional. Semelhante referência poderia conjugar-se com a transformação da Carta

[552] Sobre esta discussão, cfr., por exemplo, Clemens Ladenburger, «Fundamental Rights and Citizenship of the Union», *in* Giuliano Amato / Hervé Bribosia / Bruno de Witte (eds.), *Genèse et Destinée...*, p. 320 e segs; Bernardette Lebaut-Ferrarese / Michäel Karpenshif, "La «constitutionalisation» de la Charte: un acte fondamental pour l'Union européenne, *in* Christian Philip / Panayotis Soldatos, *La Convention...*, p. 136 e segs; Emmanuelle Bribosia, "Les droits fondamentaux dans la Constitution de l'Union", *in* Marianne Dony / Emmanuelle Bribosia, *Commentaire de la Constitution...*, p. 117.

num anexo ou num apêndice ao Tratado Constitucional, quer como uma parte específica desse tratado que apenas contivesse a Carta, quer como texto jurídico independente (p. ex., sob a forma de protocolo). (...)".

A solução que acabou por vingar foi a da integração do texto da Carta na Parte II[553-554] do TECE. A questão da força jurídica da Carta teria, pois, ficado definitivamente resolvida se aquele Tratado tivesse entrado em vigor, o que, como já se sabe, não sucedeu.

O TL seguiu um método diferente, o qual se traduz no reconhecimento aos direitos, liberdades e princípios contidos na CDFUE de valor jurídico idêntico aos dos Tratados (artigo 6º, nº 1, TUE). Apesar de o texto da Carta não ter sido incluído nos Tratados, como acontecia no TECE, esta equiparação do valor jurídico da CDFUE ao dos Tratados não pode, na ótica do constitucionalismo da União Europeia, ser desvalorizada, na medida em que a diferença entre incluir e equiparar acaba por ser mais simbólica do que jurídica[555]. O que verdadeiramente importa, na perspetiva constitucional, é que a União passou a dispor de um catálogo de direitos fundamentais, o qual pode ser invocado nos Tribunais da União Europeia e nos tribunais nacionais, nos termos constantes do artigo 51º, nº 1, 1ª parte, da CDFUE.

Esta será, porventura, a alteração com maior impacto constitucional do Tratado de Lisboa.

553 O artigo I-9º, nº 1, do TECE estabelecia que "*a União reconhece os direitos, liberdades e os princípios enunciados na Carta dos Direitos Fundamentais que constitui a Parte II*".

554 Sobre a inclusão da Carta no TECE, ver THOMAS SCHMITZ, «Die Grundrechtecharta als Teil der Verfassung der Europäischen Union», *EuR*, 2004, p. 691 e segs; JOËL RIDEAU, «Le greffe de la Charte des droits fondamentaux sur le projet de Constitution européenne», *in* OLIVIER BEAUD *et al.*, *L'Europe en voie de Constitution*, Bruxelas, 2004, p. 347 e segs; BERNADETTE LEBAUT-FERRARESE / MICHAËL KARPENSHIF, «La «constitutionalisation» de la Charte: un acte fondamental», *in* CHRISTIAN PHILIP / PANAYOTIS SOLDATOS, *La Convention sur l'avenir...*, p. 125 e segs; ANA MARIA GUERRA MARTINS, *O Projeto de Constituição Europeia...*, p. 51 e segs; DIMITRIS N. TRIANTAFYLLOU, *Le projet constitutionnel de la Convention européenne...*, p. 56 e segs; JAVIER ROLDÁN BARBERO, «La Carta de Derechos Fundamentales de la UE: su estatuto constitucional», *Rev. Der. Com. Eur.*, 2003, p. 943 e segs; FABIENNE TURPIN, «L'intégration de la Charte des droits fondamentaux dans la Constitution européenne», *RTDE*, 2003, p. 615 e segs; S. KOUKOULIS-SPILIOTOPOULOS, «Which Charter of Fundamental Rights was Incorporated in the Draft European Convention?», *ERPL/REDP*, 2003, p. 295 e segs; ANDREW WILLIAMS, «EU Human Rights Policy and the Convention on the Future of Europe: a Failure of Design?», *ELR*, 2003, p. 794 e segs; CESARE PINELLI, «Diritti fondamentali e riasseto istituzionale dell'Unione», *Dir. Pub.*, 2003, p. 817 e segs.

555 Neste sentido, EMMANUELLE BRIBOSIA, "Le traité de Lisbonne: un pas supplémentaire dans le processus de constitutionnalisation des droits fondamentaux", *in* PAUL MAGNETTE / ANNE WEYEMBERGH, *L'Union européenne: la fin d'une crise?*, Bruxelas, 2008, p. 187.

24.1.2. Os desvios ao princípio da equiparação

Note-se, todavia, que a consagração da força vinculativa da Carta só foi possível à custa de cedências (aliás, diga-se em abono da verdade, pouco compatíveis com a filosofia subjacente à proteção dos direitos fundamentais) a certos Estados-membros.

Na verdade, os Estados-membros restringiram a equiparação da força jurídica da Carta à dos Tratados institutivos, através da introdução de limites de três tipos[556]:

- Os limites de atribuição de competências;
- Os limites de interpretação (endógenos e exógenos);
- Os limites de aplicação a certos Estados-membros.

Começando pelos limites de atribuição de competências, o artigo 6º, nº 1, TUE, explicita que "*de forma alguma, o disposto na Carta pode alargar as competências da União, tal como definidas nos Tratados*" (par. 2º) e a declaração nº 1 da Conferência vem reafirmar que a Carta é juridicamente vinculativa, confirmando os direitos garantidos pela CEDH e resultantes das tradições constitucionais comuns aos Estados-membros. A mesma declaração acrescenta ainda que a Carta não alarga, não cria e não modifica as atribuições e competências da União. Mais uma vez se assinalam os receios (infundados, para alguns) de que a Carta seja uma forma encapotada de alargar as atribuições e competências da União.

Ao contrário do que sucedia até à entrada em vigor do TL, atualmente o TFUE especifica as categorias de competências de que dispõe a União no artigo 2º. Acresce que a União dispõe somente das competências que os Estados-membros lhe atribuem (artigo 5º, nº 2, do TFUE), explicitando-se que as competências que não sejam atribuídas à União pertencem aos Estados-membros (artigo 4º, nº 1, do TFUE). A própria Carta corrobora este entendimento no artigo 51º, nº 1, 2ª parte, *in fine*.

Em suma, são os Tratados que regem a repartição de atribuições entre a União e os seus Estados-membros e não a Carta.

No que toca aos limites de interpretação, o parágrafo 3º do artigo 6º, nº 1, do TUE estabelece que "*os direitos, as liberdades e os princípios consagrados na Carta devem ser interpretados de acordo com as disposições gerais constantes do Título VII (...) e tendo na devida conta as anotações a que a Carta faz referência, que indicam as fontes dessas disposições*".

[556] Sobre estes limites, cfr. ANA MARIA GUERRA MARTINS, *Ensaios...*, p. 112 e segs bem como toda a bibliografia aí citada.

Este preceito vincula, portanto, o intérprete a dois tipos de limites:

(*i*) endógenos – as normas constantes dos artigos 51º a 54º da Carta;
(*ii*) exógenos – as anotações do *Praesidium*.

As disposições do Título VII da Carta que relevam, especialmente, para efeitos de interpretação são o artigo 52º, nºs 3 a 7, e o artigo 53º (o artigo 51º e os restantes nºs do artigo 52º referem-se, no essencial, à aplicação e não à interpretação). É de realçar que os nºs 4 a 7 do artigo 52º não constavam da versão originária da Carta, tendo sido introduzidos somente durante a Convenção sobre o Futuro da Europa[557].

Tendo em consideração que, no espaço territorial da União Europeia, concorrem três sistemas jurídicos de direitos fundamentais – a própria CDFUE, a CEDH e as tradições constitucionais comuns aos Estados-membros – os nºs 3 e 4 do artigo 52º regem a forma como esses três sistemas se devem relacionar entre si.

O artigo 52º, nº 3, da Carta refere que sempre que os direitos contidos na CDFUE coincidam com os da CEDH, o seu sentido e alcance são idênticos. Segundo as anotações à Carta, este número do preceito visa garantir a coerência necessária entre a CEDH e a CDFUE. Por CEDH deve entender-se tanto a Convenção como os seus protocolos e ainda a Jurisprudência do TEDH que os aplica. Esta disposição não se opõe, todavia, a que o Direito da União confira uma maior proteção às pessoas. Ou seja, admite-se o tratamento mais favorável por parte da União Europeia.

O nº 4 do artigo 52º da Carta reproduz o sentido do nº 3 do preceito, aplicando-o às tradições constitucionais comuns aos Estados-membros, não salvaguardando, todavia, o Direito da União que consagre uma proteção mais ampla, o que pode vir a ter consequências a vários níveis, dos quais se destaca a afirmação do princípio do primado do Direito da União sobre o Direito dos Estados-membros.

O nº 5 do artigo 52º da Carta vem estabelecer, *grosso modo*, que as normas que contenham princípios não podem ser invocadas em juízo, a menos que se trate de apreciar a interpretação e a legalidade dos atos (da União ou dos Estados-membros) que as apliquem, sem, contudo, esclarecer quais são essas normas.

[557] Sobre as modificações da CDFUE operadas pela Convenção, cfr. EMILIO PAGANI, "Dalla Carta di Nizza alla Carta di Strasburgo dei diritti fondamentalli", *Dir. Pubb. Comp. Eur.*, 2008, p. 94 e segs; ORESTE POLLICINO / VINCENZO SCIARABBA, "La Carta di Nizza oggi, tra "sdoganamento giurisprudenziale" e Trattato di Lisbona", *Dir. Pubb. Comp. Eur.*, 2008, p. 101 e segs; JULIO VAQUERO CRUZ, "What's left of the Charter? Reflections on Law and Political Mythology", *MJ*, 2008, p. 65 e segs.

Este preceito consagra a distinção entre direitos e princípios, a qual, tendo estado sempre subjacente às negociações da Carta, dela não constava expressamente.

A compreensão do significado e alcance desta distinção, para efeitos de interpretação da Carta, pressupõe o conhecimento dos seus trabalhos preparatórios. Com efeito, uma das questões que se colocou na Convenção que elaborou a Carta foi, precisamente, a de saber se o catálogo de direitos fundamentais deveria incluir apenas os direitos civis e políticos ou se também deveria abarcar os direitos sociais.

As opiniões aí manifestadas foram a este propósito muito divergentes, reflexo da diferente forma de encarar constitucionalmente os direitos sociais por parte dos diversos Estados-membros. A par de sistemas constitucionais que se podem designar como minimalistas, como é o caso do Reino Unido, da Irlanda, da Áustria, da Alemanha e da Dinamarca, vigoravam, ao tempo, noutros Estados-membros, sistemas que se poderiam considerar maximalistas, como, por exemplo, os sistemas da França, da Espanha ou de Portugal, situando-se a Bélgica, o Luxemburgo, a Grécia, a Suécia e a Finlândia numa zona intermédia[558]. Acresce ainda que os Estados, que então faziam parte da União, também não comungavam dos mesmos princípios em matéria de política social[559].

Assim, se no que diz respeito aos direitos civis e políticos, as principais discussões no seio da convenção se situaram ao nível da redação dos preceitos, já no âmbito dos direitos sociais, as divergências estenderam-se à própria consagração destes direitos na Carta[560].

A inclusão dos direitos sociais na Carta deveu-se, essencialmente, aos franceses, apoiados pelos italianos, belgas, espanhóis e pela maioria dos alemães, com a oposição dos países nórdicos, da Holanda, da Irlanda e do Reino Unido, pois, sobretudo, estes últimos consideravam a afirmação constitucional dos direitos sociais como uma causa de rigidez e acreditavam mais na flexibilidade e na negociação entre parceiros sociais do que na legislação centralizada[561].

Perante estas dificuldades, as negociações na convenção partiram de um mínimo comum a todos os Estados-membros, tendo posteriormente aditado

[558] Para um estudo comparativo dos Direitos Constitucionais nacionais, no que toca aos direitos sociais, veja-se CONSTANCE GREWE, «Les droits sociaux constitutionnels: propos comparatifs à l'aube de la Charte des droits fondamentaux de l'Union européenne», *RUDH*, 2000, p. 85 e segs.

[559] Para maiores desenvolvimentos sobre estas questões, ver OLIVER DE SCHUTTER, «La contribution de la Charte des droits fondamentaux...», p. 33 e segs.

[560] Sobre as dificuldades de inserção dos direitos sociais na Carta, ver ANA MARIA GUERRA MARTINS, «A Carta dos Direitos Fundamentais...», p. 213 e segs; OLIVER DE SCHUTTER, «La contribution de la Charte des droits fondamentaux ...», p. 41 e segs; JACQUELINE DUTHEIL DE LA ROCHÈRE, «La Charte des droits fondamentaux de l'Union européenne: quelle valeur ajoutée, quel avenir?», *RMCUE*, 2000, p. 676 e segs.

[561] Neste sentido, JACQUELINE DUTHEIL DE LA ROCHÈRE, «La Charte des droits fondamentaux...», p. 676 e segs.

outros direitos. Foi, pois, com todas estas reticências que os direitos sociais foram inseridos na Carta. A maior parte deles encontra-se no Título IV (artigos 27º e seguintes) e são direitos dos trabalhadores (artigos 27º a 33º) ou relacionados com o trabalho[562], mas também se podem encontrar direitos sociais noutros lugares[563].

Não obstante o acordo a que se chegou em 2000, a verdade é que as dificuldades quanto aos direitos sociais nunca foram totalmente ultrapassadas e a melhor prova disso está no facto de que voltaram a ser invocadas durante a Convenção sobre o Futuro da Europa, em especial pelas delegações parlamentar e governamental do Reino Unido. Este Estado pugnou pela necessidade de salvaguardar as suas especificidades em matéria de direitos fundamentais e, acompanhado de outros, insurgiu-se contra a eventualidade de vinculação direta e imediata dos direitos sociais previstos na Parte II do TECE. O aditamento do nº 5 ao artigo 52º da Carta surgiu, portanto, como um modo de acomodar as várias posições neste domínio. Caso não tivesse sido incluído, muito provavelmente, não se teria conseguido inserir a Carta no TECE.

O artigo 52º, nº 5, da Carta lançou o primeiro cimento numa distinção entre direitos e liberdades, por um lado, e princípios, por outro, a qual até então pairava no ar, mas não tinha qualquer referência expressa na versão originária da Carta. Além disso, também não se instituíam regimes diferentes consoante o grupo de direitos que estivesse em causa, o que, naturalmente, não significava que todos possuíssem a mesma força jurídica. Na verdade, certos direitos não estavam dependentes de quaisquer condições, o que indiciava a sua aplicabilidade direta e imediata, enquanto outros remetiam para as legislações e práticas nacionais, o que impedia essa qualificação e dificultava, ou impossibilitava mesmo, a sua invocação perante qualquer órgão jurisdicional.

Tendo em conta este cenário, o artigo 52º, nº 5, da Carta não pode deixar de causar alguma perplexidade. Se o que se pretendeu foi excluir o efeito direto dos direitos sociais, teria sido mais simples – e mais claro – afirmá-lo expressamente. Se, pelo contrário, se visou excluir o efeito direto de todas as normas que reme-

[562] Sobre os direitos sociais consagrados na Carta, ver ANA MARIA GUERRA MARTINS, «A Carta dos Direitos Fundamentais...», p. 217 e segs; EMMANUELLE BRIBOSIA / OLIVIER DE SCHUTTER, "La Charte des droits fondamentaux...», p. 91 e segs; LORD GOLDSCHMITH Q.C., "A Charter of Rights...", p. 1212 e segs; FLORENCE BENOÎT-ROHMER, "La Charte des droits fondamentaux...", p. 1485 e segs; OLIVER DE SCHUTTER, "La contribution de la Charte des droits fondamentaux ...", p. 41 e segs; JACQUELINE DUTHEIL DE LA ROCHÈRE, "La Charte...", p. 676 e segs.

[563] Recorde-se que também existem referências a direitos sociais nos capítulos relativos à liberdade – a liberdade sindical, incluindo o direito de constituir sindicatos (artigo 12º), o direito de acesso à formação profissional e contínua (artigo 14º, nº 1), a liberdade profissional e o direito de trabalhar (artigo 15º) e a liberdade de empresa (artigo 16º) – e à igualdade – a igualdade entre homens e mulheres, designadamente, nos domínios do emprego, do trabalho e da remuneração (artigo 23º, nº 1).

tiam para as legislações e para as práticas dos Estados-membros ou que necessitavam de atos das instituições, órgãos e organismos da União para se poderem aplicar, então o preceito é pura e simplesmente inútil, uma vez que aquelas normas, à partida, dificilmente gozariam desse efeito. Uma coisa é certa: este preceito prejudica a clareza e a transparência da Carta.

O artigo 52º, nº 6, da Carta vem corroborar que as legislações e práticas nacionais devem ser tidas em conta, tal como precisado na Carta. Esta disposição não traz nada de novo, somente confirma o que consta de diversos preceitos ao longo da Carta. A única razão que a explica é a "insistência obsessiva dos Estados-membros"[564] em afirmarem as suas competências.

O artigo 53º estabelece que as disposições da Carta não devem ser interpretadas no sentido de restringir ou lesar os direitos do Homem e as liberdades fundamentais reconhecidos pelo Direito Internacional e pelas convenções internacionais de que a União ou todos os Estados-membros são partes, designadamente a CEDH. Segundo a anotação a este preceito, ele visa preservar o nível de proteção atualmente conferido pelas diversas Ordens Jurídicas no domínio dos direitos fundamentais – a da União Europeia, as dos Estados-membros e a internacional.

Além destes limites endógenos à interpretação da Carta, existem também limites exógenos. Nos termos do artigo 52º, nº 7, as anotações à Carta, inicialmente, elaboradas pelo *Praesidium* da primeira Convenção e, posteriormente, revistas e atualizadas pelo *Praesidium* da Convenção sobre o Futuro da Europa, destinam-se a orientar quer os órgãos jurisdicionais da União quer os dos Estados-membros na interpretação da Carta.

Em nosso entender, não se trata de limitar os poderes do juiz na sua tarefa de interpretação da Carta, o que, de resto, seria incompatível com a independência da função jurisdicional e das magistraturas em geral que faz parte integrante das tradições constitucionais comuns aos Estados-membros, mas antes tornar público qual o entendimento dos autores da Carta sobre os vários preceitos. A letra do preceito, aliás, aponta nesse sentido ao afirmar que o juiz deve ter na "devida conta". Ou seja, é ao juiz que cabe decidir qual a "devida conta" a conferir às anotações em cada caso concreto. Este preceito deve, pois, ser entendido no sentido de que, ao contrário do que normalmente sucede no Direito da União Europeia, em que a relevância do elemento histórico da interpretação é muito reduzida, o juiz, quando interpreta a Carta, tem a possibilidade de lhe dar mais relevância, se assim o entender.

O terceiro tipo de limites ao reconhecimento da equiparação do valor jurídico da Carta ao dos Tratados resulta do estatuto especial de que gozam alguns Estados

[564] A expressão é de JACQUES ZILLER, *Les nouveaux traités européens...*, p. 64.

relativamente à Carta, como é o caso da Polónia e do Reino Unido, estatuto esse que lhes é conferido pelo protocolo nº 30[565], o qual é extensivo à República Checa, com base num acordo político entre este Estado e os restantes Estados-membros.

O protocolo nº 30 espelha bem a preocupação do Reino Unido e da Polónia relativamente à aplicação da Carta, especialmente no que se refere ao seu Título IV, mas acaba por se repercutir em toda a Carta. Senão vejamos:

O artigo 1º, nº 1, determina:

> *"A Carta não alarga a faculdade de o Tribunal de Justiça da União Europeia, ou de qualquer tribunal da Polónia ou do Reino Unido, de considerar que as leis, os regulamentos ou as disposições, práticas ou ações administrativas destes países são incompatíveis com os direitos, as liberdades e os princípios que nela são reafirmados".*

Numa primeira leitura, poderia parecer que este preceito visa subtrair os atos legislativos, regulamentares e administrativos destes dois Estados-membros ao controlo jurisdicional, quer dos Tribunais da União quer dos seus tribunais nacionais, para apreciação da sua compatibilidade com a Carta, com o consequente afastamento da Jurisprudência firme e constante do TJ, a qual afirma, desde a década de 80, a competência do TJ para apreciar medidas estaduais de execução de atos de Direito Derivado e medidas nacionais adotadas em derrogação da proibição de restringir as quatro liberdades.

No entanto, assim não é. Uma melhor ponderação permite uma interpretação mais "amiga" da Carta. Desde logo, o preâmbulo do referido protocolo afirma, perentoriamente, o caráter vinculativo da Carta, quer na remissão que faz para o artigo 6º do TUE e na invocação das obrigações da Polónia e do Reino Unido por força do TUE e do TFUE e do Direito da União em geral, quer no desejo que estes dois Estados expressaram de clarificar alguns aspetos da aplicação da Carta. Ou seja, do preâmbulo resulta, inequivocamente, o caráter interpretativo do protocolo.

Acresce que o preâmbulo do protocolo corrobora a ideia de que a Carta reafirma os direitos, as liberdades e os princípios reconhecidos pelo Direito da União, conferindo-lhes maior visibilidade, pelo que o Reino Unido e a Polónia (e, por "arrastamento", a República Checa) admitem através desta afirmação que con-

[565] Sobre este protocolo, ver Florence Benoit Rohmer, "Valeurs et droits fondamentaux", *in* E. Brosset *et al.*, *Le Traité de Lisbonne...*, p. 155 e segs; Silvère Lefèvre, "Le Royaume-Uni et la Charte des Droits Fondamentaux", *in* E. Brosset *et al.*, *Le Traité de Lisbonne...*, p. 165 e segs; Roberto Baratta, "Le principali novità..." , p. 39 e segs; Michael Dougan, "The Treaty of Lisbon...", p. 665 e segs; Aurélie Moriceau, "Le Traité de Lisbonne et la Charte des Droits Fondamentaux, *RMCUE*, 2008, p. 362 e segs; Franz C. Mayer, „Schutz vor der Grundrechte-Charta oder durch die Grundrechte-Charta? Anmerkungen zum europäischen Grundrechtsschtuz nach dem Vertrag von Lissabon", *in* Ingolf Pernice (dir.), *Der Vertrag von Lissabon...*, p. 88.

tinuam vinculados aos direitos, liberdades e princípios reconhecidos, por força do artigo 6º, nº 3, do TUE.

Assim, o artigo 1º do protocolo deve ser interpretado no sentido que se limita a determinar que a Carta não alarga a competência do TJ nem dos tribunais internos quanto à apreciação do Direito interno em relação aos direitos, liberdades e princípios consagrados na Carta, o que, de certo modo, revela, mais uma vez, a "insistência obsessiva" dos Estados-membros na afirmação das suas competências.

O artigo 2º do protocolo estabelece:

> *"As disposições da Carta que façam referência às legislações e práticas nacionais só são aplicáveis à Polónia e ao Reino Unido, na medida em que os direitos ou princípios nela consignados sejam reconhecidos na legislação ou nas práticas desses países".*

Numa primeira análise deste preceito, poder-se-ia pensar que a aplicação das disposições da Carta que façam referência às práticas e às legislações nacionais dependem de um ato interno de receção na Polónia e no Reino Unido. Porém, assim não é. O preceito limita-se a retomar a ideia, constante de algumas disposições da Carta, de que o exercício dos direitos nelas consagrados necessita de implementação nacional, o que significa que certos direitos não são direta e imediatamente aplicáveis.

Note-se ainda que, apesar de se dirigirem, primordialmente, ao Título IV, os preceitos do protocolo atingem igualmente outras partes da Carta, na medida em que aí se consagrem princípios e não direitos e liberdades.

Em suma, somos de opinião que este protocolo se limita a clarificar o conteúdo da Carta, não se devendo configurar como um verdadeiro *opt out*[566], a par de outros de que goza o Reino Unido, como, por exemplo, em matéria de união económica e monetária, de acervo Schengen e de espaço de liberdade, segurança e justiça. Ora, se assim é, ocorre-nos a seguinte pergunta: porque insistiram os Estados que dele fazem parte num protocolo que afinal não consagra qualquer *opt out*, mas antes se limita a corroborar o que já existia antes?

Vejamos o caso do Reino Unido. Antes de mais, deve salientar-se que o Governo deste Estado-membro tinha assinado o TECE, sem reservas, quanto à incorporação da Carta no Direito Originário. Dois anos e meio depois surgiram todos estes entraves. A única explicação plausível é política. O Governo britânico tinha prometido um referendo ao TECE, pelo que, para o evitar, necessitava de, internamente, fazer passar a mensagem de que o TL era diferente do TECE e

566 Neste sentido, SERGIO DELLAVALLE, "Constitutionalism beyond the Constitution – The Treaty of Lisbon in the Light of Post-National Public Law", *Jean Monnet Working Paper 03/09*, p. 21, disponível no sítio www.jeanmonnetprogram.org; INGOLF PERNICE, "The Treaty of Lisbon and Fundamental Rights", *in* STEFAN GRILLER / JACQUES ZILLER, *The Lisbon Treaty...*, p. 245 e segs.

para isso precisava de conseguir algo novo – o protocolo – que, aparentemente, o isentasse do cumprimento de algumas disposições. A verdade é que junto dos seus homólogos, o Reino Unido continuava a difundir a ideia de que o protocolo visava apenas interpretar a Carta e não criar um *opt out*[567].

O caso da Polónia é ainda mais incompreensível. Numa declaração, até certo ponto contraditória com o protocolo que temos vindo a analisar, a Polónia afirmou que "*tendo em conta a tradição do movimento social Solidariedade e o seu contributo significativo para a luta pelos direitos sociais e laborais, respeita inteiramente os direitos sociais e laborais consagrados no Direito da União, e em especial os que são reafirmados no Título IV da Carta dos Direitos Fundamentais da União Europeia*" (declaração nº 62). Com efeito, as dificuldades da Polónia não se prenderam com os direitos sociais consagrados na Carta, mas antes com o artigo 9º da Carta relativo ao direito de contrair casamento e de constituir família, julgado muito liberal porque permitiria o casamento de pessoas do mesmo sexo[568]. Daí que a Polónia tenha incluído no Tratado uma outra declaração, na qual explicitou que "*a Carta não prejudica de modo nenhum os direitos dos Estados-membros legislarem em matéria de moralidade pública e direito da família, bem como de proteção da dignidade da pessoa humana e respeito pela integridade física e moral do ser humano*" (declaração nº 61).

No fundo, a Polónia procurou salvaguardar o seu Direito Constitucional.

Ainda que tenham sido estas as razões que levaram o Reino Unido e a Polónia a adotarem o protocolo, do ponto de vista do constitucionalismo da União Europeia, a solução a que se chegou está longe de ser a mais satisfatória, uma vez que não afasta liminarmente as interpretações acima enunciadas[569]. Ou seja, este protocolo permite sustentar a opinião de que o âmbito pessoal e material de aplicação da Carta se encontram limitados, sem qualquer justificação legítima, o que, na perspetiva da teoria constitucional dos direitos fundamentais, não é aceitável. Com efeito, não se devem admitir entraves ao princípio da universalidade nem limites ao direito de acesso à justiça dos nacionais da Polónia e do Reino Unido (artigo 1º do protocolo). Além disso, uma interpretação do protocolo que conduzisse à admissibilidade de um *opt out* para o Reino Unido e para a Polónia em relação à Carta redundaria, fatalmente, numa violação grosseira do princípio da igualdade entre cidadãos da União, sem nenhuma justificação razoável.

Como melhor estudámos noutra sede[570], nem a Polónia nem o Reino Unido pretendiam atingir este resultado.

567 Ver Catherine Barnard, "The 'Opt-Out' for the UK and Poland from the Charter of Fundamental Rights: Triumph of Rhetoric over Reality?", *in* Stefan Griller / Jacques Ziller, *The Lisbon Treaty*..., p. 277.

568 Neste sentido, Florence Benoit Rohmer, "Valeurs...", p. 155.

569 Neste sentido, Sergio Dellavalle, "Constitutionalism beyond the Constitution...", p. 20.

570 Ana Maria Guerra Martins, *A igualdade e a não discriminação*..., p. 167 e segs.

Assim sendo, só uma interpretação do protocolo "amiga" da Carta, como a que defendemos, se harmoniza com a visão constitucional da União que temos vindo a sustentar ao longo deste livro.

Em nosso entender, apesar de todas as vicissitudes, acabadas de enunciar, a solução consagrada no TL quanto ao estatuto jurídico da Carta não pode deixar de ser vista como um avanço no sentido da constitucionalização da União. Isto porque, até à entrada em vigor do TL, o estatuto jurídico da Carta não passava de *soft law*, ao passo que atualmente, a Carta não só faz parte integrante do *hard law* como as suas normas constituem parâmetro de referência e validade das outras normas do Direito da União, dado que a sua força jurídica é idêntica à dos Tratados institutivos da União.

Em conclusão, o TL, quando comparado com a versão anterior dos Tratados, a qual nem sequer referia a Carta nem continha qualquer outro catálogo de direitos fundamentais, deve ser considerado como um avanço no sentido da constitucionalização da União[571].

24.2. A problemática da adesão da UE à CEDH

O TL trouxe uma outra novidade importante no domínio da proteção dos direitos fundamentais, na medida em que conferiu à União Europeia competência para aderir à CEDH (artigo 6º, nº 2, do TUE).

24.2.1. Antecedentes

A adesão das Comunidades (e mais tarde da União) à CEDH foi defendida por uma parte da Doutrina[572] e por alguns órgãos comunitários, desde os anos 70. Um dos textos pioneiros – e um dos mais relevantes, nesta matéria – foi o memorando da Comissão sobre a adesão das Comunidades Europeias à CEDH de 1979[573], onde se sublinhavam algumas vantagens da adesão das Comunidades à CEDH, tais como a vinculação da Comunidade por um instrumento internacional em matéria de direitos fundamentais, com a consequente sujeição a controlo idêntico ao dos seus Estados-membros, a existência de um catálogo de direitos, que seria o fundamento jurídico das decisões do TJ, o que contribuiria para aumentar

[571] Neste sentido, Emmanuelle Bribosia, "Le traité de Lisbonne...", p. 198; Francisco Balaguer Callejón, "El tratado de Lisboa en el Diván. Una Reflexión sobre Estatalidad, Constitucionalidad y Unión Europea", *REDC*, 2008, p. 88.

[572] Sobre os debates relativos a esta questão, cfr. G. Cohen-Jonathan, "Le problème de l'adhésion des Communautés européennes à la Convention européeenne des droits de l'homme", in *Mélanges offerts à Pierre-Henri Teitgen*, Paris, 1984, p. 82 e segs; Jean Paul Jacqué, «The Convention and the European Communities», *in* R. St. Macdonald *et al.* (eds.), *The European System for the Protection of Human Rights*, Dordrecht, 1993, p. 889 e segs.

[573] Publicado no Bul. CE, supl. nº 2/79, p. 3 e segs.

a certeza jurídica e a incorporação da CEDH na Ordem Jurídica comunitária[574] Apesar das vantagens enunciadas, as Comunidades nunca aderiram à CEDH, uma vez que esta solução também apresentava dificuldades, por alguns consideradas intransponíveis, como sejam as que se relacionavam com problemas técnicos e institucionais, dos quais se deve destacar a concorrência de sistemas jurisdicionais distintos que obedecem a princípios diferentes.

Tendo em conta as opiniões divergentes, quer ao nível da Doutrina, quer ao nível dos Governos dos Estados-membros e dos próprios órgãos comunitários, a Presidência belga resolveu submeter a questão ao TJ, em 26/4/94, ao abrigo da competência consultiva que lhe conferia o antigo artigo 300º do TCE (atual artigo 218º do TFUE).

Através do parecer 2/94, de 28/3/96, o TJ considerou que a Comunidade não detinha competência para aderir à CEDH. Segundo o TJ, o então artigo 235º do TCEE (posterior artigo 308º do TCE e atual artigo 352º do TFUE) não constituiria uma base jurídica adequada, uma vez que a adesão à CEDH não se enquadrava nos objetivos comunitários. Por conseguinte, no Direito da União Europeia ficou assente, desde o referido parecer, que a adesão implicaria uma prévia revisão do Tratado. Ora, o consenso dos Estados-membros nesse sentido só foi atingido na CIG 2004.

Com efeito, a adesão da União à CEDH voltou a inscrever-se na agenda europeia durante a Convenção sobre o Futuro da Europa, que preparou o projeto de TECE entregue à CIG 2004, tendo o artigo I-9º, nº 2, do TECE determinado que "*a União adere à Convenção Europeia para a Proteção dos Direitos do Homem e das Liberdades Fundamentais. Essa adesão não altera as competências da União, tal como definidas na Constituição*"[575].

574 Sobre as razões da adesão da União à CEDH, ver Monica Claes / Sejla Imamovic, "National Courts in the New European Fundamental Rights Architecture", in Vasiliki Kosta / Nikos Skoutaris / Vassilis P Tzevelekos, *The EU accession to the ECHR*, Oxford, 2014, p. 164; Elisabeth Steiner / Ioana Rästecu, "The Long Way to Strasbourg: the Impact of CJEU's Opinion on EU's Accession to the ECHR", *European Yearbook on Human Rights*, 2015, p. 53-55.

575 Sobre a adesão da União à CEDH no TECE, ver, entre muitos outros, Gráinne De Búrca, "Fundamental Rights and Citizenship", *in* Bruno De Witte (ed.), *Ten Reflections on the Constitutional Treaty...*, p. 25 e segs; Rui Medeiros, "A Carta dos Direitos Fundamentais da União Europeia, a Convenção Europeia dos Direitos do Homem e o Estado português", *in Nos 25 anos da Constituição da República Portuguesa de 1976*, Lisboa, 2001, p. 7 e segs; Olivier De Schutter, "L'adhésion de l'Union européenne à la convention européenne des droits de l'homme comme element du débat sur l'avenir de l'Europe", *in* Marianne Dony / Emmanuelle Bribosia, *L'avenir du système juridictionnel de l'Union européenne*, Bruxelas, 2002, p. 205 e segs; Hans Christian Krüger / Jörg Polakiewicz, "Vorschläge für ein kohärentes System des Menschenrechtsschutztes in Europa", *EuGRZ*, 2001, p. 92 e segs; Françoise Tulkens / Johan Callewaert, "Le point de vue de la Cour Européenne des Droits de l'Homme, *in* Yves Carlier / Olivier De Schutter (dir.),

A progressiva transformação da União numa entidade dotada de poder político, segundo um modelo algo próximo do Estado, tornou evidente a necessidade de um controlo externo dos direitos fundamentais. Na verdade, no momento em que a União se dota de um catálogo de direitos fundamentais – a CDFUE – a adesão da União à CEDH continua a ter um enorme significado político, na medida em que permitirá colmatar as lacunas do sistema atual[576]. Desde logo, implicará a convergência da Ordem Jurídica da União com a CEDH no domínio dos direitos fundamentais, baseada na partilha de valores em toda a Europa, assim como permitirá aos indivíduos continuarem a gozar da proteção da CEDH e a ter acesso direto ao TEDH ainda que os Estados transfiram os seus poderes para a União Europeia[577].

24.2.2. O Tratado de Lisboa

Na esteira do TECE, o artigo 6º, nº 2, do TUE determina que a União adere à CEDH e que essa adesão não altera as competências da União, tal como definidas nos Tratados. Ao usar a palavra "adere", o preceito impõe à União a obrigação de aderir à CEDH[578]. Se o não fizer, poderá ser desencadeada uma ação por omissão contra os órgãos da União[579] e / ou um processo por incumprimento contra os Estados-Membros[580].

O artigo 6º, nº 2, do TUE apresenta, todavia, um caráter indeterminado, não especificando quais as modalidades exatas dessa adesão. O Protocolo nº 8 anexo ao TUE e ao TFUE também não conseguiu ultrapassar totalmente esta indeterminação, uma vez que se limitou a estabelecer, do lado da União Europeia, as condições da adesão. Foi, contudo, relativamente claro, desde o início, que a

La Charte des droits fondamentaux..., p. 219 e segs; Vital Moreira, "A Carta e a adesão da União Europeia à Convenção Europeia dos Direitos do Homem (CEDH)", *in* AAVV, *Carta de Direitos Fundamentais da União Europeia*, Coimbra, 2001, p. 89 e segs; Florence Benoît-Rohmer, "L'adhésion de l'Union à la Convention européenne des droits de l'homme", *RUDH*, 2000, p. 57 e segs.

576 Neste sentido, Oliver De Schutter, «L'adhésion de l'Union européenne à la Convention européenne des droits de l'homme: feuille de route de la négotiation», *RTDH*, 2010, p. 540 e segs.

577 Neste sentido, Jean-Paul Jacqué, "The accession of the European Union to the European Convention on Human Rights and Fundamental Freedoms", *CMLR*, 2011, p. 1000 e 1001.

578 Neste sentido, Jean Paul Jacqué, "The accession of the European Union...", p. 995; Tobias Lock, «Accession of the EU to the ECHR – who would be responsible in Strasbourg?» *in* Ashiagbor, Diamond / Countouris, Nicola / Lianos, Ioannis, *The European Union after the Treaty of Lisbon*, Cambridge, 2012, p. 110; Florence Benoit Rohmer, "Valeurs et droits fondamentaux", *in* E. Brosset *et al.*, *Le Traité de Lisbonne – Reconfiguration ou déconstitutionnalisation de l'Union européenne?*, Bruxelas, 2009, p. 158.

579 Neste sentido, Jean- Paul Jacqué, "The accession of the European Union...", p. 995.

580 Neste sentido, Walter Obwexer, "Der Beitritt der EU zur EMRK: Rechtsgrundlage, Rechtsfragen und Rechtsfolgen", *EuR*, 2012, p. 117.

União Europeia deveria aderir plenamente à CEDH, isto é, a nível substancial e a nível jurisdicional, submetendo-se assim a um núcleo duro de direitos e liberdades e reconhecendo a jurisdição última do TEDH no domínio dos direitos fundamentais[581].

Do ponto de vista jurídico a adesão da União à CEDH deve realizar-se, nos termos do artigo 218º do TFUE, através da conclusão de um acordo internacional entre todos os Estados-Membros do Conselho da Europa e a União Europeia.

Porém, a atribuição de competência à União Europeia para aderir à CEDH não resolve, por si só, os inúmeros problemas jurídicos que se colocam tanto do lado da CEDH como do lado da União Europeia[582].

Com efeito, do lado da CEDH foi, desde logo, necessário alterar o seu artigo 59º, através do protocolo nº 14, que entrou em vigor em 1 de junho de 2010, para tornar possível a adesão da União à CEDH, na medida em que anteriormente apenas se previa a adesão de Estados. Como veremos, quando analisarmos o projeto de acordo de adesão, esta não foi a única alteração que a CEDH sofreu em virtude da adesão da União.

Do lado da União Europeia, as dificuldades associadas a essa adesão são inegáveis – facto de que os negociadores do Tratado de Lisboa tinham plena consciência – como se comprova pelo conteúdo do Protocolo nº 8 anexo ao TUE e ao TFUE, acima mencionado. Se é certo que há uma enorme convergência entre a proteção dos direitos fundamentais na União Europeia e na CEDH, não se devem minimizar eventuais e até futuras divergências. A União pode vir a correr o risco de ser "sugada" por uma Ordem Jurídica "especializada" em direitos humanos.

No Protocolo anexo ao TUE e ao TFUE relativo ao artigo 6º, nº 2, do TUE (protocolo nº 8) é mais do que evidente a apreensão da União quanto ao futuro relacionamento das três Ordens Jurídicas relevantes em matéria de direitos fundamentais – as tradições constitucionais comuns aos Estados-membros, a Ordem Jurídica da CEDH e a Ordem Jurídica da União Europeia.

581 Sobre a adesão da União Europeia à CEDH no Tratado de Lisboa, cfr. TOBIAS LOCK, «Accession of the EU to the ECHR – who would be responsible in Strasbourg?» *in* ASHIAGBOR, DIAMOND / COUNTOURIS, NICOLA / LIANOS, IOANNIS, *The European Union after the Treaty of Lisbon*, Cambridge, 2012, p. 109 e segs; GIORGIO GAJA, «Accession to the ECHR», *in* ANDREA BIONDI / PIET EECKHOUT / STEFANIE REPLAY, *EU Law after Lisbon*, Oxford, 2012, p. 180 e segs; MARIA JOSÉ RANGEL DE MESQUITA, *A União Europeia após o Tratado de Lisboa*, Coimbra, 2010, p. 83 e segs; EMMANUELLE BRIBOSIA, "Le traité de Lisbonne: un pas supplémentaire dans le processus de constitutionnalisation des droits fondamentaux", *in* PAUL MAGNETTE / ANNE WEYEMBERGH, *L'Union européenne: la fin d'une crise?*, Bruxelas, 2008, p. 195 e segs; FLORENCE BENOIT ROHMER, "Valeurs et droits fondamentaux", *cit.*, p. 158 e segs.

582 Para uma visão bastante crítica, cfr., na doutrina portuguesa, FAUSTO DE QUADROS, *Droit de l'Union européenne...*, p. 137 e segs e MARIA JOSÉ RANGEL DE MESQUITA, *A União Europeia...*, p. 83-107.

Assim sendo, de acordo com o Protocolo, o acordo de adesão deveria respeitar as seguintes condições[583]:

- Preservação das características próprias da União e do seu Direito[584], com especial relevo para a consagração de regras específicas relativamente à participação da União nas instâncias de controlo da CEDH[585] e a criação de mecanismos necessários para assegurar que os recursos interpostos sejam corretamente dirigidos contra os Estados-membros ou contra a União (artigo 1º do Protocolo).
- As atribuições e competências da União não devem ser afetadas pela adesão à CEDH (artigo 6º, nº 2, do TUE e artigo 2º do Protocolo)[586];
- A situação dos Estados-membros não deve ser afetada, designadamente, no que diz respeito aos seus protocolos, às medidas tomadas pelos Estados-membros em derrogação da CEDH e às reservas (artigo 2º). Por último, a adesão à CEDH não deve afetar o artigo 344º do TFUE, o qual impõe aos Estados-membros a obrigação de submeterem todos os diferendos relativos à interpretação ou aplicação dos Tratados a um modo de resolução nele previstos (artigo 3º)[587].

Enquanto a União não aderir à CEDH, nos termos do artigo 6º, nº 3, do TUE, os direitos fundamentais nela reconhecidos serão aplicados no âmbito da Ordem Jurídica da União pela via dos princípios gerais, tal como sucedia até à entrada em vigor do TL, e ainda na medida em que seja acolhidos pela CDFUE. Na verdade,

583 Sobre as condições de adesão da União à Convenção, cfr., entre muitos outros, Ana Maria Guerra Martins, *A igualdade e a não discriminação...*, p. 372 a 375; Walter Obwexer, "Der Beitritt der EU zur EMRK...", p. 119 e segs; Giorgio Gaja, «Accession to the ECHR», cit., p. 180 e segs; Susana Sanz Caballero, "Crónica de una adhesión anunciada: algunas notas sobre la negociación de la adhesión de la Unión Europea al Convénio Europeo de Derechos Humanos", *Rev. Der. Com. Eur.*, 2011, p. 99 a 128; Florence Benoit Rohmer, "Valeurs et droits fondamentaux", *in* E. Brosset *et al.*, *Le Traité de Lisbonne...*, p. 160 e segs; Oliver De Schutter, «L'adhésion de l'Union européenne... », p. 547 e segs.

584 A principal característica da União e do seu Direito é, sem dúvida, a da sua autonomia, a qual, tendo em conta a anterior jurisprudência do TJ, abrange a garantia da independência funcional e orgânica do Tribunal de Justiça, a competência exclusiva e definitiva do TJ para interpretar o direito originário e derivado, a identificação das competências dos Estados-Membros e União consta dos Tratados da União e a sua interpretação é da competência exclusiva do TJ. Cfr. Oliver de Schutter, «L'adhésion de l'Union européenne à la Convention européenne des droits de l'homme: feuille de route de la négotiation», *RTDH*, 2010, p. 547.

585 Susana Sanz Caballero, "Crónica de una adhesión anunciada...", p. 112 a 114; Oliver de Schutter, «L'adhésion de l'Union européenne...», p. 567, 568.

586 Susana Sanz Caballero, "Crónica de una adhesión anunciada...", p. 107 a 112.

587 Florence Benoit Rohmer, "Valeurs...", p. 158 a 164.

o facto de o Tratado impor um dever à União de aderir à CEDH não significa, só por si, que essa adesão se venha a concretizar efetivamente a breve trecho, como, de resto, a evolução dos acontecimentos está a demonstrar.

24.2.3. O conteúdo do projeto do acordo de adesão „chumbado" pelo Tribunal de Justiça

Logo que a parte do protocolo nº 14 relativa à alteração do artigo 59º da CEDH entrou em vigor, estavam criadas as condições para dar início às negociações entre a União Europeia e o Conselho da Europa. Com efeito, em 26 de maio de 2010, o Comité de Ministros do Conselho da Europa adotou os termos de referência *ad hoc*[588], tendo encarregue o Comité Diretor para os Direitos Humanos (CDDH) de elaborar, em cooperação com os representantes da União, um ou vários instrumentos jurídicos que estabelecessem as modalidades de adesão da União à Convenção[589]. Por seu turno, do lado da União, em 4 de junho de 2010, seguindo as recomendações da Comissão, de 17 de março de 2010, o Conselho da Justiça e dos Assuntos Internos adotou um projeto de Decisão em que autorizava a Comissão a negociar o acordo de adesão e onde estabelecia as diretivas de negociação[590]. Esta Decisão encarregou a Comissão de negociar a adesão, mas na condução das negociações, este órgão deveria consultar o Grupo de Trabalho de Direitos Fundamentais, Direitos dos Cidadãos e Liberdade de Circulação de Pessoas, que é um comité criado pelo Conselho, com base no artigo 218º, nº 4, do TFUE. O mandato das negociações[591], do lado da União Europeia, impõe expressamente o respeito das condições previstas no artigo 6º, nº 2, do TUE e no Protocolo nº 8.

Tendo em conta que se trata de matérias politicamente muito sensíveis, mas também de uma enorme tecnicidade jurídica, com o fim de facilitar a negociação política, o CDDH constituiu um grupo de 14 peritos (em que metade provinham de Estados-Membros da União e a outra metade de Estados não membros), o qual, após oito reuniões com a Comissão da UE, apresentou, em 14 de outubro de 2011, um relatório ao Comité de Ministros do Conselho da Europa sobre a elaboração

[588] Decision No CM/882/26052010, Document CDDH (2010) 008 (CM/Del/Dec(2010)1077/4.5.) de 26 de maio de 2010, disponível no sítio http://www.coe.int/lportal/web/coe-portal/what-we-do/human-rights/eu-accession-to-the-convention?dynLink=true&layoutId=22&dlgroupId=10226&fromArticleId=

[589] Cfr. Document CDDH (2011) 009, parágrafo 1º.

[590] Cfr. Doc. 10408/10 RESTREINT UE de 31 de maio de 2010, disponível no sítio http://register.consilium.europa.eu/pdf/en/10/st10/st10408-ex02.en10.pdf

[591] Sobre o mandato de negociações, cfr. Susana Sanz Caballero, "Crónica de una adhesión anunciada...", p. 107 a 112.

dos instrumentos jurídicos necessários à adesão da União à Convenção[592], considerando que a sua missão estava cumprida e chamando a atenção para o facto de que as questões pendentes só podiam ser politicamente resolvidas.

Em 12 de junho de 2012 o Comité de Ministros conferiu um novo mandato ao CDDH para prosseguir as negociações com a União Europeia, num grupo *ad hoc* (47+1), com vista a finalizar os instrumentos jurídicos que estabelecem as modalidades de adesão da UE à CEDH. Este grupo teve cinco reuniões com a Comissão, tendo chegado, em 5 de abril de 2013, a um projeto de acordo ao nível dos negociadores sobre os Projetos dos Instrumentos de Adesão, os quais consistem num projeto de acordo sobre a adesão da União Europeia à CEDH (Apêndice I), num projeto de declaração da União Europeia a ser feita aquando da assinatura do Acordo de Adesão (Apêndice II), num projeto de norma a ser aditada às Regras do Comité de Ministros sobre a supervisão da execução dos julgamentos e dos termos do acordos amigáveis nos casos em que a União Europeia é parte (Apêndice III), num projeto de modelo de entendimento entre a União Europeia e X [Estado não membro da União Europeia] e num projeto de relatório explicativo do Acordo de adesão da UE à CEDH (Apêndice V)[593]. De acordo com o Relatório final todos estes documentos formam parte de um *package* e são necessários para a adesão (par. 9).

Do conteúdo do projeto de acordo de adesão[594] resulta, em primeiro lugar, que o âmbito material da adesão é bastante restrito, na medida em que a União só adere à Convenção, ao Primeiro Protocolo e ao Protocolo nº 6 (artigo 1º, nº 1), ou seja, não se trata de uma adesão total, pois não abrange todos os protocolos em vigor. No fundo, a União só adere aos instrumentos de que todos os seus Estados-Membros já fazem parte, isto é, um mínimo denominador comum. Procura-se, por esta via, preservar a posição dos Estados-Membros, não os obrigando a cumprir regras internacionais a que não estão vinculados. A União pode, no entanto, aderir a outros protocolos, mais tarde, desde que respeite as condições de adesão previstas nesses protocolos (artigo 1º, nº 2, que alterou o artigo 59º, nº 2, da CEDH).

Note-se que a não adesão da União a um determinado protocolo não significa, necessariamente, que a União não esteja sujeita aos direitos nele consagrados. Poderá estar pela via da CDFUE. É o caso, por exemplo, da proibição da expulsão coletiva de estrangeiros (cfr. artigo 4º do Protocolo nº 4 e 19º, nº 1 da Carta) ou do princípio *non bis in idem* (cfr. artigo 4º do Protocolo nº 7 e 50º da Carta).

[592] Ver Document CDDH (2011) 009.

[593] Cfr. Relatório Final ao CDDH de 5 de abril de 2013 (Documento 47+1 (2013) 008rev2).

[594] Para uma análise desenvolvida deste projeto, cfr. PAUL GRAGL, "A Giant Leap for European Union Human Rights? The Final Agreement on the European Union's Accession to the European Convention on Human Rights", *in* www.academia.edu (29/12/2014), p. 1 e segs.

Com o intuito de dar cumprimento às exigências constantes dos artigos 6º, nº 2, do TUE e 2º do Protocolo nº 8, já mencionado, o artigo 1º, nº 3, do projeto estabelece que a adesão da União à Convenção e aos protocolos nunca pode implicar que a União adote um ato ou tome uma medida para os quais o Direito da União Europeia não lhe confere a devida competência, o que significa que a vinculação da União somente incide sobre os atos, medidas ou omissões das suas instituições, órgãos, serviços ou agências, ou de pessoas que atuem em seu nome. Trata-se da consagração do princípio da neutralidade em relação à repartição de competências entre os Estados-Membros e a União.

Atendendo a que o artigo 6º, nº 2, do TUE e o artigo 2º do Protocolo nº 8 determinam que a adesão não pode implicar qualquer afetação das atribuições e competências da União, o artigo 1º, nº 4, esclarece que os atos, medidas ou omissões dos órgãos de um Estado-membro ou de alguém atuando em seu nome, devem ser atribuídos aos Estados-Membros da União, ainda que se trate de atos de implementação de normas de Direito da União Europeia. A União pode, todavia, ser corresponsável, nos termos do artigo 36º, nº 4, da CEDH e do artigo 3º do projeto de acordo. Daqui decorre que os atos, medidas ou omissões das instituições, órgãos e organismos da União e de alguém que atua em seu nome devem ser imputados à União, incluindo os atos em matéria de PESC. O artigo 1º, nº 4, é suscetível de levantar problemas aplicativos, na medida em que a repartição de atribuições entre a União Europeia e os seus Estados-Membros é das questões mais complexas do Direito da União Europeia, uma vez que a sua aplicação é, de um modo geral, realizada ao nível estadual.

Os nºs 5 a 7 do artigo 1º procedem às chamadas alterações técnicas, adaptando certos termos incluídos na CEDH, como, por exemplo, "Estado", "Estados partes", "direito nacional", "segurança nacional", "país", "território nacional", etc., de modo a neles incluir a União.

O artigo 2º do projeto admite a possibilidade de a União formular reservas à Convenção, nos termos do artigo 57º da CEDH, ou seja, em moldes similares aos que atualmente vigoram para os Estados, não pondo em causa as reservas anteriormente formuladas pelos Estados-Membros. Já as reservas ao acordo de adesão, em si, são totalmente proibidas (artigo 11º do projeto).

O artigo 3º do projeto de acordo introduziu um novo número no artigo 36º da CEDH – o nº 4 – o qual aditou à intervenção de terceiro o mecanismo do corresponsável. Com este mecanismo pretendeu-se assegurar que os recursos interpostos quer por Estados terceiros quer pelos indivíduos sejam corretamente dirigidos contra os Estados-Membros e/ou a União, conforme o caso, dando assim cumprimento ao artigo 1º do Protocolo nº 8.

O mecanismo do corresponsável permite à União intervir nos casos em que forem demandados um ou mais Estados-Membros e viceversa, acobertando, desse modo, a situação particular da União em que, sendo ela a aprovar as normas ou a adotar os atos sob controvérsia, a sua implementação e aplicação pode competir – e compete na maior parte das vezes – aos seus Estados-Membros. O corresponsável é parte no processo.

O artigo 3º, nº 2, do projeto de acordo define as condições em que, sendo a queixa dirigida contra um ou mais Estados-Membros, a União pode tornar-se corresponsável. O artigo 3º, nº 3, do projeto delimita o caso inverso, ou seja, sendo a União demandada, os Estados-Membros podem tornar-se corresponsáveis e o artigo 3º, nº 4, prevê o cenário em que são demandados tanto a União como um ou mais Estados-Membros. Neste caso qualquer das partes pode solicitar a alteração do seu estatuto para corresponsável se estiverem preenchidos os pressupostos do artigo 3º, nºs 2 ou 3.

A participação no processo depende de um convite do TEDH que o pretenso corresponsável pode aceitar, ou não, ou de uma decisão do TEDH na sequência de um pedido da Alta Parte Contratante (artigo 3º, nº 5). O mecanismo do corresponsável tem, portanto, natureza voluntária[595].

O artigo 3º, nº 7, do projeto de acordo estabelece o princípio da responsabilidade conjunta do responsável e do corresponsável, podendo o Tribunal (TEDH) decidir que apenas um deles é responsável.

O artigo 3º, nº 6, do projeto de acordo de adesão, o qual prevê o processo da apreciação prévia, pretende responder à exigência expressa no artigo 3º do Protocolo nº 8 de que a adesão à CEDH não deve afetar o artigo 344º do TFUE. Na verdade, o facto de a União aderir não só à parte substancial da Convenção, ou seja, ao catálogo de direitos humanos nela previsto, como também aos mecanismos de controlo jurisdicional por ela criados, é suscetível de pôr em causa alguns princípios e regras fundamentais do Direito da União Europeia. Um exemplo de uma regra que vigora, desde o início do processo de integração europeia, é a da competência exclusiva do Tribunal de Justiça para dirimir os conflitos resultantes do Direito da União, hoje vertida no artigo 344º do TFUE. Ora, se não fossem tomadas as devidas cautelas, a adesão ao controlo jurisdicional da CEDH poderia fazer perigar esta regra, na medida em que o TEDH, para aferir se se verificava ou não a violação de um direito fundamental constante da CEDH, poderia ser chamado a interpretar normas do Direito da União sobre as quais o TJUE ainda não tinha tido oportunidade de se pronunciar. Esta foi, aliás, uma preocupação expressa quer pelo Presidente do TJUE quer pela Declaração conjunta daquele e do Presidente do TEDH[596]. Assim sendo, com o intuito de acomodar a compe-

[595] Neste sentido, Paul Gragl, "A Giant Leap for European Union Human Rights? ...", p. 18.

[596] Cfr. *Documento de reflexão do TJUE sobre determinados aspetos da adesão da União Europeia à Convenção Europeia dos Direitos do Homem, de* 5 de maio de 2010, e *Comunicação comum dos Presidentes*

tência exclusiva do TJUE expressa no artigo 344º do TFUE com a necessidade de aceitar o controlo judicial do TEDH em matéria de direitos humanos, o artigo 3º, nº 6, do projeto de acordo estabelece o processo da apreciação prévia[597], através do qual nos processos em que a União é corresponsável, se o TJUE ainda não tiver tido a possibilidade de decidir sobre a compatibilidade de uma norma da União com os direitos fundamentais consagrados na CEDH ou nos seus protocolos, deve poder fazê-lo.

O artigo 4º do projeto de acordo altera o artigo 29º, nº 2, da CEDH relativo às queixas interestaduais, as quais se passam a denominar queixas entre partes, devendo ser decididas quanto à admissibilidade e ao mérito em Secção. Adiante-se, desde logo, que esta disposição gerou uma enorme controvérsia, na medida em que levanta problemas de compatibilidade com o Direito da União Europeia, designadamente, com o princípio da autonomia da Ordem Jurídica da União Europeia na vertente da jurisdição exclusiva do TJUE prevista no artigo 344º TFUE.

O artigo 5º do projeto explicita que os processos perante o Tribunal de Justiça não devem ser considerados processos de inquérito ou decisão internacional para efeitos do artigo 35º, nº 2, al. *b)*, da CEDH nem devem ser entendidos como outras formas de resolução de litígios para efeitos do artigo 55º da CEDH. O artigo 5º do projeto de acordo de adesão procura resolver o problema da jurisdição exclusiva do TJUE prevista no artigo 344º do TFUE e evitar possíveis conflitos de jurisdição entre o TJUE e o TEDH ao considerar que os processos perante o Tribunal de Justiça não devem ser considerar "outras formas de resolução dos litígios".

Na sequência do artigo 1º do Protocolo nº 8 – que impõe que o acordo de adesão inclua regras que preservem as características específicas da União, designadamente, as relativas à eventual participação da União nas instâncias de controlo da CEDH – o artigo 6º estabelece as regras da eleição dos juízes na Assembleia Parlamentar do Conselho da Europa bem como da participação da delegação do Parlamento Europeu nessa eleição e o artigo 7º trata da participação da União no Comité de Ministros. Para assegurar a igualdade entre todas as partes contratantes, a União deve ter o seu próprio juiz e o Parlamento Europeu deve participar

Costa e Skouris, de 24 de janeiro de 2011 (ambas disponíveis no sítio http://curia.europa.eu.jcms/jcms/P_64268). Cfr. igualmente Resolução do Parlamento Europeu de 19 de maio de 2010 sobre os aspetos institucionais da adesão da União Europeia à Convenção Europeia dos Direitos do Homem (JOUE C nº 161 E/12, de 31/5/2011).

[597] O mecanismo de apreciação prévia foi sugerido pelo próprio TJUE (cfr. *comunicação comum dos Presidentes Costa e Skouris* citada na nota anterior), o que levou JEAN-PAUL JACQUÉ (*in* "The accession of the European Union...", p. 1020) a duvidar de que o TJUE pudesse vir a considerá-lo contrário ao Direito da União Europeia. Como se verá adiante, o TJUE não teve qualquer problema em o fazer.

na eleição dos juízes. O facto de a adesão da União se restringir à CEDH (e não ao Conselho da Europa) implicou a criação de regras que permitissem a participação da União no Comité de Ministros quando ele exerce a competência relativa à CEDH, que inclui a competência de supervisão da execução das decisões do TEDH e dos termos dos acordos amigáveis, prevista, designadamente, nos artigos 22º, 26º, nº 2, 39º, nº 4, 46º, nºs 2 a 5, 47º e 54º, nº 1, todos da CEDH[598].

O artigo 8º incide sobre a participação da União nas despesas relativas à Convenção e o artigo 9º debruça-se sobre as relações da União Europeia com outros acordos. Os artigos 10º, 11º e 12º determinam as regras sobre assinatura e entrada e vigor do projeto de acordo, a proibição das reservas e as notificações, respetivamente.

Não obstante a maior parte dos Estados-membros da União como dos Estados não membros, assim como dos órgãos da União, terem considerado este projeto de acordo um compromisso bastante aceitável, equilibrado e conforme ao Direito da União[599], a verdade é que este projeto de acordo não passou o crivo apertado do Tribunal e mesmo a advogada-geral, na sua tomada de posição, fez depender a conformidade do projeto com o Direito da União Europeia de um conjunto de condições.

24.2.4. O Parecer do Tribunal de Justiça nº 2/13 de 18 de Dezembro de 2014

Tendo em conta que os acordos internacionais em que a União é parte devem respeitar o Direito Originário da União Europeia, o TFUE prevê o seu controlo jurisdicional preventivo, nos termos do artigo 218º, nº 11, do TFUE.

Partindo deste pressuposto, tanto a Doutrina[600] como as instituições da União[616] foram escrutinando criticamente as diversas soluções discutidas e aprovadas no âmbito das negociações do referido projeto de acordo.

[598] Sobre o projeto de acordo propriamente dito, ver FINISK KORENICA, *The EU accession to the ECHR – Between Luxembourg's Search for Autonomy and Strasbourg's Credibility on Human Rights Protection*, p. 108 e segs.; PAUL GRAGL, "A Giant Leap for European Union Human Rights?..., p. 1 e segs.; TOBIAS LOCK, "Walking on a Tightrope: The Draft ECHR Accession Agreement and the Autonomy of the EU Legal Order", p. 1025 e segs.

[599] Sobre as posições dos Estados-membros e das instituições da União Europeia, cfr. nºs 108 a 143 do parecer do TJUE em apreço.

[600] Cfr. PAUL GRAGL, "A Giant Leap for European Union Human Rights?...", p. 3 e segs; PAUL CRAIG, "EU Accession to the ECHR: Competence, Procedure and Substance", *Fordham International Law Journal*, 2013, p. 1115 e segs; JOSÉ MARTIN Y PÉREZ DE NANCLARES, "The accession of the European Union to the ECHR: More than Just a Legal Issue", *Working Papers on European Law and Regional Integration*, nº 15, 2013, p. 1 e segs; JÖRG PHILIPP TERHECHTE, "Autonomie und Kohärenz – Die Eigenständigkeit der Unionsgrundrechte im Zuge des EMRK – Beitritts der Europäischen Union", in ILIOPOULOS STRANGAS / PEREIRA DA SILVA / POTACS (ed.), *Der Beitritt der Europäischen Union...*, p. 37 e segs; MARIA JOSÉ RANGEL DE MESQUITA, "Remarques sur la

Aliás, desde que, há mais de quatro décadas, se começou a sustentar a ideia da adesão das então Comunidades Europeias à CEDH, logo se percebeu que se trataria de uma situação inédita no Direito Internacional em que uma entidade que não é um Estado nem uma organização internacional típica[602] se submeteria à fiscalização de uma outra organização internacional – o Conselho da Europa – com o intuito da observância de padrões mínimos em matéria de direitos fundamentais, o que não poderia deixar de causar problemas jurídicos complexos.

Muito sucintamente a maior parte desses problemas reconduzem-se, essencialmente, ao perigo que representa a adesão para a autonomia da Ordem Jurídica da União[603-604], a qual foi afirmada, desde muito cedo, pelo Tribunal de Justiça

'valeur ajoutée? de l'adhésion de l'Union européenne à la Convention européenne de Droits de l'Homme pour la protection des droits fondamentaux des particuliers en Europe", *in* ILIOPOUlOS STRANGAS / PEREIRA DA SILVA / POTACS (ed.), *Der Beitritt der Europäischen Union...*, p. 277 e segs; WALTER OBWEXER, "Der Beitritt der EU zur EMRK...", p. 119 e segs; PAUL GRAGL, *The accession of the European Union..., maxime*, p. 87 e segs; JEAN-PAUL JACQUÉ, "The accession of the European Union...", p. 1012 e segs; BRUNESSEN BERTRAND, "Cohérence normative et contentieux...", p.190 e segs; TOBIAS LOCK, "Walking on a Tightrope: The Draft ECHR Accession Agreement and the Autonomy of the EU Legal Order", *CMLR*, 2011, p. 1025 e segs; NOREEN O'MEARA, «A More Secure Europe of Rights? The European Court of Human Rights, the Court of Justice of the European Union and EU Accession to the ECHR», *German Law Journal*, 2011, p. 1818 e segs; OLIVER DE SCHUTTER, «L'adhésion de l'Union européenne...», p. 547 e segs; CLEMENS LADENBURGER, «Vers l'adhésion de l'Union européenne à la Convention européenne des droits de l'homme», *RTDE*, 2011, p. 21 e segs; TOBIAS LOCK, "EU Acccession to the ECHR: Implications for Judicial Review in Strasbourg", *ELR*, 2010, p. 777 e segs.

601 Cfr. *Documento de reflexão do TJUE sobre determinados aspetos da adesão da União Europeia à Convenção Europeia dos Direitos do Homem, de* 5 de maio de 2010, e *Comunicação comum dos Presidentes Costa e Skouris*, de 24 de janeiro de 2011 (ambas disponíveis no sítio http://curia.europa.eu.jcms/jcms/P_64268). Cfr. igualmente Resolução do Parlamento Europeu de 19 de maio de 2010 sobre os aspetos institucionais da adesão da União Europeia à Convenção Europeia dos Direitos do Homem (JOUE C nº 161 E/12, de 31/5/2011). Sobre a posição do PE, cfr RICARDO PASSOS, "The protection od Fundamental Rights in Europe before and after the Accession of the European Convention on Human Rights: A View from the European Parliament", in Iliopoulos Strangas / Pereira da Silva / Potacs (ed.), *Der Beitritt der Europäischen Union...*, p. 125 e segs.

602 Sobre a natureza jurídica das Comunidades Europeias e da União Europeia, ver *supra* nº 19.

603 Neste sentido, TOBIAS LOCK, "Walking on a Tightrope...", p. 1025 e segs.

604 Sobre da autonomia da Ordem Jurídica da União Europeia, cfr. INGOLF PERNICE,"The Autonomy of the EU Legal Order – Fifty Years After *Van Gend*", *in* ANTONIO TIZZANO / JULIANNE KOKOTT / SACHA PRECHAL (org.), *50ème Anniversaire de l'arrêt Van Gend en Loos*, Luxemburgo, 2013, p. 55 e segs; PAUL GRAGL, *The accession of the European Union...*, p. 19 a 49; PAUL CRAIG, "EU Accession to the ECHR: Competence, Procedure and Substance", *Fordham International Law Journal*, 2013, p.1142 e segs; JÖRG PHILIPP TERHECHTE, "Autonomie und Kohärenz...", p. 34 e segs; TOBIAS LOCK, "Walking on a Tightrope...", p. 1028 e segs. Sobre a autonomia da Ordem Jurídica das Comunidades Europeias, cfr. THEODOR SCHILLING, "The Autonomy of the Community Legal Order: An Analysis of Possible Foundations", *Harv. Int'l L.J.*, 1996, p. 380 e segs; J. H. H.

quer em relação ao Direito Internacional[605] quer no que diz respeito ao Direito interno dos Estados-Membros[606].

De entre as matérias do acordo que mais polémica e dúvidas causaram, contam-se a responsabilidade extracontratual da União por violação da CEDH, nos termos do artigo 1º, nºs 3 e 4, do projeto de acordo, o mecanismo da corresponsabilidade previsto no seu artigo 3º, o processo de apreciação prévia previsto no nº 6 do artigo 3º do referido projeto e as queixas entre partes previstas no artigo 4º.

A Advogada-geral – Juliane Kokott – realizou – como lhe competia – uma análise exaustiva de todas as eventuais dúvidas que o projeto de acordo poderia suscitar no domínio de compatibilidade com o Direito da União Europeia. Ao invés, o parecer do Tribunal apenas se pronunciou sobre os aspetos que lhe mereceram censura, o que está igualmente em consonância com a natureza e os objetivos da decisão jurisdicional proferida.

Assim sendo, não nos debruçaremos sobre todas as questões tratadas na tomada de posição da advogada-geral, mas apenas sobre os pontos que, entretanto, foram objeto de decisão expressa (na maioria dos casos, em sentido divergente) do Tribunal de Justiça.

Em primeiro lugar, a advogada-geral averigua se o projeto de acordo de adesão observa o artigo 6º, nº 2, do TUE, na parte respeitante à garantia das competências da União[607]. Efetivamente, a adesão da União à CEDH não pode alterar as competências da União definidas nos Tratados, num sentido limitativo, ampliativo ou impondo a criação de novas competências à União.

Em sua opinião, não se verifica qualquer amputação de competências da União. Não obstante as limitações que a adesão à CEDH virá impor à União, elas são inerentes a qualquer regulamentação internacional em matéria de direitos fundamentais, na medida em que estes representam por natureza limites ao exercício do poder público, qualquer que ele seja.

O mesmo se passa no que diz respeito ao perigo de alargamento de competências da União. Segundo Juliane Kokott, o projeto de acordo revela uma particular preocupação com a garantia da repartição de competências e da responsabilidade entre a União e os Estados-Membros, uma vez que expressamente afirma

WEILER, "The Autonomy of the Community Legal Order – Through the Looking Glass", *Harv. Int'l L. J.*, 1996, p. 411 e segs; F. E. DOWRICK, "A Model of the European Communities Legal System", *YEL*, 1983, p. 169 e segs.

[605] Cfr, por exemplo, parecer de 14/12/91, *parecer nº 1/91*, Col. 1991, p. I-6079 e segs; parecer de 10/4/92, *parecer nº 1/92*, Col. 1992, p. 2821 e segs; parecer de 18/2/2002, *parecer nº 1/00*, Col. 2002, p. I-3493 e segs; parecer de 8/3/2011, *parecer 1/09*, Col. 2011, p. I-1137 e segs; acórdão de 3/9/2008, *Kadi e Al Barakaat*, procs. nºs C-402/05P e C-415/05P, Col. 2008, p. I-6351 e segs.

[606] Ac. de 15/7/64, *Costa ENEL*, proc. 6/64, Rec. 1964, p. 1160.

[607] Cfr. nºs 33 a 104 da tomada de posição.

que nenhuma disposição da CEDH ou dos seus Protocolos Adicionais obrigará a União a atuar ou a tomar uma medida para a qual não tenha competência nos termos do Direito da União (artigo 1º, nº 3) e que os atos, medidas ou omissões dos órgãos de um Estado-Membro ou de pessoas que ajam em seu nome não são imputáveis à União, mesmo que sejam praticados em execução do Direito da União (artigo 1º, nº 4). Por outro lado, a advogada-geral considera igualmente que a participação da União nos órgãos de controlo da Convenção não opera um alargamento de competências da União, uma vez que a participação da União nestes órgãos está prevista no próprio Direito originário da União (artigo 1º, nº 1, al. *a)* do protocolo nº 8) e corresponde ao espírito de fiscalização externa subjacente à CEDH. Além disso, o projeto de acordo também não interfere na competência da União para aderir a outros acordos internacionais em matéria de direitos fundamentais, na medida em que a alteração ao artigo 59º, nº 2, da CEDH apenas permite a adesão ao primeiro e sexto protocolos. Quanto aos demais, devem seguir, na ótica da CEDH, os trâmites apropriados neles próprios previstos e, do ponto de vista do Direito da União, o processo consagrado no artigo 218º TFUE.

Ainda no que diz respeito à garantia das competências da União, Juliane Kokott trata a questão de saber se a adesão à CEDH torna necessário que os Estados-membros transfiram competências suplementares para a União, chegando à conclusão que tal cenário é pouco provável. De qualquer modo, segundo a advogada-geral, o processo de apreciação prévia, a obrigação de execução dos acórdãos do TEDH e a tutela jurisdicional no domínio da PESC são os aspetos que mais dúvidas suscitam neste domínio.

O processo de apreciação prévia permite que, em processos pendentes no TEDH e de acordo com determinadas condições, o TEDH dê ao TJ a possibilidade de se pronunciar previamente sobre a compatibilidade de uma disposição do Direito da União com a CEDH. Para a advogada-geral, o processo de apreciação prévia é apenas uma nova modalidade da competência jurisdicional atribuída ao TJ pelo artigo 19º do TUE, pelo que não implica a atribuição de novas competências ao TJ. Ainda que se chegasse à conclusão oposta, essa nova competência não desvirtuaria a função jurisdicional do TJ nem poria em causa o monopólio do TJ na fiscalização da legalidade dos atos das instituições, órgãos e demais organismos da União. Acresce que a concreta conformação do processo de apreciação prévia não implica a alteração dos Tratados, mas tão-só do Estatuto do TJUE.

Quanto à obrigação de execução dos acórdãos do TEDH, Juliane Kokott considera que não se coloca nenhum problema de violação do Direito da União, pois as sentenças do TEDH têm caráter declarativo e a CEDH não regula concretamente a forma como as decisões devem ser executadas, deixando uma grande margem de discricionariedade às partes contratantes.

Mais controversa é a questão de saber se a tutela jurisdicional no domínio da PESC satisfaz os critérios da tutela jurisdicional efetiva dos artigos 6º e 13º da CEDH, na medida em que só em casos muito excecionais os tribunais da União têm competência em matéria de PESC (artigo 275º, nº 2, do TFUE). Segundo a advogada-geral, subsiste sempre a competência dos tribunais nacionais que permite respeitar o princípio da tutela jurisdicional efetiva. Aliás, se assim não fosse, já atualmente seria muito duvidoso que a União estivesse a respeitar o princípio da equivalência previsto no artigo 52º, nº 3, da Carta.

Em segundo lugar, a advogada-geral debruça-se sobre a questão de saber se o projeto de acordo põe em causa as competências das instituições da União[608], com especial relevo para as competências do TJUE.

A primeira dúvida que a este propósito se pode colocar é a de saber se o processo de queixa entre partes previsto no artigo 33º da CEDH viola o artigo 344º do TFUE, ou seja, o monopólio dos Tribunais da União de resolução dos litígios entre Estados-membros que envolvam o Direito da União. Na opinião de Juliane Kokott, essa violação não existe porque o próprio Direito da União Europeia contem mecanismos para a impedir – se um Estado-membro da União recorrer ao processo de queixa contra a União ou contra um outro Estado-membro pode ser alvo de um processo por incumprimento (artigo 258º a 260º do TFUE), o que garante o respeito do Direito da União.

O artigo 344º do TFUE prevê igualmente que compete aos Tribunais da União interpretarem, em última instância, o Direito da União e fiscalizarem a legalidade dos atos das instituições, órgãos e organismos da União, o que, de acordo com a tomada de posição da advogada-geral, não é posto em causa pela adesão da União à CEDH, uma vez que os acórdãos do TEDH têm natureza meramente declarativa e deixam às partes uma certa margem de discricionariedade quanto à sua execução. Porém, tendo em consideração que o TEDH, para apreciar as violações dos direitos fundamentais que lhe são submetidas, não pode deixar de confrontar o Direito interno das partes, com a adesão da União à CEDH, passará a analisar também o Direito da União e a jurisprudência do TJUE. Para que não o faça sem que o TJUE tenha tido oportunidade de se pronunciar, em primeira mão, foi criado o processo de apreciação prévia, acima referido. Segundo a advogada-geral, esse processo, para ser compatível com o Direito da União, deve permitir a apreciação não só de questões de validade do Direito derivado mas também de questões de interpretação do mesmo.

Por último, a advogada-geral averigua se o protocolo nº 16 poderá vir a prejudicar as competências do Tribunal de Justiça, chegando à conclusão que, efetivamente, tal pode vir a suceder mas não será um efeito da adesão da União, pois

[608] Cfr. nºs 105 a 156 da tomada de posição.

mesmo sem ela os efeitos do Protocolo nº 16 podem igualmente vir a repercutir-se sobre as competências da União.

Em terceiro lugar, a advogada-geral toma posição sobre a preservação das características específicas da União[609], isto é, sobre o respeito da autonomia da Ordem Jurídica da União Europeia e das particularidades da União enquanto sistema multinível.

Como já tivemos oportunidade de sublinhar, a questão de saber se o reconhecimento da jurisdição do TEDH põe em causa a autonomia do Direito da União foi das que gerou mais controvérsia na Doutrina. Todavia, para a advogada-geral, tendo em conta a convergência entre a jurisprudência do TEDH e do TJ em matéria de direitos fundamentais, à partida, não se verificarão, com frequência, casos de incompatibilidade. Se, porventura, vierem a surgir, será nesse momento que se deverão procurar as soluções adequadas.

Já quanto à questão de saber se as precauções especiais que foram tomadas, no projeto de acordo, para conservar a autonomia do Direito da União são suficientes, ou não, a advogada-geral adotou um tom muito crítico em relação a algumas delas.

Assim, no que diz respeito à determinação das responsabilidades na relação entre a União e os seus Estados-Membros, se a primeira parte do artigo 3º, nº 7, não levanta problemas, já a segunda parte do mesmo preceito permite que o TEDH se pronuncie de forma vinculativa para a União e para os Estados-Membros sobre a delimitação das respetivas competências e responsabilidades, tal como resultam do Direito da União. Ora, isto implica uma violação do princípio da autonomia do Direito da União, uma vez que só o TJ é competente para emitir uma interpretação vinculativa das normas do Direito da União.

No que toca à questão de saber se o processo de apreciação prévia pelo Tribunal de Justiça é ou não necessário, de acordo com a advogada-geral, esta decisão não pode caber – como cabe no projeto de acordo – em caso de dúvida, ao TEDH, sob pena de se violar a autonomia do Direito da União e a jurisdição do TJUE. Ou seja, em caso de dúvida, o TEDH deve dar início ao processo de apreciação prévia.

Um outro aspeto que causou dúvidas foi o de saber se a mera suscetibilidade de o acordo permitir ao TEDH pronunciar-se em matéria de PESC, em situações que estão vedadas ao TJUE, viola a autonomia do Direito da União. Esta questão foi, em certo sentido, desvalorizada pela advogada-geral, na medida em que considerou, por um lado, que se o TJ não tem competência, não se podem verificar conflitos jurisprudenciais e, por outro lado, cabe aos tribunais nacionais sancionar as violações da CEDH em matéria de PESC.

Um outro ponto do projeto de acordo que causou polémica foi o de saber se a imputação de atos, medidas ou omissões da União e dos seus Estados-Membros

609 Cfr. nºs 157 a 236 da tomada de posição.

bem como o mecanismo de determinação do corresponsável nos processos no TEDH era compatível com o Direito da União Europeia. Para a advogada-geral, o mecanismo da corresponsabilidade, tal como está previsto no projeto de acordo, só será conforme ao Direito da União Europeia se for assegurada a comunicação, sistemática e sem exceções, de todos os processos em que possam ser apresentados pedidos de intervenção como corresponsável. Além disso, a possibilidade de o TEDH apreciar os requerimentos de intervenção como corresponsável poderá vir a ter como consequência a exclusão da União e / ou dos seus Estados-Membros num processo, ainda que estes considerem necessária a sua intervenção, o que viola não só o artigo 1º, nº 1, alínea *b)*, do Protocolo nº 8, como também a autonomia do Direito da União. Segundo a advogada-geral, o projeto de acordo de adesão terá de ser alterado de modo a não permitir ao TEDH a apreciação da plausibilidade dos pedidos de participação como corresponsável.

Por último, a advogada-geral analisa se foi devidamente assegurada a situação especial dos Estados-membros em relação à CEDH[610], designadamente, no que toca aos protocolos adicionais, ao artigo 15º da CEDH e às reservas, tendo concluído que apenas se levantam dúvidas quanto a estas últimas, pelo que será necessário esclarecer que o princípio da responsabilidade comum dos demandados e dos corresponsáveis não afeta eventuais reservas das partes contratantes na aceção do artigo 57º CEDH.

A advogada-geral conclui nos seguintes termos:

"O projeto revisto de Acordo de Adesão da União à Convenção Europeia Convenção para a Proteção dos Direitos do Homem e das Liberdades Fundamentais, apresentado em Estrasburgo em 10 de junho de 2013, é compatível com os Tratados, no pressuposto de que é assegurado, em termos vinculativos no direito internacional, que:

– A União e os seus Estados-Membros, para efeitos da eventual apresentação de pedidos de participação no processo como corresponsáveis, nos termos do artigo 3º, nº 5, do Projeto de Acordo, serão informados sistematicamente e sem exceções de todos os processos pendentes no TEDH, desde que e logo que o respetivo demandado deles seja notificado,

– Os pedidos, apresentados pela União e pelos Estados-Membros, de participação no processo como corresponsáveis, nos termos do artigo 3º, nº 5, do Projeto de Acordo, não ficam sujeitos, de modo algum, a uma análise da respetiva plausibilidade;

– A apreciação prévia do Tribunal de Justiça da União Europeia, nos termos do artigo 3º, nº 6, do Projeto de Acordo se estende a todas as questões jurídicas relativas à interpretação do direito primário da União e do direito secundário da União em consonância com a CEDH;

– Só se pode, então, prescindir do procedimento de apreciação prévia previsto no artigo 3º, nº 6, do Projeto de Acordo se for manifesto que o Tribunal de Justiça da União

610 Cfr. nºs 249 a 279 da tomada de posição.

Europeia já se debruçou sobre a questão jurídica concreta que é objeto da queixa pendente no TEDH;

– O princípio da responsabilidade comum do demandado e do corresponsável, nos termos do artigo 3º, nº 7, do Projeto de Acordo não afeta eventuais reservas das partes contratantes, na aceção do artigo 57º da CEDH, e

– No mais, o TEDH não pode, em circunstância alguma, afastar o princípio, consagrado no artigo 3º, nº 7, do Projeto de Acordo, da responsabilidade comum do demandado e do corresponsável por violações da CEDH cuja existência o TEDH tenha declarado."

A advogada-geral adotou, portanto, uma postura de crítica construtiva[611], uma vez que, apesar de ter deparado com alguns entraves, não opta por propor ao TJUE a emissão de um parecer negativo, antes preferindo alertar para todos os aspetos que, em seu entender, terão de ser clarificados, aditados e até alterados para que o projeto de acordo se possa considerar em conformidade com os Tratados. Aliás, em abono da sua proposta, a advogada-geral invocou a prática do próprio Tribunal de Justiça no seu segundo parecer relativo ao Espaço Económico Europeu (parecer 1/92).

Já o Tribunal de Justiça assumiu uma postura completamente diversa, tendo emitido efetivamente um parecer negativo, o qual inviabilizou a adesão da União – senão para sempre – pelo menos a curto e médio prazo.

Na sua apreciação de mérito[612] do projeto de acordo de adesão da União à CEDH, o TJUE começa por afirmar que, contrariamente ao que se verificava quando proferiu o seu parecer 2/94, a União dispõe, após o Tratado de Lisboa, de uma base jurídica específica para a adesão que é o artigo 6º, nº 2, do TUE,

[611] Para uma visão geral sobre a tomada de posição da advogada-geral, v., entre muitos outros, Joakim Nergelius, *The Accession of the EU to the European Convention on Human Rights – A critical view of the Opinion of the Court of Justice*, SIEPS, 2015, p. 17 e segs; Maria Berger / Clara Rauchegger, "Opinion 2/13: Multiple Obstacles to the Accession of the EU to the ECHR", *European Yearbook on Human Rights*, 2015, p. 61-73; "Editorial Comments", *CMLR*, 2015, p. 7-11; Steve Peers, "The EU's Accession to the ECHR: the Dream Becomes a Nightmare", *German Law Journal*, 2015, p. 215-217; Jed Odermatt, "Working Paper: A Giant Step Backwards? *Opinion 2/13* on the EU's Accession to the European Convention on Human Rights", p. 5-10, in http://www.fp7-frame.eu/wp-content/materiale/w-papers/WP150-Odermatt.pdf; Eleanor Spaventa, "A Very Fearful Court? The protection of Human Rights in the European Union after Opinion 2/13", p. 12-21, in http://www.corteappello.milano.it/allegato_corsi.aspx?File_id_allegato=1862; Paul Gragl, "The Reasonableness of Jealousy: Opinion 2/13 and EU Accession to the ECHR", *European Yearbook of Human Rights*, 2015, p 31-36; Sionaidh Douglas-Scott, 'Opinion 2/13 on EU accession to the ECHR: a Christmas bombshell from the European Court of Justice'.

[612] O Tribunal começou por se debruçar sobre a admissibilidade do processo, mas, não tendo ela levantado qualquer problema, restringimos o nosso estudo à apreciação de mérito.

mas isso não significa que "*a circunstância de a União ser dotada de um novo tipo de ordenamento jurídico, com uma natureza que lhe é específica, um quadro constitucional e princípios fundadores que lhe são próprios, uma estrutura institucional particularmente elaborada bem como um conjunto completo de regras jurídicas que asseguram o seu funcionamento,* [não venha a ter] *consequências no que respeita ao processo e às condições de uma adesão à CEDH*". (par. 158).

Estabelecidas as fronteiras, no âmbito das quais se vai mover, o Tribunal vai apreciar se o projeto de acordo de adesão da União à CEDH é compatível com o Direito originário da União, debruçando-se especialmente sobre os aspetos suscetíveis de porem em causa as características específicas e a autonomia do Direito da União bem como o artigo 344º do TFUE, mas também sobre os mecanismos institucionais e processuais – o mecanismo do corresponsável, o processo de apreciação prévia pelo Tribunal de Justiça – e as características específicas do Direito da União relativo à fiscalização jurisdicional em matéria de PESC.

O Tribunal entendeu que se verificava a lesão das características específicas e da autonomia do Direito da União na interpretação e aplicação dos direitos fundamentais pelas razões que seguidamente se apontam.

Em primeiro lugar, o Tribunal de Justiça considerou que o projeto de acordo de adesão não assegura a coordenação entre o artigo 53º da CEDH que reserva às partes contratantes a faculdade de prever padrões nacionais de proteção dos direitos fundamentais mais elevados do que os garantidos pela CEDH e o artigo 53º da Carta, tal como interpretado pelo Tribunal de Justiça[613], no sentido de que a aplicação dos padrões nacionais de proteção não deve comprometer o nível de proteção previsto na Carta, nem o primado, a unidade e a efetividade do Direito da União. Segundo o Tribunal, a faculdade concedida aos Estados-membros pelo artigo 53º da CEDH deveria permanecer limitada, no que se refere aos direitos reconhecidos na Carta, que correspondam a direitos reconhecidos pela Convenção, ao necessário para evitar comprometer o nível de proteção previsto na Carta bem como o primado, a unidade e a efetividade do Direito da União.

Em segundo lugar, o Tribunal sustentou que o projeto de acordo de adesão é suscetível de comprometer o princípio da confiança mútua entre Estados-membros da União – princípio fundamental do Direito da União – na medida em que ao impor que a União e os seus Estados-membros sejam considerados partes contratantes nas suas relações recíprocas, incluindo quando essas relações se regem pelo Direito da União, exigiria que um Estado-membro verificasse o respeito dos direitos fundamentais de outro Estado-membro, o que ignoraria a própria natureza da União e o equilíbrio em que ela se funda assim como comprometeria a autonomia do Direito da União.

[613] Cfr. Acórdão de 26/2/2013, *Melloni*, proc. nº C-399/11, Col. 2013, p. 107 e segs.

Em terceiro lugar, o Tribunal entendeu que, ao não prever a articulação entre o mecanismo instituído pelo Protocolo nº 16 e o processo de questões prejudiciais previsto no artigo 267º TFUE, o projeto de acordo é suscetível de lesar as características específicas desse processo bem como a sua eficácia.

No que se refere à eventual violação do artigo 344º TFUE, segundo o qual os Estados-membros se comprometem a não submeter qualquer diferendo relativo à interpretação ou aplicação dos Tratados a um modo de resolução diverso dos que neles estão previstos, o Tribunal considerou que o artigo 5º do projeto de acordo não preserva devidamente a competência exclusiva do TJ, na medida em que subsiste a possibilidade de a União ou os Estados-membros submeterem ao TEDH, ao abrigo do artigo 33º da CEDH, um pedido cujo objeto seja uma alegada violação da CEDH por parte de um Estado-membro ou pela União relacionado com o Direito da União Europeia.

Ora, para o Tribunal "*só uma exclusão expressa da competência do TEDH decorrente do artigo 33º da CEDH para os litígios entre os Estados-Membros ou entre estes e a União, relativos à aplicação da CEDH no âmbito de aplicação material do Direito da União, seria compatível com o artigo 344º TFUE* (par. 213).

No que diz respeito ao mecanismo do corresponsável, o Tribunal sustenta que, no caso previsto no artigo 3º, nº 5, do projeto de acordo, de o TEDH convidar uma parte a tornar-se corresponsável, como esse convite não é vinculativo não se verifica qualquer interferência no Direito da União, permanecendo os Estados-Membros e a União livres para apreciar se estão reunidos os requisitos materiais para a aplicação, ou não, do referido mecanismo. Já o mesmo não sucede quando a União ou um Estado-membro pedem para intervir como corresponsáveis num processo, uma vez que o TEDH deverá decidir se esse pedido procede ou não, o que o obrigará, em última análise, a apreciar normas de Direito da União Europeia, como, por exemplo, as relativas à repartição de competências entre a União e os seus Estados-membros. Ora, isso bole, desde logo, com a autonomia do Direito da União. Além disso, o artigo 3º, nº 7, não exclui que um Estado possa ser declarado responsável, em conjunto com a União, pela violação de uma regra da CEDH em relação à qual tenha formulado uma reserva, o que colide com o artigo 8º, nº 2, do Protocolo nº 8, anteriormente citado.

O Tribunal concluiu, quanto a este ponto, que as modalidades de funcionamento do mecanismo do corresponsável não garantem a preservação das características próprias da União e do seu Direito.

Quanto ao processo de apreciação prévia, o Tribunal de Justiça considerou que a forma como ele está estruturado não permite excluir a possibilidade de o TEDH se pronunciar sobre a questão de saber se o TJUE já se pronunciou anteriormente sobre uma dada questão, ou não, o que põe em causa a competência exclusiva do TJ. Acresce que o artigo 3º, nº 6, exclui a possibilidade de o TJUE ser chamado a pronunciar-se sobre uma questão de interpretação do direito derivado em sede de processo de apreciação prévia, o que põe em causa o princípio da competência exclusiva do TJUE na interpretação definitiva do Direito da União Europeia.

Por último, o Tribunal pronunciou-se sobre a compatibilidade do projeto de acordo com as características específicas do Direito da União relativamente à fiscalização jurisdicional em matéria de PESC. Tendo em conta que os atos adotados no âmbito da PESC ficam, de um modo geral, subtraídos à fiscalização jurisdicional do TJ (artigo 275º, par. 1º, TFUE) por força da adesão da União à CEDH, o TEDH ficaria habilitado a pronunciar-se sobre a conformidade com a CEDH de atos, ações ou omissões no âmbito da PESC, cuja legalidade em relação aos direitos fundamentais está excluída da competência do TJ, o que põe em causa as características específicas da União.

Em suma, o Tribunal de Justiça emitiu parecer no sentido de que o projeto de acordo não é compatível com o artigo 6º, nº 2, TUE nem com o Protocolo nº 8 anexo ao TUE, na medida em que:

> "(...)
> – *é suscetível de lesar as características específicas e a autonomia do Direito da União, uma vez que não garante a coordenação entre o artigo 53º da CEDH e o artigo 53º da Carta, não previne o risco de violação do princípio da confiança mútua entre os Estados-Membros no Direito da União e não prevê uma articulação entre o mecanismo instituído pelo Protocolo nº 16 e o processo de reenvio prejudicial previsto no artigo 267º TFUE;*
> – *é suscetível de afetar o artigo 344º TFUE, uma vez que não exclui a possibilidade de os litígios entre os Estados-Membros ou entre estes e a União, relativos à aplicação da CEDH no âmbito de aplicação material do Direito da União, serem submetidos ao TEDH;*
> – *não prevê modalidades de funcionamento do mecanismo do corresponsável e do processo de apreciação prévia pelo Tribunal de Justiça que permitam preservar as características específicas da União e do seu direito; e*
> – *não tem em conta as características específicas do Direito da União relativo à fiscalização jurisdicional dos atos, ações ou omissões da União em matéria de PESC, uma vez que confia a fiscalização jurisdicional de alguns desses atos, ações ou omissões exclusivamente a um órgão externo à União*".

Já em anteriores estudos tivemos oportunidade de apreciar criticamente[614] este parecer, pelo que vamos apenas sintetizar o que então dissemos.

[614] Ver ANA MARIA GUERRA MARTINS, "Opinion 2/13 of the Court of Justice in the Context of Multilevel Protection of Fundamental Rights and Multilevel Constitutionalism", *Zeitschrift für öffentliches Recht / Journal of Public Law*, 2016, p. 27-57; Idem, "O Parecer nº 2/13 do Tribunal de Justiça relativo à compatibilidade do projeto de acordo de adesão da União Europeia à Convenção Europeia dos Direitos do Homem", MARCELO REBELO DE SOUSA / EDUARDO VERA-CRUZ

Antes de mais, deve sublinhar-se que o significado político e jurídico deste parecer é inquestionável. É, sem dúvida uma das mais importantes decisões do Tribunal de Justiça[615], mas também poucas decisões foram tão criticadas como esta. Sem contar com a blogosfera[616], a *Common Market Law Review* afirmou em *Editorial Comment* que "*[t]he Opinion of the Court, (...), appears to reflect a somewhat formalistic and sometimes uncooperative attitude in defence of its own powers vis-à-vis the European Human Rights Court (ECtHR)*"[617]. Steve Peers caracterizou o Parecer como "*a clear and present danger to human rights protection*"[618] e Sionaidh Douglas-Scoot ainda aditou que "*Opinion 2/13 does not take rights seriously*".[619] Piet Eeckhout considerou que "*the CJEU's objections to the Accession Agreement do not persuade, and are not in accordance with the limited conditions imposed by Art 6(2) TEU and by Protocol 8*"[620], sendo que, segundo o autor, "*Opinion 2/13 is based on a concept of autonomy which borders on autarky*".[621] Paul Gragl escreveu que "*Opinion 2/13 leaves a bitter taste and a fair share of pessimism among all those who are interested in human rights and their effective protection and enforcement*".[622] Finisk Korenica defendeu que "*the opinion confirms (...) the very allergic tendency of the Luxembourg*

Pinto (coord.), *Liber Amicorum Fausto de Quadros*, vol. I, Coimbra, 2016, p. 97-129 bem como toda a bibliografia em ambos citada.

[615] Adam Lazowski / Ramses A. Wessel, "When Caveats Turn into Locks: Opinion 2/13 on Accession of the European Union to the ECHR", *German Law Journal*, 2015, p. 210. Também disponível em https://www.utwente.nl/bms/pa/research/wessel/wessel108.pdf.

[616] Ver Steve Peers, "The CJEU and the EU's accession to the ECHR: a clear and present danger to human rights protection", http://eulawanalysis.blogspot.pt/2014/12/the-cjeu-and-eus-accession-to-echr.html; Mattias Wendel, "Mehr Offenheit wagen! Eine Kritische Annäherung an das Gutachten des EuGH zum EMRK-Beitritt", *VerfBlog*, 2014/12/21, http://www.verfassungblog.de/mehr- offenheit- wagen-eine-kritische –annäherung-das-gutachten-des-eugh-zum-emrk-beitritt/; Leonard F.M. Besselink, „Acceding to the ECHR notwithstanding the Court of Justice Opinion 2/13", *VerfBlog, 2014/12/23, http://www.verfassungsblog.de/acceding-echr-notwithstanding-court-justice-opinion-213/*

[617] "Editorial Comments: The EU's Accession to the ECHR – A 'NO' from the ECJ!", *CMLR*, 2015, p. 1.

[618] Steve Peers, "The EU's Accession to the ECHR: the Dream Becomes a Nightmare", *German Law Journal*, 2015, p. 219 e segs.

[619] Sionaidh Douglas-Scott, 'Opinion 2/13 on EU accession to the ECHR: a Christmas bombshell from the European Court of Justice', U.K. Const. L. Blog (24th December 2014) (disponível em http://ukconstitutionallaw.org). p. 5.

[620] Piet Eeckhout, "Opinion 2/13 on EU Accession to the ECHR and Judicial Dialogue – Autonomy or Autarky?", *Jean Monnet Working Paper* 01/15, p. 39, in http://www.jeanmonnetprogram.org/papers/15/documents/JMWP01Eeckhout.pdf

[621] Piet Eeckhout, "Opinion 2/13 on EU Accession to the ECHR and Judicial Dialogue – Autonomy or Autarky?", p. 39.

[622] Paul Gragl, "The Reasonableness of Jealousy: Opinion 2/13 and EU Accession to the ECHR", *European Yearbook on Human Rights*, 2015, p. 47.

Court to recognize external control from an international court. Such aversion, as shown in this Opinion, goes far beyond the likely situations that may emerge in practice".[623]

Na realidade, poucos foram os que concordaram com o parecer 2/13[624].

Não querendo juntar a nossa voz a este coro de protestos, não podemos deixar de afirmar que, tendo sido necessárias mais quatro décadas para conseguir o acordo relativo à adesão da União Europeia à CEDH de todas as partes envolvidas (Conselho da Europa, União Europeia, Estados-membros do Conselho da Europa, membros e não membros da União Europeia, órgãos do Conselho da Europa, órgãos da União Europeia), o parecer negativo do Tribunal não pode deixar de causar uma certa frustração, e até alguma apreensão, na medida em que dificultará substancialmente a procura de soluções no futuro[625]. Os Estados mais relutantes em relação à adesão da União à CEDH tenderão a usar a posição do Tribunal como um argumento a seu favor. Ao impedir o acordo projetado de entrar em vigor, a menos que seja alterado ou que os Tratados sejam revistos (artigo 218º, nº 11, 2ª parte do TFUE), o Tribunal acaba por fazer protelar – senão mesmo inviabilizar – a adesão da União à CEDH.

Porém, o "caderno de encargos" do Tribunal estava, à partida, bem definido, dado que os critérios pelos quais a sua decisão se deveria pautar estavam delimitados nos Tratados –artigo 6º, nº 2, TUE e Protocolo nº 8 anexo aos Tratados – e tinham sido definidos pelos Estados.

Posto isto, a análise crítica desta decisão deve ser totalmente independente das consequências políticas que ela acarreta. No fundo, o que se deve questionar é, por um lado, se o Tribunal interpretou corretamente os critérios enunciados no artigo 6º, nº 2, do TUE e no Protocolo nº 8 e, por outro lado, se os aplicou

623 FINISK KORENICA, *The EU accession to the ECHR – Between Luxembourg's Search for Autonomy and Strasbourg's Credibility on Human Rights Protection*, Heidelberga, 2015, p. 408.

624 Ver DANIEL HALBERSTAM, "«It's the Autonomy, Stupid!» A Modest Defense of Opinion 2/13 on EU Accession to the ECHR, and the Way Forward", *Michigan Law – University of Michigan, Public Law and Legal Theory Research Paper Series*, Paper no. 432, February 2015, http://papers.ssrn.com/sol3/papers.cfm?abstract_id=2567591; DANIEL HALBERSTAM, "A Constitutional Defense of CJEU Opinion 2/13 on EU Accession to the ECHR (and the way forward)", *VerfBlog*, 2015/3/12, http://www.verfassungsblog.de/a-constitutional-defense-of-cjeu-opinion-213-on-eu-accession-to-the-echr-and-the-way-forward/#.VgbS528g9dg; CHRISTOPH KRENN, "Autonomy and Effectiveness as a Common Concern: A Path to ECHR Accession After Opinion 2/13", *German Law Journal*, 2015, p. 147 e segs.

625 INGOLF PERNICE, «L'adhésion de l'Union européenne à la Convention européenne des droits de l'homme est suspendue – Remarques à propos d'un avis surprenant de la Cour de Justice de l'Union européenne du 18 décembre 2014», *CDE*, 2015, p. 47 e segs; JEAN-PAUL JACQUE, «Pride and /or Prejudice ? Les lectures possibles de l'avis 2/13 de la Cour de Justice», *CDE*, 2015, p. 19 e segs; TOBIAS LOCK, «The future of the EU accession to the ECHR after Opinion 2/13: is it still possible and is it still desirable?», University of Edinburgh School of Law Research Paper No 2015/18 / Europa Working Paper No 2015/02, disponível em htpp://ssrn.com.abstract=2616175.

adequadamente no caso concreto. Quaisquer outras considerações devem ser tidas como irrelevantes.

Antes de mais, deve notar-se que o Tribunal, em anterior jurisprudência[626], no domínio da participação da União em acordos internacionais, já tinha dado sinais que permitiriam antecipar uma decisão desta natureza. Não se trata, portanto, de uma decisão surpreendente. Pelo contrário, é uma decisão coerente com o precedente.

Ou seja, o Tribunal, em tese, aceita que um acordo internacional que prevê a criação de uma jurisdição com competência para interpretar as suas disposições e cujas decisões vinculam as instituições, incluindo o Tribunal de Justiça, não é, em princípio, incompatível com o Direito da União, uma vez que a competência da União em matéria de relações internacionais e a sua capacidade para celebrar acordos internacionais têm de comportar necessariamente a faculdade de se submeter às decisões de uma jurisdição criada ou designada em virtude de tais acordos, no que diz respeito à interpretação e à aplicação das suas disposições, mas o Tribunal de Justiça sempre exigiu que, para um acordo internacional possa ter repercussões nas suas próprias competências, os requisitos essenciais de preservação da sua natureza devem estar reunidos e, consequentemente, a autonomia da Ordem Jurídica da União não deve ser prejudicada.

Confrontado com a criação, através de convenções internacionais, de tribunais com jurisdição sobre a União ou os seus Estados-Membros, o Tribunal mostrou sempre uma enorme relutância em a aceitar. Tal sucedeu com o projeto de acordo relativo à criação do Espaço Económico Europeu e, em especial, com o mecanismo jurisdicional que esse acordo pretendia instituir assim como com o projeto de acordo relativo ao Tribunal das Patentes Europeias e Comunitárias, o qual pretendia criar um sistema unificado de resolução de litígios em matéria de patentes, em que o Tribunal considerou que o sistema judicial que se pretendia instituir nos dois casos não era compatível com os Tratados (pareceres nºs 1/91 e 1/09).

O parecer nº 2/13 insere-se, pois, nesta linha de raciocínio[627].

A nossa primeira dúvida a este propósito prende-se com a questão de saber se esta jurisprudência é transponível para um acordo internacional relativo a

[626] Cfr., por exemplo, parecer de 14/12/91, *parecer nº 1/91*, Col. 1991, p. I-6079 e segs; parecer de 8 de março de 2011, *parecer nº 1/09*, de 8/3/ 2011, Col. 2011, p. I-1137 e segs.

[627] Note-se que no parecer 1/92 relativo ao Espaço Económico Europeu e no Parecer 1/00 sobre o Projeto de acordo relativo ao estabelecimento de um Espaço de Aviação Comum Europeu entre a Comunidade Europeia e países terceiros e, nomeadamente, o sistema de controlo judicial previsto no mesmo, o Tribunal considerou que os projetos de acordos eram compatíveis com o Direito da União Europeia, embora no primeiro caso tenha fixado certas condições para declarar essa compatibilidade.

direitos humanos. Isto porque a sujeição da União Europeia a uma fiscalização externa em matéria de direitos fundamentais implica, por natureza, alguma afetação da sua Ordem Jurídica. Ora, o Tribunal de Justiça, apesar de reconhecer este pressuposto (nº 181 do parecer), ao apreciar o projeto de acordo vai interpretar a autonomia do Direito da União e a exclusividade da sua jurisdição da mesma forma ou até de forma mais rígida do que anteriormente.

Ora, a Ordem Jurídica da União não pode ficar intocada após a adesão. Na verdade, uma das características do Direito Internacional dos Direitos Humanos, das quais comunga, como é óbvio, a CEDH (irrelevância do princípio da reciprocidade, ausência de exclusividade da competência nacional, não aplicação do princípio da não ingerência nos assuntos internos dos Estados, a emergência de um princípio da irreversibilidade dos compromissos assumidos, a natureza de *jus cogens* de algumas regras de direitos humanos e a progressiva afirmação da perspetiva universalista dos direitos humanos[628]), pressupõe que a adesão de um sujeito de Direito Internacional, seja ele um Estado ou a União Europeia, à CEDH implica sempre uma certa "ingerência" na sua Ordem Jurídica interna. Aliás, os tratados de direitos humanos surgem precisamente para obviar às situações em que os Estados não conseguem garantir os direitos das pessoas (e o mesmo tem de suceder, forçosamente, com a União Europeia).

Do parecer nº 2/13 do TJUE não decorre claramente a aceitação desta premissa. Pelo contrário, o Tribunal aparenta não só querer manter intacta a Ordem Jurídica da União após a adesão à CEDH, como até antecipa problemas que ainda nem existem (v. g. a questão do Protocolo nº 16 da CEDH) para inviabilizar o projeto de acordo. Ora, os direitos fundamentais implicam, por natureza, limites aos poderes públicos, pelo que o impacto da adesão na Ordem Jurídica da União terá sempre de existir.

Aliás, estando a União Europeia obrigada a respeitar os direitos consagrados na CEDH, por força do artigo 6º, nº 3, TUE, esse impacto, em princípio até seria menor do que se nunca se tivesse estabelecido qualquer relacionamento entre a União Europeia e a CEDH no domínio dos direitos fundamentais.

Além disso, existem no Direito da União Europeia regras de articulação entre a CDFUE e a CEDH que deveriam igualmente servir de amortecedor do impacto da adesão da União à CEDH. Com efeito, o artigo 52º, nº 3, da Carta refere que sempre que os direitos contidos na CDFUE coincidam com os da CEDH, o seu sentido e alcance são idênticos. Segundo as anotações à Carta, este número do preceito visa garantir a coerência necessária entre a CEDH e a CDFUE. Esta disposição não se opõe, todavia, a que o Direito da União confira uma maior

[628] Para maiores desenvolvimentos, cfr. ANA MARIA GUERRA MARTINS, *Direito Internacional dos Direitos Humanos*, Coimbra, 2006, p.87 e segs.

proteção às pessoas. Ou seja, admite-se o tratamento mais favorável por parte da União Europeia.

O artigo 53º estabelece que as disposições da Carta não devem ser interpretadas no sentido de restringir ou lesar os direitos do Homem e as liberdades fundamentais reconhecidos pelo Direito Internacional e pelas convenções internacionais de que a União ou todos os Estados-membros são partes, designadamente a CEDH, bem como pelas constituições dos Estados-membros. Este preceito compreende-se numa lógica de um texto que pretende proteger direitos e não restringi-los. Segundo a anotação a este preceito, ele visa preservar o nível de proteção atualmente conferido pelas diversas Ordens Jurídicas no domínio dos direitos fundamentais – a da União Europeia, as dos Estados-membros e a internacional.

Ora, o Tribunal de Justiça viu no artigo 53º da CEDH que reserva às partes contratantes a faculdade de prever padrões nacionais de proteção dos direitos fundamentais mais elevados do que os garantidos pela CEDH uma ameaça ao artigo 53º da Carta, tal como interpretado pelo Tribunal de Justiça, no sentido de que a aplicação dos padrões nacionais de proteção não deve comprometer o nível de proteção previsto na Carta, nem o primado, a unidade e a efetividade do Direito da União, pelo que considerou que o projeto de acordo de adesão deveria ter assegurado a coordenação entre os dois preceitos.

O Tribunal mostra demasiado receio e pouca confiança nos Estados-membros da União Europeia, pois subjacente ao seu raciocínio parece estar a ideia de que a partir da adesão da União à CEDH, os Estados-membros vão passar a invocar o artigo 53º da CEDH, contrariando não tanto à letra do artigo 53º da Carta, mas antes a forma como o Tribunal de Justiça o interpretou, no caso *Melloni,* assim como o primado, a unidade e a efetividade do Direito da União.

Ora, a adesão da União à CEDH não deve ter por efeito eximir os Estados-membros ao cumprimento das obrigações que lhe advêm do Direito da União, designadamente o respeito do princípio do primado, da unidade e da efetividade do Direito da União. Se o fizerem, existem na União meios de reação jurisdicionais e não jurisdicionais.

O problema da articulação entre o artigo 53º da Carta e o artigo 53º da CEDH é independente da adesão da União à CEDH, pelo que não se afigura que o acordo de adesão seja o local apropriado para o resolver. Ou seja, o facto de o projeto de acordo não se debruçar sobre a articulação entre os dois preceitos, não nos parece que possa constituir fundamento de incompatibilidade daquele com o artigo 6º TUE nem com o Protocolo nº 8 anexo aos Tratados.

Antes parece que o Tribunal, ao exigir que o projeto de acordo assegure a articulação entre o artigo 53º da CEDH e o artigo 53º da Carta, aproveitou a oportunidade para preservar a sua recente jurisprudência *Melloni* por recear que a adesão da União à CEDH a possa, de algum modo, pôr em causa.

Um outro aspeto que o Tribunal parece não ter levado devidamente em consideração foi a natureza multinível da proteção dos direitos fundamentais no quadro europeu, a qual abrange não só uma progressiva convergência de direitos como também um diálogo judicial, institucionalizado ou informal, entre o TEDH, o TJUE e os tribunais constitucionais dos Estados-membros[629].

Com efeito, no espaço europeu assiste-se a uma progressiva convergência de direitos, a qual resulta da incorporação de parâmetros muito idênticos quer nos direitos constitucionais nacionais quer nos instrumentos internacionais e ainda no Direito da União Europeia e que essa convergência assenta não só numa herança cultural e jurídica comum europeia, mas também na partilha de valores e de princípios por parte de toda a Humanidade e na consequente visão universalista dos direitos humanos[630], pelo que o Tribunal poderia ter mostrado uma posição de maior abertura e confiança em relação à adesão à CEDH. Aliás, a convergência dos direitos entre a Carta e a CEDH foi expressamente assumida, na medida em que a primeira "importou" direitos da segunda.

Acresce que se efetua atualmente um diálogo direto entre o TEDH e o TJUE, o qual se materializa na troca de informação, na organização de colóquios e conferências, na publicação de livros sobre proteção dos direitos fundamentais, em encontros entre juízes dos dois tribunais, mas também um diálogo indireto, a partir da análise e da consequente aproximação recíproca da jurisprudência de um tribunal em relação ao outro, o que deveria contribuir para uma confiança recíproca entre os dois tribunais. Ora, não é crível que após a adesão se venham a agravar os conflitos entre os dois tribunais porque isso prejudicá-los-ia a ambos.

Porém, o TJUE parece revelar alguma desconfiança em relação à CEDH e ao TEDH, o que transparece, designadamente, do ponto que diz respeito à articulação entre o artigo 53º da CEDH e o artigo 53º CDFUE já referido, mas também da questão relativa à fiscalização dos atos em matéria de PESC.

Um dos objetivos da proteção multinível dos direitos fundamentais é o de contribuir para ultrapassar eventuais lacunas de proteção que existam em cada

[629] Sobre o diálogo judicial no domínio dos direitos fundamentais, ver Ana Maria Guerra Martins, "O Diálogo entre as Jurisdições Constitucionais e as Jurisdições Europeias em matéria de Direitos Fundamentais", in Fausto de Santos Morais / José Carlos Kraemer Bortoloti, *A Jurisdição Constitucional e os desafios à concretização dos direitos fundamentais*, Rio de Janeiro, Editora Lumen Juris, 2016, p. 47-92; Idem, "Tribunais Constitucionais, Tribunais Europeus e Direitos Fundamentais – Do monólogo cauteloso ao diálogo construtivo", *Estudos em homenagem ao Conselheiro Presidente Moura Ramos*, vol. I, Coimbra, 2016, p. 599-635, bem como a bibliografia aí citada.

[630] Sobre o universalismo dos direitos humanos, cfr. Ana Maria Guerra Martins / Miguel Prata Roque, "Chapter 18 – Universality and Binding Effect of Human Rights from a Portuguese Perspetive", *in* Rainer Arnold (ed.), *The Universalism of Human Rights*, Dordrecht, 2013, p. 299 e 300, bem como toda a bibliografia aí citada.

um dos níveis, outro é o de proporcionar um maior acesso do indivíduo à Justiça[631]. Ora, a ausência de fiscalização judicial ao nível da União Europeia da maior parte dos atos em matéria de PESC constitui uma das lacunas do sistema da União Europeia identificadas pela Doutrina[632]. O Tribunal de Justiça, ao considerar incompatível com o Direito da União Europeia a eventual fiscalização pelo TEDH dos atos em matéria de PESC, afasta precisamente uma das mais relevantes vantagens da tutela multinível dos direitos fundamentais – o acesso do indivíduo à Justiça[633]. Além disso, como afirmou a advogada-geral, os tribunais nacionais também são órgãos jurisdicionais da União Europeia, pelo que o facto de a maior parte dos atos da PESC estarem subtraídos à jurisdição do TJUE não significa que fiquem subtraídos a qualquer solução judicial no quadro da União.

O TJUE revela ainda uma enorme desconfiança em relação à forma como os vários intervenientes se vão comportar após a adesão. Aliás, algumas das incompatibilidades verificadas têm mais a ver com os receios do Tribunal em relação à futura aplicação do projeto de acordo do que propriamente com o que nele está estabelecido. Assim, a afirmação de que a não exclusão expressa de aplicação do artigo 33º da CEDH, relativo às queixas entre partes, conduz à não preservação da competência exclusiva do TJ tem como pressuposto que os Estados-membros irão acionar o mecanismo do artigo 33º da CEDH, em violação do artigo 344º TFUE. Ora, os Estados-membros, pelo facto de a União aderir à CEDH, não deixam de estar vinculados ao Direito da União, designadamente ao princípio da cooperação leal, o qual impõe que a União e os Estados-membros se respeitem e assistam mutuamente no cumprimento das missões decorrentes dos Tratados (artigo 4º, nº 3, do TUE), pelo que não é expectável que utilizem este mecanismo.

Acresce que se, por hipótese, os Estados-membros viessem a usar o mecanismo do artigo 33º da CEDH, o próprio Direito da União Europeia contem meios de reação, uma vez que por efeito da adesão, a CEDH não passa a prevalecer sobre o direito originário da União Europeia, pelo que se um Estado-membro demandar outro no TEDH está a infringir o artigo 344º TFUE e poderá contra ele ser desencadeado um processo por incumprimento (artigos 258º a 260º TFUE).

Aliás, se se excluísse expressamente a aplicação do artigo 33º da CEDH, isso conferiria uma posição privilegiada à União e aos seus Estados-membros que não nos parece muito compatível com a ideia de igualdade entre Estados subja-

[631] Neste sentido, ANDREAS VOSSKUHLE, "Protection of Human Rights in the European Union. Multilevel Cooperation on Human Rights between the European Constitutional Courts", in *Our Common Future*, Hannover/Essen, 2-6 November 2010, disponível em www.ourcommonfuture.de.

[632] Cfr., por exemplo, OLIVER DE SCHUTTER, «L'adhésion de l'Union européenne...», p. 542.

[633] Cfr. NOREEN O'MEARA, "A more Secure Europe of Rights?...", p. 1815 e segs.

cente ao Direito Internacional em geral e ao Direito Internacional dos Direitos Humanos, em particular.

Produto da desconfiança do Tribunal na atuação dos vários intervenientes mas também manifestação de uma preocupação excessiva com a prevenção de incompatibilidades futuras é a exigência de que o projeto de acordo contivesse uma previsão expressa no sentido da articulação entre o mecanismo instituído pelo Protocolo nº 16 e o processo de questões prejudiciais previsto no artigo 267º TFUE. Note-se que o projeto de acordo apenas prevê a adesão da União à CEDH e aos protocolos nº 1 e 6, pelo que não abrange o protocolo nº 16. Aliás, este protocolo ainda nem sequer obteve as 10 ratificações de que necessita para entrar em vigor e em 16/1/2017 dispunha apenas de 16 assinaturas.

Se o protocolo nº 16 coloca problemas de compatibilidade com o Direito da União, eles terão de ser resolvidos no momento próprio, isto é, se e quando a União e/ou os seus Estados-membros se vincularem ao referido protocolo. O Tribunal parece ter antecipado um problema que, na verdade, ainda é meramente hipotético.

No que diz respeito ao mecanismo do corresponsável bem como o processo de apreciação prévia pelo Tribunal de Justiça, acompanhamos os fundamentos que levaram o Tribunal a considerar que eles não preservam as características específicas do Direito da União (nºs 165 a 177 do parecer). Tal seria, por si só, razão suficiente para justificar a emissão de um parecer negativo. Porém, o Tribunal poderia ter adotado uma atitude mais construtiva e ter assumido uma posição próxima da sua Advogada-geral.

PARTE III
As atribuições, a estrutura orgânica e os procedimentos de decisão da União Europeia

Capítulo VII
As atribuições da União Europeia

25. Os princípios que regem as atribuições da União

Antes de estudar as atribuições da União Europeia, importa investigar quais são os princípios por que se rege a União neste domínio.

Tendo em consideração que são os Estados-membros quem confere as atribuições à União, há que distinguir, por um lado, os princípios gerais de relacionamento da União com os seus Estados-membros e, por outro lado, os princípios específicos relativos à repartição de atribuições entre a União e os seus Estados-membros bem como os que se relacionam com o exercício dessas atribuições.

25.1. Os princípios gerais de relacionamento da União Europeia com os seus Estados-membros

25.1.1. O princípio da cooperação leal

O princípio da cooperação leal, também designado como princípio da solidariedade ou da lealdade, é um dos princípios que integra o Direito da União desde o início do processo de integração europeia[634]. Antes da entrada em vigor do

[634] Sobre o princípio da cooperação leal, cfr., entre outros, KAMIEL MORTELMANS, «The Principle of Loyalty to the Community (Article 5 EC) and the Obligations of the Community Institutions», *MJ*, 1998, p. 67 e segs; JOHN TEMPLE LANG, «The Duties of National Authorities Under Community Constitutional Law», *ELR*, 1998, p. 109 e segs; MARC BLANQUET, *L'article 5 du Traité C.E.E. – Recherche sur les obligations de fidélité des États membres de la Communauté*, Paris, 1994; ARMIN VON BOGDANDY, «Rechtsfortbildung mit Artikel 5 EG-Vertrag – Zur Zulässigkeit gemeinschaftsrechtlicher Innovationen nach EG-Vertrag und Grundgesetz, *in* ALBRECHT RANDELSHOFER (Dir.), *Gedächtnisschrift für E. GRABITZ*, Munique, 1995, p. 17 e segs; OLE DUE, «Article 5 du traité CEE. Une disposition de caractère féderal?», *RCADE*, vol. II, livro 1, 1992, p. 15 e segs; MICHAEL LÜCK, *Die Gemeinschaftstreue als allgemeines Rechtsprinzip im Recht der Europäischen Gemeinschaft*, 1ª ed., Baden-Baden, 1992; JOHN TEMPLE LANG, „Community Constitutional Law: Article 5 EEC Treaty", *CMLR*, 1990, p. 645 e segs; HENRY G. SCHERMERS / PATRICK J. PEARSON, „Some Comments on Article 5 of the EEC Treaty", *in* JÜRGEN F. BAUR (Dir.), *Festschrift für ERNST STEINDORFF*,

Tratado de Lisboa, o princípio da cooperação leal encontrava-se consagrado no preâmbulo do Tratado («*desejando aprofundar a solidariedade entre os seus povos*»), no artigo 1º, par. 2º, do TUE («*a União tem por missão organizar de forma coerente e solidária as relações entre os Estados-membros e entre os respetivos povos*») bem como no artigo 10º do TCE, cuja redação não se afastava substancialmente da do atual artigo 4º, nº 3, do TUE. À divergência de interesses dos Estados, típica do Direito Internacional, sempre se contrapôs – antes no âmbito da Comunidade e atualmente no seio da União Europeia – a ideia de que existe uma comunhão de interesses que fundamenta vínculos de solidariedade entre a União e os seus Estados-membros e vice-versa, assim como entre os Estados-membros entre si. Este princípio é a manifestação da coesão e da comunhão entre os Estados e os povos da Europa.

Este princípio deve ser entendido como uma manifestação de um princípio mais vasto – o princípio da boa fé – o qual fundamenta igualmente o princípio da *Bundestreue* no Direito Alemão, e nos Direitos federais em geral, ou o princípio *pacta sunt servanda* no Direito Internacional. Porém, o princípio da cooperação leal não é tão amplo como o princípio da *Bundestreue* do Direito Alemão, na medida em que, por um lado, o processo de integração da União não atingiu o nível de transferência de atribuições dos Estados para a União que se verifica nos Estados federais e, por outro lado, o princípio da cooperação leal é mais amplo do que o princípio *pacta sunt servanda,* dado que a União Europeia tem com os seus Estados-membros uma ligação muito mais estreita do que a que se verifica entre os Estados ao nível do Direito Internacional. Na verdade, a União só conseguirá exercer plenamente as suas tarefas se existir uma total colaboração, cooperação e fidelidade dos seus Estados-membros, uma vez que a União se serve das administrações nacionais para executar o seu Direito e do aparelho judiciário dos Estados-membros para o aplicar.

O princípio da cooperação leal encontra-se hoje consagrado no artigo 4º, nº 3, do TUE, o qual retoma a redação do artigo 5º, nº 2, do TECE. Segundo aquele preceito a União e os Estados-membros respeitam-se e assistem-se mutuamente no cumprimento das missões decorrentes dos Tratados, comprometendo-se os

Berlim, 1990, p. 1359 e segs; ALBERT BLECKMANN, „Die Bindungswirkung der Praxis der Organe und der Mitgliedstaaten der EG bei der Auslegung und Lückenfüllung des Europäischen Gemeinschaftsrecht: Die Rolle des Art 5 EWG-Vertrag", *in* ROLAND BIEBER *et al.*, *Die Dynamik des Europäischen Gemeinschaftsrecht*, Baden-Baden, 1987, p. 161 e segs; MANFRED DAUSES, „Quelques réflexions sur la signification et la portée de l'article 5 du Traité CEE", *in* ROLAND BIEBER *et al.*, *Die Dynamik...*, p. 229 e segs; VLAD CONSTANTINESCO, „L'article 5 CEE, de la bonne foi à la loyauté communautaire", *in* F. CAPOTORTI *et al.*, *Du droit international au droit d'intégration – Liber amicorum* PIERRE PESCATORE, Baden-Baden, 1987, p. 97 e segs; RENATE SÖLLNER, *Art 5 EWG-Vertrag in der Rechtsprechung des Europäischen Gerichtshofes*, Munique, 1985; ALBERT BLECKMANN, „Art 5 EWG-Vertrag und die Gemeinschaftstreue", *DVBl.*, 1976, p. 483 e segs.

Estados-membros a adotar todas as medidas gerais ou específicas adequadas para garantir a execução das obrigações decorrentes dos Tratados ou dos atos das instituições da União bem como a facilitar à União o cumprimento dos objetivos constantes dos Tratados e abster-se de adotar quaisquer medidas que ponham em causa esses objetivos.

Este princípio tem, portanto, um conteúdo positivo, no sentido de que os Estados devem tomar todas as medidas necessárias ao cumprimento da missão da União, a par de um conteúdo negativo, pois também se devem abster de praticar atos que ponham em perigo a aplicação dos Tratados.

O princípio da cooperação leal repercute-se em todos os níveis de atuação da União, mas deve notar-se que releva de um modo muito particular no domínio da repartição de atribuições entre a União e os Estados-membros, assim como em matéria de execução do Direito da União e ainda no âmbito do relacionamento entre a Ordem Jurídica da União e as Ordens Jurídicas dos Estados-membros. Este princípio constituiu uma das principais bases jurídicas, invocadas pelo Tribunal de Justiça da União Europeia, para fundamentar alguns dos mais importantes e inovadores princípios de Direito da União, como é o caso do princípio do primado do Direito da União sobre os Direitos dos Estados-membros, o princípio da tutela judicial efetiva, o princípio do efeito direto e o princípio da responsabilidade do Estado por violação de normas e atos da União.

Aliás, a ideia da cooperação leal entre os Estados-membros e da solidariedade em geral encontra-se plasmada em muitos outros preceitos dos Tratados, designadamente, no artigo 2º do TUE, a propósito dos valores da União, no artigo 3º, nº 3, do TUE, em matéria de objetivos da União bem como no artigo 222º do TFUE sob a forma cláusula de solidariedade entre a União e os seus Estados, a qual implica que a União se compromete a mobilizar todos os instrumentos ao seu dispor, incluindo os meios disponibilizados pelos Estados-membros, no caso de um deles ser alvo de um ataque terrorista ou de uma catástrofe de origem natural ou de origem humana[635]. O princípio da cooperação leal desempenha igualmente um papel muito importante no domínio da ação externa da União Europeia. Além disso, o princípio da cooperação leal aplica-se ainda nas relações das instituições, órgãos e organismos da União entre si (cfr. artigo 13º, nº 2, do TUE).

25.1.2. O princípio do acervo da União

O princípio do acervo da União, anteriormente designado como o princípio do *acquis communautaire* ou do acervo comunitário, surgiu na sequência dos suces-

[635] Sobre o princípio da cooperação leal após o Tratado de Lisboa, cfr. Koen Lenaerts / Piet Van Nuffel, *European Union Law*, p. 147 e segs; Rui Tavares Lanceiro, "O Tratado de Lisboa e o princípio da cooperação leal", *Cadernos o Direito*, 2010, p. 283 e segs.

sivos alargamentos inicialmente das Comunidades e posteriormente da União em razão do território, com o intuito de impedir a adulteração do caráter específico, inovador e autónomo das Comunidades e da União e do seu Direito. Para tanto foram introduzidos preceitos, em todos os tratados de adesão, que consagraram o referido princípio. Além disso, após a entrada em vigor do Tratado de Maastricht, o princípio do acervo comunitário passou a constar do Tratado, na medida em que um dos objetivos da União era precisamente a manutenção da integralidade do acervo comunitário e o seu desenvolvimento.

Apesar de o princípio do acervo não encontrar, atualmente idêntica consagração expressa nos Tratados, ele pode retirar-se do artigo 1º, par. 3º, do TUE, o qual afirma que a (nova) União se substitui e sucede à Comunidade Europeia[636], o que implica que a nova União reconhece todo o Direito anteriormente produzido pela Comunidade Europeia e pela própria União bem como toda a ação política.

Da análise das normas dos diversos tratados de adesão resulta que o princípio do acervo impõe aos Estados que aderiram à União um dever de respeito integral de todo o seu Direito, no estádio de desenvolvimento em que se encontre, bem como de todas as decisões políticas tomadas até ao momento da sua adesão.

O princípio tem, portanto, duas vertentes – uma jurídica e outra política.

Do ponto de vista jurídico, os novos Estados devem respeitar as disposições dos tratados originários e dos atos adotados pelos órgãos da União (e das Comunidades)[637], ou seja, todo o Direito Originário, todo o Direito Derivado e ainda a Jurisprudência dos Tribunais da União. Além disso, os novos Estados obrigaram-se a aderir às convenções internacionais, adotadas com fundamento no antigo artigo do 293º do TCE[638], hoje revogado, e a respeitar todos os acordos internacionais de que a União e a Comunidade fazem parte[639].

Do ponto de vista político, os novos Estados ficam vinculados pelas decisões e acordos adotados pelos representantes dos Governos reunidos no seio do Conselho[640] e por todas as declarações, resoluções ou outros atos adotados pelos Estados-membros, de comum acordo, em relação às Comunidades[641].

[636] Sobre o princípio do acervo da União após o Tratado de Lisboa, cfr. Christine Delcourt, "Traité de Lisbonne et acquis communautaire", *RMCUE.*, 2008, p. 296 e 297.

[637] Artigo 2º do Tratado de adesão do Reino Unido, Dinamarca e Irlanda que depois é repetido na íntegra nos tratados de adesão da Grécia, de Portugal e Espanha e da Finlândia, Áustria e Suécia.

[638] Artigo 3º, nº 2, do Tratado de adesão do Reino Unido, Dinamarca e Irlanda; retomado em todos os tratados de adesão posteriores.

[639] Artigo 4º do Tratado de adesão do Reino Unido, Dinamarca e Irlanda; retomado em todos os tratados de adesão posteriores.

[640] Artigo 3º, nº 1, do Tratado de adesão do Reino Unido, Dinamarca e Irlanda; retomado em todos os tratados de adesão posteriores.

[641] Artigo 3º, nº 3, do Tratado de adesão do Reino Unido, Dinamarca e Irlanda; retomado nos tratados de adesão posteriores.

Deve notar-se que o princípio do acervo sempre admitiu exceções e derrogações, das quais se devem destacar os períodos transitórios, mais ou menos longos, que têm sido concedidos aos novos Estados, consoante as dificuldades previsíveis da sua adaptação[642].

Alguma Doutrina retirava do princípio do acervo a ideia de irreversibilidade do processo de integração europeia, fundamentando-se para tal no facto de que, se se impunha, num período mais ou menos curto, aos Estados aderentes o respeito de todas as obrigações provenientes do Direito da União, isso significava que não podia haver retrocesso no processo de integração. No passado também nós propendemos para aceitar a irreversibilidade de um conjunto de normas dos Tratados que, no fundo, constituíam o núcleo essencial do acervo da União[643]. Ora, após o Tratado de Lisboa, esta posição tornou-se insustentável, na medida em que são várias as disposições dos Tratados que não só admitem – como até pressupõem – o retrocesso do processo de integração europeia. Assim, o artigo 48º, nº 2, do TUE admite que os projetos de revisão podem ir no sentido de aumentar ou reduzir as competências atribuídas à União pelos Tratados, o artigo 50º do TUE consagra o direito de saída dos Estados-membros da União e o artigo 2º, nº 2, do TFUE estabelece que se a União deixar de exercer uma competência partilhada, os Estados-membros podem voltar a exercê-la[644]. E se dúvidas houvesse quanto a esta questão, bastaria invocar o Brexit para que elas se dissipassem imediatamente.

25.1.3. O princípio do respeito da identidade nacional

A expressão identidade nacional pretende designar os fundamentos últimos que individualizam um Estado em relação aos outros e lhe conferem especificidade.

Anteriormente ao Tratado de Lisboa, os Tratados já continham disposições que pressupunham o respeito da identidade nacional do ponto de vista cultural. As exigências de respeito da língua[645] e da diversidade cultural[646] de cada um dos Estados-membros são a prova disso[647].

[642] Carlo Curti Gialdino, «Some Reflections on the Acquis Communautaire», *CMLR*, 1995, p. 1121 e segs; Pierre Pescatore, 'Aspects judiciaires de l'«acquis communautaire»', *RTDE*, 1981, p. 617 e segs.

[643] Ana Maria Guerra Martins, *A natureza jurídica da revisão...*, p. 512 e segs.

[644] Sobre a evolução do princípio do acervo da União nos sucessivos alargamentos, cfr. Christophe Hillion, "EU Enlargement", *in* Paul Craig / Gráinne de Búrca, *The Evolution...*, p. 187 e segs.

[645] Uma das primeiras manifestações da identidade nacional de um Estado é a sua língua, daí que a preservação da língua de cada um dos Estados-membros não possa deixar de ser considerada neste contexto. Enquanto a língua oficial do Tratado CECA era apenas o francês, o Tratado de Roma foi redigido nas línguas de todos os Estados-membros, sendo cada uma delas língua oficial e língua de trabalho da União. Com os sucessivos alargamentos tem-se tornado cada vez mais difícil a manutenção do princípio do respeito de todas as línguas como línguas oficiais. O Tratado

A revisão dos Tratados operada em Lisboa manteve o princípio do respeito pela riqueza da diversidade cultural e linguística europeias bem como pelo desenvolvimento do património cultural europeu (artigo 3º, nº 3, par. 4º, do TUE), ao mesmo tempo que introduziu uma nova manifestação da identidade nacional – o respeito pela identidade constitucional[648] de cada um dos Estados-membros – o qual se traduz no respeito das estruturas políticas e constitucionais fundamentais de cada um dos Estados-membros. Ou seja, além da vertente cultural, o respeito da identidade nacional adquire, em Lisboa, indubitavelmente[649] uma vertente jurídica.

Na verdade, o nº 2 ao artigo 4º do TUE, após estabelecer que a União respeita a igualdade dos Estados-membros, acrescenta que a União respeita a identidade nacional dos Estados-membros, refletida nas estruturas políticas e constitucionais fundamentais de cada um deles, incluindo no que se relaciona com a auto-

de Amesterdão reforçou até os direitos dos cidadãos, neste domínio, na medida em que constitucionalizou o direito de se exprimir perante os órgãos comunitários numa das línguas oficiais referidas no antigo artigo 314º do TCE e de receber uma resposta nessa mesma língua. Este direito foi reafirmado nos artigos 24º, par. 4º, do TFUE e 41º, nº 4, da CDFUE.

[646] A identidade nacional manifesta-se igualmente através da diversidade cultural dos Estados-membros, tendo o Tratado de Maastricht introduzido uma disposição sobre a cultura (artigo 128º do TCE, o qual, atualmente, corresponde ao artigo 161º do TFUE).

[647] Sobre o princípio do respeito das identidades nacionais antes do Tratado de Lisboa, cfr. KARL DOEHRING, „Die nationale «Identität» der Mitgliedstaaten der Europäischen Union", *in Festschrift EVERLING*, vol. I, p. 263 e segs; MEINHARD HILF, „Europäische Union and nationale Identität der Mitgliedstaaten", *in Gedächtnisschrift für E. GRABITZ*, p. 157 e segs; ANTHONY D. SMITH, „National Identity and the Idea of the European Unity", *Int. Aff.*, 1992, p. 55 e segs.

[648] Sobre a identidade constitucional dos Estados-membros em geral, ver PIETRO FARAGUNA, "Taking Constitutional Identities Away from the Courts", *Brooklyn Journal of International Law*, 2016, p. 491 e segs; PEDRO CRUZ VILLALÓN, "La identidad constitucional de los Estados Miembros: dos relatos europeos, *Anuario de la Facultad de Derecho – Universidad Autónoma de Madrid*, 2013, p. 501 e segs; ARMIN VON BOGDANDY / STEFAN SCHILL, "Overcoming Absolute Primacy: Respect for National Identity under the Lisbon Treaty", *CMLR*, 2011, p. 1 e segs; LEONARD F. M: BESSELINK, "National and Constitutional Identity Before and After Lisnon,", *Utrecht Law Review*, 2010, p. 36 e segs.

[649] É certo que a identidade nacional jurídica se podia retirar do espírito dos Tratados, designadamente da referência às tradições constitucionais comuns aos Estados-membros, no antigo artigo 6º, nº 2, do TUE, em matéria de respeito dos direitos fundamentais pela União. Nunca se duvidou que as tradições constitucionais influenciassem o Direito da União, sendo certo que o princípio do respeito das tradições constitucionais comuns aos Estados-membros deveria ser rigorosamente definido, pois só assim que se conseguiria impedir o bloqueio do sistema de produção jurídica da União. Se se considerasse como tradição constitucional comum aos Estados-membros todo o Direito Constitucional de cada um dos Estados correr-se-ia o risco de não conseguir chegar às soluções adequadas para resolver os problemas com que a União se confronta. Parece que a União deveria respeitar o núcleo essencial das tradições constitucionais dos seus Estados-membros, mas apenas o núcleo essencial.

nomia regional e local. Ou seja, atualmente, o Tratado impõe à União não só o respeito da identidade cultural dos Estados-membros como também o respeito da sua identidade jurídica. Além disso, o mesmo preceito ainda esclarece que a União respeita as funções essenciais do Estado, nomeadamente as que se destinam a garantir a integridade territorial, a manter a ordem pública e a salvaguardar a segurança nacional, aditando que esta última continua a ser da exclusiva competência de cada Estado-membro.

A inserção do artigo 4º, nº 2, no TUE deveu-se, essencialmente, à desconfiança manifestada por alguns Estados-membros no que toca à expansão de atribuições da União a que se vinha assistindo desde Maastricht, na medida em que receavam que a progressiva transferência de poderes para a União desvirtuasse a sua identidade constitucional.

Aquele preceito acaba, todavia, por ter consequências em vários níveis do Direito da União Europeia. Assim, parece-nos que o princípio do primado do Direito da União Europeia sobre os Direitos dos Estados-membros não pode continuar a ser equacionado de modo absoluto, na medida em que o próprio TUE aceita que a União não pode legislar contra as estruturas políticas e constitucionais fundamentais dos Estados-membros. Se o fizer, estará a agir em violação do artigo 4º, nº 2, TUE, pelo que será a legislação nacional que deverá prevalecer e não o contrário. Estes serão, todavia, casos muito excecionais, admissiveis em circunstâncias muito limitadas, uma vez que a União se pauta pelos mesmos princípios constitucionais que os seus Estados-membros – designadamente, democracia, *rule of law*, proteção dos direitos fundamentais (artigo 6º, nº 2, do TUE).

O artigo 4º, nº 2, do TUE terá igualmente influência nas relações entre os tribunais nacionais, em especial, os Tribunais Constitucionais, e o Tribunal de Justiça. Ainda que a última palavra, em matéria de interpretação e aplicação do Direito da União, caiba a este último (artigo 19º, nº 1, do TUE), é duvidoso que a competência para definir quais são as estruturas políticas e constitucionais fundamentais de cada Estado lhe possa caber. Os Tribunais Constitucionais terão, sem dúvida, uma palavra a dizer neste domínio (ou se estes não existirem, os tribunais nacionais que tenham a competência última em sede de controlo da constitucionalidade), sem prejuízo, naturalmente, do uso do mecanismo de diálogo judicial previsto no artigo 267º do TFUE.

Refira-se ainda que o entendimento que o TJUE e os Tribunais Constitucionais têm tido da questão da identidade constitucional, como parte integrante da identidade nacional, não coincide. Alguns Tribunais Constitucionais têm vindo a desenvolver uma conceção muito ampla da identidade constitucional[650], não

[650] É o caso do Tribunal Constitucional alemão expresso na decisão de Lisboa que estudaremos a propósito do primado do Direito da União Europeia sobre os Direitos dos Estados-membros.

hesitando em declarar *ultra vires* os atos da União que, na sua opinião, a violam[651]. Já o TJUE admite que a identidade constitucional de um Estado-membro pode afastar normas da União, designadamente as relativas à livre circulação. Aliás, já o admitia antes da entrada em vigor do Tratado de Lisboa[652]. A identidade constitucional dos Estados-membros não é um valor nem um princípio absoluto, devendo ser ponderada com outros valores e princípios, nomeadamente o princípio da proporcionalidade[653].

Por último, note-se com ARMIN VON BOGDANDY e STEFAN SCHILL[654] que o artigo 4º, nº 2, do TUE deve ser encarado como uma manifestação do pluralismo constitucional e do constitucionalismo multinível, em que o Direito da União Europeia e o Direito Constitucional dos Estados-membros assim como os respetivos tribunais se influenciam e interagem numa base de cooperação e não com fundamento numa relação hierárquica.

25.2. Os princípios específicos relativos à repartição de atribuições entre a União e os Estados-membros e ao seu exercício

25.2.1. O princípio da atribuição

No Direito interno as pessoas coletivas veem a sua capacidade limitada pelo princípio da atribuição (ou da especialidade). Como a personalidade coletiva é instrumental, ou seja, é atribuída em função de certos fins ou interesses coletivos que o Direito considera merecedores de tutela e de tratamento por recurso à técnica da personificação, só faz sentido que a pessoa coletiva possa praticar os atos necessários aos seus fins. Este princípio aplica-se tanto às pessoas coletivas de Direito Privado como às de Direito Público, com exceção do Estado. O princípio da atribuição (ou da especialidade) implica, por um lado, a determinação precisa dos fins justificativos do reconhecimento da personalidade jurídica e, por outro lado, um ajustamento funcional do exercício da capacidade aos fins a atingir.

Este princípio não pode ser visto em moldes muito rígidos, pois, se é certo que o interesse coletivo é um elemento essencial na outorga da personalidade, pelo que não se deve permitir à pessoa coletiva que se desvie dos seus fins, não menos certo é que se pretende que a pessoa coletiva cumpra todos os fins a que está adstrita. Assim sendo, deve permitir-se-lhe a prática de todos os atos, mesmo os meramente instrumentais ou acessórios, necessários à prossecução dos fins, constantes do seu instrumento constitutivo, sejam eles uma lei ou os estatutos de uma sociedade.

[651] É o caso do Tribunal Constitucional Checo.

[652] Acórdão de 14/10/2004, proc. C-32/02, *Omega*, Col. 2004, p. 614 e segs.

[653] Ver acórdão do TJUE, de 22/10/2010, *Sayn Wittgenstein*, proc. C-208/09, Col. 2010, p. 806 e segs;

[654] ARMIN VON BOGDANDY / STEFAN SCHILL, "Overcoming Absolute Primacy...", *CMLR*, 2011, p. 1-38.

O princípio da atribuição (ou da especialidade) esteve presente no Direito das Comunidades Europeias, desde os primórdios do processo de integração europeia, enformando igualmente o Direito da União Europeia[655]. A ideia básica que presidiu à atribuição de competências às Comunidades e posteriormente à União foi a de que somente dispunham da capacidade para praticar os atos necessários à prossecução dos seus fins. Este princípio aplica-se tanto em matéria de ação interna como externa.

Apesar da clareza e até da simplicidade desta formulação, a verdade é que, na prática, se tornou quase impossível excluir determinadas tarefas dos fins da União, tendo em conta a amplitude destes últimos[656]. Se a isto juntarmos o facto de os Tratados, na versão anterior ao Tratado de Lisboa, não terem procedido a uma enumeração das diversas categorias de atribuições, antes tendo utilizado a técnica da enumeração dos instrumentos de realização dos objetivos previamente enunciados, facilmente se compreende que estavam lançadas as bases para o progressivo alargamento das competências dos órgãos das Comunidades e da União, como, aliás, numa fase inicial do processo de integração, se veio a verificar na prática. Tendo em conta que a União não possui competências próprias, isto é, inerentes à sua natureza, como sucede com o Estado, desde logo porque não dispõe da *Kompetenz-Kompetenz*, as atribuições de que dispõe são-lhe conferidas pelos Estados, como hoje resulta expressamente do artigo 4º, nº 1, do TUE. Daqui decorre que a extensão das atribuições da União acabará inevitavelmente por se reconduzir à erosão das atribuições dos seus Estados-membros.

Esta situação foi vista com algum desconforto pelos Estados-membros, tendo-os levado a exigir uma determinação mais clara das atribuições da União. Embora o debate relativo à definição das atribuições da União seja muito anterior à Convenção sobre o Futuro da Europa, foi nela que obteve maior visibilidade e acabou por conduzir a resultados mais evidentes, os quais estão bem patentes no Tratado de Lisboa.

Assim, o princípio da atribuição (ou da especialidade) encontra-se, expressamente, consagrado no artigo 5º do TUE, o qual estabelece que "*a delimitação das competências da União rege-se pelo princípio da atribuição.*".

O nº 2 do mesmo preceito esclarece que "*em virtude do princípio da atribuição, a União atua unicamente dentro dos limites das competências que os Estados-membros lhe tenham atribuído nos Tratados para alcançar os objetivos fixados por estes últimos*". Reiterando o que já tinha sido afirmado, no artigo 4º, nº 1, do TUE, o artigo 5º, nº 2, do TUE, a parte final do nº 2 do artigo 4º do TUE especifica que as com-

[655] Antes do Tratado de Lisboa, o princípio da atribuição estava previsto nos artigos 2º, parte final, e 6º, nº 4, do TUE e no artigo 5º, par. 1º, do TCE.

[656] É por esta razão que o Tribunal de Justiça nunca anulou ou declarou nulos quaisquer atos ou normas com fundamento exclusivo na violação do princípio da atribuição (ou da especialidade).

petências que não tenham sido atribuídas à União nos Tratados pertencem aos Estados-membros. Note-se que, apesar de, nas versões anteriores dos Tratados, não se encontrar idêntica afirmação, ela sempre constituiu parte integrante do princípio, na medida em que, tal como se verifica atualmente, as atribuições da União sempre provieram dos Estados-membros, pelo que, como é óbvio, estes permaneciam "donos" das que não tivessem transferido para a União.

Em suma, o entendimento do princípio da atribuição (ou da especialidade) não sofreu alterações substanciais com a entrada em vigor do Tratado de Lisboa[657]. Dito isto, não pode deixar de se chamar atenção para o facto de que a introdução do artigo 4º, nº 1, e da parte final do artigo 5º, nº 2, no TUE é bem reveladora da desconfiança que se verificava entre os Estados-membros em relação a esta questão, a qual os levou a tentarem esclarecê-la de uma vez por todas. O mesmo se verificou relativamente à delimitação das categorias de atribuições da União e da consequente clarificação da repartição de atribuições entre a União e os seus Estados-membros.

25.2.2. O princípio da subsidiariedade

Ao contrário do princípio da atribuição – que opera ao nível da repartição de atribuições entre a União e os seus Estados-membros – o princípio da subsidiariedade incide sobre o exercício dessas atribuições, devendo, portanto, estar previamente definida a respetiva atribuição. No fundo, o princípio acaba por constituir um filtro entre a atribuição da União e a possibilidade de exercer a competência[658], na medida em que a União só pode exercer uma determinada competência depois de passar o crivo daquele princípio.

O princípio da subsidiariedade não é exclusivo do Direito da União Europeia[659], podendo aplicar-se sempre que se verifique uma situação em que duas

[657] Sobre o princípio da atribuição após o Tratado de Lisboa, cfr. Koen Lenaerts / Piet Van Nuffel, *European Union Law*, p. 112 e segs; Wyatt & Dashwood's, *European Union Law*, 6ª ed., Oxford, 2011, p. 97 e segs; T C Hartley, *The Foundations of European Union Law*, 7ª ed., Oxford, 2010, p.110 e segs.

[658] Neste sentido, Koen Lenaerts / Piet Van Nuffel, *European Union Law*, cit., p. 131.

[659] O princípio da subsidiariedade foi aflorado nas Encíclicas *Rerum Novarum*, de 1891 e *Quadragésimo Anno*, de 1931. De acordo com a Doutrina Social da Igreja, a autoridade estadual será mais forte se se limitar às funções essenciais que pode desempenhar. Não se deve atribuir a um grupo aquilo que o indivíduo pode fazer eficazmente sozinho. É um grave distúrbio para a ordem pública que uma sociedade mais ampla se arrogue para si funções que podem ser eficazmente desempenhadas por sociedades mais pequenas. O Estado deve, portanto, deixar para os grupos mais pequenos as atividades de menor importância. O princípio da subsidiariedade está ligado na Doutrina Social da Igreja ao respeito dos Direitos do Homem e a um princípio de solidariedade. Os valores que lhe estão subjacentes são a democracia, o pluralismo, a salvaguarda dos direitos das minorias e a proteção dos cidadãos contra os abusos de poder.

entidades de níveis diferentes sejam potencialmente aptas para desempenhar uma mesma tarefa, ou seja, o princípio pode aplicar-se sempre que exista repartição horizontal ou vertical de competência. Assim sendo, o princípio tanto se pode aplicar nos Estados federais[660] como nos Estados regionais e nos Estados unitários[661], embora aí tenha menos tradição.

Este princípio foi, expressamente, introduzido, no Direito da União Europeia, pelo Tratado de Maastricht (ex-artigo 3ºB, nº 2, do TCE), ainda que anteriormente já constasse dos Tratados, restrito à matéria da política do ambiente[662].

É de sublinhar que o princípio da subsidiariedade foi incorporado no Tratado de Maastricht para compensar as modificações então introduzidas por aquele Tratado consideradas centralizadoras, como era o caso do alargamento das atribuições da União, do aumento dos casos de votação, no Conselho, por maioria qualificada e do aumento dos poderes do Parlamento Europeu. Porém, em si mesmo, o princípio não aponta no sentido da descentralização nem no sentido da centralização, antes tem um caráter neutro, como, aliás, veio a ser confirmado pelo nº 3 do protocolo relativo ao princípio da subsidiariedade e da pro-

A subsidiariedade tornou-se o lema do Vaticano a propósito das funções do Estado. Nas Encíclicas *Mater et Magister*, de 1961, e *Pacem Terris*, de 1963, o Papa João XXIII volta a invocá-lo, afirmando que o Estado não deve intervir a menos que seja necessário e que deve intervir se for necessário. O princípio da subsidiariedade foi mais recentemente retomado na Encíclica *Centesimus Anno*, de 1991. As Encíclicas estão disponíveis no sítio http://www.vatican.va

660 O princípio foi objeto de tratamento mais desenvolvido na Alemanha e nos Estados Unidos da América, mas também é conhecido na Austrália e no Canadá.

661 Em Portugal, o princípio está constitucionalmente consagrado, desde logo, no artigo 6º da CRP.

662 O AUE consagrou o princípio da subsidiariedade no artigo 130ºR, nº 4, do TCE. Antes do AUE já tinha sido defendida a introdução deste princípio nos Tratados em vários documentos, dos quais se devem destacar os seguintes:

- o relatório da Comissão sobre a UEM de 1975 (cfr. Suplemento nº 5/75 do Bul. CE), o qual preconizava que *"só se deviam atribuir à União as tarefas que os Estados-membros não pudessem desempenhar com eficácia"*;
- o relatório TINDEMANS, apesar de não referir expressamente o princípio da subsidiariedade, acabava por o pressupor, pois considerava necessário transferir para as Comunidades certas atribuições que os Estados não eram capazes de desempenhar por si só;
- o projeto de Tratado da União Europeia, de 14 de fevereiro de 1984, conhecido por Tratado SPINELLI, previa o princípio da subsidiariedade no parágrafo 9º do preâmbulo, o qual dispunha que os Estados decidiam confiar a órgãos comuns, de harmonia com o princípio da subsidiariedade, só os poderes necessários ao bom desempenho das tarefas que eles podem realizar de forma mais satisfatória do que os Estados-membros considerados isoladamente, bem como em várias disposições, das quais se destaca o artigo 12º, que estipulava que *"quando o Tratado atribui uma competência concorrente à União, a ação dos Estados-membros exerce-se nas matérias em que a União ainda não interveio. A União só age para desempenhar as tarefas que podem ser realizadas em comum de forma mais eficaz do que pelos Estados-membros agindo em separado, em particular aquelas cuja realização exige a ação da União porque as suas dimensões ou os seus efeitos ultrapassam as fronteiras nacionais"*.

porcionalidade aditado pelo Tratado de Amesterdão. Segundo aquele protocolo, o princípio tanto «*permite alargar a ação da Comunidade, dentro dos limites das suas competências, se as circunstâncias o exigirem e, inversamente, limitar ou pôr termo a essa ação quando esta deixe de se justificar*».

O princípio da subsidiariedade deve antes ser enquadrado no movimento de constitucionalização da União, através do qual se dá uma maior participação dos cidadãos no processo de integração europeia e, consequentemente, um reforço do princípio democrático. O princípio da subsidiariedade visa, essencialmente, aproximar a decisão o mais possível dos cidadãos.

Atualmente, o TUE prevê o princípio da subsidiariedade no seu artigo 5º, nº 3, o qual, no par. 1º, retoma, no essencial, a anterior versão dos Tratados e no par. 2º faz referência expressa ao Protocolo relativo à aplicação dos princípios da subsidiariedade e da proporcionalidade (Protocolo nº 2), bem como ao papel dos parlamentos nacionais no que diz respeito à observância do princípio da subsidiariedade[663].

Assim, o par. 1º do artigo 5º, nº 3, do TUE apresenta a seguinte redação:

> "*Em virtude do princípio da subsidiariedade, nos domínios que não sejam da sua competência exclusiva, a União intervém apenas se e na medida em que os objetivos da ação encarada não possam ser suficientemente alcançados pelos Estados-membros, tanto ao nível central como ao nível regional ou local, podendo contudo, devido às dimensões ou efeitos da ação considerada, ser mais bem alcançados ao nível da União*".

Em comparação com a anterior versão dos Tratados, a revisão de Lisboa apenas aditou a referência aos vários níveis de poder dos Estados – central, regional e local. Isto é: no domínio das competências não exclusivas, a União apenas

[663] Sobre o princípio da subsidiariedade no Tratado de Lisboa, cfr. ANDREA BIONDI, "Subsidiarity in the Courtroom", *in* ANDREA BIONDI / PIET EECKHOUT / STEFANIE RIPLEY, *EU Law*..., p. 213 e segs; PAUL CRAIG, *Lisbon Treaty*..., p. 184 e segs; MIROSLAW WYRZYKOWSKI, "European Parliament and National Parliaments", *in* JOSÉ MARIA BENEYTO / INGOLF PERNICE (eds), *Europe's Constitutional Challenges in the Light of the Recent Case Law of National Courts – Lisbon and Beyond*, Baden-Baden, 2011, p. 253 e segs; MARGARIDA SALEMA D'OLIVEIRA MARTINS, "O Tratado de Lisboa e o novo regime do princípio da subsidiariedade e o papel dos parlamentos nacionais", *Cadernos O Direito*, 2010, p. 131 e segs; JEAN-VICTOR LOUIS, "National Parliaments and the Principle of Subsidiarity – Legal Options and Practical Limits", *in* INGOLF PERNICE / EVGENI TANCHEV (eds.), *Ceci n'est pas une Constitution*..., p. 132 e segs; GEORGE A. BERMANN, «National Parliaments and Subsidiarity», *in* INGOLF PERNICE / EVGENI TANCHEV (eds.), *Ceci n'est pas une Constitution*..., p. 155 e segs; PHILIPP KIIVER, "The Treaty of Lisbon, the National Parliaments and the Principle of Subsdiarity", *MJ*, 2008, p. 77 e segs; MURIEL LE BARBIER-LE BRIS, "Le nouveau rôle des Parlements nationaux: avancée démocratique ou sursaut étatiste?", *RMCUE*, 2008, p. 494 e segs; CLAUDIA MORVIDUCCI, "Il ruolo dei Parlamenti nazionali", *Dir. Pubb. Comp. Eur.*, 2008, p. 83 e segs.

poderá exercer a competência em questão, quando nenhum destes níveis puder atuar de modo suficiente.

O par. 2º do artigo 5º, nº 3, do TUE afirma expressamente que "*as instituições da União aplicam o princípio da subsidiariedade em conformidade com o Protocolo relativo à aplicação dos princípios da subsidiariedade e da proporcionalidade. Os Parlamentos nacionais velam pela observância do princípio da subsidiariedade de acordo com o processo previsto no referido Protocolo*".

Ao contrário do que se verificava no Protocolo com a mesma denominação introduzido pelo Tratado de Amesterdão, o qual constitucionalizava algumas regras constantes de textos, sem força vinculativa, como, por exemplo, as conclusões do Conselho Europeu de Birmingham, de 16 de outubro de 1992[664], a apreciação global do Conselho Europeu de Edimburgo, de 11 e 12 de dezembro de 1992, sobre a aplicação do princípio da subsidiariedade[665] e o acordo institucional entre o Parlamento Europeu, o Conselho e a Comissão, de 25 de outubro de 1993, relativo aos processos de aplicação do princípio da subsidiariedade[666], o Protocolo nº 2 anexo ao Tratado de Lisboa não contém diretrizes relativas à aplicação do princípio da subsidiariedade. Assim sendo, a ação da União, nos domínios que não sejam da sua competência exclusiva, está sujeita a um critério de descentralização, pois só pode agir se e na medida em que os seus objetivos não possam ser suficientemente realizados pelos Estados-membros e a um critério de eficiência, uma vez que esses objetivos devem ser melhor alcançados pela União.

A aplicação do princípio da subsidiariedade compete, em primeira linha, às instituições da União e deve integrar a fundamentação dos atos legislativos, como claramente resulta do referido protocolo (cfr. artigos 1º a 5º).

A principal novidade deste protocolo consiste na introdução de um mecanismo de participação dos parlamentos nacionais no procedimento legislativo (cfr. artigo 6º do Protocolo), designado como «alerta rápido», o qual resulta de uma recomendação do Grupo de trabalho IV da Convenção sobre o Futuro da Europa relativo aos parlamentos nacionais. Este mecanismo tem por objetivo permitir aos parlamentos nacionais avaliarem se o princípio da subsidiariedade está a ser corretamente aplicado e pode ir até à interposição de um recurso de anulação, nos termos do artigo 263º do TFUE, pelos Estados-membros, a solicitação dos parlamentos nacionais (cfr. artigo 8º do Protocolo).

Apesar de o princípio da subsidiariedade ter sido introduzido, no Direito da União Europeia, com um caráter eminentemente político, não restam, atualmente, quaisquer dúvidas de que se trata de um princípio jurídico, sindicável

[664] Bul. CE's 10/92, p. 7 e segs.
[665] Bul. CE's 12/92, p. 7 e segs.
[666] Bul. CE's 10/93, p. 129 e segs.

perante o Tribunal de Justiça da União. Aliás, no passado, quer o TJ[667] quer o antigo TPI[668] (atual Tribunal Geral) tiveram oportunidade de apreciar a validade de atos comunitários por referência ao princípio da subsidiariedade.

As razões para a existência de conflitos decorrentes da aplicação do princípio da subsidiariedade podem ser diversas. Desde logo, podem suscitar-se dúvidas quanto ao caráter exclusivo ou não das atribuições da União, na medida em que nem sempre os diversos intervenientes no procedimento legislativo estão de acordo quanto a este aspeto. Por outro lado, as exigências de fundamentação dos atos legislativos, atualmente impostas pelo Protocolo nº 2 (artigo 5º), podem não ser adequadamente cumpridas. Por último, refira-se que a apreciação do suficiente alcance dos objetivos da ação por parte dos Estados-membros e da melhor atuação por parte da União pode constituir igualmente motivo de discórdia. Note-se, porém, que, neste caso, a conclusão, num ou noutro sentido, depende muito mais de critérios políticos do que de critérios jurídicos, na medida em que existe uma grande margem de discricionariedade por parte do decisor político, o que torna a atuação do Tribunal improvável.

25.2.3. O princípio da proporcionalidade

Antes de mais, deve notar-se que o princípio da proporcionalidade não é uma inovação do Tratado de Lisboa e, muito menos, do Direito da União Europeia. Ele integra o conjunto de princípios que enformam o Estado de direito e, consequentemente, a União de direito, atuando ao nível do controlo da atuação dos órgãos. Daí que, embora, antes do Tratado de Maastricht, não se encontrasse, expressamente, previsto nos Tratados, o princípio da proporcionalidade foi utilizado, inúmeras vezes, pelo TJ para controlar o exercício de poderes por parte dos Estados-membros e por parte da Comunidade[669].

Ao nível do controlo das medidas estaduais, o princípio serviu para o Tribunal aferir se as medidas que impediam a realização de certos objetivos da Comunidade, designadamente, a livre circulação e a livre concorrência – objetivos centrais – podiam considerar-se justificadas pela prossecução de outros objetivos comunitários igualmente relevantes. O princípio visou pois, em primeira linha, regular os conflitos provenientes do exercício de poderes por parte dos Estados-membros entre, por um lado, a prossecução de um determinado objetivo e, por

[667] Acórdão de 13/5/97, *RFA c. PE e Conselho*, proc. C-233/94, Rec. 1997, p. I-2405, cons. 28.

[668] Acórdãos do TPI, de 21/2/95, *SPO*, proc. T-29/92, Rec. 1995, p. II-289 e segs; de 24/1/95, *Tremblay*, proc. T-5/93, Rec. 1995, p. II-185.

[669] Sobre o princípio da proporcionalidade, cfr. Jürgen Schwarze, "The principle of proportionality and the principle of impartiality in European Administrative Law", *Riv. Trim. Dir. Pubb.*, 2003, p. 53 e segs; Evelyn Ellis (dir.), *The principle of proportionality in the laws of Europe*, Oxford, 1999; Nicholas Emiliou, *The Principle of Proportionality in European Law*, Londres, 1996.

outro lado, o prejuízo que a medida poderia implicar para outros objetivos cuja legitimidade também era reconhecida pelo Direito Comunitário. Assim, o Tribunal admitiu, por exemplo, que as considerações de saúde pública e de segurança pública deviam prevalecer sobre os interesses económicos.

Ao nível do controlo do exercício de poderes pela Comunidade, o princípio foi igualmente utilizado para arbitrar os conflitos entre os diferentes objetivos que a Comunidade deve prosseguir, na medida em que uma ação adotada com vista à prossecução de um determinado objetivo pode lesar outro objetivo ou outro valor legítimo do Direito Comunitário.

Além disso, o princípio desempenhou um papel importante na solução de conflitos entre, por um lado, os objetivos da Comunidade e, por outro lado, a proteção dos direitos fundamentais. Segundo o Tribunal, todo o encargo imposto ao destinatário de regras comunitárias deve ser limitado à medida do estritamente necessário para atingir o objetivo a prosseguir e requer os menores sacrifícios possíveis da parte dos operadores sobre que incide[670]. Não admira, portanto, que o princípio tenha sido, primordialmente, aplicado no âmbito das políticas mais suscetíveis de afetar os direitos fundamentais, como é o caso da política agrícola comum, da política de saúde e de proteção do consumidor, assim como no que se refere à aplicação de sanções.

Note-se que o controlo da proporcionalidade das medidas nacionais e das medidas da União por parte do Tribunal de Justiça não obedece necessariamente aos mesmos critérios, sendo maior a exigência quando estão em causa medidas nacionais do que quando se trata de medidas da União[671]. Assim, enquanto em relação às primeiras o Tribunal averigua se existem "alternativas menos restritivas"[672] e se isso se verificar considera que a medida viola o princípio da proporcionalidade, no que diz respeito às segundas só chegará a essa conclusão se a ação for "manifestamente inapropriada"[673].

O princípio da proporcionalidade está hoje expressamente previsto no TUE. Nos termos do par. 1º do nº 4 do artigo 5º do TUE, "*em virtude do princípio da proporcionalidade, o conteúdo e a forma da ação da União não devem exceder o necessário para alcançar os objetivos do Tratado*". O par. 2º do mesmo preceito remete a sua aplicação para o protocolo relativo aos princípios da subsidiariedade e da proporcionalidade, atrás mencionado.

[670] Ac. de 5/7/77, *Bela Muhle*, proc. 14/76, Rec. 1977, p. 1211 e segs.

[671] Para maiores desenvolvimentos, ver, por todos, Takis Tridimas, *The General Principles of EU Law*, p. 142 e segs (no que diz respeito às medidas da União) e 209 e segs (no que se refere às medidas nacionais).

[672] Cfr., por exemplo, ac. de 20/5/76, *Peijper*, proc. 104/75, Rec. 1976, p. 613 e segs; ac. de 8/4/92, *Comissão contra Alemanha*, proc. C-62/90, Col. 1992, p. I-2575.

[673] Ac. de 11/7/89, proc. 265/87, *Schäder*, Col. 1989, p. 2237 e segs; ac. de 9/7/85, *Bozzetti*, proc.179/84, Rec. 1985, p. 2301 e segs.

O princípio da proporcionalidade implica que a medida em causa deve ser apropriada e necessária para atingir os seus objetivos. O princípio compreende, portanto, dois testes: o da adequação e o da necessidade. O primeiro teste refere-se à relação entre o meio e o fim, ou seja, os meios empregues pela medida devem ser adequados – nomeadamente razoáveis – para atingir os seus objetivos. O segundo teste impõe a ponderação do peso dos diferentes interesses em conflito. O Tribunal deve avaliar as consequências adversas que uma determinada medida tem num direito digno de proteção e determinar se essas consequências estão justificadas tendo em conta a importância do objetivo prosseguido, designadamente, se não há outras medidas menos restritivas. Note-se que mesmo que a medida passe estes dois testes e ainda que não haja meios menos restritivos, a medida não respeitará a proporcionalidade se tiver um efeito excessivo sobre os cidadãos por ela abrangidos[674].

O princípio da proporcionalidade está intimamente ligado ao princípio da igualdade, uma vez na aferição da necessidade da medida, deve sempre averiguar-se como são tratadas as situações comparáveis.

Ao contrário do que sucede com o princípio da subsidiariedade, que se aplica apenas quando estão em causa atribuições concorrentes, o princípio da proporcionalidade aplica-se também às atribuições exclusivas. Não se trata, contudo, de um princípio relativo à repartição de atribuições, dizendo unicamente respeito ao âmbito e à intensidade do seu exercício[675].

25.2.4. O princípio da flexibilidade

Os princípios da atribuição, da subsidiaredade e da proporcionalidade, enumerados no artigo 5º do TUE, constituem o núcleo duro dos princípios que enformam o sistema de atribuições e exercício de competências da União. Porém, o nosso estudo não ficaria completo sem a consideração do princípio da flexibilidade, o qual permite a um ou mais Estados-membros não participarem, permanente ou temporariamente, em determinadas realizações da União quer por não o querem quer por não preencherem os critérios dessa participação.

Existem manifestações da flexibilidade e, consequentemente, de diferenciação, desde a versão originária dos Tratados institutivos das Comunidades Europeias, mas foi o Tratado de Maastricht que a consagrou em relação a matérias bem determinadas, como é o caso da UEM, da política social e dos pilares intergovernamentais, através do mecanismo dos *opt-outs*. O Tratado de Amesterdão, além de ter aumentado o número de matérias em relação às quais se admitiram *opt outs* (acervo Schegen e espaço de liberdade, segurança e justiça), transformou

[674] Takis Tridimas, *The General Principles of EU Law*, p. 139.
[675] Takis Tridimas, *The General Principles of EU Law*, p. 175 e segs.

a flexibilidade em princípio geral do Direito da União Europeia, através da instituição do mecanismo da cooperação reforçada. Ou seja, passou-se a admitir que os Estados-membros instituíssem entre si uma cooperação mais estreita e mais profunda, servindo-se das instituições, dos processos e dos mecanismos previstos no TUE e no TCE. A verificação de todas as condições previstas no Tratado de Amesterdão para a realização de uma cooperação reforçada revelou-se, todavia, muito difícil, o que impediu a sua aplicação prática. Por essa razão, o Tratado de Nice procedeu a uma profunda modificação dessas regras e estendeu as ações de cooperação reforçada ao pilar PESC.

A introdução do princípio da flexibilidade nos Tratados é a prova da dificuldade de acomodar as diversas sensibilidades dos Estados-membros relativamente a um conjunto muito lato de matérias que constitui, hoje em dia, o sistema de atribuições da União. A flexibilidade foi o melhor compromisso que se encontrou para manter na União as atividades daqueles Estados-membros que pretendem ensaiar formas de integração mais aprofundadas e aqueles que se querem manter num nível menos avançado, sendo os primeiros encorajados a atuarem no âmbito da estrutura institucional e competencial da União e a usar os seus instrumentos legislativos. Como é bom de ver, a flexibilidade – se não obedecer a regras bem delineadas – poderá pôr em causa o bom funcionamento das instituições da União bem como o seu sistema legislativo, pois é suscetível de conduzir a uma excessiva fragmentação assim como a alguma incoerência da atuação da União. É curioso notar que as normas introduzidas em Amesterdão, posteriormente modificadas em Nice, nunca foram utilizadas, provavelmente devido à dificuldade de preenchimento de todas as condições e limites nelas previstos.

A flexibilidade assume pois duas formas distintas – a expressa consagração nos Tratados de cláusulas de *opt-out* para alguns Estados-membros em relação a certas matérias e as cláusulas de cooperação reforçada. As primeiras já foram mencionadas a propósito das inovações introduzidas pelos Tratados de Maastricht e de Amesterdão na parte relativa à evolução histórica da União Europeia e serão chamadas à colação sempre que se verifiquem em relação a cada uma das matérias objeto de estudo neste livro. Neste momento, vamos debruçar-nos especialmente sobre as segundas, isto é, sobre as cláusulas de cooperação reforçada.

Em primeiro lugar, deve sublinhar-se que o Tratado de Lisboa alterou substancialmente as normas relativas à cooperação reforçada[676].

Atualmente, a cooperação reforçada está prevista no artigo 20º do TUE, o qual substituiu os artigos 27ºA a 27ºE, 40º a 40ºB e 43º a 45º do antigo TUE bem

[676] Sobre a cooperação reforçada no Tratado de Lisboa, cfr. WYATT & DASHWOOD'S, *European Union...*, p. 124 e segs; MARIA JOSÉ RANGEL DE MESQUITA, *A União Europeia...*, p. 189 e segs; PAUL CRAIG, *The Lisbon Treaty...*, p. 439 e segs.

como os artigos 11ºA a 11ºE do antigo TCE[677]. Aquele preceito remete os aspetos procedimentais relativos, designadamente, ao modo de iniciar a cooperação

[677] Na versão anterior dos Tratados toda e qualquer ação de cooperação reforçada tinha de respeitar as cláusulas gerais previstas no TUE (ex-artigos 43º a 45º) bem como as cláusulas específicas relativas a cada um dos pilares da União.
Segundo a cláusula geral (ex-artigo 43º do TUE), a cooperação reforçada devia favorecer a realização dos objetivos da União e da Comunidade, preservar e servir os seus interesses e reforçar o processo de integração (al. *a)*), respeitar o TUE e o TCE, bem como o seu quadro institucional único (al. *b)*), não afetar o acervo comunitário, nem as medidas tomadas ao abrigo das demais disposições dos tratados (al *c)*), permanecer nos limites das atribuições da União e das Comunidades e não incidir nas atribuições exclusivas da Comunidade (al. *d)*), não prejudicar o mercado interno nem a coesão económica e social (al. *e)*), não constituir uma restrição nem uma discriminação ao comércio entre os Estados-membros e não provocar restrições de concorrência entre eles (al. *f)*), envolver, pelo menos, oito Estados-membros (al. *g)*), não afetar as competências, os direitos e os deveres dos Estados-membros que nela não participem (al. *h)*), não afetar o protocolo que integra o acervo Schengen no âmbito da UE (al. *i)*), estar aberta a todos os Estados e permitir que estes se associem em qualquer momento, desde que respeitem a decisão inicial e as decisões tomadas nesse âmbito (al. *j)*, e ex-artigo 43ºB do TUE), ser utilizada como último recurso, quando não seja possível alcançar os objetivos dos Tratados, mediante os processos neles previstos (ex-artigo 43ºA TUE).
Segundo o nº 2 do antigo artigo 44º TUE, os Estados-membros que participassem na cooperação reforçada deveriam adotar todas as medidas necessárias à sua execução e os que não participassem não deveriam dificultar a execução da cooperação reforçada por parte dos Estados que nela participam. Trata-se do princípio da lealdade entre os Estados-membros.
Dado que nem todos os Estados-membros participam nas ações de cooperação reforçada, estabeleceram-se regras específicas de tomada das decisões para estes casos, segundo as quais só os Estados participantes podem intervir na adoção das decisões, embora todos possam participar nas deliberações (antigo artigo 44º, nº 1, TUE).
Além das condições gerais acabadas de enunciar, tendo em conta a já referida estrutura tripartida da União, o Tratado exigia condições específicas para cada um dos pilares da União.
No que diz respeito ao pilar comunitário, os antigos artigos 11º e 11ºA do TCE estabeleciam os requisitos processuais e formais para o exercício da cooperação reforçada, dado que as condições substanciais se encontravam nas cláusulas genéricas acabadas de mencionar.
Assim, a decisão de autorizar os Estados-membros a procederem à cooperação reforçada pertencia ao Conselho, que decidia por maioria qualificada. A iniciativa pertencia em exclusivo à Comissão, podendo apenas os Estados solicitar à Comissão que apresentasse uma proposta ao Conselho, mas esta dispunha de um poder discricionário neste domínio, devendo informar os Estados dos fundamentos da sua decisão, no caso de esta ser negativa. O PE devia apenas ser consultado (ex-artigo 11º, nº 1, TCE). Para compensar a votação por maioria qualificada no seio do Conselho admitia-se que qualquer Estado pudesse pedir que o assunto fosse levado ao Conselho Europeu (ex-artigo 11º, nº 2 TCE). A cooperação reforçada no pilar comunitário estava aberta aos Estados que, inicialmente, não participaram, o que era bastante importante na medida em que afastava os receios de marginalização destes Estados.
O Tratado de Nice aplicou o princípio da flexibilidade ao pilar PESC, tendo introduzido os antigos artigos 27ºA a 27ºE do TUE, nos quais se previam condições específicas quer do ponto de vista substancial quer processual e formal para a realização de uma cooperação reforçada.

reforçada, às regras de votação no seio do Conselho, ao relacionamento entre os Estados participantes e não participantes para os artigos 326º a 334º do TFUE.

O nº 1 do artigo 20º do TUE impõe duas importantes condições substantivas aos Estados-membros que pretendam instituir entre si uma cooperação reforçada: 1ª) não podem estar em causa competências exclusivas da União; 2ª) o princípio da atribuição, tal como está definido no artigo 5º, nº 2, do TUE, deve ser respeitado. Além disso, as cooperações reforçadas devem favorecer a realização dos objetivos da União, preservar os seus interesses e reforçar o processo de integração (artigo 20º, nº 1, par. 2º do TUE) e devem respeitar os Tratados e o Direito da União, não podendo prejudicar o mercado interno, nem a coesão económica, social e territorial (artigo 326º do TFUE). Também não podem constituir uma restrição, nem uma discriminação ao comércio entre os Estados-membros nem provocar distorções da concorrência entre eles.

Nos termos do artigo 20º, nº 2, do TUE, a decisão que autoriza uma cooperação reforçada deve ser adotada como último recurso pelo Conselho, quando este tenha determinado que os objetivos da cooperação em causa não podem ser atingidos num prazo razoável pela União no seu conjunto e desde que pelo menos nove Estados-membros participem na cooperação.

O artigo 328º do TFUE estabelece um princípio de abertura das cooperações reforçadas a todos os Estados-membros, incluindo àqueles que inicialmente não

Substancialmente, as cooperações reforçadas no âmbito da PESC deviam salvaguardar os valores e servir os interesses da União no seu conjunto, afirmando a sua identidade na cena internacional (ex-artigo 27ºA, nº 1, do TUE), respeitar os princípios, os objetivos, as orientações gerais e a coerência da PESC bem como as decisões tomadas no quadro dessa política (ex-artigo 27ºA, nº 1, 1º trav., do TUE), respeitar as atribuições da Comunidade (ex-artigo 27ºA, nº 1, 2º trav., do TUE), respeitar a coerência entre o conjunto das políticas da União e a sua ação externa (ex-artigo 27ºA, nº 1, 3º trav., do TUE), não incidir em questões que tivessem repercussões militares ou nos domínios da defesa, mas apenas na execução de uma ação comum ou de uma posição comum (ex-artigo 27ºB do TUE).
As condições processuais e formais estavam previstas nos antigos artigos 27ºC e 27ºD do TUE. O ex-artigo 27ºE estabelecia o princípio da abertura aos Estados-membros que inicialmente não participavam.
A cooperação reforçada, no domínio do pilar da cooperação policial e judiciária em matéria penal, estava consagrada no TUE, nos antigos artigos 40º, 40ºA e 40ºB do TUE. A cooperação reforçada no quadro do terceiro pilar destinava-se a permitir à União tornar-se mais rapidamente um espaço de liberdade, segurança e justiça, devendo respeitar as competências da Comunidade, bem como os objetivos fixados no TUE (ex-artigo 40º, nº 1, TUE). As regras de tomada da decisão de autorização de cooperação reforçada estavam previstas no ex-artigo 40ºA do TUE. A decisão de autorização competia ao Conselho, que deliberava por maioria qualificada, sob proposta da Comissão ou de, pelo menos, oito Estados-membros. O PE era consultado. Os Estados que desejassem participar, posteriormente, numa cooperação reforçada poderiam fazê-lo, desde que se cumprisse o procedimento previsto no ex-artigo 40ºB do TUE.

tenham participado, desde que respeitem as condições de participação referidas na decisão de autorização bem como os atos já adotados nesse âmbito.

Na votação no seio do Conselho apenas participam os Estados-membros que integram a cooperação reforçada (artigo 20º, nº 3, do TUE e 330º do TFUE). Os atos adotados no âmbito da cooperação reforçada apenas vinculam os Estados participantes, não sendo considerados acervo que deva ser aceite pelos Estados candidatos à União (artigo 20º, nº 4, do TUE).

Um dos aspetos mais inovadores do Tratado de Lisboa, neste domínio, diz respeito às regras de votação no seio do Conselho, permitindo que sempre que o Tratado preveja que o Conselho delibere, por unanimidade, ou de acordo com um processo legislativo especial, o Conselho deliberando por unanimidade, nos termos do artigo 330º do TFUE, adote uma decisão que permita que delibere por maioria qualificada, ou de acordo com o processo legislativo ordinário, respetivamente. Esta regra não se aplica, todavia, em matérias militares e de defesa. Aliás, tendo em conta o regime específico de que goza a PESC no âmbito dos Tratados, a cooperação reforçada, neste domínio, é objeto de procedimentos específicos (artigos 328º e 329º, nº 2, do TFUE).

O TFUE prevê ainda um procedimento especial de cooperação reforçada nos domínios da cooperação judiciária em matéria penal, nos artigos 82º, nº 2, 83º, nº 3, e 86º, nº, 1, e da cooperação policial, no artigo 87º, nº 3. Quando está em causa a aprovação de uma diretiva com base nos procedimentos legislativos previstos nestes preceitos, os Estados podem solicitar a submissão do projeto de ato ou medida ao Conselho Europeu, ou porque consideram que o projeto de diretiva, no âmbito da cooperação judiciária em matéria penal, prejudica "aspetos fundamentais do seu sistema de justiça penal", ou porque não existe unanimidade no seio do Conselho quando o ato ou medida devam ser adotados através de processo legislativo especial (unanimidade do Conselho após aprovação do PE). Se tal suceder, o processo legislativo, ordinário ou especial, fica suspenso, o projeto de ato ou medida é submetido ao Conselho Europeu e se, pelo menos, nove Estados assim o entenderem, o processo legislativo transformar-se-á num processo de cooperação reforçada, aplicando-se-lhe as respetivas disposições[678].

26. As atribuições da União antes do Tratado de Lisboa

Antes de estudarmos as atribuições da União Europeia no Tratado de Lisboa, importa fazer uma breve resenha histórica, distinguindo dois níveis: o das atribuições internas e o das atribuições externas.

678 Sobre este procedimento especial, cfr. MARIA JOSÉ RANGEL DE MESQUITA, *A União Europeia...*, p. 193 e 194.

26.1. As atribuições ao nível interno

Começando pelas atribuições internas, cumpre notar que o tratamento desta questão tem subjacente a complexa – e muito discutida – repartição de atribuições entre a União e os seus Estados-membros[679], na medida em que a União só pode exercer os poderes que lhe tiverem sido atribuídos por estes últimos.

Os Tratados institutivos das Comunidades Europeias bem como o Tratado da União Europeia não continham, à semelhança do que existe, designadamente, nas constituições federais, qualquer cláusula de repartição de atribuições entre, por um lado, os Estados-membros e, por outro lado, as Comunidades e a União, na qual estivessem, claramente, definidas as atribuições exclusivas das Comunidades e da União e as atribuições exclusivas dos Estados-membros – as quais assumem, de um modo geral, um caráter residual – e as atribuições concorrentes entre ambos. Os Tratados baseavam-se no método da enumeração dos objetivos (antigos artigos 2º TUE e 2º do TCE) e dos instrumentos necessários para os atingir (antigo artigo 3º do TCE) bem como na consagração das diversas bases jurídicas de implementação desses objetivos e desses instrumentos. Ora, este método revelou-se, desde muito cedo, propício a conflitos, quer positivos quer negativos, de atribuições entre a União Europeia / as Comunidades Europeias e os seus Estados-membros.

Não será exagerado afirmar que a questão da repartição de atribuições entre a União e os seus Estados-membros foi das que maior complexidade revelou no sistema jurídico da União Europeia, até porque, como afirma Paul Craig, as atribuições da União não se retiram apenas dos Tratados, antes resultam da

[679] Sobre a repartição de atribuições entre a União / Comunidades e os seus Estados-membros antes do Tratado de Lisboa, cfr., entre muitos outros, Alan Dashwood, "The Relationship between the Member States and the European Union / European Community", *CMLR*, 2004, p. 355 e segs; Armin Von Bogdandy / Jürgen Bast, "El orden competencial vertical de la Unión Europea: contenido y perspetivas de reforma", *in* Eduardo García de Enterria / Ricardo Alonso García (org.), *La encrucijada constitucional de la Unión Europea*, 1ª ed., Madrid, 2002, p. 19 e segs; Mario P. Chiti, "Delimitación o reparto de competencias entre Unión Europea y Estados miembros?", *in* Eduardo García de Enterria / Ricardo Alonso García (org.), *La encrucijada constitucional...*, p. 69 e segs; Udo di Fabio, "Some Remarks on the Allocation of Competences Between the European Union and its Member States", *CMLR*, 2002, p. 1289 e segs; Alan Dashwood, "The States in the European Union", *ELR*, 1998, p. 201 e segs; J. Martín y Pérez de Nanclares, *El sistema de competencias de la Comunidad Europea*, Madrid, 1997; Alan Dashwood, "The Limits of European Community Powers", *ELR*, 1996, p. 113 e segs; Daniela Obradovic, "Repatriation of Powers in the European Community", *CMLR*, 1997, p. 59 e segs; Maria Luísa Duarte, *A teoria dos poderes implícitos e a delimitação de competências entre a União Europeia e os Estados-membros*, Lisboa, 1997, p. 287 e segs; António Goucha Soares, *Repartição de competências e preempção no Direito Comunitário*, Lisboa, 1996, p. 125 e segs; Vlad Constantinesco, *Compétences et pouvoirs dans les Communautés européennes*, Paris, 1974.

"*simbiótica interação de quatro variáveis*"[680]: as opções dos Estados-membros expressas nos Tratados e desenvolvidas nas suas sucessivas revisões, a aprovação de legislação por parte, inicialmente, do Conselho e, mais tarde também, do Parlamento Europeu que ultrapassou os estritos limites previstos nos Tratados, a Jurisprudência dos Tribunais da União e as decisões políticas dos órgãos da União. Se é verdade que o método através do qual foram concebidas as atribuições da União propiciou ao Tribunal um amplo terreno para desenvolvimento de uma Jurisprudência, até certo ponto, expansionista das atribuições internas da União, não é menos verdade que a opção política de atribuir às Comunidades / à União amplos poderes em matérias tão diversas, como o ambiente, a proteção dos consumidores, a cultura, a saúde, o emprego e a formação profissional, pertenceu aos Estados-membros. Além disso, a forma como os órgãos da União exerceram a competência que os Tratados lhe atribuíram não pode deixar de ser mencionada neste contexto pois, por vezes, interpretaram as suas competências de modo muito amplo.

Tendo em consideração que o Tribunal de Justiça sempre foi o garante do respeito do Direito na interpretação e aplicação dos Tratados, coube-lhe a última palavra em matéria de definição das atribuições da União, pelo que é devida uma menção expressa à sua Jurisprudência neste domínio.

Assim, o Tribunal retirou dos objetivos, enunciados nos preâmbulos e nos primeiros artigos dos Tratados, dos instrumentos de realização desses objetivos e do sistema geral dos tratados as regras e os princípios relativos à repartição de atribuições, tendo procedido à distinção entre vários tipos de atribuições: exclusivas, concorrentes e partilhadas. O Tribunal aceitou igualmente que certas atribuições se encontravam reservadas aos Estados-membros. Note-se que a figura da atribuição exclusiva é de criação jurisprudencial, só tendo sido positivada já na década de 90 no preceito relativo ao princípio da subsidiariedade do Tratado de Maastricht (ex-artigo 5º, par. 2º do TCE). O Tribunal de Justiça procedeu a uma interpretação dos Tratados que o levaram a incluir nas atribuições exclusivas – nas quais se encontrava vedada a atuação normativa dos Estados-membros – matérias que não estavam expressamente qualificadas nos Tratados como tal, como é o caso da política comercial comum (ex-artigo 133º do TCE) ou de certos aspetos da política agrícola comum. Ou seja, o Tribunal ultrapassou a qualificação expressa como atribuição exclusiva prevista nos Tratados, a qual apenas abrangia a política monetária (ex-artigo 106º, par. 1º do TCE), para aí incluir outras matérias.

Como é bom de ver, a expansão das atribuições das Comunidades / da União acabaria por conduzir a uma certa erosão das atribuições estaduais e conferir ao

[680] Paul Craig, *The Lisbon Treaty...*, p. 156.

processo de integração europeia um dinamismo e um caráter evolutivo, completamente desconhecidos do Direito Internacional. O Tribunal afastou-se, totalmente, da regra vigente no Direito Internacional de que as limitações de soberania não se presumem, tendo procedido a uma interpretação teleológica do Tratado que, por vezes, chegou a levantar dúvidas sobre a observância do princípio da atribuição, embora nunca o tenha afrontado claramente.

O Tribunal interpretou as atribuições "pro Comunidade", tanto nos casos em que procurou o sentido comunitário da norma como quando interpretou restritivamente as restrições às atribuições e competências comunitárias. Assim, o sentido comunitário atribuído pelo Tribunal aos conceitos de monopólio nacional de natureza comercial (antigo artigo 31º do TCE)[681], de trabalhador (antigo artigo 39º do TCE)[682], de segurança social (antigo artigo 42º do TCE)[683], de imposições internas (antigo artigo 90º do TCE)[684], de serviço público[685], de órgão jurisdicional[686] e recurso judicial[687] (antigo artigo 234º do TCE) não só contribuiu para conferir à Ordem Jurídica comunitária um caráter uniforme e independente, como também ampliou as matérias sobre as quais a Comunidade passou a exercer os seus poderes legislativo e executivo. Além disso, o modo como o TJ interpretou as normas restritivas das atribuições comunitárias, como, por exemplo, os antigos artigos 30º[688], 39º, nº 3[689] e 46º, nº 1, do TCE contribuiu para minimizar o impacto nacional nas atribuições comunitárias.

[681] Ac. de 15/7/64, *Costa Enel*, proc. 6/64, Rec. 1964, p. 1163; ac. de 30/4/74, *Sacchi*, proc. 153/73, Rec. 1974, p. 428 e 429; ac. de 3/2/76, *Mangera*, proc. 59/75, Rec. 1976, p. 100, 101.

[682] Ac. de 19/3/64, *Unger*, proc. 75/63, Rec. 1964, p. 362 e 363; ac. de 23/382, *Levin*, proc. 53/81, Rec. 1982, p. 1048 a 1050; ac. de 3/7/86, *Lawrie-Blum*, proc. 66/85, Rec. 1986, p. 2144; ac. de 3/ /6/86, *Kempf*, proc. 139/85, Rec. 1986, p. 1746.

[683] Ac. de 9/10/74, *Biaison*, proc. 24/74, Rec. 1974, p. 1007.

[684] Ac. de 4/4/68, *Gebruder Lück*, proc. 34/67, Rec. 1968, p. 359 e segs; ac. de 22/3/77, *Ianelli*, proc. 74/76, Rec. 1977, p. 557 e 558; ac. de 25/11/81, *Andresen*, proc. 4/81, Rec. 1981, p.2835.

[685] Ac. de 19/5/93, *Corbeau*, proc. C-320/91, Col. 1993, p. I-2533 e ss, ac. de 27/4/94, *Almelo*, proc. C-393/92, Col. 1994, p. I-1477 e segs e ac. de 18/6/98, *Corsica Ferries France*, proc. C-266/96, Col. 1998, p. I-3949, par. 60.

[686] Ac. de 5/2/63, *Van Gend & Loos*, proc. 26/62, Rec. 1963, p. 7; ac. de 6/10/81, *Broekmeulen*, proc. 246/80, Rec. 1981, p. 2311; ac. de 30/6/66, *Vaassen-Göbbels*, proc. 61/65, Rec. 1966, p. 395; ac. de 1/12/70, *Mutualités Socialistes la Marca*, proc. 32/70, Rec. 1970, p. 987; ac. de 7/7/76, *IRCA*, proc. 7/76, Rec. 1976, p. 1213; ac. de 29/9/76, *Brack*, proc. 17/76, Rec. 1976, p. 1429; ac. de 24/6/86, *Drake*, proc. 152/85, Rec. 1986, p. 1995; ac. de 5/3/86, *Regina Greis Unterweger*, proc. 318/85, Rec. 1986, p. 955; ac. de 30/3/93, *Corbiau*, proc. C-24/92, Rec. 1993, p. I-1277)

[687] Ac. de 24/5/77, *Hoffmann-La Roche*, proc. 107/76, Rec. 1977, p. 973.

[688] Ac. de 25/1/77, *Baudhuis*, proc. 46/76, Rec. 1977, p. 5 e segs.

[689] Ac. de 4/12/74, *Van Duyn*, proc. 41/74, Rec. 1974, p. 1337; ac. de 26/2/75, *Bonsignore*, proc. 67/74, Rec. 1975, p. 297 e segs; ac. de 27/10/77, *Bouchereau*, proc. 30/77, Rec. 1977, p. 1999; ac. de 5/3/80, *Pescastaing*, proc. 98/79, Rec. 1980, p. 691.

Deve ainda acrescentar-se que o Tribunal transmutou algumas atribuições concorrentes, ou seja, atribuições que, segundo o Tratado tanto podiam ser exercidas pela Comunidade como pelos seus Estados-membros, em atribuições exclusivas – através do chamado fenómeno da preempção – que ocorreu ao longo dos anos e a vários níveis[690], o que levou também à extensão das atribuições da Comunidade.

A entrada em vigor do TUE, embora tenha contribuído para refrear um pouco o Tribunal, uma vez que conferiu, em relação a certas políticas, a base jurídica própria e específica necessária à atuação da Comunidade, não alterou verdadeiramente esta situação. Na verdade, continuou a não existir no Tratado uma enumeração clara das diferentes atribuições da União / Comunidade.

26.2. As atribuições ao nível externo

O quadro acabado de traçar diz respeito, essencialmente, às atribuições internas, sendo certo que a questão se complicava ainda mais no domínio das atribuições externas das Comunidades e da União.

26.2.1. Das origens até ao Ato Único Europeu

A verdade é que as Comunidades Europeias surgiram, na década de 50, com objetivos, primordialmente, económicos – a construção do mercado comum do carvão e do aço (CECA), do mercado comum geral (CEE), a promoção da utilização da energia nuclear para fins pacíficos e o desenvolvimento da potente indústria nuclear (CEEA) –, pelo que as suas atribuições se concentraram no plano interno, ou seja, na regulação dos aspetos atinentes ao mercado (livre circulação de mercadorias, pessoas, serviços e capitais), à livre concorrência e a certas políticas internas, como, por exemplo, a política agrícola comum no seu espaço territorial, que o mesmo é dizer no espaço territorial dos seus Estados-membros. A política comercial comum, pelo contrário, surgiu, desde logo, com uma vertente externa muito marcada, o que aponta no sentido de que, inicialmente, a atuação das Comunidades Europeias no plano internacional se restringia aos aspetos que se revelavam essenciais para assegurar os interesses e os objetivos internos.

Por conseguinte, os Tratados institutivos das Comunidades Europeias continham escassas referências à dimensão externa, isto é, à afirmação e participação das Comunidades nas decisões da comunidade internacional: os ex-artigos 111º e 113º do TCEE previam os acordos tarifários e aos acordos comerciais, respetivamente, o ex-artigo 228º do TCEE estabelecia o procedimento de conclusão dos acordos internacionais pela CEE e o ex-artigo 238º do TCEE abrangia os acordos

690 A preempção verificou-se, principalmente, no domínio das relações externas da Comunidade, da concorrência e da política agrícola comum.

de associação. Por seu turno, os ex-artigos 229º a 231º do TCEE versavam sobre as relações da CEE com as Nações Unidas e as suas agências especializadas, com o GATT, o Conselho da Europa e a Organização Europeia de Cooperação Económica. A parcimónia do Direito Originário não impediu, todavia, a Comunidade de, logo após a entrada em vigor do TCEE, encetar a negociação e a celebração de acordos internacionais com terceiros Estados. Assim, a assinatura do acordo de associação com a Grécia data de 1961 e a do acordo de associação com a Turquia de 1963.

À medida que a integração económica europeia se foi aprofundando e, sobretudo, após ter começado a ganhar algumas aspirações políticas, tornou-se evidente que, se os Estados-membros mantivessem intacta a sua capacidade internacional, poderiam pôr em perigo as atribuições internas das Comunidades, através, por exemplo, da celebração de convenções internacionais com terceiros Estados bem como da sua participação em certas Organizações Internacionais.

Ora, se considerarmos as características específicas das Comunidades Europeias, designadamente a autonomia da Ordem Jurídica comunitária em relação às Ordens Jurídicas dos seus Estados-membros bem como o primado do Direito Comunitário sobre o Direito dos Estados-membros, esta situação, na ótica das Comunidades, seria insustentável e acabaria por conduzir a breve trecho à sua desagregação.

Daí que, a partir do início da década de 70, tendo tomado consciência da importância, e até da imprescindibilidade, da dimensão externa das Comunidades Europeias, tiveram lugar algumas iniciativas políticas cujo intuito terá sido o de ultrapassar o défice de atribuições neste domínio. Note-se, contudo, que as atribuições internacionais fazem parte do âmago da soberania dos Estados, pelo que o consenso nesse domínio não foi fácil de alcançar.

Em 27 de outubro de 1970 foi aprovado o Relatório DAVIGNON, pelos Ministros dos Negócios Estrangeiros dos então seis Estados-membros, o qual previa a instauração da cooperação política externa em termos muito modestos. Este relatório foi, posteriormente, completado pelo Relatório de Copenhaga, de 23 de julho de 1973, tendo a Cimeira de Paris II de 1974 criado o seu quadro institucional, ou seja, o Conselho Europeu. Mas a verdade é que, até ao AUE, ou seja, até à segunda metade dos anos oitenta, não se verificaram avanços significativos. Aliás, a imagem, muito divulgada nos meios políticos, da Europa como um gigante económico com pés de barro ilustrava bem esta realidade.

Não obstante o quadro jurídico descrito, o Tribunal de Justiça construiu uma Jurisprudência, iniciada na década de 70, que permitiu o alargamento do *treaty-making power* das Comunidades Europeias[691].

[691] Um estudo desenvolvido da Jurisprudência do TJ relativa às atribuições da Comunidade para concluir acordos internacionais, veja-se em CHRISTINE KADDOUS, *Le droit des relations extérieures...*,

Na verdade, as normas dos Tratados não respondiam, com clareza, a algumas questões fundamentais, designadamente, a extensão das atribuições da Comunidade no plano internacional, a repercussão das atribuições internacionais da Comunidade nas atribuições dos seus Estados-membros, os efeitos dos acordos internacionais celebrados pelas Comunidades, quer isoladamente, quer em conjunto com os seus Estados-membros, o modo de negociação e de conclusão das convenções internacionais quando a matéria nelas versada era simultaneamente das atribuições dos Estados-membros e da Comunidade. O Tribunal dispunha pois de um terreno fértil para afirmar uma Jurisprudência inovadora.

Assim, no caso *AETR*[692], o Tribunal decidiu que a Comunidade gozava da capacidade de estabelecer relações com Estados terceiros em toda a extensão dos objetivos definidos no Tratado. Esta competência não resultava apenas de uma atribuição explícita nesse sentido, mas podia retirar-se de outras disposições do Tratado e dos atos adotados pelos seus órgãos[693]. Em particular, no caso das políticas comuns, se já tiverem sido adotadas regras comuns, os Estados-membros perdem a sua capacidade para celebrar acordos internacionais, tanto do ponto de vista individual como coletivo, com terceiros Estados, pois podem contrair obrigações que venham a afetar essas regras ou alterar o seu âmbito de aplicação. O Tribunal retirou ainda a capacidade internacional da Comunidade da sua personalidade jurídica afirmada no ex-artigo 210º do TCEE.

As atribuições externas da Comunidade podem, por conseguinte, ser expressas ou implícitas.

Esta Jurisprudência foi reiterada, no parecer nº 1/75[694], em que se exclui a competência paralela dos Estados-membros para concluir acordos com terceiros em matéria de política comercial comum e, no parecer nº 1/76[695], em que se afirmou claramente que, em virtude das normas relativas à política comercial comum, a Comunidade tem poderes para adotar regras internas e para concluir acordos internacionais. Aliás, neste parecer, o Tribunal avançou um pouco mais no sentido de admitir que a capacidade internacional da Comunidade não se limitava aos casos em que as atribuições internas já foram exercidas, ou seja, já

maxime, p. 240 e segs. Cfr. também Paolo Mengozzi, «The European Union Balance of Powers...», p. 817 e segs; Andrea Ott, "Thirty Years of Case-law by the European Court of Justice on International Law: A Pragmatic Approach Towards its Integration", *in* Vincent Kronenberger (ed.), *The European Union...*, p. 95 e segs.

692 Ac. de 31/3/71, *Comissão c. Conselho*, proc. 22/70, Rec. 1970, p. 263 e segs.

693 O Tribunal reafirmou esta Jurisprudência no caso *Kramer* (ac. de 14/7/76, procs. nº 3, 4 e 6/76, Rec. 1976, p. 1279 e segs), tendo considerado que a capacidade internacional da Comunidade também pode resultar do ato de adesão.

694 Parecer de 11/11/75, *parecer nº 1/75*, Rec. 1975, p. 1355 e segs.

695 Parecer de 26/4/77, *parecer nº 1/76*, Rec. 1976, p. 741 e segs.

foram adotadas medidas internas para a realização de determinada política, mas abrange igualmente as situações em que as medidas internas só poderiam ser adotadas através da celebração do acordo internacional, isto é, a participação da Comunidade no acordo seria necessária para a realização de um dos seus objetivos. Estando em causa a política comum de transportes, a Comunidade tinha competência para celebrar acordos internacionais, incluindo os que criassem um organismo internacional, como sucedia com o acordo em apreço sobre a navegação no Reno. Porém, a competência da Comunidade não era exclusiva, isto é, os Estados-membros também tinham direito a participar, uma vez que existiam sobre aquela matéria acordos anteriores ao TCEE, suscetíveis de criar obstáculos ao regime jurídico previsto no acordo em causa.

No parecer nº 1/78[696], o Tribunal admitiu a participação dos Estados-membros num acordo em matéria de política comercial comum porque este comportava uma obrigação de financiamento de um stock regulador, não estando ainda definido se esse financiamento ficava a cargo do orçamento da Comunidade ou a cargo dos Estados-membros. Enquanto esta questão não estivesse resolvida, os Estados-membros deveriam participar a par da Comunidade. O parecer nº 1/78 confirmou, portanto, a tese das atribuições paralelas da Comunidade e dos Estados-membros.

Desta primeira fase da Jurisprudência do TJ podem retirar as seguintes ideias-força:

a) Nas matérias em que a Comunidade detém competência exclusiva ao nível interno, como é o caso da política comercial comum, essa exclusividade não se refere somente aos atos e normas internos, antes se transmite igualmente à conclusão de acordos internacionais com terceiros Estados;

b) As atribuições externas podem ser implícitas, ou seja, as atribuições da Comunidade no domínio internacional não resultam necessariamente de disposições expressas dos Tratados, podendo retirar-se implicitamente de outras disposições dos Tratados e dos atos adotados pelos órgãos comunitários.

O princípio que dominou a matéria da capacidade internacional das Comunidades Europeias, nesta primeira fase, foi o princípio do paralelismo de atribuições internas e externas, o qual significava que, mesmo na ausência de legislação interna, a Comunidade podia celebrar acordos internacionais se fossem necessários para atingir algum dos objetivos previstos no Tratado.

A entrada em vigor do AUE, em meados da década de 80, trouxe algumas inovações no domínio das atribuições externas das Comunidades. Por um lado, foram

[696] Parecer de 4/10/79, *parecer nº 1/78*, Rec. 1979, p. 2871 e segs.

aditadas novas disposições que atribuíam expressamente poderes à Comunidade para concluir acordos internacionais. Por outro lado, o artigo 30º atinente à Cooperação Política Europeia, deve ser encarado como o antecessor da futura PESC. As revisões posteriores – o Tratado de Maastricht, o Tratado de Amesterdão e o Tratado de Nice – continuaram, na esteira do AUE, a extensão da capacidade internacional da Comunidade, tendo inclusivamente integrado no articulado dos Tratados algumas soluções jurisprudenciais. O Tratado de Lisboa vai igualmente procurar desenvolver a capacidade internacional da União.

Assim, o AUE institucionalizou formalmente o órgão cuja competência se vai revelar crucial no domínio das atribuições externas – o Conselho Europeu – embora não faça qualquer referência à sua competência. Além disso, o AUE previu normas específicas de atribuição de poderes externos à então CEE em matéria de investigação e desenvolvimento tecnológico e em matéria de ambiente. Por último, o AUE introduziu uma parte relativa à Cooperação Política Europeia – o artigo 30º – a qual consagrava as práticas já existentes nesta matéria e, assim, lançou as bases para a criação do segundo pilar intergovernamental – a PESC – na futura revisão de Maastricht.

Além disso, o AUE foi o responsável pela introdução do princípio da coerência no Direito Originário[697] (considerando 5º do preâmbulo e ex-artigo 30º, nº 2, al. *d)*, e 30º, nº 5), o qual vai tornar-se num princípio fundamental da futura política externa da União.

As inovações do AUE – embora relevantes – eram muito tímidas e cedo se revelaram insuficientes. Por um lado, não dotavam as Comunidades de todos os mecanismos e instrumentos necessários para se afirmarem externamente e, por outro lado, deixavam muitas questões em aberto. Por isso, a vigência do AUE não inibiu o Tribunal de Justiça de prosseguir a construção jurisprudencial inovadora iniciada na década de 70.

Assim, no parecer nº 1/92[698], o Tribunal aceitou a capacidade internacional da Comunidade para celebrar um acordo relativo à repartição de competências entre as partes contratantes no domínio da concorrência, na medida em que a Comunidade disponha de competência interna proveniente das normas do Tratado e dos atos adotados para a sua aplicação e desde que as normas internacionais não desnaturem as atribuições da Comunidade e a competência dos seus órgãos, de acordo com os Tratados.

[697] A necessidade de coerência da ação no domínio da CPE e das relações externas, nomeadamente, económicas da Comunidade já era encarada, do ponto de vista político, desde o início dos anos 70, pois cedo se tomou consciência de que a ação externa só poderia ser eficaz se fosse coerente e consistente. Neste sentido, PASCAL GAUTTIER, "Horizontal Coherence and the External Competences of the European Union", *ELJ*, 2004, p. 25.

[698] Parecer de 10/4/92, *parecer nº 1/92*, Col. 1992, p. 2821 e segs.

No parecer 2/91[699], o Tribunal reafirmou a tese do paralelismo de atribuições internas e externas da Comunidade, sublinhando que o facto de a Comunidade poder concluir acordos internacionais sobre uma dada matéria não significa que possa atuar em exclusivo. *In casu*, tratava-se da conclusão da convenção nº 170 da OIT relativa à segurança da utilização de produtos químicos no trabalho. O Tribunal decidiu que esta matéria pertencia em conjunto aos Estados-membros e à Comunidade, dado que o domínio em apreço resultava da política social. Ora, o ex-artigo 118ºA do TCEE apenas conferia à Comunidade poderes para aprovar diretivas que fixassem *standards* mínimos, pelo que o Direito Comunitário deixava aos Estados-membros a liberdade de aplicarem normas mais exigentes.

26.2.2. Do Tratado de Maastricht ao Tratado de Nice

O Tratado de Maastricht introduziu modificações significativas no domínio da ação externa da União e da CEE que, como vimos, se passou a denominar CE. Aliás, um dos objetivos das conferências intergovernamentais, nas quais foi negociado o Tratado de Maastricht, centrava-se na definição dos interesses comuns dos Estados na PESC e na criação de um quadro institucional específico. Além disso, o alargamento das atribuições da CE em matéria social, de coesão económica e social, de meio ambiente, de saúde, de investigação, de energia, de infra-estruturas e de património cultural e educacional e, eventualmente, dos assuntos internos e de justiça poderia repercutir-se na capacidade internacional da CE por duas vias: por um lado, através da referência expressa a novas atribuições externas no Tratado, por outro lado, ainda que essa referência não se verificasse, a expansão das atribuições sempre poderia resultar da aplicação da Jurisprudência do paralelismo de atribuições internas e externas. Com efeito, o TCE previu, expressamente, o poder de celebração de convenções internacionais relativamente à União Económica e Monetária[700] bem como no que diz respeito à educação, à formação profissional, à cultura, à saúde pública, às redes transeuropeias e à cooperação para o desenvolvimento.

Além disso, a partir do Tratado de Maastricht, tornou-se ainda mais claro que a ação internacional da União Europeia não se limitava aos domínios que até então tinham sido objeto de desenvolvimento pelas Comunidades Europeias, mas integrava igualmente a PESC.

A ação externa da União operava, portanto, em duas frentes distintas e – porque não dizê-lo – antagónicas. Porém, a necessidade de coerência do conjunto da

[699] Parecer de 19/3/92, *parecer nº 2/91*, Col. 1992, p. 1061 e segs.

[700] Sobre a projeção externa da UEM, cfr., por todos, JEAN-VICTOR LOUIS, "Les relations extérieures de l'Union économique et monétaire", *in* ENZO CANNIZZARO (ed.), *The European Union...*, p. 77 e segs.

ação externa da União, no âmbito das políticas a adotar em matéria de relações externas, de segurança, de economia e de desenvolvimento, impunha a sua compatibilização. A dualidade da União ao nível internacional entre, por um lado, as matérias previstas no então TCE – objeto de um tratamento supranacional – e, por outro lado, as matérias relativas à PESC, equacionadas num quadro intergovernamental, deveria ser ultrapassada, tornando mais coerente e consistente a ação da União na cena internacional.

O princípio da coerência entre os dois pilares surge, pois, como um princípio fundamental da ação externa da CE e da União. A coesão e consistência da política externa da União dependiam da ausência de contradições entre a ação desenvolvida no âmbito das políticas da CE e da PESC. Só assim se poderia alcançar a sinergia entre estas políticas, ou seja, uma verdadeira coerência. Com efeito, a sobreposição de atribuições entre a CE e a PESC – ainda que não muito frequente – não estava totalmente excluída, como a prática veio demonstrar. O controlo da exportação de bens de uso duplo (para fins civis e militares) e as sanções económicas comunitárias em relação a terceiros Estados consubstanciam dois exemplos – entre muitos outros – da possibilidade dessa sobreposição[701].

Com efeito, o diferente modo de participação dos órgãos da União, os diferentes procedimentos de decisão e a forma como o controlo jurisdicional dos Tribunais da União se exercia em cada um dos pilares, não propiciava, na prática, nem a coerência nem tão pouco a coesão da União Europeia na cena internacional. As normas adotadas em Maastricht mostraram-se portanto inadequadas para atingir o objetivo central nelas visado, isto é, a afirmação da União na cena internacional, pelo foi necessário proceder à sua revisão.

Ora, um dos desígnios primordiais da CIG 96 foi, precisamente, o reforço da capacidade de ação externa da União e da sua identidade. Daí que as principais alterações introduzidas pelo Tratado de Amesterdão[702] no domínio dos poderes externos da União e da Comunidade tenham respeitado à PESC, a qual foi objeto de uma revisão global.

[701] Neste sentido, PASCAL GAUTTIER, "Horizontal Coherence...", p. 26 e segs.

[702] Sobre as modificações do Tratado de Amesterdão no domínio da política externa da União e da Comunidade, cfr. ALAN DASHWOOD, «External Relations...», p. 1019 e segs; JAAP DE ZWANN, «Community Dimensions of the Second Pilar», *in* T. HEUKELS / N. BLOKKER / M. BRUS (eds.), *The European Union after Amsterdam – a Legal Analysis*, Haia, 1998, p. 179 e segs; TANGUY DE WILDE D'ESTMAEL, "La réforme de la politique étrangère et de sécurité commune", *in* YVES LEJEUNE, *Le Traité d'Amsterdam...*, p. 365 e segs; PIERRE D'ARGENT, «Le Traité d'Amsterdam et les aspects militaires de la PESC», *in* YVES LEJEUNE, *Le Traité d'Amsterdam...*, p. 383 e segs; CRISEIDE NOVI, «Le novità del Trattato di Amsterdam...», p. 433 e segs; CARLO NIZZO, «La politica commerciale comune...», p. 541 e segs; ENZO CANNIZZARO, «Sui rapporti fra il sistema...», p. 331 e segs; PIERRE DE NERVIENS, «Les relations externes», p. 801 e segs.

Deve notar-se que igual sorte não tiveram outras áreas com notória relevância e projeção externa. Apesar da "comunitarização" da política de vistos, de asilo, de imigração e de outras políticas relativas à livre circulação de pessoas (ex-artigos 61º e seguintes do TCE) bem como da integração do acordo social no TCE (ex-artigo 135º e seguintes do TCE), o que implicou a expansão da política social, o Tratado de Amesterdão não dotou, nestes domínios, a Comunidade de novos poderes externos explícitos, designadamente, para a conclusão de convenções internacionais. Deve, todavia, salientar-se que a Jurisprudência do paralelismo de atribuições internas e externas, acima referida, permite suprir esta lacuna[703].

Tendo em conta as críticas que foram dirigidas ao Tratado de Amesterdão, o Tratado de Nice procedeu a aditamentos e alterações de relevo no domínio dos poderes externos da Comunidade e da União.

No que diz respeito às atribuições externas da CE, uma das mais relevantes alterações ocorreu no âmbito do antigo artigo 133º do TCE (atual artigo 207º do TFUE) relativo à política comercial comum. O Tratado de Nice alargou a capacidade internacional da Comunidade neste domínio[704], alargamento esse que teve como principal objetivo a ultrapassagem das dificuldades inerentes à capacidade internacional da Comunidade, nomeadamente, no que diz respeito à negociação e à conclusão de acordos comerciais sobre certas matérias, em especial, no âmbito da OMC[705].

A complexidade das normas comunitárias em matéria de repartição de atribuições entre a Comunidade e os Estados-membros, no plano internacional, bem como a exigência da unanimidade proveniente do caráter misto de alguns acordos contribuíam para o enfraquecimento da posição negocial da Comunidade, fortalecendo, em contrapartida, os seus parceiros comerciais.

[703] Neste sentido, Piet Eeckhout, *External Relations of the European Union..*,, p. 102.

[704] Neste sentido, Loïc Grard, "La condition internationale de l'Union européenne après Nice", *RAE*, 2000, p. 374 e segs.

[705] Sobre as dificuldades da União na negociação e conclusão de acordos comerciais, cfr., entre outros, Lorand Bartels, "The Trade and Development Policy of the European Union", *in* Marise Cremona (ed.), *Developments in EU External Relations Law*, Oxford, 2008, p. 128 e segs; Jean-François Brakeland, "Politique commerciale commune, coopération avec les pays tiers et aide humanitaire", *in* Giuliano Amato / Hervé Bribosia / Bruno de Witte (eds.), *Genèse et Destinée...*, p. 849 e segs; Sophie Meunier / Kalypso Nicolaïdis, "The European Union as a Trade Power", *in* Christopher Hill / Michael Smith (eds.), *International Relations and the European Union*, Oxford, 2005, p. 247 e segs; Catherine Schmitter / Catherine Smits, "La politique commerciale commune et les accords commerciaux", *in* Jean-Victor Louis / Marianne Dony (dir.), *Commentaire Mégret....*, p. 215 e segs; Eduardo Paz Ferreira, *Valores e interesses – Desenvolvimento Económico e Política Comunitária de Cooperação*, Coimbra, 2004, p. 361 e segs; Andrea Ott, "Thirty Years of Case-law...", p. 123 e segs.

Assim, na tentativa de obviar a estas fragilidades já, anteriormente, no Tratado de Amesterdão, se tinha introduzido uma passarela no nº 5 do antigo artigo 133º do TCE, o qual previa a possibilidade de o Conselho, por unanimidade, estender a regra da maioria qualificada às negociações e aos acordos internacionais relativos aos setores dos serviços e aos direitos de propriedade intelectual. A verdade é que, na prática, esta passarela nunca funcionou.

A principal preocupação em Nice foi evitar a paralisia e os bloqueios nas negociações internacionais, sobretudo, tendo em conta o alargamento da União a mais dez Estados que se avizinhava. Por essa razão, o antigo artigo 133º do TCE sofreu uma profunda reformulação, cujo resultado final foi tudo menos claro, para não dizer mesmo relativamente hermético.

Em primeiro lugar, suprimiu-se o nº 5 introduzido em Amesterdão, o qual foi substituído pelo par. 1º do mesmo número que incluiu a regra de que a negociação e a celebração de acordos internacionais nos domínios do comércio de serviços e de aspetos comerciais da propriedade intelectual passavam a observar o regime geral dos nºs 1 a 4 do preceito em apreço, designadamente, a deliberação do Conselho por maioria qualificada.

Esta regra comportava, todavia, tantas exceções e derrogações que acabavam por pôr em causa a sua eficácia prática. Senão vejamos:

a) Os acordos relativos aos transportes estavam excluídos do âmbito de aplicação do ex-artigo 133º do TCE (cfr. nº 6, par. 3º), bem como os acordos relativos ao investimento estrangeiro;

b) O par. 1º do nº 6 do ex-artigo 133º do TCE reservava aos Estados-membros os acordos que excedessem as competências internas da Comunidade, tendo, designadamente, por consequência a harmonização de disposições legislativas e regulamentares dos Estados-membros num domínio em que o Tratado excluía essa harmonização.

c) Em derrogação da regra prevista no par. 1º do nº 5 do ex-artigo 133º do TCE, ou seja, da regra da votação por maioria qualificada no seio do Conselho, este deliberava por unanimidade:

   i) sempre que os acordos incluíssem disposições em relação às quais era exigida a unanimidade para adotar normas internas;

   ii) sempre que os acordos incidissem em domínios em que a Comunidade não tinha ainda exercido os seus poderes ao nível interno;

   iii) sempre que se tratasse de acordos de caráter horizontal não abrangidos pelo par. 2º do nº 5 ou pelo par. 2º do nº 6 do preceito;

d) O par. 2º do nº 6 da citada disposição constituía uma derrogação às atribuições externas exclusivas da Comunidade, na medida em que previa que os acordos no domínio do comércio dos serviços culturais e audiovisuais, de serviços de educação, bem como de serviços sociais e de saúde humana integravam a competência partilhada da Comunidade e dos seus Estados-membros;

e) Os Estados-membros mantinham o direito de celebrar acordos com países terceiros ou com Organizações Internacionais, desde que respeitassem o Direito Comunitário e outros acordos internacionais pertinentes.

O nº 7 do preceito em apreço previa ainda uma *passarela,* na qual se admitia o alargamento da aplicação dos nºs 1 a 4 do ex-artigo 133º do TCE, ou seja, a possibilidade de aplicação da regra de votação por maioria qualificada às negociações e aos acordos internacionais que incidissem sobre a propriedade intelectual. Neste caso não era necessária a revisão do Tratado, sendo suficiente uma decisão do Conselho, por unanimidade, sob proposta da Comissão e parecer do PE.

Em consequência das alterações introduzidas no ex-artigo 133º do TCE, o Tratado de Nice incluiu igualmente algumas modificações no procedimento de conclusão dos acordos internacionais previsto no ex-artigo 300º do TCE[706] (atual artigo 218º do TFUE).

Do exposto pode concluir-se que, no domínio da política comercial, o Tratado de Nice representou algum avanço, tendo, sobretudo, contribuído para uma maior adequação e eficácia da ação internacional da Comunidade. Porém, para satisfazer os Estados mais intergovernamentalistas, foi necessário refrear os avanços com exceções, derrogações e reservas que conduziram ao que Loïc Grard apelidou de um passo em frente e dois atrás[707].

No parecer nº 1/08[708] o Tribunal de Justiça teve oportunidade de se pronunciar sobre o âmbito de aplicação dos nºs 5 e 6 do ex-artigo 133º do TCE, tendo decidido que a conclusão de acordos no domínio do comércio de serviços culturais e audiovisuais, de serviços de educação e serviços sociais e de saúde pública no quadro do acordo geral sobre o comércio de serviços (GATS), anexado ao acordo que institui a OMC, relevam do nº 6, par. 2º, do ex-artigo 133º do TCE e não do seu nº 5, pelo que a sua conclusão é da competência partilhada da Comunidade e dos Estados-membros. O facto de o par. 3º do nº 5 do ex-artigo 133º do TCE prever que o ato comunitário relativo à conclusão de um acordo de natu-

[706] Cfr. Ricardo Passos / Stephan Marquardt, "International Agreements...", p. 875 e segs; Aline de Walsche, "La procédure de conclusion des accords internationaux", *in* Jean-Victor Louis / Marianne Dony (dir.), *Commentaire Mégret...*, p. 77 e segs; Catherine Schmitter / Catherine Smits, "La politique commerciale commune...", p. 215 e segs; Fausto Pocar, "The Decision-Making Processes of the European Community in External Relations", *in* Enzo Cannizzaro (ed.), *The European Union...*, p. 3 e segs; Sophie Meunier / Kalypso Nicolaïdis, "The European Union...", p. 247 e segs.

[707] Loïc Grard, "La condition internationale...", p. 381.

[708] Parecer de 30/11/2009, *parecer nº 1/08*, Col. 2009, p. 11129.

reza horizontal sobre comércio de serviços devia ser adotado por unanimidade não implicava que a competência para concluir os acordos previstos no par. 2º do nº 6 fosse exclusiva. Aliás, a exigência da unanimidade não impede o caráter partilhado da competência.

Para o Tribunal, os acordos de comércio de serviços de transportes relevavam do domínio da política de transportes e não da política comercial comum, pelo que estavam abrangidos pelo ex-artigo 133º, nº 6, par. 3º, do TCE.

Acresce que o Tratado de Nice introduziu no TCE um título XXI relativo à cooperação económica, financeira e técnica com os países terceiros no ex-artigo 181º-A do TCE[709], procurando adequar as bases jurídicas externas previstas aos vários tipos de acordos que a Comunidade, na prática, já celebrava.

No âmbito da PESC também se introduziram algumas alterações, que procuraram ultrapassar as críticas que tinham sido dirigidas à anterior redação dos Tratados.

Apesar de as sucessivas revisões dos Tratados institutivos terem alterado significativamente as normas relativas às atribuições externas da Comunidade e da União, a problemática da repartição de atribuições externas entre a Comunidade e a União, por um lado, e os Estados-membros, por outro lado, continuou a propiciar disputas judiciais quer entre os Estados-membros e a Comunidade e/ou a União quer entre os próprios órgãos da União Europeia. Por conseguinte, o Tribunal de Justiça, chamado a dirimir essas controvérsias, prosseguiu no desenvolvimento da sua Jurisprudência anterior.

Apesar de não o ter expressado abertamente, na década de 90, o Tribunal parece ter arrepiado caminho em alguns casos.

Assim, em matéria de propriedade intelectual, o Tribunal afirmou, no parecer nº 1/94[710], que, nos domínios abrangidos pelo acordo TRIPS, a harmonização no quadro comunitário ou era parcial ou era pura e simplesmente inexistente. É certo que a Comunidade tinha competência para essa harmonização, mas o facto é que os órgãos comunitários ainda não a tinham, praticamente, exercido, pelo que a Comunidade e os Estados-membros dispunham de atribuições partilhadas nesse domínio.

Naturalmente que o Tribunal aceitou que a partilha das atribuições entre a Comunidade e os Estados-membros causava dificuldades quanto à aplicação do acordo internacional em apreço, o que exigia uma coordenação com vista à unidade da ação dessa participação conjunta, mas considerou que isso não podia alterar as regras de repartição de atribuições entre os Estados-membros e a Comunidade previstas (expressa ou implicitamente) nos Tratados.

[709] Sobre estes acordos, cfr. Carlos J. Moreiro González, "La cooperación económica, financiera...", p. 41 e segs.

[710] Parecer de 15/11/94, *parecer nº 1/94*, Col. 1994, p. I-5267 e segs.

O facto de uma Organização Internacional só dispor de um orçamento de funcionamento e não de um instrumento de financiamento autónomo e de o encargo das despesas da OMC recair sobre os Estados-membros, por si só, não justificava a participação dos Estados-membros na conclusão do acordo.

O Tribunal acrescentou que, mesmo em matéria de transportes, a competência externa exclusiva da Comunidade não resultava *ipso facto* do poder de a Comunidade editar normas no plano interno. Os Estados-membros só perdem o direito de celebrar convenções internacionais, isolada ou coletivamente, à medida que as regras comuns forem sendo adotadas e sejam suscetíveis de ser afetadas por essas obrigações internacionais. Como nem todas as questões relativas aos transportes tinham sido objeto de normas comuns, segundo o Tribunal, os Estados-membros ainda não tinham perdido a sua capacidade de concluir acordos internacionais nessa matéria.

As normas do Tratado sobre direito de estabelecimento e livre prestação de serviços não incluíam qualquer disposição que estendesse expressamente a competência da Comunidade às relações internacionais. O seu único objetivo era o de assegurar o direito de estabelecimento e a livre prestação de serviços aos nacionais dos Estados-membros, pelo que não abrangiam o primeiro estabelecimento dos nacionais de Estados terceiros nem o regime do seu acesso a atividades não assalariadas. Como tal, não se podia deduzir daquelas normas a competência exclusiva da Comunidade para concluir um acordo com terceiros Estados, como era o caso do acordo geral sobre o comércio de serviços (GATS), que visava liberalizar o primeiro estabelecimento bem como o acesso ao mercado dos serviços além dos fornecimentos transfronteiriços. Daqui não decorria, contudo, que se os órgãos comunitários viessem a adotar regras relativas ao tratamento dos nacionais de Estados terceiros ou se o Tratado viesse a atribuir à Comunidade poderes expressos para concluir acordos internacionais sobre este domínio, ela não pudesse vir a adquirir a capacidade externa exclusiva.

A verdade é que no conjunto do setor dos serviços não se verificava esta situação, pelo que a preservação da coesão do mercado interno não justificava, por si só, a participação isolada da Comunidade no acordo GATS. Segundo o Tribunal, o acordo GATS devia ser concluído pela Comunidade e pelos Estados-membros. E nem a competência de harmonização prevista no ex-artigo 100ºA do TCE, que ainda não tinha sido implementada num determinado domínio, nem o ex-artigo 235º do TCE (posterior artigo 308º do TCE e atual artigo 352º do TFUE) poderiam criar esse título de exclusividade ao nível externo.

Para uma parte significativa da Doutrina, o parecer nº 1/94 representou um retrocesso em relação à anterior Jurisprudência relativa às atribuições externas exclusivas da Comunidade. É certo que, após um período inicial de grande ativismo judicial em todas as áreas, o Tribunal, à medida que o processo de integração evolui, vai procedendo a alguns ajustamentos no sentido de corrigir as suas – por vezes, demasiado arrojadas – decisões, o que não significa que tenha abandonado a postura de ativismo judicial, como o demonstram, por exemplo, algumas decisões relativas à interpretação do antigo artigo 47º do TUE[711] ou ao efeito direto das convenções internacionais[712].

Mas a verdade é que o parecer nº 1/94 vai marcar, consideravelmente, a futura Jurisprudência do Tribunal relativa às atribuições externas da Comunidade.

Assim, no parecer nº 2/92[713], o Tribunal vai aplicar a Jurisprudência do parecer nº 1/94 à decisão da OCDE relativa ao tratamento a reservar às empresas sob controlo estrangeiro. O Tribunal considerou que o objeto da decisão só relevava parcialmente da competência da Comunidade, na medida em que, em certos domínios abrangidos pela decisão, a Comunidade já tinha adotado regras comuns, as quais seriam suscetíveis de basear uma competência externa exclusiva da Comunidade, mas essas regras não cobriam todas as atividades visadas pela referida decisão, pelo que a competência externa deveria ser partilhada pela Comunidade e pelos Estados-membros.

Surpreendente para alguns foi, igualmente, o já citado parecer nº 2/94[714], relativo à adesão da Comunidade à CEDH, no qual o TJ decidiu que no estádio de evolução em que se encontrava o Direito Comunitário, a Comunidade não detinha, pura e simplesmente, poderes para aderir à CEDH, porque nenhuma disposição do Tratado conferia aos órgãos comunitários competência para editar normas, no domínio dos direitos fundamentais, nem para concluir convenções internacionais nessa matéria. Para o Tribunal, a adesão à CEDH implicaria uma alteração de tal modo substancial do regime de proteção dos direitos fundamentais tanto na Comunidade como nos Estados-membros que não se poderia basear no ex-artigo 235º do TCEE, antes necessitando de uma modificação constitucional pela via da revisão do Tratado. Há, no entanto, quem entenda que a Jurisprudência consagrada neste parecer não pode ser invocada a favor da tese do retrocesso do ativismo judicial, inserindo-se, antes, na atitude defensiva que o Tribunal normalmente assume quando é posta em causa a sua jurisdição[715].

[711] Cfr. ac. de 12/5/98, *Comissão c. Conselho (Vistos em trânsito nos aeroportos)*, proc. C-170/96, Col. 1998, p. I-2763 e segs; ac. de 13/7/2005, *Comissão c. Conselho (sanções ambientais)*, proc. C-176/03, Col. 2005, p. I-7879; ac. de 23/10/2007, *Comissão c. Conselho (repressão da poluição por navios)*, proc. C-440/05, Col. 2007, p. I-9097 e segs; ac. de 20/5/2008, *Comissão / Conselho*, proc. C-91/05, Col. 2007, p. I-3651 e segs.

[712] A título exemplificativo, cite-se o caso *Simutenkov* (ac. de 12/4/2005, proc. C-265/03, Col. 2005, p. I-2579).

[713] Parecer de 24/3/1995, *parecer nº 2/92*, Col. 1995, p. I-521 e segs.

[714] Parecer de 28/3/1996, *parecer nº 2/94*, Col. 1996, p. I-1759 e segs.

[715] Ver, por exemplo, o parecer de 14/12/91, *parecer nº 1/91*, Col. 1991, p. I-6079, relativo ao acordos do EEE.

A provável confirmação desta tese está no facto de que, mais recentemente, o Tribunal decidiu, no parecer nº 1/03[716], que a Comunidade detinha poderes exclusivos para celebrar a nova convenção de Lugano relativa à competência judiciária, ao reconhecimento e execução de decisões judiciárias em matéria civil e comercial que se destinava a substituir a anterior convenção de Lugano, na medida em que era suscetível de afetar as regras comunitárias do regulamento nº 44/2001, retomando, assim, a Jurisprudência consagrada no parecer nº 2/91. E nem a cláusula dita de "desconexão" segundo a qual o acordo não afetaria a aplicação pelos Estados-membros da Comunidade das normas pertinentes do Direito Comunitário, poderia ser encarada como um elemento determinante para aferir se a Comunidade dispunha de poderes exclusivos para concluir o acordo ou se esses poderes pertenciam aos Estados-membros. Com efeito, a referida cláusula não se consubstanciava como uma garantia de não afetação das regras comunitárias. Pelo contrário, até indiciava a possibilidade dessa afetação[717].

Já no parecer nº 1/08, *supra* mencionado, o Tribunal também se pronunciou sobre a repartição de atribuições externas entre a Comunidade e os Estados-membros, tendo concluído pela partilha de atribuições.

Antes de avançar, uma conclusão se impõe: as regras de repartição de atribuições entre a União Europeia e os Estados-membros quer no plano interno quer no plano externo não primavam pela clareza nem pela transparência, pelo que se afigurava necessário resolver esta questão.

26.3. A repartição de atribuições entre a União e os seus Estados-membros no TECE

Apesar de as sucessivas revisões dos Tratados terem introduzido alterações, no domínio da repartição de atribuições internas e externas entre a União e os seus Estados-membros, nunca se estabeleceram regras claras e transparentes que permitissem saber à partida – e sem margem para dúvidas – a quem cabia determinada competência num dado momento. No fundo, perante a incerteza e a obscuridade das disposições dos Tratados, a última palavra acabava por pertencer ao Tribunal de Justiça. Ora, esta situação revela-se insustentável, sobretudo, à medida que o processo de integração europeia se aprofunda, pelo que a enumeração das atribuições da União foi sendo reclamada por vários setores, incluindo pelos próprios Estados-membros que, muitas vezes, se consideravam amputados das suas próprias atribuições, sem que para isso tivessem dado o seu consenti-

[716] Parecer de 7/2/2006, *Parecer nº 1/03*, Col. 2006, p. I-1145 e segs.

[717] Sobre as cláusulas de desconexão, cfr. Marise Cremona, "Disconnection Clauses in EU Law and Practice", *in* Christophe Hillion / Panos Koutrakos (eds.), *Mixed Agreements Revisited...*, p. 138 e segs.

mento, mas também pelos órgãos da União que pretendiam conhecer previamente as matérias em relação às quais podiam adotar atos e normas validamente.

É pois neste contexto que deve equacionada a Declaração nº 23, respeitante ao futuro da União, adotada pela Conferência que aprovou o Tratado de Nice, na qual se previu a convocação de uma CIG para 2004, com o objetivo de debater, entre outras, a questão do estabelecimento e da manutenção de uma delimitação mais precisa das competências entre a União Europeia e os Estados-membros, que respeite o princípio da subsidiariedade.

A Convenção sobre o Futuro da Europa debruçou-se sobre esta questão, tendo procurado responder às críticas relacionadas com o caráter insuficiente, pouco claro e sem limites determinados das soluções consagradas nos Tratados então vigentes, no que foi corroborada pela CIG 2003/2004.

Efetivamente tanto o projeto de TECE saído daquela Convenção como o TECE aprovado pela CIG 2004 introduziram alterações significativas no que toca à enumeração das atribuições da União, tendo definido, pela primeira vez, no Direito Originário, as categorias de atribuições bem como as matérias que se inserem em cada uma delas[718].

O TECE previa, *grosso modo*, cinco tipos de atribuições (artigos I-12º e seguintes):

- exclusivas, em que só a União podia atuar através de atos legislativos e de atos juridicamente vinculativos;
- partilhadas com os Estados-membros, nas quais tanto os Estados como a União podiam atuar;
- coordenação das políticas económicas e de emprego;
- política externa e de segurança comum;
- domínios de ação de apoio, de coordenação ou de complemento, em que a União podia desenvolver ações, sem se substituir aos Estados.

[718] Sobre a repartição de atribuições entre a União e os seus Estados-membros no projeto de TECE e no TECE, cfr., entre muitos outros, Hervé Bribosia, «Subsidiarité et répartition de compétences entre l'Union et ses Etats membres», *in* Giuliano Amato / Hervé Bribosia / Bruno De Witte (eds.), *Genèse et Destinée...*, p. 389 e segs; Hervé Bribosia, «La répartition de compétences entre l'Union et ses Etats membres», *in* Marianne Dony / Emmanuelle Bribosia, *Commentaire de la Constitution...*, p. 47 e segs; Andrea Biondi, «Les compétences normatives de l'Union», *in* Lucia Serena Rossi, *Vers une nouvelle archicteture...*, p. 99 e segs; Jean-Claude Masclet, «Quelle répartition des compétences ?», *in* Christian Philip / Panayotis Soldatos, *La Convention sur l'avenir...*, p. 23 e ss ; Anne Peters, «European Democracy After the 2003 Convention», *CMLR*, 2004, p. 37 e segs; Dominik Hanf / Tristan Baumé, «Vers une clarification de la répartition des compétences entre l'Union et ses États membres? – Une analyse du projet d'articles du Présidium de la Convention», *CDE*, 2003, p. 135 e segs; P. Craig, «Competence: Clarity, Containment and Consideration», *ERPL/REDP*, 2003, p. 143 e segs; Adele Anzon, «La delimitazione delle competenze dell'Unione Europea», *Dir. Pub.*, 2003, p. 787 e segs; Dimitris N. Triantafyllou, *Le projet constitutionnel...*, p. 35 e segs.

O TECE definia igualmente as matérias que cabiam em cada um destes tipos de atribuições. As competências exclusivas da União abrangiam as regras de concorrência necessárias ao funcionamento do mercado interno, a política monetária para os Estados que tenham adotado o euro, a política comercial comum, a união aduaneira e a conservação dos recursos biológicos do mar, no âmbito da política comum das pescas (artigo I-13º do TECE). As competências partilhadas da União com os Estados membros abarcavam, principalmente, os domínios do mercado interno, do espaço de liberdade, de segurança e justiça, da agricultura e pescas, com exceção da conservação dos recursos biológicos, dos transportes e redes transeuropeias, da energia, da política social, da coesão económica, social e territorial, do ambiente, da defesa dos consumidores e dos problemas comuns de segurança em matéria de saúde pública (artigo I-14º do TECE). A coordenação das políticas económicas e de emprego implicava a competência da União para adotar medidas com vista a garantir a coordenação de três tipos de políticas dos Estados-membros: as políticas económicas, as políticas de emprego e as políticas sociais. Além disso, deve sublinhar-se que seriam aplicáveis disposições específicas aos Estados que tenham adotado o euro (artigo I-15º do TECE). A Política Externa e de Segurança Comum era subtraída ao regime comum da repartição de competências, abrangendo todos os domínios da política externa bem como todas as questões relativas à segurança da União, incluindo a definição gradual de uma política comum de defesa que poderá conduzir a uma defesa comum (artigo I-16º do TECE). Os domínios de ação de apoio, de coordenação ou de complemento incidiam no âmbito da indústria, da proteção e melhoria da saúde humana, da educação, formação profissional, juventude e desporto, cultura e proteção civil (artigo I-17º do TECE).

A revisão operada pelo Tratado de Lisboa vai retomar, no essencial, as disposições do TECE em matéria de atribuições da União.

27. As atribuições da União após o Tratado de Lisboa

27.1. As categorias e a respetiva definição das atribuições da União no TFUE

Os artigos 2º a 6º do TFUE enumeram as categorias de atribuições, especificam quais as consequências para a União e para os Estados-membros da inserção de uma determinada matéria em cada uma dessas categorias e indicam qual o domínio material de cada uma delas[719]. Além disso, ao longo do TFUE desenvolvem-se

[719] Sobre as atribuições da União pós-Lisboa, ver, entre outros, LUCIA SERENA ROSSI, «Does the Treaty of Lisbon Provide a Clearer Separation of Competences between EU and Member States?», *in* ANDREA BIONDI / PIET EECKHOUT / STEFANIE RIPLEY, *EU Law...*, p. 85 e segs; TAKIS TRIDIMAS, «Competence after Lisbon: The elusive search for bright lines», *in* DIAMOND ASHIAGBOR / NICOLA COUNTOURIS / IOANNIS LIANOS, *The European Union...*, p. 47 e segs; PAUL CRAIG, *The Lisbon Treaty...*, p. 155 e segs; MARIA JOSÉ RANGEL DE MESQUITA, *A União*

as bases jurídicas das diversas matérias que integram cada uma das categorias de atribuições, aí se incluindo novas bases jurídicas em relação a matérias que antes não faziam parte dos Tratados ou eram insuficientemente reguladas[720].

As categorias de atribuições enunciadas no artigo 2º do TFUE são as seguintes:

- As atribuições exclusivas (nº 1);
- As atribuições partilhadas (nº 2);
- As atribuições de coordenação das políticas económicas e de emprego dos Estados-membros (nº 3);
- As atribuições no domínio da definição e execução de uma política externa e de segurança comum, inclusive para definir gradualmente uma política comum de defesa (nº 4);
- As atribuições para desenvolver ações destinadas a apoiar, a coordenar e a completar a ação dos Estados-membros (nº 5).

A atribuição exclusiva num determinado domínio implica que só a União pode legislar e adotar atos juridicamente vinculativos, sendo que os Estados-membros só podem fazê-lo mediante habilitação da União ou para implementar os atos da União (artigo 2º, nº 1, do TFUE).

A atribuição partilhada numa determinada matéria pressupõe que a União e os Estados-membros podem legislar e adotar atos juridicamente vinculativos. Os Estados-membros exercem a sua competência na medida em que a União não tenha exercido a sua e voltam a exercer a sua competência na medida em que a União tenha deixado de exercer a sua (artigo 2º, nº 2, do TFUE). Tomada à letra esta expressão apontaria no sentido de uma preempção automática. Porém, assim não é, pois os limites das atribuições partilhadas decorrem das demais disposições dos Tratados, pelo que os Estados-membros só perdem as suas atribuições nos termos previstos nos Tratados e na estrita medida em que a União exerceu

Europeia..., p. 57 e segs; Vérane Edjaharan, "Les compétences dans le Traité de Lisbonne: la constitutionnalisation de l'Union intérrogée", *in* E. Brosset / C. Chevallier-Govers / V. Edjaharian / C. Schneider (dir.), *Le Traité de Lisbonne...*, p. 227 e segs; Isabelle Bosse-Platière, "Traité de Lisbonne et clarification des compétences", *RMCUE*, 2008, p. 443 e segs; Patrizia de Pasquale, "Il riparto di competenze tra Unione europea e Stati membri", *Dir. Pubb. Comp. Eur.*, 2008, p. 60 e segs; Paul Craig, "The Treaty of Lisbon: Process, architecture and substance", *ELR*, 2008, p. 144 e segs; Stephen C. Sieberson, *Dividing Lines between the European Union and its Member States – The impact of the Treaty of Lisbon*, Haia, 2008, p. 226 e segs.

[720] O Tratado de Lisboa aditou bases jurídicas em relação aos seguintes domínios: a cooperação judiciária e policial em matéria penal (artigo 82º e segs do TFUE), alguns aspetos de saúde pública (artigo 168º, nº 4, do TFUE), a política espacial europeia (artigo 189º do TFUE), a política de energia (artigo 194º do TFUE), a ajuda humanitária (artigo 214º do TFUE), o desporto (artigo 165º, nº 2, do TFUE), o turismo (artigo 195º do TFUE), a proteção civil (artigo 196º do TFUE) e a cooperação administrativa (artigo 197º do TFUE).

as suas atribuições. Além disso, se a União não exercer as suas atribuições, estas revertem para os Estados-membros. Por último, refira-se que se trata de uma categoria residual que se aplica aos domínios não contemplados nas outras categorias, tal como resulta do artigo 4º, nº 1, do TFUE.

Ao contrário do que sucede com as atribuições exclusivas e com as atribuições partilhadas, o artigo 2º, nº 3, do TFUE não especifica quais as consequências que resultam para os Estados-membros da coordenação das suas políticas económicas e de emprego de acordo com disposições determinadas no presente Tratado, para cuja definição a União tem competência. Assim sendo, essas consequências terão forçosamente de ser inferidas, por um lado, do termo coordenação e, por outro lado, das disposições específicas do TFUE sobre estes domínios (artigos 120º a 126º e 145º a 150º do TFUE).

O artigo 2º, nº 5, par. 1º, parte final, do TFUE estabelece expressamente que as medidas de apoio, coordenação e complemento das ações dos Estados-membros não substituem a competência dos Estados-membros e o par. 2º do mesmo preceito exclui a harmonização das disposições legislativas e regulamentares desta categoria de atribuições da União.

27.2. O domínio material das várias categorias de atribuições da União

27.2.1. As atribuições exclusivas da União Europeia

Uma vez estabelecido no artigo 2º do TFUE o que se deve entender por atribuição exclusiva da União Europeia e quais as consequências dessa definição para os Estados-membros e para a própria União, o artigo 3º, nº 1, do TFUE enumera os domínios que se devem considerar como fazendo parte das atribuições exclusivas[721].

São eles:

- A união aduaneira;
- O estabelecimento das regras de concorrência necessárias ao funcionamento do mercado interno;
- A política monetária para os Estados-membros cuja moeda é o euro;
- A conservação dos recursos biológicos do mar, no âmbito da política comum de pescas;
- A política comercial comum.

[721] Sobre as atribuições internas exclusivas da União, cfr. ROBERT SCHÜTZE, *European Constitutional...*, p. 164 e segs; PAUL CRAIG / GRÁINNE DE BÚRCA, *European Union Law*, cit., p. 78 e segs; PAUL CRAIG, *The Lisbon Treaty...*, p. 159 e segs; JOËL RIDEAU, *Droit institutionnel...*, p. 633 e segs; T. C. HARTLEY, *The Foundations...*, p. 116 e segs.

Estas matérias gozam pois de uma presunção de exclusividade, sem necessidade de quaisquer outras averiguações. Ao contrário do que chegou a ser equacionado na Convenção sobre o Futuro da Europa, a lista de matérias que acabou por ser incluída nas atribuições exclusivas da União revela-se bastante limitada, deixando de fora algumas áreas centrais, como, por exemplo, as quatro liberdades, as quais, pelo menos, em parte, se considerava que faziam parte das atribuições exclusivas das Comunidades / União. A razão de ser desta solução aparentemente restritiva parece ter a ver com o facto de a inserção de uma determinada matéria nesta categoria ter consequências, designadamente para os Estados-membros, uma vez que os impedirá de adotar quer atos legislativos quer atos não legislativos que sejam juridicamente vinculativos. Ora, em certos domínios são os Estados-membros que impulsionam o desenvolvimento do Direito da União, o que se perderia se a matéria em causa passasse a integrar as atribuições exclusivas da União.

Tendo em conta que um dos objetivos da enumeração das matérias que fazem parte de cada categoria de atribuição da União nos Tratados foi o de atingir uma maior clareza e transparência na delimitação de atribuições da União bem como na repartição entre a União e os seus Estados-membros, deve notar-se que, não obstante o artigo 3º do TFUE, os problemas de demarcação das fronteiras entre cada uma das categorias de atribuições da União não serão totalmente eliminados, desde logo porque subsistem algumas ambiguidades, designadamente no elenco de matérias incluídas nas atribuições exclusivas e partilhadas, o que se repercutirá necessariamente na repartição de atribuições entre a União e os seus Estados-membros. Assim, o facto de a união aduaneira fazer parte das atribuições exclusivas e o mercado interno integrar as atribuições partilhadas poderá trazer dificuldades de integração de determinado domínio concreto numa ou noutra categoria de atribuições.

Acresce ainda que, na sequência do relatório do grupo de trabalho VII sobre relações externas da União e do que tinha ficado consagrado a este propósito no TECE[722], o nº 2 do artigo 3º do TFUE estende a categoria das atribuições exclusivas à celebração de acordos internacionais nos seguintes casos:

a) quando tal celebração esteja prevista num ato legislativo;
b) quando seja necessária para dar à União a possibilidade de exercer a sua competência interna;
c) quando seja suscetível de afetar regras comuns ou de alterar o alcance das mesmas.

[722] Cfr. artigo I-13º do TECE.

O artigo 3º, nº 2, do TFUE não se limita a definir as atribuições exclusivas da União no domínio das relações externas, tratando também da questão das atribuições implícitas.

Este preceito deve ser conjugado com o artigo 216º, nº 1, do TFUE, igualmente importado do TECE[723], o qual se refere aos casos em que a União pode celebrar acordos internacionais com um ou mais países terceiros e com Organizações Internacionais, o que implica retomar a questão das atribuições da União. Assim, nos termos daquele preceito, a União é competente para celebrar acordos internacionais nos seguintes casos:

a) quando os Tratados o prevejam;
b) quando a celebração do acordo seja necessária para alcançar, no âmbito das políticas da União, um dos objetivos previstos nos Tratados;
c) quando a celebração do acordo esteja prevista num ato juridicamente vinculativo da União;
d) quando a celebração do acordo seja suscetível de afetar normas comuns ou de alterar o seu alcance.

É de sublinhar que a forma como o preceito trata a questão das atribuições da União, no domínio externo, é muito próxima do artigo 3º, nº, 2, do TFUE, mas não é exatamente idêntica, o que se compreende, uma vez que o preceito não se deve considerar limitado às atribuições exclusivas.

Os artigos 3º, nº 2, e 216º do TFUE transpõem para o Direito Originário a Jurisprudência firme e constante do TJ relativa às atribuições internacionais da União, o que, não sendo substancialmente inovador, deve ser encarado como um contributo positivo no sentido de uma maior transparência da repartição de atribuições entre a União e os seus Estados-membros e da ação externa da União. Com efeito, é significativo, em especial para os terceiros Estados ou Organizações Internacionais que contratem com a União, que as atribuições externas sejam clarificadas, isto porque os sujeitos de Direito Internacional que se relacionam com a União não têm obrigação de conhecer em pormenor a complexa repartição de atribuições dentro da União e entre esta e os seus Estados-membros. Na verdade, pode não ser totalmente percetível para um terceiro que um determinado acordo deva ser celebrado pela União e não pelos seus Estados-membros e vice-versa[724].

[723] Cfr. artigo III-323º, nº 1, do TECE.

[724] Sobre as atribuições externas da União após o Tratado de Lisboa, cfr. Paul Craig, *The Lisbon Treaty...*, p. 387 e segs; Marise Cremona, "External Relations and External Competence of the European Union. The emergence of an integrated policy", *in* Paul Craig / Gráinne de Búrca, *The Evolution...*, p. 217 e segs.

27.2.2. As atribuições partilhadas entre os Estados-membros e a União Europeia

O artigo 4º, nº 2, do TFUE enumera a lista das matérias que se incorporam nas atribuições partilhadas[725], a qual não se deve considerar exaustiva, mas antes exemplificativa, na medida em que o corpo do preceito se refere aos principais domínios, o que parece pressupor que pode haver outros.

Assim, nos termos do referido preceito, as principais atribuições partilhadas entre a União e os Estados-membros são as seguintes:

- O mercado interno;
- A política social no que se refere aos aspetos definidos no TFUE;
- A coesão económica, social e territorial;
- A agricultura e pescas, com exceção da conservação dos recursos biológicos (que faz parte das atribuições exclusivas);
- O ambiente;
- A defesa dos consumidores;
- Os transportes;
- As redes transeuropeias;
- A energia;
- O espaço de liberdade, segurança e justiça;
- Os problemas comuns em matéria de saúde pública, no que se refere aos aspetos definidos no TFUE.

O nº 3 do artigo 4º do TFUE determina ainda que, nos domínios da investigação, do desenvolvimento tecnológico e do espaço, a União dispõe de atribuições para desenvolver ações, incluindo a definição e a execução de programas, mas isso não pode impedir os Estados de exercerem as suas atribuições.

O mesmo raciocínio é válido para os domínios da cooperação para o desenvolvimento e da ajuda humanitária. Nos termos do artigo 4º, nº 4, do TFUE, a União dispõe de competência para desenvolver ações e uma política comum nestas matérias, mas o exercício dessa competência não pode impedir os Estados-membros de exercerem a sua própria competência.

Tal como a fronteira entre a categoria das atribuições partilhadas e a das atribuições exclusivas não é fácil de traçar, também a delimitação entre as atribuições partilhadas e as ações de apoio, de coordenação ou complementares da

[725] Sobre as atribuições partilhadas entre a União e os seus Estados-Membros, cfr. ROBERT SCHÜTZE, *European Constitutional...*, p. 166 e segs; PAUL CRAIG / GRÁINNE DE BÚRCA, *EU Law*, cit., p. 83 e segs; PAUL CRAIG, *The Lisbon Treaty...*, p. 167 e segs; JOËL RIDEAU, *Droit institutionnel...*, p. 636 e segs; T. C. HARTLEY, *The Foundations...*, p. 117 e segs.

ação dos Estados-membros comunga do mesmo problema. Com efeito, se atentarmos, por exemplo, nos domínios materiais previstos nas disposições relativas à política social constantes do TFUE (artigos 151º a 161º) nem sempre poderemos inclui-los nas atribuições partilhadas. É o caso do artigo 153º do TFUE, cuja letra aponta muito mais no sentido de se tratar de ações de apoio, de coordenação ou complementares. O mesmo se diga em relação às áreas previstas nos nºs 3 e 4 do artigo 4º TFUE.

Note-se, por último, que o grau de partilha de cada uma das atribuições previstas nesta categoria é muito diferente consoante a matéria que está em causa. Assim, a repartição de atribuições entre a União e os seus Estados-membros, no âmbito material do mercado interno, diverge substancialmente da que se verifica no espaço de liberdade, segurança e justiça.

27.2.3. Coordenação das políticas económicas e de emprego dos Estados-membros

Antes de mais, deve frisar-se que a introdução desta categoria de atribuições nos Tratados foi objeto de grande discussão na Convenção sobre o Futuro da Europa, tendo alguns defendido que a matéria da coordenação das políticas económicas e de emprego dos Estados-membros se deveria enquadrar nas atribuições partilhadas, enquanto outros sustentaram a sua enumeração autónoma, o que acabou por vingar. A verdade é que a não inclusão nas atribuições partilhadas se deveu a razões políticas que se prenderam com a oposição por parte de alguns Estados à preempção que lhe estaria associada.

Nos termos do artigo 2º, nº 3, do TFUE, "[O]*s Estados-membros coordenam as suas políticas económicas e de emprego de acordo com disposições determinadas no presente Tratado* [TFUE], *para cuja definição a União tem competência*". O artigo 5º do TFUE desenvolve este preceito em termos não absolutamente coincidentes com o anterior, uma vez que estabelece que a União pode tomar iniciativas para garantir a coordenação das políticas sociais dos Estados-membros (nº 3). Como temos vindo a salientar, afigura-se, por vezes, difícil traçar uma linha de demarcação clara entre as diferentes categorias de atribuições da União. Ora, tal é particularmente evidente no domínio da política social, na medida em que certos aspetos dessa política se incluem nas atribuições partilhadas e outros se inserem nas ações de apoio, coordenação e complemento, ainda que não façam parte da lista constante do artigo 6º do TFUE. Para complicar ainda mais este quadro, o artigo 5º, nº 3, do TFUE estabelece que há igualmente matérias que relevam das ações de coordenação das políticas económicas e de emprego dos Estados. Como é bom de ver, esta tripla categorização não contribuirá, certamente, para a transparência e clareza das atribuições da União neste domínio. Se compaginarmos as disposições gerais relativas às categorias de atribuições da União com as disposições específicas relativas à política social, constantes dos artigos 151º a 161º do TFUE, a obscuridade desta solução torna-se ainda mais evidente.

Além disso, aos Estados-membros cuja moeda seja o euro são aplicáveis regras específicas (nº 1, 2º parágrafo do artigo 5º do TFUE)[726].

27.2.4. A PESC – remissão

A PESC não é objeto de desenvolvimento no TFUE, mas sim no Título V do TUE. Tendo em conta as suas especificidades, esta matéria merece um tratamento autónomo, pelo que não vamos, neste momento, debruçar-nos sobre este assunto.

27.2.5. Desenvolvimento de ações destinadas a apoiar, a coordenar e a completar a ação dos Estados-membros

O artigo 6º do TFUE enumera as matérias sobre as quais podem incidir ações da União destinadas a apoiar, a coordenar e a completar a ação dos Estados-membros, a saber:

- A proteção e melhoria da saúde humana;
- Indústria;
- Cultura;
- Turismo;
- Educação, formação profissional, juventude e desporto;
- Proteção civil;
- Cooperação administrativa.

Apesar de a letra do referido preceito apontar no sentido de esta enumeração ser exaustiva, na realidade existem outras matérias em relação às quais as disposições específicas do TFUE admitem ações deste tipo, como é o caso da política social (cfr., por exemplo, artigo 153º do TFUE) ou de certos aspetos da política de emprego (cfr., por exemplo, artigo 147º do TFUE). Afigura-se, portanto, difícil estabelecer uma fronteira nítida entre as ações da União destinadas a apoiar, a coordenar e a completar a ação dos Estados-membros e as atribuições partilhadas da União.

Além disso, deve notar-se que o âmbito de atuação da União ao abrigo das atribuições de apoio, coordenação e complemento da ação dos Estados-membros varia consoante a matéria que está em causa, podendo, inclusivamente, vir a ser adotados atos jurídicos vinculativos pela União Europeia. Ou seja, está exclu-

[726] Sobre a coordenação das políticas económicas e de emprego dos Estados-Membros, cfr. ROBERT SCHÜTZE, *European Constitutional...*, p. 167 e segs; PAUL CRAIG / GRÁINNE DE BÚRCA, *EU Law*, cit., p. 88 e segs; PAUL CRAIG, *The Lisbon Treaty...*, p. 178 e segs; JOËL RIDEAU, *Droit institutionnel...*, p. 639 e segs; T. C. HARTLEY, *The Foundations...*, p. 118 e segs.

ída a harmonização, mas já não a adoção de atos jurídicos vinculativos por parte da União, desde que fundados nas disposições específicas do TFUE, o que vai necessariamente ter repercussões nas competências que, no futuro, os Estados-membros poderão vir a exercer[727].

28. A ação externa da União Europeia

O estudo das atribuições da União ficaria incompleto sem uma referência expressa à *"ação da União na cena internacional"* – expressão usada nos preceitos referentes à ação externa da União.

28.1. Preliminares

O Tratado de Lisboa constitui a mais recente tentativa de superação das dificuldades de afirmação da União Europeia na "cena internacional".

Inicialmente vocacionada para o comércio internacional, a então Comunidade Económica Europeia cedo manifestou interesse em estabelecer relações quer com os seus vizinhos mais próximos – por exemplo, a Grécia e a Turquia – quer com países mais longínquos de África, das Caraíbas e do Pacífico, particularmente carentes, desde logo, no domínio económico-social e a necessitarem de ajuda ao desenvolvimento.

Apesar de, nos primórdios, as bases jurídicas previstas nos Tratados, no domínio da ação externa da União, terem sido muito reduzidas, a então CEE, por força do seu elevado poder económico, conseguiu afirmar-se na "cena internacional". Mas a verdade é que à medida que essa afirmação crescia, maior era a tomada de consciência da insuficiência, da complexidade e da falta de flexibilidade e agilidade dos seus poderes em comparação com os dos outros atores internacionais, designadamente, os EUA. As negociações no âmbito do GATT ou as negociações da Convenção de Montego Bay sobre Direito do Mar constituíram dois exemplos ilustrativos dos entraves com que a CEE se deparava. Além das dificuldades, inerentes a qualquer negociação internacional, de relacionamento com aqueles com quem se negoceia e cujas posições nem sempre convergem, a CEE enfrentou problemas acrescidos quer dentro da sua própria estrutura orgânica que, com bastante frequência, se "degladiava" pela competência, quer na relação com os seus Estados-membros que se mostraram bastante avessos a abdicar da sua soberania no domínio internacional. Ora, estas múltiplas zonas de conflito fragilizavam a atuação externa da então CEE.

[727] Sobre as ações da União destinadas a apoiar, a coordenar ou a completar a ação dos Estados-Membros, cfr. Robert Schütze, *European Constitutional...*, p. 168; Paul Craig / Graínne de Búrca, *EU Law*, cit., p. 85 e segs; Paul Craig, *The Lisbon Treaty...*, p. 173 e segs; Joël Rideau, *Droit institutionnel...*, p. 640 e segs.

Por conseguinte, uma das preocupações constantes das sucessivas revisões dos Tratados consistiu, precisamente, na afirmação da identidade e da coerência da União e antes da CE (terminologia usada a partir de Maastricht) na "*cena internacional*". Daí que em todas as revisões, sem exceção, se tenham introduzidos aditamentos, modificações e inovações no domínio da ação externa.

A extensão dos poderes externos da Comunidade Europeia e também da União Europeia (especialmente, a partir de Amesterdão) contribuiu para a afirmação da Europa como uma potência mundial não só do ponto de vista económico mas também ao nível de outras áreas. Com efeito, é notável a ação da CE (a partir do TL, da União) no domínio das relações internacionais, por exemplo, em matéria de ambiente, domínio no qual assume com alguma frequência posições de vanguarda e por essa via impulsiona uma maior proteção e preservação do ambiente. Essa função propulsora foi igualmente assumida, entre muitos outros casos, nas negociações da Convenção de Roma sobre o Estatuto do Tribunal Penal Internacional.

A União Europeia assume uma política de abertura ao exterior, em contraste com a política de hegemonia dos EUA. A prova dessa abertura está nas várias vertentes da política externa da União: a cooperação euro-mediterrânea, a parceria com os vizinhos mais próximos, em particular, com os Estados que anteriormente faziam parte da ex-URSS, a ajuda ao desenvolvimento, a ajuda humanitária e a associação com terceiros. Por outro lado, a "ação da União na cena internacional" assenta em valores e princípios que a União considera "exportáveis" para o resto do Mundo, como sejam a democracia, o Estado de direito, a universalidade e a indivisibilidade dos direitos humanos, pelo que a inclusão de cláusulas em que os terceiros Estados se obrigam a respeitar esses valores e princípios, sob pena de suspensão ou mesmo cessação de vigência do tratado em causa, é uma constante nas relações externas da União Europeia.

Por último, deve salientar-se a ação da União, no domínio da segurança e da defesa, nos últimos quinze anos. A União, através dos seus Estados-membros, tem estado no terreno das operações civis e militares, tendo participado em inúmeras missões nos mais diversos cantos do Globo. Neste contexto, tem desempenhado igualmente um papel relevante na defesa dos direitos humanos, da democracia e do Estado de direito.

O quadro acabado de expor não deve, todavia, obnubilar a dimensão dos entraves que se colocam à ação externa da União, como, por exemplo, a necessidade de cooperação leal dos Estados para com a União (e vice-versa) e dos órgãos da União entre si, quando estão em causa matérias que impõem uma atuação "mista" da União e dos seus Estados-membros ou quando, no caso da politica de segurança e defesa, o domínio dos meios operacionais é dos Estados e não da União.

O Tratado de Lisboa procedeu a alterações importantes no domínio da afirmação da União Europeia na "cena internacional". A compreensão das opções por ele tomadas pressupõe, contudo, o conhecimento dos seus antecedentes mais próximos, isto é, do projeto de TECE[728] elaborado pela Convenção sobre o Futuro da Europa[729], o TECE saído da CIG 2004 e o mandato da CIG 2007, anexo às conclusões do Conselho Europeu, de 21 e 22 junho de 2007.

28.2. Os antecedentes próximos do Tratado de Lisboa - o TECE

28.2.1. Os desafios à ação externa da União

Em primeiro lugar, cumpre notar que, fruto da estrutura unitária da União assumida pelo TECE, a matéria respeitante à ação externa da União sofreu alterações significativas. Porém, o regime jurídico da ação externa consagrado no TECE não foi completamente assumido pelo Tratado de Lisboa, uma vez que certas modificações e determinados aditamentos foram, entretanto, abandonados.

Em segundo lugar, importa salientar que o TECE surgiu numa conjuntura em que a "*ação da União na cena internacional*" já é dotada de muito peso, ou seja, a União afirma-se como uma autêntica potência mundial (tanto no âmbito das relações económicas internacionais como ao nível político)[730].

Em terceiro lugar, sublinhe-se que o dualismo de métodos da ação externa da União, oscilando entre o intergovernamental e o comunitário, conduziu a que as modificações introduzidas no TECE tivessem como principais objetivos, por um lado, uma maior coerência entre a política externa e as outras políticas em

[728] Sobre a política externa da União no projeto de TECE, cfr., entre muitos outros, MIGUEL PRATA ROQUE, "A derrocada do sistema dos três pilares - breve apontamento sobre a permanência do método intergovernamental na Constituição Europeia", *O Direito*, 2005, p. 897 e segs; JOËLLE LE MORZELLEC, "PESC ou PESD: une guerre de sigles ou un espoir se sursaut pour une voie européenne dans les relations internationales?", *in* CHRISTIAN PHILIP / PANAYOTIS SOLDATOS, *La Convention sur l'avenir...*, p. 163 e segs; ANA MARIA GUERRA MARTINS, *O Projeto de Constituição Europeia...*, p. 106 e segs; DIMITRIS N. TRIANTAFYLLOU, *Le projet constitutionnel de la Convention européenne...*, p. 93 e segs; DANIEL THYM, "Reforming Europe's Common Foreign and Security Policy", *ELJ*, 2004, p. 5 e segs; FLORA GOUDAPPEL, "Prospects of the European Common Defence Policy", *in The Constitution of the European Union*, European Public Law Series, vol. LXIII, Londres, Esperia Publications, 2003, p. 245 e segs; XÉNOPHON YATAGANAS, "Un cadre institutionnel intégré pour une politique extérieure commune de l'Union européenne", *in The Constitution of the European...*, p. 263 e segs; BRUNO DE WITTE, "The Constitutional Law of External Relations", *in* INGOLF PERNICE / MIGUEL POIARES MADURO, *A Constitution for the European Union...*, p. 95 e segs; MARISE CREMONA, "The Draft Constitutional Treaty: External Relations and External Action", *CMLR*, 2003, p. 1347 e segs.

[729] As soluções consagradas no projeto de TECE saído da Convenção sobre o Futuro da Europa foram, na sua maior parte, absorvidas pelo TECE, pelo que não faz sentido estudá-las autonomamente.

[730] Neste sentido, BARBARA DELCOURT, "La politique étrangère et sécurité commune", *in* MARIANNE DONY / EMMANUELLE BRIBOSIA, *Commentaire de la Constitution...*, p. 356.

geral bem como entre a Política Externa e de Segurança Comum e a restante ação externa e, por outro lado, uma maior eficácia da ação externa da União[731].

Vejamos, então, sucintamente, quais as soluções que o TECE preconizava para enfrentar estes desafios.

28.2.2. As bases jurídicas da ação externa da União no TECE

As disposições que regulavam a ação externa da União encontravam-se dispersas entre a Partes I e a Parte III do TECE. A Parte I continha as disposições específicas da PESC (artigo I-40º do TECE) e da PCSD (artigo I-41º do TECE) bem como uma "cláusula de solidariedade" prevista no artigo I-43º do TECE. O Título V da Parte III do TECE (relativa às políticas e funcionamento da União) consagrava o regime jurídico geral da ação externa da União, o qual contempla duas disposições de âmbito geral (artigos III-292º e III-293º do TECE), cujo desígnio parecia ser o de conferir maior unidade e coerência à atuação da União na "cena internacional" (artigo III-292º, nº 3, do TECE) e normas sobre cada um dos domínios da ação externa da União, as quais constituíam, nalguns casos, alterações e aditamentos às normas anteriores dos Tratados, mas também se verificavam outras situações em que as normas anteriores eram retomadas.

Assim, os artigos III-294º a III-308º do TECE diziam respeito à PESC, os artigos III-309º a III-312º do TECE debruçavam-se sobre a PCSD, regulando o artigo III-313º do TECE as questões financeiras decorrentes destas duas áreas de atuação. Os artigos III-314º e III-315º do TECE estabeleciam as regras de conclusão de convenções internacionais no âmbito da Política Comercial Comum e os artigos III-316º a III-322º do TECE tratavam da cooperação com os países terceiros [a cooperação para o desenvolvimento (artigos III-316º a III-318º do TECE), a cooperação económica, financeira e técnica (artigos III-319º e III-320º do TECE) e da ajuda humanitária (artigo III-321º do TECE)]. Os artigos III-323º a III-326º do TECE referiam-se aos acordos internacionais, designadamente, aos tipos e ao procedimento de conclusão. Por último, os artigos III-327º e III-328º do TECE definiam as normas de relacionamento da União com as Organizações Internacionais e com os países terceiros e delegações da União.

O Título V da Parte III do TECE aglutinava assim normas relacionadas com assuntos externos, que antes se encontravam dispersas entre o pilar comunitário e o segundo pilar, com o intuito de lhes conferir uma maior unidade e uma maior coerência. Note-se que não se tratava de um novo objetivo da União. Pelo contrário, já no Tratado de Amesterdão[732] se tinham envidado esforços nesse sentido, embora sem o sucesso esperado.

[731] Neste sentido, BARBARA DELCOURT, "La politique étrangère...", p. 357.

[732] Sobre a maior coerência e a unidade da União, bem como a maior uniformidade do seu Direito, após o Tratado de Amesterdão, ver STEFAN KANDELBACH, "Einheit der Rechtsordnung als Ver-

28.2.3. Os objetivos e os princípios da ação externa da União

Os objetivos da ação externa situavam-se na Parte I, bem como as regras específicas relativas à PESC e à PCSD (artigos I-40º e I-41º do TECE, respetivamente), enquanto as restantes regras se posicionavam na Parte III, nos artigos III-292º e seguintes do TECE.

Em consonância com o reconhecimento, pela primeira vez, expresso no Direito Originário dos valores da União (artigo I-2º do TECE), nas suas relações com o resto do mundo, a União tem como objetivos afirmar e promover os seus valores e interesses[733], contribuir para a paz, a segurança, o desenvolvimento sustentável do planeta, a solidariedade e o respeito mútuo entre os povos, o comércio livre e equitativo, a erradicação da pobreza, a proteção dos direitos do Homem, especialmente, os das crianças, bem como para a rigorosa observância e o desenvolvimento do Direito Internacional, incluindo o respeito dos princípios da Carta das Nações Unidas (artigo I-3º, nº 4, do TECE).

Para a prossecução destes objetivos, a "ação da União na cena internacional" deveria observar os princípios da democracia, do Estado de direito, da universalidade e da indivisibilidade dos direitos humanos e das liberdades fundamentais, do respeito da dignidade da pessoa humana, da igualdade e da solidariedade e o respeito do Direito Internacional, em conformidade com os princípios da Carta das Nações Unidas (artigo III-292º, nº 1, do TECE).

É pois a prossecução destes objetivos e a observância destes princípios que vão orientar a atuação da União no plano internacional[734], seja qual for o domínio que estiver em causa (artigo III-292º, nº 3, par. 1º, do TECE), numa tentativa de responder à necessidade de maior coerência da ação externa da União. No mesmo sentido aponta o par. 2º do nº 3 do artigo III-292º do TECE, o qual estabelece que

fassungsprinzip der Europäischen Union?", *in* Armin Von Bogdandy (Dir.), *Konsolidierung...*, p. 51 e segs; Peter-Christian Müller-Graff, "Einheit und Kohärenz der Vertragsziele von EG und EU", *in* Armin Von Bogdandy (Dir.), *Konsolidierung ...*, p. 67 e segs.

[733] Sobre os valores e interesses da União, ver, por todos, Eduardo Paz Ferreira, *Valores e interesses...*, p. 469 e segs.

[734] Sobre os princípios e os objetivos no domínio da política externa da União antes do TECE, cfr. Enzo Canizzaro, "The Scope of the EU Foreign Power – Is the EC Competent to Conclude Agreements with Third States Including Human Rights Clauses?", *in* Enzo Cannizzaro (ed.), *The European Union...*, p. 297 e segs; Ernst-Ulrich Petersmann, "Human Rights in European and Global Integration Law: Principles for Constitutionalizing the World Economy", *in* Armin Von Bogdandy / Petros Mavroidis / Yves Mény (ed.), *European Integration...*, p. 383 e segs. Após o TECE, cfr. Päivi Leino, "The Journey Towards All that is Good and Beautiful: Human Rights and 'Common Values' as Guiding Principles of EU Foreign Relations Law", *in* Marise Cremona / Bruno de Witte (ed.), *EU foreign relations...*, p. 259 e segs; Giovanni Grevi, "The Institutional Framework of External Action", *in* Giuliano Amato / Hervé Bribosia / Bruno de Witte (eds.), *Genèse et Destinée...*, p. 784 e segs.

a União vela pela coerência entre os vários domínios da sua ação externa e entre estes e as suas outras políticas, competindo ao Conselho e à Comissão, assistidos pelo Ministro dos Negócios Estrangeiros (MNE), assegurar essa coerência.

28.2.4. As especificidades da PESC e da PCSD constantes da Parte I

Apesar de ter consagrado a estrutura unitária da União Europeia, o TECE manteve, *grosso modo*, o caráter intergovernamental da PESC, na medida em que os Estados-membros não estavam dispostos a abdicar da sua soberania num domínio tão significativo como este.

Com efeito, o distanciamento da PESC em relação às outras políticas da União verificava-se a vários níveis. Em primeiro lugar, ao enumerar as "categorias de competências da União", no artigo I-12º, o TECE autonomizava a PESC (artigo I-16º), determinando que ela abrangia todos os domínios da política externa bem como todas as questões relativas à segurança, incluindo a definição gradual de uma política de defesa comum que poderá conduzir a uma defesa comum, o que, aliás, não se afastava significativamente do TUE na versão de Nice. Em segundo lugar, o TECE incluiu normas específicas sobre a PESC e a PCSD, sem paralelo nos outros domínios da política externa da União. Ou seja, a unificação formal da União não foi acompanhada da correspondente "comunitarização" da PESC e da PCSD. Antes permanecia, genericamente, a anterior "fuga ao método comunitário". E para que nenhuma dúvida restasse quanto ao método a seguir nestes domínios, as disposições específicas a propósito da execução da PESC (artigo I-40º do TECE) e da PCSD (artigo I-41º do TECE) – e também do Espaço de Liberdade, Segurança e Justiça (artigo I-42º do TECE) –, nem sequer constavam da Parte III, mas antes da Parte I. Em terceiro lugar, a posição dos Estados-membros na PESC e na PCSD, assim como os poderes dos órgãos da União eram muito diferentes dos que dispunham nos outros domínios[735].

Os Estados-membros detinham uma posição preponderante na PESC, a qual era afirmada, desde logo, no artigo I-40º, nº 1, do TECE que estabelecia que a União conduzia a PESC baseada no desenvolvimento da solidariedade política mútua entre os Estados-membros, na identificação das questões de interesse geral e na realização de um grau de convergência crescente das ações dos Estados-membros, o que era corroborado e desenvolvido no nº 5 do mesmo preceito. O artigo I-16º, nº 2, do TECE asseverava que os Estados-membros apoiavam ativamente e sem reservas a PESC, num espírito de lealdade e de solidariedade mútua, respeitavam a ação da União e abstinham-se de toda e qualquer ação contrária aos interesses da União ou suscetível de prejudicar a sua eficácia, mas as normas da PESC estavam, de um modo geral, subtraídas à jurisdição do Tribunal

[735] Cfr. BARBARA DELCOURT, "La politique étrangère...", p. 358 e segs.

de Justiça, pelo que, se os Estados-membros não cumprissem o preceituado no referido artigo, não haveria forma de os fazer cumprir coercivamente, pois nem sequer seria possível a instauração, por exemplo, de um processo por incumprimento. Ou seja, a atuação dos Estados-membros, em conformidade com as regras do TECE, no domínio da PESC e da PCSD, dependia da sua boa vontade. Além disso, os Estados-membros detinham também uma posição primordial nos órgãos da União que atuavam no domínio da PESC[736]. A identificação dos interesses estratégicos da União e a definição dos seus objetivos cabia ao Conselho Europeu (artigo I-40º, nº 2, do TECE), o qual se limitava a adotar em conjunto com o Conselho as decisões europeias necessárias (artigo I-40º, nº 3, do TECE). Ora, quem está representado nestes dois órgãos são os Estados-membros, o que significava que, em termos de legitimidade democrática, a PESC era deficitária.

Acrescente-se ainda que os atos legislativos previstos no TECE – as leis e as leis-quadro europeias[737] – estavam excluídos da PESC (artigo I-40º, nº 6, par. 2º, do TECE). A reforçar a posição dos Estados-membros, já não coletiva, mas individualmente, a regra de votação das decisões, no seio do Conselho e do Conselho Europeu, quanto a esta matéria, era a unanimidade (artigo I-40º, nº 6, par. 1º, do TECE), ainda que se admitisse que o Conselho Europeu, por unanimidade, poderia adotar uma decisão que permitisse ao Conselho deliberar por maioria qualificada em casos não previstos na Parte III (artigo I-40º, nº 7, do TECE). Tendo em conta os entraves que alguns Estados têm vindo a colocar ao abandono da regra da unanimidade nesta área, não parece que esta regra pudesse ter tido alguns efeitos práticos de relevo.

O poder de iniciativa cabia igualmente aos Estados-membros, sob proposta do MNE. Ao contrário do que sucedia nas restantes matérias, a Comissão não detinha o poder de iniciativa, mas apenas o direito de apoiar a proposta do MNE (artigo I-40º, nº 6, par. 2º, do TECE). O PE era somente regularmente consultado e informado, o que reforçava o défice democrático atrás assinalado. Note-se que, tradicionalmente, os parlamentos nacionais influenciam a política externa dos Estados quer através da sua participação no *treaty-making power* quer através do controlo orçamental, por exemplo, em relação ao envio de tropas para o estrangeiro. Já a condução da política externa não cabe aos parlamentos[738].

Além da identificação dos interesses estratégicos e da definição dos objetivos e do direito de iniciativa, os Estados-membros voltavam a ocupar uma posição privilegiada em sede de execução da PESC, a qual competia ao MNE e aos Estados-membros (artigo I-40º, nº 4, do TECE).

[736] Sobre o quadro institucional da PESC no TECE, cfr. GIOVANNI GREVI, «The Institutional Framework... », p. 778 e segs.

[737] Cfr. artigo I-33º do TECE.

[738] Neste sentido, GEERT DE BAERE, *Constitutional Principles of EU...*, p. 166.

O TECE procedeu ao alargamento do âmbito de aplicação da PCSD[739] – mais até do que a PESC. Com efeito, a defesa constitui um domínio importante da política externa da União, daí que a construção de uma Europa-potência no domínio da defesa, incluindo, designadamente, os meios militares necessários para responder aos desafios, por exemplo, do terrorismo internacional, tenha constituído um dos objetivos da Convenção sobre o Futuro da Europa.

A PCSD era considerada parte integrante da PESC e visava garantir à União uma capacidade operacional apoiada em meios civis e militares (artigo I-41º, nº 1, do TECE), os quais podiam ser empregues em missões no exterior com vista à garantia da manutenção da paz, à prevenção dos conflitos e ao reforço da segurança internacional, de acordo com os princípios da Carta das Nações Unidas. O artigo I-41º do TECE não retomava o catálogo detalhado das missões de Petersberg previsto no antigo artigo 17º do TUE.

A PCSD visava estabelecer uma política de defesa comum da União (artigo I-41º, nº 2, do TECE), mas esse objetivo dependia de uma decisão unânime do Conselho Europeu e necessitava posteriormente de ser adotado pelos Estados-membros, segundo as suas normas constitucionais. Isto é, a "União de defesa" dependia de um processo que se consubstanciava numa espécie de uma revisão simplificada dos Tratados (artigo I-41º, nº 2, do TECE).

A execução da PCSD competia aos Estados-membros, com exceção da Dinamarca (cfr. Protocolo nº 20 e Declaração nº 39), os quais deviam colocar ao dispor da União os meios civis e militares necessários (artigo I-41º, nº 2 e 3, do TECE).

Tendo em conta que os Estados-membros têm, de um modo geral, em matéria de defesa, políticas específicas (enquanto uns são membros da NATO, outros assumem um estatuto de neutralidade, como é o caso da Áustria, da Finlândia, da Irlanda e da Suécia, sendo que Chipre e Malta, embora sem se declararem neutros, na prática, agem como tal), a União devia respeitar essas especificidades, as quais podiam levar a que, por exemplo, os Estados com estatuto de neutralidade não participassem nas ações militares contrárias a esse estatuto (artigo I-41º, nº 2, do TECE).

Os Estados cujas capacidades militares preenchiam critérios mais elevados e que tivessem assumido compromissos mais vinculativos estabeleciam uma "cooperação estruturada permanente" no âmbito da União (artigo I-41º, nº 6, do TECE).

[739] Sobre a PCSD no TECE, cfr. Hervé Bribosia, "Les nouvelles formes de flexibilité en matière de défense", *in* Giuliano Amato / Hervé Bribosia / Bruno de Witte (eds.), *Genèse et Destinée de la Constitution...*, p. 835 e segs; Eric Remacle, "La politique commune de sécurité et défense", *in* Marianne Dony / Emmanuelle Bribosia, *Commentaire de la Constitution...*, p. 375 e segs.

O instrumento jurídico da execução da PCSD era, tal como em relação à PESC, a decisão europeia adotada pelo Conselho de Ministros, por unanimidade, sob proposta do MNE ou por iniciativa de um Estado-membro (artigo 41º, nº 4, do TECE). Quer dizer: a PCSD também estava subtraída às fontes de Direito Derivado da União Europeia.

O artigo I-41º, nº 7, do TECE, incluía uma cláusula de "assistência mútua", determinando que, se um Estado-membro vier a ser vítima de agressão armada no seu território, os outros deviam prestar-lhe auxílio e assistência por todos os meios ao seu alcance, de acordo com o artigo 51º da CNU e sem prejuízo das obrigações que alguns Estados assumiram no âmbito da NATO.

Além disso, o TECE estabelecia, no artigo I-43º, uma "cláusula de solidariedade", nos termos da qual a União e os seus Estados-membros atuariam em conjunto, num espírito de solidariedade, se um Estado-membro fosse vítima de um ataque terrorista ou vítima de catástrofe natural ou de origem humana.

O conteúdo da maior parte destas disposições foi adotado pelo Tratado de Lisboa.

28.2.5. A reafirmação das especificidades da PESC e da PCSD na Parte III do TECE

Do exposto resulta que a PESC e a PCSD se encontravam subtraídas ao sistema geral de fontes de Direito Derivado da União, bem como aos procedimentos de decisão comuns dos órgãos da União (procedimento legislativo ordinário previsto no artigo III-396º do TECE e procedimentos legislativos especiais constante de várias disposições do TECE). Esta subtração vai ser reforçada na Parte III do TECE[740].

Assim, na sequência das disposições específicas da Parte I, o artigo III-294º, nº 1, do TECE estendia a PESC a todos os domínios da política externa bem como a todas as questões relacionadas com a segurança, devendo os Estados-membros apoiar ativamente e sem reservas a política externa e de segurança comum da União, num espírito de lealdade e de solidariedade mútua (nº 2 do mesmo preceito)[741].

O artigo III-295º, nº 1, do TECE reafirmava que o principal órgão com competência em matéria de ação externa era o Conselho Europeu que devia decidir, por unanimidade, sendo a fonte primordial do Direito, neste domínio, a decisão europeia (artigo III-293º, nº 2, par. 3º, do TECE).

[740] Sobre as disposições da PESC e da PCDS constantes da Parte III do TECE, cfr. GIOVANNI GREVI, "The Common Foreign, Security and Defence Policy", *in* GIULIANO AMATO / HERVÉ BRIBOSIA / / BRUNO DE WITTE (eds.), *Genèse et Destinée ...*, p. 807 e segs.

[741] Não tendo sido possível obter consenso quanto à consagração de uma verdadeira política comum, foi esta a saída que se encontrou para ultrapassar o impasse.

O direito de iniciativa, no âmbito da PESC, pertencia ao MNE, sendo que o poder de iniciativa da Comissão se mantinha nos restantes domínios da ação externa (artigo III-293º, nº 2, do TECE).

Note-se que o MNE era a grande novidade do TECE no domínio da política externa[742]. Eliminada a estrutura tripartida da União, o MNE visava assegurar as relações externas da União, substituindo o Alto Representante para a PESC, o comissário responsável das relações externas e o Presidente do Conselho. Dotado de ampla competência em matéria de PESC (artigo III-296º do TECE), incluindo a de representação da União, o MNE era nomeado pelo Conselho Europeu, com o acordo do Presidente da Comissão, podendo ser destituído pelo mesmo procedimento (artigo III-28º, nº 1, do TECE). Uma das suas principais missões era a de assegurar a coerência da ação externa da União (artigo III-28º, nº 4, par. 1º, do TECE). O MNE cumulava, no fundo, as funções do anterior Alto Representante para a PESC / Secretário-Geral do Conselho e do comissário das relações externas. Em termos de representação externa da União, concorria com o Presidente do Conselho Europeu e com o Presidente da Comissão. Sendo simultaneamente Vice-Presidente da Comissão e Presidente do Conselho de Negócios Estrangeiros (artigo III-28º, nºs 3 e 4, do TECE), seria, portanto, duplamente responsável – perante o Presidente do Conselho Europeu e perante o Presidente da Comissão. Esta dupla responsabilidade comportava um risco – a dificuldade de exercer esta dupla «fidelidade», na prática – uma vez que o Conselho Europeu e a Comissão representam interesses, por vezes, distintos – e até antagónicos – dentro da União[743]. Ora, não resultava muito claro do TECE como se iriam desenrolar as relações entre o MNE e a Comissão, o Presidente do Conselho Europeu e o Presidente da Comissão[744].

Nos termos do artigo I-28º, nº 2, do TECE, o MNE conduziria a política externa e de segurança comum, contribuiria para a definição da política externa e executá-la-ia na qualidade de mandatário do Conselho. Partilharia ainda a representação externa da União com o Presidente do Conselho Europeu (artigo I-22º, nº 2, do TECE). De acordo com o TECE, o Ministro dos Negócios Estrangeiros deveria exercer funções ao nível da ação externa da União e ao nível da PESC, tal como o Presidente do Conselho Europeu e, em parte, a Comissão. Ou seja, tal como foi gizado pelo TECE, o Ministro dos Negócios Estrangeiros deveria

[742] Para um estudo desenvolvido sobre o MNE, cfr. MIGUEL PRATA ROQUE, *O Ministro dos Negócios Estrangeiros da União na Constituição Europeia – A caminho de uma política externa europeia?*, Coimbra, 2005.

[743] Neste sentido, ver JOSÉ MARIA BENEYTO PÉREZ, "Modifying or Leaving in Force the Constitutional and Institutional Balance of the European Union?", *in* INGOLF PERNICE / MIGUEL POIARES MADURO, *A Constitution for the European Union...*, p. 57 e 58.

[744] Neste sentido, BARBARA DELCOURT, "La politique étrangère...", p. 369.

fazer a ponte entre o Conselho Europeu, uma vez que era por ele nomeado e a Comissão, na medida em que era um dos seus vice-presidentes.

Para coadjuvar o MNE, o TECE previa a criação de um Serviço Europeu para a Ação Externa, o qual trabalharia em colaboração com os serviços diplomáticos dos Estados-membros (artigo III-296º, nº 3, do TECE). Além disso, o MNE poderia propor ao Conselho de Ministros a nomeação de um representante especial, a quem seria confiado um mandato relativo a questões políticas específicas. Esse representante seria nomeado pelo Conselho de Ministros, mas exerceria o seu mandato sob a autoridade do MNE (artigo III-302º do TECE).

O TECE reafirmava na Parte III a decisão europeia como a principal fonte de Direito Derivado no domínio da PESC. As regras de votação dessas decisões estavam previstas no artigo III-300º do TECE. Em regra, o Conselho de Ministros votava, por unanimidade, sendo que as abstenções não impediam a tomada de decisão (par. 2º do nº 1 do preceito), o que, aliás, já se verificava na anterior versão do TUE. A votação por maioria qualificada era a exceção e os casos em que ela era admissível estavam previstos no nº 2 do preceito *supra* mencionado, mantendo-se a possibilidade de um Estado-membro se opor à adoção de uma decisão, por maioria qualificada, com fundamento em razões vitais e expressas de política nacional (nº 2, par. 2, do artigo III-300º do TECE). Isto é, o "travão de emergência" previsto no antigo artigo 23º, nº 2, do TUE foi transposto para o TECE.

Além das decisões previstas no artigo III-300º do TECE, outras poderiam vir a ser aprovadas, por maioria qualificada, mas, para isso, era necessária uma decisão do Conselho Europeu, por unanimidade (artigo III-301º do TECE). Todavia, a maioria qualificada nunca seria aplicável às decisões que tivessem implicações militares ou de defesa (artigo III-300º, nº 4, do TECE). Além disso, as divergências dos Estados-membros no domínio da PESC não eram propícias à utilização desta cláusula de passarela.

Não obstante o TECE ter introduzido modificações de relevo no âmbito da PESC, não alterava, significativamente, o equilíbrio institucional anterior. O domínio da PESC continuava a pertencer aos Estados-membros ou aos órgãos que os representavam. A prová-lo invoque-se a fraca participação do Parlamento Europeu nesta matéria. Efetivamente, este órgão limitava-se a ser consultado sobre os principais aspetos e as opções fundamentais e a ser regularmente informado pelo MNE sobre a evolução da PESC (artigo III-304º, nº 1, do TECE). Além disso, o PE detinha o poder de dirigir perguntas ou apresentar recomendações ao Conselho de Ministros e ao MNE (artigo III-304º, nº 2, do TECE).

Em bom rigor, a posição do PE no domínio da PESC não se alteraria substancialmente em relação à versão anterior dos Tratados.

A PESC tem uma vertente operacional muito significativa, pelo que o TECE também dispunha sobre a capacidade operacional e as missões da União no âmbito da PESC, sendo que o órgão responsável por essas missões era o Conselho de Ministros (artigo III-297º do TECE).

O financiamento da PESC seria, em regra, efetuado a partir do orçamento da União, tanto no que diz respeito às despesas administrativas como às despesas operacionais (artigo III-313º, nºs 1 e 2, do TECE), com exceção das despesas decorrentes de operações que tivessem implicações militares e nos casos em que o Conselho de Ministros decidisse diferentemente (artigo III-313º, nº 2, 2ª parte, do TECE).

Seria, pois, por esta via que o Parlamento poderia exercer alguma influência no âmbito da PESC, mas, note-se que se excluíam as operações militares e aquelas em que o Conselho decidisse não submeter ao financiamento do orçamento da União, o que enfraquece os poderes do PE.

A generalidade dos atos e normas adotados com fundamento na PESC continuavam subtraídos à jurisdição do TJ, como se prova pela leitura do artigo III-376º, par. 1º, do TECE, admitindo-se, no entanto, o recurso de anulação das medidas restritivas contra pessoas singulares ou coletivas adotadas com base no artigo III-376º, par. 2º, do TECE.

A exclusão da jurisdição do TJ, no domínio da PESC e da PDSC, é, por vezes, apontada como uma negação muito grave da União de direito, mas se se comparar com o que sucede nos Estados em geral, a situação não é muito diferente. Com efeito, os tribunais nacionais também não dispõem de amplos poderes para fiscalizar a condução da política externa estadual, uma vez que esta se enquadra naquilo que a Doutrina americana designa como *"political questions"*.

O TECE submetia à jurisdição do TJ as medidas que podiam ser atentatórias de direitos fundamentais das pessoas, o que reforçava a União de Direito e a proteção dos direitos fundamentais. Aliás, tendo em conta a adoção de alguns atos adotados pelas órgãos da Comunidade / União neste domínio bem como a Jurisprudência, muitas vezes, contraditória do Tribunal de Justiça e do então Tribunal de Primeira Instância[745], esta solução afigurava-se, na prática, não só necessária como imprescindível.

Além da PESC, também a PCSD foi objeto de desenvolvimento na Parte III do TECE. O artigo III-309º do TECE definiu as missões previstas no artigo I-41º, nº 1, as quais abrangiam ações conjuntas em matéria de desarmamento, missões humanitárias e de evacuação, as missões de aconselhamento e assistência militar, as missões de prevenção de conflitos e de manutenção da paz, as missões das for-

[745] Cfr. acórdãos do TPI (atual TG) de 12/12/2006, *Organisation des Modjahedines du peuple de l'Iran*, proc. T-228/02, Col. 2006, p. II-4665 e segs; de 23/10/2008, *People's Mojahedin Organization of Iran*, proc. T-256/07, Col. 2008, p. II-3019 e segs; de 4/12/2008, *People's Mojahedin Organization of Iran*, proc. T-284/08, Col. 2008, p. II-3487 e de 30/9/2009, *Sison*, proc. T-341/07. Cfr. igualmente os acórdãos de 12/7/2006, *Ayadi*, proc. T-235/02 e *Hassan*, proc. T- 49/04, os quais foram anulados pelo TJ: ac. de 3/12/2007, *Hassan e Ayadi*, procs. C-403/06 P e C-399/06.

ças de combate para a gestão de crises, incluindo as missões de restabelecimento da paz e as operações de estabilização no termo dos conflitos.

O artigo III-311º do TECE conferia base jurídica à criação de uma agência europeia de desenvolvimento das capacidades de defesa, da investigação, da aquisição e dos armamentos (Agência Europeia de Defesa), a qual seria colocada sob autoridade do Conselho de Ministros. Esta Agência foi efetivamente criada pela Ação Comum nº 2004/551/PESC de 12 de julho, independentemente da entrada em vigor do TECE[746].

Como a implementação da PESC e da PCSD está muito dependente da vontade dos Estados-membros, as modificações do Direito Originário não asseguram, por si só, a sua evolução. E o contrário também é verdade, ou seja, o facto de não se introduzirem alterações nos Tratados não é impeditivo de avanços nestes domínios. A criação da Agência Europeia de Defesa foi apenas mais um exemplo, de entre muitos, que se poderiam aduzir e que corrobora esta afirmação.

Uma última palavra é devida para chamar a atenção para o facto de que a ação externa da União prevista no TECE não se restringia, de modo algum, à PESC e à PCSD. O TECE continha igualmente normas relativas à capacidade da União para celebrar acordos internacionais, para participar em Organizações Internacionais ou para exercer o direito de legação[747].

Apesar de as normas do TECE nunca terem chegado a entrar em vigor, elas tiverem uma grande influência na revisão dos Tratados realizada em Lisboa.

28.3. O mandato da CIG 2007 no domínio da ação externa da União

Com relevância para o domínio da *"ação da União na cena internacional"*, recorde-se que do mandato da CIG 2007 constava expressamente que *"o TUE e o Tratado sobre o Funcionamento da União não terão caráter constitucional"*, pelo que *"esta mudança refletir-se-á na terminologia utilizada em todos os textos dos Tratados: (...), o Ministro dos Negócios Estrangeiros será designado Alto Representante da União para os Negócios Estrangeiros e a Política de Segurança (...)"*.

Assim, no que diz respeito à *"ação da União na cena internacional"* a primeira modificação a assinalar é a mudança de nome do MNE, passando a sua competência, no essencial, para o Alto Representante. Trata-se, pois, de uma modificação formal, embora com uma carga simbólica muito forte.

[746] Para maiores desenvolvimentos sobre a PCSD no TECE, cfr. ERIC REMACLE, "La politique commune de sécurité...", p. 376 e segs.

[747] Cfr., no domínio da ação externa, entre outros, JEAN DE RUYT, "Perspectives constitutionnelles de l'action extérieure et de la politique de defense de l'Union – Organisation de l'action extérieure de l'Union et de la politique de la défense", *in* GIULIANO AMATO / HERVÉ BRIBOSIA / BRUNO DE WITTE (eds.), *Genèse et Destinée de la Constitution...*, p. 1145 e segs; MARISE CREMONA, "The Union's External Action: Constitutional Perspectives", *in* GIULIANO AMATO / HERVÉ BRIBOSIA / BRUNO DE WITTE (eds.), *Genèse et Destinée de la Constitution...*, p. 1173 e segs.

Do mesmo modo, a fusão das disposições relativas à ação externa da União num Título único prevista no TECE é abandonada. Alguns Estados-membros, dos quais se deve destacar o Reino Unido, continuavam a defender a autonomia da PESC em relação às restantes políticas da União assim como a manutenção do segundo pilar.

Como solução de compromisso, o mandato incumbiu a CIG de inserir um novo capítulo no Título V do TUE do qual constassem as disposições gerais que se integravam na Parte III do TECE, mantendo-se o anterior Capítulo II daquele Título, mas com as alterações introduzidas na CIG 2004, ou seja, com as soluções consagradas no TECE.

Por conseguinte, em cumprimento do mandato, as disposições gerais sobre a ação externa da União, bem como as disposições específicas relativas à política externa e de segurança comum (a qual inclui a política comum de defesa e de segurança) passam a fazer parte do Título V do TUE, ao contrário do que sucede com as restantes bases jurídicas, que se situam no TFUE.

28.4. O Tratado de Lisboa

Não obstante em termos de conteúdo não terem sido introduzidas alterações significativas, o enquadramento sistemático, dado pelo Tratado de Lisboa, revela que os Estados não quiseram incorporar estas matérias no TFUE, com receio de isso poder reverter em qualquer tipo de aproximação aos procedimentos próprios desse Tratado. Tal explica-se pelo facto de as políticas externa e de defesa de um Estado serem a expressão mais acabada da soberania de um Estado[748]. A verdade é que esta separação formal acaba por não ter consequências jurídicas significativas, uma vez que os dois Tratados têm o mesmo valor jurídico[749].

Analisemos então as soluções consagradas no Tratado de Lisboa no domínio da ação externa da União.

Antes de mais, deve notar-se que as normas relativas à ação externa da União se encontram previstas no Título V do TUE que inclui disposições gerais e disposições específicas relativas à PESC, enquanto as bases jurídicas da ação externa em relação a todas as outras políticas estão sistematizadas nos artigos 205º e seguintes do TFUE.

28.4.1. As disposições gerais no domínio da ação externa

As disposições gerais no domínio da ação externa (artigos 21º e 22º do TUE) definem os princípios, os interesses e os objetivos da ação externa da União bem como os órgãos competentes para os desenvolver.

[748] Jacques Ziller, *Les nouveaux traités européens...*, p. 31.

[749] Neste sentido, Jan Wouters / Dominic Coppens / Bart de Meester, "The European Union's External Relations after the Lisbon Treaty", *in* Stefan Griller / Jacques Ziller, *The Lisbon Treaty...*, p. 146.

Assim, os princípios sobre os quais a União se deve pautar, neste domínio, são os seguintes:

- a democracia;
- o Estado de direito;
- a universalidade e a indivisibilidade dos Direitos do Homem e das liberdades fundamentais;
- o respeito pela dignidade humana;
- os princípios da igualdade e da solidariedade;
- o respeito pelo princípios da Carta das Nações Unidas e do Direito Internacional.

A ação externa da União deve pois pautar-se pelos princípios decorrentes dos valores, pela primeira vez, expressamente, definidos no Direito Originário (artigo 2º do TUE). Os princípios enunciados não são exclusivos da União, antes são partilhados pelos seus Estados-membros e tendencialmente aceites ao nível universal. Por exemplo, a referência ao respeito da dignidade humana está, desde logo, em consonância com a Declaração Universal dos Direitos Humanos. A menção da universalidade e indivisibilidade dos direitos fundamentais harmoniza-se com o entendimento das instâncias internacionais, designadamente, no âmbito das Nações Unidas[750], da interrelação entre os direitos civis e políticos e os direitos económicos, sociais e culturais[751].

São estes princípios que justificam a inserção das chamadas "cláusulas de direitos fundamentais" nos acordos internacionais que a União celebra com o resto do Mundo, tanto do ponto de vista bilateral como multilateral.

Não obstante não ser membro das Nações Unidas nem ter feito parte da comunidade internacional no momento em que se formou a maioria dos princípios atualmente vigentes no Direito Internacional, a União assume-se como um verdadeiro sujeito de Direito Internacional, com preocupações e responsabilidades semelhantes às dos Estados (sujeitos de Direito Internacional por excelência). Assim, o objetivo de salvaguarda da sua segurança, independência e integridade (previsto na al. *a)* do nº 2 do citado preceito) manifesta uma preocupação idêntica à de qualquer Estado nas relações internacionais. Já a defesa dos seus valores e interesses fundamentais pode levantar problemas em termos de compatibilização com os outros objetivos consagrados no nº 2 do artigo 21º do TUE.

[750] Cfr. os trabalhos da Conferência Mundial de Direitos Humanos realizada, em Teerão, entre 22 de abril e 13 de maio de 1968, bem como a Conferência Mundial de Direitos Humanos realizada, em Viena, entre 14 e 25 de junho de 1993.

[751] Cfr. ANA MARIA GUERRA MARTINS, *Direito Internacional dos Direitos Humanos*, cit., p. 100 e segs.

Na definição e prossecução das políticas e ações comuns, a União deve contribuir para solucionar os principais problemas mundiais, entre os quais se incluem a consolidação e apoio da democracia, do Estado de Direito, dos direitos do Homem e dos princípios do Direito Internacional, a preservação da paz, a prevenção dos conflitos e o reforço da segurança internacional, o apoio ao desenvolvimento sustentável nos planos económico, social e ambiental dos países em vias de desenvolvimento com o intuito de erradicar a pobreza, o incentivo à integração de todos os países na economia mundial, a contribuição para o desenvolvimento das medidas internacionais para a preservação e melhoria da qualidade do ambiente e a gestão sustentável dos recursos naturais à escala mundial, a fim de assegurar um desenvolvimento sustentável, a prestação de assistência a populações, países e regiões confrontados com catástrofes naturais ou de origem humana e a promoção de um sistema internacional baseado na cooperação multilateral reforçada e uma boa governação ao nível mundial.

Na verdade, a União tem desempenhado um papel muito importante em todos estes domínios. A União, quer através das relações bilaterais que estabelece com o resto do Mundo, por exemplo, com os Estados ACP, com os Estados vizinhos no âmbito da política de vizinhança e com Organizações Internacionais, quer no âmbito das relações multilaterais através da participação em convenções internacionais multilaterais, tem incentivado o reforço da democracia, do Estado de Direito e da proteção dos direitos humanos. A União sujeita frequentemente as ajudas económicas previstas nos acordos que celebra com terceiros a cláusulas de respeito pela democracia, pelo Estado de Direito e pela proteção dos direitos humanos, assim como impõe aos Estados que não cumprem estes requisitos sanções de vária natureza, nomeadamente, económicas[752].

A participação da União nas missões de preservação da paz, de prevenção dos conflitos e de reforço da segurança internacional é igualmente uma realidade[753].

A União tem vindo a desenvolver uma atividade sólida de apoio ao desenvolvimento sustentável nos planos económico, social e ambiental dos países em vias de desenvolvimento com o intuito de erradicar a pobreza há já algumas décadas, ou seja, muito antes da entrada em vigor do Tratado de Lisboa. As Convenções de Yaoundé, Lomé e Cotonu provam o que acaba de se afirmar.

[752] Para um estudo desenvolvido de todos estes aspetos, cfr. FRANK HOFFMEISTER, "The Contribution of EU Practice to International Law", *in* MARISE CREMONA (ed.), *Developments in EU External...*, p. 37 e segs.

[753] Cfr. FRANKLIN DEHOUSSE, «Réalisations de la PESC – Les actes adoptés dans le cadre de la PESC», *in* JEAN-VICTOR LOUIS / MARIANNE DONY (dir.), *Commentaire Mégret...*, p. 549 e segs.

Ao nível do incentivo à integração de todos os países na economia mundial é notável a ação da União a nível, por exemplo, da Organização Mundial de Comércio (e antes do GATT)[754].

No domínio do ambiente, a União tem desempenhado um papel fundamental na negociação das convenções, defendendo posições mais "amigas" do ambiente do que outras potências mundiais, como, por exemplo, os EUA[755].

As missões humanitárias na sequência de catástrofes naturais ou de origem humana constituem outro domínio de ação da União muito relevante.

Note-se que a competência dos órgãos da União não é idêntica em todas estas ações. Em matéria de ação externa, os órgãos detêm poderes diversos, consoante a política que esteja em causa. O Conselho Europeu, o Conselho e o Alto Representante para os Negócios Estrangeiros e a Política de Segurança dispõem de uma posição privilegiada em relação aos outros órgãos, como é o caso do Parlamento, da Comissão e do Tribunal de Justiça, na medida em que podem atuar em matéria de PESC e PCSD.

Além disso, a identificação e definição dos interesses e objetivos estratégicos da União é da competência do Conselho Europeu, que delibera por unanimidade, por recomendação do Conselho (artigo 22º, nº 1, do TUE). Essas decisões definem a duração e os meios a facultar pela União e pelos Estados-membros.

Daqui decorre que os órgãos da União, primordialmente, competentes nestas áreas são o Conselho Europeu e o Conselho, além do Alto Representante da União para os Negócios Estrangeiros e a Política de Segurança, figura nova criada pelo Tratado de Lisboa, em substituição do MNE previsto no TECE.

28.4.2. A PESC

A ação da União no domínio da PESC assenta nos princípios e prossegue os objetivos acabados de enunciar (artigo 23º do TUE). Nos termos do artigo 24º, nº 1, do TUE, a PESC abrange todos os domínios da política externa, bem como todas as questões de relativas à segurança da União, incluindo a definição gradual de uma política de defesa comum que poderá conduzir a uma defesa comum.

O facto de a PESC abranger todos os domínios da ação externa é suscetível de vir a causar alguns embaraços à União, na medida em que as regras e procedimentos neste domínio são diferentes das previstas no TFUE para as outras

[754] Cfr. Lorand Bartels, "The Trade and Development Policy of the European Union", *in* Marise Cremona (ed.), *Developments in EU External...*, p. 128 e segs; Sophie Meunier / Kalypso Nicolaïdis, "The European Union as a Trade Power", *in* Christopher Hill / Michael Smith (eds.), *International Relations...*, p. 247 e segs.

[755] Sobre a dimensão externa da política de ambiente da União, cfr. Kirstin Inglis, "EU environmental law and its green footprint in the world, *in* Alan Dashwood / Marc Maresceau, *Law and Practice of EU...*, p. 429 e segs.

políticas com dimensão externa. Além disso, a fronteira entre a PESC e os outros domínios da política externa da União nem sempre é muito fácil de traçar, dado que uma determinada ação pode ter implicações em várias políticas. Daí que os Tratados insistam na necessidade de coerência entre os diferentes domínios da ação externa da União e entre estes e as outras políticas, cabendo ao Conselho e à Comissão, assistidos pelo Alto Representante, assegurar essa coerência e cooperarem para esse efeito (artigos 21º, nº 3, 26º, nº 3, do TUE).

A PESC está sujeita a regras e procedimentos específicos (artigo 24º, nº 1, par. 1º, do TUE), não se lhe aplicando, de todo, o processo legislativo comum da União – o processo legislativo ordinário[756] – pelo que a intervenção da Comissão e do Parlamento Europeu fica muito aquém da que estes órgãos têm neste processo.

No âmbito da PESC (quando não estão em causa matérias com implicações no domínio da defesa), a tomada de decisão cabe ao Conselho, com respeito pelas orientações gerais e linhas estratégicas definidas pelo Conselho Europeu (artigo 26º, nº 2, do TUE).

Em regra, o Conselho Europeu e o Conselho deliberam por unanimidade (artigo 31º do TUE), com exceção dos casos previstos no nº 2 do artigo 31º do TUE, em que os Estados-membros podem invocar razões vitais e expressas de política nacional para impedir a votação (artigo 31º, nº 2, par. 2º, do TUE). Ou seja, o artigo 31º, nº 1, do TUE mantém o mecanismo da "abstenção construtiva" da versão anterior dos Tratados.

O artigo 31º, nº 3, do TUE introduz uma nova passarela em matéria de PESC, com exceção das decisões com implicações militares e de defesa (artigo 31º, nº 3, TUE).

A Comissão e o Parlamento Europeu não têm qualquer poder decisório. A primeira detém um poder de iniciativa cujo exercício se realiza por intermédio do Alto Representante (artigo 30º, nº 1, do TUE). Ou seja, a Comissão perdeu o poder de iniciativa que detinha na anterior versão dos Tratados, passando apenas a poder apoiar as iniciativas do Alto Representante ou, em certos casos, a submeter iniciativas conjuntas. Os Estados-membros detêm igualmente o poder de iniciativa (artigo 30º, nº 1, do TUE) em matéria de política externa e de segurança comum. A Comissão mantém, todavia, o seu poder de apresentar propostas no domínio da ação externa nas matérias que estejam fora da PESC. Por seu turno, o PE tem um poder meramente consultivo, podendo dirigir recomendações ao Conselho e ao Alto Representante (artigo 36º do TUE). Este órgão poderá vir a exercer algum controlo político através da competência de que dispõe no domínio do orçamento.

[756] Cfr. artigo 294º do TFUE.

O Alto Representante da União para os Negócios Estrangeiros e para a Política de Segurança é nomeado, com o acordo do Presidente da Comissão, pelo Conselho Europeu, por maioria qualificada, que o pode destituir a qualquer momento (artigo 18º do TUE). É, em simultâneo, Vice-presidente da Comissão (artigo 17º, nºs 4 e 5, do TUE) e presidente do Conselho de Negócios Estrangeiros (artigo 27º, nº 1, do TUE). A forma de nomeação implica uma dupla responsabilidade – perante o Presidente do Conselho Europeu e perante o Presidente da Comissão (podendo ser destituído por qualquer um deles), sendo certo que o Conselho Europeu e a Comissão representam interesses distintos. Daí que se tenham antevisto dificuldades quanto ao exercício desta dupla «fidelidade»[757]. Por outro lado, sendo membro da Comissão é igualmente responsável perante o PE pelas atividades que desenvolva no âmbito da Comissão e deve demitir-se da Comissão em caso de aprovação de uma moção de censura (artigo 17º, nº 8, TUE e artigo 234º TFUE).

O Alto Representante exerce funções ao nível da ação externa da União em geral e, em especial, ao nível da PESC, tal como o Presidente do Conselho Europeu e, em parte, a Comissão. Sendo nomeado pelo Conselho Europeu e sendo Vice-Presidente da Comissão, o Alto Representante é suposto fazer a ponte entre os dois órgãos, devendo contribuir para uma maior unidade, coerência e eficácia da política externa da União (como, aliás, lhe impõe o artigo 26º, nº 2, par. 2º, TUE)[758]. Aliás, o principal objetivo que o Tratado de Lisboa pretende atingir com a criação do Alto Representante é, precisamente, o de conferir maior visibilidade e maior estabilidade à representação externa da União nos assuntos da PESC e maior consistência e coerência entre os diferentes aspetos da política externa da União[759].

O Alto Representante é competente para exercer um número significativo de funções, as quais anteriormente pertenciam ao Alto Representante PESC / Secretário-Geral do Conselho, ao Comissário das Relações Externas e, em parte, ao Presidente do Conselho de Ministros dos Negócios Estrangeiros.

Assim, no domínio da PESC, o Alto Representante é presidente do Conselho dos Negócios Estrangeiros (artigo 18º, nº 3, e 27º, nº 1, do TUE), faz parte do Conselho Europeu (artigo 15º, nº 2, do TUE), assegura a consistência da ação externa da União, incluindo na PESC (artigo 18º, nº 4, do TUE). Como Vice-Presidente da Comissão é responsável dentro da Comissão pelas relações externas e coordena os outros aspetos da política externa (artigo 18º, nº 4, do TUE),

[757] Neste sentido, Christine Kaddous, "Role and Position of the High Representative of the Union for Foreign Affairs and Security Policy under the Lisbon Treaty", in Stefan Griller / Jacques Ziller, *The Lisbon Treaty...*, p. 209 e segs.

[758] Duvidando, Christine Kaddous, "Role and Position of the High Representative...", p. 219.

[759] Neste sentido, Jean-Claude Piris, *The Lisbon Treaty...*, p. 245.

conduz a PESC (artigo 18º, nº 2, do TUE), assegura com o Conselho a unidade, consistência e efetividade da ação da União no domínio da PESC (artigo 26º, nº 2, do TUE). Exerce ainda o direito de iniciativa e apresenta propostas no domínio da PESC (*v. g.* artigos 18º, nº 2, 27º, nºs 1 e 3, 30º, nº 1, 42º, nº 4, do TUE) em conjunto ou com o apoio da Comissão (artigos 22º, nº 2, 30º, nº 1, 42º, nº 4, TUE e 223º, nº 3, do TFUE). Negoceia os acordos internacionais exclusiva ou principalmente no domínio da PESC (artigo 218º, nº 3, do TFUE), representa a União, conduzindo o diálogo político com terceiros, expressa a posição da União nas organizações e nas conferências internacionais e apresenta a posição da União perante o Conselho de Segurança das Nações Unidas (artigo 27º, nº 2, e 34º, nº 2, do TUE). Além disso, executa as decisões da PESC (artigos 26º, nº 3, 24º, nº 1, e 34º, nº 1, do TUE), consulta regularmente o PE (artigo 36º TUE), exerce autoridade sobre os representantes especiais nomeados pelo Conselho (artigo 33º do TUE) e sobre o SEAE, incluindo as delegações da União nos Estados terceiros ou nas Organizações Internacionais (artigo 221º, nº 2, do TFUE).

A representação externa da União fica, portanto, a cargo de três diferentes personalidades – o Alto Representante, o Presidente do Conselho Europeu e o Presidente da Comissão.

O Alto Representante propõe, conjuntamente com a Comissão, as sanções a adotar pela União com base numa decisão PESC (artigo 215º do TFUE). Propõe juntamente com a Comissão as regras de execução da cláusula de solidariedade (artigo 222º. nº 3, do TFUE) e informa periodicamente o PE, juntamente com a Comissão, da evolução das cooperações reforçadas (artigo 328º, nº 2, do TFUE), emite parecer sobre a coerência da cooperação reforçada em matéria de PESC (artigo 329º, nº 2, do TFUE) e sobre o preenchimento das condições da participação de um Estado-membro em cooperações reforçadas em curso no domínio da PESC (artigo 331º, nº 2 do TFUE).

O Alto Representante é apoiado por um Serviço Europeu para a Ação Externa (artigo 27º, nº 3, do TUE)[760], constituído por uma administração central e pelas cerca de 130 delegações da Comissão e do Conselho no exterior, que passaram a delegações da União (artigo 221º, nº 2, do TFUE). Estas delegações devem representar a União (artigo 221º, nº 1, do TFUE)[761]. A criação do SEAE procura tornar a ação externa da União mais consistente e mais visível. A organização e o funcionamento do SEAE foram estabelecidos na Decisão nº 2010/427/UE, do Conselho, de 26 de julho de 2010[762]. O SEAE é, no fundo, o serviço diplomático da União.

[760] Cfr. Jan Wouters / Dominic Coppens / Bart de Meester, "The European Union's External Relations...", p. 156 e segs.

[761] Especificamente sobre o SEAE, cfr. Mercedes Guinea Llorente, "El Servicio Europeo de Acción Exterior: Génesis de una diplomacia europea", *Rev. Der. Com. Eur.*, 2010, 761 e segs.

[762] Publicada no JOUE nº L 201, de 3/8/2010, p. 30 e segs.

Não obstante todas estas alterações, os verdadeiros detentores do poder no domínio da PESC são os Estados-membros, os quais devem apoiar ativamente e sem reservas a PESC da União, com um espírito de lealdade e solidariedade mútua, devendo respeitar a ação da União neste domínio (artigo 24º, nº 3, par. 1º, do TUE). Os Estados deverão atuar de forma concertada e deverão abster-se de levar a cabo ações que ponham em causa os interesses da União ou que ponham em causa a sua eficácia e coerência nas relações internacionais (par. 2º do nº 3 do mesmo preceito). O princípio da lealdade ou solidariedade comunitária (antes previsto no TCE (artigo 10º)), parece ter sido estendido à PESC, embora se deva assinalar uma diferença fundamental. Ao contrário do que sucede com o atual artigo 4º, nº 3, do TUE, as normas específicas da PESC não são, em geral, suscetíveis de ser sindicadas pelo Tribunal de Justiça, pelo que o cumprimento das "obrigações" constantes do artigo 24º, nº 3, do TUE depende basicamente da vontade dos Estados-membros. Com efeito, as disposições específicas relativas à PESC estão expressamente excluídas da jurisdição do Tribunal de Justiça, excetuando a competência para verificar a observância do artigo 40º do TUE e fiscalizar a legalidade de certas decisões previstas no artigo 275º, par. 2º, do TFUE (artigo 24º, nº 1, par. 2º, do TUE).

Em suma, os procedimentos da União em sede de PESC continuam a primar pelo seu caráter intergovernamental.

Os atos a adotar, no domínio da PESC, também não coincidem com os que o Tratado institui no artigo 288º do TFUE. Aliás, o TUE revela, claramente, o propósito de excluir essas fontes do âmbito da PESC, quando, em vários preceitos, de modo expresso, exclui a adoção de atos legislativos[763] (artigos 24º, par. 2º, e 31º, nº 1, par. 1º, do TUE). Nos termos do artigo 25º do TUE, as fontes de Direito Derivado da PESC são as orientações gerais, as decisões que definam as ações a desenvolver, as posições a tomar pela União e as regras de execução dessas decisões e ainda as decisões de cooperação sistemática entre os Estados-membros.

Na sequência da atribuição de personalidade jurídica à União (artigo 47º TUE), as dúvidas quanto à capacidade internacional da União para concluir acordos internacionais, no domínio da PESC, deixaram de ter qualquer sentido. Aliás, esses acordos passaram a estar sujeitos ao procedimento geral previsto no artigo 218º do TFUE.

[763] Trata-se de um resquício do TECE que previa este tipo de atos e que hoje se deve interpretar como referência aos regulamentos, às diretivas e às decisões de âmbito geral. Sobre o conceito de atos legislativos, à luz do Tratado de Lisboa, cfr. MIGUEL PRATA ROQUE, "A separação de poderes no Tratado de Lisboa - avanços e recuos na autonomização da função administrativa europeia", *Cadernos O Direito*, 2010, p. 214 e segs.

Os acordos internacionais concluídos pela União no âmbito da PESC são vinculativos para os Estados-membros e para a União (artigo 37º do TUE conjugado com o artigo 216º, nº 2, do TFUE).

28.4.3. A PCSD

Antes de avançar, note-se que a PCSD, normalmente considerada como uma das áreas de sucesso da União Europeia, não é mais do que o resultado provisório de um processo bastante moroso, iniciado logo nos anos 50, o qual só veio a desenvolver-se recentemente e ainda não se concretizou plenamente.

O Tratado de Lisboa modificou, significativamente, as disposições relativas à PCSD, com o intuito de permitir ao Conselho e aos Estados-membros uma mais ampla escolha de soluções flexíveis na condução efetiva e eficiente de um maior número de operações civis e militares e, por essa via, aumentar o valor acrescentado da União no âmbito da gestão das crises[764]. Com efeito, a urgência de algumas medidas no âmbito da PCSD não se compadece com a complexidade, morosidade e até paralisia dos procedimentos da União Europeia.

As soluções consagradas no Tratado de Lisboa no domínio da PCSD retomam, no essencial, as disposições do TECE.

Assim, o artigo 42º, nº 1, do TUE conjugado com o artigo 43º, nº 1, do TUE atualiza e alarga as missões de Petersberg, podendo a União empregar os meios civis e militares em missões no exterior para assegurar a manutenção da paz, a prevenção de conflitos e o reforço da segurança internacional, de acordo com os princípios da Carta das Nações Unidas. Os meios civis e militares podem ser empregues nas operações de desarmamento, nas missões de aconselhamento e assistência militar, nas missões de prevenção dos conflitos e na estabilização pós conflito.

Um dos objetivos de todas as missões previstas no artigo 43º do TUE pode ser a luta contra o terrorismo.

O Tratado de Lisboa introduz uma "cláusula de assistência mútua" no artigo 42º, nº 7, do TUE, no caso de um Estado-membro vir a ser vítima de agressão armada no seu território, salvaguardando, no entanto, os compromissos assumidos na NATO pelos Estados que são membros desta Organização.

O artigo 222º do TFUE consagra uma "cláusula de solidariedade" no caso de um Estado-membro ser alvo de um ataque terrorista ou de uma catástrofe natural ou de origem humana.

O artigo 44º do TUE confere à União uma maior flexibilidade em relação a certas crises em que a capacidade de reação é essencial, uma vez que permite à União confiar as missões previstas no artigo 43º TUE a um grupo de Estados-membros que o desejem e que tenham os meios necessários.

[764] Neste sentido, JEAN-CLAUDE PIRIS, *The Lisbon Treaty...*, p. 265.

Uma outra inovação do Tratado de Lisboa é a "cooperação estruturada permanente", prevista nos artigos 42º, nº 6, e 46º do TUE e no Protocolo nº 10, entre Estados-membros cujas capacidades militares preencham critérios mais elevados e que tenham assumido compromissos mais vinculativos tendo em vista a realização de missões mais exigentes.

A Agência Europeia de Defesa, criada pela Ação Comum nº 2004/551/PESC de 12 de julho[765], é, pela primeira vez, mencionada no Direito Originário (artigo 45º do TUE). Esta decisão foi, recentemente, revogada pela Decisão (PESC) nº 2015/1835 do Conselho, de 12/10/2015[766], adotada, precisamente, ao abrigo do artigo 45º do TUE.

Note-se que o TUE prevê a votação por maioria qualificada no seio do Conselho da decisão de modificação do estatuto da Agência. O TUE prevê também que a adoção da decisão de criação de um fundo de lançamento, constituído por contribuições dos Estados-membros, seja adotada por maioria qualificada do Conselho, sob proposta do Alto Representante (artigo 41º, nº 3, do TUE).

Em conclusão, as alterações introduzidas pelo Tratado de Lisboa, no domínio da PESC, incluindo a PCSD, constituem uma tentativa séria e notável de pôr a União a falar a "uma só voz". A revisão operada pelo Tratado de Lisboa procurou tornar a Ação Externa da União mais coerente e eficiente[767]. Deve, no entanto, notar-se que o sucesso ou insucesso dos preceitos do Tratado depende muito da vontade dos Estados-membros, na medida em que, na prática, são eles que vão atuar. Ora, os tempos atuais marcados pelas sucessivas crises, referidas ao longo deste livro, não são os mais propícios ao aprofundamento e ao desenvolvimento da integração no domínio da política externa e de segurança nem da defesa.

Mesmo sem aproximar, significativamente, o antigo segundo pilar da Ordem Jurídica comum da União – ao contrário do que teria sucedido, caso o TECE tivesse entrado em vigor[768] – o Tratado de Lisboa dá passos importantes no sentido da maior afirmação da União na "*cena internacional*"[769].

[765] JOUE L 245, de 17/7/2004, p. 17.

[766] JOUE L 266, de 13/10/2015, p. 55 e segs.

[767] Ver Jan Wouters / Dominic Coppens / Bart de Meester, "The European Union's External Relations...", p. 196 e 197; Daniel Thym, "Aussenverfassungsrecht nach dem Lissaboner Vertrag", *in* Ingolf Pernice (dir.), *Der Vertrag von Lissabon...*, p. 167 e segs.

[768] Neste sentido, Jacques Ziller, *Les nouveaux traités européens...*, p. 33 e segs.

[769] Sobre a PESC e PCSD no Tratado de Lisboa, além da bibliografia citada nas notas anteriores, cfr. Maria José Rangel de Mesquita, *A atuação externa...*, p. 394 e segs; Panos Koutrakos, «The European Union's Common Foreign and Security Policy after Lisbon», *in* Diamond Ashiagbor / Nicola Countouris / Ioannis Lianos, *The European Union...*, p. 185 e segs; Piet Eechhout, «The EU's Common Foreign and Security Policy after Lisbon: From Pillar Talk to Constitutionalism», *in* Andrea Biondi / Piet Eeckhout / Stefanie Ripley, *EU Law...*, p. 265 e segs; Catherine Schneider, "Brèves réflexions iconolastes sur la "déconstitutionnalisation"

28.4.4. Outros domínios da ação externa da União

Em matéria de ação externa da União, o Tratado de Lisboa aditou novos preceitos ao TFUE, dos quais se destaca o já referido artigo 216º que clarifica a questão das atribuições da União para a celebração de acordos internacionais e o artigo 214º relativo à ajuda humanitária. Além disso, alguns preceitos previamente existentes sofreram alterações significativas, como é o caso do artigo 207º do TFUE relativo aos acordos comerciais e do artigo 218º do TFUE relativo ao procedimento de conclusão dos acordos internacionais.

Os acordos internacionais de que a União é parte serão estudados no capítulo referente às fontes de Direito da União Europeia, pelo que, neste momento, importa somente chamar a atenção, de modo muito sucinto, para as linhas gerais da evolução dos outros domínios da ação externa da União.

Assim, em primeiro lugar, deve referir-se que o Tratado de Lisboa clarificou e estendeu o âmbito de aplicação das atribuições exclusivas da União no domínio da política comercial comum, a qual passou a incluir o comércio de serviços e os aspetos comerciais da propriedade intelectual bem como o investimento estrangeiro, o que implica uma redução do espaço dos acordos mistos. A política de transportes continua excluída da política comercial comum e, como tal, das atribuições exclusivas da União.

As hipóteses de decisão do Conselho por maioria qualificada alargaram-se, embora se mantenham, por exemplo, no domínio da política comercial comum, alguns aspetos sujeitos à regra da unanimidade.

Os poderes do PE saíram consideravelmente reforçados, pois, além de se exigir o seu consentimento para os acordos que abranjam domínios em que se deve adotar o processo legislativo ordinário, ainda se deve manter o PE imediata e permanentemente informado.

29. O espaço de liberdade, segurança e justiça

Tendo em consideração a importância que o espaço de liberdade, segurança e justiça assume no quadro das atribuições da União, importa dedicar-lhe um estudo autónomo.

de la Politique étrangère", *in* E. Brosset / C. Chevallier-Govers / V. Edjaharian / C. Schneider (dir.), *Le Traité de Lisbonne...*, p. 287 e segs; Christine Kaddous, "External Action under the Treaty of Lisbon", *in* Ingolf Pernice / Evgeni Tanchev (eds.), *Ceci n'est pas une Constitution...*, p. 172 e segs; Marc Fallon / Anne-Claire Simon, "Le renouvellement des politiques de l'Union européenne dans le traité de Lisbonne", *RAE*, 2007-2008, p. 243-264 Andrea Ott, "Depillarisation: The entrance of intergovernmentalism through the backdoor?", *MJ*, 2008, p. 35 e segs.

29.1. Antecedentes

Tendo em conta que as origens e a evolução do espaço de liberdade, segurança e justiça até ao Tratado de Lisboa já foram analisadas na Parte I deste livro, vamos agora estudar em que medida os antecedentes mais próximos deste Tratado influenciaram a redação final das normas.

Quer o projeto de TECE saído da convenção de Bruxelas quer o TECE propriamente dito, aprovado pela CIG 2004, substituíam a estrutura tripartida da União Europeia, transformando-a numa entidade unitária, com personalidade jurídica (artigo I-6º do TECE), o que teria repercussões no espaço de liberdade, segurança e justiça, na medida em todas as normas com ele relacionadas seriam colocadas no mesmo capítulo.

Além disso, de acordo com o TECE, o segundo objetivo da União era constituído pelo espaço de liberdade, segurança e justiça sem fronteiras e um mercado único em que a concorrência é livre e não falseada (artigo I-3º, nº 2, do TECE).

O TECE introduzia ainda disposições específicas, no domínio do espaço de liberdade, segurança e justiça (artigo I-41º), relativamente aos atos e medidas a adotar na sua implementação, mas também em relação às medidas operacionais. Assim, além dos atos normativos – a lei e a lei-quadro europeia – também faziam parte dos instrumentos relativos à realização do espaço de liberdade, segurança e justiça o reconhecimento mútuo das decisões judiciais e extrajudiciais e a cooperação operacional (artigo I-41º, nº 1, do TECE). Os mecanismos de decisão divergiam, consoante a matéria que estivesse em causa, o que consubstanciava um resquício da anterior estrutura em pilares[770]. A jurisdição do TJ, tal como resultava do artigo III-283º do TECE, não era extensiva à verificação da validade ou da proporcionalidade de operações efetuadas pelos serviços de polícia ou outros serviços de execução das leis nos Estados-membros, nem para decidir sobre o exercício das responsabilidades que incumbiam aos Estados-membros em matéria de manutenção da ordem pública e de garantia da segurança interna, desde que estes atos fossem regidos pelo Direito interno[771].

[770] Como afirmou Bruno De Witte, a estrutura em pilares e a fusão dos tratados eram duas questões independentes que podiam obter respostas diferentes. *In* "Simplification and Reorganizaion of the European Treaties", *CMLR*, 2002, p. 1269.

[771] Para maiores desenvolvimentos sobre o espaço de liberdade, de segurança e de justiça no TECE, cfr., entre outros, Elena Paciotti, "L'espace de liberté, de sécurité et de justice: au delà de *Tampere* et de *La Haye*", *in* Giuliano Amato / Hervé Bribosia / Bruno de Witte (eds.), *Genèse et destinée...*, p. 1129 e segs; Pieter Jan Kuijper, "The Evolution of the Third Pillar from Maastricht to the European Constitution: Institutional Aspects", *CMLR*, 2004, p. 609 e segs; Philippe de Bruycker, "Les politiques relatives aux contrôles aux frontières, à l'asile et à l'immigration", *in* Marianne Dony / Emmanuelle Bribosia (ed.), *Commentaire de la Constitution...*, p. 279 e segs; Nadine Watté / Catherine Tubeuf, "La coopération judiciaire civile", *in* Marianne Dony / Emmanuelle Bribosia (ed.), *Commentaire de la Constitution...*, p. 306 e

Embora o TECE não tenha entrado em vigor, a maior parte das soluções nele consagradas em matéria de espaço de liberdade, segurança e justiça anteriormente aceites pela CIG 2004, como, por exemplo, a inclusão de um novo Título relativo à área da liberdade, segurança e justiça, viriam a ser incluídas na versão dos Tratados aprovada em Lisboa, com algumas exceções que a seguir se enumeram:

a) Nas disposições gerais deveria ser inserida uma disposição sobre cooperação e coordenação dos Estados-membros no âmbito da segurança interna;

b) No capítulo relativo à cooperação judicial em matéria civil deveria ser reforçado o papel dos parlamentos nacionais na cláusula de *passerelle* em matéria de Direito da Família;

c) No capítulo relativo à cooperação judicial em matéria penal, nos artigos referentes ao reconhecimento mútuo das decisões judiciais, à adoção de regras mínimas em matéria de definição de crimes e penas, à Procuradoria Europeia e à cooperação policial deveria ser criado um mecanismo de cooperação reforçada, ou seja, um mecanismo que permitiria a alguns Estados avançarem mais depressa. Além disso, admitia-se o alargamento do âmbito de aplicação do Protocolo do Reino Unido e da Irlanda neste domínio.

29.2. As modificações introduzidas pelo Tratado de Lisboa

29.2.1. Aspetos gerais

A matéria do espaço de liberdade, segurança e justiça está prevista nos artigos 67º a 89º do TFUE.

Nos termos do artigo 67º do TFUE, o conjunto de matérias concretamente em causa no espaço de liberdade, segurança e justiça é muito vasto e complexo: vai desde a cooperação judicial em matéria civil ao asilo e à imigração, do combate ao tráfico de droga à prevenção e combate à criminalidade organizada, da luta contra o terrorismo, o racismo e a xenofobia à livre circulação de pessoas, dos controlos de fronteiras à cooperação judicial em matéria penal e à cooperação policial.

segs; Gilles de Kerchove / Anne Weyembergh, "Quelle Europe pénale dans la Constitution ?", *in* Marianne Dony / Emmanuelle Bribosia (ed.), *Commentaire de la Constitution...*, p. 317 e segs; Bruno Nascimbene, "L'espace de liberté, de sécurité et de justice dans la perspective constitutionnelle européenne", *in* Lucia Serena Rossi, *Vers une nouvelle architecture de l'Union...*, p. 265 e segs; Cyril Nourrisat, "Quel avenir pour l'espace de liberté, de sécurité et de justice ?, *in* Christian Philip / Panayotis Soldatos, *La Convention sur l'avenir...*, p. 189 e segs.

Não deixa de ser curioso que, apesar de o espaço de liberdade, segurança e justiça se repercutir de modo muito sensível na proteção dos direitos fundamentais e na vida quotidiana das pessoas, quer sejam, ou não, cidadãos da União, quando se trata de debater as modificações a inserir nos Tratados, este domínio acaba por ficar quase sempre na penumbra[772].

Ao contrário do que sucedeu com a PESC, a "comunitarização" integral do espaço de liberdade, segurança e justiça não sofreu, praticamente, oposição nem na Convenção sobre o Futuro da Europa, nem nas duas CIG's que lhe seguiram (a CIG 2004 e a CIG 2007), pelo que as modificações introduzidas são bastante significativas.

As matérias do espaço de liberdade, segurança e justiça – que antes estavam dispersas pelo TCE e pelo TUE – encontram-se agora todas sob o teto do título V do TFUE, nos artigos 67º a 89º, sendo-lhes aplicável o que se convencionou chamar o "método comunitário", assim como os instrumentos "clássicos" da Governação Europeia. Por outras palavras, o Tratado de Lisboa, na esteira do Tratado de Amesterdão, prosseguiu a aproximação do espaço de liberdade, segurança e justiça aos procedimentos comuns de decisão, às fontes comuns de Direito Derivado (antes previstas no pilar comunitário) e à jurisdição do Tribunal de Justiça[773].

O artigo 9º do protocolo nº 36 relativo às disposições transitórias estabeleceu que os efeitos jurídicos dos atos adotados, no âmbito do TUE, na versão anterior à entrada em vigor do Tratado de Lisboa, se mantinham enquanto não fossem revogados, anulados ou modificados. Do mesmo modo, a jurisdição do Tribunal de Justiça não se aplicou imediatamente às normas relativas às matérias que anteriormente faziam parte do terceiro pilar (artigo 10º do mesmo protocolo).

[772] Neste sentido, Marcel Kau, "Justice and Home Affairs in the European Constitutional Process – Keeping the Faith and Substance of the Constitution", *in* Stefan Griller / Jacques Ziller, *The Lisbon Treaty...*, p. 225.

[773] Sobre as inovações do espaço de liberdade, segurança e justiça situadas no Tratado de Lisboa, ver, entre outros, Nuno Piçarra, «O Tratado de Lisboa e o espaço de liberdade, segurança e justiça», *Cadernos o Direito*, 2010, p. 245 e segs; Ana Maria Guerra Martins, «Algumas notas sobre o espaço de liberdade, segurança e justiça no Tratado de Lisboa», *Cadernos o Direito*, 2010, p. 13 e segs; Constance Chevallier-Govers, „Le traité de Lisbonne et la différentiation dans l'espace de liberté, de sécurité et de justice", *in* E. Brosset / C. Chevallier-Govers / V. Edjaharian / C. Schneider (dir.), *Le Traité de Lisbonne...*, p. 263 e segs; Serge de Biolley / Anne Weyembergh, "Le traité de Lisbonne et la fin annoncée du troisième pilier: sortie de crise pour l'espace pénal européen", *in* Paul Magnette / Anne Weyembergh, *L'Union européenne...*, p. 201 e segs; Marcel Kau, "Justice and Home Affairs...", p. 223 e segs; Matthias Ruffert, „Der Raum der Freiheit, der Sicherheit und des Rechts nach dem Reformvertrag – Kontinuierliche Verfassungsgebung in schwierigem Terrain", *in* Ingolf Pernice (dir.), *Der Vertrag von Lissabon...*, p. 163 e segs.

29.2.2. O procedimento legislativo e as fontes de Direito

Com a entrada em vigor do Tratado de Lisboa, o procedimento legislativo ordinário (correspondente ao processo de codecisão dos Tratados anteriores), regulado no artigo 294º do TFUE, torna-se o procedimento legislativo comum da União Europeia, generalizando-se a todas as matérias do espaço de liberdade, segurança e justiça. De acordo com este procedimento, o Parlamento Europeu e o Conselho decidem em conjunto, numa posição de verdadeira paridade. O Conselho decide, por maioria qualificada, o que facilita, naturalmente, a tomada de decisão e retira poder aos Estados individualmente considerados, uma vez que perdem o direito de veto. Os poderes do Parlamento Europeu saem, consideravelmente, reforçados, em especial, no que toca às matérias que anteriormente faziam parte do terceiro pilar, na medida em que aquela instituição detinha um mero poder de consulta e agora passa a dispor de um verdadeiro poder legislativo, como tal, decisório.

Ora, num domínio em que os efeitos da legislação sobre os direitos fundamentais são tão importantes, a participação do órgão eleito pelos cidadãos da União, por sufrágio direto e universal, deve ser encarada como uma garantia da defesa desses direitos fundamentais. A aplicação deste procedimento ao espaço de liberdade, segurança e justiça tinha em vista imprimir maior eficiência, maior democracia e maior conformidade ao princípio da segurança jurídica e da União de Direito[774].

As bases jurídicas dos atos adotados com fundamento no procedimento legislativo ordinário são as seguintes:

- O artigo 75º do TFUE (prevenção de terrorismo e atividades com ele relacionadas);
- O artigo 78º, nº 2, do TFUE (política comum em matéria de asilo, de proteção subsidiária e de proteção temporária);
- O artigo 79º, nº 2, do TFUE (política comum de imigração);
- O artigo 81º, nº 2, do TFUE (cooperação judiciária nas matérias civis com incidência transfronteiriça);
- Os artigos 82º, nºs 1 e 2, 83º e 84º do TFUE (cooperação judiciária em matéria penal);
- O artigo 85º, nº 1, do TFUE (Eurojust);
- O artigo 87º do TFUE (cooperação policial);
- O artigo 88º, nº 2, do TFUE (Europol).

[774] Neste sentido, Sergio Carrera / Florian Geyer, „El Tratado de Lisboa y el espacio de libertad, seguridad y justicia: excepcionalismo y fragmentación en la Unión Europea", *Rev. Der. Com. Eur.*, 2008, p. 138.

A aplicação do procedimento legislativo ordinário ao espaço de liberdade, segurança e justiça comporta, todavia, exceções. Com efeito, há certos atos que estão, expressamente, excluídos deste procedimento, isto é, os atos adotados com fundamento nas seguintes disposições:

- O artigo 76º do TFUE relativo à cooperação administrativa no domínio da cooperação judiciária em matéria penal e cooperação policial;
- O artigo 81º, nº 3, do TFUE que respeita às medidas sobre Direito da Família que tenham incidência transfronteiriça;
- O artigo 86º, nº 1, do TFUE, base jurídica da instituição de uma Procuradoria Europeia;
- Os artigos 87º, nº 3, e 89º do TFUE, no domínio da cooperação policial.

Trata-se de matérias muito marcadas pelo princípio da territorialidade nacional e, por isso, muito estreitamente ligadas à soberania dos Estados[775].

Ao contrário do que sucedia antes da entrada em vigor do Tratado de Lisboa, em que os atos adotados numa parte do espaço de liberdade, segurança e justiça – a cooperação policial e judiciária penal – não obedeciam aos procedimentos previstos no pilar comunitário, atualmente, as fontes comuns de Direito Derivado previstas no artigo 288º do TFUE – os regulamentos, as diretivas, as decisões, os pareceres e as recomendações – aplicam-se a todas as matérias abrangidas pelo espaço de liberdade, segurança e justiça. E sublinhe-se: aplicam-se com as respetivas características, isto é, gozam de primazia sobre o Direito dos Estados-membros, de aplicabilidade direta e de efeito direto, se a eles houver lugar.

29.2.3. A participação dos parlamentos nacionais

O Tratado de Lisboa reforça ainda o controlo democrático e o respeito pelos direitos fundamentais, no domínio do espaço de liberdade, segurança e justiça, através da participação dos parlamentos nacionais[776].

É certo que a participação dos parlamentos nacionais nos mecanismos de avaliação da execução das políticas da União por parte das autoridades dos Estados-membros se resume à mera informação (artigo 70º do TFUE) bem como à sua associação ao controlo político da Europol (artigo 88º, nº 2, do TFUE) e à avaliação das atividades da Eurojust (artigo 85º, nº 1, do TFUE).

[775] Neste sentido, SERGE DE BIOLLEY / ANNE WEYEMBERGH, "Le traité de Lisbonne...", p. 202.

[776] Sobre o papel dos parlamentos nacionais no espaço de liberdade, segurança e justiça após o Tratado de Lisboa, ver MIROSLAW WYRZYKOWSKI, "European Parliament...", p. 264 e segs; MURIEL LE BARBIER-LE BRIS, "Le nouveau rôle des parlements nationaux...", p. 494 e segs; CLAUDIA MORVIDUCCI, "Il ruolo dei Parlamenti nazionali", cit., p. 83 e segs.

Além disso, os protocolos nºs 1 e 2 relativos ao papel dos parlamentos nacionais na União e à aplicação dos princípios da subsidiariedade e da proporcionalidade, respetivamente, estabelecem regras de participação dos parlamentos nacionais no procedimento legislativo.

Assim, o artigo 6º do protocolo nº 2 prevê que qualquer parlamento nacional ou uma das câmaras pode, no prazo de 8 semanas, a contar da data do envio de um projeto de ato legislativo, dirigir aos Presidentes do PE, do Conselho e da Comissão um parecer fundamentado em que exponha as razões pelas quais considera que o projeto em causa não obedece ao princípio da subsidiariedade.

Nos termos do artigo 7º, nº 2, do referido protocolo, no caso de os pareceres fundamentados relativos a um determinado ato legislativo representarem, pelo menos, um terço do total dos votos atribuídos aos Parlamentos nacionais, o projeto deve ser reanalisado. Este limiar reduz-se para um quarto quando se trata de um ato legislativo adotado com base no artigo 76º do TFUE (relativo ao espaço de liberdade, segurança e justiça).

O artigo 76º do TFUE incide sobre os capítulos 4 e 5 bem como sobre as medidas a que se refere o artigo 74º que asseguram a cooperação administrativa nos domínios previstos naqueles capítulos, ou seja, a cooperação judiciária em matéria penal e a cooperação policial.

Depois da reanálise, a Comissão pode decidir manter a proposta, alterá-la ou retirá-la (artigo 7º, nº 3, par. 1º, do mesmo protocolo). Se decidir mantê-la, deverá especificar em parecer fundamentado a razão por que a mesma obedece ao princípio da subsidiariedade (artigo 7º, nº 3, par. 2º, do mencionado protocolo).

O legislador deve ponderar a compatibilidade da proposta com o princípio da subsidiariedade, tendo em conta quer os pareceres dos Parlamentos nacionais quer o parecer fundamentado da Comissão (artigo 7º, nº 3, par. 2º, al. *a)*, do protocolo) e se, por maioria de 55% dos membros do Conselho ou por maioria dos votos expressos do PE, considerar que a proposta não é compatível com o princípio da subsidiariedade, a proposta não continuará a ser analisada (artigo 7º, nº 3, par. 2º, al. *b)*, do referido protocolo).

Daqui decorre que, nas matérias da cooperação judiciária em matéria penal e da cooperação policial, o peso dos parlamentos nacionais é maior do que nas restantes, uma vez que o afastamento da proposta depende de um menor número de votos (cada parlamento tem direito a dois votos e se for bicameral, esses dois votos são repartidos pelas duas câmaras, o que significa que cada uma das câmaras tem direito a um voto (artigo 7º, nº 1, par. 2º, do protocolo)).

Além disso, a maioria exigida ao Conselho para recusar a continuação da análise do projeto de ato é inferior à maioria necessária para o aprovar (ver artigo 238º do TFUE), o que significa que é mais fácil impedir a continuação da análise do projeto de ato do que aprová-lo.

29.2.4. A extensão da jurisdição do TJ

O Tratado de Lisboa estende a jurisdição do Tribunal de Justiça da União Europeia a todo o espaço de liberdade, segurança e justiça.

A jurisdição do Tribunal era alvo de uma dupla limitação – menos intensa em matéria de vistos, asilo, imigração e outras políticas relativas à livre circulação de pessoas do que na cooperação policial e judiciária em matéria penal, mas, de qualquer modo, muito longe da amplitude da competência de que o TJ gozava no pilar comunitário. A título de exemplo, refira-se que não era possível à Comissão propor uma ação por incumprimento contra um Estado que não cumprisse uma decisão ou uma decisão-quadro adotada no âmbito do antigo terceiro pilar, nem a um particular recorrer de um ato que o prejudicasse[777].

Ora, este estado de coisas tinha repercussões negativas quer na União de direito quer na proteção dos direitos fundamentais das pessoas, pondo naturalmente em causa o constitucionalismo da União Europeia.

Após o Tratado de Lisboa, o TJUE passa a ter competência para se pronunciar sobre a interpretação e validade de todos os atos adotados com base no título V da Parte III do TFUE.

É certo que a jurisdição do TJ é geral, mas não é total, na medida em que o artigo 276º do TFUE prevê duas exceções:

a) A fiscalização da validade ou da proporcionalidade de operações de polícia;

b) A decisão sobre o exercício das responsabilidades que incumbem aos Estados-membros em matéria de manutenção da ordem pública e de garantia da segurança interna.

Acresce ainda que estas normas não se aplicaram imediatamente às normas relativas às matérias que anteriormente faziam parte do terceiro pilar, isto é, à cooperação policial e à cooperação judiciária em matéria penal (artigo 10º do protocolo relativo às disposições transitórias).

Porém, cumpre notar que estas modificações constituem, indubitavelmente, um reforço da União de direito e da proteção dos direitos fundamentais, contribuindo, por conseguinte, para a constitucionalização da União.

29.2.5. Os desvios ao regime jurídico comum

Além dos desvios já mencionados, as normas do TFUE relativas ao espaço de liberdade, segurança e justiça contêm ainda outros desvios ao regime jurídico geral da União Europeia, a saber:

[777] Cfr. Fausto de Quadros / Ana Maria Guerra Martins, *Contencioso...*, p. 124 e segs, 192 e segs e 261 e segs.

a) A possibilidade de iniciativa legislativa por parte de um quarto dos Estados-membros (artigo 76º, al. *b)*, do TFUE) – trata-se de um resquício do método intergovernamental seguido no antigo terceiro pilar;
b) As cláusulas de salvaguarda (ou, como são conhecidas na gíria, o "travão de emergência"), no âmbito da cooperação judiciária em matéria penal, admitem a suspensão da adoção de uma diretiva se um membro do Conselho (i. e. um Estado-membro) considerar que ela vai afetar aspetos fundamentais do seu sistema de justiça penal (artigos 82º, nº 3, par. 1º, e 83º, nº 3, par. 1º, do TFUE);
c) As condições específicas da cooperação reforçada relativa à cooperação judiciária em matéria penal como consequência do fracasso da adoção de uma diretiva (artigos 82º, nº 3, par. 2º, e 83º, nº 3, par. 2º, do TFUE) – as regras gerais sobre cooperações reforçadas são muito mais exigentes (ver artigos 326º a 334º do TFUE);
d) A responsabilidade exclusiva dos Estados-membros, no que toca à manutenção da ordem pública e da salvaguarda da segurança interna (artigo 72º do TFUE);
e) Os Estados-membros têm o direito de determinar unilateralmente quotas de imigração de nacionais de terceiros Estados (artigo 79º, nº 5, do TFUE).

Ora, estes desvios representam verdadeiras concessões à soberania dos Estados-membros e relevam claramente do "método intergovernamental" (que tradicionalmente se opõe ao "método comunitário").

Na verdade, o espaço de liberdade, de segurança e de justiça vive numa ambivalência que lhe provoca uma constante tensão, entre, por um lado, um forte desejo de unidade e de afirmação, que se verifica, designadamente, no alargamento das matérias que dele fazem parte, e, por outro lado, uma necessidade premente de acomodar as diversidades dos vários Estados-membros, a qual se manifesta, por exemplo, na referência logo no primeiro preceito – o artigo 67º, nº 1, do TFUE – ao respeito dos diferentes sistemas e tradições jurídicos dos Estados-membros, bem como no facto de os seus principais instrumentos de concretização serem o reconhecimento mútuo, a harmonização mínima e a execução de medidas nacionais.

29.2.6. A situação particular do Reino Unido, da Irlanda e da Dinamarca

A maior concessão à soberania dos Estados, neste domínio, advém do regime privilegiado de que beneficiam o Reino Unido, a Irlanda e a Dinamarca. Os *opt-out* concedidos a estes Estados não só se mantiveram como até se reforçaram com o Tratado de Lisboa[778].

[778] Sobre os *opt outs* do Reino Unido, Irlanda e Dinamarca, em matéria de espaço de liberdade, segurança e justiça, cfr., entre outros, CONSTANCE CHEVALLIER-GOVERS, „Le traité de Lisbonne...", p. 268 e segs.

Em relação ao Reino Unido e à Irlanda regem os protocolos nº 20 relativo à aplicação de certos aspetos do artigo 26º do TFUE e nº 21 relativo à posição destes Estados no que diz respeito ao espaço de liberdade, segurança e justiça.

O protocolo nº 20 confere ao Reino Unido, *grosso modo*, o direito de exercer os controlos nas suas fronteiras que considere necessários (artigo 1º do referido protocolo), assim como salvaguarda os convénios entre o Reino Unido e a Irlanda relativos à circulação de pessoas entre os respetivos territórios (artigo 2º do mencionado protocolo).

Recorde-se que, em matéria de controlo de fronteiras, estes dois Estados-membros não fazem parte dos acordos Schengen e também não aceitaram o princípio da integração do acervo Schengen realizado pelo Tratado de Amesterdão. Gozam, todavia, de um *opt in*, isto é, podem, a todo o tempo, requerer a possibilidade de aplicar, no todo ou em parte, as disposições deste *acquis* (artigo 4º do protocolo relativo ao acervo de Schengen integrado no âmbito da União Europeia)[779]. Note-se que o Tribunal já teve oportunidade de esclarecer em que condições o Reino Unido tem direito a participar nas medidas adotadas com base no título IV do TCE[780]. A sua participação numa determinada e concreta medida depende de ter previamente aceite o *acquis* relativo à matéria em causa. O objetivo do Tribunal foi o de incentivar o Reino Unido a uma maior participação no acervo Schengen. Por detrás deste objetivo confessado, não pode deixar de estar um outro – impedir o Reino Unido de criar obstáculos ou, até mesmo, inviabilizar a adoção de uma medida que lhe seja desfavorável.

Nos termos do protocolo nº 21, o Reino Unido e a Irlanda não participarão na adoção pelo Conselho de medidas cuja base jurídica seja o título V da parte III do TFUE relativo ao espaço de liberdade, segurança e justiça (artigo 1º do protocolo), pelo que nenhuma disposição adotada com base nele lhes será aplicável (artigo 2º), a menos que estes Estados decidam participar na adoção e aplicação dessas disposições (artigo 3º) ou mesmo ficar vinculados por atos já em vigor (artigo 4º). Além disso, o Reino Unido e a Irlanda gozam de um *opt out* relativamente às

[779] Sobre o *opt out* e *opt in* do Reino Unido relativamente ao acervo de Schengen, ver, por todos, MARIA FLETCHER, "Schengen, the European Court of Justice and Flexibility under the Lisbon Treaty: Balancing the United Kingdom's 'Ins' and 'Outs'", *EuConst*, 2009, p. 89 e segs.

[780] Cfr. acórdão de 18/12/2007, *Reino Unido / Conselho*, proc. C-137/05, Col. 2007, p. I-11593, no qual estava em causa a anulação do Regulamento nº 2252/2004/CE do Conselho, de 13/12/2004, que estabelece normas para os dispositivos de segurança e dados biométricos dos passaportes e documentos de viagem emitidos pelos Estados-membros (JO L385, de 29/12/2004, p. 1 e segs) e acórdão de 18/12/2007, *Reino Unido / Conselho*, proc. C-77/05, Col. 2007, p. I-11459, no qual o Reino Unido pretendia a anulação do Regulamento nº 2007/2004/CE do Conselho, de 26/10/2004, que cria uma Agência Europeia de Gestão da Cooperação Operacional nas Fronteiras Externas dos Estados-membros da União Europeia (JO L 349, de 25/11/2004, p. 1 e segs).

medidas propostas ou adotadas com base no título V da parte III do TFUE que alterem uma medida existente à qual estejam vinculados.

A Dinamarca goza de um estatuto diferente – que, aliás, já tinha anteriormente. Este Estado-membro recusa a "comunitarização" de todas as matérias cobertas pelo espaço de liberdade, segurança e justiça. Por isso, o protocolo nº 21 concede-lhe um regime de exceção, podendo vir a prescindir dele, no todo ou em parte, em moldes um pouco mais limitados do que os do Reino Unido e da Irlanda.

Do exposto resulta que os avanços alcançados no domínio do espaço de liberdade, segurança e justiça tiveram contrapartidas bastante negativas: a geometria variável ou Europa *à la carte*, a flexibilidade, a fragmentação e o "excepcionalismo"[781].

O aumento da geometria variável é tanto mais preocupante quanto se trata de uma área em que, em princípio, as pessoas se encontram em situação de especial vulnerabilidade e detêm fracos recursos económicos. Como, com pertinência, escreve António Vitorino, "*o problema da proteção dos direitos fundamentais torna-se especialmente evidente no âmbito da justiça e dos assuntos internos. São inúmeras as medidas que, direta ou indiretamente, suscitam potenciais problemas de compatibilidade e respeito pelos direitos dos cidadãos europeus, tornando evidente a necessidade de um mecanismo de proteção adequado*"[782].

Ora, partindo o espaço de liberdade, segurança e justiça da ideia-base de que o ser humano se deve posicionar no centro das preocupações da União Europeia (não apenas o ser humano enquanto agente económico, não apenas o cidadão da União, mas sim todo e qualquer ser humano que tem contacto com a União: o imigrante, o requerente de asilo, o refugiado, aquele se encontra temporária ou permanentemente no espaço europeu e que tem direito a deslocar-se numa Europa livre, segura e justa) as diferenciações neste domínio levam a que nem todos os seres humanos gozem dos mesmos direitos e nem todos tenham acesso aos mesmos meios de defesa, nomeadamente, jurisdicionais. Trata-se, pois, de um verdadeiro atentado ao direito a uma tutela jurisdicional efetiva bem como ao princípio da igualdade de tratamento e da não discriminação em função da nacionalidade.

Situação que ainda é mais agravada pelo facto de o Reino Unido também gozar de uma posição especial relativamente à Carta de Direitos Fundamentais da União Europeia (cfr. protocolo nº 30).

[781] A expressão é de Sergio Carrera / Florian Geyer, „El Tratado de Lisboa...", p. 134.

[782] António Vitorino, "Perspetivas de futuro para a União Europeia: desenvolver o espaço de liberdade, segurança e justiça e reforçar a tutela dos direitos fundamentais", *Estudos em Homenagem ao Conselheiro José Manuel Cardoso da Costa*, Coimbra, 2003, p. 987 e 988.

29.2.7. A implementação do espaço de liberadade, segurança e justiça e os desafios atuais

As normas dos Tratados relativas ao espaço de liberdade, segurança e justiça têm vindo a ser implementadas, ao longo dos anos, através de actos e normas de Direito Derivado e de actos de *soft law*.

Mais recentemente, devido à pressão migratória, sem precedentes, nas fronteiras externas – e para lhe fazer face – verificou-se a ineficácia de alguma dessa legislação, pelo que foi necessário substituí-la. Foi o caso do Regulamento (UE) nº 604/2013 do PE e do Conselho, de 26 de junho de 2013 (Regulamento de Dublim III) relativo aos critérios e mecanismos de determinação do Estado-membro responsável pela análise de um pedido de proteção internacional apresentado num dos Estados-membros por um nacional de um país terceiro ou por um apátrida que revogou o chamado Regulamento de Dublim II.

Acresce que a abertura das fronteiras internas dos Estados-membros que o espaço de liberdade, segurança e justiça pressupõe não foi abolida, mas tem-se assistido, nos últimos anos, a algum retrocesso. Com efeito, nunca anteriormente se viu uma invocação tão elevada das normas que permitem exceções e desvios a este regime por parte dos Estados-membros. É certo que o fizeram devido às pressões migratórias, mas também com o intuito de controlar a ameaça terrorista, na medida em que, após os ataques em França, na Bélgica e na Alemanha, ficou ainda mais claro que os terroristas circulam dentro da União com uma enorme facilidade.

A União Europeia encontra-se, pois, numa encruzilhada, enfrentando a clássica escolha entre a segurança e a liberdade. É, na verdade, muito difícil responder às ameaças terroristas, com o respeito pleno dos seus valores comuns – liberdade, *rule of law* e proteção dos direitos fundamentais.

Capítulo VIII
A estrutura institucional e orgânica da União Europeia

30. Considerações introdutórias

O quadro institucional previsto no Tratado de Roma foi, inicialmente, concebido para seis Estados-membros (três Grandes e três Médios e Pequenos). Continha um equilíbrio, que, com o decurso dos anos, se foi progressivamente perdendo, sem que tivesse sido substituído, com êxito, pelo menos, até ao Tratado de Lisboa, por nenhum outro.

À medida que as Comunidades se foram alargando geograficamente e que as suas tarefas foram aumentando, o seu quadro institucional viu-se na contingência de ter de se adaptar aos novos desafios, para os quais não estava de todo preparado.

Os sucessivos alargamentos tornaram cada vez mais difícil a tomada de decisão, a qual se baseava, em muitos casos, na regra da unanimidade. A progressiva transferência de poderes dos Estados para as Comunidades, e posteriormente para a União, conduziu a maiores exigências em matéria de democracia, de eficácia e de transparência. Porém, qualquer modificação no domínio do quadro institucional, no sentido de o tornar mais democrático, mais eficaz e mais transparente afigura-se de uma enorme complexidade, na medida em que vai ter, necessariamente, implicações ao nível do equilíbrio de Poder estabelecido entre os Estados-membros, o que não é propício a consensos. Só assim se compreende que as alterações introduzidas pelo Tratado de Lisboa no quadro institucional da União sejam o reflexo de duas décadas de trabalho árduo das instituições europeias e dos Governos dos Estados-membros.

Apesar de, entre a entrada em vigor do Tratado de Roma e a entrada em vigor do Tratado de Lisboa, não se terem verificado modificações estruturais no domínio institucional, após o AUE foi-se assistindo a algumas alterações com algum significado.

Se o AUE não introduziu modificações relevantes no domínio institucional[783], já o Tratado de Maastricht foi um pouco mais longe, tendo introduzido alterações mais profundas[784], mas ainda dentro do espírito do texto original, isto é, dentro dos princípios que nortearam o Tratado de Roma. Ficou, no entanto, claro que, tal como estava, o quadro institucional não se poderia manter por muito mais tempo.

Neste contexto, em Amesterdão surgiram propostas mais inovadoras, que não obtiveram os necessários consensos. Aliás, algumas questões institucionais, como é o caso da ponderação de votos no seio do Conselho e da composição da Comissão constituíram os chamados *left overs* de Amesterdão[785], ou seja, foram proteladas para Nice.

Uma vez chegados a Nice, e perante a iminência do maior alargamento da História da União Europeia – e de um alargamento que conduziria a União a uma ainda maior heterogeneidade – a reforma institucional tornou-se não só desejável como imperiosa. Deixou de ser possível protelar este assunto, sob pena de total paralisia da União. Porém, o acordo conseguido em Nice foi alvo de duras críticas[786].

Não obstante a sua importância – ou talvez por causa dela – as questões institucionais foram objeto de um tratamento diferenciado na Convenção sobre o Futuro da Europa. Na verdade, ao contrário, do que sucedeu em relação à maior parte das outras matérias, as questões institucionais não foram examinadas nem discutidas por nenhum grupo de trabalho específico, pois considerou-se que se tratava de um assunto muito polémico que só poderia ser tratado em plenário. Assim, em janeiro de 2003, ou seja, numa fase já bastante avançada da Convenção, o *Praesidium* apresentou diretamente ao plenário um documento de reflexão sobre o funcionamento das instituições e foi com base nele que a discussão se iniciou. Convém recordar que as questões institucionais em discussão eram dotadas de particular dificuldade: o método de escolha do Presidente da Comissão,

[783] Recorde-se que o AUE institucionalizou, formalmente, do Conselho Europeu, reforçou os poderes do Parlamento Europeu ao nível do processo de decisão, através da introdução de um processo de cooperação entre o Parlamento Europeu e o Conselho e da introdução da exigência de parecer conforme, no domínio dos acordos de adesão e dos acordos de associação, repôs a regra de votação por maioria qualificada, no seio do Conselho e reconheceu a competência de execução da Comissão, dado que o Conselho nos atos que adotava deveria atribuir à Comissão competência de execução das normas que estabelecia. Além disso, possibilitou a criação do Tribunal de Primeira Instância, o qual acabou por ser criado pela Decisão 88/591/CECA, CEE e Euratom, de 24/10/88.

[784] Saliente-se o reforço dos poderes do PE, através da introdução do procedimento de codecisão, bem como o aumento dos casos de votação por maioria qualificada.

[785] Ver Protocolo relativo ao alargamento da União incluído no Tratado de Amesterdão.

[786] Cfr., entre outros, Paz Andrés Sáenz de Santa Maria, "La reforma institucional en el Tratado de Niza...", p. 48; Jean-Marc Favret, "Le Traité de Nice...", p. 281; Cesáreo Gutiérrez Espada, "Una reforma «difícil pero productiva»...", p. 49; Michel Petite, "Nice, traité existentiel...", p. 889; Jean-Claude Gautron, "Le traité de Nice...", p. 346 e 356.

a composição da Comissão, as formações do Conselho, as funções do Conselho Europeu, a Presidência do Conselho Europeu e do Conselho, a composição do Parlamento Europeu e a sua participação no procedimento legislativo. No fundo, o que estava em causa era a problemática da distribuição do poder no seio da União e entre a União e os seus Estados-membros.

A verdade é que a diversidade de pontos de vista em relação às questões institucionais era de tal modo significativa que se percebeu que qualquer acordo a que se pudesse chegar na Convenção poderia não ser futuramente sustentável, pelo que se tornou óbvio que o domínio institucional só conseguiria obter uma solução ao mais alto nível político, ou seja, ao nível da CIG 2003/2004. Ora, foram, precisamente, as negociações das matérias institucionais que levaram ao fracasso da CIG, de dezembro de 2003, protelando a aprovação do TECE para a CIG, de 18 de junho de 2004.

O fracasso do TECE poderia ter levado à reabertura da discussão sobre as questões institucionais na CIG 2007. Porém, como o mandato desta CIG era claro no sentido de que as modificações institucionais acordadas na CIG 2004 deveriam ser integradas uma parte no TUE e outra parte no TFUE[787], o quadro institucional que, atualmente, existe não é substancialmente diverso do que teria resultado do TECE[788].

Antes de estudarmos a composição, o modo de funcionamento e a competência de cada uma das instituições, dos órgãos e dos organismos[789] bem como as relações que se estabelecem entre eles, importa analisar quais os princípios por que se rege o quadro institucional e orgânico da União.

[787] Cfr. nºs 12 e 13 do referido mandato.

[788] Sobre a reforma institucional no TECE, cfr., entre outros, PAOLO PONZANO, "Les institutions de l'Union", *in* GIULIANO AMATO / HERVÉ BRIBOSIA / BRUNO DE WITTE (eds.), *Genèse et Destinée...*, p. 439 e segs; JEAN PAUL JACQUÉ, "Le Conseil européen au terme de son évolution", *in* MARIANNE DONY / EMMANUELLE BRIBOSIA, *Commentaire de la Constitution...*, p. 142 e segs; JEAN PAUL JACQUÉ, "Le Conseil des ministres, la conclusion d'une réforme déjà entreprise", *in* MARIANNE DONY / EMMANUELLE BRIBOSIA, *Commentaire de la Constitution...*, p. 149 e segs; JEAN PAUL JACQUÉ, "La Commission, objet de compromis", *in* MARIANNE DONY / EMMANUELLE BRIBOSIA, *Commentaire de la Constitution...*, p. 160 e segs; JEAN PAUL JACQUÉ, "Le Parlement européen, le *status quo*", *in* MARIANNE DONY / EMMANUELLE BRIBOSIA, *Commentaire de la Constitution...*, p. 165; ANA MARIA GUERRA MARTINS, "O sistema institucional da União na Constituição Europeia – Na ótica da democracia, da eficácia, da transparência, da coerência e da simplificação", *Cadernos o Direito*, 2005, p. 633 e segs.

[789] Os Tratados atuais designam como instituições somente as enunciadas no artigo 13º do TUE, ou seja, o PE, o Conselho Europeu, o Conselho, a Comissão Europeia, o Tribunal de Justiça da União Europeia, o BCE e o Tribunal de Contas, utilizando a expressão órgãos nos casos em que as suas funções são consultivas – Comité Económico e Social e Comité das Regiões (cfr. artigos 300º e seguintes do TFUE). Sob a denominação genérica de organismos abrangem-se realidades muito distintas.

31. Os princípios relativos à estrutura institucional e orgânica da União Europeia

31.1. O princípio da competência de atribuição

A União dispõe de um quadro institucional que obedece ao princípio da competência de atribuição. Nos termos do artigo 13º, nº 1, do TUE, a União dispõe de um quadro institucional que visa prosseguir os seus objetivos, acrescentando o nº 2, do mesmo preceito que "*cada instituição atua dentro dos limites das atribuições que lhe são conferidas pelos Tratados, de acordo com os procedimentos, condições e finalidades que estes estabelecem*". Ou seja, as instituições da União só devem dispor da competência que lhes foi atribuída pelos tratados institutivos bem como pelos tratados que os alteraram ou completaram, não podendo invadir as competências umas das outras. As instituições da União têm como função realizar as tarefas que lhes são confiadas, devendo atuar dentro dos limites da competência que lhe é conferida pelos Tratados. Não dispõem, portanto, de uma competência genérica.

Ora, o princípio da competência de atribuição é conhecido do Direito interno, aplicando-se quer ao nível das pessoas coletivas de Direito Privado quer das pessoas coletivas de Direito Público, bem como do Direito Internacional Público no que diz respeito aos órgãos das Organizações Internacionais.

De acordo com este princípio, os órgãos de uma pessoa coletiva, qualquer que ela seja, só podem exercer a competência que lhes foi atribuída pelo ato constitutivo dessa pessoa coletiva (seja ele uma lei, os estatutos de uma sociedade ou o tratado institutivo de uma organização internacional). Dito de outro modo, para a prossecução das suas atribuições a pessoa coletiva dispõe de órgãos que, por sua vez, dispõem de determinada competência.

Assim sendo, as atribuições da pessoa coletiva estão distribuídas pelos seus vários órgãos, de modo que cada órgão deve exercer a sua competência na medida do que lhe foi conferido pelo ato constitutivo, não podendo imiscuir-se na competência dos outros órgãos da mesma pessoa coletiva e, muito menos, na dos órgãos de outras pessoas coletivas. Este princípio fundamenta-se no facto de a personalidade coletiva só fazer sentido para a prossecução de determinados fins, pretendendo-se, assim, evitar que os órgãos de determinada pessoa coletiva extravasem das suas competências, em violação do objetivo para que foram criados.

No domínio da União Europeia verifica-se, por vezes, uma certa confusão entre o princípio da atribuição (ou da especialidade) e o princípio da competência de atribuição, a qual, em bom rigor, mais não é do que o reflexo da infixidez terminológica que grassa nesta área jurídica.

Ora, o princípio da atribuição (ou da especialidade) diz respeito à atribuição de poderes à própria União por parte dos Estados-membros (artigos 4º, nº 1, e 5º, nº 1, do TUE), enquanto o princípio da competência de atribuição se foca na competência das instituições, dos órgãos e dos organismos.

31.2. O princípio do equilíbrio institucional

O TUE e o TFUE contêm as regras relativas à distribuição de poderes entre as instituições, os órgãos e os organismos da União Europeia.

Como é sabido, essa distribuição de poderes não obedece atualmente – assim como não obedeceu no passado – ao princípio clássico da separação de poderes entre o legislativo, o executivo e o judicial, tal como foi preconizado por MONTESQUIEU, mas sim a um princípio de equilíbrio entre as diversas instituições, através do qual se procura atingir o mesmo objetivo de limitação do poder político. Em consequência, a competência das instituições, dos órgãos e dos organismos da União está distribuída, de modo a que nenhum deles – representante apenas de uma parte dos interesses em presença – possa afastar os outros da tomada de decisão e, com isso, dominar totalmente o sistema jurídico da União Europeia[790].

Antes de avançar, note-se que o princípio da competência de atribuição contribui igualmente para atingir este desiderato.

Sem prejuízo de retomarmos este assunto a propósito do estudo da competência de cada das instituições da União, importa chamar a atenção para o facto de a revisão dos Tratados realizada em Lisboa ter esclarecido, pela primeira vez, na História da integração europeia, quais as funções atribuídas a cada instituição. Assim, a função legislativa e a função orçamental estão atribuídas ao Parlamento e ao Conselho (artigos 14º, nº 1, e 16º, nº 1, do TUE), a função de controlo político pertence ao Parlamento Europeu (artigo 14º, nº 1, do TUE), o qual dispõe ainda de funções consultivas em conformidade com as condições estabelecidas nos Tratados (artigo 14º, nº 1, do TUE). O TUE afirma expressamente que o Conselho Europeu não exerce funções legislativas (artigo 15º, nº 1, TUE). O Conselho, além das funções legislativa e orçamental – que partilha com o Parlamento Europeu – exerce funções na definição das políticas e de coordenação em conformidade com as condições estabelecidas nos Tratados (artigo 16º, nº 1, TUE). O direito de iniciativa compete, em geral, à Comissão. Assim sendo, os detentores do poder legislativo são o Conselho, que representa o interesse nacional, e o Parlamento Europeu, que representa os interesses dos cidadãos da União, uma

[790] O princípio do equilíbrio institucional foi, desde a criação das Comunidades Europeias, objeto de inúmeros estudos doutrinários. Cfr., entre outros, JEAN-PAUL JACQUÉ, "The principle of institutional balance", *CMLR*, 2004, p. 383 e segs; MIGUEL MOURA E SILVA, *O princípio do equilíbrio institucional na Comunidade Europeia. Conflito e cooperação interinstitucionais*, Lisboa, 1998; ENRIQUE GONZALEZ SANCHEZ, "La evolución institucional de la Union Europea: del sistema cuadripartito previsto en los tratados originarios a un sistema institucional tripartito en la perspectiva de realización de la unificacion europea", *Rev. Inst. Eur.*, 1994, p. 85 e segs; KOEN LENAERTS, "Some Reflections on the Separations of Powers in the European Community", *CMLR*, 1991, p. 11 e segs; ROLAND BIEBER, "The Settlement of Institutional Conflicts on the Basis of Article 4 of the EEC Treaty", *CMLR*, 1984, p. 505 e segs.

vez que é composto por representantes dos cidadãos da União (artigo 14º, nº 2, TUE). A Comissão, que representa o interesse geral da União (artigo 17º, nº 1, do TUE), participa no poder legislativo ao nível do direito de iniciativa.

Do exposto resulta que a aplicação do esquema tripartido de separação de poderes aos órgãos da UE esbarra em obstáculos intransponíveis que decorrem, desde logo, do facto de o mesmo órgão deter poderes que pertencem a funções distintas. Além disso, deve ainda referir-se a ausência de um só órgão detentor do poder executivo. Em regra, a execução dos atos da União compete às Administrações Nacionais, como decorre do artigo 291º, nº 1, do TFUE, o qual afirma, expressamente, que os Estados-membros tomam todas as medidas necessárias à execução dos atos juridicamente vinculativos da União.

Nos termos do artigo 291º, nº 2, do TFUE, quando sejam necessárias condições uniformes de execução dos atos juridicamente vinculativos para a União, estes conferirão competências de execução à Comissão, podendo, todavia, reservar essa competência ao Conselho, em casos específicos devidamente justificados ou nos casos previstos nos artigos 24º e 26º do TUE (no domínio da PESC). Em regra, a competência de execução dos atos legislativos cabe à Comissão e, na prática, é ela que acaba por exercer o poder executivo na maior parte dos casos, reservando-se para o Conselho a execução dos atos legislativos apenas em casos excecionais, designadamente no domínio da PESC[791].

O Conselho, além de exercer uma parte do poder executivo, é também, conjuntamente com o PE, um órgão legislativo. Por seu turno, a Comissão, que é o órgão executivo por excelência, também possui poder legislativo, em casos muito limitados, sendo ela que detém o poder de iniciativa legislativa. O Parlamento, neste domínio, detém apenas um poder de solicitar à Comissão que lhe apresente uma proposta (artigo 225º do TFUE).

O poder judicial compete ao Tribunal de Justiça da União Europeia e aos tribunais nacionais, pois, por força dos princípios da aplicabilidade direta e do efeito direto, os cidadãos podem invocar as normas da União ao nível jurisdicional nacional.

Em suma, embora não se possa afirmar que o Tratado respeita um princípio clássico de separação de poderes, a distribuição de poderes entre as instituições e os órgãos da União nele prevista, procura atingir um determinado equilíbrio – *checks and balances* – que não deve ser posto em causa e que, em última análise, visa a limitação do Poder político da União.

O quadro acabado de traçar sofre alguns desvios no domínio do espaço de liberdade, segurança e justiça e é bastante diferente no âmbito da PESC.

[791] Em sentido próximo, Miguel Prata Roque, "A separação de poderes no Tratado de Lisboa...", p. 213 e 214.

31.3. O princípio da coerência institucional

O facto de as competências das instituições e dos órgãos serem distintas, consoante o domínio material em que estão a atuar – o que é um resquício da estrutura tripartida da União pré-Tratado de Lisboa – levou à necessidade de consagração do princípio da coerência, de modo a que o exercício de certa competência não prejudique nem anule as outras.

O princípio da coerência institucional não é uma inovação do Tratado de Lisboa. Ele já existia antes e continua a ter utilidade, na medida em que nem todas as matérias são objeto do mesmo tratamento por parte dos Tratados, designadamente ao nível dos procedimentos de decisão, das normas a serem adotadas e do controlo jurisdicional. Daí que o artigo 13º, nº 1, do TUE refira que a União Europeia dispõe de um quadro institucional que visa assegurar a coerência, a eficácia e a continuidade das suas políticas e das suas ações.

31.4. O princípio democrático

O Tratado de Lisboa introduziu, no título II do TUE, disposições que designa como relativas aos princípios democráticos[792], as quais têm a sua origem no TECE.

Nos termos do artigo 9º do TUE, as instituições, órgãos e organismos da União devem observar o princípio da igualdade dos seus cidadãos, em qualquer das suas atividades.

O artigo 10º, nº 1, do TUE afirma expressamente que o funcionamento da União se baseia no princípio da democracia representativa, estando os cidadãos representados no Parlamento Europeu (artigo 10º, nº 2, do TUE) e os Estados-membros no Conselho Europeu e no Conselho. As instituições devem observar os princípios da abertura e da proximidade aos cidadãos, adotando as suas decisões de forma tão próxima quanto possível dos cidadãos (artigo 10º, nº 3, do TUE).

Os princípios da transparência, da publicidade e da coerência das ações da União (artigo 11º, nºs 1 e 2, do TUE), assim como a participação das associações representativas e da sociedade civil (artigo 11º, nº 2, do TUE) passaram a ser mencionados expressamente.

Ainda no domínio da democracia representativa, continua a afirmar-se que os partidos políticos ao nível europeu contribuem para a formação de uma consciência política europeia e para a expressão da vontade dos cidadãos da União (artigo 10º, nº 4, do TUE).

O princípio da democracia participativa está previsto na 1ª parte do artigo 10º, nº 3, do TUE, determinando o artigo 11º, nº 4, do TUE, que, pelo menos, um

792 Sobre as disposições do TUE relativas aos princípios democráticos, cfr. PAUL CRAIG, "The Treaty of Lisbon...", p. 159 e segs; CHRISTINE DELCOURT, "Brèves réflexions sur le titre consacré aux «Dispositions relatives aux principes démocratiques»", *RMCUE*, 2008, p. 490 e segs.

milhão de cidadãos, nacionais de um número significativo de Estados-membros, pode tomar a iniciativa de convidar a Comissão Europeia a apresentar propostas adequadas nas matérias em que considerem necessário um ato jurídico da União.

O artigo 12º do TUE estabelece que os parlamentos nacionais devem contribuir ativamente para o bom funcionamento da União.

Neste contexto, os Parlamentos nacionais devem:

a) ser informados pelas instituições da União e notificados dos projetos de atos legislativos da União, nos termos do Protocolo relativo ao papel dos Parlamentos nacionais na União Europeia;

b) Garantir o respeito pelo princípio da subsidiariedade, de acordo com os procedimentos previstos no Protocolo relativo à aplicação dos princípios da subsidiariedade e da proporcionalidade;

c) Participar, no âmbito do ELSJ, nos mecanismos de avaliação da execução das políticas da União no âmbito desse espaço (cfr. artigo 70º do TFUE) e ser associados ao controlo político da Europol e à avaliação das atividades da Eurojust (cfr. artigos 88º e 85º do TFUE);

d) Participar nos processos de revisão, de acordo com o previsto no artigo 48º do TUE;

e) Ser informados dos pedidos de adesão à União, nos termos do artigo 49º do TUE;

f) Participar na cooperação interparlamentar entre os Parlamentos nacionais e o PE, segundo o disposto no Protocolo relativo ao papel dos Parlamentos nacionais na União Europeia.

32. O quadro institucional da União Europeia

32.1. Preliminares

Atualmente as disposições relativas às instituições da União inserem-se no Titulo III do TUE assim como no Título I da Parte IV do TFUE[793].

O artigo 13º, nº 1, do TUE estabelece que *"a União dispõe de um quadro institucional que visa promover os seus valores, prosseguir os seus objetivos, servir os seus interesses, os dos seus cidadãos e os dos Estados-membros, bem como assegurar a coerência, a eficácia e a continuidade das suas políticas e das suas ações"*. Nos termos do mesmo preceito, o quadro institucional da União é composto pelo Parlamento Europeu, pelo Conselho Europeu, pelo Conselho, pela Comissão, pelo Tribunal de Jus-

[793] Sobre o quadro institucional das Comunidades e da União anterior ao TL, cfr., entre muitos outros, SANDRO GOZI, *Il Governo dell'Europa*. Bolonha, 2000; PHILIPPE MOREAU-DEFARGES, *Les institutions européennes*, Paris, 1999; C. GUTIÉRREZ ESPADA, *El sistema institucional de la Unión Europea*, Madrid, 1997; JEAN-VICTOR LOUIS, *L'Union européenne et l'avenir de ses institutions*, Bruxelas, 1996; VLAD CONSTANTINESCO, *Compétences et pouvoirs dans les Communautés européennes*, Paris, 1974.

tiça da União Europeia, pelo Banco Central Europeu e pelo Tribunal de Contas. O nº 4 do artigo 13º do TUE acrescenta que *"o Parlamento Europeu, o Conselho e a Comissão são assistidos por um Comité Económico e Social e por um comité das Regiões, que exercem funções consultivas"*.

No fundo, as instituições e os órgãos consultivos da União pré-existem ao Tratado de Lisboa, mas deve sublinhar-se que a sua composição, o seu modo de funcionamento e a sua competência, em muitos casos, se alteraram substancialmente[794].

Nos *items* que se seguem vamos estudar cada uma das instituições da União Europeia pela ordem por que são referidas no artigo 13º, nº 1, do TUE.

32.2. O Parlamento Europeu

32.2.1. O modo de designação e o estatuto dos membros do Parlamento Europeu

Inicialmente o Parlamento era composto por representantes designados pelos parlamentos nacionais, segundo um processo nacional. No entanto, o Tratado de Roma previu, desde a sua versão originária, a possibilidade de eleição do Parlamento Europeu por sufrágio direto e universal, o que se tornou possível a partir da decisão do Conselho relativa a essa eleição de 20 de setembro de 1976.

A partir de 1979, o Parlamento Europeu passou a ser eleito por sufrágio direto e universal, de acordo com os sistemas eleitorais de cada um dos Estados-membros. Procura-se, desde essa época, aprovar um sistema eleitoral uniforme em todos os Estados-membros, o que não se conseguiu até ao momento. O artigo 223º, nº 1, par. 1º, do TFUE retoma esta questão, conferindo ao Parlamento Europeu a base jurídica para a elaboração de *"um projeto destinado a estabelecer as disposições necessárias para permitir a eleição dos seus membros por sufrágio universal direto, segundo*

[794] Para uma visão geral da reforma institucional operada pelo TL, cfr. Fausto de Quadros, "Avaliação global do sistema orgânico e institucional da União Europeia após o Tratado de Lisboa", *in* AAVV, *O Tratado de Lisboa...*, p. 33 e segs; Laurent Pech, "The institutional development of the EU post-Lisbon – A case of *plus ça change...*?", in Diamond Ashiagbor / Nicola Countouris / Ioannis Lianos, *The European Union...*, p. 7 e segs; Thomas Cristiansen, "The European Union after the Lisbon Treaty: An Elusive 'Institutional Balance'?", *in* Andrea Biondi / Piet Eeckhout / Stefanie Ripley, *EU Law...*, p. 228 e segs; Maria José Rangel de Mesquita, *A União Europeia...*, p. 109 e segs; Paul Craig, *The Lisbon Treaty...*, p. 78 e segs; Jean-Claude Piris, *The Lisbon Treaty...*, p. 204 e segs; Sofia Oliveira Pais, « O Tratado de Lisboa e a renovação das instituições da União Europeia", *Cadernos o Direito*, 2010, p. 319 e segs; Jean-Paul Jacqué, "Les réformes institutionnelles introduites par le traité de Lisbonne", *in* E. Brosset / C. Chevallier-Govers / V. Edjaharian / C. Schneider (dir.), *Le Traité de Lisbonne...*, p. 57 e segs; Hervé Bribosia, "The Main Institutional Innovations of the Lisbon Treaty", *in* Stefan Griller / Jacques Ziller, *The Lisbon Treaty...*, p. 57 e segs; Paul Craig, "The Treaty of Lisbon...", p. 151 e segs.

um processo uniforme em todos os Estados-membros ou baseado em princípios comuns a todos os Estados-membros". A competência para definir as disposições necessárias para este efeito é do Conselho que deve deliberar por unanimidade, de acordo com um processo legislativo especial e após aprovação do Parlamento Europeu, que se deve pronunciar por maioria dos membros que o compõem. Estas disposições para entrarem em vigor necessitam de ser aprovadas pelos Estados-membros, em conformidade com as respetivas disposições constitucionais (artigo 223º, nº 1, par. 2º, do TFUE).

O artigo 14º, nº 3, do TUE prevê que os membros do PE são eleitos por sufrágio universal direto, livre e secreto.

A anterior versão dos Tratados estabelecia que o PE era composto por representantes dos povos dos Estados reunidos na Comunidade, o que alimentou uma discussão em torno da questão de saber se o PE retirava a sua base de legitimidade dos povos dos Estados-membros ou de um pretenso povo europeu. Atualmente, esta discussão está ultrapassada, uma vez que o artigo 14º, nº 2, do TUE, na sequência do TECE, afirma, expressamente, que o Parlamento Europeu é composto por representantes dos cidadãos da União, o que significa que a sua base de legitimidade são os cidadãos da União.

Nos termos do artigo 14º, nº 3, do TUE, o mandato dos Deputados é de cinco anos.

O estatuto dos Deputados tem variado ao longo dos tempos. Segundo o artigo 223º, nº 2, do TFUE, o Parlamento Europeu, por meio de regulamentos adotados por iniciativa própria, de acordo com um procedimento legislativo especial, estabelecerá o estatuto e as condições gerais de exercício das funções dos seus membros, após parecer da Comissão e mediante aprovação do Conselho.

O estatuto atualmente em vigor resulta da decisão nº 2005/684/CE, Euratom relativo ao estatuto dos Deputados ao PE[795], o qual entrou em vigor em 1 de julho de 2009. Aí se definem as disposições e condições gerais que regulam o exercício da função de Deputado, consagrando, designadamente, a liberdade e a independência dos Deputados, o seu direito de iniciativa e de participação nos grupos parlamentares bem como regras relativas a privilégios e imunidades, incompatibilidades, irresponsabilidade e inviolabilidade.

32.2.2. A composição do PE

O número de Deputados tem vindo a variar ao longo dos tempos em função do número de Estados que em cada momento integraram as Comunidades, e posteriormente a União Europeia. A repartição dos Deputados pelos Estados-membros também sofreu modificações.

[795] JOUE nº L 262 de 7 de outubro de 2005, p. 1.

Até ao alargamento de 2004, ou seja, o chamado alargamento aos PECO's, o PE era composto por 626 deputados, repartidos pelos diferentes Estados-membros. Todavia, este número bem como o número de Deputados atribuído a cada Estado foram alterados pelo Tratado de Nice, tendo em vista preparar a adesão dos novos Estados-membros num duplo sentido: reduziu-se o número de Deputados dos Estados que, ao tempo, integravam a União, procurando libertar lugares para os Estados em vias de adesão e estabeleceram-se as regras que se destinavam a ser aplicadas após a adesão. Posteriormente, os Tratados de adesão dos novos Estados-membros estabeleceram o número de Deputados eleitos em cada Estado-membro.

Note-se que o número de Deputados negociado e aceite pelos Estados, no Tratado de Nice, teve, pela primeira vez, em conta as contrapartidas obtidas em sede de ponderação de votos no seio do Conselho, o que prova a crescente importância do Parlamento Europeu no espectro institucional da União Europeia. A repartição de lugares no Parlamento Europeu não obedeceu, portanto, a métodos aritméticos ou demográficos, mas sim a um puro compromisso político.

Na medida em que estas regras já não estão em vigor não faz sentido estudá-las em pormenor, pelo que importa passar, de imediato, à análise das disposições introduzidas pelo Tratado de Lisboa.

O artigo 14º, nº 2, do TUE estabelece que o número de Deputados[796] não pode ser superior a setecentos e cinquenta, mais o Presidente[797] e que a representação dos cidadãos é degressivamente proporcional com um limiar mínimo de seis membros por Estado-membro e que a nenhum Estado-membro podem ser atribuídos mais do que noventa e seis lugares. Esta regra é diretamente importada do TECE (cfr. artigo I-20º, nº 2). Note-se que o princípio segundo o qual quanto menos população um Estado tiver, menor é o número de habitantes correspondente à atribuição de um Deputado, ou seja, o princípio da representação degressivamente proporcional, esteve sempre presente na composição do PE, sobretudo após a sua eleição por sufrágio direto e universal. Já a indicação dos limiares mínimo e máximo por Estado-membro se afigura inovadora e procura responder aos receios dos Estados mais pequenos.

Ao contrário do que já sucedeu no passado, a atribuição do número concreto de membros a cada Estado-membro não consta do articulado dos Tratados, tendo sido remetida pelo artigo 14º, nº 2, par. 2º, do TUE para uma decisão

[796] O Tratado de Amesterdão fixava o número máximo de Deputados em 700, o que chegou a ser considerado um limite material de revisão. Não obstante todos os trabalhos prepatórios da CIG 2000 parecerem querer respeitar aquele limite, o Tratado de Nice aumentou esse número para 732.

[797] O TECE fixava o número máximo de Deputados em 750. A regra atual é produto da cedência de um lugar adicional à Itália (cfr. Declaração nº 4 sobre a composição do PE).

unânime do Conselho Europeu, por iniciativa do Parlamento Europeu e com a aprovação deste.

O número de representantes ao PE eleitos em cada Estado-membro para a legislatura de 2014-2019 foi fixado pelo artigo 3º da Decisão 2013/312/UE do Conselho Europeu, de 28 de junho de 2013.

32.2.3. A organização e o funcionamento do Parlamento Europeu

O modo como o Parlamento se organiza e funciona está inscrito nos Tratados e no regimento adotado pelo PE, ao abrigo do artigo 232º do TFUE. O PE tem, portanto, um direito de auto-organização que decorre dos Tratados, como, aliás, já foi reconhecido pelo Tribunal de Justiça[798].

De acordo com o artigo 14º, nº 4, do TUE, o PE elege de entre os seus membros o seu Presidente e a sua Mesa. O PE dispõe de comissões permanentes, que tem como tarefa preparar a legislação e o artigo 226º do TFUE oficializou o recurso às comissões de inquérito de inquérito temporárias. De acordo com este preceito, o PE pode, a pedido de um quarto dos seus membros, constituir uma comissão de inquérito temporária para analisar alegações de infração ou de má administração, exceto se os factos alegados estiverem a ser apreciados por uma jurisdição e enquanto o processo jurisdicional não se encontrar concluído. Dado o caráter parcimonioso das sessões plenárias, as comissões desempenham um papel muito importante. Em janeiro de 2017 existem duas comissões de inquérito: uma sobre a medição das emissões no setor automóvel e outra sobre branqueamento de capitais, elisão e invasões fiscais.

Os Deputados podem organizar-se em grupos políticos, podendo existir deputados não inscritos. Existem atualmente oito grupos no PE:

- Grupo do Partido Popular Europeu (democratas-cristãos);
- Grupo da Aliança Progressista dos Socialistas e Democratas no Parlamento Europeu;
- Grupo dos Conservadores e Reformistas Europeus;
- Grupo da Aliança dos Democratas e Liberais pela Europa;
- Grupo Confederal da Esquerda Unitária Europeia / Esquerda Nórdica Verde;
- Grupo dos Verdes / Aliança Livre Europeia;
- Grupo Europa da Liberdade e da Democracia Direta;
- Grupo Europa das Nações e da Liberdade.

Foi o Tratado de Maastricht que, pela primeira vez, reconheceu o papel dos partidos políticos a nível europeu como fator de integração, dado que contribuem

[798] Ac. de 15/9/81, *Lord Bruce of Donnington*, proc. 208/80, Rec. 1981, p. 2205.

para a criação de uma consciência política europeia e para a expressão da vontade política dos cidadãos da União. Esta ideia encontra-se atualmente no artigo 10º, nº 4, do TUE, permitindo o artigo 224º do TFUE a adoção, segundo o processo legislativo ordinário, de um estatuto dos partidos políticos ao nível europeu[799].

A duração da legislatura do PE é de cinco anos. O PE tem uma sessão anual que se reúne por direito próprio na segunda terça-feira do mês de março (artigo 229º, par. 1º, do TFUE) e pode reunir-se em sessão extraordinária, a pedido da maioria dos seus membros, do Conselho ou da Comissão (artigo 229º, par. 2º, do TFUE). Além disso, como acabámos de ver, funciona em comissão.

A regra de votação no seio do Parlamento é a maioria dos votos expressos (artigo 231º do TFUE), exceto nos casos em que se prevê outra regra expressamente no Tratado, como, por exemplo, para efeitos da aprovação de uma moção de censura (artigo 234º do TFUE).

32.2.4. A competência do Parlamento Europeu

Na versão originária dos Tratados, o PE dispunha de uma competência bastante diminuta, limitando-se a ser consultado no procedimento legislativo e a aprovar o orçamento.

Após a sua eleição por sufrágio direto e universal, em 1979, este órgão começou a reclamar cada vez mais poderes em consonância com a sua legitimidade democrática direta. E a verdade é que o PE ganhou novos poderes, tanto ao nível orçamental como de participação no procedimento legislativo e de fiscalização política, praticamente, em todas as revisões dos Tratados[800].

O Tratado de Lisboa traz igualmente inovações neste domínio, que, aliás, são importadas do TECE[801].

O artigo 14º, nº 1, do TUE estabelece que o PE exerce, juntamente com o Conselho, a função legislativa e a função orçamental. Além disso, o PE exerce funções de controlo político e funções consultivas em conformidade com as

[799] Sobre o papel dos partidos políticos a nível europeu, cfr., por todos, J. Gaffney (ed.), *Political Parties and the European Integration*, Londres, 1996.

[800] Sobre a evolução dos poderes do PE antes do Tratado de Lisboa, cfr., entre outros, Olivier Costa, *Le Parlément européen, assemblée déliberante*, Bruxelas, 2001; J. L. Burban, *Le Parlement européen et son élection*, Bruxelas, 1999; R. Corbett, *The European Parliament's Role in Closer EU Integration*, Londres, 1998; Jean-Paul Jacqué *et al.*, *Le Parlement européen*, Paris, 1984.

[801] Sobre a competência do PE após o Tratado de Lisboa, cfr., Vital Moreira, «Anotação ao artigo 14º do TUE e artigos 223º a 227º do TFUE», *in* Manuel Lopes Porto / Gonçalo Anastácio (coord.), *Tratado de Lisboa...*, p. 66 a 71 e 847 a 857; Christine Delcourt, "Du traité constitutionnel au traité de Lisbonne: quelles évolutions pour les instituions parlementaires?", in É. Brosset / C. Chevallier-Govers / V. Edjaharian / C. Schneider (dir.), *Le Traité de Lisbonne...*, p. 75 e segs; Paul Craig, "The Role of the European Parliament under the Lisbon Treaty", *in* Stefan Griller / Jacques Ziller, *The Lisbon Treaty...*, p. 109 e segs.

condições estabelecidas nos Tratados. Compete-lhe igualmente eleger o Presidente da Comissão.

O Parlamento detém pois poderes ao nível legislativo e orçamental, de fiscalização política e de designação de membros de outros órgãos, devendo ainda mencionar-se a sua participação no domínio da revisão dos Tratados.

É certo que o Parlamento Europeu participou no poder legislativo desde o início do processo de integração, mas essa participação limitava-se à consulta por parte do Conselho antes da tomada de decisão. Mesmo após a Declaração comum da Assembleia, do Conselho e da Comissão, de 4 de março de 1975 que introduziu o procedimento de concertação e o Ato Único Europeu que estabeleceu o procedimento de cooperação, a natureza da participação do PE continuava a ser de consulta.

Foi somente com o Tratado de Maastricht que os poderes legislativos do PE saíram verdadeiramente reforçados através da inclusão do procedimento de codecisão, ou decisão conjunta, do Parlamento Europeu e do Conselho, o qual foi transformado no procedimento legislativo ordinário pelo Tratado de Lisboa (cfr. artigo 289º, nº 1, do TFUE). Os antigos procedimentos de consulta e de aprovação foram absorvidos pelo procedimento legislativo especial (artigo 289º, nº 2, do TFUE), o qual confere ao PE um papel variável.

O PE participa também na conclusão de acordos internacionais, tendo passado a ser chamado a aprovar os acordos de associação, o acordo de adesão da UE à CEDH, os acordos que criem um quadro institucional específico mediante a organização de processos de cooperação, os acordos com consequências financeiras significativas para a União, os acordos que abranjam domínios aos quais seja aplicável o procedimento legislativo ordinário ou o procedimento legislativo especial, quando a aprovação do PE é obrigatória (artigo 218º, nº 6, al. *a)*, do TFUE), ao contrário do que sucedia anteriormente em que se limitava a dar o seu parecer conforme.

No domínio do poder orçamental, o PE passou a deter um poder idêntico ao do Conselho (cfr. artigo 314º do TFUE).

Em matéria de controlo político, o PE sempre deteve alguns poderes, os quais foram sendo aumentados, em especial, depois da aprovação do Tratado de Maastricht e reforçados com o Tratado de Lisboa.

Assim, o PE sempre teve competência para fiscalizar a Comissão e o Conselho, através das questões orais, com ou sem debate, que podia colocar a estes dois órgãos bem como para aprovar uma moção de censura à Comissão.

A competência do PE para aprovar uma moção de censura, por maioria de dois terços de votos expressos, que representem a maioria dos membros que o compõem está prevista no artigo 234º do TFUE. Se a moção de censura for aprovada, os membros da Comissão devem demitir-se coletivamente das suas funções e o Alto Representante da União para os Negócios Estrangeiros e a Política de Segurança deve igualmente demitir-se das funções que exerce na Comissão.

A Comissão é, portanto, politicamente responsável perante o PE (artigo 17º, nº 8, do TUE). Não obstante a competência de aprovação de uma moção de censura à Comissão, a dupla maioria exigida para a aprovação da mesma tem impedido que, até à atualidade, se tenha conseguido reunir o número de votos necessários para censurar a Comissão.

O PE detem ainda outras competência de controlo político ao PE que se traduzem na possibilidade de constituir comissões de inquérito temporárias (artigo 226º do TFUE) e de ser o destinatário de relatórios e informações de outros órgãos da União[802].

Deve ainda acrescentar-se que o PE também sempre teve competência para proceder a debates de política geral e para votar resoluções sobre quaisquer questões de atualidade.

O PE controla igualmente as atividades do Europol e do Eurojust (artigo 88º, nº 2, e 85º, nº 1, do TFUE).

Além disso, o PE participa na designação de membros de outras instituições, órgãos e organismos.

O caso mais relevante é o da eleição do Presidente da Comissão, o qual, tendo em conta os resultados das eleições para o PE, deve ser proposto pelo Conselho Europeu, deliberando por maioria qualificada dos seus membros. O candidato é eleito por maioria dos membros do PE. Se não se obtiver a maioria necessária, o Conselho Europeu deve apresentar um novo candidato no prazo de um mês (artigo 17º, nº 7, par. 1º, do TUE). Posteriormente, o colégio, ou seja, o Presidente, o Alto Representante e os demais membros da Comissão são sujeitos a um voto de aprovação do PE (artigo 17º, nº 7, par. 1º, do TUE).

De acordo com o artigo 228º, nº 1, do TFUE, o PE elege igualmente o Provedor de Justiça, o qual é competente para receber queixas apresentadas por qualquer cidadão da União ou qualquer pessoa singular ou coletiva com residência ou sede estatutária num Estado-membro.

[802] Cfr., entre outros, os seguintes casos: relatório do Presidente do Conselho Europeu após cada reunião (artigo 15º, nº 5, al. *d)*, do TUE); relatório da Comissão sobre a aplicação das disposições da cidadania da União (artigo 25º, par. 1º, do TFUE); relatórios da Comissão e do Conselho ao PE em matéria de política económica (artigo 121º, nºs 2 e 5, do TFUE); informação do Presidente do Conselho ao PE em matéria de política económica (artigo 126º, nº 11, do TFUE); informação do Presidente do Conselho ao PE em matéria de política monetária (artigo 134º, nº 3, do TFUE); relatório da Comissão ao PE sobre os progressos registados na realização da coesão económica e social (artigo 175º, par. 2.º, do TFUE); relatório da Comissão ao PE em matéria de investigação e desenvolvimento tecnológico (artigo 190º do TFUE); relatório do Provedor de Justiça sobre os resultados dos inquéritos (artigo 228º, nº 1, par. 3º, do TFUE).

Nos termos do artigo 225º do TFUE, o PE pode, por maioria dos seus membros, solicitar à Comissão que lhe submeta as propostas adequadas sobre as questões que se lhe afigure requererem a elaboração de atos da União para efeitos de aplicação dos Tratados.

O artigo 227º do TFUE reconhece o direito de petição, ou seja, qualquer cidadão da União bem como qualquer pessoa singular ou coletiva com residência ou sede estatutária num Estado-membro pode apresentar, a título individual ou coletivo, petições ao PE sobre qualquer questão que se integre nos domínios de atividade da União e lhe diga diretamente respeito.

Por último, refira-se que o Parlamento Europeu participa no poder constituinte, designadamente, no procedimento de revisão ordinário e nos procedimentos de revisão simplificados previstos no artigo 48º do TUE bem como na regulamentação da sua própria eleição (artigo 223º do TFUE).

32.2.5. A relação do PE com os parlamentos nacionais

A progressiva transferência de atribuições dos Estados-membros para a União criou nos parlamentos nacionais o sentimento de estarem a perder poderes, que não eram recuperados pelo Parlamento Europeu, mas sim pelo Conselho, e, em última análise, pelos Governos dos Estados-membros, o que conduziria ao défice democrático.

A participação dos parlamentos nacionais na elaboração das posições nacionais em matéria europeia e na aplicação das regras da União sempre dependeu muito dos sistemas constitucionais de cada Estado-membro. A partir de 1989 a questão da necessidade de o PE reforçar as relações e as discussões com os parlamentos nacionais ganhou força e a partir de novembro desse ano institucionalizaram-se as chamadas COSAC's – reuniões periódicas entre membros do PE e membros dos parlamentos nacionais[803].

A consagração da presença dos parlamentos nacionais no sistema institucional da União é, porém, muito mais tardia e constava de um protocolo anexo ao Tratado de Amesterdão, modificado pelo Tratado de Nice.

Atualmente os parlamentos nacionais são referidos no artigo 12º do TUE, no Protocolo nº 1 relativo ao papel dos parlamentos nacionais na União bem como

[803] Sobre a participação dos parlamentos nacionais no sistema institucional da União, cfr. William Sleath, "The Role of National Parliaments in European Affairs", *in* Giuliano Amato / Hervé Bribosia / Bruno de Witte (eds.), *Genèse et Destinée...*, p. 545 e segs; E. Smith, *National Parliaments as Cornerstones of European Integration*, Londres, 1996; C. Flintermann *et al.*, *The Evolving Role of Parliaments in Europe*, Antuérpia, 1994; Karlheinz Neunreither, "The Democratic Deficit of the European Union: Towards Closer Cooperation between the European Parliament and the National Parliaments", *Gov. & Opp.*, 1994, p. 299 e segs.

no Protocolo nº 2 relativo à aplicação dos princípios da subsidiariedade e da proporcionalidade[804].

32.3. O Conselho Europeu

32.3.1. A génese do Conselho Europeu

O Conselho Europeu tem a sua origem nas Cimeiras de Chefes de Estado e Chefes de Governo, que ocorreram desde 1961. Tratava-se de conferências diplomáticas à margem das Comunidades Europeias, nas quais se discutiam os assuntos relacionados com a cooperação política. Após a Cimeira de Haia de 1969, estas conferências passaram a debruçar-se também sobre os assuntos comunitários.

O Conselho Europeu nasceu na Cimeira de Paris, de 9 e 10 de dezembro de 1974. Como disse GISCARD D'ESTAING, morreram nessa data as Cimeiras de Chefes de Estado e de Governo e nasceu o Conselho Europeu.

Do Comunicado final daquela Cimeira constava que os Chefes de Governo, preocupados em globalizar as atividades comunitárias e as que relevam da cooperação política, decidiram reunir-se, acompanhados dos Ministros dos Negócios Estrangeiros, três vezes por ano, e sempre que necessário, em Conselho das Comunidades e a título de cooperação política, acrescentando ainda que estas disposições não afetam de forma nenhuma as regras e os processos estabelecidos nos Tratados, nem as dos acordos de Luxemburgo e de Copenhaga, no que diz respeito à cooperação política.

O Conselho Europeu teve, portanto, a sua origem imediata num ato informal dos Estados-membros, ou seja, no comunicado final de uma Cimeira – a Cimeira de Paris. Segundo aquele comunicado, o Conselho Europeu devia desempenhar uma dupla função. Por um lado, deveria ocupar-se dos assuntos comunitários e, por outro lado, deveria configurar-se como o órgão da cooperação política europeia.

Naquela época o Conselho Europeu poderia buscar a sua base legal nos Tratados, pois o artigo 2º do Tratado de Fusão estipulava que o Conselho era composto por representantes dos Estados-membros e que cada Governo designaria um dos seus membros para nele participar. Ora, em última análise, a composição do Conselho Europeu, tal como foi preconizada na Cimeira de Paris, respeitava este preceito.

[804] Sobre a participação dos parlamentos nacionais no sistema institucional da União após o Tratado de Lisboa, cfr., RICHARD CORBETT, "The Evolving Roles of the European Parliament and of National Parliaments", *in* ANDREA BIONDI / PIET EECKHOUT / STEFANIE RIPLEY, *EU Law...*, p. 248 e segs; MIROSLAW WYRZYKOWSKI, "European Parliament...", p. 242 e segs; ARTHUR BENZ, "Linking Multiple Demoi. Interparlamentary Relations in the EU", *in* JOSÉ MARIA BENEYTO / INGOLF PERNICE (eds), *Europe's Constitutional Challenges...*, p. 267 e segs.

Após o AUE as dúvidas, eventualmente, existentes sobre a "constitucionalidade" daquele órgão dissiparam-se, dado que o artigo 2° do AUE previa, de modo expresso, a sua composição[805].

32.3.2. A composição, a organização e o funcionamento do Conselho Europeu

Com o Tratado de Maastricht consagrou-se uma base jurídica específica para o Conselho Europeu, o qual foi transformado em órgão da União Europeia, mas coube ao Tratado de Lisboa alcandorá-lo a instituição da União de pleno direito, fazendo assim convergir o Direito com os factos (artigo 13º, nº 1, do TUE).

O artigo 10º, nº 2, do TUE prevê que os Estados-membros estão representados pelo respetivo Chefe de Estado ou de Governo no Conselho Europeu e o artigo 15º, nº 2, do TUE precisa esta composição, juntando-lhe o seu Presidente (o que foi uma inovação do Tratado de Lisboa) bem como o Presidente da Comissão. O Alto Representante para os Negócios Estrangeiros e a Política de Segurança, criado pelo Tratado de Lisboa, participa igualmente nos trabalhos. Nos termos do artigo 15º, nº 3, do TUE, quando a ordem do dia o exigir, os membros do Conselho Europeu podem fazer-se assistir por um ministro (que pode ser o Ministro dos Negócios Estrangeiros ou qualquer outro) e o Presidente da Comissão por um membro da Comissão. O Presidente do PE pode ser convidado para ser ouvido pelo Conselho Europeu (artigo 235º, nº 2, do TFUE).

Este órgão reúne-se duas vezes por semestre, por convocação do seu Presidente, podendo, se a situação assim o exigir, ser convocadas reuniões extraordinárias (artigo 15º, nº 3, do TUE).

A principal inovação introduzida pelo Tratado de Lisboa em relação ao Conselho Europeu consta do artigo 15º, nº 5, do TUE e diz respeito à substituição do sistema das presidências rotativas semestrais, exercidas pelo Chefe de Estado ou de Governo do Estado-membro a quem cabia a presidência do Conselho, por um presidente eleito pelo próprio Conselho Europeu por maioria qualificada, por um período de dois anos e meio, cujo mandato é renovável uma vez, podendo, em caso de impedimento ou de falta grave, o mesmo Conselho Europeu pôr termo ao seu mandato, de acordo com o mesmo procedimento[806]. Trata-se de uma solução diretamente importada do TECE (artigo I-22º, nº 1).

[805] Sobre as origens e a evolução do Conselho Europeu, cfr. Jacques Pertek, *Droit des institutions...*, p. 150 e segs; Béatrice Taulègne, *Le conseil européen*, Paris, 1993; S. Bulmer / W. Wessels, *The European Council*, Londres, 1987.

[806] Para o estudo do Presidente do Conselho Europeu no Tratado de Lisboa, ver, por todos, Paul Craig, "The President of the European Council", *in* José Maria Beneyto / Ingolf Pernice (eds), *Europe's Constitutional Challenges...*, p. 207 e segs.

Desapareceram, por conseguinte, as Presidências rotativas por seis meses, o que foi visto, por alguns[807], como um ponto negativo, com base no facto de as Presidências darem visibilidade aos Estados médios e pequenos. Ora, numa Europa alargada, essa visibilidade reduz-se drasticamente, pelo que mal estariam os Estados pequenos e médios se estivessem à espera da Presidência para «brilhar».

As funções do Presidente do Conselho Europeu são enumeradas, pela primeira vez, nos Tratados. Nos termos do artigo 15º, nº 6, do TUE, o Presidente do Conselho Europeu preside aos trabalhos e dinamiza-os (al. *a*)), assegura a preparação e a continuidade dos trabalhos do Conselho Europeu, em cooperação com o Presidente da Comissão e com base nos trabalhos do Conselho dos Assuntos Gerais (al. *b*)), atua no sentido de facilitar a atuação e o consenso no âmbito do Conselho Europeu (al. *c*)) e apresenta um relatório ao Parlamento Europeu após cada uma das reuniões do Conselho Europeu (al. *d*)). O Presidente do Conselho Europeu assegura igualmente ao seu nível e nessa qualidade, a representação externa da União no âmbito da PESC. Ora, esta função pode justapor-se às funções do Alto Representante para os Negócios Estrangeiros e a Política de Segurança, pelo que o preceito salvaguarda essa possibilidade.

O Conselho Europeu decide por consenso, salvo disposição em contrário dos Tratados (artigo 15º, nº 4, do TUE). A maioria qualificada está prevista expressamente para a adoção da decisão que estabeleça a lista das formações do Conselho que não sejam a dos Negócios Estrangeiros e dos Assuntos Gerais (artigo 236º, al. *a*), do TFUE) e para a decisão relativa à presidência das formações do Conselho, com exceção da dos Negócios Estrangeiros (artigo 236º, al. *b*), do TFUE), existindo outros casos previstos nos Tratados em que ela é requerida[808]. O Conselho Europeu delibera ainda por maioria simples sobre as questões processuais e sobre a adoção do seu regulamento interno (artigo 235º, nº 3, do TFUE). Quando o Conselho Europeu se pronuncia por votação, o seu Presidente e o Presidente da Comissão não votam (artigo 235º, nº 1, par. 2º, do TUE). A abstenção dos membros presentes ou representados não obsta à adoção das deliberações do Conselho Europeu que exijam a unanimidade[809] (artigo 235º, nº 1, par. 3º, do TUE).

32.3.3. A competência do Conselho Europeu

Inicialmente, a definição do papel do Conselho Europeu no quadro institucional foi objeto de declarações políticas, designadamente, da Declaração Solene de Estugarda de 1983 sobre a União Europeia, tendo-se verificado, até à entrada

[807] V. JULIANE KOKOTT / ALEXANDRA RÜTH, "The European Convention...", p. 1336 e segs.

[808] Cfr., designadamente, artigos 17º, nº 7, e 18º, nº 1, do TUE e artigo 282º, nº 2, al. *b*), do TFUE.

[809] Na verdade, existem muitas situações em que é requerida a unanimidade. Cfr., por exemplo, artigos 7º, nº 2, do TUE e 354º do TFUE, 14º, nº 2, do TUE, 17º, nº 5, do TUE, 22º, nº 1, do TUE, 31º, nº 3, do TUE, 42º, nº 2, TUE, 312º, nº 2, do TFUE e 355º, nº 6, do TFUE.

em vigor do TUE (Tratado de Maastricht), alguma confusão entre o Conselho Europeu e o Conselho de Ministros[810].

Com efeito, coube ao Tratado de Maastricht definir a competência do Conselho Europeu como sendo a de dar à União os impulsos necessários ao seu desenvolvimento e definir as orientações políticas gerais. Ou seja, o TUE reconhecia ao Conselho Europeu um papel de motor da integração na PESC e na UEM.

Atualmente, o artigo 15º, nº 1, do TUE refere que o Conselho Europeu dá à União os impulsos necessários ao seu desenvolvimento e define as orientações e prioridades políticas gerais da União e não exerce a função legislativa. A exclusão da função legislativa não é, todavia, absoluta, na medida em que o Conselho Europeu pode ter de agir em vez do Conselho (cfr. artigos 48º, 82º, 83º, 87º, nº 3, do TFUE).

32.4. O Conselho

32.4.1. A composição

Após o Tratado de Fusão de 1965, o Conselho passou a ser um órgão comum das três Comunidades[811]. O artigo 2º daquele Tratado previa que «*o Conselho é composto por representantes dos Estados Membros. Cada Governo delega num dos seus membros*».

O Tratado da União Europeia, desde a versão de Maastricht, determinava que o Conselho era composto por um representante de cada Estado-membro ao nível ministerial, com poderes para vincular o Governo desse Estado-membro e exercer o direito de voto. Esta disposição foi incluída no Tratado por influência da Alemanha para permitir representações das entidades infra-estaduais, ou seja, dos *Länder*.

A versão atual dos Tratados manteve a composição do Conselho intocada, a qual passou a estar prevista no artigo 16º, nº 2, par. 1º, do TUE. Após a adesão da Croácia, o Conselho passou a ser composto por vinte e oito membros.

A composição do Conselho é variável em função da ordem do dia. Segundo o artigo 16º, nº 6, do TUE, o Conselho reúne-se em diferentes formações, cuja lista é adotada com base no artigo 236º do TFUE[812]. Atualmente existem dez formações do Conselho: Assuntos Gerais; Negócios Estrangeiros; Assuntos Económicos

[810] Note-se, no entanto, que a versão anterior dos Tratados (TUE e TCE) fazia uma distinção nítida entre as duas instituições ao prever, em vários preceitos, a composição do Conselho das Comunidades ao nível de Chefes de Estado e de Governo (cfr. ex-artigos 7º, nº 2, do TUE, 112º, nº 2, 117º, nº 2 e 3 e 121º, nº 3 do TCE).

[811] Especificamente sobre o Conselho, cfr., entre muitos outros, MARTIN WESTLAKE, *The Council of the European Union*, 2ª ed., Londres, 1999; F. HAYES-RENSHAW / H. WALLACE, *The Council of Ministers*, Houndmills, 1997.

[812] Ver a Decisão 2009/881/UE do Conselho Europeu de 1/12/2009 relativa ao exercício da Presidência do Conselho (JOUE nº L 315, de 2/12/2009, p. 46).

e Financeiros; Justiça e Assuntos Internos; Emprego, Política Social, Saúde e Consumidores; Competitividade; Transportes, Telecomunicações e Energia; Agricultura e Pescas; Ambiente; Educação, Juventude e Cultura.

A prática comunitária de atribuir uma certa proeminência ao Conselho de Assuntos Gerais, atualmente separado do Conselho dos Negócios Estrangeiros, passou a ter consagração nos Tratados. Com o objetivo de ultrapassar o défice de coordenação e de coerência ao nível das várias formações do Conselho, o artigo 16º, nº 6, par. 2º, do TUE estabelece que o Conselho de Assuntos Gerais assegura a coerência dos trabalhos das diferentes formações do Conselho, prepara as reuniões do Conselho Europeu e assegura o seu seguimento, em articulação com o Presidente do Conselho Europeu e com a Comissão. O artigo 16º, nº 6, par. 3º, do TUE estabelece que o Conselho dos Negócios Estrangeiros elabora a ação externa da União, de acordo com as linhas estratégicas fixadas pelo Conselho Europeu, e assegura a coerência da ação da União.

Acrescente-se que o Tratado de Lisboa eliminou a formação do Conselho ao mais alto nível, isto é, ao nível de Chefes de Estado e de Governo.

Com exceção da Presidência do Conselho dos Negócios Estrangeiros, que é exercida pelo Alto Representante para os Negócios Estrangeiros e para a Política de Segurança, de acordo com o artigo 18º, nº 3, do TUE, a Presidência das outras formações do Conselho é, segundo o artigo 16º, nº 9, do TUE, assegurada pelos representantes dos Estados-membros no Conselho, com base num sistema de rotação igualitária, nas condições definidas nos termos do artigo 236º, al. *b)*, do TFUE. Nos termos da Decisão 2007/5/CE e Euratom do Conselho Europeu, de 1 de dezembro de 2007, que determina a ordem de exercício da presidência do Conselho até 30 de junho de 2020, a presidência é assegurada pelos grupos predeterminados de 3 Estados por um período de 18 meses, cabendo a cada membro do grupo exercer a presidência por 6 meses. Esses grupos são formados com base num sistema de rotação igualitária dos Estados-membros, tendo em conta a sua diversidade e os equilíbrios geográficos na União. Cada membro do grupo preside sucessivamente, durante seis meses, sendo apoiado pelos outros membros do grupo no exercício de todas as suas responsabilidades, com base num programa comum[813].

32.4.2. O funcionamento

As condições de funcionamento do Conselho estão previstas no TUE, no TFUE e no seu regulamento interno.

[813] Sobre a composição e a Presidência do Conselho, cfr. PAUL CRAIG / GRAINNE DE BURCA, *EU Law...*, p. 41 e segs; ROBERT SCHÜTZE, *European Constitutional...*, p. 104 e segs; LENAERTS / PIET VAN NUFFEL, *European Union Law*, p. 486 e segs; JACQUES PERTEK, *Droit des institutions...*, p. 320 e segs; JÖEL RIDEAU, *Droit institutionnel...*, p. 467 e segs.

De acordo com o artigo 237º do TFUE, o Conselho reúne-se por convocação do seu Presidente, por iniciativa deste, de um dos seus membros ou da Comissão. Os órgãos de preparação da decisão são o COREPER, os grupos de peritos ou de trabalho e os vários comités.

Após o Tratado de Lisboa, as reuniões do Conselho em que este delibere e vote sobre um projeto de ato legislativo devem ser públicas, o que significa que cada reunião do Conselho é dividida em duas partes consagradas, respetivamente, às deliberações sobre os atos legislativos da União e às atividades não legislativas (artigo 16º, nº 8, do TUE). A publicidade das reuniões do Conselho quando se debruça sobre atos legislativos contribui para o reforço da transparência e, consequentemente, da democracia no sistema institucional da União.

Nos termos do artigo 16º, nº 7, do TUE, a preparação dos trabalhos do Conselho é da responsabilidade de um Comité de Representantes Permanentes dos Governos dos Estados-membros – o COREPER – o qual não é um órgão da União Europeia, mas sim um órgão auxiliar do Conselho, ao qual está subordinado[814]. Não dispõe de competência de decisão própria, nem a pode receber por delegação. A sua função é a preparação dos trabalhos do Conselho e aí não pode menosprezar o direito de iniciativa reconhecido à Comissão. O artigo 240º, nº 1, do TFUE confirma esta ideia, mas admite que o Comité pode adotar decisões de natureza processual nos casos previstos no regulamento interno do Conselho.

O COREPER não pode decidir, mas se chegar a acordo, o Conselho pode, posteriormente, aprovar o ato sem discussão, pois o assunto será inserido no ponto A da agenda do Conselho, que é o ponto em que se adota o ato sem discussão. Na verdade, a ordem do dia é estabelecida previamente pelo Presidente com a colaboração do COREPER e do Secretariado-Geral do Conselho, compreendendo as duas partes acima mencionadas – assuntos legislativos e não legislativos – e dentro de cada uma delas comporta uma parte A (votação sem debate) e uma parte B (debates seguidos ou não de votação). A Comissão participa nas deliberações do Conselho para defender as suas propostas.

O Conselho é assistido por um Secretariado-Geral, colocado na dependência de um Secretário-Geral nomeado pelo Conselho (artigo 240º, nº 2, do TUE).

Os Tratados preveem ainda alguns comités, como, por exemplo, o Comité Económico e Financeiro (artigo 134º do TFUE) ou o Comité Político e de Segurança (artigo 38º do TUE) e o Conselho tem vindo a criar diversos comités com base nos Tratados.

32.4.3. A votação

As regras de votação no seio do Conselho são extremamente importantes, pois delas depende o exercício do poder de decisão na União bem como a sua plena

[814] Cfr. acórdão de 19/3/96, *Comissão / Conselho*, proc. C-25/94, Col. 1996, p. I-1469.

eficácia. Estas regras sofreram uma enorme evolução desde a entrada em vigor dos Tratados originários até ao momento atual, a qual não vai ser estudada neste livro.

A regra geral de votação no Conselho é a maioria qualificada, salvo disposição em contrário dos Tratados (artigo 16º, nº 3, TUE), os quais preveem, em certos casos, a unanimidade[815] e noutros a maioria simples. A regra de votação no seio do Conselho depende, portanto, da base jurídica ao abrigo da qual aquela instituição adota o ato.

O apuramento da votação por maioria qualificada no seio do Conselho constituiu um dos aspetos mais polémicos quer na Convenção sobre o Futuro da Europa quer na CIG 2004. As regras que acabaram por ficar consagradas no Tratado de Lisboa devem pois ser encaradas como o resultado de um compromisso político entre os diferentes Estados-membros, compromisso esse que foi muito difícil de alcançar e que foi logo muito criticado[816].

Vejamos então que regras são essas.

Antes de mais, deve notar-se que as regras introduzidas pelo Tratado de Lisboa são bastante complexas, na medida em que algumas delas nem sequer se destinavam a ser aplicadas com a entrada em vigor do Tratado, mas apenas posteriormente.

A regra geral consta do artigo 16º, nº 4, do TUE, a qual é objeto de derrogação no artigo 238º do TFUE. Além disso, foi criado um regime transitório até 1 de novembro de 2014 que pode ser prorrogado até 31 de março de 2017, o qual consta do protocolo nº 36 relativo às disposições transitórias e que, no fundo, constitui igualmente uma derrogação ao regime previsto nos Tratados.

Assim sendo, e começando pela regra geral prevista no artigo 16º, nº 4, do TUE, a partir de 1 de novembro de 2014, a maioria qualificada corresponde a, pelo menos 55% dos membros do Conselho, num mínimo de dezasseis, os quais devem representar Estados-membros que reúnam, no mínimo, 65% da população da União, devendo a minoria de bloqueio ser composta por, pelo menos, quatro

[815] Em domínios particularmente importantes, o Conselho delibera por unanimidade. Cfr. artigos 24º, nº 1; 31º, nº 1; 41º, nº 2; 42º, nº 4; 46º, nº 6; 48º, nº 7; 49º do TUE e artigos 19º, nº 1; 21º, nº 3; 22º; 25º; 64º, nº 3; 65º, nº 4; 77º, nº 3; 81º, nº 3; 82º, nº 2, al. *d)*; 83º, nº 1; 86º, nºs 1 e 4; 87º, nº 3; 89º, 92º, 108º, nº 2; 113º; 115º; 118º; 126º, nº 14; 127º, nº 6; 140º, nº 3; 153º, nº 2; 155º, nº 2; 192º, nº 2; 194º, nº 3; 203º; 207º, nº 4, par. 2º e 3º; 218º, nº 8, par. 2º; 219º, nº 1; 223º; 246º; 252º; 257º; 262º; 292º; 293º, nº 1; 294º, nº 9; 301º; 305º; 308º; 311º; 312º, nº 2; 329º, nº 2; 331º, nº 2; 332º; 342º; 346º, nº 2; 352º, nº 1, do TFUE.

[816] Sobre a regra de votação por maioria qualificada no Conselho após o Tratado de Lisboa, cfr. MARIANNE DONY, "La majorité qualifiée au Conseil: du traité de Nice au Traité de Lisbonne", *in Mélanges en hommage* à *Georges Vandersanden*, Bruxelas, 2008, p. 131 e segs; STEFAAN VAN DEN BOGAERT, "Qualified Majority Voting in the Council: First Reflections on the New Rules", *MJ*, 2008, p. 97 e segs; ALAN HERVÉ, "Quelles évolutions pour la majorité qualifiée?", *RMCUE*, 2008, p. 448 e segs.

membros do Conselho. Porém, quando o Conselho não delibere sob proposta da Comissão ou do Alto Representante da União para os Negócios Estrangeiros e para a Política de Segurança, o artigo 238º, nº 2, do TFUE estabelece que a maioria qualificada corresponde, pelo menos, a 72% dos membros do Conselho, devendo estes representar Estados-membros que reúnam, no mínimo, 65% da população da União.

O nº 3 do artigo 238º do TFUE estabelece ainda regras específicas para o apuramento da maioria qualificada quando nem todos os Estados-membros do Conselho participem na votação, ou seja, quando se verificarem situações de integração diferenciada por força de cooperações reforçadas ou de alguns Estados-membros beneficiarem de um *opt out*. Neste caso, a partir de 1 de novembro de 2014, a maioria qualificada corresponde a, pelo menos, 55% dos membros do Conselho, devendo estes representar Estados-membros participantes que reúnam, no mínimo, 65% da população desses Estados. A minoria de bloqueio deve ser composta por, pelo menos, o número mínimo de membros do Conselho que represente mais de 35% da população dos Estados-membros participantes, mais um membro, caso contrário considera-se alcançada a maioria qualificada (artigo 238º, nº 3, al. *a)*, do TFUE). Em derrogação desta regra, a al. *b)* do nº 3 do mesmo preceito estabelece que se o Conselho não deliberar sob proposta da Comissão ou do Alto Representante, a maioria qualificada corresponde a, pelo menos, 72% dos membros do Conselho, devendo estes representar Estados-membros que reúnam, no mínimo, 65% da população desses Estados.

Tendo em conta a importância da população para o apuramento da maioria qualificada no seio do Conselho, o Regulamento Interno do Conselho, aprovado pela Decisão (UE/Euratom) nº 2009/937, de 11 de dezembro de 2009, alterado, por último, pela Decisão (UE/Euratom) do Conselho nº 2015/2393, de 8 de dezembro de 2015, fixa no anexo III números referentes à população da União e de cada Estado-membro da União.

Note-se ainda que até 31 de março de 2017, em derrogação de todas as regras acabadas de enunciar, o artigo 3º do protocolo relativo às disposições transitórias permite a aplicação das regras de apuramento da maioria qualificada com base no sistema de ponderação de votos muito próximo do vigente no Tratado de Nice[817]. Na verdade, as derrogações às regras enunciadas no TUE e no TFUE podem ser aplicadas para além de 1 de novembro de 2014, na medida em que, nos termos do nº 2 do artigo 3º do protocolo nº 36, entre esta data e 31 de março de 2017, quando a decisão deva ser adotada por maioria qualificada qualquer membro do Conselho pode pedir que a deliberação seja tomada pela maioria qualificada definida no nº 3 do mesmo preceito.

[817] Recorde-se que o Tratado de Nice alterou significativamente o equilíbrio entre, por um lado, os Estados grandes e os Estados médios e pequenos.

Ora, nesse caso, as deliberações do Conselho ou do Conselho Europeu, sob proposta da Comissão, consideram-se aprovadas, por maioria qualificada, se obtiverem, no mínimo, 255 votos que exprimam a votação favorável da maioria dos membros. Nos restantes casos, as deliberações consideram-se aprovadas se obtiverem, no mínimo, 255 votos que exprimam a votação favorável de, pelo menos, dois terços dos membros (artigo 3º, nº 3, par. 3º, do protocolo nº 36 anexo ao Tratado de Lisboa).

Quando o Conselho ou o Conselho Europeu adotem um ato, por maioria qualificada, qualquer membro do Conselho pode pedir que se verifique se os Estados-membros que constituem essa maioria qualificada representam, pelo menos, 62% da população total da União, sendo que, se essa condição não for preenchida, a decisão não é adotada (artigo 3º, nº 3, par. 3º, do protocolo nº 36 anexo ao Tratado de Lisboa).

A aprovação das decisões no seio do Conselho e do Conselho Europeu, por maioria qualificada, continua, portanto, a depender de uma tripla maioria, o que em nada contribui para a simplificação nem para a maior eficiência do processo.

A ponderação de votos no seio do Conselho confere aos Grandes, e, sobretudo, a Espanha, um aumento de Poder, mesmo levando em linha de conta a especificidade da negociação no seio da União. Esse Poder é ainda reforçado pela relevância que pode ser dada à população para o apuramento da maioria qualificada, o que aumenta, sem dúvida, a possibilidade de os Estados mais populosos, em especial a Alemanha, bloquearem as decisões do Conselho, com o apoio de muito poucos.

Estas regras, como se disse, foram introduzidas pelo Tratado de Nice e à época foram ganhando corpo com base num princípio aparentemente incontestável: a maior legitimidade democrática da União. Porém, a realidade é bem outra: estas regras baseiam-se no receio de certos Estados – os Estados grandes – de diluição do seu peso no seio da União e da sua consequente perda de Poder com os dois alargamentos a Leste. Ou seja: a questão que aqui está em causa é a de saber quem, na prática, domina a União. São, pois, os interesses egoístas dos Estados e o correlativo medo da perda de soberania que estão na base destas regras e não quaisquer ideais democráticos.

Aliás, o princípio da igualdade dos Estados é tão compatível com a democracia como o princípio da representação proporcional, como o demonstram os Estados federais, como, por exemplo, os Estados Unidos da América, onde existem órgãos – veja-se o caso do Senado – que se baseiam no princípio da igualdade dos Estados a par de outros que se fundamentam no princípio da representação proporcional[818].

Por último, note-se que, não obstante existirem nos Tratados regras de apuramento da votação no seio do Conselho desde a sua versão originária, a prá-

[818] Cfr. ROBERT SCHÜTZE, *European Constitutional...*, p. 74 e segs.

tica das Comunidades e da União afastou-se dessas regras, pelo menos, em dois casos. Recorde-se o compromisso de Luxemburgo de 30 de janeiro de 1966, e o compromisso de Joanina de 1994[819]. Aquando das negociações do quarto alargamento, a Espanha esforçou-se por fazer aprovar regras que lhe permitissem manter a garantia da minoria de bloqueio, desde que com ela votassem um outro Estado grande e um médio. Todavia, tal não foi possível. Apenas se conseguiu aprovar uma decisão atípica, da qual consta que se vários membros do Conselho que reúnam um total de 23 a 25 votos manifestarem a sua intenção de se opor a uma decisão, o Conselho tratará de lograr o acordo com 65 votos (em vez dos 62 previstos no Tratado) num prazo razoável e com respeito dos prazos estabelecidos para cada decisão. O Tratado de Lisboa parece retomar, no fundo, a filosofia subjacente ao compromisso de Joanina no período entre 1 de novembro de 2014 e 31 de março de 2017.

32.4.4. A competência

A competência do Conselho encontra-se definida no TUE e no TFUE.

Nos termos do artigo 16º, nº 1, do TUE, o Conselho exerce juntamente com o Parlamento Europeu a função legislativa e a função orçamental. Ou seja, o Conselho, tal como já sucedia anteriormente, tem competência para aprovar atos legislativos e para aprovar o orçamento. Além disso, o Conselho exerce funções de definição das políticas e de coordenação em conformidade com as condições estabelecidas nos Tratados (artigo 16º, nº 1, do TUE).

O Conselho tem uma intervenção muito importante em certos domínios, como é o caso da coordenação das políticas económicas e sociais dos Estados-membros que fazem parte da zona Euro, como, aliás, já se verificava antes da entrada em vigor do Tratado de Lisboa, ou da PESC. Com efeito, apesar de o Tratado de Lisboa ter suprimido a estrutura tripartida da União, o Conselho continua a deter um papel primordial no âmbito da PESC, em detrimento de outras instituições da União, como, por exemplo, o PE ou a Comissão. Ao Conselho compete a elaboração da PESC e a adoção das decisões necessárias à definição e execução dessa política, com base nas orientações gerais e linhas estratégicas definidas pelo Conselho Europeu (artigo 26º, nº 2, do TUE).

O Conselho detém ainda uma importante competência no domínio do alargamento das competências das instituições da União (artigo 352º do TFUE) e do poder de aprovar decisões de natureza constitucional em matéria de recursos próprios da União (cfr. artigo 311º, par. 3º, do TFUE) e da eleição dos Deputados

[819] Decisão do Conselho de 29/3/1994 sobre a adoção das decisões do Conselho por maioria qualificada, modificada pela Decisão de 1/1/1995.

ao PE (artigo 223º, nº 1, par. 2º, do TFUE), sob reserva de aprovação por parte dos Estados-membros, de acordo com as suas regras constitucionais.

Por último, não pode deixar de se sublinhar que, apesar de o Conselho não se configurar como o órgão de execução dos atos legislativos, por excelência, ele continua a poder reservar para si, em casos específicos devidamente justificados, a execução de atos juridicamente vinculativos (artigo 291º, nº 2, do TFUE).

Alguns destes poderes serão objeto de um estudo mais aprofundado ao longo deste livro.

32.5. A Comissão

A Comissão tem a sua origem na Alta Autoridade da CECA, tendo, após o Tratado de Fusão de 1965, passado a ser um órgão comum às três Comunidades. Sempre se tratou de um órgão independente dos Estados-membros, dotado de poderes importantes, o que, ao tempo, não estava vulgarizado nas Organizações Internacionais[820].

As normas dos Tratados referentes à Comissão sofreram diversas modificações ao longo da História da integração europeia, designadamente, nas revisões dos Tratados efetuadas em Maastricht[821], Amesterdão e em Nice, as quais só serão objeto de estudo na medida do estritamente necessário à compreensão das disposições do TUE e do TFUE aprovadas pelo Tratado de Lisboa atualmente em vigor.

32.5.1. A composição

Após o último alargamento, em 1 de julho de 2013, a Comissão passou a ser composta por 28 membros.

Inicialmente a Comissão era composta no mínimo por um comissário por cada Estado-membro e no máximo por dois. À medida que a União se foi alargando territorialmente, o número de comissários foi aumentando e várias vozes se ouviram no sentido de que se estava a tornar um número excessivo. Daí que, desde a revisão de Amesterdão, se tenha procurado uma solução para obviar a este problema.

Na verdade, o alargamento da União Europeia aos Estados da Europa Central e de Leste bem como a Malta e Chipre tornou muito clara a necessidade de rever as regras relativas à composição da Comissão. A regra até então vigente – a qual impunha, pelo menos, um nacional por cada Estado-membro, sendo que, na prática, os Grandes tinham dois comissários – tornava impraticável o fun-

[820] Para um estudo aprofundado das origens e da evolução da Comissão, cfr., entre outros, N. NUGENT, *The European Commission*, Nova Iorque, 2001; G. EDWARDS / D. SPENCE (eds), *The European Commission*, 2ª ed., Londres, 1997.

[821] Cfr. PHILIP RAWORTH, "A Timid Step Forwards: Maastricht and the Democratisation of the European Community", *ELR*, 1994, p. 16 e segs.

cionamento do colégio numa União a vinte e cinco ou mais Estados-membros. A Comissão transformar-se-ia numa mini assembleia e ser-lhe-ia impossível continuar a exercer a competência de Executivo da União, que até então possuía e continuava a deter.

No Tratado de Amesterdão não se conseguiu chegar a acordo sobre este assunto, tendo cabido ao Tratado de Nice modificar as regras relativas à composição da Comissão. Com efeito, o artigo 4º, nº 1, do protocolo relativo ao alargamento anexo ao Tratado de Nice reviu o ex-artigo 213º do TCE nos seguintes termos:

1. a Comissão continuava a ser composta por um nacional de cada Estado-membro;
2. mas o Conselho, deliberando por unanimidade, podia alterar o número de membros da Comissão;
3. estas regras só se podiam, contudo, aplicar a partir de 1 de janeiro de 2005 e só podiam produzir efeitos a partir da entrada em vigor da primeira Comissão a seguir a essa data.

Em suma, após o Tratado de Nice tornou-se possível a perda do segundo comissário por parte dos Estados grandes, sem que tivesse de se realizar uma revisão formal do Tratado, bastando uma decisão unânime do Conselho. A Conferência procurou, portanto, "desdramatizar" a situação e facilitar a perda do segundo comissário.

O artigo 4º, nº 2, do Protocolo afirmava que a partir da adesão do 27º membro se abandonaria definitivamente o princípio de um comissário permanente por Estado, passando o número de comissários a ser inferior ao número de Estados. A definição do número de comissários dependeria de uma decisão do Conselho, por unanimidade, indicando-se como critérios para a sua designação que os membros da Comissão seriam escolhidos com base numa rotação paritária, segundo modalidades a definir, por unanimidade, pelo Conselho.

As regras e os critérios a que deveriam obedecer as modalidades do Conselho eram os seguintes:

- os Estados devem ser tratados «*em rigoroso pé de igualdade*», no que se refere à determinação da ordem de passagem e do tempo de presença de nacionais seus como membros da Comissão;
- «*cada um dos colégios sucessivos deve ser constituído por forma a refletir satisfatoriamente o leque demográfico e geográfico do conjunto dos Estados-membros da União*».

Estas regras foram muito criticadas. Desde logo, porque não se tomava uma decisão definitiva, antes se adiava, mais uma vez, o problema e que a decisão definitiva não dependia de uma revisão formal do Tratado, de acordo com o artigo 48º do TUE, mas de uma decisão do Conselho, por unanimidade, que, na prática, se afigurava tão ou mais difícil de conseguir. Além disso, as regras e os critérios a que as modalidades da definição do número de comissários deviam obedecer revelavam-se no mínimo contraditórios, pois o respeito simultâneo dos princípios da igualdade, demográfico e geográfico é praticamente impossível.

Tendo em conta este pano de fundo, a composição da Comissão foi uma das questões que ocupou a Convenção sobre o Futuro da Europa, a qual propôs, no artigo I-25º, nº 3, do projeto de TECE, que a Comissão deveria ser composta por um colégio que incluísse o Presidente, o Ministro dos Negócios Estrangeiros, o Vice-Presidente e treze comissários europeus, escolhidos com base num sistema de rotação igualitária entre Estados-membros, sistema a estabelecer por uma decisão do Conselho Europeu. O Presidente nomearia ainda comissários sem direito de voto provenientes dos outros Estados-membros. Estas regras só se destinavam a ser aplicadas a partir de 1 de novembro de 2009[822].

Como é bom de ver estas regras não agradaram nem a gregos nem a troianos. A ideia de comissários sem direito a voto punha em evidência que nem todos os comissários estavam em pé de igualdade e a redução do número de comissários para treze assustava os Estados médios e pequenos que temiam ser eles os potenciais sacrificados, mas também os Estados grandes que não tinham qualquer garantia de manter o seu comissário.

Por estas e outras razões, a CIG 2004 substituiu estas regras. Assim, a primeira Comissão nomeada em aplicação do TECE manteria a regra de um comissário por Estado-membro, incluindo o Presidente e o MNE, que seria um dos seus Vice-Presidentes (artigo I-26º, nº 5, do TECE). Findo o mandato desta primeira Comissão, aquele órgão passaria a ser composto por um número que corresponda a dois terços dos Estados-membros, podendo o Conselho Europeu, por unanimidade, modificar este número (artigo I-26º, nº 6, do TECE). Os comissários seriam selecionados entre os nacionais dos Estados-membros, mediante um sistema de rotação igualitária entre os Estados-membros, sistema que seria aprovado por uma decisão europeia do Conselho Europeu, por unanimidade, com base nos seguintes princípios:

– os Estados-membros deviam ser tratados em rigoroso pé de igualdade no que respeita à determinação da sequência dos seus nacionais como membros da Comissão e ao período em que se mantêm nesse cargo, pelo que a diferença entre o número total de mandatos exercidos pelos nacionais de dois Estados-membros nunca pode ser inferior a um (al. *a)* do artigo 26º, nº 6, do TECE);

[822] Até lá manter-se-ia a regra um Estado – um comissário constante do Protocolo aprovado em Nice.

- sem prejuízo do princípio acabado de enunciar, a composição de cada uma das Comissões deve refletir de forma satisfatória a posição demográfica e geográfica relativa dos Estados-membros no seu conjunto.

O Tratado de Lisboa retoma estas soluções. O artigo 17º, nº 4, do TUE estabelece que a Comissão nomeada entre a data da entrada em vigor do Tratado de Lisboa e 31 de outubro de 2014 é constituída por um nacional de cada Estado-membro, incluindo o seu Presidente e o Alto Representante, que é um dos Vice-Presidentes. A partir de 1 de novembro de 2014, a Comissão é composta por um número de membros, incluindo o seu Presidente e o Alto Representante, correspondente a dois terços do número dos Estados-membros, a menos que o Conselho Europeu, deliberando por unanimidade decida alterar esse número. O artigo 244º do TFUE estabelece os critérios a que deve obedecer essa decisão.

Porém, a Decisão nº 2013/272/UE do Conselho Europeu, de 22 de maio de 2013, relativa ao número de membros da Comissão, decidiu manter a regra de um comissário por Estado-membro (artigo 1º), sendo que esta Decisão deverá ser reapreciada pelo Conselho Europeu antes da nomeação da primeira Comissão posterior à adesão do 30º Estado-membro ou da nomeação da Comissão que sucederá à que entrou em funções em 1 de novembro de 2014, consoante o que ocorrer primeiro (artigo 2º).

Note-se que, tal como consta do preâmbulo, esta Decisão surge na sequência do compromisso assumido com a Irlanda, nos Conselhos Europeus, de 11 e 12 de dezembro de 2008 e de 18 e 19 de junho de 2009, com o objetivo de ultrapassar o primeiro referendo negativo daquele Estado-membro.

Mais uma vez a União chega a uma regra que se baseia num compromisso político que se destina a satisfazer as necessidades de um Estado-membro num dado momento.

Só os nacionais dos Estados-membros podem ser comissários (artigo 17º, nº 4, do TUE) e os membros da Comissão são escolhidos em função da sua competência geral e do empenhamento europeu de entre personalidades que ofereçam todas as garantias de independência (artigo 17º, nº 3, do TUE)[823].

32.5.2. O modo de designação

O modo de designação dos membros da Comissão sofreu algumas modificações nos últimos anos, tendo sido igualmente alterado pelo Tratado de Lisboa no sentido do reforço simbólico dos poderes do PE.

[823] Sobre a composição da Comissão, cfr. Marianne Dony, *Droit de l'Union...*, p. 150 e segs; Lenaerts / Piet Van Nuffel, *European Union Law*, p. 511 e segs; Jacques Pertek, *Droit des institutions...*, p. 250 e segs; Jöel Rideau, *Droit institutionnel...*, p. 498 e segs; T. C. Hartley, *The Foundations...*, p. 27 e segs.

O Presidente da Comissão, tendo em conta os resultados das eleições para o PE deve ser proposto pelo Conselho Europeu, deliberando por maioria qualificada dos seus membros. O candidato é eleito por maioria dos membros do PE. Se não se obtiver a maioria necessária, o Conselho Europeu deve apresentar um novo candidato no prazo de um mês (artigo 17º, nº 7, par. 1º, do TUE). Posteriormente, o Conselho, de comum acordo com o Presidente eleito, adota a lista das demais personalidades que tenciona nomear como membros da Comissão. Essas personalidades são escolhidas com base nas sugestões apresentadas por cada Estado-membro, segundo os critérios definidos no segundo parágrafo do nº 3 e no segundo parágrafo do nº 5 (artigo 17º, nº 7, par. 2º, do TUE). Em seguida, o colégio, ou seja, o Presidente, o Alto Representante e os demais membros da Comissão são sujeitos a um voto de aprovação do PE. Com base nessa aprovação, a Comissão é nomeada pelo Conselho Europeu, deliberando por maioria qualificada (artigo 17º, nº 7, par. 3º, do TUE).

32.5.3. A independência

Os membros da Comissão são independentes em relação aos interesses privados, aos outros órgãos e aos Estados-membros, não podendo receber instruções de qualquer Governo, instituição, órgão ou organismo (artigos 17º, nº 3, do TUE e 245º do TFUE). Não podem ser destituídos pelo Conselho, nem pelo conjunto dos Governos.

Os comissários têm de exercer as suas funções em exclusividade, não podendo exercer quaisquer outras tarefas remuneradas ou não (artigos 17º, nº 3, do TUE e 245º do TFUE).

32.5.4. O mandato e a responsabilidade

O mandato tem uma duração de 5 anos (artigo 17º, nº 3, do TUE), salvo demissão voluntária ou compulsiva (artigo 246º do TFUE). Foi o Tratado de Maastricht que alinhou a duração do mandato da Comissão pela do mandato do PE. Antes o mandato dos comissários era de 4 anos.

Como já vimos, o PE pode votar uma moção de censura à Comissão, que, no caso de ser aprovada, obriga à demissão dos seus membros (artigo 234º do TFUE), o que até hoje nunca se verificou.

Qualquer membro da Comissão que deixe de preencher os requisitos necessários para o exercício do cargo ou tenha cometido falta grave pode ser demitido pelo TJ, a pedido do Conselho, deliberando por maioria simples, ou da Comissão (artigo 247º do TFUE).

32.5.5. O funcionamento

A Comissão tem um Presidente, cujos poderes já tinham saído bastante reforçados pelo Tratado de Nice, o que até levou alguns a defenderem que o órgão tinha passado a ter um caráter presidencialista, enquanto outros entendiam que se tinha caminhado no sentido da federalização da Comissão[824].

O Tratado de Lisboa prosseguiu a tendência de valorização do Presidente em relação aos outros membros da Comissão.

Segundo o artigo 17º, nº 6, do TUE, o Presidente da Comissão:

a) define as orientações no âmbito das quais a Comissão exerce a sua missão;
b) determina a organização interna da Comissão, a fim de assegurar a coerência, a eficácia e a colegialidade da sua ação;
c) nomeia vice-presidentes de entre os membros da Comissão, com exceção do Alto Representante.

Nos termos do artigo 17º, nº 6, do TUE, qualquer membro da Comissão apresentará a sua demissão se o Presidente lho pedir.

As responsabilidades que incumbem à Comissão são estruturadas e distribuídas entre os seus membros pelo Presidente, com exceção das que incumbem ao Alto Representante. Os membros da Comissão exercem as funções que lhe forem atribuídas pelo Presidente e sob a responsabilidade deste (artigo 248º do TFUE).

A Comissão constitui um colégio, pelo que todos os membros do colégio são coletivamente responsáveis, no plano político, pelo conjunto das decisões adotadas.

As deliberações são tomadas por maioria dos seus membros (artigo 250º do TFUE).

32.5.6. A competência

A Comissão sempre deteve um conjunto muito vasto de poderes, sendo, todavia, controverso se se trata de um verdadeiro Governo Europeu ou de um órgão técnico encarregado de apresentar propostas e de as executar.

Nos termos do artigo 17º, nº 1, do TUE, a Comissão promove o interesse geral da União e toma as iniciativas adequadas para esse efeito. A Comissão vela pela aplicação dos Tratados bem como pelas medidas adotadas pelas instituições por

[824] Segundo o antigo artigo 217º do TCE, o Presidente dispunha dos seguintes poderes:
- poder de orientação política da Comissão;
- poder de decisão da organização interna da Comissão, com o objetivo de assegurar a coerência, a eficácia e a colegialidade;
- poder de estruturar e de distribuir os pelouros entre os comissários e de alterar os mesmos durante o respetivo mandato;
- poder de nomeação de vice-presidentes;
- poder de solicitar a demissão de um comissário, após a aprovação do colégio.

Note-se que algumas destas regras já constavam do regulamento interno da Comissão, aprovado em 18 de setembro de 1999, modificado em 29 de novembro de 2000.

força destes e controla a aplicação do Direito da União, sob a fiscalização do Tribunal de Justiça da União Europeia. A Comissão detém um poder de iniciativa legislativa (artigo 17º, nº 2, do TUE) que exerce por iniciativa própria ou a pedido do PE, um poder de controlo do cumprimento do Direito da União que se traduz na obtenção de informações junto dos Estados e das empresas, nas verificações do respeito dos direitos de defesa para as empresas, na aplicação de sanções às empresas, em caso de violação de certas disposições do Direito da União, nomeadamente, de regras da concorrência e ainda no poder de desencadear o processo por incumprimento.

Além disso, a Comissão executa o orçamento e gere os programas. Exerce funções de coordenação, de execução e de gestão em conformidade com as condições estabelecidas nos Tratados. A Comissão detém, portanto, um poder de gestão dos serviços da União e dos seus fundos.

Salvo em matéria de PESC e noutros casos previstos nos Tratados, a Comissão assegura ainda a representação externa da União, pois é ela que negoceia os acordos internacionais.

A Comissão toma a iniciativa da programação anual e plurianual da União com vista à obtenção de acordos interinstitucionais.

Além disso, a Comissão detém ainda um poder normativo, que pode ser autónomo nas matérias limitadamente enumeradas no Tratado ou subordinado nos casos em que um ato legislativo delega o poder de adotar atos não legislativos de alcance geral que completem ou alterem certos elementos não essenciais do ato legislativo (artigo 290º do TFUE).

A Comissão pode adotar recomendações (artigo 292º do TFUE) e pareceres.

Note-se que o papel da Comissão não é idêntico em todos os domínios materiais previstos nos Tratados. Como resquício da estrutura tripartida da União criada pelo Tratado de Maastricht, a Comissão desempenha um papel muito mais reduzido no âmbito da PESC do que noutros domínios[825].

32.6. O Alto Representante da União para os Negócios Estrangeiros e para a Política de Segurança – remissão

O Alto Representante – que tem a sua origem na figura do MNE prevista no TECE – já foi estudado a propósito da PESC.

32.7. O Tribunal de Justiça da União Europeia

O artigo 13º do TUE faz referência ao Tribunal de Justiça da União Europeia, mas, na verdade, esta instituição alberga, atualmente o Tribunal de Justiça e o

[825] Sobre a competência da Comissão, cfr. PAUL CRAIG / GRAÍNNE DE BÚRCA, *EU Law...*, p. 36 e segs; LENAERTS / PIET VAN NUFFEL, *European Union Law*, p. 505 e segs; JACQUES PERTEK, *Droit des institutions...*, p. 289 e segs; JÖEL RIDEAU, *Droit institutionnel...*, p. 513 e segs.

Tribunal Geral (antes designado Tribunal de Primeira Instância)[826]. Num passado recente (até 1 de outubro de 2016) incluiu também o Tribunal da Função Pública, mas, entretanto, as competências para decidir, em primeira instância, sobre os litígios entre a União e os seus agentes foram transferidas para o Tribunal Geral através do Regulamento (UE, Euratom) 2016/1192 do Parlamento Europeu e do Conselho, de 6 de julho de 2016[827]. Aliás, quando o Tribunal de Primeira Instância (atual Tribunal Geral) foi criado o contencioso da função pública da União Europeia fazia parte das suas competências. Trata-se, pois, de um "regresso às origens".

Tendo em conta que o Tribunal da Função Pública já não existe, vamos estudar a composição, a organização e o funcionamento do Tribunal de Justiça e do Tribunal Geral. Antes, porém, faremos uma breve referência à competência do TJUE, dado que esta matéria não é estudada no âmbito da unidade curricular de Direito da União Europeia, mas sim numa unidade curricular autónoma: o Contencioso da União Europeia.

32.7.1. A competência do Tribunal de Justiça da União Europeia

Segundo o artigo 19º, nº 1, do TUE, o TJUE garante o respeito do Direito na interpretação e na aplicação dos Tratados. Para tal o TJUE é dotado de uma competência muito vasta, que vai desde o controlo preventivo dos projetos de convenções internacionais de que a União é parte ao controlo sucessivo dos atos das outras instituições da União, passando pela fiscalização do cumprimento das obrigações dos próprios Estados-membros.

O TJUE dispõe, portanto, de uma enorme panóplia de meios contenciosos e debruça-se sobre uma quantidade muito ampla de matérias, que vão desde o Direito Constitucional ao Direito Civil, do Direito Administrativo ao Direito Penal, do Direito do Trabalho ao Direito do Ambiente.

Pode afirmar-se que o TJUE exerce funções próprias de um Tribunal Constitucional quando interpreta ou aprecia a validade de uma norma da União por confronto com os Tratados, ao abrigo do artigo 267º do TFUE, assim como quando aprecia a validade dos atos legislativos do Conselho, ou do Conselho e do Parlamento Europeu e ainda da Comissão, nos casos em que ela detém competência

[826] Sobre o Tribunal de Justiça da União Europeia no Tratado de Lisboa, cfr. Francis G. Jacobs, "The Lisbon Treaty and the Court of Justice", *in* Andrea Biondi / Piet Eeckhout / Stefanie Ripley, *EU Law...*, p. 197 e segs; Maria José Rangel de Mesquita, "O sistema jurisdicional após o Tratado de Lisboa", in AAVV, *O Tratado de Lisboa...*, p. 71 e segs; Laurent Sheek / Luca Barani, "Quel rôle pour la Cour de justice en tant que moteur de la construction européenne?", *in* Paul Magnette / Anne Weyembergh, *L'Union européenne: la fin d'une crise?*, Bruxelas, 2008, p. 173 e segs; Floris de Witte, "The European Judiciary After Lisbon", *MJ*, 2008, p. 43 e segs.

[827] JOUE L 200/137 de 26/7/2016.

legislativa, a requerimento de alguma destas instituições ou dos Estados-membros (artigo 263º do TFUE). O Tribunal exerce um controlo constitucional *a priori* quando aprecia a compatibilidade de um projeto de convenção internacional de que a União é parte com o Tratado (artigo 218º do TFUE). O TJUE é, portanto, nestes casos um tribunal constitucional em sentido funcional[828]. Mas o TJUE também atua como um verdadeiro Tribunal Constitucional, do ponto de vista material, quando exerce o controlo da constitucionalidade do Direito Derivado, quando salvaguarda os princípios do equilíbrio institucional, da subsidiariedade e da proporcionalidade, quando garante a repartição de atribuições entre os Estados-membros e a União Europeia e quando assegura a proteção dos direitos fundamentais.

Note-se, no entanto, que o TJUE também é um Tribunal Administrativo quando se pronuncia sobre recursos de anulação de atos individuais ou sobre ações de omissão nas mesmas condições.

O TJUE atua também como um Tribunal Internacional quando declara o incumprimento de um Estado-membro, ao abrigo do disposto no artigo 258º e seguintes do TFUE.

Por fim, deve ainda salientar-se que o TJUE também exerce funções próximas das de um tribunal interno de natureza cível, nomeadamente, em matéria de responsabilidade civil extracontratual da União Europeia.

Muito esquematicamente pode definir-se a competência do TJUE do seguinte modo:

a) Diálogo judicial – processo das questões prejudiciais (artigo 267º do TFUE).

b) Controlo jurisdicional a título preventivo – processo consultivo previsto no artigo 218º do TFUE.

c) Controlo jurisdicional a título sucessivo:
- Dos atos das instituições da União Europeia
  - i. O recurso de anulação (artigos 263º e 264º do TFUE);
  - ii. A ação de omissão (artigo 265º e 266º do TFUE);
  - iii. A exceção de ilegalidade (artigo 277º do TFUE);
  - iv. A ação de indemnização (268º e 340º do TFUE);
  - v. Os recursos dos funcionários (artigo 270º do TFUE);
- Dos atos dos Estados-membros – processo por incumprimento (artigo 258º a 260º do TFUE)

d) Competência arbitral (artigos 272º e 273º do TFUE).

[828] Neste sentido, ANA MARIA GUERRA MARTINS, *A natureza jurídica da revisão...*, p. 344 e segs; *Idem*, "O Tribunal de Justiça como garante da constituição europeia", *in Estudos em homenagem ao Professor Doutor* ARMANDO MARQUES GUEDES, Coimbra, 2004, p. 761 e segs.

Como melhor se verá em seguida, alguma desta competência está reservada ao TJ enquanto outra pode – ou deve – ser exercida pelo TG.

32.7.2. O Tribunal de Justiça

32.7.2.1. *A composição do TJ*

As origens do TJ remontam ao Tratado de Paris. Posteriormente, o TJ passou a constituir um órgão comum das três Comunidades (artigo 3º da Convenção relativa a certas instituições comuns às três Comunidades, de 25/3/57), o que lhe permitiu assegurar uma certa continuidade da sua Jurisprudência.

Inicialmente, o TJ era composto por sete juízes e dois advogados-gerais.

Com as adesões de novos Estados o número de juízes foi aumentando, tendo atingido o número de quinze com a adesão da Áustria, da Suécia e da Finlândia. Naquela época, o número de advogados-gerais foi aumentado para oito[829].

Na CIG 2000, o alargamento em perspetiva trouxe à ribalta a questão da composição do Tribunal de Justiça. As opiniões dividiram-se entre, por um lado, aqueles que consideravam que se deveria consagrar, definitivamente, o princípio, que tem sido aplicado na prática, de que a cada Estado-membro corresponde um juiz, e, por outro lado, aqueles que entendiam que esse princípio não deveria ser formalmente adotado. Os primeiros argumentavam, essencialmente, com a necessidade de representação de todos os sistemas jurídicos nacionais, por força das competências de cooperação do Tribunal de Justiça com os tribunais nacionais e das relações estreitas entre o Direito da União Europeia e os Direitos nacionais, assim como com o acréscimo de trabalho do Tribunal, devido aos alargamentos. Os segundos contrapunham o facto de que, numa União a vinte e cinco ou a trinta, a manutenção desse princípio significar a impossibilidade de o Tribunal funcionar em pleno e a sua consequente inoperacionalidade.

O Tratado de Nice acabou por optar pelo princípio de que a cada Estado deve corresponder um juiz, acolhendo-o, formalmente. Assim, o eventual acréscimo de trabalho, devido aos alargamentos, tenderia a ser compensado pelo aumento do número de juízes. Além disso, a questão da composição do Tribunal deixa de ter de ser reequacionada em cada alargamento.

O Tratado de Nice, ao contrário do que se chegou a admitir, não aumentou o número de advogados-gerais, mas permitiu que esse número viesse a ser aumentado a pedido do Tribunal e por decisão unânime do Conselho, o que foi transposto para o artigo 252º do TFUE na versão de Lisboa.

O Tratado de Lisboa retomou, no artigo 19º, nº 2, do TUE, a regra de que o Tribunal é composto por um juiz por cada Estado-membro, pelo que depois do último alargamento o número de juízes é de vinte e oito.

[829] Decisão do Conselho 95/1/CE, Euratom, CECA, de 1 de janeiro de 95.

Nos termos do artigo 252º, par. 1º, do TFUE, o Tribunal de Justiça é assistido por oito advogados-gerais, prevendo-se a possibilidade de, se o Tribunal lho solicitar, o Conselho, deliberando por unanimidade, aumentar o número de advogados-gerais. Foi o que sucedeu através da Decisão 2013/336/UE do Conselho, de 25 de junho de 2013[830], pelo que, atualmente, os advogados-gerais são onze.

O advogado-geral é uma figura com alguma semelhança com o *commissaire de gouvernment* junto do Conselho de Estado em França ou o *auditeur-général* no Conselho de Estado da Bélgica.

A instituição do advogado-geral pretendeu compensar a rejeição, na feitura do Tratado, de uma proposta da delegação holandesa no sentido de os juízes poderem emitir opiniões dissidentes. Permite-se por esta via a uma personalidade independente exprimir uma opinião que nem sempre é coincidente com a do Tribunal.

A partir do Tratado de Nice a intervenção dos advogados-gerais nos processos deixou de ser obrigatória, o que foi confirmado pelo Tratado de Lisboa. O par. 2º do artigo 252º do TFUE prevê a possibilidade de apresentação de conclusões dos advogados-gerais apenas em relação às causas que, nos termos do Estatuto, requeiram essa intervenção, sendo que o artigo 20º, par. 5º, do Estatuto permite ao Tribunal, ouvido o advogado-geral, prescindir das conclusões, se considerar que não se suscitam novas questões de direito. Procura-se, deste modo, evitar o acréscimo de trabalho dos advogados-gerais por força dos alargamentos.

32.7.2.2. *O modo de designação e o estatuto dos juízes e dos advogados-gerais*

Os juízes e os advogados-gerais são nomeados de comum acordo, por um período de seis anos, pelos Governos dos Estados-membros, após consulta ao comité previsto no artigo 255º do TFUE (artigo 253º do TFUE). Ao contrário do que o Parlamento Europeu pretendia, não conseguiu ser associado à nomeação dos juízes e dos advogados-gerais, tendo-se limitado a uma participação restrita no processo de intervenção do comité consultivo previsto no artigo 255º do TFUE.

A grande novidade do Tratado de Lisboa, no que diz respeito à nomeação dos juízes e dos advogados-gerais, radica, precisamente, na criação de um comité composto por sete personalidades, escolhidas de entre antigos membros do TJ e do TG, membros dos tribunais supremos nacionais e juristas de reconhecida competência, um dos quais será proposto pelo Parlamento Europeu, cuja função é dar parecer sobre a adequação ao exercício das funções de juiz ou de advogado-geral do TJ e do TG (artigo 255º do TFUE). Consequentemente, os Governos dos Estados-membros antes de procederem à nomeação quer dos juízes quer dos advogados-gerais devem ouvir o referido comité.

[830] JOUE L 179, de 29/6/2013, p. 92.

Este sistema de designação pretende tornar o TJ autónomo em relação aos outros órgãos da União, especialmente em relação ao Conselho. A introdução do comité neste processo teve em vista impedir que personalidades sem as qualificações adequadas para a função sejam nomeadas pelos Governos apenas por razões políticas.

O mandato dos juízes e dos advogados-gerais é renovável (artigo 253º, par. 4º, do TFUE). O Tratado prevê a renovação parcial dos juízes de três em três anos, o que permite que as sucessivas renovações não ponham em causa as grandes linhas de orientação da Jurisprudência do TJ (artigo 253º, par. 2º, do TFUE).

Em teoria, a designação dos juízes não está sujeita a qualquer condição de nacionalidade, pelo que poderá ser designado um cidadão de um Estado terceiro. No entanto, tal não se tem verificado na prática.

Os juízes e os advogados-gerais têm de ser escolhidos entre personalidades que ofereçam todas as garantias de independência e reúnam as condições exigidas, nos respetivos Estados, para o exercício das mais altas funções jurisdicionais ou que sejam jurisconsultos de reconhecida competência (artigo 253º, par. 1º, do TFUE). A garantia da independência não se refere unicamente ao comportamento do juiz no exercício das suas funções, mas também à própria personalidade do juiz.

O Tratado não se limita a exigir a garantia de independência no momento da sua designação: contém uma série de disposições que pretendem assegurar a manutenção desta independência ao longo do exercício das suas funções.

Os juízes comprometem-se, sob juramento, a exercer as suas funções em plena imparcialidade e consciência e a nada divulgar do segredo das deliberações. Estas obrigações mantêm-se após a cessação de funções (artigos 2º do Estatuto[831] e 4º do Regulamento de Processo, a seguir RP[832]).

O estatuto de juiz implica algumas incompatibilidades. Os juízes não podem exercer qualquer atividade política ou administrativa (artigo 4º, par. 1º, do Estatuto). Não podem exercer nenhuma outra atividade profissional, remunerada ou não, salvo autorização, a título excecional, do Conselho (artigo 4º, par. 2º, do Estatuto).

Como contrapartida destas obrigações os juízes gozam de certos direitos:

a) a inamovibilidade durante a duração do mandato, só podendo ser removidos pelo próprio Tribunal por decisão unânime dos juízes e advogados-gerais (artigo 6º do Estatuto);

[831] O Estatuto do Tribunal consta do Protocolo nº 3 anexo ao Tratado de Lisboa, alterado pelo Regulamento (UE, Euratom) nº 741/2012 do Parlamento Europeu e do Conselho, de 11 de agosto de 2012 (JO L 228, de 23 de agosto de 2012, p.1), o qual já foi, entretanto, modificado como indicado no texto.

[832] Regulamento de Processo, de 25 de setembro de 2012 (JOUE L 265, de 29/9/2012, p. 1), conforme alterado em 18 de junho de 2013 (JO L 173 de 26.6.2013, p. 65) e em 19 de julho de 2016 (JO L 217 de 12.8.2016, p. 69)..

b) a imunidade de jurisdição para todos os atos que praticarem enquanto durar o seu mandato, quer tenham sido praticados no exercício da sua função ou não. Continuam a gozar da imunidade após a cessação de funções para todos os atos praticados no desempenho delas. A imunidade de jurisdição pode ser retirada pelo TJ por decisão tomada por maioria absoluta, sem a participação dos advogados-gerais (artigo 3º do Estatuto);

c) outros privilégios e imunidades previstos em favor dos funcionários e agentes da União Europeia (artigo 3º do Estatuto, que remete para o Protocolo relativo aos privilégios e imunidades da União Europeia – protocolo nº 7 anexo ao Tratado de Lisboa).

Cada juiz dispõe de três assessores (os *referendaires*) que são juristas qualificados.

Os juízes e os advogados-gerais têm obrigatoriamente residência no Luxemburgo (artigo 14º do Estatuto).

De acordo com o artigo 5º do Estatuto, as causas de cessação de funções dos juízes podem ser três:

- as substituições normais, que já mencionámos;
- o falecimento;
- a demissão.

O estatuto dos advogados-gerais aproxima-se do estatuto dos juízes, no que diz respeito às qualificações exigidas, ao modo de designação, à duração do mandato e aos privilégios e imunidades (artigo 8º do Estatuto).

Os advogados-gerais exercem as seguintes funções:

- a apresentação, com toda a imparcialidade e independência, de conclusões fundamentadas sobre as causas que lhes forem atribuídas (artigo 252º do TFUE);
- a função consultiva nos casos previstos, entre outros, nos artigos 105º, nº 1, do RP em matéria de tramitação prejudicial acelerada e 108º, nº 1, do RP no domínio da tramitação prejudicial urgente;
- a participação nas deliberações relativas ao funcionamento do TJ, com direito a voto. É o caso da decisão de afastar um juiz das suas funções (artigo 6º do Estatuto), da nomeação do secretário (artigo 18º, nº 3, do RP) e de todas as decisões administrativas (artigo 25º do RP).

32.7.2.3. *A organização interna e o funcionamento do Tribunal de Justiça*

A organização interna e o funcionamento do Tribunal foram profundamente alterados pelo Tratado de Nice, o qual procurou dar resposta à questão da operacionalidade do Tribunal. O Tratado de Lisboa continuou esta tendência.

Na verdade, um tribunal composto por vinte e oito juízes poderia estar mais próximo de uma assembleia do que de um órgão jurisdicional, a menos que o funcionamento em plenário seja a exceção e não a regra.

É precisamente com o objetivo de impedir que o Tribunal de Justiça se transforme numa assembleia que o artigo 251º do TFUE prevê a reunião do Tribunal de Justiça a três níveis: em Secções, em Grande Secção e em Pleno.

De acordo com o artigo 16º do Estatuto, as Secções são compostas por três e cinco juízes, os quais, por sua vez, elegem os seus presidentes. No caso das Secções de cinco juízes, estes são eleitos por três anos e podem ser reeleitos uma única vez.

A Grande Secção é composta por quinze juízes. É presidida pelo presidente do Tribunal de Justiça. Fazem igualmente parte da Grande Secção o vice-presidente do Tribunal de Justiça e, nos termos previstos no Regulamento de Processo, três dos presidentes das secções de cinco juízes e outros juízes. O quórum de deliberação é de onze juízes (artigo 17º, par. 3º, do Estatuto). O Tribunal reúne em Grande Secção sempre que um Estado-membro ou um órgão da União que seja parte na instância o solicitem (artigo 16º, par. 3º, do Estatuto).

O Pleno é composto por todos os juízes do Tribunal de Justiça, presidido pelo Presidente do TJ. O seu quórum de deliberação é de dezassete juízes (artigo 17º, nº 4, do Estatuto). O Tribunal reúne em Pleno, nos casos previstos no par. 4º do artigo 16º do Estatuto – artigos 228º, nº 2, 245º, nº 2, e 286º, nº 6, todos do TFUE. Além disso, se o Tribunal considerar que a causa é de excecional importância pode remetê-la para o Pleno, depois de ouvido o advogado-geral (artigo 16º, par. 5º, do Estatuto).

Do exposto resulta que a regra é a da apreciação do processo pelas Secções, sendo a formação em Grande Secção ou em Pleno a exceção, ao contrário do que sucedia até ao Tratado de Nice.

O TJ tem um Presidente, que é eleito por três anos, em escrutínio secreto, por maioria absoluta (artigo 253º, par. 3º, do TFUE e artigo 8º, nºs 1 e 3, do RP). O Presidente representa o Tribunal, dirige os trabalhos e os serviços do TJ e preside às audiências (artigo 9º do RP). O Presidente tem um papel importante no desenrolar do processo, nomeadamente, na repartição dos processos pelas secções, fixando os prazos nos quais os atos do processo devem ser praticados, assim como a data do processo oral.

Nos termos do artigo 17º, par. 1º, do Estatuto, o Tribunal só pode deliberar validamente com um número ímpar de juízes. Se por ausência ou impedimento de algum juiz, os juízes presentes forem em número par o menos antigo deles deve abster-se de votar (artigo 33º do RP).

Segundo o artigo 18º do RP, o TJ designa um secretário por um período de seis anos, renovável, cuja competência está prevista no artigo 20º do RP.

O secretário dirige o serviço da Secretaria. Ele possui competência importante tanto na organização e na administração do TJ, como no desenrolar do processo. É responsável pela condução do processo (registo, intimação, notificações, comunicações várias, organização das audiências, arquivos, autenticação de documentos). Chefia os serviços do TJ, tendo a seu cargo a administração do pessoal e dos serviços e a preparação e a execução do orçamento. É também o responsável pela edição da coletânea de jurisprudência (artigo 20º, nº 3, do RP).

32.7.3. O Tribunal Geral

32.7.3.1. *Do Tribunal de Primeira Instância ao Tribunal Geral*

Ao contrário do TJ, o Tribunal de Primeira Instância não se encontrava previsto na versão inicial do Tratado de Roma. Foi o Ato Único Europeu que previu a sua criação no antigo artigo 168ºA do TCE, o qual foi, entretanto, revogado e não tem correspondência na versão atual dos Tratados. Aquele preceito previa a possibilidade de o Conselho, por unanimidade, sob proposta do Tribunal de Justiça e após consulta da Comissão e do Parlamento Europeu, decidir a criação de um Tribunal de Primeira Instância. Tratava-se de uma habilitação específica dada ao Conselho, habilitação de tipo constitucional, que não necessitou de ratificação por parte dos Estados-membros.

O TPI veio a ser, efetivamente, criado através da Decisão 88/591/CECA, CEE, Euratom, de 24/10/88[833]. Inicialmente, o TPI podia julgar certas categorias de meios contenciosos propostos por pessoas singulares ou coletivas, mas não tinha competência para proceder ao julgamento de processos apresentados por Estados-membros ou por órgãos das Comunidades, nem de questões prejudiciais submetidas, nos termos do atual artigo 267º do TFUE.

Este Tribunal foi criado com o duplo objetivo de:

- descongestionar o TJ, que na época contava com 650 processos pendentes, permitindo dessa forma reduzir o prazo necessário à resolução de um litígio, afim de preservar a qualidade, a eficiência e a credibilidade do contencioso da União Europeia;
- instaurar na Ordem Jurídica comunitária um duplo grau de jurisdição, com vista a melhorar a proteção jurisdicional dos particulares.

A Decisão de criação do TPI sofreu várias modificações, que não cabe neste momento analisar, no sentido de um alargamento da competência daquele Tribunal, bem como da possibilidade de decidir em formação de juiz singular a partir de 1 de julho de 1999[834].

[833] Publicada no JOCE L 319, de 25/11/88, p. 1.

[834] A formação de juiz singular foi introduzida pela Decisão 99/291/CE, CECA, Euratom do Conselho, publicada no JOCE L 114, de 1/5/99, p. 52. Cfr. igualmente as alterações ao Regulamento de Processo do TPI sobre este assunto (JOCE L 135 de 29/5/99).

Coube ao Tratado de Maastricht iniciar o processo de «constitucionalização» do TPI, o qual não figurava até então no Direito Originário. Este Tratado permitiu ainda a extensão da competência do TPI, só se encontrando verdadeiramente excluídas da sua jurisdição, de modo expresso, as questões prejudiciais. Esta exclusão fundava-se na necessidade de manter a unidade e a coerência do Direito Comunitário. O TPI continuava, todavia, a dispor de competência, essencialmente, no âmbito do contencioso administrativo restrito – contencioso da função pública e recursos interpostos por pessoas singulares ou coletivas. Das suas decisões cabia recurso para o Tribunal de Justiça restrito às questões de direito.

O Tratado de Nice veio alterar, profundamente, o estatuto do então Tribunal de Primeira Instância que passou a ser mencionado nos Tratados ao lado do Tribunal de Justiça. Além disso, o TPI deixou de ser um tribunal de primeira instância, pois passou a ser um tribunal de recurso quanto às questões de direito das decisões dos tribunais especializados, que viessem a ser criados.

Note-se que, apesar de se ter previsto nos Tratados um alargamento considerável da competência do então Tribunal de Primeira Instância, a verdade é que, na prática, não se verificaram assim tantas modificações, o que é confirmado pelo Tratado de Lisboa.

O Tratado de Lisboa estabelece a competência do Tribunal Geral no artigo 256º do TFUE, não se afastando das normas previstas pelo Tratado de Nice.

Assim, nos termos do nº 1 daquele preceito, o Tribunal Geral tem competência para, em primeira instância, conhecer dos recursos de anulação (artigo 263º do TFUE), de omissão (artigo 265º do TFUE), das ações de responsabilidade (artigo 268º do TFUE), dos recursos de funcionários (artigo 270º do TFUE) e dos recursos com fundamento em cláusula compromissória (artigo 272º do TFUE), com exceção dos que sejam atribuídos a um tribunal especializado.

O artigo 51º do Estatuto contém derrogações às regras acabadas de enunciar, estabelecendo, *grosso modo*, a competência exclusiva do Tribunal de Justiça nos recursos de anulação e de omissão interpostos por um Estado-membro ou por uma instituição da União quando estão em causa certos atos, decisões ou abstenções.

Ou seja, continua-se a consagrar uma reserva de competência do Tribunal de Justiça em relação aos processos propostos pelos Estados-membros, pelos órgãos comunitários e pelo BCE.

Segundo o artigo 256º, nº 2, do TFUE, o Tribunal Geral é igualmente competente para conhecer dos recursos interpostos das decisões de um tribunal especializado.

Quanto às questões prejudiciais previstas no artigo 267º do TFUE, o Tribunal Geral pode conhecer delas em matérias especificas determinadas pelo Estatuto (artigo 256º, nº 3, do TFUE), mantendo-se a possibilidade de remeter as questões prejudiciais ao TJ quando está em causa a unidade e a coerência do Direito da União Europeia (artigo 62º do Estatuto). Trata-se de uma espécie de recurso no «interesse da lei».

32.7.3.2. ***A composição do TG, o modo de designação, a duração do mandato e o estatuto dos juízes***

O Tratado de Lisboa refere o Tribunal Geral, no artigo 19º, nº 1, do TUE, como parte integrante do Tribunal de Justiça da União Europeia. O artigo 19º, nº 2, do TUE mantém que o Tribunal Geral contará com, pelo menos, um juiz por cada Estado-membro.

O número de juízes do Tribunal Geral tem vindo a ser aumentado nos últimos anos, por proposta do próprio Tribunal de Justiça. Com efeito, o artigo 48º do Estatuto determinou que o número de juízes seria de 40 a partir de 25 de dezembro de 2015, de 47 a partir de 1 de setembro de 2016 e de dois juízes por cada Estado-membro a partir de 1 de setembro de 2019.

Os juízes do TG são indicados pelos Estados-membros, de comum acordo, sem intervenção do PE nem do TJ (artigo 19º, nº 2, do TUE), após consulta ao comité previsto no artigo 255º do TFUE a que já aludimos. São nomeados por seis anos, sendo metade substituídos de três em três anos (artigo 254º do TFUE). Beneficiam dos privilégios e das imunidades idênticos aos juízes e advogados-gerais do TJ (artigo 254º, último parágrafo, do TFUE).

O TG, ao contrário do TJ, não dispõe de advogados-gerais permanentes, embora os juízes possam, em certas circunstâncias, ser chamados a desempenhar as funções de advogado-geral (artigos 254º do TFUE e 49º do Estatuto), possibilidade esta que, devido ao excesso de trabalho dos juízes, não tem tido aplicação prática.

A sede do TG, tal como a do TJ, situa-se no Luxemburgo e a sua organização e o seu funcionamento são também decalcados deste Tribunal.

32.7.3.3. ***A organização e o funcionamento***

A organização e o funcionamento do TG estão previstos no artigo 50º do Estatuto. Segundo este preceito, o Tribunal pode funcionar em secções de três ou cinco juízes, bem como em sessão plenária ou através de juiz singular. O Regulamento de Processo pode ainda prever a reunião em Grande Secção, nos casos e condições nele previstos.

As secções elegem os seus presidentes, sendo que, o Estatuto estabelece expressamente que os presidentes das secções de cinco juízes são eleitos por três anos e só podem ser reeleitos uma vez (artigo 50º, par. 1º).

32.7.4. Os tribunais especializados

O artigo 257º do TFUE permite a criação de tribunais especializados. Com efeito, o Conselho e o Parlamento Europeu, deliberando de acordo com o processo legislativo ordinário, podem criar tribunais especializados adstritos ao Tribunal Geral, encarregados de conhecer em primeira instância de certas categorias de recursos em matérias específicas.

Foi com base numa disposição paralela introduzida pelo Tratado de Nice que se criou o Tribunal da Função Pública, o qual, entretanto, foi extinto, pelo que não vai ser estudado. As suas funções foram absorvidas pelo Tribunal Geral.

32.8. O Banco Central Europeu

O Tratado de Maastricht, além dos órgãos comunitários tradicionais, previu, em matéria de união económica e monetária, a criação de um Sistema Europeu de Bancos Centrais e de um Banco Central Europeu, os quais teriam as suas competências definidas no antigo TCE e nos Estatutos do Sistema Europeu de Bancos Centrais e do Banco Central Europeu.

Atualmente, o artigo 13º, nº 1, do TUE considera o Banco Central Europeu como uma instituição da União, sendo a sua composição, organização, funcionamento e competência definidos nos artigos 282º e seguintes do TFUE bem como no Protocolo nº 4 relativo aos Estatutos do SEBC e do BCE[835].

Em bom rigor, o Banco Central Europeu não é uma instituição como as outras, dado que a sua competência não se estende a todas as matérias dos Tratados, mas somente às matérias monetárias. O BCE conduz juntamente com os bancos centrais dos Estados-membros, cuja moeda seja o euro, a política monetária da União (artigo 282º, nº 1, do TFUE).

O BCE e os bancos centrais nacionais constituem o SEBC (artigo 282º, nº 1, do TFUE). O BCE tem personalidade jurídica (artigo 282º, nº 3, do TFUE).

As atribuições do SEBC vêm previstas nos artigos 127º e seguintes do TFUE e incluem, fundamentalmente, a definição e execução da política monetária da Comunidade, a realização de operações cambiais compatíveis com o disposto no artigo 219º do TFUE, a detenção e a gestão das reservas cambiais oficiais dos Estados-membros, a promoção do bom funcionamento dos sistemas de pagamentos.

As atribuições do BCE estão previstas nos artigos 128º e seguintes e 282º, nº 3, todos do TFUE e a sua principal competência é o direito exclusivo de autorizar a emissão das notas de banco em euro na União.

O BCE, embora limitado às matérias monetárias, pode emitir regulamentos, tomar decisões, formular recomendações e emitir pareceres (artigo 132º, nº 1,

[835] JEAN-VICTOR LOUIS, "The Economic and Monetary Union: Law and Institutions", *CMLR*, 2004, p. 575 e segs.

do TFUE). Estes, tal como os atos adotados pelas outras instituições, podem ser impugnados, por exemplo, pela via do recurso de anulação (artigo 263º do TFUE), podendo igualmente ser objeto de questões prejudiciais (artigo 267º do TFUE).

Note-se que o artigo 288º do TFUE, referente às categorias de fontes de Direito Derivado da União Europeia, não menciona expressamente os regulamentos, as decisões, as recomendações e os pareceres do BCE, o que pode causar alguma perplexidade. Pensamos, no entanto, que esta ausência se pode compreender pelo facto de estas fontes terem um caráter específico, restrito à matéria monetária. Aplicam-se-lhe as regras gerais em matéria de fundamentação e publicidade dos artigos 296º e seguintes do TFUE.

Nos termos do artigo 34º, nº 3, do Estatuto do SEBC e do BCE, o BCE pode ainda aplicar multas ou sanções pecuniárias temporárias às empresas, em caso de incumprimento de obrigações decorrentes dos seus regulamentos e decisões, nos limites e condições fixados pelo Conselho, de acordo com o procedimento previsto no artigo 41º do Estatuto do SEBC e do BCE.

O quadro institucional da UEM é, atualmente, muito mais vasto e complexo, mas, no âmbito desta obra, não cabe o seu estudo pormenorizado.

32.9. O Tribunal de Contas da União

O Tribunal de Contas foi criado pelo Tratado de Bruxelas de 1975 em matéria orçamental, tendo sido erigido a órgão principal das Comunidades Europeias pelo Tratado de Maastricht. Atualmente, encontra-se referido no artigo 13º, nº 1, do TUE. Este Tribunal tem como principal função fiscalizar as contas da União (artigo 285º do TFUE).

32.9.1. A composição, o modo de designação e o mandato

Segundo o artigo 285º, par. 2º, do TFUE, o Tribunal de Contas é composto por um nacional de cada Estado-membro, o que perfaz o número de vinte e oito membros, que serão escolhidos de entre personalidades que pertençam ou tenham pertencido, nos respetivos países a instituições de fiscalização externa ou que possuam uma qualificação especial para essa função (artigo 286º, nº 1, do TFUE).

Nos termos do artigo 286º, nº 2, do TFUE, o Conselho, após consulta ao Parlamento Europeu, aprova a lista dos membros estabelecida em conformidade com as propostas apresentadas por cada Estado-membro. O seu mandato é de seis anos, renovável (artigo 286º, nº 2, do TFUE).

32.9.2. O estatuto dos juízes

Os membros do Tribunal de Contas devem oferecer todas as garantias de independência (artigo 285º, par. 2º do TFUE) e devem exercer as suas funções com total independência, no interesse geral da União. Por conseguinte, não solicitarão nem aceitarão instruções de nenhum Governo ou qualquer entidade e abster-se-ão de praticar qualquer ato incompatível com a natureza das suas funções (artigo 286º, nº 3, do TFUE). Enquanto durarem as suas funções, não podem exercer qualquer atividade remunerada ou não (artigo 286º, nº 4, do TFUE).

As disposições do Protocolo relativo aos Privilégios e Imunidades das União Europeia, aplicáveis aos juízes do Tribunal de Justiça, são igualmente aplicáveis aos membros do Tribunal de Contas (artigo 286º, nº 9, do TFUE).

32.9.3. A competência

O artigo 287º do TFUE estabelece a competência do Tribunal de Contas, cujo principal expoente é o exame das contas da totalidade das receitas e das despesas da União, bem como de qualquer outro órgão ou organismo criado pela União, na medida em que o respetivo ato institutivo não exclua esse exame.

33. Os órgãos consultivos da União Europeia

Além das instituições acabadas de estudar, os Tratados preveem expressamente dois órgãos consultivos: o Comité Económico e Social e o Comité das Regiões (artigos 13º nº 4, do TUE e 300º, nº 1, do TFUE).

33.1. O Comité Económico e Social

O Comité Económico e Social já se encontrava previsto na versão originária do Tratado de Roma. Atualmente, este órgão aparece mencionado nos artigos 300º e seguintes do TFUE.

33.1.1. A composição, o modo de designação e o mandato

O Comité é composto por representantes dos diferentes setores da vida económica e social, ou nas palavras do artigo 300º, nº 2, do TFUE, "*das organizações de empregadores, de trabalhadores e de outros atores representativos da sociedade civil, em especial nos domínios socioeconómico, cívico, profissional e cultural*".

Segundo o artigo 301º, par. 1º, do TFUE, o número de membros do Comité não será superior a trezentos e cinquenta. A composição concreta do Comité é definida por decisão do Conselho, deliberando por unanimidade, sob proposta da Comissão (artigo 301º, par. 2º, do TFUE).

O mandato dos membros do Comité é de cinco anos, renovável (artigo 302º, nº 1, do TFUE).

33.1.2. A competência

A competência do Comité é meramente consultiva, sendo, em muitos casos, obrigatória (artigo 304º do TFUE).

33.2. O Comité das Regiões

Ao contrário do Comité Económico e Social, o Comité das Regiões foi instituído apenas pelo Tratado de Maastricht, estando, atualmente, previsto nos artigos 300º, nº 3, e 305º a 307º do TFUE[836].

33.2.1. A composição, o modo de designação e o mandato

O artigo 300º, nº 3, do TFUE prevê que *"o Comité é composto por representantes das autarquias regionais e locais que sejam quer titulares de um mandato eleitoral a nível regional ou local, quer politicamente responsáveis perante uma assembleia eleita"*.

Segundo o artigo 305º, par. 1º, do TFUE, o número de membros do Comité das Regiões não será superior a trezentos e cinquenta, sendo a composição concreta do Comité definida por decisão do Conselho, deliberando por unanimidade, sob proposta da Comissão (artigo 305º, par. 2º, do TFUE).

O mandato dos membros do Comité é de cinco anos, renovável (artigo 305º, par. 3º, do TFUE).

33.2.2. A competência

Tal como o Comité Económico e Social, o Comité das Regiões tem competência consultiva, a qual é, muitas vezes, obrigatória, podendo mesmo emitir parecer por iniciativa própria (artigo 307º do TFUE).

34. O Provedor de Justiça

34.1. O modo de designação, a duração do mandato e o estatuto

O Provedor de Justiça foi criado pelo Tratado de Maastricht, sendo o titular deste órgão eleito pelo Parlamento Europeu (artigo 228º, nº 1, do TFUE) pelo período da legislatura, podendo ser reconduzido nas suas funções (artigo 228º, nº 2, do TFUE).

O Provedor de Justiça exercerá as suas funções com total independência, não solicitará nem receberá instruções de qualquer organismo e não pode exercer qualquer outra atividade profissional, remunerada ou não (artigo 228º, nº 3, do TFUE).

O estatuto do Provedor de Justiça é fixado pelo PE, por meio de regulamentos adotados por iniciativa própria de acordo com um processo legislativo especial, após parecer da Comissão e com a aprovação do Conselho (artigo 228º, nº 4, do TFUE).

[836] Sobre o Comité das Regiões, cfr., entre outros, PIERRE-ALEXIS FERAL, «Le Comité des Régions de l'Union Européenne: du Traité de Maastricht au Traité d'Amsterdam», *Dr. Pr.*, 1998, p. 77 e segs; J. BOURRINET (ed.), *Le Comité des Régions de l'Union européenne*, Paris, 1997; G. VANDERSANDEN (ed.), *L'Europe et les Régions – Aspects juridiques*, Bruxelas, 1997.

34.2. A competência

Segundo o artigo 228º, nº 1, do TFUE, o Provedor de Justiça tem poderes para receber queixas apresentadas por qualquer cidadão da União ou qualquer pessoa singular ou coletiva com residência ou sede estatutária num Estado-membro. As queixas devem respeitar a casos de má administração na atuação das instituições, órgãos ou organismos da União, com exceção do TJUE no exercício das suas funções jurisdicionais. O Provedor de Justiça, por iniciativa própria ou com base em queixas, diretamente ou por intermédio de um membro do PE, exercerá as suas funções mediante inquéritos aos órgãos que considere em situação de má administração.

O Provedor enviará em seguida um relatório ao PE e à instituição, ao órgão ou organismo em falta, depois de o ouvir. A pessoa que apresentou a queixa será informada do resultado dos inquéritos (artigo 228º, nº 1, par. 2º, do TFUE).

O Provedor de Justiça apresentará, anualmente, um relatório ao PE sobre os resultados dos inquéritos (artigo 228º, nº 1, par. 3º, do TFUE)[837].

35. As agências independentes

Nos últimos anos tem-se assistido nas administrações públicas nacionais a um fenómeno de descentralização funcional caracterizado pela criação de entidades instrumentais à administração e com personalidade jurídica própria às quais se atribui a realização de funções específicas.

As agências independentes também são um fenómeno conhecido do Direito da União Europeia. Aliás, a criação de organismos distintos da estrutura institucional e orgânica geral sempre esteve prevista no Tratado Euratom (cfr. artigos 52º e seguintes), o qual, recorde-se, continua em vigor. Porém, a multiplicação das agências independentes é muito mais recente, procurando responder à necessidade de assegurar determinadas tarefas para as quais as instituições e os órgãos da União não se encontravam vocacionadas.

As agências independentes consistem em entidades com personalidade jurídica e independência em relação às instituições da União em sentido próprio. Estas agências são dotadas de autonomia financeira e são-lhes atribuídos uma série de poderes de natureza técnica, científica ou de gestão específica. As agências operam em todos os domínios materiais dos tratados, inclusivamente, nas matérias que anteriormente faziam parte dos pilares intergovernamentais.

[837] Sobre o Provedor de Justiça, cfr. Nikiforos Diamandouros, "The European Ombudsman and good administration post-Lisbon", *in* Diamond Ashiagbor / Nicola Countouris / Ioannis Lianos, *The European Union...*, p. 210 e segs; E. Marias (ed.), *The European Ombudsman*, Maastricht, 1994.

Algumas delas encontram-se expressamente previstas no Tratado, enquanto outras foram criadas por ato normativo, designadamente, por regulamento[838].

As agências independentes colocam problemas jurídicos complexos que se prendem, designadamente, com os limites à possibilidade de delegação de poderes por parte do Conselho, com o controlo da sua atividade e com a não inclusão das suas receitas e despesas no orçamento da União.

Note-se que as diversas agências independentes não estão submetidas a qualquer regime jurídico unificado quanto aos seus estatutos, à sua organização, aos seus poderes e ao seu contencioso, o que tem dificultado bastante a obtenção de resultados. O Tratado de Lisboa esforçou-se por integrar melhor as agências no sistema institucional da União, tendo, inclusivamente previsto a possibilidade de recorrer de anulação contra os seus atos (artigo 263º, par. 1º, último período, do TFUE).

As agências integram-se nos seguintes tipos:

- as agências e organismos descentralizados – destinam-se a apoiar os Estados-membros e os seus cidadãos. Obedecem a um princípio de descentralização geográfica e procuram responder à necessidade de adaptação a novas tarefas de caráter jurídico, técnico e/ou científico. São organismos de direito público europeu, distintos das instituições da União e dotados de personalidade jurídica;
- as agências de execução – organismos criados nos termos do Regulamento (CE) nº 58/2003 do Conselho[839] para efeitos de atribuição de determinadas tarefas relacionadas com a gestão de um ou mais programas comunitários;
- as agências e organismos da Euratom – estruturas criadas para apoiar a realização dos objetivos do Tratado Euratom.

De entre as agências e organismos descentralizados, cumpre destacar as seguintes[840]:

- Agência dos Direitos Fundamentais da União Europeia (FRA);
- Agência Europeia dos Medicamentos (EMA);

[838] Sobre as agências independentes, cfr. MARTIN SHAPIRO, "Independent Agencies", in PAUL CRAIG / GRAINNE DE BURCA, *The evolution...*, p. 111 e segs; DAMIEN GERADIN / NICOLAS PETIT, "The Development of Agencies at EU and National Levels: conceptual Analysis and Proposals for Reform", *Jean Monnet Working Paper 01/04*; EDOARDO CHITI, "The emergence of a Community administration: the case of European Agencies", *CMLR*, 2000, p. 309 e segs.

[839] JO L 11 de 16/1/2003.

[840] Uma lista exaustiva pode ver-se no sítio http://europa.eu/agencies/regulatory_agencies_bodies/index_pt.htm

- Agência Europeia do Ambiente (AEA);
- Agência Europeia da Guarda de Fronteiras e Costeira (Frontex);
- Autoridade Europeia para a Segurança dos Alimentos (EFSA);
- Centro Europeu para o Desenvolvimento da Formação Profissional (Cedefop);
- Fundação Europeia para a Melhoria das Condições de Vida e de Trabalho (Eurofond);
- Instituto Europeu para a Igualdade de Género (EIGE);
- Fundação Europeia para a Formação (EFT);
- Observatório Europeu da Droga e da Toxicodependência (EMCDDA);
- Agência Europeia para a Segurança e Saúde no Trabalho (EU-OSHA);
- Centro de Tradução dos Organismos da União Europeia (CdT);
- Agência Europeia de Segurança Marítima (EMSA);
- Autoridade Bancária Europeia (EBA);
- Gabinete Europeu em matéria de Asilo (EASO);
- Comité Único de Resolução (CUR);
- Agência Europeia para a Segurança da Aviação (EASA).

Existem igualmente agências e organismos descentralizados nos domínios materiais dos antigos pilares intergovernamentais. Assim, no âmbito do antigo terceiro pilar podem mencionar-se o Serviço Europeu de Polícia (EUROPOL) e a Unidade Europeia da Cooperação Judiciária (EUROJUST), atualmente mencionada no artigo 85º do TFUE, ou a Academia Europeia de Polícia (CEPOL). No que diz respeito à PESC e à PSDC podem referir-se o Instituto de Estudos de Segurança da União Europeia (EUISS), o Centro de Satélites da União Europeia (EUSC) e a Agência Europeia de Defesa (EDA), referida no artigo 42º, nº 3, do TUE.

36. O alargamento da competência das instituições e dos órgãos da União: a "cláusula de flexibilidade"

36.1. Os antecedentes remotos: o artigo 95º do TCECA e o artigo 308º do TCE

O atual artigo 352º do TFUE, conhecido, na gíria da União Europeia, como "cláusula de flexibilidade", tem os seus antecedentes mais remotos no artigo 95º, parágrafos 1º e 2º, do TCECA bem como nos artigos 203º do TCEEA e 235º do TCEE, o qual foi renumerado pelo Tratado de Amesterdão como artigo 308º do TCE. A sua fonte inspiradora mais recente é, todavia, o artigo I-18º do TECE que, por sua vez, teve a sua origem no artigo 17º do projeto de TECE saído da Convenção sobre o Futuro da Europa.

Note-se que os preceitos correspondentes ao atual artigo 352º do TFUE se mantiveram inalterados, desde a versão originária dos Tratados até à entrada em vigor do Tratado de Lisboa, pese embora o facto de, tratando-se de uma base jurídica complementar ou subsidiária, o alargamento das atribuições da Comunidade e da competência dos seus órgãos operado pelas sucessivas revisões dos Tratados, ter tido alguma influência na interpretação e aplicação que dele foi sendo feita.

Acresce que, tendo o ex-artigo 308º do TCE como escopo permitir a adoção de atos e normas pelas instituições e órgãos comunitários, nos casos em que a competência dos mesmos se afigurava lacunar e, tendo ocorrido, indubitavelmente, um aumento das atribuições da Comunidade e da correlativa competência das suas instituições e dos seus órgãos, poder-se-ia ter assistido a alguma perda de campo de atuação e consequente desatualização do preceito. Porém, assim não sucedeu, como ficou demonstrado em alguns estudos[841] apresentados na Convenção sobre o Futuro da Europa.

Mesmo após as sucessivas revisões, o preceito continuou a ser utilizado com bastante frequência para integrar as lacunas do Tratado. Por esta razão, não obstante terem surgido algumas vozes discordantes, das negociações do Tratado de Lisboa resultou que o preceito deveria ser mantido com algumas modificações, pelo que acabou por ser inserido no TFUE.

A plena compreensão da "cláusula de flexibilidade", tal como hoje consta do Tratado de Lisboa passa por um breve enquadramento histórico.

Como se disse, um dos antecedentes do atual artigo 352º do TFUE foi o artigo 95º, parágrafos 1º e 2º, do TCECA, o qual determinava:

> *"Em todos os casos não previstos no presente Tratado em que se revele necessária uma decisão ou uma recomendação da Alta Autoridade para atingir, no curso do funcionamento do mercado comum do carvão e do aço e em conformidade com o disposto no artigo 5º, um dos objetivos da Comunidade, tal como vêm definidos nos artigos 2º, 3º e 4º, essa decisão ou recomendação podem ser adotadas mediante parecer favorável do Conselho, o qual deliberará por unanimidade após consulta do Comité Consultivo.*
>
> *A decisão ou recomendação assim adotada determinará eventualmente as sanções aplicáveis."*

Tratava-se de uma cláusula de alargamento de competências da Alta Autoridade, órgão de decisão da CECA. Esta cláusula deixava menos margem de manobra ao legislador comunitário do que os antigos artigos 235º do TCEE e 308º do TCE, uma vez que definia em pormenor as suas condições de aplicação.

A utilização dos antigos artigos 235º do TCEE e 308º do TCE como base jurídica de uma medida dependia igualmente da verificação cumulativa dos seguintes requisitos de natureza material:

[841] Cf., por exemplo, Carl Fredrik Bergström / Josefin Almer, "The Residual Competence: Basic Statistics on Legislation with a Legal Basis in Article 308 EC", Working Group V "Complementary Competences", de 3 de setembro de 2002, WGV – WD19, disponível no sítio www.europa.eu.

i) a necessidade de uma ação da Comunidade[842];
ii) para atingir um dos objetivos da Comunidade[843];
iii) no curso do funcionamento do mercado comum[844];
iv) a ausência de poderes de ação necessários para o efeito[845-846].

Do ponto de vista formal, a decisão de adotar medidas, com base nos antigos artigos 235º do TCEE e 308º do TCE, competia ao Conselho, que deveria tomá-la, por unanimidade, sob proposta da Comissão e parecer do Parlamento Europeu. Ou seja, a decisão deveria ser adotada nos termos do procedimento de consulta.

A partir do AUE, a inclusão de novas bases jurídicas no Tratado, poderia ter levado à não aplicação da cláusula de alargamento de competências dos órgãos comunitários. Porém, apenas se verificou um maior rigor na apreciação do requi-

[842] A questão de saber se uma ação da União era, ou não, necessária dependia, essencialmente, da liberdade de conformação do legislador, pelo que só em casos muito contados – que envolvessem um erro manifesto de apreciação – se deveria chegar à conclusão de que determinada ação não se afigurava necessária. Cf. acórdão de 12/7/73, *Massey-Ferguson*, proc. 8/73, Rec. 1973, p. 897 e segs.

[843] A exigência de situar a ação da Comunidade, no âmbito dos objetivos do Tratado, impôs-se por razões que se prenderam, primordialmente, com o respeito da repartição de atribuições entre a Comunidade e os Estados-membros. Com efeito, esta só pode ser objeto de alteração com base nos processos de revisão previstos no próprio Tratado, os quais dependem da vontade dos Estados-membros num duplo sentido.

[844] A expressão "mercado comum" aparecia na versão originária do TCEE com significados distintos, o que não contribuiu para facilitar a interpretação deste requisito. Além disso, após a entrada em vigor do AUE foi introduzido o objetivo de construção do mercado interno até 31 de dezembro de 1992, o qual foi definido como um espaço no qual as mercadorias, as pessoas e os capitais deveriam circular livremente.
Neste contexto, o requisito "no curso do funcionamento do mercado comum" foi alvo de interpretações muito diversificadas por parte da Doutrina, tendo sido sujeito a muitas críticas que se prendiam, essencialmente, com o seu caráter obsoleto, sobretudo, após a entrada em vigor do AUE. Sobre estas diferentes posições, cf. Ana Maria Guerra Martins, *O art. 235º do Tratado da Comunidade Europeia – cláusula de alargamento de competências dos órgãos comunitários*, Lisboa, 1995, p. 129 e segs.

[845] Este requisito partia do pressuposto que o Tratado, por natureza, comportava lacunas, quer originárias, devido à dificuldade de previsão de todas as situações da vida, quer sucessivas, decorrentes do caráter dinâmico e evolutivo da integração europeia, lacunas essas a que não foi possível dar resposta nos textos. Um dos problemas interpretativos que este requisito colocou, na prática, foi o de saber se a aplicação das bases jurídicas dos antigos artigos 235º do TCEE e 308º do TCE dependia de uma ausência total de poderes do Conselho ou se bastava a sua insuficiência. Esta última posição parece fazer mais sentido, uma vez que não se afigura aceitável que o Conselho venha a adquirir mais poderes quando nada se previu no Tratado do que quando se previram alguns poderes, que, todavia, se revelam insuficientes para atingir os objetivos dos Tratados. O próprio TJ aceitou este entendimento, na década de 70, no caso *Massey-Ferguson* acima citado.

[846] Sobre estes requisitos, cfr. Ana Maria Guerra Martins, *O art. 235º do Tratado da Comunidade Europeia...*, p. 120 e segs.

sito da ausência de poderes de ação necessários por parte do TJ[847], uma vez que a adoção de uma determinada medida, com base no antigo artigo 235º do TCEE, ou com fundamento noutras bases jurídicas introduzidas nos Tratados pelas sucessivas revisões dos Tratados, não era indiferente em termos de procedimento de decisão. A verdade é que enquanto ao Conselho (e aos Estados-membros) interessava tomar medidas com base no ex-artigo 235º do TCEE, dado que a decisão era da sua exclusiva competência e a votação por unanimidade assegurava aos representantes dos Estados-membros o direito de veto da medida em causa, a Comissão e o Parlamento Europeu (sobretudo, após a introdução do procedimento de codecisão) assumiram posição contrária, dado que as novas bases jurídicas lhes conferiam, de um modo geral, uma maior participação no procedimento[848]. Daí que, a partir da entrada em vigor do AUE, esta divergência tenha constituído terreno propício a conflitos entre, por um lado, o Conselho e os Estados-membros e, por outro lado, a Comissão e o Parlamento Europeu, o qual ficou conhecido como o "contencioso da base jurídica".

Ao longo da História da integração europeia, os antigos artigos 235º do TCEE e 308º do TCE fundamentaram inúmeras medidas. É certo que até à Cimeira de Paris, de 19 a 21 de outubro de 1972, se adotaram somente cerca de trinta atos comunitários com base no antigo artigo 235º TCEE, essencialmente, nos setores da agricultura e da união aduaneira. O primeiro ato adotado com base naquele preceito foi a decisão do Conselho de 4/4/62[849] que previa a perceção de uma taxa compensatória sobre certas mercadorias resultantes da transformação dos produtos agrícolas. Ainda na década de 60, por exemplo, no setor da política social, poder-se-á referir a decisão do Conselho de 22/12/66[850], nos termos da qual a Comunidade decidiu ajudar a República Italiana no tocante à assistência aos mineiros afetados pelo desemprego e conceder bolsas de estudo aos seus filhos.

A referida Cimeira marcou, porém, uma nova etapa na utilização do preceito, uma vez que, no comunicado final, os Chefes de Estado e de Governo exprimiram o desejo de "*utilizar tão amplamente quanto possível todas as disposições do Tratado, incluindo o artigo 235º do Tratado CEE*". A partir desse momento, o preceito passou a constituir a base jurídica, de regulamentos, diretivas, decisões e até de acordos internacionais, em domínios tão díspares, como, por exemplo, a política económica e mone-

[847] Cf. Acórdãos do TJ de 9/10/2001, *Países Baixos c. PE e Conselho*, proc. C-377/98, Col. 2001, p. 7079 e segs; de 18/11/99, *Comissão c. Conselho*, proc. C-209/97, Col. 1999, p. I-8067 e segs; de 9/7/87, *Política Migratória*, procs. 281, 283 a 285 e 287/85, Col. 1987, p. 3203 e segs; de 26/3/87, *Comissão c. Conselho*, proc. 45/86, Col. 1987, p. 1493 e segs.

[848] Cf. ANA MARIA GUERRA MARTINS, *O art. 235º do Tratado da Comunidade Europeia...*, p. 134 e segs.

[849] JOCE nº L 30, de 20/4/62, p. 999.

[850] JOCE nº L 246, de 31/12/66, p. 4168.

tária, nomeadamente, como base jurídica do SME[851], a política regional[852], a política social[853], a política industrial[854], a política energética[855], a política do ambiente[856],

[851] Cf. Regulamento do Conselho nº 907/73, de 9/4/73, que institui o FECOM (JOCE nº L 89); Regulamento do Conselho nº 3180, de 18/12/78, que altera o valor da unidade de conta utilizada pelo FECOM (JOCE nº L 379); Regulamento do Conselho nº 3181/78, de 18/12/78, relativo ao SME (JOCE nº L 379); Regulamento do Conselho nº 3308/80, de 16/12/80, relativo à subsituição da unidade de conta europeia pelo ECU nos atos comunitários (JOCE nº L 345).

[852] Cf. Regulamento do Conselho nº 724/75, de 18/3/75, JOCE nº L 73; Regulamento do Conselho nº 214/79, de 6/12/79, JOCE nº L 35; Regulamento do Conselho nº 1787/84, de 19/6/84, JOCE nº L 169, todos relativos ao FEDER.

[853] Cf. Regulamento do Conselho nº 337/75, de 10/2/75, que cria um Centro Europeu para o Desenvolvimento da Formação Profissional (JOCE nº L 39, p. 1-4); Regulamento do Conselho nº 1365/75, de 26/5/75, relativo à criação de uma Fundação Europeia para a melhoria das condições de vida e de trabalho (JOCE nº L 139, p. 1-4); Diretiva nº 76/207/CEE do Conselho, de 9 de fevereiro de 1976, relativa à concretização do princípio da igualdade de tratamento entre homens e mulheres no que se refere ao acesso ao emprego, à formação e promoção profissionais e condições de trabalho (JOCE L 39, p. 42 e segs); Diretiva do Conselho nº 7/79, de 19/12/78, relativa à realização progressiva do principio da igualdade de tratamento entre homens e mulheres em matéria de segurança social (JOCE nº L 6, p. 24-25); Decisão do Conselho nº 79/642, de 16/7/79, establishing a second joint programme to encourage the Exchange of young workers within the Community (JOCE nº L 175, p. 24-26); Regulamento do Conselho nº 3427/89, de 30/10/89, que altera o Regulamento (CEE) nº 1408/71, relativo à aplicação dos regimes de segurança social aos trabalhadores assalariados, aos trabalhadores não assalariados e aos membros da família que se deslocam no interior da Comunidade e o Regulamento (CEE) nº 574/72, que estabelece as modalidades de aplicação do Regulamento (CEE) nº 1408/71 (JOCE nº L 331, p. 1-5).

[854] Cf. Regulamento do Conselho nº 2914/79, de 20/12/79, relativo às intervenções comunitárias de reestruturação e reconversão industrial no setor das fibras sintéticas (JOCE nº L 326, p. 36-37).

[855] Cf. Regulamento do Conselho nº 3056/73, de 9/11/73, relativo ao apoio de projetos comunitários no setor dos hidrocarbonetos (JOCE nº L 312, p. 1-3); Regulamento do Conselho nº 1302/78, de 12/6/78, on the granting of financial support for projects to exploit alternative energy sources (JOCE nº L 158, p. 3-5); Regulamento do Conselho nº 1038/79, de 24/5/79, relativo ao apoio comunitário a um projeto de exploração de hidrocarbonetos na Gronelândia (JOCE nº L 132, p. 1-3).

[856] Cf. Diretiva nº 75/439, de 16/6/75, relativa à eliminação dos óleos usados (JOCE nº L 194, p. 23-25); Diretiva nº 78/319, de 20/3/78, relativa aos resíduos tóxicos e perigosos (JOCE nº L 84, p. 43-48); Diretiva nº 78/611, de 29/6/78, on the approximation of the law of the Member States concerning the lead content of petrol (JOCE nº L 197, p. 19-21); Diretiva nº 79/409, de 2/4/79, relativa à conservação das aves selvagens (JOCE nº L 103, p. 1-18); Diretiva nº 80/778, de 15/7/80, relativa à qualidade da água para consumo humano (JOCE nº L 229, p. 11-29); Diretiva nº 80/1107, de 27/11/80, on the protection of workers from the risks related to exposure to chemical, physical and biological agents at work (JOCE nº L 327, p. 8-13); Regulamento do Conselho nº 348/81, de 20/1/81, relativo a um regime comum aplicável às importações dos produtos extraídos dos cetáceos (JOCE nº L 39, p. 1-3); Diretiva nº 78/659/CEE, de 18 de julho de 1978, relativa à qualidade das águas doces (JOCE nº L 222, p. 1 e segs).

a política comercial[857], a investigação e desenvolvimento tecnológico[858] e a proteção dos consumidores[859], mantendo, todavia, os seus setores de atuação tradicionais. Deste modo, aumentaram, substancialmente, os atos do Conselho adotados com base neste preceito.

Ao nível de política comercial o preceito fundamentou, sobretudo, os regulamentos relativos à conclusão de acordos de cooperação entre a Comunidade e terceiros Estados que previam amplas formas de cooperação económica e instauravam ações que ultrapassavam os poderes da Comunidade. O preceito constituiu igualmente a base de acordos internacionais em que a Comunidade é parte, noutras matérias, como o ambiente e a investigação científica e tecnológica.

Ao contrário do que alguns defenderam, após a primeira revisão dos Tratados – o AUE – que introduziu novas bases jurídicas em algumas matérias que faziam parte do domínio privilegiado de aplicação do artigo 235º do TCEE, esta situação não se alterou. O preceito continuou a ser usado como base jurídica[860], exclusiva, ou em conjugação com outras disposições, entretanto, introduzidas nas sucessivas revisões dos Tratados[861].

[857] Cf. Regulamento do Conselho nº 2914/79, de 20/12/79, relativo às intervenções comunitárias de reestruturação e reconversão industrial no setor das fibras sintéticas (JOCE nº L 326, p. 36-37).

[858] Cf. Regulamento do Conselho nº 2380/74 de 17/9/74, que estabelece o regime de difusão de conhecimentos aplicável aos programas de investigação para a Comunidade Económica Europeia (JOCE nº L 255, p. 1-3); Regulamento do Conselho nº 3744/81 de 7/12/81, concerning Community projects in the field of microelectronic technology (JOCE nº L 376, p. 38).

[859] Cf., por exemplo, Diretiva nº 79/581/CEE, de 19 de junho de 1979, relativa à proteção dos consumidores em matéria de indicação de preços dos géneros alimentícios (JOCE L 158, p. 19 e segs).

[860] Algumas agências independentes foram criadas com base no ex-artigo 308º do TCE. Cf., por exemplo, Regulamento (CE) nº 168/2007 do Conselho, de 15/2/2007, que cria a Agência Europeia de Direitos Fundamentais (JOUE nº L 53, p. 1); Regulamento (CE) nº 1112/2005 do Conselho, de 24/6/2005, que altera as estruturas de gestão e governança da Agência Europeia para a Segurança e Saúde no Trabalho (JOUE nº L 184, p. 5) e Regulamento (CE) nº 58/2003 do Conselho, de 19/12/2002, que define o estatuto das agências de execução encarregadas de determinadas funções de gestão de programas comunitários (JOCE nº L 11, p. 1).

[861] Para um estudo aprofundado dos antigos artigos 235º TCEE e 308º do TCE ver, entre outros, M. BUNGENBERG, „Dynamische Integration, Art 308 und die Forderung nach dem Kompetenzkatalog“, *EuR*, 2000, p. 879-900; T. LORENZ / W. PÜHS, „Eine Generalermächtigung im Wandel der Zeit: Art 235 EG-Vertrag“, *Zeitschrift für Gesetzgebung*, 1998, p. 142-154; S. FORESTER, „Art 235 EGV und das Subsidiaritätsprinzip des Art 3b Abs 2 EGV“, *Österreichische Juristen-Zeitung*, 1996, p. 281-291; H. F. KOCK, „Die 'implied powers' der Europäischen Gemeinschaften als Anwendungsfall der 'implied powers' internationaler Organisationen überhaupt", in *Liber Amicorum honouring Ignaz-Seidl Hohenveldern*, Colónia, 1988, p. 279-299; D.-W. DÖRN, *Art 235 EWGV – Prinzipien der Auslegung. Die Generalermächtigung zur Rechtsetzung im Verfassungssystem der Gemeinschaften*, Colónia, 1986; J. RAUX, «Le recours à l'article 235 du traité CEE en vue de la conclusion des accords externes», in *Mélanges offerts à Pierre-Henry Teitgen*, Paris, 1984, p. 407-439; J. H. KAISER, „Grenzen der EG-Zuständigkeit“, *EuR*, 1980, p. 97-118; G. OLMI, «La place de l'article 235 CEE dans le système

36.2. Os antecedentes próximos: os artigos 17º do projeto de TECE e I-18º do TECE

Os artigos 17º do projeto de TECE e I-18º do TECE são a verdadeira fonte inspiradora do atual artigo 352º do TFUE.

Em primeiro lugar, recorde-se que uma das questões que a Declaração nº 23 do Tratado de Nice considerava que deveria ser objeto de um debate mais amplo e aprofundado sobre o futuro da União era, precisamente, o "*estabelecimento e manutenção de uma delimitação mais precisa das competências entre a União Europeia e os Estados-membros, que respeite o princípio da subsidiariedade*". Daí que a Convenção sobre o Futuro da Europa tenha constituído um grupo de trabalho com a finalidade de discutir e apresentar propostas em matéria de competências complementares.

Ora, a cláusula de competência residual, subsidiária ou complementar foi estudada no âmbito desse grupo, tendo alguns defendido a eliminação do artigo 308º do TCE. Esta proposta não obteve, porém, acolhimento no seio da Convenção[862]. Pelo contrário, a maioria dos seus membros considerou que se deveria preservar o artigo 308º do TCE, de modo a garantir alguma flexibilidade no futuro. Apesar desta opção, sustentou-se que o uso de tal cláusula deveria ser parcimonioso[863].

Um destaque especial merece a posição da Comissão sobre este assunto. Este órgão defendeu a manutenção de uma cláusula de flexibilidade no Tratado, decalcada do artigo 308º do TCE[864], devendo, no entanto, o recurso a essa cláusula ser limitado a casos excecionais, em consequência da inserção de novas bases jurí-

des attributions de compétence à la Communauté», in *Mélanges Fernand Dehousse*, vol. 2, Paris, 1979, p. 279-295; U. EVERLING, „Die allgemeine Ermächtigung der Europäischen Gemeinschaft zur Zielverwirklichung nach Art 235 EWG-Vertrag", *EuR*, 1976, p. 2-21; R. H. LAUWAARS, „Art 235 als Grundlage für die flankierenden Politiken im Rahmen der Wirtschafts- und Währungsunion", *EuR*, 1976, p. 100-129; I. E. SCHWARTZ, «Le pouvoir normative de la Communauté, notamment en vertu de l'article 235 – une compétence exclusive ou parallèle», *RMC*, 1976, p. 280-290; C. TOMUSCHAT, „Die Rechtsetzungsbefügnisse der EWG in Generalermächtigungen insbesondere in Art 235 EWGV", *EuR*, 1976, p. 45-67; A. GIARDINA, "The Rule of Law and Implied Powers in the European Communities", *IYIL*, 1975, p. 99-111; H. LESGUILLONS, «L'extension des compétences de la CEE par l'article 235 du traité de Rome», *AFDI*, 1974, p. 886-904; G. PEETERS, «L'article 235 du Traité CEE et les relations extérieures de la CEE», *RMC*, 1973, p. 141-144; G. MARENCO, «Les conditions d'application de l'article 235 du traité CEE», *RMC*, 1970, p. 147-157; D. SCHUMACHER, „Die Ausfüllung von Kompetenzlücken im Verfassungsrecht der Europäischen Gemeinschaften", *AWD*, 1970, p. 539-545; H. VON MEIBOM, „Lückenfüllung bei der Europäischen Gemeinschaftenverträgen – Zur Anwendung des Artikels 235 des EWG-Vertrages", *NJW*, 1968, p. 2165-2170.

[862] Cf. Note by Mr PETER ALTMAIER, "The Division of Competences between the Union and the Member States" (revised version) de 4 de setembro de 2002, WG V – WD 20, p. 11.

[863] Cf. Paper of the Chairman Mr. HENNING CHRISTOPHERSEN on priority issues regarding complementary competence de 24 de setembro de 2002 – WG V – WD 28.

[864] Neste sentido, Note from the European Commission on «Delimitation of powers: a matter of scale of intervention», de 10 de julho de 2002 – WG V – WD 4; Note de M. PONZANO, représentant

dicas no Tratado nos domínios materiais em que, tradicionalmente, se recorria ao artigo 308º do TCE. Quanto ao procedimento de adoção dos atos e normas, a Comissão sustentou uma maior participação do PE através do procedimento de codecisão. Esta proposta não obteve, todavia, consenso no Grupo, o qual considerou que a unanimidade no seio do Conselho se deveria manter, embora se devesse consagrar uma maior participação do PE, por exemplo, através da aprovação.

Um outro ponto em que o consenso foi difícil de alcançar na Convenção relacionou-se com a inserção sistemática da cláusula de flexibilidade. Para alguns a sua integração num título geral sobre competência seria mais adequada do que nas disposições finais e gerais.

Do relatório final do Grupo V[865] constavam as seguintes recomendações:

O artigo 308º do TCE deverá ser mantido, contribuindo para uma necessária flexibilidade;

Deverá continuar a exigir-se a unanimidade para a aprovação ao abrigo do artigo 308º, bem como o acordo ou outro tipo de participação substancial do Parlamento Europeu;

A alínea u) do artigo 3º do TCE deveria ser adaptada. Deverão ser aprovados novos fundamentos jurídicos específicos do Tratado para assuntos que têm sido predominantemente regulamentados com base no artigo 308º, por exemplo, os empréstimos para a balança de pagamentos de países terceiros, os direitos de propriedade intelectual, a política da energia, a proteção civil e a criação de agências, se a União deseja prosseguir com as políticas nesses domínios.

A fim de possibilitar um maior controlo da aplicação do artigo 308º, as condições materiais e processuais de aplicação do artigo deverão ser atualizadas e reforçadas de acordo com o seguinte:

- *O artigo 308º não pode constituir fundamento para alargar o âmbito de competências da União para além do quadro geral do Tratado nem servir de fundamento à aprovação de disposições que impliquem, em substância, nas suas consequências, uma alteração do Tratado, nem servir de base à harmonização de medidas em áreas políticas em que a União exclui a harmonização.*
- *As medidas aprovadas ao abrigo do artigo 308º deverão enquadrar-se no funcionamento do mercado comum, da União Económica e Monetária, ou da aplicação das políticas ou ações comuns a que se referem os artigos 3º e 4º do TCE;*
- *Deverá ser possível, ao abrigo do artigo 308º, um controlo judicial ex ante do tipo previsto nº 6 do artigo 300º do TCE.*

O artigo 308º deverá prever a possibilidade de revogação, por maioria qualificada, dos atos aprovados ao abrigo desse artigo.

de la Commission «Un schéma pour conjuguer clarté et flexibilité dans le système des compétences de l'Union européenne» – WG X – WD 26.

[865] CONV 375/1/02 REV 1, de 4 de novembro de 2002.

Sublinhe-se, desde logo, que a maioria das recomendações do Grupo V, acabadas de transcrever, foram transpostas para o articulado do projeto de TECE. Com efeito, o artigo 17º do projeto tinha o seguinte teor:

> *"1. Se se afigurar necessária uma ação da União, no quadro das políticas definidas na Parte III, para atingir um dos objetivos estabelecidos na Constituição, não prevendo esta os poderes de ação requeridos para o efeito, o Conselho de Ministros tomará as disposições adequadas, deliberando por unanimidade, sob proposta da Comissão e após aprovação do Parlamento Europeu.*
>
> *2. No âmbito do processo de controlo do princípio da subsidiariedade referido no nº 3 do artigo 9º, a Comissão alertará os parlamentos nacionais dos Estados-membros para as propostas baseadas neste artigo.*
>
> *3. As disposições adotadas com base no presente artigo não podem implicar a harmonização das disposições legislativas e regulamentares dos Estados-membros nos casos em que a Constituição exclua tal harmonização".*

Em primeiro lugar, deve referir-se que o artigo 17º foi inserido no capítulo relativo às competências da União, ao contrário do que sucedia com o artigo 308º do TCE que constava das disposições gerais e finais.

Em segundo lugar, deve notar-se que desapareceu o requisito "no curso do funcionamento do mercado comum", não dando razão àqueles que, na Convenção, tinham defendido a sua manutenção. Este requisito foi substituído por uma formulação mais ampla "*no quadro das políticas definidas na Parte III*".

Em terceiro lugar, devem sublinhar-se dois novos limites à utilização da "cláusula de flexibilidade":

a) O mecanismo de alerta dos parlamentos nacionais no âmbito do processo de controlo do princípio da subsidiariedade;
b) A exclusão da harmonização das disposições legislativas e regulamentares dos Estados-membros quando ela se encontrar afastada por outras disposições do Tratado.

Do ponto de vista formal, manteve-se a decisão, por unanimidade, no seio Conselho, pelo que não fez vencimento a tese da aplicação do processo de codecisão. Passou, porém, a exigir-se a aprovação do PE.

Tendo em conta que o artigo I-18º TECE[866] retoma o artigo 17º do projeto, com pequenas alterações estilísticas, não lhe dedicaremos um estudo autónomo.

[866] *"1. Se uma ação da União for considerada necessária, no quadro das políticas definidas na Parte III, para atingir um dos objetivos estabelecidos na Constituição, sem que esta tenha previsto os poderes de ação necessários para o efeito, o Conselho, deliberando por unanimidade, sob proposta da Comissão e após aprovação do Parlamento Europeu, adotará as disposições adequadas.*

36.3. A exegese do artigo 352º do TFUE

36.3.1. A inserção sistemática do artigo 352º do TFUE

Antes de mais, deve salientar-se que o artigo 352º do TFUE, do ponto de vista sistemático, continua a integrar as disposições gerais e finais do TFUE[867]. Ou seja, ao contrário do que sucedia com os artigos 17º do projeto de TECE e I-18º TECE, que se integravam no capítulo referente às competências da União (Parte I do TECE), o artigo 352º do TFUE não faz parte do TUE, mas sim do Tratado que contém as normas técnicas relativas ao funcionamento da União, o que poderá ser entendido como uma degradação do seu significado constitucional. Esta não é, porém, a nossa opinião. A inserção sistemática da "cláusula de flexibilidade" no TFUE é, do ponto de vista da "constitucionalização" da União, neutra, na medida em que, nos termos do artigo 1º, parágrafo 3º, TUE, ambos os Tratados têm o mesmo valor jurídico.

36.3.2. Os pressupostos substanciais de aplicação do artigo 352º do TFUE

Tal como sucedia com os seus antecessores, a utilização da base jurídica do artigo 352º do TFUE depende da verificação cumulativa de um conjunto de condições quer de cariz positivo quer negativo.

Se compararmos a atual redação do artigo 352º do TFUE com a do antigo artigo 308º do TCE, verifica-se que, substancialmente, se exigem igualmente quatro condições positivas, que não coincidem inteiramente com as previstas no anterior preceito. Na verdade, o Tratado de Lisboa modificou-as, de modo a harmonizá-las com as inovações introduzidas noutras partes dos Tratados.

Assim, as condições positivas de aplicação do artigo 352º do TFUE são as seguintes:

- *i)* a necessidade de uma ação da União;
- *ii)* no quadro das políticas definidas pelos Tratados;
- *iii)* para atingir um dos objetivos estabelecidos pelos Tratados;
- *iv)* a ausência de poderes de ação necessários para o efeito.

2. No âmbito do processo de controlo do princípio da subsidiariedade referido no nº 3 do artigo I-11º, a Comissão Europeia alerta os parlamentos nacionais dos Estados-membros para as propostas fundadas no presente artigo.
3. As medidas fundadas no presente artigo não podem implicar a harmonização das disposições legislativas e regulamentares dos Estados-membros nos casos em que a Constituição exclua tal harmonização".

[867] Para maiores desenvolvimentos sobre o artigo 352º do TFUE, cfr. Paul Craig, *The Lisbon Treaty...*, p. 182 e segs; Ana Maria Guerra Martins, "Anotação ao artigo 352º do TFUE", *in* Manuel Lopes Porto / Gonçalo Anastácio (coord.), *Tratado de Lisboa...*, p. 1232 a 1235; *Idem*, "A «cláusula de flexibilidade» no Tratado de Lisboa – contributo para a «constitucionalização» ou para a «internacionalização» da União?", in *Estudos em memória do Prof. Doutor J. L. Saldanha Sanches*, vol. I, Coimbra, 2011, p. 19 e segs.

A primeira alteração a assinalar decorre da atual estrutura unitária da União (cf. artigo 1º do TUE), a qual implicou o desaparecimento da "pilarização" da União e, consequentemente, a extensão do âmbito de aplicação do preceito a toda a União. A necessidade da ação deixou de dizer respeito somente à Comunidade, passando a abranger a União. Porém, esta condição continua a depender, essencialmente, da liberdade de conformação do legislador. Assim sendo, não se anteveem muitos casos de anulação de atos ou normas adotados com base no artigo 352º do TFUE por violação deste requisito.

Já o abandono da condição "no curso do funcionamento do mercado comum" e a sua substituição pelo requisito de que a ação se deve situar "no quadro das políticas definidas nos Tratados" representa uma verdadeira inovação do Tratado de Lisboa que terá, por certo, consequências. Como vimos, a Doutrina reclamava a eliminação da condição relativa ao "curso do funcionamento do mercado comum", devido ao caráter obsoleto desta última expressão.

A ação da União deve, pois, passar a situar-se no âmbito das políticas definidas pelos Tratados (leia-se: TUE e TFUE), eliminando, assim, quaisquer dúvidas que ainda pudessem subsistir a este propósito. Ora, esta modificação permite, indubitavelmente, a extensão do âmbito de aplicação do preceito, num duplo sentido: por um lado, deixou de estar unicamente ligado às questões económicas e, por outro lado, o seu âmbito de aplicação não se reduz às matérias do TFUE (anterior TCE), podendo abranger igualmente domínios integrados no TUE.

A terceira condição de aplicação do preceito impõe o enquadramento da ação da União nos objetivos estabelecidos pelos Tratados. Ou seja, remete-se, implicitamente, para o artigo 3º do TUE, o qual abrange matérias tão díspares, como o espaço de liberdade, segurança e justiça, a liberdade de circulação de pessoas ou o mercado interno. Também aqui se verifica um alargamento do âmbito de aplicação do preceito, na medida em que o antigo artigo 308º do TCE se encontrava limitado pelos objetivos da Comunidade, o que implicava a exclusão, por exemplo, dos domínios do espaço de liberdade, segurança e justiça que faziam parte do antigo terceiro pilar (Cooperação Judiciária e Policial em matéria Penal). Saliente-se, todavia, que o artigo 352º do TFUE não constitui uma base jurídica adequada para adotar atos no domínio dos objetivos do âmbito da PESC, dado que estes se encontram expressamente excluídos, devendo ser respeitados os limites do artigo 40º do TUE (cf. nº 4 do preceito). Ou seja, a extensão do âmbito de aplicação do preceito não é tão ampla quanto os objetivos da União.

Por último, a condição da ausência de poderes de ação necessários para o efeito não sofreu modificação na sua letra, mas poderá, atualmente, ser mais difícil de preencher. Uma das preocupações fundamentais da Convenção sobre o Futuro da Europa, aliás, imposta pela Declaração nº 23 aposta ao Tratado de Nice, foi o estabelecimento e a manutenção de uma repartição de atribuições entre a União e os Estados-membros mais precisa, o que, de facto, veio a ocorrer no Tratado de Lisboa.

Ao contrário do que se verificava nos anteriores Tratados, as categorias e os domínios de atribuições da União estão hoje definidas nos artigos 2º a 6º do TFUE. Além disso, introduziram-se novas bases jurídicas relativamente a matérias que antes não faziam parte dos Tratados ou eram insuficientemente reguladas. Ora, à medida que as bases jurídicas específicas aumentam e as atribuições da União se precisam e clarificam, é natural que a necessidade de recorrer ao artigo 352º do TFUE diminua. Aliás, este foi o entendimento expresso na Convenção sobre o Futuro da Europa.

Sem querer antecipar o futuro, diremos que, embora a redução dos casos de aplicação do artigo 352º TFUE seja o cenário mais provável, nada garante que o artigo 352º do TFUE venha a ser utilizado apenas em casos excecionais e que venha a funcionar, única e exclusivamente, como uma cláusula residual de resposta a acontecimentos inesperados e a novos desafios. Na verdade, do mesmo modo que as sucessivas revisões não inviabilizaram o recurso ao anterior artigo 308º do TCE, o mesmo poderá vir a suceder com o artigo 352º do TFUE, ainda que não pareça ter sido essa a vontade dos autores da revisão.

36.3.3. Os limites à aplicação do artigo 352º do TFUE

Além dos limites já mencionados (que se prendem com a PESC e com os limites do artigo 40º do TUE), existem outros – inovadores – introduzidos, de modo expresso, pelo Tratado de Lisboa.

Assim, as disposições adotadas ao abrigo do artigo 352º do TFUE não podem implicar a harmonização das disposições legislativas e regulamentares dos Estados-membros, nos casos em que os Tratados excluam tal harmonização. Para alguns, daqui decorre a limitação do âmbito de aplicação material do preceito, o que constitui um argumento no sentido do retrocesso do processo de integração europeia levado a efeito pelo Tratado de Lisboa.

A limitação introduzida pelo nº 2 do artigo 352º TFUE é, contudo, mais aparente do que real, isto porque já na redação anterior dos Tratados estas medidas também se encontravam afastadas, nos casos em que os Tratados as proibissem. No fundo, incluiu-se expressamente um limite que já constava implicitamente do preceito, o que não põe em causa a "constitucionalização" da União Europeia.

Trata-se antes de um dos muitos exemplos de "insistência obsessiva" dos Estados-membros, de que já tantas vezes falámos ao longo deste livro, de tornarem mais clara a linha de demarcação de atribuições entre a União e eles próprios. Essa insistência não foi, todavia, levada ao extremo de referir expressamente outros limites implícitos, como, aliás, tinha sido proposto pelo Grupo de Trabalho V da Convenção sobre o Futuro da Europa. Com efeito, não se mencionou, de modo explícito, que o preceito não pode servir de fundamento ao alargamento do âmbito das atribuições da União para além do quadro geral do Tratado nem servir de fundamento à aprovação de disposições que impliquem, em substância, nas suas consequências, uma alteração do Tratado.

A não inclusão expressa destes limites deveu-se, muito provavelmente, ao facto de eles fazerem parte dos pressupostos consolidados de aplicação do preceito e já terem inclusivamente sido afirmados pela Jurisprudência do TJ[868], pelo que os Estados-membros não sentiram qualquer ameaça neste domínio.

36.3.4. Os pressupostos formais de aplicação do artigo 352º do TFUE

O artigo 352º do TFUE sofreu igualmente alterações, ao nível dos requisitos de natureza formal, as quais, nalguns casos, foram impostas por modificações ocorridas noutras partes dos Tratados.

Assim, a primeira inovação a assinalar prende-se com a aplicação do mecanismo de controlo do princípio da subsidiariedade por parte dos parlamentos nacionais, previsto no artigo 5º, nº 3, do TUE e no Protocolo nº 2 relativo à aplicação dos princípios da subsidiariedade e da proporcionalidade, às propostas baseadas neste preceito.

Com efeito, a Comissão alerta os Parlamentos nacionais para as propostas cuja base jurídica é o artigo 352º do TFUE, o que se, por um lado, traduz uma limitação dos poderes do Conselho, por outro lado, contribui para tornar a União mais próxima dos cidadãos e, portanto, mais democrática.

O mesmo não se pode afirmar relativamente à eficácia. Com efeito, a participação dos parlamentos nacionais não contribui para tornar a União mais eficaz, no sentido de conduzir à adoção mais célere dos atos cuja base jurídica seja o artigo 352º do TFUE. Nos termos do artigo 6º do Protocolo nº 2 *supra* mencionado, qualquer Parlamento nacional ou qualquer das câmaras de um desses Parlamentos pode, no prazo de oito semanas, a contar da data do envio do projeto de ato legislativo, dirigir ao Presidente do Parlamento Europeu, do Conselho e da Comissão um parecer fundamentado em que exponha as razões por força das quais considera que o projeto em causa não obedece ao princípio da subsidiariedade. De acordo com o artigo 7º, nº 2, do mesmo Protocolo, no caso de os pareceres fundamentados, no sentido da inobservância do princípio da subsidiariedade, atingirem, pelo menos, um terço dos votos atribuídos aos parlamentos nacionais[869], o projeto deve ser reanalisado. Ou seja, a participação dos parlamentos nacionais retarda a adoção das medidas em, pelo menos, oito semanas.

Por outro lado, a opinião dos parlamentos nacionais não vincula as instituições da União, mas permite, desde logo, antever a forte probabilidade de aciona-

[868] Parecer do TJ de 28/3/1996, *nº 2/94*, Col. 1996, p. I-1759 e segs.

[869] Cf. artigo 7º, nº 1, do Protocolo.

mento do recurso de anulação, previsto no artigo 263º do TFUE, na medida em que o artigo 8º do Protocolo afirma, expressamente, que o Tribunal de Justiça é competente para conhecer desse tipo de recursos, desde que sejam interpostos por um Estado-membro ou por ele transmitidos em nome do seu Parlamento nacional ou de uma das câmaras desse Parlamento. Note-se que, ainda que se não existisse este Protocolo, sempre se poderia interpretar o artigo 263º, parágrafo 3º, do TFUE neste sentido.

Na verdade, o Tratado de Lisboa não confere aos parlamentos nacionais legitimidade ativa no âmbito do recurso de anulação, atribuindo-lhes somente um poder de influenciarem o Estado-membro a que pertencem. Ora, esse poder de influência sempre existiu (nos termos dos direitos constitucionais de cada Estado-membro). A sua afirmação expressa no TFUE apenas pode significar que esse poder de influência não é contrário ao Direito da União Europeia, o que se afigura supérfluo, dado que as relações entre os parlamentos nacionais e os seus Governos são matérias do exclusivo foro interno.

Um outro aspeto que deve ser salientado relaciona-se com o reforço dos poderes do PE. Ao invés da mera consulta, os atos adotados com base neste preceito passam a necessitar da aprovação do Parlamento Europeu. Ao contrário do que alguns defenderam na Convenção sobre o Futuro da Europa, o procedimento legislativo ordinário não se aplica aos atos adotados com base no artigo 352º do TFUE, pelo que também não se lhe aplica a regra da votação por maioria qualificada, no seio do Conselho que lhe é inerente. As decisões com base no artigo 352º do TFUE continuam a seguir a regra da unanimidade.

Trata-se de mais uma manifestação da desconfiança dos Estados-membros em relação à futura atuação da União, não podendo, por conseguinte, ser encarado como um argumento no sentido da "constitucionalização" da União.

Por último, refira-se que o artigo 352º do TFUE não pode ser revisto com base no processo simplificado previsto no nº 7 do artigo 48º TUE (cfr. artigo 353º do TFUE), o que significa que a unanimidade no seio do Conselho bem como todos os outros pressupostos de aplicação desta disposição só podem ser alterados com fundamento no processo de revisão ordinário previsto no artigo 48º, nºs 2 a 5, do TUE.

36.4. A "cláusula de flexibilidade" e a "questão constitucional"

Do exposto resulta que, tal como sucede com outros aspetos dos Tratados[870], a "cláusula de flexibilidade" não constitui um argumento inequívoco no sentido

[870] Já em anteriores estudos tivemos oportunidade de chegar a idêntica conclusão relativamente a outros aspetos do Tratado. Cf. ANA MARIA GUERRA MARTINS, "The Treaty of Lisbon...", p. 56 e segs; *Idem*, "O Tratado de Lisboa..., p. 571 e segs.

da "constitucionalização" ou da "internacionalização" da União. Pelo contrário, ela comporta elementos que tendencialmente apontam num e noutro sentido.

É evidente que a exigência da unanimidade no seio do Conselho bem como a exclusão da revisão do preceito com base num processo simplificado podem ser encarados como fortes argumentos no sentido da "internacionalização". Porém, se tivermos em conta que o processo de revisão simplificado também depende da regra da unanimidade e que a exigência da unanimidade no seio do Conselho é temperada pela necessidade de aprovação prévia pelo PE das medidas a adotar pelo Conselho, a resposta à questão de saber se o artigo 352º do TFUE aponta num ou noutro sentido não é assim tão óbvia.

Acresce que a eliminação do requisito limitativo "no curso do funcionamento do mercado comum" bem como o silêncio, com o consequente afastamento de propostas no sentido de o preceito não poder servir de fundamento ao alargamento do âmbito das atribuições da União, além do quadro geral do Tratado nem servir de fundamento à aprovação de disposições que impliquem, em substância, nas suas consequências, uma alteração do Tratado, revelam a confiança dos Estados-membros nas instituições da União e apontam mais no sentido da "constitucionalização" da União do que no da sua "internacionalização".

Em suma, tudo indica que o artigo 352º do TFUE desempenhará, no futuro, sensivelmente a mesma função que o antigo artigo 308º do TCE desempenhou no passado. Apesar de se ter assistido a um alargamento do âmbito de aplicação material dos Tratados, isso não significa que o legislador da revisão tenha conseguido esgotar todos os poderes de ação necessários para atingir os objetivos da União, pelo que a "cláusula de flexibilidade" continua a fazer todo o sentido. Ela permitirá responder a novos desafios e a situações inesperadas, ou seja, tal como no passado, permitirá acompanhar o caráter dinâmico e evolutivo da União Europeia.

Por último, deve sublinhar-se que, tal como se verificava anteriormente, o preceito não se afigura uma base jurídica adequada para conferir novas atribuições à União, dado que essas dependem da revisão do Tratado.

Capítulo IX
Os procedimentos de decisão da União Europeia

37. Os procedimentos de decisão antes do Tratado de Lisboa

A plena compreensão dos procedimentos de decisão da União Europeia constantes do Tratado de Lisboa pressupõe o conhecimento do Direito anteriormente vigente, na medida em que a complexidade, a falta de eficácia e o défice democrático que em relação a eles se vinha alegando constituíram alguns dos fatores que impulsionaram as modificações, entretanto, introduzidas. Por isso, pese embora o facto de aqueles procedimentos já não estarem em vigor, ainda assim vamos dedicar-lhes alguma atenção neste livro.

37.1. Preliminares

Como já tivemos oportunidade de estudar, o princípio da separação de poderes nunca se aplicou na União Europeia nos mesmos moldes em que se aplica nos seus Estados-membros, desde logo, porque, por um lado, não se conseguia, com frequência, determinar com exatidão quais as funções que os órgãos desempenhavam num caso concreto e, por outro lado, os mesmos órgãos podiam exercer poderes legislativos a par de outros poderes que se deveriam considerar de natureza tipicamente administrativa ou de execução.

De qualquer modo, a União Europeia, por intermédio do seu pilar comunitário, tinha o poder de estatuir normas jurídicas de caráter geral, abstrato e inovador, pelo que não havia dúvida de que exercia a função legislativa. Também existia um certo consenso no sentido de que quando o Tribunal de Justiça decidia, de forma imparcial e independente, as questões que lhe eram submetidas, a UE estava a exercer a função jurisdicional.

Os principais problemas colocavam-se quanto à função administrativa ou de execução e quanto à sua distinção em relação à função legislativa, pois tanto a Comissão como o Conselho desempenhavam tarefas que se podiam considerar como fazendo parte destas funções. Com efeito, o antigo artigo 202º, 3º trav., do TCE determinava que o Conselho atribuia à Comissão, nos atos que adotava, as competências de execução das normas que estabelecia, podendo reservar-se, em casos específicos, esse poder. Ou seja, o antigo artigo 202º do TCE dava indicação no sentido de que tanto o Conselho como a Comissão podiam exercer a função administrativa, parecendo não distinguir a função de execução normativa da função de execução material, pois apenas mencionava a palavra "execução". A Doutrina tendia, porém, a identificar o preceito citado com a função normativa, uma vez que a execução material se exercia normalmente através das administrações nacionais, em virtude do princípio da administração indireta. Todavia, o TJ, no acórdão *Comissão contra o Conselho*[871], considerou que o conceito de execução previsto no ex-artigo artigo 202º do TCE tanto abrangia a elaboração de normas de execução como a aplicação de normas a casos particulares mediante atos de alcance individual.

Além da atribuição desta competência de execução geral, o TCE conferia, adicionalmente, atribuições de caráter específico a favor do Conselho e da Comissão, que relevavam tanto da função de execução material como da função de execução normativa.

Ora, nos Estados-membros distingue-se entre a função legislativa ou normativa primária – que se reconhece aos Parlamentos – e a função de execução ou normativa secundária – que é da competência dos Governos – articulando-se a diferenciação em torno do conceito de lei formal. O ordenamento jurídico da União Europeia não conhecia esta distinção, confundindo as funções tanto ao nível orgânico como competencial e formal. Todavia, a distinção entre a função legislativa e a função executiva e entre a atividade legislativa e a atividade administrativa é uma exigência do princípio do Estado de direito que a União Europeia deve observar. Por outro lado, esta distinção é muito importante para a eficiência do sistema jurídico da União.

O ordenamento jurídico da União também não diferenciava dentro da função normativa secundária um poder regulamentar e um poder de execução singular. O Tratado reconhecia indistintamente um poder de decisão, que atribuía, expressamente, ao Conselho e à Comissão e, implicitamente, também ao PE conjuntamente com o Conselho.

Deste poder de decisão resultavam três tipos de atos – regulamentos, diretivas e decisões – mas só havia dois níveis de concretização das decisões jurídicas – regulamento e decisão – frente a três níveis nos Estados – a lei, o regulamento e o ato administrativo. O regulamento comunitário cumpria as funções da lei e do regulamento a nível interno.

[871] Ac. de 24/10/89, proc. 16/88, Col. 1989, p. 3457 e ss.

No Direito Comunitário, anterior ao Tratado de Lisboa, os atos e as normas também não se podiam distinguir em função do seu autor ou dos procedimentos específicos de adoção, pois o Tratado não previa os procedimentos em função da natureza normativa ou executiva dos mesmos, mas sim tendo em atenção os poderes de participação reconhecidos aos vários órgãos.

Apesar de tudo, ainda era possível descortinar, no Direito da União Europeia, diferenças entre o regime jurídico dos atos de alcance geral e o dos atos de alcance singular, similares às que existem no plano interno, centrando-se a principal diferença no regime jurídico do contencioso. No fundo, a distinção entre ato e norma representa um princípio básico de todo o ordenamento jurídico, que consiste na ordenação hierarquizada das decisões públicas, pelo que o ordenamento da União também não lhe podia fugir.

As normas operavam como pressuposto de validade dos atos singulares, os quais não podiam derrogar o disposto nas normas, mesmo que proviessem do mesmo autor por força do princípio da inderrogabilidade singular dos atos gerais.

Antes de avançar cumpre notar que, por força da estrutura tripartida da União Europeia anterior ao Tratado de Lisboa, os procedimentos de decisão diferiam consoante se estivesse a atuar no pilar comunitário ou nos pilares intergovernamentais, daí que tenhamos de distinguir estas duas situações.

37.2. A função legislativa e os procedimentos de decisão no pilar comunitário

Como se disse, nas Comunidades Europeias, a função legislativa era exercida por diferentes órgãos, consoante o procedimento de tomada de decisão previsto no TCE para cada caso concreto, o que tornava esta matéria de uma enorme complexidade[872].

[872] Sobre a função legislativa das Comunidades Europeias e da União Europeia antes do Tratado de Lisboa, cfr., entre muitos outros, JOHN PETERSON / ELISABETH BOMBERG, *Decision-making in the European Union,* Basingstone, 1999; P. CRAIG / C. HARLOW, *Lawmaking in the European Community,* Deventer, 1998; C. BLUMANN, *La fonction législative communautaire,* Paris, 1995; MARTIN WESTLAKE, *The Comission and the Parliament. Partners and Rivals in the European Policy-making Process,* Londres, 1994; ALAN DASHWOOD, "Community Legislative Procedures in the Era of the Treaty on the European Union", *ELR,* 1994, p. 343 e segs; A. PIQUERAS GARCIA, *La participación del Parlamento Europeo en la actividad legislativa comunitaria,* Granada, 1993; WERNER UNGERER, "Institutional Consequences of Broadening and Deepening the Community: the Consequences for the Decision-Making Process", *CMLR,* 1993, p. 71 e segs; P. RAWORTH, *The Legislative Procedure in the European Community,* Deventer, 1993; KOEN LENAERTS, *"Some Reflections on the Separation of Powers in the European Community", CMLR,* 1991, p. 11 e segs; R. BIEBER, "Legislative Procedure for the Establishment of the Single Market", *CMLR,* 1988, p. 711 e segs; JERZY KRANZ, "Le vote dans la pratique du Conseil des ministres des Communautés européennnes", *RTDE,* 1982, p. 403 e segs.

Assim, se o procedimento a utilizar fosse o de consulta ou de parecer favorável, a função legislativa era exercida pelo Conselho. No caso de o procedimento adequado ser o de codecisão, então a função legislativa competiria não só ao Conselho, mas também ao Parlamento Europeu. Em casos raros a Comissão, que normalmente desempenhava outras funções, também podia exercer a função legislativa.

Não existia pois qualquer critério substancial que permitisse determinar qual o procedimento aplicável em cada domínio, pois a opção por um ou por outro dependia dos consensos políticos que se gerassem nos diferentes momentos em que se procedia à revisão dos Tratados.

Já antes do Tratado de Lisboa o procedimento de codecisão se destacava dos outros, na medida em que a maior parte da legislação comunitária era aprovada com base nele.

Os procedimentos de decisão que permitiam o exercício pelos diferentes órgãos da função legislativa eram quatro, a saber:

a) O procedimento de consulta;
b) O procedimento de cooperação:
c) O procedimento de parecer favorável;
d) O procedimento de codecisão.

Estes procedimentos não vão ser estudados *ex professo,* na medida em que, ou já foram eliminados, como é o caso do procedimento de cooperação, ou foram alterados pelo Tratado de Lisboa.

37.3. A função administrativa ou de execução no pilar comunitário

Os maiores problemas colocavam-se, no entanto, em relação à função administrativa ou de execução das então Comunidades Europeias[873], designadamente,

[873] Para um estudo desenvolvido sobre a função executiva das Comunidades e da União Europeia antes do Tratado de Lisboa, cfr., entre muitos outros, PAULO OTERO, *Legalidade e Administração Pública – o sentido da vinculação administrativa à juridicidade,* Coimbra, 2003, p. 457 e segs; MARIO CHITI, *Derecho Administrativo Europeo,* Madrid, 2002; JULIEN JORDA, *Le pouvoir exécutif de l'Union européenne,* Marselha, 2001; LUCIANO PAREJO ALFONSO *et al., Manual de Derecho Administrativo Comunitario,* Madrid, 2000; SANTIAGO G. V. IBAÑEZ, *El Derecho administrativo europeo,* Sevilla, 2000; A. MARCO, *Comunicazioni della Commissione Europea e atti amministrativi nazionali,* Milão, 2000; XABIER ARZOZ SANTISTEBAN, *Concepto y régimen jurídico del ato administrativo comunitario,* Oñati, 1998; JACK BEATSON / TAKIS TRIDIMAS (eds.), *New Directions in European Public Law,* Oxford, 1998; DIMITRIS TRIANTAFYLOU, *Des compétences d'attribution au domaine de la loi. Étude sur les fondements juridiques de l'activité administrative communautaire,* Bruxelas, 1997; JÜRGEN SCHWARZE, *Droit Administratif Européen,* Bruxelas, 1994, vols. I e II; MARIO AIROLDI, *Lineamenti di Diritto Amministrativo Comunitario,* Milão, 1990; PIERRE PESCATORE, "L'exécutif communautaire: justification du quadripartisme institué par les traités de Paris et de Rome", *CDE,* 1978, p. 387 e segs.

devido à proliferação de um conjunto de comités criados por decisão do Conselho ou da Comissão, ou até dos próprios comités, que em nada contribuíam para a transparência e eficácia da exercício da função executiva.

A expressão "comitologia" passou a integrar o léxico juscomunitário, mas nem sempre era empregue com o mesmo sentido[874]. Por vezes designava os comités criados pela Decisão do Conselho nº 87/373/CEE, de 13 de julho, bem como pela Decisão do Conselho nº 1999/468/CE, de 28 de junho que a substituiu, mas também se aplicava aos grupos de trabalho criados pelo Conselho e pela Comissão em apoio daqueles comités.

A verdade é que antes do Tratado de Lisboa existia um conjunto de comités no sistema institucional comunitário, os quais atuavam quer em matéria legislativa quer no domínio administrativo, sendo estes últimos, de um modo geral, consultivos, podendo também desempenhar funções de controlo. Certos comités eram compostos por peritos em determinado domínio técnico ou científico ou representavam interesses económicos, públicos ou privados enquanto os que foram criados pela Decisões do Conselho nºs 87/373/CEE e 99/468/CE eram compostos por representantes das administrações nacionais dos Estados-membros.

A função dos grupos de apoio aos comités – criados pelos próprios comités – era de assessoria em matérias específicas.

Desta sucinta exposição facilmente se pode inferir a confusão, a enorme complexidade, uma certa opacidade e até alguma ineficiência da função executiva ao nível das Comunidades Europeias, o que não podia deixar de ser objeto de preocupação por parte das instituições da União Europeia e dos Estados-membros, como ficou claro na Convenção sobre o Futuro da Europa e nas Conferências Intergovernamentais de 2003/2004 e de 2007. Como melhor veremos adiante, o Tratado de Lisboa, na sequência do que, aliás, já tinha sido acordado no TECE[875], tentou alterar este estado de coisas.

[874] Sobre a comitologia em geral, cfr., entre outros, T. Christiansen / E. Kirchner, *Committee Governance in the European Union*, Manchester, 2000; J. L. Sauron, "Comitologie: comment sortir de la confusion?", *RMUE*, 1999, p. 31 e segs; H. Peter Nehl, *Principles of Administrative Procedure in EC Law*, Oxford, 1999; Kieran St. C. Bradley, "La transparence de l'Union Européenne: une évidence ou une trompe l'œil", *CDE*, 1999, p. 284 e segs; C. Joerges / E. Vos (eds.), *EU Committees: Social Regulations Law and Politics*, Oxford, 1999; Joan D. J. Torrens, "Consideraciones en torno a los efectos de la codecisíon en el ámbito de la delegación de potestades de ejecución a la Comisión", *Rev. Der. Com. Eur.*, 1999, p. 141 e segs; Renaud Dehousse, *Citizens Rights and the Reform of Comitology Procedures. The Case for a Pluralist Approach*, Florença, 1998; R. H. Pedler / G. F. Shaefer (eds.), *Shaping European Law and Policy: the Role of Committees and Comitology in the Political Process*, Maastricht, 1996.

[875] Sobre os processos de decisão no TECE, cfr., entre outros, Paolo Stancanelli, "Le système décisionnel de l'Union", *in* Giuliano Amato / Hervé Bribosia / Bruno De Witte (eds.), *Genèse et Destinée...*, p. 501 e segs; Jean-Claude Piris, *Le Traité Constitutionnel...*, p. 84 e segs;

37.3.1. Atribuída à Comissão

A Comissão era, normalmente, designada como o «Executivo da União», mas a verdade é que ela detinha poderes que, dificilmente, se compatibilizavam com a competência de mera execução, mesmo normativa, pois os Tratados atribuíam-lhe um poder de decisão próprio, sem especificar qual a sua natureza.

A Comissão, do ponto de vista funcional e institucional, tinha uma dupla natureza: por um lado, podia considerar-se o órgão executivo da União, mas por outro lado, também tinha uma dimensão administrativa, constituída pelas Direções Gerais e serviços similares e dentro destes por Direções e unidades. Enquanto o Executivo detinha uma legitimidade de tipo político, a dimensão administrativa da Comissão tinha uma dimensão de caráter técnico.

Como já mencionámos, o antigo artigo 202º, 3º trav., do TCE, introduzido pelo AUE, atribuía, com caráter geral, a função de execução à Comissão. Note-se que o âmbito de aplicação do antigo artigo 202º, 3º trav., do TCE era bastante menos vasto do que à primeira vista podia parecer. Se é certo que, em tese, abrangia tanto a execução normativa como a execução material, o princípio da administração indireta da União Europeia bem como o princípio da subsidiariedade implicavam que a execução do Direito da União competia, em primeira linha, às administrações nacionais, pelo que o poder de execução da Comissão ficava confinado aos casos em que os Tratados ou o Direito Derivado previam explicitamente essa competência de execução.

Além disso, o preceito acima mencionado previa que o Conselho podia submeter o exercício das competências de execução da Comissão a determinadas condições, as quais se encontravam previstas na que ficou conhecida como a Decisão "comitologia" que estudaremos adiante.

Além da regra geral do antigo artigo 202º, 3º trav., do TCE, existiam igualmente regras específicas, que conferiam poderes de execução normativa à Comissão[876].

Alain Van Solinge, «Les procédures de décision», *in* Marianne Dony / Emmanuelle Bribosia, *Commentaire de la Constitution...*, p. 179 e segs; Fabrice Picod, «Le gouvernement européen: la prise de décision», in Olivier Beaud *et al.*, *L'Europe en voie de Constitution...*, p. 391 e segs; Dimitris N. Triantafyllou, *Le projet constitutionnel...*, p. 75 e segs.

[876] O antigo artigo 38º, par. 2º, do TCE conferia uma reserva de poder de execução normativa a favor da Comissão, não podendo haver auto-habilitação do Conselho. O antigo artigo 39º, nº 3, al. *d)*, do TCE dispunha que a Comissão estabeleceria regulamentos de aplicação, nos quais fixaria as condições de permanência dos trabalhadores de um Estado-membro noutro Estado-membro depois de ter tido neste um emprego. De acordo com o antigo artigo 86º, nº 3, do TCE, a Comissão velaria no âmbito dos monopólios estatais pela aplicação das disposições do presente artigo e se fosse necessário dirigiria aos Estados diretivas ou decisões apropriadas. Não existia consenso sobre a natureza do poder que o Tratado atribuia à Comissão, tendo o Tribunal considerado que a Comissão tinha poder para ditar normas de caráter geral, independentemente da existência ou não de uma prévia regulamentação na matéria por parte do legislador comunitário, o que significava

A Comissão não detinha somente poderes de execução normativa, o TCE atribuia-lhe também poderes de execução singular em regras específicas[877].

A acrescentar a esta competência de execução, a Comissão detinha ainda uma competência genérica de controlo do cumprimento do Direito da União, que constava dos ex-artigos 211º e 284º do TCE, sendo por isso designada como a guardiã dos Tratados.

Os poderes de controlo ou supervisão referiam-se essencialmente às funções de inspeção que realizava às administrações, como era o caso do registo e da recolha de dados, bem como da avaliação desses dados. Estas funções tinham em vista identificar possíveis incumprimentos por parte dos Estados ou dos órgãos da União, pelo que podiam constituir a base de ações por incumprimento, recursos de anulação ou ações por omissão.

37.3.2. Atribuída ao Conselho

O Conselho – apesar de desempenhar, primordialmente, a função legislativa – sempre deteve igualmente uma função estritamente administrativa na dupla vertente de execução normativa e de execução singular.

Em regra, a atribuição genérica de poderes de execução normativa pertencia à Comissão e não ao Conselho, mas o antigo artigo 202º, 3º trav., do TCE admitia o seguinte: «*o Conselho poderá ainda assim reservar, em casos específicos, o exercício direto das competências de execução*», o que significava que, excecionalmente, a competência de execução normativa poderia caber ao Conselho.

A atribuição destes poderes ao Conselho foi muito criticada, desde logo pela própria Comissão que temia o esvaziamento dos seus poderes de execução caso o Conselho "abusasse" da autoatribuição de poderes de execução.

A primeira questão que se colocou foi pois a de saber em que condições podia o Conselho auto atribuir-se este poder. A *supra* citada Decisão "comitologia" e a Jurisprudência do TJ tentaram uma resposta para este problema.

A Decisão nº 1999/468 (comitologia) estabelecia o regime geral neste domínio, com base nos seguintes princípios:

- a auto-habilitação de poderes executivos a favor do Conselho tem um caráter excecional;

que a Comissão tinha poderes de execução material (decisões) e de execução normativa (diretiva). O antigo artigo 218º, par. 2º, do TCE conferia competência à Comissão para elaborar o seu próprio regulamento interno. O antigo artigo 330º, par. 4º, do TCE determinava que o Conselho podia autorizar a Comissão a aprovar um «acordo administrativo», em virtude do qual o Conselho podia delegar na Comissão a faculdade de o desenvolver normativamente, mediante acordos internacionais que houvessem sido firmados pelo Conselho no âmbito do antigo artigo 300º do TCE.

[877] Cfr. os antigos artigos 38º, par. 2º ; 75º, par. 4º; 76º, par. 2º; 85º, par. 2º; 86º, par. 3º; 88º, nº 2; 88º, nº 3; 95º, nºs 4, 5 e 6; 134º; 144º; 147º; 274º do TCE.

- a auto-habilitação deve estar devidamente fundamentada – haverá que explicar de forma pormenorizada as razões que levam o Conselho a reservar-se as competências executivas.

A Jurisprudência reiterou os elementos de excecionalidade e de fundamentação pormenorizada do Direito Derivado[878].

A competência de execução do Conselho levantava ainda o problema de uma eventual violação do princípio do equilíbrio institucional, em virtude da autorreserva, pois o Conselho atuava sozinho, isto é, sem a Comissão nem o PE, podendo vir a adotar decisões por esta via, que não poderia no quadro do procedimento legislativo. Além disso, as decisões assim adotadas ficavam fora de qualquer controlo político[879].

Em resposta a estes problemas – e para os tentar ultrapassar – o TJ criou o princípio da hierarquia entre o Direito Secundário e o Direito Terciário (sobre uma base não orgânica, mas sim material), em virtude do qual a decisão de Direito Terciário estava subordinada à de Direito Secundário, que era seu fundamento, e em virtude da qual o Conselho realizava a sua auto-habilitação[880]. Este princípio foi completado pelo princípio da inderrogabilidade singular dos atos, em virtude do qual a aplicação concreta não pode derrogar as normas de Direito Comunitário em causa.

O Tratado não continha regras específicas de execução normativa a favor do Conselho, pois os casos em que o Tratado possibilitava a adoção de normas ao Conselho sem a participação do PE, faziam parte do poder legislativo e não do poder de execução.

A regra geral do antigo artigo 202º, 3º trav., do TCE também fundamentava os poderes de execução singular do Conselho, uma vez que o preceito não distinguia entre a função de execução normativa e a função de execução singular. Porém, os casos em que o Conselho reservava para si a função de execução singular eram bastante mais escassos do que aqueles em que se reservava a função de execução normativa, devido ao princípio da administração indireta[881].

[878] V. ac. de 24/10/89, *Comissão contra o Conselho*, cit.

[879] Esta foi a posição que o PE defendeu para sustentar a incongruência e a ilegalidade do sistema.

[880] Ac. de 10/3/71, *Deutsche Tradax*, proc. 38/70, Rec. 1971, p. 145 e segs e ac. de 16/6/87, *Romkes*, proc. 46/86, Col. 1987, p. 2671 e segs.

[881] Sobre o princípio da administração indireta, cfr., na doutrina portuguesa, Paulo Otero, *Legalidade e Administração Pública...*, p. 457 e segs; *Idem*, "A Administração Pública nacional como Administração comunitária: os efeitos da execução administrativa pelos Estados-membros do Direito Comunitário", *in* AAVV, *Estudos em homenagem à Professora Doutora Isabel de Magalhães Collaço*, Coimbra, 2002, p. 817 e segs; Afonso D'Oliveira Martins, "Europeização do Direito Administrativo Português", *in Estudos em Homenagem a Cunha Rodrigues*, vol. II, Coimbra, 2001, p. 999

O TCE continha algumas regras específicas habilitantes de poderes de execução singular ao Conselho[882].

Ao contrário da Comissão, o Conselho só detinha poderes de controlo e de supervisão do Direito Comunitário quando tal lhe era atribuído por regras específicas[883].

37.4. Os procedimentos de decisão nos pilares intergovernamentais

A complicar ainda mais o quadro acabado de traçar, os procedimentos de decisão no âmbito dos pilares intergovernamentais eram, como se disse, diversos.

A decisão de adotar as orientações gerais e as estratégicas comuns, no âmbito da PESC, cabia ao Conselho Europeu, que decidia por consenso (antigo artigo 13º, nºs 1 e 2, do TUE).

No âmbito da PESC, o Conselho, em regra, adotava as ações comuns, as posições comuns ou qualquer outra decisão baseada numa estratégia comum, por unanimidade (antigo artigo 23º, nº 1, TUE), sendo que as abstenções dos membros presentes ou representados não impediam a adoção da decisão. Se o membro, que se tinha abstido, fizesse acompanhar a sua abstenção de uma declaração formal, então não era obrigado a aplicar a decisão, mas devia reconhecer que ela vinculava a União.

A regra de votação, por unanimidade, admitia exceções. O nº 2 do ex-artigo 23º do TUE previa casos de votação por maioria qualificada, sendo certo que um membro do Conselho podia declarar que tencionava opor-se, por importantes e expressas razões de política nacional, à tomada de decisão por maioria qualificada. Situação em que não se procederia à votação.

No âmbito da CPJP o preceito fundamental em matéria de procedimento de decisão era o ex-artigo 34º TUE. Segundo o seu nº 2, a competência para aprovação do Direito Derivado neste domínio (posições comuns, decisões-quadro e decisões) era do Conselho, que decidia por unanimidade. O poder de iniciativa pertencia à Comissão ou a qualquer Estado-membro. O Conselho, antes de aprovar qualquer decisão, devia consultar, obrigatoriamente, o Parlamento Europeu, salvo no caso de pretender adotar uma posição comum (ex-artigo 39º, nº 1, do TUE). O ex-artigo 34º, nº 2, al. *d)*, do TUE previa um procedimento distinto para a aprovação de convenções internacionais sobre esta matéria.

e segs; Fausto De Quadros, *A nova dimensão do Direito Administrativo. O Direito Administrativo português na perspetiva comunitária*, Coimbra, 1999.

[882] Cfr. ex-artigos 36º, 60º, 72º, 88º, nº 2, 100º, nº 2, 104º, nº 11, 104º, nº 12, 119º, nºs 2 e 3, 120º, nº 3, 122º, nº 1, 175º, nº 5, 300º, nº4, do TCE.

[883] Cfr. ex-artigos 99º, nº 3; 121º, nº 2; 276º do TCE.

38. Os procedimentos de decisão após o Tratado de Lisboa

38.1. Enquadramento do problema

Perante este estado de coisas, um dos principais objetivos do Tratado de Lisboa foi, sem dúvida, conjugar a reforma dos procedimentos de decisão da União Europeia com a dos seus instrumentos jurídicos, tendo em vista a simplificação, o reforço da legitimidade democrática e o aumento da eficiência[884]. O Tratado procurou atingir este objetivo, essencialmente, por duas vias. Por um lado, a eliminação da estrutura tripartida da União levou à unificação dos seus instrumentos jurídicos com a consequente eliminação dos instrumentos jurídicos dos antigos segundo e terceiro pilar acima referidos. Assim, a partir do Tratado de Lisboa, os regulamentos, as diretivas e as decisões passaram a constituir o Direito Derivado de toda a União, embora existissem disposições transitórias no Protocolo nº 36 aplicáveis aos atos dos antigos segundo e terceiro pilares[885]. Por outro lado, o Tratado de Lisboa introduziu uma distinção entre atos legislativos e atos não legislativos, com o intuito de clarificar o sistema, distinção esta que provem do TECE[886], mas não constava dos Tratados anteriores. Note-se, porém, que o critério desta distinção é puramente formal pois está dependente do procedimento de decisão segundo o qual o ato vai ser adotado. Ou seja, não se baseia em qualquer avaliação qualitativa do papel e da natureza do ato em causa[887].

Assim, nos termos do artigo 289º, nº 3, do TFUE, os atos jurídicos adotados por processo legislativo constituem atos legislativos. Os regulamentos, as diretivas e as decisões ou são adotados com base no processo legislativo ordinário, o qual depende de uma decisão conjunta do PE e do Conselho, sob proposta da Comissão (nº 1) ou, nos casos específicos previstos nos Tratados, esses mesmos atos são adotados com base no processo legislativo especial (nº 2). Tendo em vista contemplar todas as situações previstas nos Tratados, o nº 4 do artigo 289º do TFUE acrescenta ainda que, em certos casos específicos previstos nos Tratados, os atos legislativos podem ser adotados por iniciativa de um grupo de Estados-

[884] Cfr. Alexander H. Türk, "Lawmaking after Lisbon", *in* Andrea Biondi / Piet Eeckhout / Stefanie Ripley, *EU Law*... p. 61 e segs.

[885] Cfr. Bruno de Witte, "Legal Instruments and Law-making in the Lisbon Treaty", *in* Stefan Griller / Jacques Ziller, *The Lisbon Treaty*..., p. 88 e segs.

[886] Cfr. artigos I-34º e I-35º do TECE.

[887] Sobre os procedimentos de decisão no TL, cfr., entre outros, Paul Craig, *The Lisbon Treaty*..., p. 32 e segs; Jean-Claude Piris, *The Lisbon Treaty*..., p. 92 e segs; Paul Craig, "The Role of the European Parliament under the Lisbon Treaty", *in* Stefan Griller / Jacques Ziller, *The Lisbon Treaty*..., p. 110 e segs; Jacques Ziller, *Les nouveaux traités européens*..., p. 41 e segs; Jörg Philipp Terhechte, "Der Vertrag von Lissabon...", p. 166 e segs; Jean-Louis Quermonne, *L'Union européenne dans de temps long*, Paris, 2008, p. 139 e segs; Bruno de Witte, "Legal Instruments and Law-making in the Lisbon Treaty", *in* Stefan Griller / Jacques Ziller, *The Lisbon Treaty*..., p. 97 e segs.

-membros ou do PE, por recomendação do BCE ou a pedido do Tribunal de Justiça ou do Banco Europeu de Investimento[888].

A categoria dos atos não legislativos é, portanto, residual, nela se incluindo todos os outros instrumentos jurídicos de Direito Derivado que são adotados através de um processo não legislativo[889].

Apesar do caráter formal da distinção entre atos legislativos e não legislativos, ela tem consequências noutros domínios. Por exemplo, o direito de os parlamentos nacionais se oporem a medidas da União que, no seu entender, violem o princípio da subsidiariedade só se aplica aos projetos de atos legislativos, a publicidade das reuniões do Conselho só é obrigatória quando está em causa a votação de atos legislativos. A distinção entre atos legislativos e não legislativos tem igualmente repercussões no que diz respeito à legitimidade das pessoas singulares e coletivas para interporem recurso de anulação dos respetivos atos.

Feito este enquadramento geral do problema, comecemos pelos procedimentos de adoção dos atos legislativos da União previstos no Tratado de Lisboa.

38.2. Os procedimentos de adoção de atos legislativos

Tal como sucedia antes do Tratado de Lisboa, o poder legislativo da União está distribuído por várias instituições da União – a Comissão, o Conselho e o Parlamento Europeu – sendo que nenhuma delas se pode considerar o legislador da União. Além disso, os Tratados impõem a participação de certos órgãos, como é o caso do Comité das Regiões e do Comité Económico e Social. O Tratado de Lisboa introduziu ainda um mecanismo de participação dos parlamentos nacionais no sistema institucional da União Europeia.

38.2.1. A iniciativa nos processos legislativos

O artigo 17º, nº 2, do TUE estabelece que os atos legislativos da União só podem ser adotados sob proposta da Comissão, salvo nos casos em que os Tratados dis-

[888] Sobre os processos legislativos após o Tratado de Lisboa, cfr. PAUL CRAIG / GRÁINNE DE BÚRCA, *EU Law...*, p. 123 e segs; DAMIAN CHALMERS / GARETH DAVIES / GIORGIO MONTI, *European Union Law*, cit., p. 103 e segs; ALAN DASHWOOD / MICHAEL DOUGAN / BARRY RODGER / ELEANOR SPAVENTA / DERRICK WYATT, *Wyatt and Dashwood's European Union Law*, 6ª ed., Oxford, 2011, p. 72 e segs; KOEN LENAERTS / PIET VAN NUFFEL, *European Union Law*, cit., p. 663 e segs; JOËL RIDEAU, *Droit institutionnel de l'Union européenne*, 6ª ed., Paris, LGDJ, 2010, p. 715 e segs; EDWARD BEST, "Legislative procedures after Lisbon: fewer, simplex, clearer?", *MJ*, 2008, p. 85 e segs.

[889] Sobre a distinção entre atos legislativos e atos não legislativos, cfr. ALEXANDER H. TÜRK, "Lawmaking after Lisbon", p. 67 e segs; ALAN DASHWOOD / MICHAEL DOUGAN / BARRY RODGER / ELEANOR SPAVENTA / DERRICK WYATT, *Wyatt and Dashwood's European Union Law*, cit., p. 69 e segs; BRUNO DE WITTE, "Legal Instruments...", p. 99 e segs; PAOLO PONZANO, "«Executive» and «delegated» acts: the situation after the Lisbon Treaty", *in* STEFAN GRILLER / JACQUES ZILLER, *The Lisbon Treaty...*, p. 135 e segs.

ponham o contrário, o que significa que o Conselho e / ou o Parlamento devem exercer o seu poder legislativo com base num texto que deve ser formulado pela instituição que representa o interesse geral da União e não os interesses dos Estados. A principal exceção a esta regra consta do artigo 76º do TFUE que permite que a iniciativa provenha de um quarto dos Estados-membros nos domínios da cooperação judicial em matéria penal e da cooperação policial. O Tratado de Lisboa repesca, neste particular, o regime anteriormente vigente.

O Parlamento Europeu e o Conselho não detêm o direito de iniciativa legislativa, mas ambos podem solicitar à Comissão que lhes submeta as propostas adequadas sobre as questões que considerem requerer a elaboração de atos da União para efeitos de aplicação dos Tratados (cfr. artigos 225º e 241º do TFUE).

Na prática muitas das propostas da Comissão nascem de deliberações de outras instituições, designadamente do Conselho Europeu.

O Tratado de Lisboa introduziu uma inovação importante, pelo menos, do ponto de vista simbólico, no domínio da iniciativa legislativa. O artigo 11º, nº 4, do TUE determina que "*um milhão, pelo menos, de nacionais de um número significativo de Estados-membros, pode tomar a iniciativa de convidar a Comissão Europeia a, no âmbito das suas atribuições, apresentar uma proposta adequada em matérias sobre as quais esses cidadãos considerem necessário um ato jurídico da União para aplicar os Tratados*".

O PE e o Conselho já adotaram o regulamento previsto no artigo 24º do TFUE que estabelece os procedimentos e as condições da iniciativa de cidadania[890-891].

38.2.2. O processo legislativo ordinário

O processo legislativo ordinário tem como antecessor o processo de codecisão. O Tratado de Lisboa procurou, por um lado, ultrapassar as insuficiências apontadas a esse processo, embora nem sempre com sucesso[892], tendo, por outro lado, alargado o número de casos em que é usado o processo legislativo ordinário.

O processo legislativo ordinário consta do artigo 294º do TFUE e aplica-se nos casos em que os Tratados assim o preveem. O regime geral dos possíveis trâmites do processo legislativo ordinário consta dos nºs 2 a 14 do referido preceito, sendo certo que nem todos os atos passam por todos os estádios[893].

[890] Regulamento (UE) nº 211/2011 do PE e do Conselho, de 16/2/2011, JO L 65 de 11/3/2011.

[891] Especificamente sobre o direito de iniciativa dos cidadãos, cfr. ROLAND BIEBER, "The Citizens' Initiative – a Source of Additional Legitimacy for the European Union?", JOSÉ MARIA BENEYTO / INGOLF PERNICE (eds), *Europe's Constitutional Challenges...*, p. 230 e segs.

[892] Cfr. BRUNO DE WITTE, "Legal Instruments...", p. 99 e segs.

[893] Sobre o processo legislativo ordinário, cfr. ROBERT SCHÜTZE, *European Constitutional...*, p. 169 e segs; PAUL CRAIG / GRÁINNE DE BÚRCA, *EU Law...*, p. 123 e segs; DAMIAN CHALMERS / GARETH DAVIES / GIORGIO MONTI, *European Union...*, p. 103 e segs; ALAN DASHWOOD / MICHAEL DOUGAN / BARRY RODGER / ELEANOR SPAVENTA / DERRICK WYATT, *Wyatt and*

A Comissão detém a iniciativa legislativa, apresentando a proposta ao Parlamento Europeu e ao Conselho (nº 2). O Parlamento Europeu estabelece a sua posição em primeira leitura e transmite-a ao Conselho (nº 3). Se o Conselho aprovar a posição do PE, o ato em causa é adotado com a formulação que lhe deu o PE (nº 4).

Caso isso não aconteça, o Conselho deve adotar a sua posição em primeira leitura e transmite-a ao PE (nº 5). O Conselho deve informar o PE das razões que conduziram a adotar a sua posição em primeira leitura e a Comissão deve informar o PE da sua posição (nº 6).

O PE, após a comunicação do Conselho, pode, no prazo de três meses: (a) aprovar a posição do Conselho em primeira leitura ou (b) não se pronunciar. Nestes dois casos o ato é adotado com a formulação correspondente à posição do Conselho (nº 7, al. *a*)).

O PE pode igualmente rejeitar a posição do Conselho, por maioria dos membros que o compõem, o que significa que o ato não foi adotado (nº 7, al. *b*)).

Por último, o PE pode propor emendas à posição do Conselho em primeira leitura, por maioria dos membros que o compõem, transmitindo o texto assim alterado ao Conselho e à Comissão, que deve emitir parecer sobre as emendas (nº 7, al. *c*)).

Se, no prazo de três meses, o Conselho, por maioria qualificada, aprovar todas as emendas do PE, considera-se que o ato em questão foi adotado (nº 8, al. *a*)). Se o Conselho não aprovar todas as emendas, o Presidente do Conselho, de acordo com o Presidente do PE, deve convocar uma reunião do Comité de Conciliação dentro de seis semanas (nº 8, al. *b*)).

O Comité de Conciliação é composto por membros do Conselho ou seus representantes e por igual número de representantes do PE. Tem por objetivo chegar a acordo sobre um projeto comum, por maioria qualificada dos membros do Conselho ou dos seus representantes e por maioria dos representantes do PE (nº 10). A Comissão participa nos trabalhos do Comité de Conciliação e toma todas as iniciativas necessárias para promover a aproximação das posições do PE e do Conselho (nº 11).

Se no prazo de seis semanas após ter sido convocado, o Comité de Conciliação não aprovar o projeto comum, considera-se que o ato proposto não foi adotado (nº 12).

Se no prazo de seis semanas a contar da sua convocação, o Comité de Conciliação aprovar um texto conjunto, então abre-se um novo período de seis semanas no qual o PE por maioria dos votos e o Conselho por maioria qualificada pode

Dashwood's European Union..., p. 73 e segs; Koen Lenaerts / Piet Van Nuffel, *European Union..*, p. 663 e segs; Joël Rideau, *Droit institutionnel...*, p. 715 e segs.

adotar o ato de acordo com o texto conjunto. Caso algum dos órgãos não consiga aprovar o texto conjunto, então considera-se que o ato não foi adotado (nº 13).

Os prazos podem ser prorrogados de comum acordo entre o Conselho e o PE. Os prazos de três meses por um mês e os de seis semanas por mais duas (nº 14).

Além do regime geral acabado de enunciar, o nº 15 do artigo 294º do TFUE prevê exceções e especificidades sempre que, nos casos previstos nos Tratados, um ato legislativo seja submetido ao processo legislativo ordinário por iniciativa de um grupo de Estados-membros, por recomendação do BCE ou a pedido do TJ. Nestes casos não são aplicáveis o nº 2, o segundo período do nº 6 e o nº 9. O PE e o Conselho transmitem à Comissão o projeto de ato, bem como as respetivas posições em primeira e segunda leituras. O Conselho ou o PE podem em qualquer fase do processo solicitar o parecer da Comissão, podendo esta também emitir parecer por iniciativa própria, podendo ainda, se considerar necessário, participar no Comité de Conciliação, nos termos do nº 11.

38.2.3. Os processos legislativos especiais

Em primeiro lugar, deve notar-se que não existe um, mas vários processos legislativos especiais. Aliás, os Tratados sempre se caracterizaram pela existência de um conjunto muito amplo de processos de decisão, que se foi tentando reduzir até pela eliminação de alguns deles nas sucessivas revisões.

O processo legislativo especial pode definir-se como aquele que permite a adoção de um ato legislativo segundo modalidades diferentes do processo legislativo ordinário, estabelecendo o artigo 289º, nº 2, do TFUE que "*nos casos específicos previstos nos Tratados, a adoção de um regulamento, de uma diretiva ou de uma decisão pelo PE, com a participação do Conselho, ou por este, com a participação do PE, constitui um processo legislativo especial*".

A determinação do processo legislativo especial em cada caso concreto depende pois das várias disposições dos Tratados, devendo sublinhar-se que são muitos os preceitos do TFUE que mencionam o recurso a este processo, cujos intervenientes e as fases diferem de uns casos para os outros[894].

No fundo, o atual processo legislativo especial alberga, antes de mais, os anteriores processos de consulta e de parecer favorável ou aprovação do PE.

Recorde-se que o processo de consulta foi o processo comum de decisão instituído pelo Tratado de Roma, perdurando em alguns casos no Tratado de

[894] Sobre os processos legislativos especiais, cfr. Robert Schütze, *European Constitutional...*, p. 176 e segs; Paul Craig / Gráinne de Búrca, *EU Law...*, p. 130 e segs; Damian Chalmers / Gareth Davies / Giorgio Monti, *European Union...*, p. 110 e segs; Alan Dashwood / Michael Dougan / Barry Rodger / Eleanor Spaventa / Derrick Wyatt, *Wyatt and Dashwood's European Union...*, p. 77 e segs; Koen Lenaerts / Piet Van Nuffel, *European Union...*, p. 672 e segs; Joël Rideau, *Droit institutionnel...*, p. 727 e segs.

Lisboa. A iniciativa pertence, de um modo geral, à Comissão, o poder de decisão pertence normalmente ao Conselho e o Parlamento é apenas consultado. O Conselho decide, em regra, por unanimidade, podendo, em casos limitados, decidir por maioria qualificada.

O Conselho não tem nenhuma obrigação de seguir o parecer do PE, que não é vinculativo, embora seja em muitos casos obrigatório. A sua falta implica a violação de uma formalidade essenciaL e a consequente suscetibilidade de interposição de um recurso de anulação por parte das entidades com legitimidade para tal, de acordo com o artigo 263º do TFUE. O PE deve ser consultado de novo quando a proposta se afasta sensivelmente da versão inicial[895].

Este processo foi o grande responsável pelo denominado défice democrático das Comunidades, dado que o órgão eleito por sufrágio direto e universal, que deveria ser o órgão legislativo por excelência, apenas detinha uma competência consultiva. Com o objetivo de ultrapassar as críticas que lhe foram dirigidas ao longo de décadas, este processo tem vindo a ser aplicado a um número cada vez menor de casos, continuando, no entanto, a operar nas matérias em que os Estados se mostram mais avessos a abdicar da sua soberania.

Um outro processo legislativo especial é o processo de aprovação pelo PE. O Conselho decide com base numa proposta de Comissão, após aprovação do PE. Este processo tem como antecedente o processo de parecer favorável introduzido pelo Ato Único Europeu no domínio dos acordos de adesão e dos acordos de associação, posteriormente ampliado pelo Tratado de Maastricht às matérias da cidadania, da união económica e monetária, dos fundos estruturais e do Fundo de Coesão, do processo eleitoral uniforme do PE e a certos acordos internacionais de que a Comunidade era parte. Com o Tratado de Amesterdão e com o Tratado de Nice este processo viu o seu âmbito de aplicação alargado a algumas questões constitucionais e internacionais.

O Tratado de Lisboa reduz os casos de aplicação deste processo, sendo necessária a aprovação do PE nos casos previstos nos artigos 19º, nº 1, 86º, nº 1, 311º, par. 4º, 312º, nº 2, e 352º, nº 1, todos do TFUE.

O Tratado de Lisboa contém ainda outros processos legislativos especiais em que o Parlamento decide e o Conselho (cfr. artigo 223º, nº 2, 226º, par. 3º e 228º, nº 4, do TFUE) ou a Comissão (cfr. artigo 226º, par. 3º do TFUE) aprovam. Verificam-se igualmente casos em que a Comissão é chamada a dar o seu parecer (cfr. 223º, nº 2, 228º. nº 4, 308º, par. 3º do TFUE).

Do exposto não parece resultar que o Tratado de Lisboa tenha conseguido eliminar a diversidade de processos de decisão ao nível da União nem sequer a

[895] V., por exemplo, ac. de 5/7/95, *Parlamento Europeu c. Conselho*, proc. C-21/94, Col. 1995, p. I-1827 e segs.

sua complexidade. Tendo consciência desta situação, o próprio Tratado prevê um processo de revisão simplificado, no artigo 48º, nº 7, do TUE, que poderá ser usado para alterar alguns dos processos legislativos especiais sem a necessidade de revisão dos Tratados através de um processo ordinário.

38.3. O processo de adoção de atos não legislativos

A categoria dos atos não legislativos é definida por exclusão, isto é, compreende todos os atos que, nos termos dos Tratados, devam ser adotados pelas instituições e órgãos da União sem observar um processo legislativo.

Ora, na prática, são três os tipos de atos não legislativos:

- Os atos que resultam diretamente de uma disposição específica dos Tratados;
- Os atos delegados através dos quais um ato legislativo autoriza a Comissão a completar ou alterar certos elementos não essenciais de um ato legislativo;
- Os atos de implementação da Comissão ou do Conselho quando sejam necessárias condições uniformes de aplicação dos atos juridicamente vinculativos da União

38.3.1. Os atos que resultam diretamente dos Tratados

Nesta categoria inclui-se uma diversidade de atos cuja adoção cabe a várias instituições da União. Assim, as medidas adotadas pela Comissão no domínio da concorrência ou das ajudas de Estado (artigo 105º e 108º do TFUE) ou pelo BCE no âmbito da política monetária (artigo 132º do TFUE), as medidas adotadas pelo Conselho destinadas a assegurar a cooperação administrativa entre os serviços competentes dos Estados-membros no domínio do espaço de liberdade, segurança e justiça (artigo 74º do TFUE), a autorização do Conselho para dar início à cooperação reforçada nos domínios das atribuições não exclusivas da União (artigo 329º, par. 2º, do TFUE). O Conselho Europeu detém igualmente competência para adotar atos não legislativos, como, por exemplo, a decisão que estabeleça a lista das formações do Conselho (artigo 236º, al. *a)*, do TFUE). Mas o domínio material onde a categoria de atos não legislativos assume um maior relevo é o da PESC, desde logo porque estão excluídos os atos legislativos. A adoção desses atos compete ao Conselho e ao Conselho Europeu.

Em suma, os atos não legislativos que resultam diretamente dos Tratados são, portanto, adotados por diversas instituições que deliberam de acordo com a regra de votação prevista nos Tratados. Nem sempre a proposta da Comissão é obrigatória e a influência do PE também não é uniforme, mas fica seguramente muito aquém do processo legislativo ordinário.

Deve realçar-se que não é fácil traçar uma fronteira nítida entre estes atos não legislativos e os atos legislativos adotados com base num processo legislativo especial que atrás estudámos, uma vez que a distinção entre uns e outros não se baseia na instituição que os adota, pois a mesma instituição pode adotar atos legislativos e não legislativos nem sequer no próprio processo, na medida em que o processo de adoção de alguns atos não legislativos não se diferencia significativamente de alguns processos legislativos especiais.

38.3.2. Os atos delegados

Os atos delegados estão previstos no artigo 290º do TFUE, o qual determina que um ato legislativo pode delegar na Comissão o poder de adotar atos não legislativos de alcance geral que completem ou alterem os elementos não essenciais do ato legislativo. A definição explícita dos objetivos, do conteúdo, do âmbito de aplicação e do período de vigência da delegação cabe ao ato legislativo. Os elementos essenciais de cada domínio também estão reservados ao ato legislativo e não podem ser objeto de delegação.

A categoria dos atos delegados é uma inovação do Tratado de Lisboa, cujo principal objetivo é o de levar o legislador a concentrar-se apenas na definição dos elementos essenciais de cada matéria, o que, em tese, facilitará a tomada de decisão, seja ela proveniente só do Conselho ou do Conselho e do PE. Os atos delegados constituem igualmente uma tentativa de ultrapassar as dificuldades anteriormente enunciadas relativamente à função executiva da União, submetendo-a a um certo controlo do legislativo.

O artigo 290º do TFUE não deixa, contudo, de levantar alguns problemas de interpretação. Em primeiro lugar, não é fácil traçar uma distinção nítida entre os atos da Comissão que visem completar ou alterar os elementos não essenciais do ato legislativo e os atos de execução previstos no artigo 291º do TFUE. Em segundo lugar, o que se deva entender por elementos essenciais também é suscetível de causar dúvidas. Em terceiro lugar, não é claro o caráter taxativo ou exemplificativo das condições a que a delegação fica sujeita, isto é a revogação da delegação por parte do PE ou do Conselho e o veto do PE e do Conselho (cfr. nº 2 do artigo 290º do TFUE)[896].

[896] Sobre os atos delegados, cfr. ALEXANDER H. TÜRK, "Lawmaking after Lisbon", cit., p. 74 e segs; PAUL CRAIG / GRÁINNE DE BÚRCA, *EU Law...*, p. 134 e segs; ALAN DASHWOOD / MICHAEL DOUGAN / BARRY RODGER / ELEANOR SPAVENTA / DERRICK WYATT, *Wyatt and Dashwood's European Union Law*, cit., p. 86 e segs; PAUL CRAIG, *The Lisbon Treaty...*, p. 48 e segs; PAOLO PONZANO, "«Executive» and «delegated» acts: the situation after the Lisbon Treaty", *in* STEFAN GRILLER / JACQUES ZILLER, *The Lisbon Treaty...*, p. 135 e segs.

38.3.3. Os atos de execução

Em regra, a execução dos atos vinculativos da União compete aos Estados-membros, conforme resulta do artigo 291º, nº 1, do TFUE. No cumprimento dessa missão devem respeitar o princípio da cooperação leal previsto no artigo 4º, nº 3, do TUE.

Quando forem necessárias condições uniformes dos atos juridicamente vinculativos da União, o artigo 291º, nº 2, do TFUE prevê uma terceira categoria de atos não legislativos – os atos de execução – cuja adoção é da competência da Comissão ou em casos específicos devidamente justificados e nos casos previstos nos artigos 24º e 26º do TUE do Conselho[897].

O princípio segundo o qual quando os atos de execução do Direito da União são adotados ao nível da União, a Comissão é, em regra, o órgão com competência para esse efeito, sendo que o Conselho só em casos excecionais deve assumir essa competência não é inovador. Como já vimos, ele integrou o Direito das Comunidades Europeias desde o AUE, tendo sido mantido após o Tratado de Maastricht (cfr. ex-artigo 202º do TCE, acima mencionado). Foi com base nesta competência que a Comissão exerceu, ao longo da História da integração europeia amplos poderes de execução em domínios tão diversos como a política agrícola comum, a política de concorrência ou a coesão económica e social.

O artigo 291º, nº 3, do TFUE estabelece, tal como, em parte, já sucedia na versão anterior dos Tratados, que o PE e o Conselho, por meio de regulamentos adotados de acordo com o processo legislativo ordinário, definem previamente as regras e os princípios gerais relativos aos mecanismos de controlo que os Estados-membros podem aplicar ao exercício das competências de execução da Comissão. O Tratado de Lisboa introduz neste domínio algumas inovações. Por um lado, refere expressamente o controlo dos Estados-membros e, por outro lado, reforça os poderes do PE nesta matéria.

Foi com base em disposições paralelas dos Tratados anteriores que foi adotada a primeira decisão "comitologia" (decisão do Conselho nº 87/373/CEE, de 13 de julho de 1987[898]), a qual foi revogada pela decisão do Conselho nº 1999/468/CE,

[897] Sobre os atos de execução adotados com base no artigo 291º do TFUE, cfr. Alexander H. Türk, "Lawmaking after Lisbon", cit., p. 77 e segs; Paul Craig / Gráinne de Búrca, *EU Law...*, p. 139 e segs; Alan Dashwood / Michael Dougan / Barry Rodger / Eleanor Spaventa / Derrick Wyatt, *Wyatt and Dashwood's European Union Law*, cit., p. 87 e segs; Koen Lenaerts / Piet Van Nuffel, *European Union Law*, cit., p. 688 e segs; Paul Craig, *The Lisbon Treaty...*, p. 64 e segs; Paolo Ponzano, "«Executive» and «delegated» acts...", p. 135 e segs.

[898] A primeira decisão "comitologia" procedeu à sistematização e codificação de uma prática seguida desde a década de 60, em virtude da qual o Conselho atribuía, sobretudo no domínio da PAC, poderes de execução normativa à Comissão, estabelecendo ao mesmo tempo distintos comités, formados por representantes dos Estados-membros e presididos pela Comissão, com o objetivo de controlar o exercício das funções executivas por parte da Comissão. Esta decisão foi

de 28 de junho[899], que entretanto, também já foi revogada pelo Regulamento (UE) 182/2011 do PE e do Conselho, de 16 de fevereiro de 2011[900].

Nos termos da versão de 1999, o Conselho podia submeter as funções de execução da Comissão a três procedimentos ou comités: de consulta[901], de gestão[902] ou de regulamentação[903], através dos quais controlava, no fundo, os poderes de

objeto de muitas críticas, quer por parte da Comissão, quer por parte do PE. A Comissão entendia-a como uma forma de reduzir os seus poderes de execução. O PE via-a como uma forma encoberta de o Conselho ludibriar os poderes de decisão, nomeadamente, os poderes legislativos do próprio PE. O TJ considerou, indiretamente, que a decisão "comitologia" era válida, na medida em que a aplicou em vários acórdãos, admitindo apenas que se podia questionar a boa aplicação na prática dos procedimentos nela previstos. O PE aumentou, todavia, as suas críticas à medida que se assistia ao fenómeno de expansão dos comités, por força das medidas propostas pelo Livro Branco da Comissão para a realização do mercado interno, o que gerou uma situação de tensão institucional entre a Comissão e o Parlamento, o qual se utilizou do orçamento para fazer pressão sobre o assunto. Para pôr fim a esta situação, o Conselho acedeu a concluir um *modus vivendi* com a Comissão e com o Parlamento sobre a "comitologia" - o acordo interinstitucional, de 20 de dezembro de 1994 - , no qual se consagraram duas medidas importantes a favor do PE:
1ª) a Comissão comprometia-se a enviar ao Parlamento as propostas de medidas de execução que enviava ao comité competente;
2ª) o Conselho comprometia-se a consultar o Parlamento nos casos em que se obrigava a Comissão a enviar a proposta ao Conselho (comité de regulamentação).
Este *modus vivendi* funcionou de forma, mais ou menos satisfatória, mas o caráter duvidoso da sua juridicidade fez com que a CIG 96 introduzisse a declaração nº 31 no Tratado de Amesterdão, em que se afirmava explicitamente a necessidade de alterar a decisão "comitologia".

899 A segunda decisão "comitologia" teve como principal escopo proporcionar critérios para a eleição do procedimento de "comitologia", que se vai aplicar em cada caso concreto, simplificar os procedimentos dos comités e melhorar a participação do PE, a informação ao PE acerca do funcionamento do sistema de "comitologia", a informação ao público a respeito do funcionamento da "comitologia" e a transparência. Sobre esta decisão, cfr., por todos, K. Lenaerts / Amaryllis Verhoeven, "Towards a Legal Framework for Executive Rule-making in the EU? The Contribution of the New Comitology Decision", *CMLR*, 2000, p. 645 e segs.

900 JOUE L 55, de 28/2/2011, p. 13 e segs.

901 O procedimento de comité consultivo estava previsto artigo 3º da Decisão. O comité era composto por representantes dos Estados-membros e por um representante da Comissão que presidia. O representante da Comissão apresentava ao Comité o projeto de medidas. O comité emitia um parecer. A Comissão devia ter em conta o mais possível o parecer, mas não estava obrigada a segui-lo.

902 O procedimento de comité de gestão estava previsto no artigo 4º da Decisão. O comité era composto por representantes dos Estados-membros e um representante da Comissão, que presidia, sem voto. O representante da Comissão apresentava ao Comité um projeto de medidas; o comité emitia um parecer por maioria qualificada e a Comissão adotava a decisão se fosse conforme com o parecer. Em caso de desconformidade entre o parecer e a proposta da Comissão, esta podia diferir a aplicação das medidas aprovadas, por um prazo a fixar em cada ato de base, mas nunca superior a três meses, período no qual o Conselho podia adotar uma decisão diferente por maioria qualificada.

903 O procedimento de comité de regulamentação estava previsto no artigo 5º da Decisão. O comité era composto por representantes dos Estados-membros e um representante da Comissão, que

execução da Comissão. O Conselho podia mesmo, com base em certos pressupostos e determinadas circunstâncias, substituir-se à Comissão e exercer ele próprio a função de execução, incluindo nos casos em que, previamente, tivesse habilitado a Comissão. Esta Decisão foi alterada em 2006 com o objetivo de introduzir um novo tipo de procedimento – o de regulamentação com controlo – através do qual se permitia ao legislador opor-se à aprovação de medidas sempre que indicar que este excede as competências de execução previstas no ato de base ou que tal projeto não seja compatível com a finalidade ou o conteúdo desse ato ou não observe os princípios da subsidiariedade e da proporcionalidade. O recurso ao novo procedimento era obrigatório em relação a medidas de alcance geral, destinadas a alterar elementos não essenciais de um ato aprovado com base no procedimento legislativo de codecisão. Nesse âmbito dever-se-ia assegurar uma melhor informação do PE sobre os trabalhos dos comités[904]. Procurou-se assim ultrapassar as críticas de que vinha sendo alvo a Decisão "comitologia" de 1999, dando resposta às reivindicações quer da Comissão quer do PE neste domínio.

O regulamento (UE) nº 182/2011 do PE e do Conselho, de 16 de fevereiro de 2011, foi aprovado com base no artigo 291º, nº 3, do TFUE. Nele se estabelecem as regras e os princípios gerais relativos aos mecanismos de controlo pelos Estados-membros do exercício das competências de execução da Comissão.

O regulamento "comitologia" estabelece dois procedimentos: um procedimento consultivo segundo o qual o comité é meramente consultado pela Comissão (cfr. artigo 4º) e um procedimento de exame segundo o qual a Comissão não deve adotar medidas de execução na sequência de um parecer do comité respetivo ou na ausência de parecer do mesmo em casos específicos (artigo 5º). A principal inovação deste regulamento consiste na criação do comité de recurso ao qual a Comissão pode recorrer no caso de as suas propostas terem sido objeto de parecer negativo ou de não terem sequer sido objeto de parecer no comité respetivo (artigo 6º). Acrescente-se ainda que este regulamento prevê os direitos de controlo do PE e do Conselho no artigo 11º.

presidia, sem voto. O representante da Comissão apresentava ao Comité um projeto de medidas; o comité emitia um parecer, por maioria qualificada, e a Comissão adotava a decisão se fosse conforme com o parecer. No caso de desconformidade, ou na falta de parecer, a decisão do comité transmitia-se ao Conselho que tinha três meses para adotar uma decisão por maioria qualificada. Nesse caso, a Comissão poderia reanalisar a proposta e podia apresentar ao Conselho uma proposta alterada, apresentar de novo a sua proposta inicial ou apresentar uma proposta legislativa, com base no Tratado. Se nos termos do prazo, o Conselho não adotasse nenhum ato nem se pronunciasse contra a proposta da Comissão, esta podia adotar a sua proposta.

[904] Cfr. considerandos 2, 3 e 4 da Decisão do Conselho nº 2006//512/CE, de 17 de julho de 2006.

38.4. Os processos de decisão da União Europeia no domínio internacional

Concluído o estudo dos processos de decisão a nível interno, importa investigar os processos de decisão da União no domínio internacional. Em bom rigor, não se pode falar de um processo de decisão ao nível internacional, mas sim de vários, consoante o tipo de acordo internacional que está em causa[905]. O processo comum está previsto no artigo 218º do TFUE que, no essencial, corresponde ao antigo artigo 300º do TCE, embora com alterações. Além disso, o TFUE prevê processos específicos no âmbito dos acordos comerciais (artigo 207º) e dos acordos monetários e cambiais (artigo 219º). Note-se ainda que, ao contrário do que sucedia anteriormente, os acordos relativos à PESC e à CPJP deixaram se seguir um processo específico (cfr. antigos artigos 24º e 38º do TUE), tendo sido integrados no processo comum, ainda que com algumas particularidades.

38.4.1. O processo comum de decisão internacional

O processo comum de decisão internacional aplica-se pois nos casos em que os Tratados preveem que a União pode celebrar acordos internacionais com um ou mais Estados terceiros ou organizações internacionais.

O processo inicia-se, normalmente, com uma fase preliminar de contactos e conversações exploratórias que estão a cargo da Comissão ou do Alto Representante quando os acordos dizem respeito a domínios integrados na PESC. O Conselho deve ser informado, na medida em que é ele que vai posteriormente autorizar a abertura formal das negociações (artigo 218º, nº 2, do TFUE). Assim, a Comissão ou o Alto Representante apresentam recomendações ao Conselho para a autorizar a encetar as negociações, o qual aprovará uma decisão de autorização do início das negociações e designa, em função da matéria do acordo projetado, o negociador ou o chefe da equipa de negociação (artigo 218º, nº 3, do TFUE). O Conselho acompanha as negociações, podendo fornecer diretrizes ao negociador e designar um comité especial (artigo 218º, nº 4, do TFUE). Neste caso, as negociações devem ser conduzidas, consultando com esse comité.

Uma vez negociado o acordo, o negociador apresenta ao Conselho a proposta de celebração do mesmo, bem como da sua aplicação a título provisório, devendo o Conselho adotar uma decisão que autoriza a assinatura do acordo e, se for caso

[905] Sobre o processo de decisão internacional da União Europeia, cfr. GEERT DE BAERE, *Constitutional Principles...*, p. 77 e segs; ALINE DE WALSCHE, "La procédure de conclusion des accords internationaux", *in* JEAN-VICTOR LOUIS / MARIANNE DONY (dir.), *Commentaire Mégret....*, p. 77 e segs; PIET EECKHOUT, *External Relations...*, p. 169 e segs; RICARDO PASSOS / STEPHAN MARQUARDT, "International Agreements – Competences, Procedures and Judicial Control", *in* GIULIANO AMATO / HERVÉ BRIBOSIA / BRUNO DE WITTE (eds.), *Genèse et Destinée...*, p. 875 e segs; FAUSTO POCAR, "The Decision-Making Processes of the European Community in External Relations", *in* ENZO CANNIZZARO (ed.), *The European Union...*, p. 3 e segs.

disso, a sua aplicação antes da respetiva entrada em vigor (artigo 218º, nº 5, do TFUE). O Conselho adota igualmente uma decisão de celebração do acordo (artigo 218º, nº 6, do TFUE).

A regra de votação no seio do Conselho em todo o processo é a maioria qualificada, exceto nos casos em que o acordo incida sobre um domínio em que seja exigida a unanimidade para a adoção de um ato da União, bem como nos acordos de associação (artigo 217º do TFUE), nos acordos de cooperação com os Estados candidatos à adesão previstos no artigo 212º do TFUE e no acordo de adesão da UE à CEDH (artigo 218º, nº 8, do TFUE).

A participação do PE varia igualmente consoante o tipo de acordo internacional que está em causa. Assim, é necessária a aprovação do PE no caso dos acordos de associação, do acordo de adesão da UE à CEDH, dos acordos que criem um quadro institucional específico mediante a organização de processos de cooperação, dos acordos com consequências orçamentais significativas e dos acordos que abranjam domínios aos quais seja aplicável o processo legislativo ordinário ou o processo legislativo especial quando a aprovação do PE é obrigatória (artigo 218º, nº 6, al. *a)*, do TFUE). Nos restantes casos o PE é apenas consultado (artigo 218º, nº 6, al. *b)*, do TFUE).

38.4.2. Os processos internacionais específicos

As especificidades dos acordos comerciais resultam do artigo 207º do TFUE e dizem, essencialmente, respeito ao seguinte:

- a negociação compete à Comissão, cabendo ao Conselho e à Comissão assegurar que os acordos negociados sejam compatíveis com as políticas e normas internas da União (artigo 207º, nº 3, par. 2º, do TFUE);
- a Comissão apresenta regularmente ao comité especial e ao PE um relatório sobre a situação das negociações (artigo 207º, nº 3, par. 4º, do TFUE);
- em regra, o Conselho delibera por maioria qualificada, no que diz respeito à negociação e celebração (artigo 207º, nº 4, par. 1º do TFUE), exceto em relação aos acordos nos domínios do comércio de serviços e dos aspetos comerciais da propriedade intelectual bem como do investimento estrangeiro quando estes acordos incluam disposições relativamente às quais é exigida a unanimidade para a adoção de normas internas (artigo 207º, nº 4, par. 2º do TFUE). Nestes casos, o Conselho delibera por unanimidade assim como quando estão em causa acordos no domínio do comércio de serviços culturais e audiovisuais, sempre que esses acordos sejam suscetíveis de prejudicar a diversidade cultural e linguística da União, e acordos no domínio do comércio de serviços sociais, educativos e de saúde, sempre que esses acordos sejam suscetíveis de causar graves perturbações na organização desses serviços ao nível nacional e de prejudi-

car a responsabilidade dos Estados-membros de prestarem esses serviços (artigo 207º, nº 4, par. 3º, als. *a)* e *b)*, do TFUE);
- a negociação e celebração dos acordos internacionais no domínio dos transportes está subtraída ao artigo 207º do TFUE (cfr. nº 5 do preceito).

Os acordos monetários e cambiais também obedecem a regras específicas que estão previstas no artigo 219º do TFUE, mas não vão ser aqui estudados em pormenor.

38.5. Balanço geral

Do exposto resulta que continua a existir um sem número de processos de decisão no seio da União Europeia. É certo que o Tratado de Lisboa tentou reduzir esse número bem como clarificar um conjunto de questões importantes, de entre as quais se destacam as de saber quais os interesses representados em cada uma das instituições que atua nos diversos procedimentos de decisão, quais os tipos de atos da União que cada instituição deve adotar e quais os procedimentos que lhe correspondem.

Além dos procedimentos de decisão tradicionais emergem novas formas de governação por vezes à margem dos Tratados, como é o caso, por exemplo, do método aberto de coordenação que surgiu na sequência da Estratégia de Lisboa 2000 e foi retomado na Estratégia Europa 2020. Este método começou por se aplicar à coordenação da política económica e da estratégia europeia do emprego, tendo-se, entretanto, estendido a outras áreas como a exclusão social, as pensões, a saúde, a investigação e a educação. Trata-se de um instrumento informal de coordenação entre os Estados-membros que visa fazer convergir as políticas nacionais para permitir a realização de certos objetivos comuns. Através da maior coordenação política é possível acomodar as diversidades e as divergências dos Estados-membros.

PARTE IV
O sistema jurídico da União Europeia

Capítulo X
As fontes de Direito da União Europeia

39. As fontes de Direito da União Europeia
39.1. Considerações preliminares

Neste capítulo vamos estudar o sistema de fontes de Direito da União Europeia, o qual sofreu ao longo da História da integração europeia uma permanente evolução que veio culminar no Tratado de Lisboa. Este sistema caracteriza-se pela sua singularidade, uma vez que se trata de um modelo que não encontra paralelo nem no Direito Internacional nem no Direito interno dos Estados-membros nem em qualquer outro sistema jurídico. Se na sua origem se podia considerar relativamente simples, à medida que o processo de integração europeia foi avançando, a sua complexidade aumentou, em especial, após a entrada em vigor do Tratado de Maastricht, que desenvolveu, paralelamente, ao quadro normativo das Comunidades Europeias anteriormente existente um outro que se aplicava aos pilares intergovernamentais.

O sistema de fontes de Direito da União Europeia anterior ao Tratado de Lisboa foi alvo de inúmeras críticas, que assentaram, essencialmente, na ausência de uma hierarquia de normas e de atos da União prevista no TUE[906] e na falta de correspondência entre, por um lado, os diferentes atos e normas e, por outro lado, as diversas funções dos órgãos da União.

O Tratado de Lisboa procurou, antes de mais, eliminar uma boa parte da complexidade inerente ao sistema através do abandono da estrutura tripartida

[906] Sobre esta questão, ver, entre outros, Roland Bieber / Isabelle Salomé, "Hierarchy of Norms in European Law", *CMLR*, 1996, p. 907 e segs; J. Dutheil de la Rochère, "La hiérarchie des normes", *in* Philippe Manin (dir.), *La révision du Traité sur l'Union européenne. Perspectives et réalités* (Rapport du groupe français d'étude pour la Conférence Intergouvernementale 1996), Paris, 1996, p. 41 e segs; Antonio Tizzano, «La hiérarchie des normes communautaires», *RMUE*, 1995, p. 219 e segs.

da União, o que deveria ter implicado o desaparecimento das fontes específicas da PESC e da CPJP. Além disso, o Tratado de Lisboa procurou estabelecer uma hierarquia de normas e atos da União pela via da distinção entre atos legislativos e não legislativos.

O Direito da União Europeia é constituído por um conjunto de regras que têm como principais fontes imediatas o Direito Originário, os princípios gerais de Direito, o Direito Derivado (que abarca os atos das instituições) e o Direito Internacional. A Jurisprudência e a Doutrina constituem fontes mediatas do Direito da União Europeia, sendo que a primeira assume um relevo incomparavelmente maior do que a segunda.

39.2. O Direito Originário

39.2.1. Conteúdo

A primeira fonte do Direito da União Europeia é pois o Direito Originário, o qual é o parâmetro de validade de todas as outras regras da União Europeia. O Direito Originário é, em primeira linha, constituído pelos Tratados institutivos, inicialmente, das Comunidades Europeias e, atualmente, da União Europeia bem como por todos aqueles que os modificaram, completaram ou adaptaram, cujo último expoente já não é o Tratado de Lisboa, mas antes o Tratado de Adesão da Croácia.

O «bloco de constitucionalidade» da União ultrapassa, no entanto, os Tratados institutivos, abrangendo também certas decisões que os completaram, de acordo com a sua própria previsão, como, por exemplo, a decisão do Conselho relativa à eleição do PE por sufrágio direto e universal. Atualmente, a mais importante fonte de Direito Originário que se encontra fora dos Tratados institutivos é a Carta dos Direitos Fundamentais da União Europeia. Com efeito, o artigo 6º, nº 1, do TUE reconhece-lhe o mesmo valor jurídico que os Tratados.

Assim, como já mencionámos, os três Tratados originários são o Tratado da Comunidade Europeia do Carvão e do Aço assinado, em 18 de abril de 1951, entrou em vigor, em 25/7/52, cuja validade expirou, em 23 de julho de 2002, o Tratado da Comunidade Económica Europeia assinado, em Roma, em 25 de março de 1957 que entrou em vigor, em 1 de janeiro de 1958, e que foi substituído pelo Tratado sobre o Funcionamento da União Europeia aprovado em Lisboa, assinado, em 13 de dezembro de 2007, e que entrou em vigor, em 1 de dezembro de 2009, e o Tratado da Comunidade Europeia de Energia Atómica assinado, em Roma, em 25 de março de 1957, que entrou em vigor, em 1 de janeiro de 1958, e que se mantém em vigor.

Os Tratados originários foram, ao longo da História da integração europeia, modificados, inúmeras vezes, com ou sem observância do procedimento de revisão neles previsto. Assim, ao nível institucional podem referir-se o Tratado relativo a certas instituições comuns (Assembleia e Tribunal) assinado, em Roma, em 25 de março de 1957, e o Tratado de Fusão de 1965 (Conselho e Comissão), revogados, posteriormente, pelo Tratado de Amesterdão bem como em matéria orçamental o Tratado do Luxemburgo, de 22 de abril 1970, o Tratado de Bruxelas, de 22 de julho 1975, e as decisões relativas aos recursos próprios.

O Ato Único Europeu de 1986 que entrou em vigor, em 1/7/87, o Tratado de Maastricht assinado, em 7 de fevereiro de 1992, que entrou em vigor, em 1/11/1993, o Tratado de Amesterdão assinado, em 2 de outubro de 1997, que entrou em vigor, em 1/5/1999, o Tratado de Nice assinado, em 26 de fevereiro de 2001, que entrou em vigor, em 1/2/2003, e, por último, o Tratado de Lisboa constituem as modificações mais relevantes provenientes de revisões, operadas com base no procedimento previsto para o efeito.

Ao contrário do que sucedia com o TECE que revogava os anteriores Tratados (cfr. artigo IV-437º), o Tratado de Lisboa, por imposição do mandato da CIG 2007, limitou-se a modificar os anteriores Tratados da União Europeia e da Comunidade Europeia, sendo que este último se passou a denominar Tratado sobre o Funcionamento da União Europeia.

A ideia de um texto único como base constitucional da União Europeia proveniente da Convenção sobre o Futuro da Europa e aceite pela CIG 2004 foi, por conseguinte, abandonada. Em seu lugar surge o Tratado de Lisboa, o qual permite colocar a questão de saber se ele consubstancia a vitória daqueles que durante a Convenção sobre o Futuro da Europa defenderam a tese de que a União se deveria fundar em dois Tratados: um tratado que contivesse as bases e um outro que as desenvolvesse. O primeiro seria o TUE e o segundo seria o TFUE. Com efeito, o TUE apresenta algumas características de um tratado-base, na medida em que fixa as regras fundamentais da União, designadamente, as relativas aos objetivos, às atribuições, aos princípios democráticos, às instituições, às cooperações reforçadas e às condições de revisão dos Tratados e de adesão à União. Note-se, todavia, que o TUE também contém regras que dificilmente se enquadram num tratado-base, como é o caso do Título V relativo à PESC. A sua inserção neste Tratado explica-se por razões que já atrás foram explicadas, mas o certo é que confere um caráter híbrido ao TUE. Acresce que o TUE e o TFUE têm o mesmo valor jurídico (artigo 1º, par. 3º, do TUE), o que significa que não se verifica qualquer relação de subordinação do TFUE ao TUE. Pode-se dizer que a Ordem Jurídica da União se funda em dois Tratados, sendo que nenhum deles é autossuficiente. Só juntos constituem o fundamento, o critério e o limite do Direito da União[907]. O modo como se integram e organizam as disposições nos dois Tratados é mais influenciado pela anterior estrutura do TUE e do TCE do

[907] Neste sentido, MARISE CREMONA, "The Two (or Three) Treaty Solution...", p. 44.

que por um qualquer princípio segundo o qual as bases da União estariam reservadas ao TUE enquanto a implementação pormenorizada faria parte do TFUE[908].

O Direito Originário ainda compreende os Tratados de adesão de novos Estados-membros que, até ao momento, foram os seguintes:

- o Tratado de Adesão do Reino Unido, da Irlanda e da Dinamarca, de 3 de janeiro de 1972 (entrou em vigor em 1/1/1973);
- o Tratado de Adesão da Grécia assinado, em 29 de maio de 1979, tendo entrado em vigor, em 1 de janeiro de 1981;
- o Tratado de Adesão de Portugal e Espanha assinado, em 12 de junho de 1985, entrou em vigor, em 1 de janeiro de 1986;
- o Tratado de Adesão da Áustria, Finlândia e Suécia assinado, em 24 de junho de 1994, entrou em vigor, em 1 de janeiro de 1995;
- o Tratado de Adesão de Chipre, Estónia, Hungria, Letónia, Lituânia, Malta, Polónia, República Checa, Eslováquia e Eslovénia assinado, em 16 de abril de 2003, em Atenas (este tratado entrou em vigor em 1 de maio de 2004);
- o Tratado de Adesão da Bulgária e da Roménia assinado, em 25 de Abril de 2005 que entrou em vigor em 1 de janeiro de 2007;
- o Tratado de Adesão da Croácia assinado, em 9 de dezembro de 2011, entrou em vigor, em 1 de julho de 2013.

Por último, deve salientar-se que fazem parte integrante do Direito Originário os Protocolos e Anexos dos Tratados (artigo 51º do TUE)[909].

39.2.2. O regime linguístico

Se o francês era a única língua oficial do TCECA, todos os tratados posteriores foram redigidos em tantas línguas oficiais quantas as dos Estados-membros contratantes bem como dos que, entretanto, iam aderindo às Comunidades e à União Europeia.

Assim, o TUE foi redigido nas línguas enunciadas no seu artigo 55º, nº 1, fazendo fé qualquer dos textos. Este preceito é igualmente aplicável ao TFUE por força do seu artigo 358º. Nos termos do artigo 55º, nº 2, do TUE (também aplicável ao TFUE), os Tratados podem ser traduzidos em qualquer outra língua que os Estados-membros determinem, de entre aquelas que, de acordo com o seu ordenamento constitucional, gozam do estatuto oficial no todo ou em parte do território nacional.

[908] Neste sentido, Marise Cremona, "The Two (or Three) Treaty Solution...", p. 60.

[909] Sobre o conteúdo do Direito Originário, cfr., entre outros, Marianne Dony, *Droit de l'Union...*, p. 238 e segs; Joël Rideau, *Droit Institutionnel...*, p. 71 e segs.

De acordo com uma Jurisprudência constante[910] do TJ se uma versão linguística é ambígua deve ser interpretada em sentido conforme com as outras versões, pois só assim se preservará a unidade da interpretação do Direito da União. Além disso, apesar da independência dos anteriores Tratados entre si, o o TJ sempre interpretou os Tratados institutivos das Comunidades à luz uns dos outros numa tentativa de harmonização de interpretação[911]. A interrelação do TUE com o TFUE é, atualmente, muito forte[912].

39.2.3. O âmbito de aplicação dos Tratados

Começando pelo âmbito de aplicação material deve notar-se que o TUE e o TFUE constituem o fundamento, o critério e o limite das atribuições normativas da União Europeia, fazendo, portanto, parte de um «bloco de constitucionalidade» que não pode ser ultrapassado por qualquer outra regra aprovada pelas instituições e pelos órgãos da União. Os tratados institutivos – TUE e TFUE – situam-se, portanto, no topo da hierarquia de fontes do Direito da União Europeia, prevalecendo sobre todos os atos e as normas de Direito Derivado.

O âmbito de aplicação temporal dos Tratados está previsto no artigo 53º do TUE e no artigo 356º do TFUE, os quais estabelecem que os Tratados têm vigência ilimitada, ou seja, não existe qualquer limitação temporal, como sucedia com o Tratado CECA. Tal não significa que estes Tratados se destinem a vigorar eternamente.

Contrariamente ao que se verificava com o anterior TUE que não continha qualquer norma relativa ao seu âmbito de aplicação territorial, após Lisboa o artigo 52º do TUE passou a estabelecer no nº 1 que os Tratados são aplicáveis aos Estados-membros, enumerando-os, pelo que parece que se aplicam à totalidade do território dos Estados-membros. Porém, o artigo 52º, nº 2, do TUE remete para o artigo 355º do TFUE, o qual consagra regras específicas sobre este domínio[913]. Devido à sua particular situação económica e social estrutural, o artigo 349º do TFUE estabelece igualmente regras específicas para certos territórios, incluindo os Açores e a Madeira. Ao longo dos tempos têm vindo a ser aprovadas normas de Direito Derivado que excluem a aplicação de determinadas regras a certos territórios.

[910] Ac. de 22/4/97, *Road Air*, proc. C-310/95, Col. 1997, p. I-2229; ac. de 2/4/98, *EMU Tabac*, proc. C-296/95, Col. 1998, p. I-1605; ac. de 30/1/2001, *Espanha c. Conselho*, proc. C-36/98, Col. 2001, p. I-779; ac. de 20/11/2003, *Kyocera Electronics Europe*, proc. C-152/01, Col. 2003, p. I-13821.

[911] Ac. de 23/4/86, *Os verdes*, proc. 294/83, Rec. 1986, p. 1339; ac. de 2/5/96, *Hopkins*, proc. C-18/94, Col. 1996, p. I-2281.

[912] Sobre o regime linguístico do Direito Originário, cfr., entre outros, Marianne Dony, *Droit de l'Union...*, p. 241 e segs.

[913] Cfr. igualmente artigo 198º do TCEEA.

Além disso, como temos vindo a evidenciar, ao longo deste livro, existem inúmeras situações derrogatórias em relação a certos Estados-membros a propósito de diversos domínios materiais – a zona euro, o espaço de liberdade, segurança e justiça, o acervo Schengen e, mais recentemente, até a Carta dos Direitos Fundamentais da União Europeia. Ou seja, os Tratados não se aplicam de modo igual a todos os Estados-membros, o que significa que nem todas as normas dos Tratados se aplicam no território enunciado nos preceitos acima referidos.

39.2.4. A revisão dos Tratados

39.2.4.1. *A génese e a evolução das normas de revisão dos Tratados*

A versão inicial dos Tratados continha regras relativas ao processo de revisão as quais foram revogadas pelo Tratado de Amesterdão, tendo em sua substituição surgido o antigo artigo 48º do TUE.

Assim, o processo geral de revisão está previsto nos Tratados, desde sua a versão originária, tendo sido considerado obrigatório pelo TJ[914]. A sua tramitação manteve-se inalterada até à entrada em vigor do Tratado de Lisboa, desenrolando-se a três níveis: transnacional ou comunitário, internacional ou intergovernamental e nacional ou interno.

Em linhas muito gerais, o poder de iniciativa pertencia à Comissão, competência que partilhava com os Governos dos Estados-membros. Se o Conselho, após haver consultado o PE e a Comissão, emitisse um parecer favorável à reunião da CIG, esta seria convocada pelo Presidente do Conselho. O antigo artigo 48º do TUE previa ainda a consulta do Conselho do Banco Central Europeu, no caso de modificações institucionais no domínio monetário.

Na prática, à margem do processo previsto, o Conselho Europeu sempre desempenhou um papel relevante em matéria de revisão dos Tratados, competindo-lhe a decisão de iniciar o processo de revisão, através da convocação de uma CIG, a fixação dos principais temas de negociação, bem como o encerramento das negociações com base no consenso político alcançado no seu seio.

Convocada a CIG iniciava-se a fase internacional dominada, fundamentalmente, pelos Estados-membros, representados ao mais alto nível, sendo as alterações a introduzir na forma e no conteúdo do Tratado negociadas, discutidas e aprovadas nesse *forum*. De um modo geral, todas as CIG's beneficiaram da colaboração de grupos de trabalho nomeados pelos Ministros, com exceção da CIG 2004 (e da CIG 2007), na qual foi ensaiado um novo método de preparação – a

[914] Cfr. Acórdãos do TJ de 23/2/88, *Reino Unido c. Conselho*, proc. nº 68/86, Col. 1988, p. 855 e segs; de 8/4/76, *Defrenne II*, proc. nº 43/75, Rec. 1976, p. 455 e segs; de 3/2/76, *Mangera*, proc. nº 59/75, Rec. 1976, p. 91 e ss; de 31/3/71, *AETR*, proc. nº 22/70 de 31/3/71, Rec. 1971, p. 263 e segs. Pareceres do TJ de 28/3/1996, *nº 2/94*, Col. 1996, p. I-1759 e segs; de 10/4/92, *nº 1/92*, Col. 1992, p. I-2821 e segs; de 14/12/91, *nº 1/91*, Col. 1991, p. I-6079 e segs.

convenção de representantes dos Governos, dos parlamentos nacionais e do Parlamento Europeu – continuando, porém, a última palavra a caber aos Estados-membros que decidiam por consenso. Uma vez fixado e assinado o texto, iniciava-se a fase interna, na qual cada um dos Estados-membros ratificava as alterações de acordo com os seus direitos constitucionais[915].

39.2.4.2. *A revisão dos Tratados após o Tratado de Lisboa*

O Tratado de Lisboa, na sequência do TECE, prevê um processo de revisão ordinário (nºs 2 a 5 do artigo 48º do TUE) e processos de revisão simplificados (nºs 6 e 7 do artigo 48º do TUE).

As inovações introduzidas pelo Tratado de Lisboa no artigo 48º do TUE procuram, por um lado, dar resposta às críticas que tinham sido dirigidas à anterior versão do preceito e, por outro lado, adequar o preceito à prática da União no domínio da revisão dos Tratados.

O processo de revisão ordinário destina-se a possibilitar modificações em qualquer parte dos Tratados, podendo traduzir-se numa revisão global dos mesmos, ao passo que os processos de revisão simplificados se aplicam somente aos casos específicos neles previstos, ou seja, às alterações a introduzir na parte III do TFUE relativas às políticas e ações internas da União (nº 6) e às alterações do processo de decisão (nº 7)[916].

[915] Sobre o processo geral de revisão anterior ao Tratado de Lisboa, cfr., entre outros, AAVV, *Les procédures de révision des traités communautaires: du droit international au droit communautaire*, Bruxelas, 2001; ANA MARIA GUERRA MARTINS, *A natureza jurídica da revisão...*, p. 425 a 618; C. KOENIG / M. PECHSTEIN, "EU-Vertragsänderungen", *EuR*, 1998, p. 130 e segs; M. CAMPINS ERITJA, "La revisione del Tratado de la Union Europea" *GJ*, 1995, p. 7 e segs; B. DE WITTE, "Rules of Change in International Law: How Special is the European Community?". *NYIL*, 1995, p. 299 e segs; R. BIEBER, «Les limites matérielles et formelles à la révision des traités établissant la Communauté européenne», *RMCUE*, 1993, p. 343 e segs; A. MANGAS MARTIN, «La dinámica de las revisiones de los tratados y los déficits estructurales de la Unión Europea: reflexiones generales criticas», in *Estudios in homenaje al Professor M. Diez Velasco*, Madrid, 1993, p. 1055 e segs; J. L. CRUZ VILAÇA / N. PIÇARRA, «Y a-t-il des limites materielles à la revision des traités instituant les CE?», *CDE*, 1993, p. 3 e segs; J.-V. LOUIS, «La révision des traités et l'Union européenne», *in Hommage à Georges Goriely*, Bruxelas, 1989, p. 193 e segs; U. EVERLING, «Sind die Mitgliedstaaten der Europäischen Gemeinschaft noch Herren der Verträge?», in *Festschrift für Hermann Mosler*, Berlim, 1983, p. 173 e segs; M. DELIEGE-SEQUARIS, «Révision des traités européens en dehors des procédures prévues», *CDE*, 1980, p. 539 e segs; J.-V. LOUIS, «Quelques considérations sur la révision des traités instituant les Communautés», *CDE*, 1980, p. 553 e segs.

[916] Sobre os processos de revisão no Tratado de Lisboa, cfr., entre outros, BRUNO DE WITTE, "Treaty Revision Procedures after Lisbon", *in* ANDREA BIONDI / PIET EECKHOUT / STEFANIE RIPLEY, *EU Law...*, p. 107 e segs; PAUL CRAIG, *The Lisbon Treaty...*, p. 443 e segs; J.-C. PIRIS, *The Lisbon Treaty...*, p. 104 e segs; ARTHUR BENZ, "Amendment Procedure and the Future of the Convention", *in* INGOLF PERNICE / EUGENI TANCHEV (eds.), *Ceci n'est pas une Constitution...*,

O processo de revisão ordinário opera em três etapas (tal como sucedia anteriormente): transnacional, internacional e interna. De acordo com o nº 2 do artigo 48º TUE, o poder de iniciativa da revisão é partilhado pelos Governos dos Estados-membros, pelo PE e pela Comissão, os quais podem submeter projetos de revisão ao Conselho, que deve enviá-los ao Conselho Europeu e notificá-los aos parlamentos nacionais. A participação do PE visa ultrapassar o défice democrático do processo, pretendendo a notificação dos projetos aos parlamentos nacionais não só aumentar a transparência e a democraticidade do processo como também a sua eficácia, uma vez que é aos parlamentos nacionais que cabe, de um modo geral, a aprovação da revisão ao nível interno.

Ao contrário do que se verificava no TECE, o nº 2 do artigo 48º do TUE refere expressamente que os projetos de revisão tanto podem aumentar como diminuir as atribuições da União. Deve notar-se que nada na anterior versão dos Tratados obrigava a que as revisões tivessem como escopo o aumento das atribuições da União, pelo que este inciso deve ser encarado como mais uma "insistência obsessiva" dos Estados-membros na afirmação da sua competência (recorde-se que a expressão é de JACQUES ZILLER[917]).

O nº 3 do artigo 48º do TUE estabelece a intervenção do Conselho Europeu no processo de revisão ordinário, aliás, em consonância com a prática da União seguida neste domínio. Cabe a esta instituição, ouvidos o PE e a Comissão, decidir, por maioria simples, a prossecução da análise das propostas de revisão. O Banco Central Europeu deve ser igualmente consultado se as alterações que se pretendem introduzir incidirem sobre modificações institucionais no domínio monetário.

Tendo chegado à conclusão que a revisão se deve realizar, pode seguir-se um de dois métodos: o convencional ou o intergovernamental. Isto é, ou o Presidente do Conselho Europeu convoca uma convenção composta por representantes dos parlamentos nacionais, dos Chefes de Estado ou de Governo dos Estados-membros, do PE e da Comissão para analisar os projetos de revisão e adotar por consenso uma recomendação dirigida à CIG ou se o alcance das alterações previstas não o justificar, poderá não ser convocada a convenção, mas para isso o Conselho Europeu deve decidir, por maioria simples, após aprovação do PE.

A introdução do método da convenção – já ensaiado aquando das negociações da CDFUE e do TECE[918] – no articulado do Tratado representa um avanço no sentido da "constitucionalização" da União, na medida em que visa tornar o

p. 190 e segs; JACQUES ZILLER, "The Law and Politics of the Ratification of the Lisbon Treaty", *in* STEPHAN GRILLER / JACQUES ZILLER, *The Lisbon Treaty...*, p. 309 e segs.

[917] JACQUES ZILLER, *Les nouveaux traités européens...*, p. 64.

[918] Cfr. ANA MARIA GUERRA MARTINS, "As Convenções de Filadélfia e de Bruxelas...", p. 13 e segs bem como a bibliografia aí citada.

processo de revisão mais transparente, mais democrático, assim como reduzir as possibilidades de bloqueios[919]. Porém, este método tenderá a ser usado raramente, uma vez que ele se aplica a revisões muito amplas ou até totais dos Tratados, que não ocorrem com frequência[920].

Nos termos do artigo 48º, nº 4, do TUE, a decisão acerca das alterações a introduzir nos Tratados continua a competir à conferência intergovernamental, por comum acordo entre os Estados-membros. Por outro lado, as alterações ao Tratado só entrarão em vigor, após ratificação, de acordo com os Direitos Constitucionais dos Estados-membros. Ou seja, apesar do alargamento da participação do PE (ao nível da iniciativa, da audição quanto à prossecução da revisão, da participação na convenção, da aprovação da não convocatória da convenção) e da participação dos parlamentos nacionais (especialmente, ao nível da participação na convenção), a última palavra continua a caber a cada um dos Estados-membros, num duplo sentido: as modificações são aprovadas numa conferência intergovernamental por consenso e a entrada em vigor das alterações depende dos Direitos Constitucionais dos Estados-membros, os quais, de um modo geral, exigem a aprovação parlamentar e a ratificação pelo Chefe de Estado, sendo ainda o referendo, nalguns casos, obrigatório (v. g. Dinamarca e Irlanda).

O nº 5 do artigo 48º do TUE prevê que se, após o decurso de um prazo de dois anos, a contar da data da assinatura de um Tratado que altera os Tratados, quatro quintos dos Estados-membros o tiverem ratificado e um ou mais Estados se tiverem deparado com dificuldades em proceder à ratificação, o Conselho Europeu analisa a questão, não definindo o preceito em que consiste nem quais as consequências dessa análise. Naturalmente, que é possível antever vários cenários, mas nenhum deles deverá contemplar a entrada em vigor do Tratado sem a ratificação por parte do Estado ou Estados em dificuldades[921].

O artigo 48º do TUE prevê ainda dois processos de revisão simplificados, cujo denominador comum se situa na desnecessidade da convocação da convenção e/ou da CIG.

O nº 6 aplica-se à Parte III do TFUE, a qual compreende 24 títulos (artigos 26º a 196º TFUE) que incluem matérias tão importantes e tão díspares, como o mercado interno, as quatro liberdades, a união económica e monetária, o espaço de liberdade, segurança e justiça, a agricultura, as pescas, o ambiente, a política social, a política de emprego e a aproximação de legislações. Não admira, por isso, que os autores do Tratado de Lisboa se tenham rodeado de inúmeras cautelas[922].

[919] Arthur Benz, "Amendment Procedure...", p. 193.
[920] J.-C. Piris, *The Lisbon Treaty...*, p. 105.
[921] Bruno De Witte, "European Treaty Revision...", p. 76.
[922] Paul Craig, *The Lisbon Treaty...*, p. 447.

Em primeiro lugar, as modificações a introduzir não podem aumentar as competências atribuídas à UE pelos Tratados. Em segundo lugar, quem decide as alterações é o Conselho Europeu – órgão dominado pelos Estados-membros – deliberando por unanimidade, após consulta do PE e da Comissão bem como o BCE se as alterações forem institucionais e disserem respeito ao domínio monetário. Em terceiro lugar, exige-se a aprovação das modificações a inserir nos Tratados por parte dos Estados-membros, de acordo com as suas normas constitucionais. Este processo difere do processo ordinário porque dispensa a convocatória da CIG e da Convenção, mas aproxima-se dele na questão essencial da exigência da dupla unanimidade dos Estados-membros.

O nº 7 do artigo 48º do TUE contempla um mecanismo de revisão diferente. Trata-se, na prática, de uma verdadeira cláusula geral de *passarele,* a qual se pode manifestar de duas formas diversas.

Por um lado, o Conselho Europeu pode decidir que as áreas do TFUE e do Título V do TUE, que atualmente requerem a decisão por unanimidade no seio do Conselho, podem ser revistas no sentido de o Conselho passar a decidir por maioria qualificada (cf., por ex., artigos 25º, par. 2º, 82º, nº 2, al. *d),* 83º, par. 3º, 86º, nº 4, 92º, 2ª frase, 107º, nº 2, al. *c),* e 300º do TFUE), estando excluídas deste processo as decisões com implicações no domínio militar. Por outro lado, o Conselho Europeu pode decidir que onde o TFUE determine que o Conselho adota atos legislativos, de acordo com um processo legislativo especial (cf., p. ex., artigos 81º, nº 3, par. 2º; 153º, nº 2, al. *b),* par. 2º; 192º, nº 2; 333º, nº 2, TFUE), o Conselho Europeu pode adotar uma decisão, autorizando a adoção desses atos nos termos do processo legislativo ordinário. Quer num caso quer noutro, as iniciativas são comunicadas aos parlamentos nacionais, os quais se podem opor, no prazo de seis meses, bastando a oposição de um deles para impedir a adoção da decisão. Se nenhum parlamento nacional se opuser, então a decisão pode ser adotada pelo Conselho Europeu, por unanimidade, após aprovação do PE, que se pronuncia por maioria dos membros que o compõem. Apesar de não ser necessária a aprovação dos Estados-membros, de acordo com os seus Direitos Constitucionais, a participação dos parlamentos nacionais bem como do PE asseguram a legitimidade democrática interna e transnacional, respetivamente, do processo.

De acordo com o artigo 353º do TFUE, excluem-se do âmbito de aplicação do processo de revisão simplificado, previsto no artigo 48º, nº 7, TUE, os artigos 311º, parágrafos 3º e 4º, e 312º, nº 2, do TFUE que contemplam matéria orçamental, bem como o artigo 352º do TFUE que se traduz na "cláusula de flexibilidade" e o artigo 354º do TFUE que incide sobre a suspensão dos direitos resultantes da qualidade de membro da União. Ou seja, estes preceitos só poderão ser modificados, de acordo com o processo de revisão ordinário (artigo 48º, nºs 2 a 5, do TUE) ou simplificado (previsto no nº 6 do preceito citado). A *ratio* desta solução radica na importância das matérias envolvidas, a qual impõe a aprovação das alterações por parte dos Estados-membros, de acordo com as suas regras constitucionais. A inserção sistemática do preceito é, todavia, criticável. À semelhança do que se verifica relativamente aos assuntos militares, estas exceções deveriam ter sido incluídas no artigo 48º, nº 7, do TUE.

39.2.4.3. *As figuras próximas*

Antes de terminar deve notar-se que a revisão dos Tratados se distingue, por um lado, dos atos adotados com base na "cláusula de flexibilidade" do artigo 352º do TFUE e, por outro lado, dos tratados de adesão de novos Estados-membros, não obstante ter alguns pontos de contacto com essas duas figuras.

Como já vimos, no capítulo anterior, a utilização do artigo 352º do TFUE como base jurídica de um ato da União pressupõe o preenchimento de um conjunto de condições substanciais e formais de aplicação, nas quais se incluem o respeito dos objetivos do Tratado, o que não acontece na revisão dos Tratados que pode inclusivamente ser global. A revisão pode, portanto, ter um âmbito de aplicação material muito mais abrangente do que a cláusula de "flexibilidade"[923].

Quanto aos tratados de adesão de novos Estados membros, eles devem conter as condições de adesão e as adaptações que essa adesão implica para os tratados sobre os quais se funda a União. Um tratado de adesão comporta, pois, alterações aos tratados institutivos existentes a vários níveis, designadamente no domínio institucional.

A questão que se coloca é a de saber se um tratado de adesão pode ser considerado também como uma revisão do tratado. Há quem entenda que estes tratados apenas implicam alterações de um ponto de vista técnico e não modificações de substância. Todavia, a fronteira entre a adaptação e a revisão nem sempre é clara.

Com efeito, os tratados de adesão podem introduzir elementos substanciais importantes. A título exemplificativo veja-se o caso do princípio do acervo comunitário – introduzido no tratado de adesão do Reino Unido, Irlanda e Dinamarca e, posteriormente, reiterado em todos os tratados de adesão, o qual somente veio a obter consagração no texto dos tratados institutivos com o Tratado de Maastricht.

39.3. Os princípios gerais de Direito

Os princípios gerais de Direito desempenham um papel muito importante no âmbito de qualquer ordenamento jurídico, dado que tocam o âmago mais profundo da conceção jurídico-filosófica subjacente a esse ordenamento. Trata-se,

[923] Isso mesmo reconheceu o Tribunal de Justiça, no parecer 2/94 já citado, ao recusar que o anterior artigo 235º do TCEE – que corresponde ao atual artigo 352º do TFUE – não servia como fundamento jurídico adequado para a adesão da União à Convenção Europeia dos Direitos do Homem.

pois, de uma matéria de uma enorme complexidade, que os estudantes só estarão verdadeiramente habilitados a compreender numa fase mais avançada do plano de estudos. Por esta razão, não vamos aqui discutir as múltiplas questões que os princípios gerais de Direito levantam. Diremos apenas que a Jurisprudência do Tribunal de Justiça tem aplicado várias categorias de princípios, que se distinguem consoante a sua natureza, a sua origem e a função que desempenham no ordenamento jurídico da União.

Com efeito, o artigo 19º, nº 1, do TUE determina que o Tribunal de Justiça da União Europeia garante o respeito do Direito na interpretação e aplicação dos Tratados. Se dúvidas se colocassem quanto à inclusão dos princípios gerais de Direito no "bloco de constitucionalidade e de legalidade" de que o Tribunal deve assegurar o respeito, elas ficariam dissipadas, na medida em que eles não podem deixar de fazer parte do Direito de que o Tribunal se deve socorrer na interpretação e aplicação dos Tratados.

O Tribunal de Justiça recorre aos princípios gerais de Direito não só como parâmetro de legalidade, mas também para integrar as lacunas quer do Direito Originário quer do Direito Derivado. O Tribunal utiliza igualmente os princípios gerais de Direito quando averigua a conformidade de medidas nacionais com o Direito da União Europeia. Ou seja, os princípios gerais de Direito desempenham funções diferentes na Jurisprudência do TJ.

Quanto à sua natureza, existem certos princípios que se podem considerar constitucionais, pois são reconhecidos em normas constitutivas do Direito da União Europeia, designadamente, no TUE e no TFUE. Trata-se de princípios conformadores do Direito da União Europeia a todos os níveis, na medida em que têm uma vertente objetiva, que vai influenciar o Direito a constituir. É o caso, desde logo, dos princípios que se retiram implicitamente dos valores previstos no artigo 2º do TUE: o princípio do respeito da dignidade humana, o princípio da liberdade, o princípio da igualdade, o princípio da democracia, o princípio do Estado de Direito e o princípio da proteção dos direitos fundamentais, incluindo os das pessoas pertencentes a minorias.

Além destes, resultam explicitamente dos Tratados o princípio da solidariedade entre Estados-membros, reforçado com o Tratado de Lisboa, o princípio da subsidiariedade, o princípio da proporcionalidade, o princípio da cooperação leal entre Estados-membros e entre instituições da União, o princípio das competências de atribuição, o princípio da não discriminação em função da nacionalidade, o princípio da igualdade dos Estados-membros[924], o princípio da livre circulação de mercadorias e pessoas e o princípio da precaução.

[924] Ac. de 24/3/79, *Comissão c. Reino Unido*, proc. 231/78, Rec. 1979, p. 1447.

Podem ainda deduzir-se diretamente do ordenamento jurídico da União o princípio do equilibro institucional, o princípio da preferência comunitária[925] e o princípio da uniformidade[926].

Quanto à origem dos princípios, o Tribunal de Justiça inspirou-se no Direito Internacional Público, no Direito interno dos Estados-membros ou no próprio sistema comunitário e nas suas exigências de aplicação.

Efetivamente, o Direito Internacional Público serviu de fundamento a alguns princípios, designadamente aos que vinculam a União enquanto sujeito de Direito Internacional, como, por exemplo, o princípio *pacta sunt servanda*, o princípio da boa fé na execução dos Tratados, o princípio da relatividade dos efeitos dos tratados, o princípio do efeito útil da interpretação[927]. Note-se que o Tribunal também recusou integrar na Ordem Jurídica da União outros princípios do Direito Internacional, como foi o caso do princípio da reciprocidade.

Além do Direito Internacional também os princípios comuns a todos os sistemas jurídicos serviram de inspiração para os princípios da boa fé, da segurança jurídica e do respeito dos direitos de defesa.

Os Tratados em certos casos – raros – incitam o Tribunal a retirar do Direito Interno dos Estados-membros os princípios gerais comuns aos Direitos dos Estados-membros (cfr. artigo 340º do TFUE, em matéria de responsabilidade civil extracontratual). A obrigação de indemnização da União deve efetuar-se com base nos princípios gerais comuns aos Estados-membros. Por isso, o TJ se inspira nos sistemas jurídicos nacionais e esforça-se por encontrar os princípios que revelam o património comum europeu nesta matéria.

Foram também os princípios comuns aos Direitos dos Estados-membros que serviram de base à Jurisprudência do TJ relativa à proteção dos direitos fundamentais na União Europeia. Recapitulando: o Tribunal aceita, desde os finais da década de 60, início da década de 70, que o respeito dos direitos fundamentais faz parte integrante dos princípios gerais de direito, que se baseiam tanto nas tradições constitucionais comuns aos Estados-membros como nos instrumentos internacionais de que os Estados-membros fazem parte. Atualmente, o artigo 6º, nº 3, do TUE afirma que do Direito da União fazem parte, enquanto princípios gerais, os direitos fundamentais, tal como os garante a CEDH e tal como resultam das tradições constitucionais comuns aos Estados-membros[928].

925 Ac. de 27/10/71, *Rheinmühler*, proc. 6/71, Rec. 1971, p. 839.

926 Ac. de 14/11/85, *Neumann*, proc. 299/84, Rec. 1885, p. 3663.

927 Ac. de 27/2/62, *Comissão contra a Itália*, proc. 10/61, Rec. 1961, p. 23.

928 Para um estudo aprofundado dos princípios gerais de Direito na Ordem Jurídica da União Europeia, cfr. Takis Tridimas, *The General Principles...*, p. 7 e segs; Ulf Bernitz / Joakim Nergelius (ed.), *General Principles of European Community Law*, Haia, 2000, p. 3 e segs.

39.4. O Direito Derivado da União Europeia

39.4.1. Das origens ao Tratado de Lisboa

Os Tratados institutivos das Comunidades Europeias e posteriormente o Tratado da União Europeia sempre conferiram às instituições e aos órgãos das Comunidades e da União poderes para criarem todo um conjunto de atos e de normas, vulgarmente, designados Direito Derivado. Inicialmente a distinção entre as normas e os atos das Comunidades e da União articulava-se em torno de uma tipologia própria prevista nos Tratados, que consagrava denominações específicas para cada ato e definia as respetivas características, não recorrendo aos conceitos clássicos da Teoria do Estado neste domínio, como sejam o de ato legislativo, o de ato de execução e o de ato administrativo. Além disso, não se verificava uma correspondência entre as funções, os atos e os órgãos.

Assim, o elenco dos atos de Direito Derivado estava previsto no antigo artigo 249º do TCE, mas aquela sistematização não era exaustiva, uma vez que não compreendia toda a atividade da União, nem mesmo da Comunidade, e também não abrangia todos os atos e normas dela emanados. Não estavam aí previstos, por exemplo, os atos do BCE. Além disso, o ex-artigo 249º do TCE não repartia as competências dos órgãos em função dos atos, nem estabelecia qualquer hierarquia entre as normas e os atos de Direito Derivado.

Os atos e as normas expressamente previstos no antigo artigo 249º do TCE eram os regulamentos, as diretivas, as decisões, os pareceres e as recomendações, o mesmo se verificando no artigo 161º do TCEEA. Pelo contrário, o Direito Derivado previsto no Tratado CECA obedecia a uma tipologia distinta – as decisões gerais, as recomendações, as decisões individuais e os pareceres. Além dos atos expressamente previstos nos Tratados, os órgãos comunitários foram emanando um sem número de atos atípicos.

A complexidade do Direito Derivado agravou-se com a criação da União Europeia pelo Tratado de Maastricht, uma vez que os dois pilares intergovernamentais dispunham de uma tipologia de normas e de atos específica e muito diversa da preconizada para o pilar comunitário, desde logo porque as normas e os atos que incidiam sobre estes domínios não se aplicavam aos particulares e estavam excluídos da jurisdição do TJ.

Assim, no âmbito da PESC, o antigo artigo 13º do TUE previa as «estratégias comuns» do Conselho Europeu, as «posições comuns» e as «ações comuns» do Conselho e o antigo artigo 24º do TUE previa os acordos com terceiros.

No domínio do terceiro pilar que, após o Tratado de Amesterdão, ficou reduzido às matérias da CPJP, o antigo artigo 34º, nº 2, do TUE previa as posições comuns, as decisões-quadro, as decisões, as convenções entre os Estados-membros e os acordos com terceiros, previstos no antigo artigo 24º do TUE.

Foi pois com base neste quadro, o qual – como facilmente se compreende – era dotado de alguma falta de coerência e de muita complexidade, que muito antes do Tratado de Lisboa se vinha defendendo a simplificação do sistema de fontes de Direito Derivado.

Do projeto de TECE saído da Convenção sobre o Futuro da Europa constavam modificações significativas neste domínio, as quais foram transpostas para o TECE. A nomenclatura dos atos jurídicos da União foi modificada (cfr. artigo I-33º do TECE) e procedeu-se a uma distinção entre atos legislativos e atos não legislativos.

Essa nova tipologia de instrumentos jurídicos[929], aliada às modificações introduzidas no âmbito das funções dos órgãos, designadamente, a afirmação expressa das funções legislativas do Conselho e do Parlamento Europeu, tiveram como pano de fundo a preocupação de adequar a União ao respeito do principio da separação de poderes. Deve, todavia, sublinhar-se que o TECE não estendia a nova tipologia de instrumentos jurídicos a todos os domínios[930]. Tal como veio a resultar do Tratado de Lisboa, também com o TECE o fim da estrutura tripartida da União não implicava a total submissão das matérias anteriormente incluídas nos pilares intergovernamentais a todas as novas normas.

O TECE consagrava dois tipos de atos legislativos: a lei europeia e a lei-quadro europeia. A primeira era definida, no artigo I-33º, nº 1, par. 2º, do TECE, como um ato legislativo de caráter geral, obrigatório em todos os seus elementos e diretamente aplicável em todos os Estados-membros. A lei europeia aproximava-se, pois, dos regulamentos aprovados no exercício da função legislativa. A segunda era definida no artigo I-33º, nº 1, par. 3º, do TECE, como um ato legislativo que vincula todos os Estados-membros destinatários quanto ao resultado a alcançar, deixando, no entanto, às instâncias nacionais a competência quanto à forma e quanto aos meios. Tratava-se de um instrumento jurídico muito próximo da diretiva.

Segundo o TECE, integravam os atos não legislativos o regulamento europeu, a decisão europeia e as recomendações e os pareceres.

O regulamento europeu ficava reservado para os atos não legislativos de caráter geral destinados a dar execução aos atos legislativos e a algumas disposições da Constituição, podendo ser obrigatório em todos os seus elementos e diretamente aplicável em todos os Estados-membros ou vincular os Estados-membros quanto ao resultado a alcançar, deixando, no entanto, às instâncias nacionais a competência quanto à escolha dos meios e da forma (artigo I-33º, nº 1, par. 4º, do TECE).

[929] Sobre a nova tipologia de instrumentos jurídicos prevista no TECE, cfr. PAOLO STANCANELLI, "Le système décisionnel de l'Union", *in* GIULIANO AMATO / HERVÉ BRIBOSIA / BRUNO DE WITTE (eds.), *Genèse et Destinée...*, p. 508 e segs; JEAN-CLAUDE PIRIS, *Le Traité Constitutionnel...*, p. 81 e segs; SEAN VAN RAEPENBUSCH, "Les instruments juridiques de l'Union européenne", *in* MARIANNE DONY / EMMANUELLE BRIBOSIA, *Commentaire de la Constitution...*, p. 203 e segs.

[930] Segundo o artigo I-40º, nº 3, do TECE, o instrumento jurídico da PESC era a decisão europeia aprovada pelo Conselho ou pelo Conselho Europeu.

A decisão europeia era igualmente um ato não legislativo, obrigatório em todos os seus elementos, o qual quando designa destinatários, só para estes é obrigatório.

As recomendações e os pareceres não tinham efeito vinculativo.

O TECE introduziu ainda a figura dos regulamentos europeus delegados no artigo I-36º. A Comissão adquiriu uma espécie de estatuto de "órgão delegatário oficial", pois as leis e as leis-quadro europeias podiam delegar na Comissão o poder de adotar regulamentos delegados, que completassem ou alterassem certos elementos não essenciais da lei ou da lei-quadro (artigo I-36º, nº 1, do TECE). Existiam, todavia, limites que deviam ser explicitamente impostos pelo ato de delegação e que diziam respeito aos objetivos, ao conteúdo, ao âmbito de aplicação e ao período de vigência. Além disso, verificava-se uma reserva de lei ou de lei-quadro quanto aos elementos essenciais de cada domínio. Os órgãos delegantes eram, como é óbvio, os órgãos legislativos da União, ou seja, o Parlamento Europeu e o Conselho de Ministros.

O TECE previa ainda, no artigo I-37º, os atos de execução, consagrando a solução que, na prática, sempre tinha sido aplicada ao longo da História da integração europeia, qual seja a de que cabia aos Estados-membros adotar todas as medidas de Direito interno necessárias à execução dos atos jurídicos vinculativos da União (artigo I-37º, nº 1). Além disso, quando a execução dos atos da União coubesse à União e não aos Estados-membros, a competência genérica de execução pertencia à Comissão, exceto em casos específicos, devidamente justificados e relativamente à PESC que cabia ao Conselho (artigo I-37º, nº 2, do TECE).

Nem todas as soluções consagradas no TECE foram retomadas pelo Tratado de Lisboa. Com efeito, o expurgo da terminologia constitucional, imposto pelo mandato da CIG 2007, conduziu ao abandono das denominações de lei e de lei-quadro, tendo-se mantido a denominação tradicional dos regulamentos, das diretivas e das decisões.

De qualquer modo, importa notar que a eliminação da estrutura tripartida da União permitiu introduzir alterações significativas neste domínio, tendo, aliás, muitas das soluções adotadas pelo TECE sido transpostas para o Tratado de Lisboa.

39.4.2. O Direito Derivado no Tratado de Lisboa

Segundo o artigo 288º do TFUE, *"para exercerem as competências da União, as instituições adotam regulamentos, diretivas, decisões, recomendações e pareceres"*[931].

[931] Sobre o Direito Derivado da União Europeia, cfr. Paul Craig / Gráinne de Búrca, *EU Law...*, p. 104 e segs; Damian Chalmers / Gareth Davies / Giorgio Monti, *European Union...*, p. 98 e segs; Koen Lenaerts / Piet Van Nuffel, *European Union..*, p. 893 e segs; Joël Rideau, *Droit institutionnel...*, p. 161 e segs; Marianne Dony, *Droit de l'Union...*, p. 251 e segs.

39.4.2.1. *O regime comum dos atos de Direito Derivado*

Em primeiro lugar, deve sublinhar-se que a natureza de um ato não depende da sua qualificação, mas sim do seu conteúdo. O próprio TFUE admite que uma decisão pode ter a forma de regulamento (artigo 263º, par. 4º), podendo ser impugnada pelos particulares. Além disso, ao contrário do que estabelece a letra do artigo 263º, par. 1º, do TFUE, o TJ já admitiu recurso contra recomendações e pareceres, que se destinem a produzir efeitos jurídicos próprios e obrigatórios, ou seja, quando sob a capa de um ato facultativo se mascara um ato obrigatório[932].

Em segundo lugar, existe um princípio da presunção de legalidade[933] a favor das normas e dos atos da União. Contudo, os atos afetados por vícios particularmente graves e evidentes podem ser considerados pelo TJ inexistentes[934]. Tratando-se de uma situação que põe, manifestamente, em causa o princípio da segurança jurídica, o Tribunal só a título excecional tem recorrido a este expediente[935].

Em terceiro lugar, segundo o artigo 296º do TFUE, verifica-se um dever de fundamentação em relação a todos os atos jurídicos da União. A fundamentação deve incluir a menção expressa da base jurídica do ato bem como as propostas, iniciativas, recomendações, pedidos ou pareceres obrigatoriamente obtidos por força do Tratado. A fundamentação deve também fazer referência às razões que levaram à aprovação do ato dentro de uma certa margem de discricionariedade.

Em quarto lugar, segundo o artigo 297º, nº 1, par. 3º, do TFUE, os atos legislativos são publicados no Jornal Oficial da União Europeia. De entre os atos não legislativos são obrigatoriamente publicados no JOUE os regulamentos e as diretivas dirigidas a todos os Estados-membros bem como as decisões que não indiquem destinatário (artigo 297º, nº 2, par. 2º, do TFUE). As outras diretivas e as decisões que indiquem um destinatário são notificadas aos respetivos destinatários.

Por último, a entrada em vigor do Direito Derivado depende igualmente do tipo de ato que está em causa. Assim, nos termos do artigo 297º, nº 1, par. 3º, do

[932] O Tribunal admitiu a suscetibilidade de recurso de anulação contra um código de conduta adotado pela Comissão, na medida em que impunha obrigações aos Estados-membros – ac. de 13/11/91, *França c. Comissão (Código de Conduta)*, proc. C-303/90, Col. 1991, p. 5340. Do mesmo modo, admitiu recurso contra uma comunicação da Comissão que, teoricamente, visava precisar as modalidades de aplicação de uma diretiva, mas na prática criava obrigações que não constavam da diretiva – ac. de 16/6/93, *França c. Comissão (Comunicação transparência)*, proc. C-325/91, Col. 1993, p. 3303.

[933] V. ac. de 15/6/94, *Comissão c. BASF*, proc. C-137/92 P, Col. 1994, p. I-2555.

[934] Ac. de 26/2/87, *Consorcio cooperative d'Abruzzo*, proc. 15/85, Col. 1987, p. 1036; ac. 30/6/88, *Comissão c. Grécia*, proc. 226/87, Col. 1988, p. 3611.

[935] O TPI defendeu a teoria da inexistência no acórdão de 27/2/92, *BASF* (procs. T-79, 84-86, 94, 96, 98, 102, 104/89, Col. 1992, p. II-315 e ss). Porém, o Tribunal de Justiça, no caso *Comissão c. BASF, cit.*, não seguiu este entendimento, tendo optado por anular a decisão em causa.

TFUE, os atos legislativos publicados entram em vigor na data por eles fixada ou, na falta desta, no vigésimo dia subsequente ao da sua publicação, o mesmo sucedendo com os atos não legislativos sujeitos a publicação (artigo 297º, nº 2, par. 2º, do TFUE). Os atos não publicados produzem efeitos mediante a notificação (artigo 297º, nº 2, par. 3º, do TFUE).

39.4.2.2. *O regulamento*

Segundo o artigo 288º, par. 2º, do TFUE, "*o regulamento tem caráter geral. É obrigatório em todos os seus elementos e diretamente aplicável em todos os Estados-membros*". A atual definição de regulamento é exatamente igual à que anteriormente constava do artigo 249º do TCE.

O regulamento é o instrumento normativo da União que mais se assemelha à lei a nível interno, por força da generalidade, da abstração e da eficácia *erga omnes*.

O regulamento é aplicável a uma generalidade de pessoas e a uma generalidade de casos, distinguindo-se, assim, dos atos de alcance individual, como sejam algumas decisões. O regulamento não tem, portanto, destinatários designados ou identificáveis, mas sim categorias abstratamente consideradas e no seu conjunto. Porém, segundo o TJ, «*a natureza de regulamento não é posta em causa pela possibilidade de se determinar com maior ou menor precisão, o número ou mesmo a identidade dos sujeitos de direito aos quais se aplica num dado momento, desde que tal aplicação se faça em razão de uma situação objetiva de direito ou de facto*»[936].

A obrigatoriedade do regulamento em todos os seus elementos diferencia-o quer dos atos não vinculativos, como, por exemplo, as recomendações e os pareceres, quer dos atos obrigatórios somente quanto a alguns elementos, como, por exemplo, as diretivas. A plenitude do efeito obrigatório do regulamento significa que os Estados não podem aplicar o regulamento seletivamente ou de forma incompleta, não podem invocar disposições do seu Direito interno para não aplicarem o regulamento e não podem impedir a execução do regulamento com base no facto de terem expresso sérias reservas aquando da sua aprovação.

O regulamento é diretamente aplicável na União, não necessitando da interposição do poder normativo nacional. Além disso, está apto a conferir direitos e impor obrigações aos Estados-membros, aos seus órgãos e aos particulares, à semelhança da lei nacional. O TJ já condenou práticas de reprodução das disposições dos regulamentos na legislação nacional[937].

Após o Tratado de Lisboa ficou claro que os regulamentos adotados segundo um processo legislativo ordinário ou especial constituem atos legislativos (artigo 289º, nºs 1 e 2, do TFUE), mas paralelamente existem outros – os atos delegados

[936] Ac. de 11/7/68, *Zuckerfabrik*, proc. 6/68, Rec. 1968, p. 595.

[937] Ac. de 10/10/73, *Variola*, proc. 34/73, Rec. 1973, p. 981 e ss.

(artigo 290º do TFUE) que a Doutrina considera quase legislativos e os atos de execução (artigo 291º do TFUE). A distinção entre os regulamentos de base – atos legislativos por excelência – e os regulamentos de execução – atos normativos de execução – continua, portanto, a fazer todo o sentido. Com efeito, os regulamentos podem necessitar de medidas de execução a tomar por qualquer entidade nacional (artigo 291º, nº 1 do TFUE) ou da União (artigo 291º, nº 2, do TFUE). Verifica-se naturalmente uma hierarquia entre estes vários tipos de regulamentos, como melhor veremos mais adiante.

Destes regulamentos há que distinguir os regulamentos internos das instituições e dos órgãos da União previstos nos Tratados, a que se refere, por exemplo, o artigo 232º do TFUE ou o artigo 249º, nº 1, do TFUE, que atribuem competência ao PE e à Comissão para elaborarem os seus respetivos regulamentos internos e regimentos.

39.4.2.3. *A diretiva*

Nos termos do artigo 288º, par. 3º, do TFUE, *"a diretiva vincula o Estado-membro destinatário quanto ao resultado a alcançar, deixando, no entanto, às instâncias nacionais a competência quanto à forma e aos meios"*. Tal como a definição de regulamento, a de diretiva também não é inovadora, sendo retomada dos Tratados anteriores.

A diretiva, tal como o regulamento, em virtude do seu processo de elaboração pode ser um ato legislativo (artigo 289º do TFUE). Na verdade, sempre que se dirige a todos os Estados-membros e é objeto de implementação simultânea no conjunto da União – o que é bastante frequente –, tem um alcance geral, apresentando-se como um processo de legislação indireta. Mas a diretiva, tal como o regulamento, também pode ser um ato não legislativo.

A diretiva distingue-se, todavia, do regulamento, na medida em que vincula apenas quanto ao resultado a alcançar, deixando aos Estados-membros a competência quanto à forma e aos meios. A prática das instituições e dos órgãos da União esbateu esta diferença, uma vez que até à década de 90 se verificou uma tendência para redigir as diretivas de modo cada vez mais preciso e para determinar cada vez mais pormenorizadamente as modalidades da matéria nelas tratada. Nestes casos, a escolha dos meios acabava por ser bastante reduzida ou nem sequer existir, restando aos Estados-membros a transposição pura e simples da diretiva para o seu Direito interno. A introdução do princípio da subsidiariedade pelo Tratado de Maastricht veio atenuar esta prática e reposicionar as diretivas no seu devido lugar.

Os Estados têm o dever de proceder à transposição das diretivas para o Direito interno. A escolha do tipo de ato destinado a implementar a diretiva releva do sistema jurídico de cada Estado-membro. Em Portugal, o artigo 112º, nº 8, da CRP impõe que a transposição dos atos jurídicos da União para a Ordem Jurídica interna assuma a forma de lei, de decreto-lei ou de decreto legislativo regional.

Os destinatários das diretivas só podem ser os Estados-membros.

Em princípio, a diretiva não é diretamente aplicável aos indivíduos, pois dirige-se apenas aos Estados-membros. Para se aplicar aos particulares necessita de ser transposta para o Direito interno, pelo que será a norma interna e não a norma da União que se vai aplicar aos particulares.

Assim sendo, se os Estados não transpusessem a diretiva nos prazos nela previstos, ou no caso de este não existir, em tempo útil, os indivíduos ficariam desprotegidos e em desigualdade de circunstâncias com os nacionais dos outros Estados-membros, por força de um incumprimento imputável ao Estado, com o qual têm alguma conexão (nacionalidade, residência, etc.), sem que nada pudessem fazer. Como veremos melhor, para impedir esta situação, o TJ considerou que, verificados certos requisitos, as normas das diretivas podem produzir efeitos em relação aos indivíduos, mesmo antes da sua transposição. O efeito direto resulta, portanto, da necessidade de proteger os cidadãos contra a inércia do Estado.

39.4.2.4. *A decisão*

De acordo com o artigo 288º, par. 4º, do TFUE, "*a decisão é obrigatória em todos os seus elementos. Quando designa destinatários só é obrigatória para estes*".

Até ao Tratado de Lisboa, o caráter singular da decisão convertia-a no instrumento mais adequado para a realização das funções executivas e administrativas da União. A decisão não tinha alcance geral, era um ato individual dirigido aos Estados-membros, às empresas ou aos indivíduos.

O Tratado de Lisboa ao ter transformado a decisão no ato principal da PESC, domínio no qual estão excluídos os atos legislativos, introduziu alguma ambiguidade neste ato. Com efeito, após o Tratado de Lisboa, a decisão, além de constituir o ato principal da PESC, pode consubstanciar-se num ato legislativo ou não.

A decisão é obrigatória em todos os seus elementos.

A decisão pode ou não ter efeito direto, em função dos seus destinatários e do seu conteúdo. Assim, a decisão que se dirige aos particulares ou às empresas pode, naturalmente, ser invocada em tribunal diretamente, pelo que nem é necessário recorrer à teoria do efeito direto.

A solução já é mais duvidosa quando a decisão se dirige aos Estados-membros, pois, nesse caso, poder-se-ia defender que só as medidas nacionais de aplicação seriam suscetíveis de modificar a situação jurídica dos particulares. Todavia, o Tribunal reconheceu globalmente o efeito direto da decisão no acórdão *Frantz Grad*[938].

Da decisão, tal como está prevista no artigo 288º do TFUE, há que distinguir outro tipo de decisões que se destinavam a completar os Tratados, como foi o

[938] Ac. de 6/10/1970, proc. 9/70, Rec. 1970, p. 825.

caso da Decisão do Conselho relativa à eleição do PE por sufrágio direto e universal e da Decisão de criação do Tribunal de Primeira Instância, hoje revogada, bem como as decisões com alcance meramente interno ou orgânico ou instruções internas.

39.4.2.5. *As recomendações e os pareceres*

O artigo 288º do TFUE refere-se às recomendações e aos pareceres como sendo atos não vinculativos.

Os Tratados atribuíram, pois, aos órgãos da União uma função «orientadora», que se exerce através dos pareceres e das recomendações.

A recomendação sugere um determinado comportamento ao destinatário e adota-se por iniciativa do seu autor enquanto o parecer expressa uma opinião de um órgão com respeito a uma situação e emite-se por iniciativa de outro órgão ou sujeito de Direito da União muitas vezes no âmbito de um processo de formação de um ato vinculativo ou como pressuposto processual.

Os destinatários dos pareceres e das recomendações podem ser os Estados-membros e os particulares determinados ou indeterminados.

Se a emissão de parecer ou recomendação for obrigatória, a sua ausência acarreta um vício – a violação de formalidades essenciais –, que é um dos fundamentos do recurso de anulação previsto no artigo 263º do TFUE.

O Tratado de Lisboa valorizou as recomendações ao mencioná-las expressamente no artigo 292º do TFUE. Note-se que o PE não pode emitir recomendações.

39.4.2.6. *Os atos não previstos*

Além dos regulamentos, das diretivas, das decisões, dos pareceres e das recomendações previstos no artigo 288º do TFUE, das instituições e dos órgãos da União emanam outros atos previstos em disposições avulsas dos Tratados ou até sem qualquer previsão.

De entre os atos não previstos no artigo 288º do TFUE, cumpre destacar as resoluções, as conclusões, os programas de ação, as comunicações e os códigos de conduta.

As resoluções e as declarações políticas do Conselho visam muitas vezes estabelecer os princípios gerais na base dos quais a União deve fundamentar a sua atuação no futuro, fixando prazos. Como exemplo podemos referir as resoluções do Conselho em matéria de consumo, cuja primeira aprovou um primeiro programa de proteção dos consumidores em 1975[939]. As comunicações da Comissão são atos de alcance geral em domínios em que a Comissão apenas tem poderes de

[939] JOCE C 92 de 14/4/75, p. 1.

decisão a exercer caso a caso. A título de exemplo podem mencionar-se as comunicações da Comissão em matéria de concorrência[940]. As declarações comuns a vários órgãos[941] contêm obrigações recíprocas para seguir num processo que eles determinam. Nos acordos interinstitucionais[942] as instituições e os órgãos da União estabelecem entre eles uma cooperação, através de diretivas, recomendações e pareceres que dirigem uns aos outros no quadro dos mecanismos de decisão ou através de acordos que estabelecem entre eles, sob formas muito diversas, que vão desde os códigos de conduta, à troca de cartas, chegando mesmo a denominar-se acordos interinstitucionais. Inicialmente estes acordos não se encontravam previstos no Tratado, mas hoje em dia já se encontram, por vezes, referências à necessidade de conclusão de acordos para a implementação de certas normas do Tratado (v., por exemplo, artigo 226º do TFUE). Ao longo deste livro já tivemos oportunidade de mencionar vários destes acordos. Lembremos o acordo interinstitucional relativo aos procedimentos a observar na aplicação do princípio da subsidiariedade ou o *modus vivendi* entre o Conselho, a Comissão e o Parlamento sobre a "comitologia". Os acordos interinstitucionais desempenharam um papel muito importante na prática comunitária, como impulso à elaboração de Direito vinculativo[943]. Em princípio, estes atos apenas têm efeito jurídico no âmbito das relações interinstitucionais.

O Tratado de Lisboa traz novos dados neste domínio. Em primeiro lugar, o artigo 295º do TFUE institucionaliza estes acordos, na medida em que estabelece que "*o PE, o Conselho e a Comissão procedem a consultas recíprocas e organizam de comum acordo formas de cooperação. Para o efeito, podem, respeitando os Tratados, celebrar acordos interinstitucionais que podem revestir-se de caráter vinculativo*". Em segundo

[940] V. a comunicação da Comissão sobre os serviços de interesse geral na Europa, de 26/9/96, publicada no JOCE C 281, de 26/9/96 e a comunicação interpretativa sobre concessões de serviços de utilidade pública, publicada no JOCE C 121, de 29/4/2000, p. 2 e ss.

[941] V. a declaração conjunta da Assembleia, do Conselho e da Comissão, de 4 de março de 1975 (JOCE nº C 89, de 22/3/75, p. 1); a declaração comum do Parlamento, do Conselho e da Comissão, de 5 de abril de 77 sobre o respeito dos direitos fundamentais (JOCE nº C 103 de 27/4/77); a declaração comum do Conselho, do Parlamento e da Comissão, de 30 de junho de 1982, relativa às diferentes medidas com vista a melhorar o processo orçamental (JOCE nº C 194 de 28/7/82); a declaração sobre o racismo e a xenofobia (JOCE nº L 158 de 1986).

[942] V. o acordo sobre a disciplina orçamental e a melhoria do processo orçamental (JOCE nº L 185, de 15/7/88, p. 33); o acordo interinstitucional, de 12/4/89 relativo ao direito de petição (JOCE nº C 120, 1989, p. 90).

[943] Sobre os acordos interinstitucionais, cfr., entre muitos outros, Francis Snyder, "Interinstitutional Agreements: Forms and Constitutional Limitations", *in* Gerd Winter, *Sources and Categories of European Union Law*, Baden-Baden, 1996, p. 453 e segs; Jörg Monar, "Interinstitutional Agreements: the Phenomenon and its Dynamics after Maastricht", *CMLR*, 1994, p. 693 e segs.

lugar, o artigo 13º, nº 2, do TUE expressamente determina que *"as instituições mantêm entre si uma cooperação leal"*.

Uma boa parte da Doutrina tem defendido a integração dos atos acabados de mencionar no chamado *soft law*[944].

O *soft law* não é um fenómeno exclusivo do Direito da União Europeia. Pelo contrário, ele é transversal a todos os ramos do Direito.

Entende-se por *soft law* o conjunto das regras de conduta que, em princípio, não têm força vinculativa do ponto de vista jurídico, mas que, na prática, produzem efeitos jurídicos. Ou seja, além das regras jurídicas que produzem efeitos obrigatórios existe todo um conjunto de atos, provenientes tanto dos órgãos da União como dos Estados-membros, que não sendo obrigatórios produzem, no entanto, alguns efeitos práticos e, muitas vezes, preparam o terreno para atos posteriores obrigatórios. Trata-se de atos que influenciam o comportamento das instituições e dos órgãos da União bem como dos Estados. Assim, a criação de novas regras é, muitas vezes, precedida de declarações políticas ou de declarações de princípios desprovidos de força jurídica obrigatória.

O *soft law*, uma vez elaborado, pode ser transformado em *hard law*. Essa transformação ocorre por força de decisões judiciais ou do exercício do poder legislativo.

39.5. O Direito Internacional

39.5.1. Enquadramento do problema

Como vimos, a União Europeia integra-se no Mundo globalizado atual, pelo que não pode viver isolada, tal como antes as Comunidades não puderam deixar de participar na comunidade internacional. Enquanto sujeito de Direito Internacional, a União Europeia atua na comunidade internacional como autora e como destinatária das normas por ela criadas. A União encontra-se, portanto, vinculada ao Direito Internacional, quer seja Direito consuetudinário geral quer se trate de acordos internacionais, nos quais é parte, sozinha ou em conjunto com os seus Estados-membros. Acresce que as obrigações internacionalmente assumidas pelos Estados antes da sua adesão à União Europeia também produzem efeitos jurídicos que importa estudar nesta sede.

[944] Sobre o *soft law* em Direito da União Europeia, cfr., entre muitos outros, JAN KLABBERS, "Informal Instruments before the European Court of Justice", *CMLR*, 1994, p. 1023 e segs; FRANCIS SNYDER, "Soft Law and Institutional Practice", *in* STEPHAN MARTIN (ed.), *The Construction of Europe. Essays in honor of* EMILE NOËL, Dordrecht, 1994, p. 197 e segs; DANIEL THÜRER, "The Role of Soft Law in the Atual Process of European Integration", *in* OLIVER JACOT-GUILLARMOD, *L'avenir du libre échange en Europe: Vers un espace économique européen?*, Zurique, 1990, p. 131 e segs; K. C. WELLENS *et al.*, "Soft Law in European Community Law", *ELR*, 1989, p. 267 e segs; JEAN-LOUIS DEWOST, "Décisions des institutions en vue du développement des compétences et des instruments juridiques", *in* ROLAND BIEBER *et al.* (org.), *Die Dynamik...*, p. 321 e segs.

39.5.2. Direito Internacional Geral ou Comum

Os Tribunais da União reconhecem a vinculação da União (ou melhor: das Comunidades) ao Direito Internacional Geral ou Comum, designadamente, às regras da CVDT, da qual a União não faz parte[945]. Na verdade, tanto o Tribunal de Justiça como o antigo Tribunal de Primeira Instância[946] (atual Tribunal Geral), desde cedo se louvaram, com alguma frequência, nas normas das CVDT (de 1969 e de 1986[947]) para resolverem as questões relativas aos acordos internacionais de que a Comunidade era parte. Fizeram-no no que diz respeito à interpretação[948], à apreciação de validade[949] ou à suspensão e à cessação de vigência. Nem sempre resulta muito claro qual o fundamento de aplicação destas Convenções, pois antes a Comunidade e agora a União não são partes em nenhuma delas, apenas podendo estar vinculadas, por força do caráter consuetudinário geral das normas que delas constam. Posteriormente, o Tribunal justificou a aplicação da CVDT de 1969. Chamado a apreciar a validade de um regulamento comunitário, no

[945] Sobre a vinculação da Comunidade Europeia e da União Europeia ao Direito Internacional Geral ou Comum, cfr., entre outros, PIETER JAN KUIJPER, "Customary International Law, Decisions of International Organisations and Other Techniques for Ensuring Respect for International Legal Rules in European Community Law", *in* JAN WOUTERS / ANDRE NOLKAEMPER / ERIKA DE WET (ed.), *The Europeanisation of International Law*, Haia, 2008, p. 87 e segs; ALLAN ROSAS, "The European Court of Justice and Public International Law", *in* JAN WOUTERS / ANDRE NOLKAEMPER / ERIKA DE WET (ed.), *The Europeanisation...*, p. 71 e segs; ANDREA OTT, "Thirty Years of Case-law...", p. 95 e segs, maxime p. 133 a 136; VAUGHAN LOWE, "Can the European Community Bind the Member States on Questions of Customary International Law?", *in* MARTTI KOSKENNIEMI (ed.), *International Law Aspects...*, p. 149 e segs; FRANK HOFFMEISTER, "Die Bindung der Europäischen Gemeinschaft an das Völkergewohnheitsrecht der Verträge", *EWS*, 1998, p. 365 e segs; P. J. KUIJPER, "The Court and the Tribunal of the EC and the Vienna Convention on the Law of Treaties 1969", *LIEI*, 1998, p. 1 e segs; ANNE PETERS, "The Position of International Law within the European Community Legal Order", *GYIL*, 1997, p. 42 e segs.

[946] O Tribunal de Primeira Instância, no ac. de 22/1/97, *Opel Austria c. Conselho*, proc. T-114/94, Rec. 1997, p. II-39, chegou mesmo a anular um regulamento comunitário por violação do artigo 18º da CVDT.

[947] A CVDT entre Organizações Internacionais e Estados e entre Organizações Internacionais foi citada, por exemplo, no acórdão de 2/8/93, *Levy*, proc. C-158/91, Rec. 1993, p. I-4287, cons 19 e no acórdão de 9/8/94, *França c. Comissão*, proc. C-327/91, Rec. 1994, p. I-3641, cons. 25.

[948] O artigo 31º da CVDT de 1969, relativo à interpretação dos tratados foi levado em conta pelo Tribunal, em vários acórdãos, dos quais se destacam o parecer 1/91, cit., p. I-6079; ac. de 1/7/93, *Eurim-Pharm*, proc. C-207/91, Rec. 1993, p. I-3723; ac. de 1/7/93, *Metalsa*, proc. C-312/91, Rec. 1993, p. I-3751; ac. de de 5/7/94, *Anastasiou*, proc. C-432/92, Col. 1994, p. I-3087 e ss.

[949] O Tribunal considerou que a regra, prevista no artigo 46º da CVDT de que uma parte não pode invocar o seu Direito interno para se furtar ao cumprimento do Direito Internacional também é aplicável em Direito Comunitário. Ver acórdãos de 27/9/88, *Comissão c. Conselho*, proc. 165/87, Rec. 1988, p. 5545; de 3/7/96, *Parlamento c. Conselho*, proc. C-360/93, Rec. 1996, p. I-1195; de 10/3/98, *Alemanha c. Conselho*, proc. C-122/95, Rec. 1998, p. I-973.

caso *Racke*[950], o Tribunal considerou que o artigo 62º da CVDT, relativo à alteração fundamental das circunstâncias, faz parte das regras de Direito Internacional geral que vinculam a Comunidade[951]. Esta Jurisprudência foi reafirmada no caso *Herbert Weber*[952].

Ora, as conclusões a que os Tribunais da União chegam neste domínio só podem resultar de uma visão monista das relações entre o Direito Internacional e o Direito da União, a qual é muito mais "amiga" do Direito Internacional do que a visão dualista que impera na maior parte dos seus Estados-membros. Note-se que a "amizade" da União ao Direito Internacional preconizada pelos Tribunais da União nem sequer pode ser fundada nas tradições constitucionais comuns aos Estados-membros.

Mais recentemente, o TPI, atual TG, em decisões algo surpreendentes[953] (e que têm vindo a ser sistematicamente objeto de anulação por parte do TJ[954]) decidiu que, embora a Comunidade não seja membro das Nações Unidas, deve considerar-se que está vinculada pelas obrigações resultantes da Carta das Nações Unidas, da mesma forma que o estão os seus Estados-membros, por força do próprio Tratado que a institui. Por um lado, a Comunidade não pode violar as obrigações que incumbem aos seus Estados-membros por força dessa Carta, nem obstar à sua execução. Por outro lado, está obrigada, nos termos do próprio Tratado através do qual foi instituída, a adotar, no exercício das suas competências, todas as disposições necessárias para permitir que os Estados-membros cumpram essas obrigações.

Segundo o TPI, o Direito da ONU prima sobre o Direito Comunitário, pelo que não é possível justificar a sua competência para fiscalizar, ainda que incidentalmente, a legalidade das decisões do Conselho de Segurança ou do comité de sanções à luz do modelo de proteção dos direitos fundamentais, tal como são reconhecidos na Ordem Jurídica comunitária, nem com base no Direito Internacional nem com base no Direito Comunitário.

[950] Ac. de 16/6/98, proc. C-162/96, Col. 1998, p. I-3655 e segs.

[951] Para um comentário sobre o caso *Racke*, cfr. Jan Klabbers, "Case C-162/96, A. Racke, case note", *CMLR*, 1999, p. 179 e segs; Roberto Mastroiani, "La rilevanza delle norme consuetudinarie sulla sospensione dei tratati nell'ordinamento comunitario: la sentenzia Racke", *RDI*, 1999, p. 86 e segs; Fernando Castillo de la Torre, "Derecho comunitario, derecho de los tratados y sanciones económicas (Comentario a la sentencia del TJCE de 16 de junio de 1998, Racke, C-162/98), *Rev. Der. Com. Eur.*, 1998, p. 549 e segs; J. Roldan Barbero, "La costumbre internacional, la clausula rebus sic stantibus y el Derecho Comunitario (A proposito de la sentencia Racke ditada por le TJCE el 16 junio de 1998)", *REDI*, 1998, nº 2, p. 9 e segs.

[952] Ac. de 27/2/2002, proc. C-37/00, Col. 2002, p. I-2013 e segs.

[953] Cfr. acórdãos de 12/7/2006, *Ayadi*, proc. T-235/02, Col. 2006, p. II-2139 e segs e *Hassan*, proc. T-49/04, Col. 2006, p. II-52 (pub. sum.).

[954] Ac. de 3/12/2009, *Hassan e Ayadi*, procs. C-403/06 P e C-399/06, Col. 2009, p. I-11393.

Consequentemente, as resoluções do Conselho de Segurança adotadas ao abrigo do capítulo VII da Carta das Nações Unidas escapam, em princípio, à fiscalização jurisdicional do Tribunal de Primeira Instância, o qual está obrigado, na medida do possível, a interpretar e a aplicar esse Direito de maneira compatível com as obrigações que incumbem aos Estados-membros por força da Carta das Nações Unidas.

No entanto, o TPI considera que pode fiscalizar, de forma incidental, a legalidade dessas resoluções à luz do *jus cogens*, entendido como uma Ordem Pública Internacional que se impõe a todos os sujeitos do Direito Internacional, incluindo às instâncias da ONU, e que não é possível derrogar.

Em consequência, o TPI apreciou a legalidade dessas resoluções à luz do *jus cogens*, tendo chegado à conclusão que elas não violavam os direitos fundamentais reconhecidos pelo Direito Comunitário[955].

As partes recorreram desta decisão para o Tribunal de Justiça, que lhes deu razão.

Para este Tribunal, a imposição de medidas restritivas, como o congelamento de fundos em relação a certas pessoas e entidades ligadas a Osama Bin Laden, à *Al-Qaeda* e aos Talibãs, pelo simples facto de terem sido incluídas numa lista anexa a um regulamento (no caso, o regulamento nº 881/2002) constitui uma restrição injustificada do direito de propriedade dessas pessoas, uma vez que o regulamento foi adotado sem lhes ter conferido qualquer direito a exporem o seu ponto de vista às autoridades competentes, implicando uma restrição considerável do seu direito de propriedade devido às quantias envolvidas e à duração ilimitada do congelamento[956-957].

Os exemplos de "amizade" dos Tribunais da União ao Direito Internacional não se esgotam nos casos assinalados. A Jurisprudência relativa ao reconhecimento do efeito direto de normas específicas de convenções internacionais, quando estas sejam claras, precisas e incondicionais[958], a afirmação do primado

[955] Cf. caso *Ayadi*, *supra* citado.

[956] Cfr. casos *Hassan e Ayadi*, *supra* citados. Ver também ac. de 16/11/2011, *Bank Melli Iran c. Conselho*, proc. C-548/09 P, Col. 2011, p. I-11381 e segs.

[957] Sobre a vinculação da Comunidade Europeia e da União Europeia ao Direito das Nações Unidas, designadamente às resoluções do Conselho de Segurança, cfr., entre outros, Piet Eeckhout, "EC Law and UN Security Council Resolutions", *in* Alan Dashwood / Marc Maresceau, *Law and Practice...*, p. 104 e segs; Pieter Jan Kuijper, "Customary International Law...", p. 87 e segs; Nikolaos Lavranos, "UN Nations and Judicial Review", *in* Jan Wouters / Andre Nolkaemper / Erika de Wet (ed.), *The Europeanisation...*, p. 185 e segs; Stéphane de la Rosa, "La mise en oeuvre des résolutions du Conseil de sécurité confrontée aux exigences de la Communauté de droit. Réflexions sur l'arrêt Kadi", *RAE*, 2007-2008, p. 317 e segs.

[958] Cfr., entre muitos outros, ac. de 5/2/76, *Bresciani*, proc. 87/75, Rec. 1976, p. 129 e segs; ac. de 9/2/82, *Polydor*, proc. 270/80, Rec. 1982, p. 329 e ss e ac. de 29/4/82, *Pabst*, proc. 17/81, Rec. 1982, p. 1331 e segs.

do Direito Internacional sobre o Direito Derivado da União[959], a exigência de interpretação conforme do Direito Derivado com o Direito Internacional[960], ainda que as suas normas não sejam passíveis de efeito direto, a admissibilidade da instauração de uma ação por incumprimento contra um Estado que não cumpre o Direito Internacional que vincula a União são alguns dos casos em que essa "amizade" também esteve presente.

39.5.3. O Direito Internacional Convencional

Ao longo deste livro já referimos várias vezes o Direito Internacional Convencional de que a União (ou a Comunidade) faz parte. Assim, a propósito da temática das atribuições da União, estudámos em que casos a União detém capacidade para celebrar acordos internacionais, tendo verificado que a problemática da capacidade internacional da União (e antes do Tratado de Lisboa também a das Comunidades Europeias) tem vindo a evoluir significativamente. No capítulo anterior, estudámos o processo de vinculação internacional da União. Vamos agora sistematizar os tipos de acordos internacionais que podem ter relevância no domínio das fontes de Direito da União Europeia.

Em primeiro lugar, devem referir-se os acordos da União propriamente ditos. Assim, nas matérias em que a União Europeia detém competência exclusiva, ela pode celebrar acordos com terceiros Estados ou Organizações Internacionais, pelos quais fica vinculada assim como os seus Estados-membros (artigo 216º, nº 2, do TFUE).

Em segundo lugar, devem mencionar-se os acordos "mistos". Nos domínios em que a União não possui atribuições exclusivas, mas sim atribuições de outro tipo, designadamente, partilhadas, os acordos terão de ser concluídos entre, por um lado, a União e os Estados-membros e, por outro lado, os terceiros Estados ou outros sujeitos de Direito Internacional. Estes acordos levantam problemas de toda a ordem e envolvem dificuldades acrescidas, designadamente do ponto de vista do processo de negociação, assinatura e conclusão[961], as quais não vão ser aqui estudadas.

Por último, em terceiro lugar, não se podem esquecer os acordos pré-União. Trata-se de acordos celebrados pelos Estados-membros com terceiros Estados

[959] Cfr. ac. de 17/9/2007, *Microsoft*, proc. T-201/04, Col. 2007, p. II-3601 e segs.

[960] Cfr. ac. de 14/12/2000, *Dior e. a.*, proc. C-300/98 e C-392/98. Col. 2000, p. I-11307 e segs e ac. de 13/9/2001, *Schieving-Nijstad*, proc. C-89/99, Col. 2001, p. I-5851 e segs.

[961] Sobre os acordos mistos, cfr. Christophe Hillion / Panos Koutrakos (eds.), *Mixed Agreements Revisited...*; De Geert Baere, *Constitutional Principles...*, p. 231 e segs; Panos Koutrakos, *EU International Relations...*, p. 137 e segs; Marianne Dony, "Les accords mixtes", *in* Jean-Victor Louis / Marianne Dony (dir.), *Commentaire Mégret...*, p. 167e segs; Piet Eeckhout, *External Relations...*, p. 190 e segs; Allan Rosas, "Mixed Union – Mixed Agreements", *in* Martti Koskenniemi (ed.), *International Law Aspects...*, p. 125 e segs.

antes da criação das Comunidades ou da sua adesão às Comunidades e/ou à União Europeia, os quais, segundo o artigo 351º, par. 1º, do TFUE, se mantêm em vigor, em obediência à regra *pacta sunt servanda* (artigo 26º da CVDT) e ao princípio da relatividade dos tratados (artigo 34º da CVDT).

Todavia, na medida em que tais convenções não sejam compatíveis com os Tratados, o Estado ou os Estados-membros em causa farão todos os esforços para eliminar as incompatibilidades existentes. Caso seja necessário, os Estados-membros auxiliar-se-ão mutuamente para atingir essa finalidade, adotando, se for caso disso, uma atitude comum (artigo 351º, par. 2º, do TFUE).

O par. 3º do mesmo preceito acrescenta que, ao aplicar os acordos pré-comunitários ou pré-União, os Estados-membros terão em conta o facto de que as vantagens concedidas nos Tratados por cada um dos Estados-membros fazem parte integrante do estabelecimento da União, estando inseparavelmente ligadas à criação de instituições comuns, à atribuição de competências em seu favor e à concessão das mesmas vantagens por todos os outros Estados-membros.

Note-se que certos tratados celebrados pelos Estados-membros com terceiros Estados anteriormente à criação das Comunidades acabaram por vincular as próprias Comunidades, tendo-se dado, por conseguinte, um efeito de substituição ou sucessão de tratados, mas isso só sucedeu nos casos em que houve transferência de atribuições dos Estados-membros para as Comunidades. O exemplo mais ilustrativo desta situação foi o caso do GATT[962].

Esta substituição é, todavia, casuística, não tendo operado em relação a todos os tratados. Não se verificou, por exemplo, no caso da CEDH[963].

39.6. A Jurisprudência do Tribunal de Justiça da União Europeia

39.6.1. A importância da Jurisprudência do TJUE

A Jurisprudência do Tribunal de Justiça assume no Direito da União Europeia um papel extremamente importante[964]. Na verdade, o caráter intencionalmente vago dos Tratados e a relativa rigidez das regras de revisão, ligados à natureza intrinsecamente evolutiva do processo de integração europeia, levaram o Tribunal a interpretar, desenvolver e aprofundar os Tratados e, desse modo, contribuir de

[962] V. ac. de 12/12/72, *International Fruit Company*, procs. 21 a 24/72, Rec. 1972, p. 1219 e segs.

[963] V. parecer 2/94 já citado.

[964] Sobre a Jurisprudência do TJ, cfr. Joël Rideau, *Droit institutionnel...*, p. 221 e segs; Takis Tridimas, "The Court of Justice and Judicial Activism", *ELR*, 1996, p. 203 e segs; Joxerramon Bengoetxea, *The Legal Reasoning of the European Court – Towards a European Jurisprudence*, Oxford, 1993; J. Mertens de Wilmars, "La jurisprudence de la Cour de Justice comme instrument de l'intégration communautaire", *CDE*, 1976, p. 135 e segs; Anna Bredimas, *Methods of Interpretation and Community Law, in* European Studies in Law, vol. 6, Amsterdão, 1978; Robert Lecourt, *L'Europe des juges*, Bruxelas, 1976.

forma decisiva para a elaboração e sedimentação progressivas da Ordem Jurídica das Comunidades Europeias e, posteriormente, da União Europeia. Bom exemplo disso é o facto de alguns princípios fundamentais do Direito da União Europeia serem de criação pretoriana. É o caso dos princípios do primado do Direito da União Europeia sobre os Direitos Nacionais, do efeito direto do Direito da União Europeia nas Ordens Jurídicas internas, da proporcionalidade, do paralelismo de atribuições e competências internas e externas das Comunidades e da União e da responsabilidade civil extracontratual dos Estados por incumprimento do Direito da União.

A grande panóplia de meios contenciosos, bem como a enorme diversidade das matérias sobre as quais aqueles meios contenciosos levam o Tribunal de Justiça a intervir – do Direito Administrativo ao Direito Civil, do Direito Constitucional ao Direito Penal, do Direito do Trabalho ao Direito do Ambiente – fazem dele porventura o Tribunal do Mundo com maior e mais variada competência. Por sua vez, a quase paralisia dos órgãos de deliberação e de decisão, devido ao seu processo interno de funcionamento, paralisia essa que durou décadas e cujos vestígios perduraram muito tempo, erigiu o Tribunal ao papel de verdadeiro motor da integração jurídica no âmbito da União Europeia. E nem se diga que a evolução mais recente do Direito da União Europeia no sentido de agilizar os procedimentos de decisão permitiu alterar esta situação. Com efeito, o Tribunal de Justiça continua, mesmo depois de todas as revisões que os Tratados sofreram, a desempenhar um papel de um enorme relevo no processo de integração europeia, como se viu ainda recentemente através da prolação do Parecer 2/13 que inviabilizou, pelo menos, para já, a adesão da União à CEDH.

39.6.2. Os métodos de interpretação do TJUE

A escolha dos métodos de interpretação por parte de qualquer juiz reflete a sua política jurisprudencial, permitindo medir a intensidade de criação jurisprudencial num determinado sistema jurídico. O juiz não se limita a resolver as dificuldades de interpretação dos textos jurídicos, compete-lhe igualmente determinar as normas aplicáveis num caso concreto e, na eventual ausência de texto, integrar as lacunas do legislador, incluindo constitucional, através da criação de normas jurídicas aplicáveis ao caso.

Ora, no início do processo de integração europeia, os Tratados institutivos das Comunidades Europeias criaram uma Ordem Jurídica nova, autónoma e específica que se encontrava em concorrência com as Ordens Jurídicas nacionais, o que obrigou o Tribunal a privilegiar alguns métodos de interpretação em detrimento de outros. Nunca tendo rejeitado os métodos de interpretação previstos no artigo 31º da CVDT, o TJ utilizou, na interpretação, antes do Direito das Comunidades Europeias e posteriormente do Direito da União Europeia, técnicas diferentes das usadas pelos tribunais internacionais (e também pelos tribunais internos), reflexo da diferente natureza do sistema jurídico em que se inseria.

Na Jurisprudência do TJUE podem distinguir-se claramente quatro métodos de interpretação que se combinam em proporções variáveis.

O primeiro consiste na interpretação em função da intenção dos autores das normas. Trata-se do método subjetivista, o qual deixa pouca margem para a criação jurisprudencial. Este método desempenhou um papel muito secundário na interpretação do Direito da União por parte do TJUE, até porque os trabalhos preparatórios escritos dos Tratados só foram conhecidos muito mais tarde. O mesmo se diga relativamente ao Direito Derivado. O Tribunal dá pouca relevância aos trabalhos preparatórios dos quais podem eventualmente constar as razões que levaram à adoção de determinado ato, as posições comuns e as posições unilaterais dos Estados-membros.

O segundo método de interpretação é o textual, em que o juiz parte do texto para resolver as dificuldades de interpretação. O juiz recorre, designadamente, ao contexto, à interpretação gramatical, ao efeito útil e à confrontação entre as várias versões linguísticas. Este método deixa uma grande de manobra à subjetividade do juiz, o qual ao escolher esta ou aquela técnica de interpretação pode fazer prevalecer a sua vontade mais ou menos criativa.

Ora, o TJ parte do texto do Tratado[965], aí se incluindo o elemento literal *stricto sensu*, o gramatical, o lógico e a regra do efeito útil[966]. Mas o TJ, ao procurar o sentido que se retira do texto, depara com algumas dificuldades, provenientes das especificidades do Direito a interpretar.

Em primeiro lugar, o Direito da União Europeia deve ser interpretado e aplicado uniformemente em todos os Estados-membros, pelo que não se compadece com interpretações divergentes nem «nacionalistas», o que levou o TJUE a rejeitar a ideia do sentido comum atribuível aos termos, afirmada pelo Tribunal Internacional de Justiça, substituindo-a pela ideia do sentido comunitário dos termos. Assim, os conceitos de monopólio nacional de natureza comercial, de organização nacional de mercado, de trabalhador, de segurança social, de serviço público, de imposições internas, de órgão jurisdicional e de recurso judicial são conceitos comunitários e não nacionais.

Em segundo lugar, o TJ utilizou a regra do efeito útil, com a qual pretendeu conferir o máximo de eficácia aos Tratados. Além desta regra, socorreu-se ainda da regra do efeito necessário, a qual foi utilizada, particularmente, em matéria

[965] Ver, a título exemplificativo, ac. de 6/10/70, *Grad*, proc. 9/70, Rec. 1970, p. 841; ac. de 13/12/79, *Hauer*, proc. 44/79, Rec. 1979, p. 3743; ac. de 14/1/82, *Corman*, proc. 64/81, Rec. 1982, p. 23.

[966] São inúmeros os acórdãos em que o TJ aplica a regra do efeito útil. A título meramente exemplificativo, ver, ac. de 9/3/78, *Simmenthal*, proc. 106/77, Rec. 1978, p. 643 e ac. de 4/10/91, *Madeleine de Paep*, proc. 196/90, Col. 1991, p. 4838.

de extensão das atribuições da União (antes das Comunidades) para a conclusão de acordos internacionais.

Em terceiro lugar, as normas da União são redigidas oficialmente em várias línguas (melhor dito: nas várias línguas nacionais oficiais, que atualmente são vinte e quatro), apresentando todas elas o mesmo valor interpretativo. O TJ, para atingir o sentido correto de uma norma, socorre-se da comparação entre as várias versões linguísticas. Caso a divergência se apresente apenas em relação a uma das versões, tal será entendido como um argumento a favor de que a interpretação correta da norma é a das outras versões. Se a divergência for insolúvel por este método, então o Tribunal socorre-se de outros métodos de interpretação, designadamente, o teleológico ou funcional.

Segundo um terceiro método dito teleológico ou funcional, o juiz baseia-se nos objetivos dos textos que pode interpretar livremente, de acordo com a evolução política, social e económica. Com efeito, o caráter dinâmico, evolutivo e progressivo das Comunidades levou o TJ a dar uma especial relevância aos métodos funcionais ou teleológicos[967]. As disposições de Direito da União Europeia são interpretadas com base nos primeiros artigos dos Tratados, referentes aos objetivos antes das Comunidades, atualmente da União, e nos preâmbulos dos Tratados, o que lhes confere uma importância especial. Além disso, o método da interpretação teleológica é o mais apropriado para completar as disposições de alcance genérico e as disposições incompletas e integrar as respetivas lacunas.

O quarto método de interpretação é o sistemático, através do qual o TJUE apela ao contexto em que as disposições se inserem, chegando a abranger o próprio sistema geral dos Tratados. No passado, o TJ interpretou o Tratado institutivo de uma Comunidade, recorrendo muitas vezes à comparação com as disposições de outros Tratados sobre a mesma matéria[968].

Em suma, o TJ privilegia o método objetivista da interpretação e a interpretação extensiva, embora aceite que as exceções e derrogações às normas da União devem ser interpretadas restritivamente[969].

39.7. O costume

Não é líquido que o costume seja fonte de Direito da União Europeia. Na verdade, nunca obteve qualquer referência nos Tratados institutivos das Comunidades

[967] Ac. de 27/10/77, *Bouchereau*, proc. 30/77, Rec. 1977, p. 1999; ac. de 13/12/91, *Mario Nijs*, proc. 158/90, Col. 1991, p. 2035 e segs.

[968] A propósito da aplicação do elemento sistemático da interpretação ver, por exemplo, ac. de 14/12/62, *Pain d'épice*, proc. 2 e 3/62, Rec. 1962, p. 827; ac. de 30/4/74, *Sacchi*, proc. 153/73, Rec. 1974, p. 429; ac. de 28/2/80, *Fellinger*, proc. 67/79, Rec. 1980, p. 544; ac. de 23/3/82, *Levin*, proc. 53/81, Rec. 1982, p. 1048 a 1050.

[969] Caso *Pain d'épice*, cit., p. 827 e ac. de 28/10/75, *Rutili*, proc. 36/75, Rec. 1975, p. 1231.

Europeias, nem os Tratados atualmente em vigor o mencionam explicitamente, o que, por si só, não tem qualquer significado.

Por vezes a Doutrina fundamenta no costume certas práticas dos órgãos não previstas nos Tratados para lhes poder conferir valor jurídico.

De qualquer modo, a tónica dominante da Doutrina, neste domínio, é o desacordo. O Tribunal não se pronunciou até ao momento sobre este assunto.

39.8. A Doutrina

A Doutrina é, como se sabe, constituída pelas opiniões dos jurisconsultos. Tal como em relação aos outros ramos do Direito, a Doutrina tem uma função crítica, influenciando, muitas vezes, as opções do legislador da União, quer seja constituinte, quer seja ordinário.

A Doutrina em Direito da União Europeia tem uma particularidade: prima pela abundância, ou talvez mesmo pelo excesso, o que nem sempre tem correspondência na sua qualidade.

39.9. A hierarquia das fontes de Direito da União Europeia

Chegados a este ponto, importa sublinhar que nem todas as fontes de Direito da União Europeia acabadas de enunciar ocupam o mesmo lugar numa eventual hierarquia.

Assim, o TUE e o TFUE formam, desde a entrada em vigor do Tratado de Lisboa, o primeiro fundamento de todo o Direito da União Europeia. A esses dois Tratados há que juntar a Carta dos Direitos Fundamentais da União Europeia. Embora estes textos tenham todos o mesmo valor jurídico, não está excluída a existência de uma certa hierarquia interna, uma vez que o TFUE se afigura como um tratado de desenvolvimento do TUE e dentro de cada um dos Tratados há disposições que têm um caráter mais fundamental do que outras.

Note-se que, além dos Tratados e da Carta, o bloco de constitucionalidade integra todo o Direito Originário atrás mencionado, o qual prevalece sobre o restante Direito da União Europeia. A ausência de fiscalização do Direito Derivado da PESC torna mais teórica do que real a hierarquia entre o TUE e este Direito.

Em todos os outros domínios os atos adotados pelas instituições e pelos órgãos da União devem respeitar todo o Direito Originário bem como os princípios gerais de Direito.

Os Tratados não estabelecem uma hierarquia muito clara entre os atos de Direito Derivado, mas a verdade é que ela se existe e até saiu reforçada com o Tratado de Lisboa. Assim, os regulamentos de execução devem respeitar os regulamentos de base assim como as diretivas de execução devem ser conformes às diretivas de base. Os atos adotados com fundamento numa delegação de poderes devem respeitar os atos que conferem a delegação. Verifica-se portanto, uma hierarquia entre o Direito Secundário e o Direito Terciário.

A definição da posição dos princípios gerais de Direito por referência ao Direito Originário afigura-se mais difícil. Para muitos, eles têm um valor jurídico inferior aos Tratados e ao Direito Originário em geral. Esta análise parece, todavia, ignorar, por um lado, que muitos princípios gerais de Direito se inserem nos próprios Tratados desde o início ou foram, posteriormente, neles introduzidos e, por outro lado, que alguns princípios gerais de Direito, após o Tratado de Lisboa, se retiram dos valores da União previstos no artigo 2º TUE, cujo desrespeito pode mesmo conduzir à suspensão dos direitos do Estado-membro prevaricador. Daqui parece decorrer que estes princípios gerais de Direito devem ter um valor supraconstitucional.

A superioridade dos princípios gerais de Direito em relação ao Direito Derivado e em relação ao Direito Internacional é mais pacífica. Esta superioridade é ainda mais forte quando se trata de princípios gerais de Direito relativos a direitos fundamentais.

A primazia do Direito Originário da União sobre os acordos internacionais de que a União (e antes a Comunidade) é parte resulta, por um lado, da possibilidade de controlo jurisdicional preventivo dos mesmos (cfr. artigo 218º, nº 11, do TFUE) bem como, por outro lado, da admissibilidade do seu controlo jurisdicional sucessivo pela via dos atos de conclusão e aplicação. Os acordos internacionais prevalecem sobre o Direito Derivado, na medida em que eles vinculam os Estados-membros e as instituições da União (artigo 216º, nº 2, do TFUE).

Capítulo XI
As relações entre o Direito da União Europeia e os Direitos internos dos Estados-membros

40. Enquadramento geral do tema

De tudo o que, até ao momento, se escreveu neste livro resulta claro que a União Europeia é uma nova forma de manifestação do Poder Político. Composta pelos Estados-membros e por cidadãos, a União fundamenta-se em ambos para se desenvolver. Ou seja, os Estados-membros fazem parte integrante da União Europeia, continuando, todavia, a existir, enquanto entes autónomos dotados de Ordens Jurídicas próprias. Mas se a União se fundamenta e foi criada pelos Estados-membros, isso não significa que os cidadãos não desempenhem um papel igualmente importante, desde logo, na sua legitimação, o que vai ter repercussões no modo como o Direito da União se vai projetar e relacionar com os Direitos dos Estados-membros.

Porque se trata de uma entidade com características próprias e diferentes de todas as outras conhecidas do Direito Internacional e dos Direitos internos, a problemática das relações entre o Direito da União Europeia e os Direitos dos seus Estados-membros assumiu, desde sempre, contornos próprios, que nunca se enquadraram nos moldes tradicionais do dualismo e do monismo internacional nem nos do primado do Direito federal sobre o Direito federado.

Com efeito, a capacidade de produção legislativa da União Europeia cujas normas se aplicam, em muitos casos, diretamente aos indivíduos, quer sejam cidadãos da União quer não, quer sejam pessoas singulares quer sejam pessoas coletivas, evidenciou a necessidade de uma construção dogmática alternativa à do Direito Internacional. Além disso, o facto de a União Europeia também não ter sido constituída com base em modelos federais típicos impediu igualmente o recurso às técnicas do federalismo para explicar as relações entre a Ordem Jurídica da União e as Ordens Jurídicas dos Estados-membros.

Tornou-se, portanto, necessário encontrar um modelo alternativo de relacionamento entre os Direitos dos Estados-membros e o Direito da União que levasse em conta todas as especificidades da União Europeia. Ora, essa tarefa coube, em primeira linha, ao Tribunal de Justiça, o qual, ao longo dos tempos, foi afirmando um conjunto de princípios que permitiram a coexistência relativamente pacífica das duas realidades.

É pois sobre este conjunto de princípios que seguidamente nos vamos debruçar.

41. O princípio da autonomia do Direito da União Europeia

O Tribunal afirmou, desde muito cedo, a autonomia da Ordem Jurídica comunitária – hoje Ordem Jurídica da União – tanto em relação ao Direito Internacional como em relação ao Direito interno dos Estados-membros. No acórdão *Costa ENEL*[970] pode ler-se:

> *«tendo em conta que ao contrário dos tratados internacionais ordinários, o Tratado da CEE instituiu uma ordem jurídica própria integrada no sistema jurídico dos Estados-membros aquando da entrada em vigor do Tratado e que se impõe às suas jurisdições;*
>
> *com efeito ao instituir uma Comunidade de duração ilimitada, dotada de órgãos próprios, de personalidade, de capacidade jurídica, de uma capacidade de representação internacional e mais particularmente de poderes reais saídos de uma limitação de competência ou de uma transferência de atribuições dos Estados à Comunidade; estes limitaram, ainda que em domínios restritos, os seus direitos soberanos e criaram assim um corpo de direito aplicável aos seus nacionais e a si próprios».*

O TJ considerou que o então TCEE, ao contrário de todos os outros tratados internacionais, criou o seu próprio sistema jurídico – novo e autónomo – o qual se baseava:

a) num sistema de fontes próprio;
b) num quadro institucional independente;
c) num sistema de fiscalização judicial eficaz;
d) em princípios específicos;
e) na especificidade dos objetivos do Tratado.

Ora, foi precisamente a autonomia da Ordem Jurídica comunitária que acabou por justificar a não aplicação dos princípios, dos mecanismos e quadros jurídicos quer do Direito Internacional quer do Direito interno ao Direito das Comuni-

[970] Ac. de 15/7/64, *Costa ENEL*, proc. 6/64, Rec. 1964, p. 1160.

dades Europeias – atual Direito da União Europeia. O princípio da autonomia implicou, portanto, a procura de novos caminhos[971].

42. O princípio do primado do Direito da União sobre o Direito estadual
42.1. Posicionamento do problema

A existência no mesmo espaço jurídico de dois ordenamentos distintos potencialmente aplicáveis aos mesmos casos propicia o aparecimento de conflitos entre as normas provenientes de cada um deles, pelo que se afigura necessário definir, à partida, regras de hierarquia normativa.

Este problema tanto pode surgir dentro do fenómeno estadual como fora dele. Assim, nos Estados federais podem verificar-se conflitos entre normas do Direito Federal e normas do Direito dos Estados federados e nos Estados unitários regionais entre disposições do Direito nacional e disposições do Direito regional. Estes conflitos são, normalmente, resolvidos segundo as regras previstas nas Constituições dos respetivos Estados.

Fora do âmbito estadual, são suscetíveis de se verificarem – e verificam-se frequentemente – conflitos entre regras do Direito Internacional e regras dos Direitos Internos, bem como entre normas provenientes do Direito da União Europeia e normas ínsitas nos Direitos dos Estados-membros.

No caso do Direito Internacional, o princípio do primado da norma internacional sobre a norma nacional, que lhe é contrária, foi diversas vezes afirmado pelos tribunais internacionais[972] e é reconhecido no artigo 27º da CVDT de 1969, que dispõe que uma parte num tratado não pode invocar as disposições do seu Direito interno para justificar a não execução de um tratado.

Nos Direitos Federais vigora normalmente o princípio de que o Direito Federal prevalece sobre o Direito dos Estados Federados.

Antes de avançar, quatro notas se impõem. Em primeiro lugar, só faz sentido falar de primado se houver um conflito entre duas normas provenientes de ordenamentos jurídicos distintos potencialmente aplicáveis no mesmo espaço jurídico a um caso concreto, pelo que se se conseguir eliminar o conflito, por exemplo, através da interpretação conforme da norma, não se justifica o recurso ao princípio do primado. Em segundo lugar, a questão do primado só se coloca quando a norma de Direito da União Europeia for diretamente aplicável na Ordem Jurí-

[971] Sobre o princípio da autonomia da Ordem Jurídica comunitária, cfr. THEODOR SCHILLING, "The Autonomy of the Community Legal Order: An Analysis of Possible Foundations", *Harv. Int'l L.J.*, 1996, p. 380 e segs; J. H. H. WEILER, "The Autonomy of the Community Legal Order – Through the Looking Glass", *Harv. Int'l L. J.*, 1996, p. 411 e segs; F. E. DOWRICK, "A Model of the European Communities Legal System", *YEL*, 1983, p. 169 e segs.

[972] Ver Parecer sobre as comunidades greco-búlgaras, TPJI, série B, nº 17, p. 32 e parecer sobre o tratamento dos nacionais polacos, TPJI, série A/B, nº 44, p. 24.

dica nacional. Em terceiro lugar, se o conflito efetivamente se verificar, a solução que os dois ordenamentos jurídicos em causa preconizam para esse problema pode não ser coincidente. É o que se verifica, nalguns casos, no Direito da União Europeia e nos Direitos dos seus Estados-membros. Até ao Tratado de Lisboa, o Direito da União Europeia afirmava o primado com caráter absoluto e incondicional – toda e qualquer norma da União prevalece sobre toda e qualquer norma de Direito nacional – já a maior parte dos segundos aceitavam o primado mas apenas com caráter relativo (com a exceção da Holanda e do Luxemburgo) – certas normas nacionais estão fora do alcance do primado. Após o Tratado de Lisboa, esta questão tem de ser reequacionda devido à inclusão do princípio da identidade constitucional fundamental dos Estados-membros no artigo 4º, nº 2, do TUE. Por último, também se verifica algum desacordo relativamente à questão de saber quem é o último árbitro desse conflito. Se para o Direito da União Europeia só pode ser o Tribunal de Justiça, já para os Direitos nacionais não é necessariamente assim. Os Tribunais Constitucionais e / ou os Supremos Tribunais têm tido muita dificuldade em prescindir da fiscalização da constitucionalidade relativamente às normas de Direito da União Europeia.

Nas páginas que se seguem vamos tratar o princípio do primado do Direito da União Europeia sobre os Direitos dos Estados-membros em duas óticas distintas: a da União Europeia e a dos seus Estados-membros.

42.2. O princípio do primado na ótica do Direito da União Europeia

42.2.1. A Jurisprudência do Tribunal de Justiça fundadora do princípio do primado

Apesar de, até ao Tratado de Lisboa, não existir nos Tratados qualquer referência expressa à supremacia do Direito Comunitário ou, posteriormente, do Direito da União sobre os Direitos nacionais, o Tribunal de Justiça, ao longo dos tempos, desenvolveu a sua Jurisprudência no sentido da afirmação do princípio do primado do Direito Comunitário (hoje, Direito da União Europeia) sobre os Direitos nacionais.

Sublinhe-se que esta não foi uma tarefa fácil, desde logo, porque a maior parte dos Estados-membros fundadores adotavam visões dualistas no tocante ao relacionamento do Direito interno com o Direito Internacional.

Os acórdãos mais relevantes nesta matéria continuam a ser o acórdão *Costa ENEL*, o acórdão *Internationale Handelsgesellschaft e o* acórdão *Simmenthal*, pois foram eles que, na época da sua elaboração, estabeleceram as bases nas quais se ancora ainda hoje o princípio do primado.

No acórdão *Costa ENEL*, o Tribunal afirmou que:

> *«(...) o direito nascido do tratado não poderia, portanto, em razão da sua natureza específica original, ver-se judiciariamente opor um texto interno qualquer que ele seja,*

sem perder o seu caráter comunitário e sem que seja posta em causa a base jurídica da própria Comunidade;

que a transferência, operada pelos Estados, da sua ordem jurídica interna, a favor da ordem jurídica comunitária, dos direitos e obrigações correspondentes às disposições do tratado, implica uma transferência definitiva dos seus direitos soberanos contra a qual não se poderia prevalecer um ato unilateral ulterior incompatível com a noção de Comunidade»[973].

No acórdão *Internationale Handelsgesellschaft,* o TJ retomou a Jurisprudência *Costa Enel,* acrescentando que a possível violação dos direitos fundamentais, tal como estão formulados na Constituição de um Estado-membro bem como a violação dos princípios de uma estrutura constitucional nacional não afetarão a validade de um ato da Comunidade ou o seu efeito sobre o território desse Estado[974].

No acórdão *Simmenthal,* o Tribunal vai fechar o círculo ao concluir que:

«todo o juiz nacional, demandado no quadro da sua competência, tem a obrigação de aplicar integralmente o direito comunitário e de proteger os direitos que este confere aos particulares, deixando inaplicável toda a disposição eventualmente contrária da lei nacional, seja ela anterior ou posterior à regra comunitária»[975].

Na sequência deste acórdão, alguma Doutrina reclamou a aplicação da teoria da inexistência à norma jurídica interna contrária ao Direito Comunitário. O TJ limitou-se, contudo, a reafirmar e desenvolver a Jurisprudência *Simmenthal,* tendo mesmo, no caso *IN.GO.GE'90 srl,* tomado claramente posição no sentido de que:

«não pode deduzir-se que a incompatibilidade com o direito comunitário de uma norma de direito nacional posterior tenha como efeito determinar a inexistência desta»[976].

O Tribunal interpretou, pois, a Jurisprudência *Simmenthal,* no sentido da inaplicabilidade da norma nacional contrária à norma comunitária. Ainda mais recentemente o TJ reafirmou, no caso *Krzysztof Filipiak*[977], que, por força do primado do Direito Comunitário, um conflito entre uma norma nacional e uma disposição diretamente aplicável do Tratado deve ser resolvido pelo tribunal nacional no sentido da aplicação do Direito Comunitário, se necessário recusando a aplicação da norma nacional, e não pela declaração de que a norma nacional é

973 Proc. cit., p. 1160.

974 Ac. de 17/12/70, proc. 11/70, Rec. 1970, p. 1135.

975 Ac. de 9/3/78, *Simmenthal,* proc. 106/77, Rec. 1978, p. 629 e segs, p. 643 e 643.

976 Ac. de 22/10/1998, *IN.GO.GE' 90 srl,* proc. C-10/97 a C-22/97, Col. 1998, p. I-6307 e segs.

977 Ac. de 19/11/2009, proc. C-314/08, Col. 2009, p. I-11049 e segs.

inválida[978]. Os poderes das autoridades administrativas e tribunais neste domínio devem ser determinados por cada Estado-membro.

A Jurisprudência do TJ relativa ao princípio do primado integra ainda um outro elemento substancialmente novo que se revelou de uma enorme importância. Segundo o Tribunal de Justiça, é aos tribunais nacionais que compete assegurar a prevalência da norma comunitária (e da norma da União) sobre a norma nacional, ou seja, é à Ordem Jurídica nacional que compete assegurar a aplicação plena da norma comunitária (e da norma da União)[979].

Ainda que se considere que esta exigência já estava implícita na Jurisprudência dos tribunais internacionais, na verdade ela nunca tinha sido claramente afirmada, por duas ordens de razões. Em primeiro lugar, faltou aos tribunais internacionais o meio contencioso adequado para cumprirem esse fim, isto é, o processo das questões prejudiciais (artigo 267º do TFUE). Em segundo lugar, o Direito Internacional admite o sistema dualista nas relações com os Direitos estaduais assim como a cláusula de transformação, no que diz respeito à incorporação da norma internacional no ordenamento jurídico interno, pelo que, pelo menos, nos Estados em que este sistema vigora, a primazia do Direito Internacional não se consegue efetivar na prática, na medida em que a norma internacional, ao ser transformada em Direito interno, adquire a força da norma que a

[978] O Tribunal mantém-se fiel à linha jurisprudencial inicial em acórdãos mais recentes. Ver, por exemplo, ac. de 5/10/2010, *Elchinov*, proc. C-173/09, Col. 2010, p-I 8889 e segs; ac. de 6/9/2012, *Philips Electrinics UK*, proc. C-18/11, Col. 2012, p. 532 e segs; ac. de 26/2/2013, *Akerberg Fransson*, proc. C-617/10, Col. 2013, p. 105 e segs; ac. de 18/9/2014, *Vueling Airlines*, proc. C- 487/12, Col. 2014, p. 2232 e segs; ac. de 5/7/2016, *Ognyanov*, proc. C-614/14, Col. 2016, p. 514 e segs.

[979] Sobre a Jurisprudência inicial do TJ relativa ao princípio do primado, cfr. GIANCITO BOSCO, «La primauté du droit communautaire dans les ordres juridiques des Etats membres de l'Union européenne», *in* OLE DUE (dir.), *Festschrift EVERLING*, vol. I, Baden-Baden, 1995, p. 149 e segs; ROBERT KOVAR, "La contribution de la Cour de justice à l'édification de l'ordre juridique communautaire", *RCADE*, vol. IV, livro 1, 1993, p. 21 e segs; ROBERT LECOURT, «Quel eût été le droit des Communautés sans les arrêts de 1963 e 1964?», *in* AAVV, *L'Europe et le Droit: mélanges en hommage à JEAN BOULOUIS*, Paris, 1991, p. 349 e segs; DENYS SIMON, *«Les exigences de la primauté du droit communautaire: continuité ou métamorphoses?», in mélanges en hommage à JEAN BOULOUIS...*, p. 481 e segs; CONSTANTINOS KAKOURIS, «La relation de l'ordre juridique communautaire avec les ordres juridiques des Etats membres (quelques réflexions parfois peu conformistes)», *in* F. CAPOTORTI *et al.*, *Du droit international au droit de l'intégration. Liber Amicorum PIERRE PESCATORE*, Baden-Baden, 1987, p. 319 e segs; ROBERT KOVAR, «Rapports entre le droit communautaire et les droits nationaux», *in Trente ans...*, p. 115 e ss; BRUNO DE WITTE, «Retour à «Costa» – La primauté du droit communautaire à la lumière du droit international», *RTDE*, 1984, p. 425 e segs; VLAD CONSTANTINESCO, «La primauté du droit communautaire, mythe ou réalité?», *in* GERHARD LÜKE *et al.* (Dir.) *Gedächnisschrift für LEONTIN-JEAN CONSTANTINESCO*, Colónia, 1983, p. 109 e segs; ADOLFO MIAJA DE LA MUELLA, "La primacia sobre los ordenamientos juridicos internos del Derecho Internacional y del Derecho Comunitario europeo", *Rev. Inst. Eur.*, 1974, p. 987 e segs.

transformou, ou seja, da norma interna e, como tal, sujeita-se às regras de hierarquia das fontes internas.

Assim, enquanto os tribunais internacionais afirmaram o primado da norma internacional no seio da Ordem Jurídica internacional, nunca se tendo pronunciado sobre a forma como os Estados o deveriam assegurar ao nível interno, o TJ foi mais além e afirmou o dever dos Estados de assegurar o primado ao nível interno, daí retirando toda uma série de consequências, que veremos mais adiante.

Do ponto de vista do Tribunal de Justiça, a relação que se estabelece entre o Direito Comunitário (hoje Direito da União) e os Direitos dos Estados-membros revela-se diferente da relação entre o Direito Internacional e os Direitos dos Estados, afigurando-se, por conseguinte, inovadora.

Na verdade, apesar de, como vimos, o Tribunal ter declarado a autonomia da Ordem Jurídica comunitária, não a concebeu como uma Ordem Jurídica totalmente separada das Ordens Jurídicas nacionais. Pelo contrário, de acordo com o Tribunal de Justiça, a Ordem Jurídica comunitária (hoje da União Europeia) e as Ordens Jurídicas nacionais deveriam articular-se entre si, de modo a permitir a plena aplicação de ambas. O Tribunal concebeu, pois, um sistema específico de colaboração entre as duas Ordens Jurídicas que não foi decalcado do Direito Internacional nem nos Direitos Federais.

42.2.2. A interpretação global dos Tratados como fundamento do primado segundo o Tribunal de Justiça

Como já mencionámos, os Tratados originários não continham qualquer referência explícita à supremacia do Direito Comunitário sobre os Direitos nacionais, pelo que o TJ fundamentou o primado numa interpretação global dos Tratados.

O TJ retirou o primado, antes de mais, da natureza específica da Ordem Jurídica comunitária e de uma série de disposições dos Tratados. Assim, o princípio da cooperação leal (artigo 4º, nº 3, do TUE) que estabelece que os Estados se devem abster de tomar todas as medidas suscetíveis de pôr em perigo a realização dos objetivos da União, implica que os Estados-membros não devem emanar atos legislativos, ou outros, contrários ao Direito Comunitário. O princípio da não discriminação em razão da nacionalidade (artigo 18º do TFUE) seria posto em causa se cada Estado pudesse afastar unilateralmente o Direito Comunitário. Além disso, de acordo com o Tratado, os Estados só têm o direito de agir unilateralmente, em virtude de uma disposição expressa (cfr. artigos 108º, nº 3, e 346º a 348º do TFUE). Para o Tribunal as obrigações assumidas no Tratado que institui a Comunidade pelos Estados signatários são incondicionais, o que não aconteceria se pudessem ser afastadas por atos legislativos futuros desses mesmos Estados. O caráter obrigatório e diretamente aplicável dos regulamentos, previsto no artigo 288º do TFUE, seria igualmente afastado se os Estados-membros pudessem legislar em sentido contrário.

O Tribunal fundamentou, portanto, o princípio do primado no próprio Direito Comunitário, o que significa que – ao contrário do que sucede com o Direito Internacional – não é o Direito interno, *maxime*, o Direito Constitucional dos Estados que comanda a posição que o Direito Comunitário, hoje Direito da União, deve ocupar na hierarquia de fontes da Ordem Jurídica interna de cada Estado-membro, mas é a própria natureza do daquele Direito que impõem a sua supremacia.

42.2.3. O âmbito de aplicação do princípio do primado

Do ponto de vista do Direito da União Europeia, o princípio do primado começou por ser encarado de modo muito amplo, abrangendo não só o Direito Originário como todas as fontes de Direito da União Europeia, incluindo o Direito Derivado e o Direito Internacional que vincula a União Europeia. Além disso, as normas da União Europeia, quaisquer que elas sejam, prevalecem sobre todas as normas de Direito interno, quaisquer que elas sejam, incluindo o próprio Direito Constitucional dos Estados-membros. Isto porque o primado é uma "exigência existencial" da União Europeia e do seu Direito e só tem, verdadeiramente, sentido e eficácia se for absoluto.

Esta afirmação do primado, de modo tão amplo, foi possível, devido a duas características do Direito Comunitário. Em primeiro lugar, o facto de a execução deste Direito competir aos Estados-membros permitiu a colaboração das autoridades nacionais (administrativas e judiciais). Em segundo lugar, o efeito direto, que estudaremos em seguida, isto é, a possibilidade de os particulares invocarem a norma comunitária perante as autoridades nacionais permitiu ao TJ impor certos deveres aos Estados-membros no sentido de assegurarem o princípio do primado.

Porém, esta visão tão ampla do primado é hoje em dia muito questionada, mesmo na ótica do Direito da União Europeia, porque é duvidosa a sua conformidade com o artigo 4º, nº 2, do TUE, o qual impõe à União o respeito da identidade nacional, refletida nas estruturas políticas e constitucionais fundamentais de cada um dos Estados-membros.

Ou seja, após o Tratado de Lisboa, o Direito da União Europeia impõe à União Europeia o respeito da identidade nacional, refletida nas estruturas constitucionais fundamentais dos Estados-membros, o que pode conflituar com uma conceção de primado absoluto.

42.2.4. A Jurisprudência do TJ relativa às consequências decorrentes do princípio do primado

Na verdade, com vista à prossecução do objetivo de assegurar a primazia do Direito da União sobre os Direitos nacionais, o TJ impôs às autoridades dos Estados-membros um conjunto de deveres, dos quais se destacam:

- A não aplicação do Direito nacional incompatível;
- A interpretação conforme do Direito nacional com o Direito Comunitário (e hoje com o Direito da União Europeia);
- A supressão ou a reparação das consequências de um ato nacional contrário ao Direito Comunitário (e hoje ao Direito da União Europeia);
- O controlo jurisdicional efetivo da aplicação do Direito Comunitário (atualmente também com o Direito da União Europeia);
- Os Estados-membros devem fazer respeitar as regras comunitárias (e da União) pelos seus nacionais.

O Tribunal retirou do princípio do primado a ideia de que cabe tanto aos tribunais nacionais como às autoridades administrativas, incluindo a administração descentralizada do Estado[980], assegurar a aplicação integral do primado e conferir proteção aos direitos que antes o Direito Comunitário, e atualmente o Direito da União, atribuem aos particulares, não aplicando toda e qualquer norma nacional contrária[981]. Esta regra aplica-se também às sanções penais. Ou seja: uma sanção, ainda que penal, pronunciada em virtude de uma disposição nacional contrária ao Direito Comunitário está privada de base legal[982]. Além disso, o TJ admitiu, no caso *Factortame*[983], que o juiz nacional nas providências cautelares pode decretar a suspensão da aplicação da disposição nacional até ao momento em que a compatibilidade ou a incompatibilidade seja estabelecida. Esta Jurisprudência foi depois desenvolvida, no caso *Zuckerfabrik*[984], no qual o TJ esclareceu que a regra estabelecida no acórdão anterior se aplicava também no caso de a incompatibilidade dizer respeito ao Direito Derivado, sendo certo que apenas um processo de exceção de ilegalidade de um ato de Direito Derivado desencadeado perante o TJ pode justificar a suspensão da execução de um ato administrativo nacional perante o juiz nacional. As regras que regem este processo de suspensão são regras comunitárias, sendo necessário que a suspensão seja de natureza a evitar um prejuízo grave e irreparável ao que a suscita, antes que o Tribunal não se tenha podido pronunciar sobre a exceção.

Um outro corolário que o TJ derivou do princípio do primado foi o princípio segundo o qual toda a autoridade nacional deve, em caso de dúvida, sobre o sen-

[980] Ac. de 22/6/89, *Fratelli Costanzo*, proc. 103/88, Rec. 1989, p. 1861.

[981] Caso *Simmenthal*, cit., p. 643 e segs.

[982] Ac. de 16/2/78, *Schonenberg*, proc. 88/77, Rec. 1978, p. 473; ac. de 16/12/81, *Regina*, proc. 269/80, Rec. 1981, p. 3079.

[983] Ac. de 19/6/90, proc. C-213/89, Rec. 1990, p. I-2433.

[984] Ac. de 21/2/91, proc. C-143/88 e C-92/89, Rec. 1991, p. I-534 e segs.

tido de uma disposição nacional interpretá-la à luz do Direito Comunitário[985]. O Tribunal retirou, portanto, do primado um princípio de interpretação do Direito nacional conforme ao Direito Comunitário, o qual, como é bom de ver, se aplica atualmente a todo o Direito da União Europeia.

Uma outra consequência importante do princípio do primado é a regra da supressão ou a reparação das consequências de um ato nacional contrário ao Direito Comunitário (e hoje ao Direito da União). De acordo com esta regra, as autoridades nacionais devem apagar as consequências financeiras eventuais de todo o ato nacional declarado contrário ao Direito Comunitário (e ao Direito da União), ou seja, devem proceder à repetição do indevido. As autoridades nacionais têm a obrigação de reembolsar todas as somas que foram percebidas em aplicação de um texto reconhecido como não conforme ao Direito Comunitário (atualmente ao Direito da União)[986]. Por outro lado, no acórdão *Francovich*[987] bem como na jurisprudência posterior sobre esta matéria[988], o TJ afirmou a responsabilidade da autoridade pública, considerando que:

> *«a plena eficácia das normas comunitárias seria posta em causa e a proteção dos direitos que elas reconhecem seria enfraquecida se os particulares não tiverem a possibilidade de obter a reparação quando os seus direitos são lesados por uma violação do direito comunitário imputável a um Estado-membro. O direito à indemnização encontra diretamente o seu fundamento no direito comunitário»;*

O princípio do primado de nada valeria se não fosse acompanhado de um controlo jurisdicional efetivo. Daí que os meios processuais destinados a assegurar a salvaguarda dos direitos de que os particulares gozam em virtude do Direito Comunitário (ou do Direito da União) não devem ser menos favoráveis do que os que dizem respeito a processos similares de natureza interna, nem devem ser

[985] Ac. de 4/2/88, *Murphy*, proc. 157/86, Rec. 1988, p. 673; ac. de 10/4/84, *Von Colson*, proc. 14/83, Rec. 1984, p. 1891 e segs.

[986] Ac. de 16/12/76, *Rewe Zentrale*, proc. 33/76, Rec. 1976, p. 1989; ac. de 16/12/76, *Comet*, proc. 45/76, Rec. 1976, p. 2043.

[987] Ac. de 19/11/91, *Francovich*, proc. C-6-9/90, Rec. 1991, p. I-5357.

[988] Ver, entre outros, os acórdãos de 5/3/96, *Brasserie du pêcheur*, proc. C-46/93 e C-48/93, Col. 1996, p. I-1029 e segs; de 7/3/96, *El Corte Inglés*, proc. C-192/94, Col. 1996, p. I-1281 e segs; de 26/3/96, *British Telecommunications*, proc. C-392/93, Col. 1996, p. I-1631 e segs; de 23/5/96, *Hedley*, proc. C-5/94, Col. 1996, p. I-2553 e segs; de 8/10/96, *Dillenkorf*, proc. C-178, 179, 188 a 190/94, Col. 1996, p. I- 4845 e segs; de 17/10/96, *Denkavit*, proc. C-283, 291 e 292/94, Col. 1996, p. I-5063 e segs; de 14/1/97, *Comateb*, proc. C-192 a 218/95, Col. 1997, p. I-165 e segs; de 22/4/97, *Eunice Sutton*, proc. C-66/95, Col. 1997, p. I-2163 e segs; de 10/7/97, *Bonifaci*, proc. C-94/95 e C-95/95, Col. 1997, p. I-3969 e segs e de 10/7/97, *Palmisani*, proc. C-261/95, Col. 1997, p. I-4025 e segs.

orientados de forma a tornar na prática impossível o exercício dos direitos conferidos pela Ordem Jurídica comunitária (ou da União)[989];

Além disso, os Estados-membros devem controlar a aplicação das regras comunitárias e sancionar o seu desrespeito com sanções efetivas, dissuasivas e proporcionais, comparáveis às que se aplicam às violações do Direito Nacional de natureza e de importância equivalente[990]. Tal dever decorre, antes de mais, do artigo 4º, nº 3, do TUE.

42.2.5. O impacto do Tratado de Lisboa no princípio do primado

Antes de avançar, importa notar que a Jurisprudência acabada de referir foi concebida no âmbito das Comunidades Europeias e do Direito Comunitário, tendo-se aplicado, após a criação da União Europeia pelo Tratado de Maastricht, essencialmente, ao antigo primeiro pilar. A questão de saber se essa Jurisprudência se deveria estender ao segundo e ao terceiro pilares foi objeto de especulação por parte da Doutrina, mas a verdade é que o Tribunal de Justiça nunca teve oportunidade de se pronunciar claramente sobre ela. Ficou pois em aberto a questão de saber se o TUE, tal como o TCE, criou uma Ordem Jurídica específica cujas normas deveriam prevalecer sobre as normas nacionais em caso de conflito.

O desaparecimento da Comunidade Europeia, à qual sucede a União Europeia com uma estrutura unitária, operado pelo Tratado de Lisboa (artigo 1º, par. 3º do TUE), permite equacionar a questão de saber se aquela Jurisprudência se aplica atualmente a todo o Direito da União Europeia.

A resposta não pode deixar de ser positiva. Apesar de, ao contrário do que sucedia com o TECE, o Tratado de Lisboa não conter uma cláusula expressa relativa ao princípio do primado do Direito da União Europeia sobre os Direitos dos Estados-membros, ele inclui uma Declaração da Conferência sobre o primado do Direito Comunitário que não pode deixar de ser lida nesse sentido[991].

989 Ac. de 9/11/83, *San Giorgio*, proc. 199/82, Rec. 1983, p. 3595.

990 Ac. de 2/2/77, *Amsterdam Bulb*, proc. 50/76, Rec. 1977, p. 137; ac. de 21/9/83, *Deutsche Milchkontor*, proc. 205 a 215/82, Rec. 1983, p. 2664; ac. de 21/9/89, *Comissão C. Grécia*, proc. 68/88, Rec. 1989, p. 2695; ac. de 10/7/90, *Hansen*, proc. 326/88, Rec. 1990, p. 2911.

991 Para uma visão geral do princípio do primado após o Tratado de Lisboa, cfr. STANISLAW BIERNAT, "The Status of the Principle of Primacy in the Lisbon Treaty Architecture", *in* JOSÉ MARIA BENEYTO / INGOLF PERNICE (eds), *Europe's Constitutional Challenges...*, p. 281 e segs; FRANCISCO PAES MARQUES, "O primado do Direito da União Europeia: do acórdão Costa Enel ao Tratado de Lisboa", *in* JORGE MIRANDA *et al.*, *Estudos em homenagem ao Professor Doutor Paulo de Pitta e Cunha*, vol. I, Coimbra, 2010, p. 191 e segs; DIOGO FREITAS DO AMARAL / NUNO PIÇARRA, "O Tratado de Lisboa e o Principio do Primado do Direito da União Europeia: Uma Evolução na Continuidade", *RDP*, 2009, p. 9 e segs; FRÉDÉRIQUE MICHÉA, "Le primauté du droit de l'Union à la lumière du traité de Lisbonne", *RMCUE*, 2008, p. 446 e segs.

Segundo aquela Declaração, *"a Conferência lembra que, em conformidade com a jurisprudência constante do Tribunal de Justiça da União Europeia, os Tratados e o direito adotado pela União com base nos Tratados primam sobre o direito dos Estados-Membros, nas condições estabelecidas pela referida jurisprudência"*. Além disso, a Conferência decidiu anexar à Ata Final dos Tratados um parecer do Serviço Jurídico do Conselho sobre o primado do Direito Comunitário constante do documento 11197/07 (JUR 260), de 22 de junho de 2007, do qual consta o seguinte:

> *"Decorre da jurisprudência do Tribunal de Justiça que o primado do direito comunitário é um princípio fundamental desse mesmo direito. Segundo o Tribunal, este princípio é inerente à natureza específica Comunidade Europeia. Quando foi proferido o primeiro acórdão dessa jurisprudência constante (acórdão de 15 de julho de 1964 no processo 6/64, Costa contra ENEL)*[992]*, o Tratado não fazia referência ao primado. O facto de o princípio do primado não ser inscrito no futuro Tratado em nada prejudica a existência do princípio nem a atual jurisprudência do Tribunal de Justiça".*

A plena compreensão desta Declaração implica um recuo no tempo até à Convenção sobre o Futuro da Europa, na qual o princípio do primado gerou muita polémica, tendo acabado por ficar expressamente consagrado, pela primeira vez, na História da integração europeia, no que pretendia ser a Lei Fundamental da União Europeia.

Com efeito, o texto aprovado por aquela Convenção continha uma norma – o artigo I-10º, nº 1 – segundo a qual a Constituição e o Direito adotado pelos órgãos da União no exercício das competências que lhe eram atribuídas primariam sobre o Direito dos Estados-membros. O nº 2 do mesmo preceito previa que os Estados-membros deviam tomar todas as medidas gerais ou específicas necessárias para garantir a execução das obrigações decorrentes da Constituição ou resultantes dos atos das instituições da União.

Não obstante a polémica acima referida bem como as dúvidas que se geraram quanto à redação do preceito, a CIG 2003/2004 acabou por introduzir o princípio do primado no TECE, mas com adaptações formais. O nº 2 do preceito foi deslocado para o artigo I-5º nº 2, relativo às relações entre a União e os Estados-membros, tendo o restante texto passado para o artigo I-6º, o qual determinava que *"a Constituição e o Direito adotado pelas instituições da União, no exercício das competências que lhe são atribuídas, primam sobre o Direito dos Estados-membros"*. Além disso, o artigo I-6º do TECE foi acompanhado de uma Declaração através da qual a Conferência constatava que aquele refletia a Jurisprudência existente do TJ e do TPI.

[992] *"Resulta (...) que ao direito emergente do Tratado, emanado de uma fonte autónoma, em virtude da sua natureza originária específica, não pode ser oposto em juízo um texto de direito interno, qualquer que seja, sem que perca a sua natureza comunitária e sem que sejam postos em causa os fundamentos jurídicos da própria Comunidade".*

Não havia, portanto, dúvidas que o TECE consagrava, expressamente, o princípio do primado do Direito da União sobre os Direitos dos Estados-membros. Gerou-se, todavia, uma enorme discussão em torno da interpretação daquele preceito. Um certo laconismo aliado à relativa ambiguidade dos seus termos permitiu todo o tipo de interpretações – mais amplas ou mais restritas – consoante se pretendesse conferir maior ou menor amplitude ao primado. Assim, numa interpretação ampla a expressão «o Direito adotado pelos órgãos da União», abrangeria todo e qualquer ato ou norma da União, quer fizesse parte de um ato legislativo, quer se inserisse num ato não legislativo. Pelo contrário, uma interpretação mais restrita poderia justificar a exclusão do primado, quando estivessem em causa atos não legislativos. A expressão «primam sobre o Direito dos Estados-membros» também era suscetível de ser interpretada de modo mais amplo, abrangendo todo o Direito dos Estados-membros, incluindo o próprio Direito Constitucional, ou poderia ser interpretada mais restritamente, excluindo totalmente, ou em certas circunstâncias, as Constituições estaduais.

Ora, dos trabalhos da Convenção sobre o Futuro da Europa, assim como dos da CIG 2003/2004, resultava claro que o objetivo do artigo I-6º do TECE não era o de inovar, mas sim o de conferir dignidade constitucional à Jurisprudência comunitária relativa ao princípio do primado, pelo que não deveria ser interpretado num sentido tão restrito que acabasse por conduzir a um retrocesso em relação ao acervo jurisprudencial, mas também não deveria permitir avanços significativos. A consagração, no TECE, da cláusula de supremacia do Direito da União não podia, por exemplo, ser encarada como a aceitação do princípio federal *Bundesrecht bricht Ländesrecht*, desde logo porque não se aceitava a competência do Tribunal de Justiça para anular o Direito nacional contrário ao Direito da União Europeia.

A verdade é que – fosse qual fosse a interpretação – a cláusula do primado contribuiu nalguns Estados para aumentar a desconfiança em relação ao TECE, pelo que do mandato da CIG 2007 constava que ela não seria reproduzida no TUE, devendo antes a referência ao primado constar de uma declaração da Conferência, a qual não tem o mesmo valor jurídico dos Tratados, o que efetivamente veio a acontecer.

À primeira vista, se compararmos a solução do Tratado de Lisboa com a que decorria do TECE, poderia parecer que o princípio do primado saiu enfraquecido, como, aliás, alguns defenderam[993]. Tal não corresponde, contudo, à realidade, na medida em que com ou sem cláusula e mesmo com ou sem declaração, o princípio do primado deve continuar a aplicar-se, como até aqui, ou seja, plenamente.

[993] Cfr. Bruno de Witte, "Direct Effect, Primacy and the Nature of the Legal Order", *in* Paul Craig / Gráinne de Búrca, *The evolution...*, p. 345.

Acrescente-se ainda que, ao contrário do que sucedeu com o princípio do primado, o TUE afirma claramente no seu articulado o princípio do respeito da identidade constitucional dos Estados-membros (artigo 4º, nº 2), o que pode ser visto como um sinal de enfraquecimento do primado e uma concessão a alguns tribunais constitucionais que há muito vêm defendendo que o primado deve ceder perante a violação da identidade constitucional dos Estados-membros. Só assim não será se, por um lado, o princípio do respeito da identidade constitucional dos Estados-membros for interpretado num sentido restritivo, abrangendo apenas o seu núcleo duro, o qual, em última análise, também faz parte do Direito da União Europeia e, como tal, não se encontraria em rota de colisão com o primado.

42.3. O princípio do primado na ótica dos Direitos dos Estados-membros

Como se disse, o Tribunal afirmou o caráter absoluto do princípio do primado, o que significa que toda a norma nacional, mesmo que seja constitucional[994], deve ceder perante uma norma de Direito da União. Segundo o Tribunal de Justiça, os Estados nem sequer podem alegar dificuldades internas, mesmo de ordem constitucional, para não cumprir o Direito Comunitário[995].

Note-se, desde já, que esta perspetiva do primado nunca foi muito bem aceite do lado dos Estados-membros nem pela Jurisprudência nem pela Doutrina. Com exceção dos Estados-membros que admitem – e já admitiam antes da criação das Comunidades – o primado do Direito Internacional sobre todo o Direito nacional, como é o caso da Holanda e do Luxemburgo, todos os outros têm mostrado sérias reservas à aceitação do primado das normas de Direito da União Europeia, em especial sobre as suas Constituições ou, pelo menos, sobre um núcleo essencial de normas constitucionais, nas quais se incluem os direitos fundamentais e a atribuição de poderes à União.

A primeira divergência que os tribunais nacionais, especialmente os constitucionais e os supremos, têm com o Tribunal de Justiça prende-se com o próprio fundamento do princípio do primado. Ao contrário da interpretação global dos Tratados sustentada pelo Tribunal de Justiça, a maior parte dos tribunais nacionais funda o princípio da primazia do Direito da União Europeia sobre os Direitos nacionais nas próprias Constituições, designadamente nas chamadas "cláusulas Europa", que permitem a limitação da soberania e a consequente integração do respectivo Estado na União Europeia. Ora, as cláusulas constitucionais que conferem poderes ao Estado para limitar a sua soberania através da concessão de poderes, mais ou menos, vastos à União Europeia, são múltiplas e variadas[996],

[994] V. acórdãos *Costa c. ENEL* e *Internationale Handelsgesellschaft*, procs. já citados.

[995] Ac. de 6/5/80, *Comissão c. Bélgica*, proc. 102/79, Rec. 1980, p. 1473.

[996] Cfr., por exemplo, artigo 23º da *Grundgesetz*, artigo 11º da Constituição italiana e 55º da Constituição francesa.

o que significa que, na ótica dos Direitos nacionais, o fundamento do princípio do primado depende de Estado para Estado, ou seja, não é uniforme.

Partindo deste pressuposto, é natural que os Tribunais Constitucionais sempre se tenham considerado competentes para, em certas circunstâncias relativamente limitadas, fiscalizarem a constitucionalidade das normas do Direito da União contrárias às Constituições em geral ou a um núcleo essencial destas.

Note-se, no entanto, que a cohabitação do Tribunal de Justiça com os Tribunais nacionais, no que ao princípio do primado respeita, tem sido bastante mais pacífica do que, à primeira vista, poderia resultar do que acaba de se escrever.

Na impossibilidade de analisar a Jurisprudência dos Tribunais de todos os Estados-membros relativa ao primado, vejamos alguns casos emblemáticos neste domínio. Na sequência da Jurisprudência do TJ da década de 60 e 70 quer a *Corte Costituzionale* (Tribunal Constitucional italiano) quer o *Bundesverfassungsgericht* (Tribunal Constitucional alemão) aceitaram o primado, desde que fossem respeitados certos limites. O caso da França é diferente. Os tribunais superiores tiveram posições divergentes sobre este assunto, tendo acabado por aceitar o primado muito mais tarde.

O Tribunal Constitucional italiano aceitou, no caso *Frontini* (1973)[997], que o Direito Comunitário pode derrogar certas disposições constitucionais, com exceção das que incluem princípios fundamentais ou direitos inalienáveis das pessoas. Neste caso, o Tribunal Constitucional italiano fundamentou o primado no artigo 11º da Constituição italiana. O caso *Frontini* foi seguido pelo caso *Granital* (1984)[998], no qual o Tribunal Constitucional aceitou que os tribunais italianos podem não aplicar normas nacionais que contrariem normas comunitárias diretamente aplicáveis. As normas nacionais não são invalidadas, mas apenas deixam de se aplicar. Mais tarde, no caso *Fragd* (1989)[999], o mesmo Tribunal decidiu que podia controlar a consistência de regras individuais do Direito Comunitário com os princípios fundamentais da Constituição italiana, particularmente (mas não só) quando estavam em causa princípios fundamentais de direitos humanos (trata-se dos chamados "*contro-limiti*").

O Tribunal Constitucional italiano considerava-se pois a última autoridade para aferir se o Direito da União Europeia viola ou não os direitos fundamentais assim como para aferir se a repartição de atribuições entre a União e os Estados-membros foi respeitada.

Mais recentemente o Tribunal Constitucional italiano iniciou uma nova fase no modo como encara o primado do Direito da União Europeia sobre o Direito

997 Acórdão nº 183, de 27/12/1973. Disponível em www.cortecostituzionale.it.

998 Acórdão nº 170, de 8/6/1984. Disponível em www.cortecostituzionale.it.

999 Acórdão nº 232, de 13/4/89. Disponível em www.cortecostituzionale.it.

nacional, a qual se pode designar como cooperativa. Com efeito, em 2008, venceu resistências anteriores e suscitou a primeira questão prejudicial, ao abrigo do atual artigo 267º do TFUE[1000]. A *Corte Costituzionale,* ao invés de se colocar numa posição de confronto com o Tribunal de Justiça, passou a valorizar o diálogo, ao abrigo do princípio "separados mas coordenados", na senda das correntes doutrinárias do pluralismo constitucional[1001].

A primeira questão prejudicial da *Corte Costituzionale* de Itália ao TJUE incidiu sobre a compatibilidade da legislação regional que criava um imposto sobre as escalas turísticas das aeronaves destinadas ao transporte privado de pessoas, bem como das embarcações de recreio, que onera unicamente os operadores com domicílio fiscal fora do território regional, com o então artigo 49º do TCE relativo à livre prestação de serviços e com o então artigo 87º do TCE sobre auxílios de Estado[1002].

O Tribunal de Justiça respondeu, afirmando que o artigo 49º do TCE deve ser interpretado no sentido de que se opõe a uma disposição fiscal de uma autoridade regional, como a prevista no artigo 4º da Lei nº 4 da Região da Sardenha, de 11 de maio de 2006, que estabelece várias disposições em matéria de receitas, de requalificação da despesa, de políticas sociais e de desenvolvimento, na redação dada pelo artigo 3º, nº 3, da Lei nº 2 da Região da Sardenha, de 29 de maio de 2007, que estabelece disposições para a elaboração do orçamento anual e plurianual da Região – Lei do Orçamento de 2007, que cria um imposto regional sobre as escalas turísticas das aeronaves destinadas ao transporte privado de pessoas, bem como das embarcações de recreio, que onera unicamente as pessoas singulares e coletivas com domicílio fiscal fora do território regional e respondeu à segunda questão, afirmando que o artigo 87º, nº 1, do TCE deve ser interpretado no sentido de que uma legislação fiscal de uma autoridade regional que cria um imposto sobre escalas como o que está em causa no processo principal, que onera unicamente as pessoas singulares e coletivas com domicílio fiscal fora do território regional, constitui um auxílio de Estado a favor das empresas estabelecidas nesse território.

Em 2013, o Tribunal Constitucional italiano voltou a usar o artigo 267º do TFUE, desta feita, no quadro de processos incidentais que opõem profes-

[1000] Para uma resenha da Jurisprudência do Tribunal Constitucional italiano relativa ao primado, cfr. Roberto Miccú, "Toward a (Real) Cooperative Constitutionalism? New Perspectives on the Italian Constitutional Court", *in* José Maria Beneyto / Ingolf Pernice (eds), *Europe's Constitutional Challenges...*, p. 109 e segs; Antonio Tizzano, "Die italienische Verfassungsgerichtshof (Corte Costituzionale) und der Gerichtshof der Europäischen Union", *EuGRZ,* 2010, p. 1 e segs.

[1001] Giorgio Repetto, "Pouring New Wine into New Bottles: The Preliminary Reference to the CJEU by the Italian Constitutional Court", *German Law Journal,* 2015, p. 1468 e segs.

[1002] Ver Acórdão do TJUE, de 17/11/09, Proc. C-169/08, *Presidente del Consiglio dei Ministri contra Regione Sardegna,* Col. 2009, p. 709.

sores e pessoal administrativo que trabalham em diferentes escolas com base em sucessivos contratos a prazo. O Tribunal Constitucional italiano colocou ao Tribunal de Justiça a questão de saber se os requisitos de organização do sistema escolar italiano constituem razões objetivas, de acordo com o artigo 5º, nº 1, da Diretiva 1999/70/CE de 28 de junho de 1999, legitimando assim, do ponto de vista do direito da UE, a legislação italiana que não prevê o direito à indemnização no caso de despedimento de pessoal contratado a prazo nas escolas[1003].

Este caso é particularmente interessante, na medida em que o Tribunal Constitucional italiano decide colocar questão idêntica à que outros tribunais já tinham posto ao TJUE, mas reequacionando-a numa ótica constitucional.

Por sua vez, o *Bundesverfassungsgericht* também aceitou o primado mas com sujeição a limites mais intensos do que a *Corte Costituzionale*. Na verdade, o *BVerfG* tem produzido ao longo de décadas uma Jurisprudência muito rica em torno da articulação entre o Direito da União Europeia e o Direito Alemão, *maxime*, o constitucional.

Assim, começando pelo caso *Solange I* (1974)[1004], o Tribunal Constitucional alemão decidiu que a transferência de poderes para as Comunidades efetuada com base no artigo 24º da Lei Fundamental (posteriormente vai invocar os artigos 23º, nº 1, e 25º) não podia resultar na aceitação de legislação comunitária que violasse a estrutura essencial da Lei Fundamental, pelo que o Tribunal Constitucional era competente para apreciar a validade dessa legislação à luz dos direitos fundamentais enquanto (*solange*) faltasse à Ordem Jurídica comunitária um parlamento democraticamente eleito com poderes legislativos e um catálogo de direitos fundamentais. Em 1986, o Tribunal Constitucional alemão voltou a ser confrontado com a questão do primado, no caso *Solange II*[1005], tendo flexibilizado um pouco a sua posição inicial. Neste caso admitiu não ser necessário fiscalizar a constitucionalidade das normas da União Europeia enquanto o Tribunal de Justiça assegurasse o respeito dos direitos fundamentais. Ou seja, embora sem reconhecer ao Tribunal de Justiça a qualidade de último garante dos Tratados, na prática, não entrou em rota de colisão com ele.

1003 Para mais desenvolvimentos sobre esta questão ver Giorgio Repetto, "Pouring New Wine into New Bottles: The Preliminary Reference to the CJEU by the Italian Constitutional Court", p. 1461 e segs.

1004 Decisão de 29/5/1974. A versão original em lingua alemã, acompanhada de uma tradução francesa estão publicadas em Maria Luísa Duarte / Pedro Delgado Alves, *A União Europeia e a jurisprudência constitucional dos Estados-membros*, Lisboa, 2006, p. 21 e segs.

1005 Decisão de 22/10/86. A versão original em lingua alemã, acompanhada de uma tradução castelhana estão publicadas em Maria Luísa Duarte / Pedro Delgado Alves, *A União Europeia...*, p. 67 e segs.

O Tribunal Constitucional alemão confirmou a sua aceitação condicional do primado, no caso *Maastricht* (1993)[1006], quando fiscalizou a constitucionalidade da lei de aprovação do Tratado de Maastricht. Neste acórdão, aquele Tribunal confirmou a Jurisprudência *Solange II*, tendo-lhe acrescentado que o Direito alemão aceita os atos das instituições e dos órgãos da União mas apenas e na medida em que eles respeitem os limites previstos nos Tratados, tendo deixado claro que se considerava competente para anular atos que violassem os princípios da atribuição de competências, da subsidiariedade e da proporcionalidade[1007].

Nos anos subsequentes, o Tribunal Constitucional alemão rejeitou liminarmente todas as queixas contra atos de Direito Comunitário Derivado com base na violação dos direitos fundamentais consagrados na Lei Fundamental, por con-

[1006] Decisão de 12/10/93. Uma tradução portuguesa de Margarida Brito Correia está publicada em Maria Luísa Duarte / Pedro Delgado Alves, *A União Europeia...*, p. 283 e segs.

[1007] Este acórdão foi objeto de inúmeros comentários. Num sentido concordante, cfr. Juliane Kokott, "German Constitutional Jurisprudence and European Integration", *EPL*, 1996, p. 237 e segs (1ª parte) e p. 413 e segs (2ª parte); *Idem*, "Deutschland im Rahmen der Europäischen Union - zum Vertrag von Maastricht", *AöR*, 1994, p. 207 e segs; Matthias Herdegen, "Maastricht and the German Constitutional Court: Constitutional Restraints for an «Ever Closer Union»", *CMLR*, 1994, p. 235 e segs; Mariano Bacigalupo, "La constitucionalidad del Tratado de la Union Europea en Alemania (la sentencia del Tribunal Constitucional Federal de 12 de Octubre de 1993)", *GJ*, 1994, p. 7 e segs; Hugo J. Hahn, "La Cour Constitutionnelle Fédérale d'Allemagne et le Traité de Maastricht", *RGDIP*, 1994, p. 107 e segs; Torsten Stein, "La sentencia del Tribunal Constitucional aleman sobre el Tratado de Maastricht", *Rev. Inst. Eur.*, 1994, p. 745 e segs; Albert Bleckmann *et al.*, "Maastricht, die grundgesetzliche und die «Superrevisionsinstanz» - Die Maastricht-Entscheidung des Bundesverfassungsgerichts, *RIW/AWD*, 1993, p. 969 e segs; Volkmar Götz, "Das Maastricht-Urteil des Bundesverfassungsgerichts", *JZ*, 1993, p. 1081 e segs. Num sentido mais crítico, cfr. J. H. H. Weiler, "The State »über alles«. Demos, Telos and the German Maastricht Decision", *Festschrift* Everling, vol. I, p. 1651 e segs; Ulrich Everling, "The Maastricht Judgment of German Federal Constitutional Court and its Significance for the Development of the European Union", *YEL*, 1994, p. 1 e segs; Helmut Steinberger, *Die Europäische Union im Lichte der Entscheidung des Bundesverfassungsgerichts*, Bona, 1994; *Idem*, "Anmerkungen zum Maastricht-Urteil des Bundesverfassungsgericht", *in* Peter Hommelhoff *et al.*, *Der Staatenverbund der Europäischen Union*, Heidelberga, 1994, p. 25 e segs; Jürgen Schwarze, "La ratification du traité de Maastricht en Allemagne, l'arrêt de la Cour Constitutionnelle de Karlsruhe", *RMUE*, 1994, p. 299 e segs; Jochen Abr. Frowein, "Das Maastricht-Urteil und die Grenzen der Verfassungsgerichtsbarkeit", *ZaöRV*, 1994, p. 1 e segs; Doris König, "Das Urteil des Bundesverfassungsgerichts zum Vertrag von Maastricht - ein Stolperstein auf dem Weg in die europäische Integration?", *ZaöRV*, 1994, p. 17 e segs; Karl M. Meessen, "Maastricht nach Karlsruhe", *NJW*, 1994, p. 549 e segs; Antonio Lopez Castillo, "De integracion y soberania. El Tratado sobre la Union Europea (TUE) ante la ley fundamental alemana (LF) - Comentario de la Sentencia-Maastricht del Tribunal Constitucional Federal (TCF) de 12 de octubre de 1993", *REDC*, 1994, p. 207 e segs; Christian Tomuschat, "Die Europäische Union unter der Aufsicht des Bundesverfassungsgerichts", *EuGRZ*, 1993, p. 489.

siderar que a garantia dos direitos fundamentais era suficientemente assegurada pelo Tribunal de Justiça[1008].

O caso Maastricht abriu, todavia, uma outra frente de conflito entre o Direito da União Europeia e o Direito Alemão – a dos atos *ultra vires*.

Note-se, contudo, que o *BVerfG* só admite anular atos da União que ultrapassem manifestamente a atribuição de poderes prevista nos Tratados e que se situem em áreas que façam parte da identidade constitucional do Estado alemão. Esta Jurisprudência foi estabelecida, no caso Lisboa (2009)[1009], no qual aquele Tribunal aferiu a constitucionalidade do ato de aprovação do Tratado de Lisboa, tendo sido posteriormente desenvolvida e reiterada no caso *Honeywell* (2010)[1010-1011]. Sublinhe-se que, no caso Lisboa, o Tribunal Constitucional alemão definiu inclusivamente o que considerava fazer parte da identidade constitucional do Estado alemão[1012], no que foi muito criticado pela Doutrina[1013]. A verdade é que, não obstante tudo isso, optou pela não inconstitucionalidade.

Com efeito, apesar de afirmar a sua competência para aferir se as instituições europeias ameaçam a identidade constitucional alemã[1014], o Tribunal reitera que só anulará os atos *ultra vires*, em circunstâncias excecionais, se houver uma violação óbvia do princípio da atribuição de competências. Por outro lado, o *BVerfG* admitiu, no caso *Honeywell*, acima citado, que o Direito da União Europeia só se pode desenvolver efetivamente se prevalecer sobre o Direito nacional.

1008 Um dos casos mais emblemáticos neste domínio é o caso das *Bananas*, de 7 de junho de 2000. A versão original em lingua alemã, acompanhada de uma tradução francesa estão publicadas em MARIA LUÍSA DUARTE / PEDRO DELGADO ALVES, *A União Europeia...*, p. 131 e segs.

1009 Decisão de 30/6/2009, disponível no sítio www.bundesverfassungsgericht.de (existe versão traduzida em inglês).

1010 Decisão de 6/7/2010 , disponível no sítio www.bundesverfassungsgericht.de (existe versão traduzida em inglês).

1011 Para um comentário destas duas decisões cfr. DANIEL THYM, "From Ultra-Vires-Control to Constitutional-Identity Review: The *Lisbon* Judgment of the German Constitutional Court", *in* JOSÉ MARIA BENEYTO / INGOLF PERNICE (eds), *Europe's Constitutional Challenges...*, p. 31 e segs.

1012 Segundo o *BVerfG* o Direito Penal, o monopólio sobre o uso da força dentro e fora do território, os assuntos com particular importância cultural, como os que dizem respeito ao Direito da Família, ao sistema educativo e ao estatuto das comunidades religiosas, a garantia de uma ordem social justa e as decisões fiscais fundamentais fazem parte de uma espécie de domínio reservado do Estado alemão.

1013 Cfr., entre muitos outros, INGOLF PERNICE, "Motor or Brake for European Policies? Germany's New Role in the EU after Lisbon-Judgment of its Federal Constitutional Court", *in* JOSÉ MARIA BENEYTO / INGOLF PERNICE (eds), *Europe's Constitutional Challenges...*, p. 359 e segs; DANIEL THYM, "In the Name of Sovereign Statehood: A Critical Introduction to the *Lisbon* Judgment of the German Constitutional Court", *CMLR*, 2009, p. 1800 e segs.

1014 Sobre a identidade constitucional do Estado alemão, v. ALBERT INGOLF, "Die verfassungsrechtliche Identität der Bundesrepublik Deutschland – Karriere – Konzept – Kritik", *Archiv des öffentlichen Rechts*, 2015, p. 1 e segs.

Aparentemente, apesar de algumas afirmações "bombásticas" inseridas em certos acórdãos, o Tribunal Constitucional alemão convive de forma bastante pacífica com a Jurisprudência do Tribunal de Justiça relativa ao primado, como, aliás, reconhece o seu atual Presidente em artigo recente publicado na *European Constitutional Law Review*[1015], no qual caracteriza a relação entre os dois tribunais como de cooperação constitucional multinível. E nem se diga que esse cooperação foi abalada em 2005[1016], quando aquele Tribunal declarou a inconstitucionalidade da lei de transposição da Decisão-Quadro nº 2002/584/JAI relativa ao Mandado de Detenção Europeu e Processos de Entrega entre os Estados-Membros, de 13/6/2002[1017], por conter uma limitação desproporcionada à proibição de extradição e uma violação dos direitos dos cidadãos de acesso à justiça. A decisão foi proferida com 3 votos contra[1018]. Em primeiro lugar, o Tribunal Constitucional alemão não aferiu a constitucionalidade da própria Decisão-Quadro, mas tão só do ato nacional de transposição. Em segundo lugar, estávamos perante um ato da União relativo ao terceiro pilar, ou seja, relativo a uma matéria em que os poderes dos Estados eram muito maiores. Por estas razões o facto de o Tribunal de Justiça ter aferido a validade dessa mesma Decisão-Quadro, por contraposição com os princípios da legalidade dos crimes e das penas, da igualdade e da não discriminação, tendo chegado à conclusão que não havia violação[1019] não abala a coexistência pacífica com o Tribunal de Justiça da União Europeia.

Além disso, após ter recusado, várias vezes[1020], com base na irrelevância do Direito da União Europeia[1021] ou com fundamento na teoria do ato claro[1022],

[1015] ANDREAS VOßKUHLE, „Multilevel Cooperation of the European Constitutional Courts – Der *Europäische Verfassungsgerichtsverbund*", *EuConst*, 2010, p. 175 e segs.

[1016] Decisão de 18/7/2005. Disponível em www.bundesverfassungsgericht.de

[1017] Publicada no JOCE L 190 de 19/7/2002.

[1018] Uma análise crítica pormenorizada desta decisão judicial, veja-se em JAN KOMÁREK, "European Constitutionalism and European Arrest Warrant: Contrapunctual Principles in Disharmony", Jean Monnet Working Paper nº 10/05, p. 5. Disponível em http://www.jeanmonnetprogram.org/papers/index.html, p. 14 a 18.

[1019] Acórdão de 3/5/2007, *Advocaten voor de Wereld VZW*, proc. C-303/05, Col. 2007, p. I-3633 e segs.

[1020] Para maiores desenvolvimentos ver EVA JULIA LOHSE, "The German Constitutional Court and Preliminary References – Still a Match not Made in Heaven?", *German Law Journal*, 2015, p. 1503 e segs.

[1021] O mais importante exemplo, neste domínio, diz respeito a um processo em que estava em causa a chamada Diretiva "Retenção de Dados". O *BVerfG*, instado pelas partes a suscitar a questão da validade da mesma ao TJUE, considerou que a validade da diretiva não era relevante para a sua decisão.

[1022] O *BVerfG* utilizou a teoria do ato claro, por exemplo, num processo em que se colocava a questão de saber se a lei alemã relativa a bases de dados de suspeitos de terrorismo era abrangida pelo artigo 51º, nº 1, da CDFUE. O Tribunal considerou que era claro que a lei não implementava Direito da União Europeia, pelo que não era necessário suscitar qualquer questão prejudicial ao TJUE.

suscitar questões prejudiciais ao TJUE, em janeiro de 2013, o *BVerfG* inaugurou o seu diálogo formal com o TJUE ao questionar aquele Tribunal sobre a validade das decisões do Conselho do Banco Central Europeu (BCE), de 6 de setembro de 2012, sobre diversas características técnicas respeitantes às operações monetárias definitivas do Eurosistema nos mercados secundários de obrigações soberanas («decisões relativas às OMT»), e a interpretação dos artigos 119º, 123º e 127º, todos do TFUE, bem como dos artigos 17º a 24º do Protocolo (nº 4) relativo aos Estatutos do Sistema Europeu de Bancos Centrais e do Banco Central Europeu («Protocolo relativo ao SEBC e ao BCE)[1023].

O Tribunal veio declarar que os artigos 119º, 123º, nº 1, e 127º, nºs 1 e 2, todos do TFUE, bem como os artigos 17º a 24º do Protocolo (nº 4) relativo aos Estatutos do Sistema Europeu de Bancos Centrais e do Banco Central Europeu, devem ser interpretados no sentido de que autorizam o Sistema Europeu de Bancos Centrais (SEBC) a adotar um programa de compra de obrigações soberanas nos mercados secundários como o anunciado no comunicado de imprensa a que se faz referência na ata da 340ª reunião do Conselho do Banco Central Europeu (BCE) de 5 e 6 de setembro de 2012[1024]. Ainda que este não seja o local próprio para desenvolver o conteúdo desta decisão, sempre diremos ela é bastante criticável, desde logo, por permitir a extensão dos poderes do BCE, sem habilitação prévia.

A posição atual dos tribunais franceses não anda muito longe dos seus congéneres dos outros Estados-membros. Se, numa fase inicial, o *Conseil d'État* teve alguma relutância em aceitar o primado (caso *Semoules* de 1970), na sequência da Jurisprudência da *Cour de Cassation*, no caso *Café Jacques Vabre* (1975), na qual o primado do Direito das Comunidades foi admitido por paralelismo com o primado do Direito Internacional, acabou por o aceitar no caso *Nicolo* (1990).

O fundamento do primado para os tribunais franceses radica no artigo 55º da Constituição francesa que estabelece a primazia dos tratados internacionais sobre o Direito francês. O Direito da União Europeia prevalece sobre o Direito nacional, exceto se conflituar com a identidade constitucional francesa. Note-se

[1023] Ao contrário do que sucedeu com outros pedidos de tribunais constitucionais, a doutrina foi bastante crítica quanto ao pedido de decisão prejudicial do *BVerf*, tendo considerado que os termos do mesmo não eram os mais corretos e que o Tribunal se quis imiscuir numa questão política. Ver Eva Julia Lohse, "The German Constitutional Court and Preliminary References – Still a Match not Made in Heaven?", p. 1505 e segs.

[1024] Ver Acórdão do TJUE, de 16/6/15, *Peter Gauweiler*, proc. C-62/14, Col. 2015, p. 400. Sobre este acórdão ver Alexander Thiele, "The 'German Way' of Curbing Public Debt", *European Constitutional Law Review*, 2015, p. 30 e segs; Alicia Hinarejos, "*Gauweiler* and the Outright Monetary Transactions Programme: the Mandate of the European Central Bank and the Changing Nature of Economic and Monetary Union, *European Constitutional Law Review*, 2015, p. 563 e segs; Robert Kovar, L'affaire *OMT*. L'extension des moyens d'intervention de la Banque centrale européenne", *Revue Trimestrielle de Droit Européen*, 2015, p. 579 e segs.

que, em 2004, o Conselho Constitucional francês admitiu, explicitamente, o primado do Direito Comunitário derivado – no caso uma diretiva – sobre a própria Constituição francesa quando a diretiva não deixa nenhuma margem de liberdade ao legislador nacional. Esta Jurisprudência foi reiterada posteriormente em vários casos. O *Conseil Constitutionnel* declarou-se incompetente para fiscalizar a inconstitucionalidade de uma lei francesa, que se limitava a transpor a diretiva comunitária para o Direito interno, por considerar que aquela competência pertence, em exclusivo, ao juiz comunitário. Esta decisão é, extremaente, importante, dado que marca uma viragem na Jurisprudência do Conselho Constitucional francês, o qual nunca se tinha mostrado tão aberto ao princípio do primado[1025].

Em abril de 2013 o *Conseil Constitutionnel* francês suscitou a sua primeira questão prejudicial sobre a interpretação dos artigos 27º, nº 4, e 28º, nº 3, alínea *c)*, da Decisão-Quadro 2002/584/JAI do Conselho, de 13 de junho de 2002, relativa ao mandado de detenção europeu e aos processos de entrega entre os Estados-Membros, conforme alterada pela Decisão-Quadro 2009/299/JAI do Conselho, de 26 de fevereiro de 2009.

Este pedido foi apresentado no âmbito de uma questão prioritária de constitucionalidade submetida pela *Cour de Cassation* (França), no âmbito de um recurso interposto por J. F. do acórdão, de 15 de janeiro de 2013, da *chambre de l'instruction de la cour d'appel* de Bordeaux (França), que deu consentimento a um pedido de ampliação de entrega, apresentado pelas autoridades judiciárias do Reino Unido, por uma infração cometida antes da entrega de J. F., diferente daquela que havia fundamentado o mandado de detenção europeu inicial contra ele emitido pela *Crown Court at Maidstone* (Reino Unido).

O Tribunal de Justiça respondeu à questão submetida, declarando que os artigos 27º, nº 4, e 28º, nº 3, alínea *c)*, da decisão-quadro devem ser interpretados no sentido de que não se opõem a que os Estados-membros prevejam um recurso que suspende a execução da decisão da autoridade judiciária que se pronuncia, no prazo de trinta dias contados a partir da receção do pedido, para dar o seu consentimento quer à instauração de um procedimento penal contra uma pessoa, à sua condenação ou à sua detenção para efeitos do cumprimento de uma pena ou medida de segurança privativas de liberdade, por uma infração cometida antes da sua entrega em execução de um mandado de detenção europeu, diferente daquela que motivou essa entrega, quer à entrega de uma pessoa a um Estado-Membro diferente do Estado-membro de execução, por força de um man-

[1025] Uma resenha da Jurisprudência dos Tribunais superiores franceses em matéria de primado, veja-se em Jaqueline Dutheil de la Rochère, "French *Conseil constitutionnel*: Recent Developments", *in* José Maria Beneyto / Ingolf Pernice (eds), *Europe's Constitutional Challenges...*, p. 18 e segs.

dado de detenção europeu emitido por uma infração cometida antes da referida entrega, desde que a decisão definitiva seja adotada nos prazos mencionados no artigo 17º da mesma decisão-quadro[1026].

De acordo com a repartição de poderes entre o TJUE e os tribunais nacionais, prevista no artigo 267º TFUE, competirá aos tribunais constitucionais que colocaram as questões prejudiciais retirar dos acórdãos as devidas consequências e aplicar o Direito ao caso concreto com a interpretação que lhe deu o TJUE.

Este pedido de decisão prejudicial é particularmente interessante, na medida em que, não obstante todas as discussões relativas à natureza jurídica do *Conseil Constitutionnel*, para efeitos do artigo 267º TFUE, aquele considerou-se um tribunal. Por outro lado, os prazos curtos que tinha para decidir, no caso concreto, não o impediram de suscitar a questão, ainda que retardando a decisão nacional. Ou seja, o diálogo com o TJUE prevaleceu[1027].

Antes de finalizar, importa referir o Tribunal Constitucional espanhol. Após uma primeira fase – que se iniciou em 1991[1028] – de afirmação da irrelevância constitucional do Direito da União Europeia, a qual se manteve, embora com sinais de alguma abertura, pelo menos, até 2004[1029], em 2011, aquele Tribunal rompeu definitivamente com a sua anterior jurisprudência e suscitou as primeiras questões prejudiciais ao Tribunal de Justiça[1030]. Fê-lo num processo em que estava em causa um procedimento de entrega de uma pessoa – Melloni – ao Estado italiano no âmbito da cooperação policial e judiciária em matéria penal, mais especificamente no domínio do mandado de detenção europeu[1031].

O Tribunal Constitucional espanhol questionava-se se era possível sujeitar a execução de um mandado de detenção europeu à condição de a condenação em

[1026] Ver Acórdão do Tribunal de Justiça, de 30 de maio de 2013, *Jeremy F.*, proc. C-168/13 PPU, Col. 2013, p. 358 e segs.

[1027] Para maiores desenvolvimentos sobre esta questão ver François-Xavier Millet / Nicoletta Perlo, "The First Preliminary Reference of the French Constitutional Court to the CJEU: *Révolution de Palais* or Revolution in French Constitutional Law?", *German Law Journal*, 2015, p. 1472 e segs; Arthur Dyevre, "If You Can't Beat Them, Join Them: The French Constitutional Council's First Reference to the Court of Justice", *European Constitutional Law Review*, 2014, p. 154 e segs.

[1028] Acórdão do TC espanhol nº 28/1991 de 28 de fevereiro.

[1029] Acórdão do TC espanhol nº 58/2004 de 19 de abril.

[1030] Para maiores desenvolvimentos sobre o diálogo – ou a falta dele – entre o TC espanhol e o TJUE ver Aida Torres Pérez, "Melloni in Three Acts: From Dialogue to Monologue", *European Constitutional Law Review*, 2014, p. 308 e segs; Idem, "Constitutional Dialogue on the European Arrest Warrant: the Spanish Constitutional Court Knocking on Luxembourg's Door", *European Constitutional Law Review*, 2012, p. 105 e segs; Miryam Rodríguez-Izquierdo Serrano, "The Spanish Constitutional Court and Fundamental Rights Adjudication After the First Preliminary Reference", *German Law Journal*, 2015, p. 1511 e segs.

[1031] Acórdão do TJUE, de 26/2/13, *Melloni*, proc. C-399/11, Col. 2013, p. 107.

causa poder ser objeto de novo julgamento ou de recurso a fim de garantir os direitos de defesa da pessoa sobre a qual recai o mandado. E caso o Tribunal de Justiça respondesse afirmativamente, se o artigo 53º da Carta, interpretado de modo sistemático em conjugação com os direitos reconhecidos nos artigos 47º e 48º da Carta, permite que um Estado-Membro sujeite a entrega de uma pessoa que tenha sido condenada [sem ter estado presente no julgamento] à condição de essa condenação poder ser objeto de novo julgamento ou de recurso no Estado requerente, conferindo assim a esses direitos um nível de proteção mais elevado do que aquele que decorre do Direito da União Europeia, a fim de evitar uma interpretação que limite ou lese um direito fundamental reconhecido pela Constituição desse Estado-Membro.

O TJUE respondeu às questões prejudiciais do seguinte modo:

> *"1) O artigo 4º-A, nº 1, da Decisão-Quadro 2002/584/JAI do Conselho, de 13 de junho de 2002, relativa ao mandado de detenção europeu e aos processos de entrega entre os Estados-Membros, conforme alterada pela Decisão-Quadro 2009/299/JAI do Conselho, de 26 de fevereiro de 2009, deve ser interpretado no sentido de que se opõe a que a autoridade judiciária de execução, nos casos indicados nessa disposição, subordine a execução de um mandado de detenção europeu emitido para fins da execução de uma pena à condição de a condenação proferida na ausência do arguido no julgamento poder ser revista no Estado-Membro de emissão.*
>
> *2) O artigo 4º-A, nº 1, da Decisão-Quadro 2002/584, conforme alterada pela Decisão-Quadro 2009/299, é compatível com as exigências que decorrem dos artigos 47º e 48º, nº 2, da Carta dos Direitos Fundamentais da União Europeia.*
>
> *3) O artigo 53º da Carta dos Direitos Fundamentais da União Europeia deve ser interpretado no sentido de que não permite a um Estado-Membro subordinar a entrega de uma pessoa condenada sem ter estado presente no julgamento à condição de a condenação poder ser revista no Estado-Membro de emissão, a fim de evitar uma violação do direito a um processo equitativo e dos direitos de defesa garantidos pela sua Constituição"*[1032].

O Tribunal Constitucional espanhol acabou por alterar a sua jurisprudência relativa aos julgamentos *in absentia*, com o intuito de se conformar com o decidido pelo Tribunal de Justiça, mas com isso contribuiu para a redução da proteção dos direitos fundamentais[1033].

Outros Tribunais superiores têm sido chamados a pronunciar-se sobre o modo como o Direito interno, designadamente o constitucional, se relaciona com o

[1032] Para uma visão muito crítica do caso *Melloni* ver LEONARD F.M. BESSELINK, "The parameters of Constitutional Conflit after *Melloni*", *European Law Review*, 2014, p. 531 e segs.

[1033] Neste sentido, AIDA TORRES PÉREZ, "Melloni in Three Acts: From Dialogue to Monologue", p. 321 e segs.

Direito da União e as soluções a que têm chegado não são muito diferentes das acabadas de enunciar[1034] [1035]. Designadamente os Tribunais dos Estados-membros que aderiram em 2004 e 2007, ainda que não afiram todos pelo mesmo diapasão, parecem aceitar o primado[1036] com os limites inerentes ao respeito dos direitos fundamentais e à atribuição de competencias à União[1037].

Do exposto resulta que os tribunais constitucionais dos Estados-Membros, sem prescindirem do seu papel de guardiões das respetivas constituições, revelam uma maior abertura ao diálogo institucional com o TJUE no domínio da proteção dos direitos fundamentais, contribuindo, assim, para a criação na "Europa de um espaço constitucional interdependente"[1038].

Em suma, a Jurisprudência dos Tribunais nacionais – incluindo a dos Tribunais a que não fizemos referência expressa – apresenta alguns pontos em comum: (i) aceitação do primado, (ii) em alguns casos sobre o Direito Constitucional,

1034 Em 6 de abril de 1998, o Supremo Tribunal dinamarquês pronunciou-se sobre a compatibilidade da lei de ratificação do Tratado de Maastricht com a Constituição dinamarquesa de 1953. Os fundamentos de incompatibilidade invocados pelos requerentes foram a falta de especificação dos poderes transferidos para a União, bem como a incompatibilidade com o princípio da democracia. O Supremo Tribunal rejeitou ambos os fundamentos, tendo considerado que o Tratado de Maastricht não violava a constituição. Esta decisão foi, porém, muito controversa, na medida em que o Tribunal afirmou a sua competência, bem como a dos outros tribunais dinamarqueses, para determinar a violação dos direitos fundamentais e de outras garantias constitucionais e ainda o âmbito das delegações de competência nos órgãos comunitários.

1035 Sobre a Jurisprudência dos Tribunais do Reino Unido, cfr., por exemplo, Paul Craig / Graínne de Burca, *EU Law...*, p. 285 e segs. Sobre a Jurisprudência do Tribunal Constitucional espanhol, cfr., por exemplo, António López-Pina, "The Spanish Constitutional Court, the European Law and the Constitucional Traditions Common to the Member States (art. 6.3. TEU). Lisbon and Beyond", *in* José Maria Beneyto / Ingolf Pernice (eds), *Europe's Constitutional Challenges...*, p. 138 e segs.

1036 A exceção parece provir do Tribunal Constitucional checo que decidiu claramente em sentido contrário ao acórdão do Tribunal de Justiça, de 22/6/2011, Landtová, proc. C-399/09, Col. 2011, p. 415 e segs.

1037 Para um estudo desenvolvido e consistente sobre a relação entre os Tribunais Constitucionais dos Estados-membros e o TJUE, ver, por todos, o número especial Preliminary References to the CJEU da *German Law Journal*, vol.16, nº 6, 2015, p. 1317-1796. Sobre a Jurisprudência do Tribunal Constitucional Checo, cfr. Jiri Zemánek, "The Two Lisbon Judgments of the Czech Constitutional Court", *in* José Maria Beneyto / Ingolf Pernice (eds), *Europe's Constitutional Challenges...*, p. 45 e segs.

Sobre a Jurisprudência do Tribunal Constitucional Búlgaro, Emília Drumeva, "Evolutive Attitude of the Bulgarian Constitutional Court in the EU Law Space", *in* José Maria Beneyto / Ingolf Pernice (eds), *Europe's Constitutional Challenges...*, p. 131 e segs.

Sobre a Jurisprudência do Tribunal Constitucional Polaco, cfr. Paul Craig / Graínne de Burca, *EU Law...*, p. 293 e segs.

1038 Neste sentido Marta Cartabia, "Europe as a Space of Constitutional Interdependence: New Questions about the Preliminary Rulings", *German Law Journal*, 2015, p. 1791 e segs.

(iii) fundamentado principalmente nas constituições dos próprios Estados, (iv) aceitação de limites decorrentes da proteção constitucional dos direitos fundamentais e das competências atribuidas à União; (v) os árbitros finais do conflito entre o Direito da União Europeia e o Direito dos Estados-membros são os Tribunais nacionais, com especial destaque para os Tribunais Constitucionais, mas em diálogo formal com o Tribunal de Justiça pela via do artigo 267º do TFUE[1039].

42.4. Idem: o caso de Portugal

O estudo do posicionamento dos Estados-membros em relação ao primado não ficaria completo sem uma referência ao caso português. Que resposta dá a Constituição portuguesa à questão de saber se o Direito da União Europeia prevalece sobre o Direito Português, *maxime* sobre o Direito Constitucional? Em caso de resposta afirmativa, o primado fundamenta-se na Constiuição ou no Direito da União Europeia? A Constituição prevê limites à aceitação do primado, designadamente os decorrentes da proteção constitucional dos direitos fundamentais e das competências atribuidas à União? Em caso afirmativo, quem é o árbitro final do conflito entre o Direito da União Europeia e o Direito Português?

Antes de responder a todas estas perguntas, importa averiguar como é que a Constituição da República Portuguesa de 1976 equacionou a integração de Portugal, primeiramente, nas Comunidades Europeias e depois na União Europeia.

A versão originária da Constituição, saída da Assembleia Constituinte de 1975, não continha qualquer referência ao Direito das Comunidades Europeias, o que se compreende, na medida em que Portugal não era membro das Comunidades nem se encontrava em vias de o ser.

O artigo 8º da Constituição limitava-se a regular a receção do Direito internacional na Ordem Jurídica interna. O nº 1 do preceito consagrava a receção automática do Direito Internacional geral ou comum e o seu nº 2 previa a receção plena do Direito Internacional convencional, o que, aliás, se mantém ainda hoje.

Na primeira revisão constitucional – a revisão de 1982 – e na perspetiva da adesão de Portugal às Comunidades Europeias, que, entretanto, tinha sido solicitada pelo Governo português, em março de 1977, foi aditado um nº 3 ao preceito *supra* referido, que dispunha o seguinte:

> *«As normas emanadas dos órgãos competentes das organizações internacionais de que Portugal seja parte vigoram diretamente na ordem interna, desde que tal se encontre expressamente estabelecido nos respetivos tratados constitutivos».*

[1039] Para um estudo comparativo, cfr. MATTIAS WENDEL, "Lisbon before the Courts: Comparative Perspectives", *in* JOSÉ MARIA BENEYTO / INGOLF PERNICE (eds), *Europe's Constitutional Challenges...*, p. 65 e segs.

É certo que não se mencionavam, expressamente, as Comunidades Europeias nem o seu Direito. Pelo contrário, referiam-se de forma genérica as normas emanadas de Organizações Internacionais. Todavia, dos trabalhos preparatórios do preceito resulta claro que o seu principal objetivo foi o de possibilitar a vigência do Direito Comunitário derivado na Ordem Jurídica portuguesa[1040].

Na segunda revisão constitucional - a revisão de 1989 - suprimiu-se do nº 3 do artigo 8º o vocábulo «expressamente», de modo a tornar possível a invocação do efeito direto das diretivas, que não se encontra previsto nos Tratados de modo expresso.

As modificações substanciais introduzidas no Direito das Comunidades Europeias pelo Tratado de Maastricht implicaram a revisão constitucional em alguns Estados-membros, nos quais se incluiu Portugal. Daí que a Assembleia da República tenha assumido poderes de revisão extraordinária e tenha aprovado a terceira revisão constitucional em 1992[1041].

Em matéria de integração europeia são de realçar, fundamentalmente, as seguintes modificações:

- a introdução de uma cláusula atinente ao exercício em comum dos poderes necessários à construção europeia (artigo 7º, nº 6, da CRP);
- a inclusão do nº 5 no artigo 15º, da CRP com o objetivo de conferir aos cidadãos dos Estados-membros da União Europeia residentes em Portugal o direito de votar e de ser eleito deputado ao Parlamento Europeu. Esta modificação foi imposta pelos direitos de cidadania previstos no Tratado de Maastricht;
- o poder da Assembleia da República de acompanhamento e apreciação, nos termos da lei, da participação de Portugal no processo de construção europeia (artigo 166º, al. *f*), atual artigo 163º, al. *f*), da CRP) assim como a obrigação de o Governo apresentar, em tempo útil, informação referente ao processo de construção da União Europeia (artigo 200º, al. *i*), atual artigo 197º, al. *i*), da CRP).

1040 Sobre as implicações constitucionais da adesão de Portugal às Comunidades Europeias, cfr. entre outros, José Luís Cruz Vilaça *et al.*, «Droit constitutionnel et droit communautaire - le cas portugais», *Riv. Dir. Eur.*, 1991, p. 301 e segs; João Mota De Campos, *As Relações da Ordem jurídica Portuguesa com o Direito Internacional e o Direito Comunitário à Luz da Revisão de 1982*, Lisboa, 1985; António Vitorino, "A adesão de Portugal às Comunidades Europeias", *in Estudos de Direito Público*, nº 3, 1984, p. 9 e segs; Maria Isabel Jalles, *Implications juridico-constitutionnelles de l'adhésion aux Communautés européennes - Le cas du Portugal*, Bruxelas, 1981; *Idem*, "Primado do Direito Comunitário sobre o Direito nacional dos Estados membros", *DDC*, separata, 1980.

1041 Cfr., por todos, Jorge Miranda, "O Tratado de Maastricht e a Constituição Portuguesa", *in* AAVV, *A União Europeia na encruzilhada*, Coimbra, 1996, p. 45 e segs.

Já a quarta revisão constitucional – a revisão de 1997[1042] – não teve, diretamente, a ver com a entrada em vigor do Tratado de Amesterdão, o qual, em bom rigor, não conflituava com as normas constitucionais[1043]. Contudo, foi incluído um nº 9 no artigo 112º, relativo aos atos normativos, que determinava que a transposição de diretivas comunitárias para a Ordem Jurídica interna deveria assumir a forma de lei ou de decreto-lei, retirando o poder de transposição às regiões autónomas, através de decreto legislativo regional, o que foi objeto de muita controvérsia. Em compensação foi aditada a al. *x)* ao artigo 227º da CRP, que prevê a participação das regiões autónomas no processo de construção europeia[1044]. Além disso, foi aditada uma nova al. *n)* ao artigo 161º da CRP que consagra o poder da Assembleia da República para se pronunciar, nos termos da lei, sobre as matérias pendentes de decisão em órgãos no âmbito da União Europeia que incidam na esfera da sua competência reservada.

Em 2001 realizou-se a quinta revisão constitucional, também extraordinária, que teve, essencialmente, dois objetivos: por um lado, permitir a ratificação da Convenção de Roma que estabelece o Estatuto do Tribunal Penal Internacional e, por outro lado, adaptar a Constituição às novas exigências em matéria de espaço de liberdade, segurança e justiça.

A alteração mais relevante, com repercussões no domínio da integração europeia, diz respeito à nova redação do nº 6 do artigo 7º: «*Portugal pode, em condições de reciprocidade, com respeito pelo princípio da subsidiariedade e tendo em vista a realização da coesão económica e social e de um espaço de liberdade, segurança e justiça, convencionar o exercício em comum ou em cooperação dos poderes necessários à construção da União Europeia*».

Mais recentemente, a sexta revisão constitucional, de 2004, modificou a redação do nº 6 do artigo 7º da CRP, que passou a ser a seguinte:

> «*Portugal pode, em condições de reciprocidade, com respeito pelos princípios fundamentais do Estado de direito democrático e pelo princípio da subsidiariedade e tendo em vista a realização da coesão económica, social e territorial, de um espaço de liberdade,*

[1042] Cfr. Jorge Miranda, "A integração comunitária e a presente revisão constitucional", *in* AAVV, *Em torno da revisão do Tratado da União Europeia*, Coimbra, 1997, p. 145 e segs; Alexandre Sousa Pinheiro / Mário João De Brito Fernandes, *Comentário à IV Revisão Constitucional*, Lisboa, 1999, *passim*.

[1043] Note-se que o Tribunal Constitucional Português foi chamado a apreciar a fiscalização da constitucionalidade e da legalidade da proposta de referendo relativa ao Tratado de Amesterdão, mas tendo chegado à conclusão que a pergunta referendária não preenchia os requisitos da clareza e da precisão, exigidos pelo artigo 115º, nº 6, da CRP, não apreciou a questão de saber se o Tratado de Amesterdão violava ou não as normas constitucionais (cfr. Acórdão nº 531/98, de 27/7/98).

[1044] Cfr. Ana Maria Guerra Martins, *A participação das Regiões Autónomas nos assuntos da República*, Coimbra, 2012, p. 110 e segs.

segurança e justiça, e a definição e a execução de uma política externa, de segurança e de defesa comuns, convencionar o exercício em comum, em cooperação ou pelas instituições da União dos poderes necessários à construção e aprofundamento da União Europeia».

Esta é, por conseguinte, a cláusula constitucional que permite o exercício em comum dos poderes necessários à construção da União Europeia. Ela viu na revisão de 2004 o seu âmbito de aplicação alargado à mera cooperação e ao exercício exclusivo de poderes por parte das instituições da União. Trata-se, pois, de legitimar, do ponto de vista constitucional, todas as formas de repartição de atribuições entre a União e os Estados-membros.

Além disso, e de uma enorme relevância para o tema do primado do Direito da União Europeia sobre o Direito nacional, foi aditado um nº 4 ao artigo 8º da CRP que determina o seguinte:

> «*As disposições dos tratados que regem a União Europeia e as normas emanadas das suas instituições, no exercício das respetivas competências, são aplicáveis na ordem interna, nos termos definidos pelo direito da União, com respeito pelos princípios fundamentais do Estado de direito democrático*».

Esta alteração tinha em vista preparar a Ordem Jurídica constitucional portuguesa para a entrada em vigor do TECE que, recorde-se, incluía um preceito relativo ao primado (artigo I-6º do TECE). Apesar do fracasso daquele Tratado, o artigo 8º, nº 4, manteve-se na CRP, pelo que deve ser interpretado e aplicado tendo em conta o Tratado de Lisboa. Este preceito configura, sem dúvida, a norma de referência em matéria de primado do Direito da União Europeia sobre o Direito Português.

Ao contrário do que sucedia antes da revisão de 2004[1045], além de conter uma cláusula de autorização do exercício em comum de poderes soberanos (artigo 7º, nº 6), que legitima as eventuais transferências de soberania para a União Europeia, a CRP trata autonomamente a questão do primado do Direito da União Europeia sobre o Direito nacional, pelo que deixou de ser necessário recorrer aos nºs 2 e 3 do seu artigo 8º relativos ao Direito Internacional para fundamentar o primado do Direito da União Europeia. Por outras palavras, o artigo 8º, nº 4, da CRP autonomiza a receção do Direito da União Europeia em relação ao restante Direito Internacional, o que, em nosso entender, está correto, na medida em que se trata de Ordens Jurídicas com características muito distintas.

1045 Sobre a forma como se devia equacionar a questão antes da revisão de 2004, ver, ANA MARIA GUERRA MARTINS, *Curso...*, p. 438 e segs.

Tal como afirmam J. J. GOMES CANOTILHO e VITAL MOREIRA[1046], o artigo 8º, nº 4, da CRP, "*localiza a regra de colisão entre o direito da União e o direito interno no plano do direito constitucional português, podendo dizer-se que a aceitação do primado da ordem jurídica da União resulta de uma "decisão constituinte" do povo português, formalizada numa lei de revisão nos termos constitucionalmente previstos*".

Do artigo 8º, nº 4, da CRP decorre que se a União respeitar as competências que lhe foram atribuídas e se forem respeitados os princípios fundamentais do Estado de Direito Democrático, as disposições dos Tratados que regem a União Europeia e as normas emanadas das instituições da União Europeia são aplicáveis na ordem interna, nos termos definidos pelo Direito da União Europeia, ou seja, nos termos definidos pela Jurisprudência do Tribunal de Justiça relativa ao primado. Isto significa que, não havendo conflito entre as normas da União Europeia e os princípios constitucionais do Estado de Direito Democrático português é a própria Constituição que impõe a prevalência do Direito da União Europeia.

Assim sendo, o Direito Originário e o Direito Derivado da União Europeia prevalecem sobre todas as normas internas, incluindo as constitucionais, as quais não serão aplicáveis. Esta prevalência não conduz, todavia, à invalidade da norma interna, mas somente à sua não aplicação no caso concreto, tal como resulta da Jurisprudência do TJ.

O preceito não esclarece, todavia, quem tem competência para aferir se, por um lado, a União respeitou as suas competências e, por outro lado, se os princípios do Estado de Direito Democrático foram desrespeitados. Trata-se do problema já anteriormente equacionado de saber quem é o último árbitro da constitucionalidade nestes casos – o Tribunal Constitucional (e os Tribunais nacionais em geral) ou o Tribunal de Justiça da União Europeia?

Por um lado, na ótica da CRP, o Tribunal Constitucional português é o último guardião dos princípios fundamentais do Estado de Direito Democrático, assim como é a ele que lhe compete aferir se os poderes que o Estado português transferiu para a União Europeia foram ultrapassados. Por outro lado, na ótica do Direito da União Europeia, o Tribunal de Justiça é, de acordo com o artigo 19º do TUE, o último guardião do Direito da União Europeia, pelo que tudo indica que se considerará competente para aferir se a União Europeia violou os princípios do Estado de Direito Democrático, uma vez que ela também se fundamenta neles. Além disso, o TJUE está particularmente vocacionado para apreciar se as instituições da União exerceram ou não os seus poderes adequadamente.

[1046] J. J. GOMES CANOTILHO / VITAL MOREIRA, "Anotação ao artigo 8º", *in CRP Constituição da República Portuguesa Anotada*, Vol. I, Coimbra, 2007, p. 265.

Do exposto resulta que, não obstante a existência de uma cláusula constitucional relativa ao princípio do primado do Direito da União sobre o Direito interno, o facto de as relações entre o Tribunal de Justiça e os tribunais nacionais se fundamentarem num princípio de cooperação e não num princípio hierárquico, levará, em Portugal, tal como já sucedeu em outros Estados-membros, ao diálogo com o Tribunal de Justiça, através da suscitação de questões prejudiciais com base no artigo 267º do TFUE[1047].

Porém, até ao presente, o Tribunal Constitucional Português pertence aquele grupo de tribunais constitucionais que nunca colocaram qualquer questão prejudicial ao Tribunal de Justiça, mas a verdade é que só ainda não o fez porque não teve ocasião para tal. Aliás, o problema colocou-se, no Acórdão nº 141/2015, de 3 de março de 2015[1048].

O Tribunal Constitucional Português discutiu se, para apreciar a constitucionalidade de uma norma nacional que previa um ano de residência legal em Portugal para os cidadãos da União Europeia poderem requer o rendimento social de inserção (um benefício social), era necessário suscitar uma questão prejudicial ao Tribunal de Justiça, na medida em que o direito de livre circulação e de residência dentro do território português por parte dos cidadãos da União e das suas famílias poderia ser posto em causa.

Porém, tendo em conta a Diretiva 2004/38/CE e a Jurisprudência do Tribunal de Justiça, designadamente, o caso *Dano*[1049], o Tribunal Constitucional considerou que não havia dúvida que o Direito da União Europeia tolerava o regime jurídico nacional em causa[1050]. Por isso, a questão prejudicial não foi suscitada.

Deve ainda sublinhar-se que o Tribunal Constitucional Português assumiu, desde cedo – ver, por exemplo, o Acórdão nº 163/90, de 23 de maio de 1990[1051] – a sua competência para suscitar questões prejudiciais ao TJUE, tendo-a reafirmado posteriormente, por exemplo, no Acórdão nº 391/12, de 9 de agosto de 2012[1052].

Além disso, o Tribunal sempre levou a sério a possibilidade de suscitar questões prejudiciais ao TJUE. Acabou, todavia, por concluir em todos os casos – que a questão que lhe tinha sido colocada não justificava fazê-lo, fundamentalmente, por três razões:

1047 Em sentido contrário, MIGUEL GALVÃO TELES, "Constituições dos Estados e eficácia interna do Direito da União e das Comunidades Europeias", *in* JORGE MIRANDA (coord.), *Estudos em homenagem ao Professor Doutor Marcello Caetano: no centenário do seu nascimento*, Lisboa, 2006, p. 295 e segs.

1048 Acessível em http://www.tribunalconstitucional.pt/tc/acordaos/20150145.

1049 Acórdão do TJUE, de 11 de novembro de 2014, *Dano*, proc. C-333/13 EU:C:2014:2358.

1050 Posteriormente, os acórdãos do TJUE, de 15 de setembro de 2015, *Alimanovic*, proc. C- 64/14, Col. 2015, p. 597 e segs e de 8 de novembro de 2012, *Iida*, proc. C-40/11, Col. 2012, p. 691 e segs, parecem ter dado razão à posição assumida pelo Tribunal Constitucional Português.

1051 Acessivel em http://www.tribunalconstitucional.pt/tc/acordaos/19900163.html

1052 Acessivel em http://www.tribunalconstitucional.pt/tc/acordaos/20120391.html

a) A inexistência de uma questão de interpretação do direito da União Europeia[1053];
b) A desnecessidade da interpretação do direito da União Europeia para resolver a questão de constitucionalidade / ilegalidade que tinha em mãos[1054];
c) A desnecessidade da decisão do TJUE para o julgamento da constitucionalidade[1055].

Refira-se, por último, que na revisão constitucional de 2005 foi aditado um preceito – o artigo 295º – com o intuito de permitir a realização de referendos a tratados da União Europeia. O artigo 295º CRP estabelece o seguinte:

> *"O disposto no nº 3 do artigo 115º não prejudica a possibilidade de convocação e de efectivação de referendo sobre a aprovação de tratado que vise a construção e aprofundamento da união europeia."*

Até ao momento, nunca se realizou em Portugal um referendo sobre este assunto.

42.5. A conciliação necessária das perspetivas da União e dos Estados-membros

A perspetiva do princípio do primado que traçámos nas páginas precedentes parte, muitas vezes, de uma visão bipolar das relações entre o Direito da União Europeia e o Direito dos Estados-membros baseada no monismo / dualismo. Existem, contudo, perspetivas diferentes e, em nosso entender, bem mais aliciantes, centradas na complementaridade do Direito da União Europeia e do Direito dos Estados-membros e na constatação de uma certa homogeneidade entre ambos, a qual impede o surgimento de conflitos frequentes, na medida em que, por um lado, a base axiológica de ambas as Ordens Jurídicas é idêntica (cfr. artigo 2º do TUE) e, por outro lado, o âmbito de aplicação das normas é, de um modo geral, diverso. Além disso, para evitar possíveis conflitos entre as Constituições dos Estados-membros e as normas de Direito Originário tem vindo a ser aferida, em muitos Estados-membros, a título preventivo, a constitucionalidade das futuras normas a introduzir nos Tratados, sendo que nos casos em que se chega à conclusão que se verifica uma incompatibilidade entre as futuras normas da União

[1053] Acórdão Nº163/90 de 23 de maio de 1990; Acórdão Nº 658/99 de 17 de dezembro de 1999; Acórdão Nº 717/2004 de 21 de dezembro de 2004; Acórdão Nº 181/2007 de 8 de março de 2007; Acórdão Nº 273/2007 de 2 de maio de 2007.

[1054] Acórdão Nº 606/94 de 22 de novembro de 1994; Acórdão Nº 278/2000 de 16 de maio de 2000; Acórdão Nº 391/12 de 9 de agosto de 2012.

[1055] Acórdão No. 240/2000 de 11 de abril de 2000.

e as normas constitucionais se tem procedido a revisões constitucionais prévias à entrada em vigor dessas normas.

Mas não são apenas as Ordens Jurídicas nacionais que têm a obrigação de se adaptar à Ordem Jurídica da União, após o Tratado de Lisboa, resulta claramente do TUE que a União deve respeitar a identidade nacional dos Estados-membros, refletida nas estruturas políticas e constitucionais fundamentais de cada um deles, incluindo no que se refere à autonomia regional e local (artigo 4º, nº 2, do TUE)[1056]. Ou seja, a União também deve participar na busca constante de harmonia entre o Direito da União Europeia e o Direito dos Estados-membros. Daí que a análise mais apropriada das relações entre o Direito da União Europeia e o Direito dos Estados-membros deva ser pluralista e não monista, interativa e não hierárquica.

No estádio atual de evolução das relações entre o Direito da União Europeia e o Direito dos Estados-membros não nos parece possível dar uma resposta inequívoca à questão de saber se o primado se fundamenta no Direito da União Europeia ou no Direito Constitucional dos Estados-membros, assim como não é líquido quem é o último árbitro do conflito entre o Direito da União Europeia e o Direito dos Estados-membros – se o TJUE ou os Tribunais Constitucionais. Tudo depende da Ordem Jurídica em que nos colocarmos.

De qualquer modo, se pensarmos que a base axiológica da União é comum aos seus Estados-membros, como claramente decorre do artigo 2º do TUE introduzido pelo Tratado de Lisboa – e já antes decorria do antigo artigo 6º do TUE – poder-se-á alegar que, especialmente nas questões essenciais, leia-se: constitucionais essenciais, se verificará uma certa harmonia, identidade e até congruência entre o Direito da União Europeia e o Direito dos Estados-membros. A ideia de um princípio de "amizade" das Constituições nacionais ao Direito da UE não é destituída de sentido, sendo que a questão do primado do Direito da União Europeia sobre o Direito Constitucional dos Estados-membros só se colocará em situações-limite e, como tal, relativamente raras.

Nesses casos, segundo uma visão constitucional tributária do pluralismo deve promover-se um diálogo permanente entre os tribunais nacionais e o Tribunal de Justiça através do processo das questões prejudiciais com o objetivo de se alcançar uma interpretação comum[1057].

[1056] Sobre a identidade constitucional dos Estados-membros e o princípio do primado, cfr. SILVIO GAMBINO, "Identità costituzionali nazionali e *primauté* eurounitaria", *Quad. cost*, 2012, p. 533 e segs.

[1057] Cfr. ANDREAS VOBKUHLE, „Multilevel Cooperation of the European Constitutional Courts...", *maxime*, p. 196 e segs; MIGUEL POIARES MADURO, "As Formas do Poder Europeu – o Pluralismo Constitucional Europeu em Ação", in *A Constituição Plural...*, p. 15 e segs; MATTIAS KUMM, "The Jurisprudence of Constitutional Conflit: Constitutional Supremacy in Europe before and After the Constitutional Treaty", *ELJ*, 2005, p. 262 e segs; *Idem*, "Who is the Final Arbiter of Constitutionality

Aliás, como se viu, nos últimos anos, tem-se vindo a assistir a uma maior cooperação institucional entre os tribunais constitucionais dos Estados-membros e o TJUE, através da utilização por parte dos primeiros do mecanismo previsto no artigo 267º TFUE.

A verdade é que, se alguns tribunais superiores dos Estados-membros da União Europeia, como, por exemplo, o Tribunal Constitucional austríaco[1058] ou o Tribunal Constitucional belga[1059], sempre revelaram uma grande abertura à suscitação de questões prejudiciais ao Tribunal de Justiça, outros houve que, durante décadas, manifestaram uma enorme relutância em o fazer quer por não se considerarem um órgão jurisdicional, para efeitos do atual artigo 267º do TFUE, como sucedeu com o Tribunal Constitucional italiano, quer por considerarem que as questões de Direito Comunitário ou de Direito da União Europeia que lhe eram colocadas pelas partes não eram pertinentes ou não eram necessárias à boa decisão da causa, como foi o caso do Tribunal Constitucional Português.

Assiste-se, todavia, desde 2008, a uma mudança de atitude por parte dos tribunais constitucionais, a qual não ocorreu por acaso, mas antes se deveu a diversos fatores ligados à própria evolução do Direito da União Europeia e à crise do Euro[1060].

Assim, a incorporação da CDFUE no Direito Originário, a qual levou a um aceso debate acerca da expansão ou da limitação da proteção dos direitos fundamentais; a cláusula da identidade nacional (artigo 4º, nº 2, TUE) que conduziu, pelo menos, à discussão sobre o que está nela incluído e o que não está bem como quem deve decidir esse problema; o alargamento das competências em matéria penal e a previsão da adesão da UE à CEDH foram algumas das razões que contribuíram para a alteração de posicionamento dos tribunais constitucionais em relação ao processo das questões prejudiciais. Além disso, a adoção de medidas fora dos quadros convencionais no decurso da crise do Euro contribuiu igual-

in Europe?", *CMLR*, 1999, p. 351 e segs. Cfr. igualmente Conclusões do Advogado-Geral M. Poiares Maduro, de 21 de maio de 2008, *Arcelor Atlantique e Lorraine e.a.*, proc. C-127/07.

1058 Ver, por exemplo, o acórdão do TJUE, de 8/4/14, Procs. Apensos C-293/12 e C-594/12, *Digital Rights Ireland* que teve origem em pedidos de decisão prejudicial da *High Court* da Irlanda e do *Verfassungsgerichtshof* da Áustria.

1059 Ver, por exemplo, Acórdão do TJUE de 26/06/07, proc. C-305/05, *Ordre des barreaux francophones et germanophone* que teve na sua base um pedido de decisão prejudicial da *Cour d'arbitrage*, atual *Cour constitutionnelle*, da Bélgica ou o Acórdão do TJUE de 1/04/08, proc. C-212/06, *Governo da Communauté française e Gouvernement wallon contra Gouvernement flamand*, o qual teve igualmente origem num pedido de decisão prejudicial da *Cour d'arbitrage*, atualmente *Cour constitutionnelle*, da Bélgica.

1060 Para maiores desenvolvimentos cfr. Monica Claes, "Luxembourg, Here We Come? Constitutional Courts and the Preliminary Reference Procedure", *German Law Journal*, 2015, p. 1331 e segs.

mente para o aumento da conflitualidade[1061]. Por último, o receio de serem marginalizados e/ou ultrapassados pelos tribunais comuns no diálogo com o TJUE[1062] levou os Tribunais Constitucionais à suscitação de questões prejudiciais[1063].

Em conclusão, as Constituições estaduais aplicam-se, plenamente, a todas as matérias, que não foram transferidas para a União, sendo certo que é nelas que reside o fundamento da integração para os Estados fundadores bem como o fundamento da adesão de um Estado à União Europeia. Neste contexto, o Estado deve adequar a sua Constituição aos compromissos que assumiu tanto interna como externamente. Nos domínios que foram atribuídos à União, o Estado não deve poder invocar as suas normas constitucionais para se furtar ao cumprimento das normas da União válidas.

43. Os princípios da aplicabilidade direta e do efeito direto no Direito da União Europeia

43.1. A aplicação descentralizada do Direito da União Europeia

Uma das principais características do Direito da União Europeia é a sua aplicação descentralizada. Ou seja, são as administrações e os tribunais nacionais que aplicam o Direito da União Europeia, mas isso só se verifica porque a União tem a capacidade de produzir normas que, por força da aplicabilidade direta e do efeito direto, são suscetíveis de ser invocadas nos tribunais nacionais, podendo inclusivamente afastar as normas nacionais contrárias, por força do princípio do primado acabado de estudar. Por outras palavras, foram os princípios da aplicabilidade direta e do efeito direto, que conjugados com o princípio do primado, permitiram estabelecer uma relação direta entre a União e os cidadãos que não se manifesta, de um modo geral, no domínio internacional.

43.2. A distinção entre a aplicabilidade direta e o efeito direto

A distinção entre a aplicabilidade direta e o efeito direto não é evidente nem é admitida pela maioria da Doutrina[1064]. A Jurisprudência do TJ utiliza, mais frequentemente, a expressão efeito direto do que aplicabilidade direta.

[1061] Neste sentido, ver Maria Dicosola / Cristina Fasone / Irene Spigno, "Foreword: Constitutional Courts in the European Legal System After the Treaty of Lisbon and the Euro-Crisis", *German Law Journal*, 2015, p. 1321 e segs.

[1062] Para maiores desenvolvimentos sobre os riscos de marginalização dos tribunais constitucionais ver Davide Paris, "Constitutional Courts as Guardians of EU Fundamental Rights? Centralised Judicial Review of Legislation and the Charter of Fundamental Rights of the EU", *European Constitutional Law Review*, 2015, p. 391 e segs.

[1063] Para uma crítica da marginalização dos tribunais constitucionais no diálogo judicial ver Jan Komárek, "The Place of Constitutional Courts in the EU", *European Constitutional Law Review*, 2013, p. 420-450.

[1064] Veja-se, por exemplo, que um dos manuais de referência de Direito da União Europeia nem sequer aflora esta questão. Cfr. Paul Craig / Gráinne de Búrca, *EU Law...*, cit..

Apesar de, após o Tratado de Lisboa, os Tratados terem deixado de fazer referência expressa ao efeito direto[1065], eles mantêm a expressão «*diretamente aplicável em todos os Estados-membros*» para caracterizar os regulamentos no artigo 288º do TFUE, a qual se considera que remete para a aplicabilidade direta. Em nosso entender, a distinção entre uma e outra figura faz todo o sentido[1066].

A aplicabilidade direta é a suscetibilidade de aplicação de um ato ou norma da União, sem necessidade de transposição por parte do Estado. O efeito direto é a suscetibilidade de invocação de uma norma da União, por parte daquele a quem essa norma confere direitos ou obrigações, num tribunal nacional ou perante qualquer autoridade pública, quer essa norma tenha sido implementada, quer não, por parte do Estado-membro em causa.

A aplicabilidade direta opera, portanto, ao nível da aplicação da norma e é automática em relação às normas que a possuem, uma vez que se encontra, expressamente, prevista, no TFUE para certas fontes, como é o caso dos regulamentos. O efeito direto, pelo contrário, resulta da interpretação da norma, opera ao nível da sua invocabilidade, não é automático, pois depende da verificação de determinadas condições.

43.3. A aplicabilidade direta

Como se disse, a aplicabilidade direta é a suscetibilidade de aplicação de um ato ou norma da União na Ordem Jurídica nacional, sem necessidade de mediação por parte do Estado-membro. Isto não significa que esteja totalmente excluída a aprovação de medidas de execução. Pelo contrário, a desnecessidade de transposição não se deve confundir com a desnecessidade de adoção de medidas de implementação ou execução da norma da União. Essas medidas são, de um modo geral, da competência do Estado-membro (artigo 291º, nº 1, do TFUE), exceto se estiverem reunidas as condições previstas no nº 2 do artigo 291º do TFUE, em que são da competência da Comissão e, excecionalmente, do Conselho.

A aplicabilidade direta fundamenta-se no artigo 288º do TFUE, quando estabelece que o regulamento é diretamente aplicável, pelo que não há dúvida que os regulamentos gozam de aplicabilidade direta. Já em relação às decisões, apesar de não se verificar a menção da aplicabilidade direta no artigo 288º, nº 3, do TFUE, não se vislumbram razões para a excluir.

[1065] Na versão anterior dos Tratados, o artigo 34º, nº 2, als. *a)* e *b)*, do TUE excluía o efeito direto das decisões e das decisões-quadro no âmbito do terceiro pilar.

[1066] No mesmo sentido, Robert Schütze, *European Constitutional...*, p. 318 e 319; Alan Dashwood *et al.*, *Wyatt and Dashwood's European Union...*, p. 244.

43.4. O efeito direto

43.4.1. A Jurisprudência inicial do Tribunal de Justiça: o caso *Van Gend & Loos*

O princípio do efeito direto, tal como sucedeu com o princípio do primado, faz parte das criações jurisprudenciais mais emblemáticas do Tribunal de Justiça.

A versão originária do Tratado de Roma não continha qualquer referência expressa ao princípio do efeito direto (e atualmente continua a não ser mencionado nos Tratados), pelo que o Tribunal teve de se socorrer do espírito, da economia e dos termos dos Tratados para construir aquele princípio. Deve sublinhar-se que a afirmação do princípio do efeito direto permitiu, logo à partida, uma maior implicação das pessoas no processo de integração europeia.

A primeira oportunidade que o Tribunal de Justiça teve para se pronunciar sobre o efeito direto de uma norma comunitária foi, no caso *Van Gend & Loos*, cujos considerandos se afiguram, particularmente, elucidativos:

> *«considerando que o objetivo do TCEE é de instituir um mercado comum cujo funcionamento afeta os nacionais da Comunidade, implica que esse tratado constitui mais do que um acordo que cria obrigações mútuas entre Estados contratantes;*
>
> *esta conceção encontra-se confirmada pelo preâmbulo do tratado, que para além dos governos, visa os povos, e de forma mais concreta pela criação de órgãos que institucionalizam direitos soberanos cujo exercício afeta tanto os Estados como os cidadãos;*
>
> *(...)*
>
> *que, partindo o direito comunitário, independente da legislação dos Estados membros, ao mesmo tempo que cria encargos para os particulares, também está destinado a criar direitos que entram no seu património jurídico;*
>
> *estes nascem não apenas quando uma atribuição específica é feita pelo Tratado, mas também em razão de obrigações que o tratado impõe de uma maneira definida tanto aos particulares como aos Estados membros ou aos órgãos comunitários»*[1067].

O Tribunal concluiu, neste acórdão, pelo efeito direto do atual artigo 30º do TFUE (ao tempo, artigo 12º do TCE), ou seja, pela criação de direitos individuais que os tribunais internos devem salvaguardar, fazendo, no entanto, depender a invocação da norma comunitária de várias condições:

> *«considerando que o texto do artigo 12º enuncia uma interdição clara e incondicional que não é de fazer, mas de não fazer;*
>
> *que esta obrigação não está sujeita a qualquer reserva dos Estados de subordinar a sua execução a um ato positivo de direito interno;*
>
> *que esta obrigação se presta perfeitamente pela sua própria natureza a produzir efeitos diretos nas suas relações jurídicas entre os Estados membros e os seus nacionais;*

[1067] Ac. de 5/2/63, *Van Gend & Loos*, proc. 26/62, Rec. 1963, p. 1 e ss, p. 13.

tendo em conta que a execução do artigo 12º não necessita de uma intervenção legislativa dos Estados»[1068].

Assim, numa primeira fase, o TJ exigiu como condições para se poder invocar a norma comunitária a clareza, a precisão, o caráter completo e juridicamente perfeito e a enunciação de uma obrigação incondicional. O efeito direto apareceu, portanto, ligado à ideia da ausência da necessidade de medidas nacionais ou comunitárias.

Posteriormente, o Tribunal modifica os critérios do efeito direto, abandonando a exigência da ausência da necessidade de medidas nacionais. As disposições que implicavam certas obrigações de fazer podiam ter efeito direto se as entidades que deviam adotar as medidas de aplicação não dispusessem de qualquer margem de apreciação, sendo apenas necessário que a norma fosse clara, precisa e incondicional[1069]. Mais tarde, o Tribunal vai mesmo admitir que ainda que os Estados tivessem alguma discricionariedade, a norma podia ter efeito direto, se essa discricionariedade fosse judicialmente controlável[1070].

43.4.2. O âmbito do efeito direto na Jurisprudência do Tribunal de Justiça

Após o impulso inicial dado pelo caso *Van Gend & Loos*, o Tribunal de Justiça proferiu um conjunto muito vasto de decisões – nem sempre totalmente coerentes entre si[1071] – em que reconheceu, mediante certas condições, o efeito direto, de modo mais amplo ou mais restrito, das normas do Direito Originário, do Direito Derivado e do Direito Internacional que vinculava a Comunidade Europeia e hoje vincula a União Europeia.

Note-se que o TJ não reconhece a versão mais ampla do efeito direto, isto é, o efeito direto horizontal, em relação a todos as normas de Direito da União Europeia. Por vezes limitou-se a reconhecer o efeito direto vertical, tendo depois compensado essa visão mais restritiva através da aceitação de um conceito muito amplo de Estado, da exigência de uma interpretação conforme da norma nacional com a norma da União (efeito indireto), da admissibilidade de efeitos diretos horizontais incidentais e dos princípios gerais de Direito.

[1068] Proc. cit., p. 12.

[1069] Esta tese começa por ser aflorada no ac. de 16/6/66, *Lütticke* (proc. 57/65, Rec. 1966, p. 293), mas é no ac. de 19/12/68, *Salgoil* (proc. 13/68, Rec. 1968, p. 661) que vem a ser consagrada. Mais tarde foi confirmada noutros acórdãos, como, por exemplo, no ac. de 21/6/74, *Reyners*, proc. 2/74, Rec. 1974, p. 631.

[1070] Ac. de 10/11/92, *Hansa*, proc. C-156/91, Col. 1992, p. I-5567.

[1071] Para uma visão muito critica da Jurisprudência do TJ em matéria de efeito direto, cfr. Paul Craig / Gráinne de Búrca, *EU Law...*, p. 180 e segs.

Antes de avançar, importa definir o que se deve entender por efeito direto vertical e horizontal. O primeiro verifica-se quando o particular invoca a norma da União nas relações que estabelece com o Estado ou com qualquer entidade pública, isto é nas relações jurídico-públicas. Pelo contrário, o segundo opera quando a norma da União é invocada nas relações jurídico-privadas, ou seja, entre particulares, por qualquer um deles.

43.4.2.1. O efeito direto das normas do Direito Originário

No que diz respeito às normas dos Tratados, o Tribunal de Justiça reconheceu-lhes quer o efeito direto vertical quer o efeito direto horizontal. Assim, as disposições dos Tratados que contêm proibições ou impõem abstenções aos Estados-membros podem ser invocadas nos litígios entre particulares e os Estados-membros, ou seja, possuem efeito direto vertical. É o caso dos atuais artigos 30º, 37º[1072] e 110º do TFUE[1073] e de alguns preceitos que, entretanto, já foram revogados, como, por exemplo, os artigos 7º, nº 1[1074], 31º[1075] e 32º, par. 1º[1076], 53º todos do antigo TCEE[1077]. Além disso, as disposições que impõem obrigações de resultados precisos, nas quais se incluem as normas cuja execução possa ser concretizada num certo prazo, quer através de atos das instituições da União, quer através de medidas a tomar pelos Estados-membros (artigo 13º, nº 2, do TCEE, hoje revogado[1078], artigo 37º do TFUE[1079], artigo 45º do TFUE[1080] e artigo 56º, par. 1º, do TFUE[1081]) e as disposições que impõem obrigações insuscetíveis de apreciação (artigo 10º do TCE, hoje revogado, artigo 32º, par. 2º, do TCEE, hoje revogado, artigo 106º, par. 2º do TFUE[1082]; artigo 97º do TCEE, hoje revogado, artigo 102º do TFUE, artigo 117º do TFUE e artigo 130º do TFUE) são igualmente suscetíveis de ser invocadas pelos particulares contra os Estados-membros, ou seja, possuem efeito direto vertical. Já as disposições em matéria de concorrência dirigem-se diretamente aos particulares, pelo que podem ser invocadas nos litígios entre eles, isto é, são suscetíveis de possuir efeito direto horizontal (artigos 101º e 102º do TFUE[1083]).

1072 Caso *Hansen*, proc. 91/78, cit, p. 935.

1073 Ac. de 14/4/68, *Fink Frucht*, proc. 27/67, Rec. 1968, p. 327.

1074 Ac. de 28/6/78, *Kenny/Insurance Officer*, proc. 1/78, Rec. 1978, p. 1489.

1075 Caso *Salgoil*, cit., p. 661.

1076 *Idem, ibidem.*

1077 Caso *Costa Enel*, cit., p. 1141.

1078 Ac. de 27/3/80, *Denkavit*, proc. 61/79, Rec. 1980, p. 1205.

1079 Caso *Hansen*, cit., p. 935.

1080 Ac. de 4/12/74, *Van Duyn*, proc. 41/74, Rec. 1974, p. 1337 e segs (p. 1348).

1081 Ac. de 3/12/74, *Van Binsbergen*, proc. 33/74, Rec. 1974, p. 1299.

1082 Ac. de 27/3/74, *BRT/Sabam*, proc. 127/73, Rec. 1974, p. 313; ac. de 11/4/89, *Ahmed Saeed*, proc. 66/86, Rec. 1989, p. 803; ac. de 18/6/91, *ERT*, proc. C-260/89, Rec. 1991, p. I-2925, I-2963.

1083 Ac. de 10/7/80, *Marty/Lauder*, proc. 37/79, Rec. 1980, p. 2841 e segs.

Os artigos 45º e 157º do TFUE também podem ser invocados contra qualquer empregador seja ele público ou privado[1084].

43.4.2.2. O efeito direto das normas de Direito Derivado

O Tribunal não se ficou pela aplicação do princípio do efeito direto ao Direito Originário. Pelo contrário, estendeu-o igualmente ao Direito Derivado, o que em muito contribuiu para o aprofundamento da «implicação» dos cidadãos no processo de integração europeia.

À primeira vista, o regulamento, em razão da sua natureza e da aplicabilidade direta que o artigo 288º do TFUE lhe confere, é invocável de pleno direito pelos particulares perante os tribunais nacionais, pois é, para eles, uma fonte de direitos e obrigações[1085]. Mas um escrutínio mais atento revela que, apesar de o regulamento impor obrigações aos Estados e aos particulares, nem todas e cada das suas disposições podem ser invocadas nos tribunais nacionais. Tudo depende da questão de saber se o regulamento necessita, ou não, de medidas de execução por parte dos Estados-membros. Nesses casos, tendo em conta a discricionariedade de que normalmente gozam os Estados neste domínio, pode fazer sentido a invocação dos direitos consagrados no regulamento por parte dos particulares se as medidas de execução não forem adotadas[1086]. O efeito direto não se pode aferir em abstrato, antes dependendo da interpretação das disposições do regulamento. Se elas satisfizerem os critérios atrás enunciados, então as normas dos regulamentos dispõem de efeito direto vertical em relação às autoridades nacionais e de um efeito direto horizontal em relação aos particulares[1087].

Além das normas dos Tratados e das normas dos regulamentos, o Tribunal reconheceu também, embora mais tardiamente e, de um modo muito mais restrito, o efeito direto das normas das diretivas.

As diretivas, ao contrário dos regulamentos, são por natureza incompletas, só se tornando efetivas após a sua transposição para o Direito interno nos prazos nelas previstos, pelo que se considerou, numa fase inicial, que as diretivas só produziam efeitos (no fundo, só concediam direitos e obrigações) entre os Estados-membros e as instituições comunitárias.

O reconhecimento do efeito direto das normas das diretivas, desde que respeitadas certas condições, ocorre já em plena década de 70 e está, sem dúvida, associado ao facto de o Conselho ter adotado diretivas cada vez mais pormenori-

[1084] Ac. de 6/6/2000, *Angonese*, proc. C-281/98, Col. 2000, p. I-4131; ac. de 8/4/76, *Defrenne v. Sabena*, proc. 43/75, Rec. 1976, p. 455.

[1085] Ac. de 14/12/71, *Politi*, proc. 43/71, Rec. 1971, p. 1039; ac. de 17/5/72, *Leonesio*, proc. 93/71, Rec. 1972, p. 287.

[1086] Ac. de 11/1/2001, *Azienda Agrícola Monte Arcosa Srl*, proc. C-403/98, Col. 2001, p. I-103.

[1087] Ac. de 10/10/73, *Variola*, proc. 34/73, Rec. 1973, p. 981.

zadas, que acabavam por impor obrigações incondicionais que se assemelhavam às impostas pelos regulamentos[1088].

O TJ reconheceu, pela primeira vez, o efeito direto de uma diretiva, no caso *Van Duyn*, ainda que em dois acórdãos anteriores[1089] já tivesse aceite o efeito direto das diretivas em ligação com outras fontes de Direito Comunitário.

No referido caso *Van Duyn*, o Tribunal fundamentou o efeito direto da diretiva nos seguintes argumentos:

> *- «seria incompatível com o efeito obrigatório que o artigo 189º*[1090] *reconhece à diretiva excluir, em princípio, que a obrigação que ela impõe possa ser invocada pelas pessoas afetadas;*
>
> *- particularmente nos casos em que as autoridades comunitárias teriam, por diretiva, obrigado os Estados a adotar um determinado comportamento, o efeito útil de tal ato encontrar-se-ia enfraquecido se os particulares fossem impedidos de se prevalecer dele em justiça e os tribunais nacionais impedidos de o ter em conta enquanto elemento de Direito Comunitário;*
>
> *- o artigo 177º*[1091] *que permite aos tribunais nacionais demandarem o Tribunal sobre a validade e a interpretação de todos os atos das instituições, sem distinção, implica que estes atos são suscetíveis de ser invocados pelos particulares sem distinção»*[1092].

A invocação do efeito direto da diretiva depende, tal como vimos suceder para as normas das outras fontes de Direito da União até agora estudadas, de um exame casuístico da natureza, da economia e dos termos da disposição em causa e limita-se às relações entre os Estados e os particulares (cons. 16).

No caso *Ursula Becker*[1093] o TJ admitiu que o facto de a diretiva deixar uma certa margem de manobra aos Estados não exclui que certas disposições, tendo em conta o seu objeto próprio, se puderem ser destacadas do conjunto e aplicadas como tal, possam ser invocadas pelos particulares.

[1088] Sobre o efeito direto das diretivas, cfr., na doutrina portuguesa, CARLOS BLANCO DE MORAIS, "A forma jurídica do ato de transposição de diretivas", *Legislação*, 1998, p. 41 e segs; MARCELO REBELO DE SOUSA, "A transposição das diretivas comunitárias para a ordem jurídica nacional", *Legislação*, 1992, p. 69 e segs; CARLOS BOTELHO MONIZ / PAULO MOURA PINHEIRO, "As relações da ordem jurídica portuguesa com a ordem jurídica comunitária - algumas reflexões", *Legislação*, 1992, p. 121 e segs.

[1089] No caso *Grad* (proc. cit., p. 825), o Tribunal reconheceu o efeito direto de uma diretiva em ligação com uma decisão e no caso *SPA S.A.C.E.* (ac. de 17/12/70, proc. 33/70, Rec. 1970, p. 1213) o TJ reconheceu o efeito direto da diretiva em conjugação com uma norma do Tratado.

[1090] Atual artigo 288º do TFUE.

[1091] Atual artigo 267º do TFUE.

[1092] Caso cit., p. 1349.

[1093] Ac. de 19/1/82, proc. 8/81, Rec. 1982, p. 53, *maxime* p. 71.

Deve ainda sublinhar-se que o efeito direto opera num sentido único – o sentido ascendente – do particular para o Estado e não o contrário. Ou seja, não é possível ao Estado invocar a diretiva contra o particular[1094], o que se compreende se tivermos em conta, por um lado, que o cumprimento da diretiva, por natureza, compete ao Estado e não aos particulares, e, por outro lado, que a invocação da norma da diretiva ocorre, de um modo geral, quando o Estado não efetuou a sua transposição atempada ou a efetuou de modo incorreto, pelo que o Estado não deve poder beneficiar de uma atuação contrária ao Direito (argumento do *estoppel*). Não existe, portanto, o efeito direto vertical invertido. Note-se, porém, que o Tribunal já admitiu que, mesmo após a transposição correta de uma diretiva para o Direito nacional, o indivíduo pode invocar as normas da diretiva contra o Estado se as normas nacionais de transposição não forem aplicadas adequadamente na prática[1095].

Problema diverso é o de saber se a diretiva pode gozar de efeito direto horizontal, isto é, se existe a possibilidade de invocação das normas das diretivas e dos direitos que elas conferem nas relações entre particulares.

Em tese, podem equacionar-se vários argumentos contra a sua admissibilidade. Em primeiro lugar, as diretivas inicialmente não eram obrigatoriamente publicadas (só a partir do Tratado de Maastricht essa publicação passou a ser obrigatória), pelo que os particulares não podiam saber da sua existência. Em segundo lugar, a aceitação do efeito direto horizontal das diretivas levaria à equiparação das diretivas aos regulamentos. Em terceiro lugar, o efeito direto horizontal das diretivas poria em causa o princípio da segurança jurídica. Nenhum destes argumentos é, todavia, convincente. O argumento da ausência de publicidade das diretivas nunca colheu, mesmo quando a sua publicação não era obrigatória porque ela se verificava na prática. O argumento da necessidade de manter a distinção entre regulamentos e diretivas também era fraco, na medida em que, como vimos, há regulamentos que necessitam de medidas de execução e nem por isso se rejeitou o efeito direto horizontal das suas normas quando preenchessem as condições acima descritas. O terceiro argumento era mais consistente, mas, como veremos, a recusa do efeito direto horizontal ainda conduziu a uma maior insegurança jurídica, na medida em que levou o Tribunal a construções jurisprudenciais muito complexas, pouco previsíveis e pouco transparentes.

A verdade é que as razões que levaram o Tribunal a adotar uma Jurisprudência bastante restritiva quanto a esta questão foram mais políticas do que jurídicas e prenderam-se, essencialmente, com as dificuldades que isso geraria nos tribunais de alguns Estados-membros, designadamente, nos Tribunais

[1094] Ac. de 5/4/79, *Ratti*, proc. 148/78, Rec. 1979, p. 1629.

[1095] Ac. de 11/7/2002, *Marks & Spencer*, proc. C-62/00, Col. 2002, p. I-6325.

Constitucionais[1096]. Para evitar conflitos com os tribunais nacionais, o Tribunal de Justiça negou, desde o início, de modo firme e constante, o efeito direto horizontal das normas das diretivas. Porém, nalguns casos a insustentabilidade desta posição afigura-se tão evidente que o Tribunal se viu na contingência de criar outras vias de afirmação dos direitos dos particulares, as quais, aliás, têm sido bastante criticadas pela Doutrina[1097].

Vejamos então qual a evolução da Jurisprudência do TJ neste domínio. No acórdão *Marshall*[1098], o TJ recusou o efeito direto horizontal das normas da diretiva, com fundamento no facto de, nos termos do 288º do TFUE, as diretivas só serem obrigatórias para os Estados-membros destinatários. Ora, se a diretiva não pode criar obrigações para os particulares também não pode ser invocada contra particulares[1099].

Como já se disse, a Jurisprudência restritiva em matéria de efeito direto horizontal das diretivas é suscetível de conduzir a consequências indesejáveis[1100]. Vejamos um exemplo, uma vítima de discriminação em razão do sexo pode invocar em tribunal o direito ao tratamento igual previsto na norma de uma diretiva se o seu empregador for o Estado, mas já não o poderá fazer se o seu empregador for uma empresa privada, o que tem repercussões muito negativas em termos de efetividade e de uniformidade da aplicação do Direito da União.

Provavelmente com o intuito de compensar essas consequências negativas, o Tribunal de Justiça desenvolveu a sua Jurisprudência no sentido de ampliar o conceito de Estado, de exigir a conformidade da interpretação da norma nacio-

1096 Neste sentido, ALAN DASHWOOD *et al.*, *Wyatt and Dashwood's European Union...*, p. 261.

1097 Cfr., por exemplo, PAUL CRAIG / GRAÍNNE DE BÚRCA, *EU Law...*, p. 216.

1098 Ac. de 26/2/86, proc. 152/84, Rec. 1986, p. 749.

1099 Apesar de as conclusões dos advogados-gerais VAN GERVEN no sentido do reconhecimento do efeito direto horizontal nos casos *Barber* (ac. de 17/5/90, proc. C-262/88, Rec. 1990, p. I-1889) e *Marshall* (ac. de 2/8/93, proc. C-271/91, Rec. 1993, p. I-4367) e JACOBS no caso *Vaneetveld* (ac. de 3/3/94, proc. C-316/93, Rec. 1994, p. I-763), o TJ reafirmou esta jurisprudência no caso *Faccini Dori*, (ac. de 14/7/94, proc. C-91/92, Rec. 1994, p. 3347 e segs).

1100 Cfr. PAUL CRAIG, "The Legal Effect of Directives: Policy, Rules and Exceptions", *ELR*, 2009, p. 349 e segs; MICHEL DOUGAN, "When Worlds Collide! Competing Visions of the Relationship between Direct Effect and Supremacy", *CMLR*, 2007, p. 931 e segs; SACHA PRECHAL, "Does Direct Effect Still Matter?", *CMLR*, 2000, p. 1047 e segs; HENRY G. SCHERMERS, "No Direct Effet for Directives", *EPL*, 1997, p. 527 e segs; FRANK EMMERT / MONIQUE PEREIRA DE AZEVEDO, "L'effet horizontal des directives. La jurisprudence de la CJCE: un bateau ivre? », *RTDE*, 1993, p. 503 e segs.; JOSSE MERTENS DE WILMARS, «Réflexions sur le système d'articulation du droit communautaire et du droit des États membres», *in Mélanges Jean Boulouis...*, p. 391 e segs; PHILIPPE MANIN, «L'invocabilité des directives: quelques interrogations», *RTDE*, 1990, p. 669 e segs; R. KOVAR, «Observations sur l'intensité normative des directives», *in Liber Amicorum Pierre Pescatore*, p. 359 e segs; A. R. LEITÃO, «L'effet direct des directives: une mythification?», *RTDE*, 1981, p. 425 e segs.

nal com a norma da diretiva, de admitir efeitos diretos horizontais incidentais e de considerar que certos direitos possam ser invocados contra particulares porque provêm dos princípios gerais de Direito.

Na verdade, o Tribunal alargou o conceito de Estado relevante no que diz respeito ao efeito direto nele incluindo autoridades regionais e locais[1101], autoridades constitucionalmente independentes responsáveis pela manutenção da ordem e da segurança[1102], quaisquer entidades públicas, mesmo que não estejam a agir no uso do *jus imperii*[1103]. No fundo, o Tribunal permite a invocação da diretiva (desde que estejam preenchidos os outros requisitos) contra entidades que muito duvidosamente se podem incluir no conceito de Estado-membro.

A ausência de efeito direto horizontal das normas da diretiva foi igualmente compensada pela obrigação imposta ao juiz nacional de interpretar as disposições do Direito nacional, anteriores e posteriores à diretiva, conforme ao texto e à finalidade da mesma[1104]. Ou seja, mesmo nas relações entre particulares, a diretiva condiciona e influencia a interpretação do Direito nacional. A diretiva tem, portanto, um efeito indireto[1105]. O Tribunal admitiu mesmo que a diretiva pode ter impacto no Direito nacional ainda antes de decorrido o prazo de implementação. No período que medeia entre a aprovação e o decurso do prazo de transposição da diretiva, os Estados devem evitar adotar medidas que ponham seriamente em causa o resultado previsto pela diretiva[1106]. Esta obrigação impõe-se inclusivamente aos tribunais nacionais que se devem abster de interpretações do Direito nacional contrárias à diretiva[1107]. A obrigação de interpretação conforme cessa, contudo, se resultar na imposição ou agravamento da responsabilidade penal do indivíduo[1108].

Uma terceira via de atenuação dos efeitos da recusa de efeito direto horizontal pode-se encontrar no caso *Mangold*[1109], em que estava em causa a conformidade com a Diretiva nº 2000/78/CE do Conselho, de 27 de novembro de 2000,

[1101] O TJ afirmou esta Jurisprudência no caso *Fratelli Costanzo*, cit., p. 1871.

[1102] Ac. de 15/5/86, *Johnston*, proc. 222/84, Rec. 1986, p. 1651.

[1103] O *leading case* nesta matéria é o caso *Foster* – ac. de 12/7/90, proc. C-188/89, Col. 1990, p. 3313.

[1104] Ac. de 13/11/90, *Marleasing*, proc. C-106/89, Rec. 1990, p. I-4135.

[1105] Cfr. Marcus Klamert, "Judicial Implementation of Directives and Anticipatory Indirect Effect: Connecting the Dots", *CMLR*, 2006, p. 1251 e segs; Sara Drake, "Twenty Years after "Von Colson". The Impact of "Indirect Effect" on the Protection of Individual's Community Rights", *ELR*, 2005, p. 329 e segs; Paul Craig, "Directives: Direct Effect, Indirect Effect and the Construction of National Legislation", *ELR*, 1997, p. 519 e segs.

[1106] Ac. de 18/12/97, *Inter-Environnement Walonie*, proc. C-129/96, Col. 1997, p. I-7411; ac. de 23/4/2009, *Kiriaki Angedidaki*, procs. C-378 a 380/07, Col. 2009, p. I-3071.

[1107] Ac. de 23/4/2009, *VTB-VAB NV*, procs. C-261 e 299/07, Col. 2009, p.I-2949.

[1108] Cfr., entre outros, ac. de 7/1/2004, *Processo-crime contra X*, proc. C-60/02, Col. 2004, p. I-651.

[1109] Ac. de 22/11/2005, proc. C-144/04, Col. 2005, p. I-9981.

que estabelece um quadro geral de igualdade de tratamento no emprego e na atividade profissional[1110] de uma legislação nacional – alemã – que previa a possibilidade de os empregadores celebrarem sem restrições contratos de trabalho a termo com trabalhadores que tivessem atingido os 52 anos de idade. Note-se que o litígio se inicia ainda antes de expirar o prazo de transposição da diretiva. Não obstante, o Tribunal considerou que a diretiva em causa consagrava um princípio geral de Direito da União que garantia o direito à não discriminação em função da idade nos domínios do emprego e da ocupação e como tal decidiu que o respetivo direito podia ser invocado nas relações entre particulares. Esta Jurisprudência foi posteriormente confirmada nos casos *Kücükdeveci*[1111] e *Birgit Bartsch*[1112].

Por último, refira-se que, para o Tribunal um particular não pode ficar impedido de invocar contra um Estado um direito constante de uma diretiva pelo facto de essa invocação poder vir a causar efeitos adversos contra um terceiro (particular)[1113]. Ou seja, nas relações triangulares, o Tribunal admite, implicitamente, o efeito direto horizontal incidental da diretiva, ainda que continue a afirmar que apenas reconhece o efeito direto vertical[1114].

Além dos regulamentos e das diretivas, o Tribunal reconheceu igualmente efeito direto à decisão. Se o seu destinatário é um ou mais Estados-membros, o efeito direto da decisão opera nos mesmos termos que o da diretiva, tendo o Tribunal alguma relutância em lhe reconhecer o efeito direto horizontal[1115]. Se a decisão se dirige aos particulares e às empresas, então o efeito direto é decalcado das normas dos Tratados ou dos regulamentos, admitindo o Tribunal o efeito direto horizontal neste caso. Note-se, todavia, que o recurso ao princípio do efeito direto pode nem sequer ser necessário se não houver necessidade de medidas de implementação.

A invocação das normas da decisão depende, todavia, do preenchimento de condições acima referidas, a saber, a clareza, a precisão e a incondicionalidade.

Note-se que, após o Tratado de Lisboa, a decisão pode ser adotada também no âmbito da PESC. Ora, estas decisões dificilmente poderão ser invocadas nas Ordens Jurídicas internas, pelo que o princípio do efeito direto não se lhes deve aplicar.

1110 JOCE L 303, de 21/12/2000, p. 16 e segs.

1111 Ac. de 19/1/2010, proc. C-555/07, Col. 2010, p. I-365.

1112 Ac. de 23/9/2008, proc. C-427/06, Col. 2008, p. I-7245.

1113 Ac. de 17/7/2008, *Arcor*, proc. C-152/07 a 154/07, Col. 2008, p. I-5959; ac. de 7/1/2004, *Wells*, proc. C-201/02, Col. 2004, p. I-723, ac. de 12/11/96, *Medicine Control Agency*, proc. C-201/94, Col. 1996, p. I-5819.

1114 Cfr. Klaus Lackhoff / Harold Nyssens, "Direct Effect of Directives in Triangular Situations", *ELR*, 1998, p. 397 e segs.

1115 Cfr. ac. de 7/1/2007, *Carp*, proc. C-80/06, Col. 2007, p. I-4473.

43.4.2.3. O efeito direto das convenções internacionais de que a União é parte

O Tribunal reconheceu ainda o efeito direto das disposições das convenções internacionais[1116] bem como dos atos adotados em sua aplicação[1117] de que antes a Comunidade e atualmente a União é parte.

O Tribunal aflorou esta questão, pela primeira vez, nos casos *International Fruit*[1118] e *Schlüter*[1119], tendo recusado a possibilidade de os particulares invocarem as disposições do GATT. O Tribunal recusou o efeito direto com base na estrutura e na natureza do acordo, no caso *Portugal / Conselho*[1120]. Mais tarde, nos casos *Bresciani*[1121], *Pabst*[1122] e *Kupferberg*[1123], o Tribunal admitiu a invocabilidade das disposições dos acordos, com base no seu caráter claro, preciso e incondicional[1124], mas foi muito relutante em considerar que estas condições estavam preenchidas, como aliás, sucedeu, no caso *Demirel*[1125], em que o Tribunal afirmou:

> *«uma disposição de um acordo concluído pela Comunidade com países terceiros deve ser considerada como sendo de aplicação direta se, tendo em conta os seus termos assim como o objeto e a natureza do acordo, ela comporta uma obrigação clara, precisa,*

[1116] Sobre o efeito direto das convenções internacionais de que a União é parte, cfr. Francis G. Jacobs, "Direct effect and interpretation of international agreements in the recent case-law of the European Court of Justice", *in* Alan Dashwood / Marc Maresceau, *Law and Practice...*, p. 13 e segs; Jean-Victor Louis, "L'insertion des accords dans l'ordre juridique de la Communauté et des États membres", *in* Jean-Victor Louis / Marianne Dony (dir.), *Commentaire Mégret...*, p. 113 e segs; Piet Eeckhout, *External Relations of the European Union...*, p. 274 e segs; Thomas Cottier, "A Theory of Direct Effect in Global Law", *in* Armin Von Bogdandy / Petros Mavroidis / Yves Mény (ed.), *European Integration and International Coordination Studies in Transnational Economic Law in Honour of Claus-Dieter Ehlermann*, Haia, 2002, p. 99 e segs; Daniel Bethlehem, "International Law, European Community Law, National Law: Three Systems in Search of a Framework", *in* Martti Koskenniemi (ed.), *International Law Aspects...*, p. 169 e segs; Anne Peters, "The Position of International Law...", p. 42 e segs; Antonio Caeiros, "L'effet direct des accords internationaux conclus par la C.E.E.", *RMC*, 1984, p. 526 e segs; Harris N. Tagaras, "L'effet direct des accords internationaux de la Communauté", *CDE*, 1984, p. 15 e segs.

[1117] Ac. de 7/7/2005, *Gaye Gürol*, proc. C-374/03, Col. 2005, p. I-6199, nº 46; ac. de 28/4/2004, *Sakir Östürk*, proc. C-373/02, Col. 2004, p. I-3605, nº 53; ac. de 14/3/2000, *Kocak e Örs*, procs. C-102/98 e C-211/98, Col. 2000, p. I-1287, nº 39; ac. de 8/5/2003, *Wählergruppe*, proc. C-171/01, Col. 2003, p. I-4301, nºs 54 a 67.

[1118] Ac. de 12/12/72, proc. 21-24/72, Rec. 1972, p. 1219.

[1119] Ac. de 24/10/73, proc. 9/73, Rec. 1973, p. 1135.

[1120] Ac. de 23/11/1999, *Portugal / Conselho*, proc. C-149/96, Col. 1999, p. I-8395 e segs.

[1121] Ac. de 5/2/76, proc. 87/75, Rec. 1976, p. 129.

[1122] Ac. de 29/4/82, proc. 17/81, Rec. 1982, p. 1331.

[1123] Ac. de 26/10/82, proc. 104/81, Rec. 1982, p. 3641.

[1124] Ac. de 10/9/96, *Taflan-Met e.a.*, proc. C-277/94, Col. 1996, p. I-4085 e segs.

[1125] Ac. de 30/9/87, proc. 12/86, Rec. 1987, p. 3747.

que não está subordinada na sua execução ou nos seus efeitos, à intervenção de nenhum ato posterior».

Mas, neste caso, acabou por recusar o efeito direto.

Mais recentemente, o Tribunal flexibilizou a sua posição, admitindo, mais facilmente e com maior frequência, o efeito direto de algumas disposições das convenções internacionais[1126]. Assim, veja-se, por exemplo, o caso *Simutenkov*[1127], no qual estava em causa o Acordo de Parceria e Cooperação com a Rússia que proíbe, no artigo 23º, nº 1, qualquer Estado-Membro de tratar de modo discriminatório, relativamente aos seus próprios nacionais, em razão da sua nacionalidade, os trabalhadores russos, no que diz respeito às condições de trabalho, remunerações ou despedimento, *«[s]ob reserva da legislação, condições e procedimentos aplicáveis em cada Estado-Membro»*. O Tribunal considerou que esta disposição consagra uma obrigação, em termos claros, precisos e incondicionais. E nem o facto de o artigo 27º do mesmo acordo prever que a aplicação do referido artigo 23º se efetue com base nas recomendações do Conselho de Cooperação pode impedir o efeito direto desta última disposição. Para o Tribunal, a função das recomendações consiste em facilitar o respeito da proibição de discriminação, mas não pode ser considerado como limitando a sua aplicação imediata.

A Jurisprudência do TJ relativa ao efeito direto das convenções internacionais é muito vasta. Assim, de um modo esquemático, pode dizer-se que o Tribunal negou o efeito direto ao acordo GATT nos casos *International Fruit Company*[1128], *Schlüter*[1129], já referidos, *SIOT / Ministero delle finanze*[1130]. Quanto ao acordo que institui a OMC também foram muitas as ocasiões em que o Tribunal negou o efeito direto. A título de exemplo, vejam-se os casos *T. Port*[1131], *Banatrading / Conselho*[1132], *Biret International / Conselho*[1133], *Biret & Cie / Conselho*[1134], *Petrotub e Republica / Conselho*[1135]. Já no que diz respeito à Convenção de Yaoundé, o Tribunal reconheceu o efeito direto no caso *Bresciani* já citado.

1126 Neste sentido, FRANCIS G. JACOBS, "Direct Effect and Interpretation of International Agreements...", p. 16.

1127 Ac. de 12/4/2005, proc. C-265/03, Col. 2005, p. I-2579.

1128 Ac. de 12/12/72, *International Fruit Company*, proc. 21 a 24/72, Rec. 1972, p. 1219 e segs.

1129 Ac. de 24/10/73, *Schlüter*, proc. 9/73, Rec. 1973, p. 1135 e segs.

1130 Ac. de 16/3/83, *SIOT / Ministero delle finanze*, proc. 266/81, Col. 1983, p. 731 e segs.

1131 Ac. de 10/3/98, *T. Port*, proc. C-364/95 e C-365/95, Col. 1998, p. I-1023 e segs.

1132 Ac. de 12/7/2001, *Banatrading / Conselho*, proc. T-3/99, Col. 2001, p. II-2123 e segs.

1133 Ac. de 11/1/2002, *Biret International / Conselho*, proc. T-174/00, Col. 2002, p. II-17 e segs.

1134 Ac. de 11/1/2002, *Biret & Cie / Conselho*, proc. T-214/00, Col. 2002, p. II-47 e segs.

1135 Ac. de 9/1/2003, *Petrotub e Republica / Conselho*, proc. C-76/00 P, Col. 2003, p. I-79 e segs.

Os acordos de associação deram lugar a uma Jurisprudência muito vasta em matéria de efeito direto. Assim, a propósito do acordo CEE-Turquia devem confrontar-se os acórdãos *Demirel*[1136], *Sevince*[1137], *Sürül*[1138], *Savas*[1139], *Wählergruppe Gemeinsam*[1140], *Tum e Dari*[1141], *Asda Stores*[1142], *Soysal e Savatli*[1143]. A propósito do acordo CEE-Chipre, o Tribunal proferiu o caso *Pissouri (ex-Anastasiou*[1144]). Sobre o acordo CEE-Jugoslávia deve ver-se o caso *Racke* já citado. Relativamente ao acordo euro-mediterrâneo de associação CE-Tunísia pode citar-se o caso *Gattoussi*[1145]. Sobre os acordos de associação com países que, entretanto, aderiram à União podem ver-se os acórdãos *Gloszczuk*[1146], *Jany e. a.*[1147], *Prokrzeptowicz-Meyer*[1148] a propósito do acordo Comunidades-Polónia, o acórdão *Kondova*[1149] sobre o acordo Comunidades-Bulgária, o acórdão *Barkoci e Malik*[1150], relativo ao acordo Comunidades--República Checa e ainda o acórdão *Deutscher Handballbund*[1151] que se debruçou sobre o acordo Comunidades-Eslováquia.

Os acordos de cooperação também foram objeto de Jurisprudência do Tribunal neste domínio. Assim, sobre o acordo CEE-Marrocos devem ver-se os acórdãos *Kziber*[1152], *Yousfi*[1153] e *El Yassini*[1154] e em relação ao acordo CEE-Argélia o acórdão *Krid*[1155] e *Babahenini*[1156].

O TJ reconheceu também os efeitos indiretos das convenções internacionais. Assim, o TJ tem competência para interpretar as convenções internacionais (caso *Fediol*[1157], *Hermès*[1158]) e para interpretar o Direito Derivado em conformidade com

1136 Ac. de 30/9/87, *Demirel*, proc.12/86, Rec. 1987, p. 3747 e segs.
1137 Ac. de 20/9/90, *Sevince*, proc. C-192/89, Col. 1990, p. I-3461 e segs.
1138 Ac. de 4/5/99, *Sürul*, proc. C-262/96, Col. 1999, p. I-2685 e segs.
1139 Ac. de 11/5/2000, *Savas*, proc. C-37/98, Col. 2000, p. I-2927 e segs.
1140 Ac. de 8/5/2003, *Wählergruppe*, proc. C-171/01, Col. 2003, p. I-4301 e segs.
1141 Ac. de 20/9/2007, *Tum e Dari*, proc. C-16/05, Col. 2007, p. 7415 e segs.
1142 Ac. de 13/12/2007, *Asda Stores*, proc. C-372/06, Col. 2007, p. I-11223 e segs.
1143 Ac. de 19/2/2009, *Soysal e Savatly*, proc. C-228/06, Col. 2009, p. I-1031 e segs.
1144 Ac. de 4/7/2000, *S. P. Pissouri (ex-Anastasiou)*, proc. C-219/98, Col. 2000, p. I-5241 e segs.
1145 Ac. de 14/12/2006, *Gattoussi*, proc. C-97/05, Col. 2006, p. I-11917 e segs.
1146 Ac. 27/9/2001, *Gloszczuk*, proc. C-63/99, Col. 2001, p. I-6369 e segs.
1147 Ac. de 20/11/2001, *Jani e. a.*, proc. C-268/99, Col. 2001, p. I-8615 e segs.
1148 Ac. de 29/1/2002, *Prokrzeptowicz-Meyer*, proc. C-162/00, Col. 2002, p. I-1049 e segs.
1149 Ac. de 27/9/2001, *Kondova*, proc. C-235/99, Col. 2001, p. I-6427 e segs.
1150 Ac. de 27/9/2001, *Barkoci e Malik*, proc. C-257/99, Col. 2001, p. I-6557 e segs.
1151 Ac. de 8/5/2003, *Deutscher Handbalbund*, proc. C-438/00, Col. 2003, p. 4135 e segs.
1152 Ac. de 31/1/91, *ONEM v. Kziber*, proc. C-18/90, Col. 1991, p. I-199 e segs.
1153 Ac. de 20/4/94, *Youfsi v. Bélgica*, proc. C-58/93, Col. 1994, p. I-1353 e segs.
1154 Ac. de 2/3/99, *El Yassini*, proc. C-416/96, Col. 1999, p. I-6993 e segs.
1155 Ac. de 5/4/95, *Krid*, proc. C-103/94, Col. 1995, p. I-719 e segs.
1156 Ac. de 15/1/98, *Babahenini*, proc. C-113/97, Col. 1998, p. I-183 e segs.
1157 Ac. de 14/7/88, *Fediol*, proc. 188/85, Col. 1988, p. 4193 e segs.
1158 Ac. de 16/6/98, *Hermès*, proc. C-53/96, Col. 1998, p. I-3603 e segs.

as convenções internacionais (casos *Comissão / Alemanha*[1159], *Hermès, Dior e Schieving-Nijstad*). Além disso, o Tribunal sustenta o princípio da transposição e da implementação do acordo (cfr. caso *Kupferberg, Fediol, Nakajima*[1160]).

44. O princípio da tutela judicial efetiva

44.1. As origens e os desenvolvimentos até à década de 90

Como tem vindo a ser evidenciado ao longo deste livro, o Direito da União Europeia impõe obrigações aos Estados-membros e confere direitos diretamente aos cidadãos. No entanto, nem umas nem outros seriam dotados de eficácia se os direitos não pudessem ser acionados em juízo. O brocardo latino *ubis jus, ubi remedium* faz todo o sentido também no Direito da União Europeia. A cada direito deve corresponder um meio jurisdicional que permita efetivá-lo.

Esses meios jurisdicionais não têm necessariamente de provir do sistema de fiscalização judicial da União Europeia, o qual não foi gizado para proteger diretamente os cidadãos, pois raros são os casos em que estes têm acesso direto aos Tribunais da União Europeia[1161], mas isso não significa que os cidadãos não tenham hipótese de acionar os seus direitos em juízo. Podem fazê-lo perante os tribunais nacionais que, por força dos princípios do efeito direto, da aplicabilidade direta e do primado participam na função judicial da União Europeia, aplicando o Direito por ela produzido.

O Tribunal retirou desta petição de princípio todos os corolários necessários à afirmação do princípio da tutela judicial efetiva que deve, antes de mais, ser entendido como uma forma de compensar o défice judiciário da União Europeia e como um modo de contribuir para a construção de uma União de direito e para o aumento da democraticidade da justiça[1162]. Ou seja, o princípio da tutela judicial efetiva é mais uma das manifestações constitucionais no Direito da União Europeia.

As primeiras formulações do princípio remontam ao final da década de 60.

[1159] Ac. de 10/9/96, *Comissão / Alemanha*, proc. C-61/94, Col. 1996, p. 3989 e segs.

[1160] Ac. de 7/5/91, *Nakajima*, proc. C-69/89, Col. 1991, p. I-2069 e segs.

[1161] O acesso direto dos particulares aos Tribunais da União Europeia em sede de recurso de anulação e de ação de omissão sempre esteve sujeito a condições restritivas, as quais foram flexibilizadas com o Tratado de Lisboa (cfr. artigo 263º do TFUE). Esta matéria não vai ser desenvolvida neste livro.

[1162] Sobre o princípio da tutela judicial efetiva, cfr. Takis Tridimas, *The General Principles...*, p. 418 e segs; Asteris Pliakos, *Le principe général de la protection juridictionnelle efficace en droit communautaire*, Atenas, 1997; Erika Szyszczak, "Making Europe More Relevant to Its Citizens: Effective Judicial Process", *ELR*, 1996, p. 351 e segs; Jose Ma Fernandez Martin, "El principio de tutela efetiva de los derechos subjetivos derivados del Derecho Comunitario. Evolucion y alcance", *Rev. Inst. Eur.*, 1994, p. 845 e segs; Louis Dubois, «A propos de deux principes généraux du droit communautaire», *RFDA*, 1988, p. 691 e segs.

No caso *SPA Salgoil*[1163] o Tribunal afirmou que os órgãos jurisdicionais nacionais deveriam assegurar os interesses das pessoas sujeitas à sua jurisdição, que poderiam ser afetados por qualquer possível violação do Tratado, mediante a garantia de uma tutela direta e imediata.

No caso *Rewe Zentrale*[1164] o Tribunal baseou no correspondente ao atual artigo 4º, nº 3, do TUE, relativo ao princípio da cooperação leal, a obrigação de os órgãos jurisdicionais nacionais assegurarem o efeito direto das normas comunitárias e no caso *Comet*[1165] retirou do correspondente ao atual artigo 18º do TFUE sobre o princípio da não discriminação a obrigação de os Estados assegurarem a existência de normas processuais tão eficazes para tutelar os direitos conferidos pelas normas comunitárias como as que existem para direitos semelhantes conferidos pelas normas nacionais.

Mas é já na década de 80, no caso *Johnston*[1166], que o Tribunal qualifica explicitamente o princípio da tutela judicial efetiva como um direito fundamental que se baseia nas tradições constitucionais comuns aos Estados-membros e na CEDH. Esta jurisprudência foi reafirmada em vários acórdãos, dos quais se destacam os casos *Heylens*[1167], *Bozetti*[1168], *Comissão contra a Grécia*[1169] e *Hansen*[1170].

Os maiores avanços, neste domínio, datam, todavia, da década de 90 e dizem respeito à consagração do princípio da tutela cautelar perante os tribunais nacionais e do princípio da responsabilidade do Estado por violação do Direito Comunitário, pelo que importa tratar autonomamente cada um deles.

44.2. Os desenvolvimentos posteriores

44.2.1. O princípio da tutela cautelar perante os tribunais nacionais

À margem dos Tratados e do Direito Derivado, a Jurisprudência do TJ construiu a obrigação – obrigação, e não só possibilidade – de os tribunais nacionais, quando tal lhes for requerido, decretarem providências cautelares para protegerem situações jurídicas ou direitos subjetivos reconhecidos pelo Direito da União Europeia e que sejam invocados perante tribunais nacionais[1171]. Essa obrigação funda-se

[1163] Proc. cit., p. 463.
[1164] Proc. cit, p. 1989 e segs.
[1165] Proc. cit., p. 2043 e segs.
[1166] Proc. cit., p. 1682.
[1167] Proc. cit., p. 4117.
[1168] Ac. de 9/7/85, proc. 179/84, Rec. 1985, p. 2317.
[1169] Proc. cit., p. 2984.
[1170] Proc. C-326/89, cit., p. 2911 e segs.
[1171] Cfr. sobre esta matéria cfr. TAKIS TRIDIMAS, *The General Principles...*, p. 467 e segs; FAUSTO DE QUADROS, *A nova dimensão do Direito Administrativo*, Coimbra, 1999, p. 28 e segs, Idem, "Algumas considerações gerais sobre a reforma do Contencioso Administrativo. Em especial, as providências cautelares", *in Ministério da Justiça (ed.), Reforma do Contencioso Administrativo, Trabalhos preparatórios*

no princípio da efetividade do Direito da União Europeia, que tem como um dos seus corolários o princípio da garantia judicial plena e eficaz da Ordem Jurídica da União Europeia. Este princípio impõe, segundo o TJ, que os tribunais nacionais concedam proteção cautelar a direitos reconhecidos anteriormente pelo Direito Comunitário – e hoje pelo Direito da União Europeia – nas mesmas circunstâncias em que o devem fazer os Tribunais da União Europeia à luz do artigo 279º do TFUE. Por conseguinte, os tribunais nacionais devem conceder todo o tipo de providências cautelares adequadas a cada caso concreto, inclusive providências antecipativas, ou antecipatórias.

A primeira vez em que o TJ afirmou o princípio da tutela cautelar perante os tribunais nacionais foi no caso *Factortame*[1172]. Tratava-se de uma questão prejudicial suscitada pela Câmara dos Lordes britânica. O TJ, seguindo as conclusões do Advogado-Geral TESAURO, decidiu aí que a plena eficácia das normas comunitárias na ordem interna impõe que o juiz nacional decrete providências cautelares sempre que tal se demonstre necessário para prevenir a lesão irreparável ou de difícil reparação de direitos subjetivos invocados com fundamento no Direito Comunitário, inclusive afastando, se for preciso fazê-lo, qualquer norma de Direito nacional ou qualquer prática interna (neste caso, prática legislativa, administrativa ou judicial) que a tal se oponha.

O princípio da tutela judicial efetiva pode, portanto, exigir a aplicação de providências cautelares que no Direito nacional não estão previstas ou até são proibidas.

Esta Jurisprudência foi confirmada e reforçada nos casos *Zuckerfabrik*[1173] e *Atlanta*[1174].

No caso *Antonissen* o Tribunal foi ainda mais longe. De facto, nesse caso, o Presidente do Tribunal de Justiça, por Despacho de 29 de janeiro de 1997[1175], proferido sobre recurso do Despacho do Presidente do TPI[1176], e divergindo deste, entendeu não poder excluir, de forma geral e abstrata, que, numa ação de responsabilidade extracontratual instaurada por um particular contra a Comunidade, ao autor devesse ser concedida, a título cautelar, e com base no atual artigo 279º do

– *O Debate Universitário*, vol. I, Lisboa, 2000, p. 160 e segs, Idem, "A responsabilidade civil extracontratual do Estado – problemas gerais", *in* Gabinete de Política Legislativa e Planeamento (ed.), *Responsabilidade civil extracontratual do Estado: trabalhos preparatórios da reforma*, Lisboa, 2001; VOLKER RÖBEN, *Die Einwirkung der Rechtsprechung des Europaïschen Gerichtshofs auf das Mitgliedstaaliche Verfahren in öffentlichrechtlichen Streitigkeiten*, Berlim, 1998, p. 139 e segs; EDUARDO GARCÍA DE ENTERRÍA, *La batalla por las medidas cautelares*, 2ª ed., Madrid, 1995, p. 35 e segs.

1172 Acórdão de 19/6/90, proc. C-213/89, Col. 1990, p. I-2.433 e segs.

1173 Acórdão de 21/2/91, procs. C-143/88 e C-92/89, Col. 1991, p. I-415 e segs.

1174 Acórdão de 9/11/95, proc. C-465/93, Col. 1995, p. I-3761 e segs.

1175 Proc. C-393/96 P(R), Col. 1997, p. I-441 e segs.

1176 Despacho de 29-11-96, proc. T-179/96 R, Col. 1996, p. II-1641 e segs.

TFUE, uma caução até à data da sentença definitiva na ação, mesmo aceitando-se o risco de a caução se perder, por insolvência do requerente, se entretanto este não viesse a obter provimento no processo principal.

44.2.2. O princípio da responsabilidade dos Estados por violação do Direito da União Europeia

A Jurisprudência relativa à responsabilidade dos Estados por violação de atos da União Europeia surge igualmente para assegurar a tutela judicial efetiva, devendo também ser encarada como uma forma de compensar a recusa do efeito direto horizontal das diretivas.

Com efeito, na década de 90, o TJ reconheceu aos particulares o direito de obter da parte de um Estado-membro a reparação dos prejuízos que sofreram na sequência da ausência de transposição de uma diretiva da União Europeia na Ordem Jurídica interna[1177].

Assim, no acórdão *Francovich e Bonifaci*[1178], o Tribunal sufragou as conclusões do Advogado-Geral MISCHO, segundo as quais, «*nos termos do Direito Comunitário, a responsabilidade do Estado deve ser suscetível de ser posta em causa pelo menos nos casos em que as condições que determinariam a responsabilidade da Comunidade em virtude da violação do Direito Comunitário por um dos seus órgãos estejam preenchidas*»[1179]. O Advogado-Geral fundamentava essa afirmação no facto de ser difícil de imaginar que a responsabilidade de um Estado-Membro pudesse ser mais reduzida do que a da Comunidade, quando a responsabilidade desta é, por força do Tratado, construída com base nos princípios gerais comuns aos Estados-Membros.

[1177] Sobre a responsabilidade dos Estados-membros por violação de Direito da União Europeia, cfr. TAKIS TRIDIMAS, *The General Principles...*, p. 498 e segs; NADINE DANTONEL-COR, «La violation de la norme communautaire et la responsabilité extracontratuelle de l'État», *RTDE*, 1998, p. 75 e segs; JOSEPHINE STEINER, «The Limits of State Liability for Breach of European Commununity Law», *ELR*, 1998, p. 69 e segs; LEON GOFFIN, «A propos des principes régissant la responsabilité non contratuelle des États membres en cas de violation du droit communautaire», *CDE*, 1997, p. 531 e segs; MELCHIOR WATHELET / SEAN VAN RAEPENBUSCH, «La responsabilité des États membres en cas de violation du droit communautaire. Vers un alignement de la responsabilité de l'État sur celle de la Communauté ou l'inverse?», *CDE*, 1997, p. 13 e segs; MATTHIAS RUFFERT, «Rights and Remedies in European Community Law: a Comparative View», *CMLR*, 1997, p. 307 e segs; FRANCETTE FINES, «Quelle obligation de réparer pour la violation du droit communautaire? Nouveaux dévelopments jurisprudentiels sur la responsabilité de «l'État normateur», *RTDE*, 1997, p. 69 e segs; JANE CONVERY, «State Liability in the United Kingdom after Brasserie du Pêcheur», *CMLR*, 1997, p. 603 e segs; ANDRÉS MARTIN-EHLERS, «Grundlagen einer gemeinschaftsrechtlich entwickelten Staatshaftung», *EuR*, 1996, p. 376 e segs; MANFRED ZULEEG, «Die Rolle der rechtsprechenden Gewalt in der europäischen Integration», *JZ*, 1994, p. 1 e segs.

[1178] Acórdão de 19/11/91, procs. C-6/90 e C-9/90, Col. 1991, pg. I-5357 e segs.

[1179] Ponto 5 do Resumo das conclusões do Advogado-Geral, loc. cit., pg. I-5379.

O Tribunal, aceitando este ponto de partida, deixou expresso que «*o Direito Comunitário impõe o princípio segundo o qual os Estados-Membros são obrigados a reparar os prejuízos causados aos particulares pelas violações do Direito Comunitário que lhe sejam imputáveis, e que esse princípio é "inerente ao sistema do Tratado"*». Por isso, preenchidas aquilo que o acórdão designa de "condições da responsabilidade do Estado" – e que são três: a atribuição de direitos aos particulares pela norma ou pelo ato de Direito Comunitário concretamente considerado (no caso tratava-se de uma diretiva), a possibilidade de identificação concreta desses direitos, e uma relação de causalidade entre a violação da obrigação que incumbe ao Estado e o prejuízo sofrido pelos lesados – nasce a favor dos particulares lesados "*um direito a obter reparação, que se funda diretamente no Direito Comunitário*". Reflexamente, "*incumbe ao Estado reparar as consequências do prejuízo causado*", devendo essa obrigação ser cumprida "*na ausência de regulamentação comunitária, no âmbito do Direito nacional da responsabilidade*", cabendo, nesse caso, à respetiva Ordem Jurídica nacional "*designar os órgãos jurisdicionais competentes e regulamentar as modalidades processuais dos meios judiciais destinados a assegurar plena proteção dos direitos conferidos aos cidadãos pelo Direito Comunitário*"[1180].

É, portanto, no Direito da União Europeia (atual artigo 4º, nº 3, do TUE) e não no Direito nacional que reside o fundamento do dever do Estado de indemnizar os prejuízos por ele causados pelas suas infrações ao Direito da União Europeia, e é este que define "as condições da responsabilidade", deixando aos Estados-membros um papel meramente residual, que é o de indicar os meios processuais adequados para a efetivação da responsabilidade e o tribunal competente[1181].

O caso *Francovich*[1182] suscitou muitas dúvidas tanto na Doutrina como nos tribunais nacionais, o que levou estes últimos a colocarem inúmeras questões pre-

[1180] Loc. cit., pg. I-5414, I-5415.

[1181] Sobre esta questão ver FAUSTO DE QUADROS (coord.), *Responsabilidade civil extracontratual da Administração Pública*, 2ª ed., Coimbra, 2004, p. 33 e segs; *idem*, "Responsabilidade dos poderes públicos...", cit., p. 137 e segs; *idem*, "Considerações gerais sobre a reforma do contencioso administrativo...", p.151 e segs.

[1182] Para um comentário do caso *Francovich*, cfr. CHRISTIAN TOMUSCHAT, „Das Francovich-Urteil des EuGH – Ein Lehrstück zum Europarecht", *Festschrift U. Everling*, vol. I, p. 1585 e segs; MALCOLM ROSS, „Beyond Francovich", *MLR*, 1993, p. 55 e segs; JUTTA GEIGER, „Die Entwicklung eines europäischen Staatshaftungsrechts – Das Francovich-Urteil des EuGH und seine Folgen", *in* THOMAS VON DANWITZ *et al.*, *Auf dem Wege zu einer Europäischen Staatlichkeit*, Bona, 1993, p. 109 e segs; JOSEPHINE STEINER, „From Direct Effects to Francovich: Shifting Means of Enforcement of Community Law", *ELR*, 1993, p. 3 e segs; FERNAND SCHOCKWEILER, „La responsabilité de l'autorité nationale en cas de violation du droit communautaire", *RTDE*, 1992, p. 27 e segs; PETER OLIVER, „Le droit communautaire et les voies de recours nationales", *CDE*, 1992, p. 348 e segs; GERHARD BEBR, „Joined Cases C-6/90 and C-9/90, Francovich v. Italy, Bonifaci v. Italy", *CMLR*, 1992, p. 557 e segs.

judiciais, em que o TJ vai esclarecer e desenvolver a sua Jurisprudência inicial[1183], a qual foi estendida a todo o Direito da União Europeia.

O fundamento da responsabilidade do legislador por violação do Direito da União Europeia é o princípio da tutela judicial efetiva, ou seja, a plena eficácia das normas da União e a proteção dos direitos que elas reconhecem.

Esta Jurisprudência confere, portanto uma proteção complementar aos indivíduos. O Direito dos Estados-membros e os tribunais nacionais estão, assim, ao serviço da aplicação efetiva dos direitos que são conferidos pelo Direito da União aos seus cidadãos.

Mais recentemente o Tribunal de Justiça parece aceitar a responsabilidade do juiz nacional enquanto juiz comum do Direito da União Europeia, no caso *Köbler*[1184]. O Tribunal estendeu ao Poder Judicial os princípios da responsabilidade do Estado por violação do Direito Comunitário, embora reconhecendo as particularidades da função judicial neste domínio bem como as dificuldades de aplicação deste regime ao incumprimento da obrigação de suscitar a questão prejudicial[1185].

Por último, refira-se que a Jurisprudência do TJ relativa ao princípio da tutela judicial efetiva deve ser entendida no contexto mais vasto da constitucionalização da União e da sua caracterização como uma União de direito democrática, pois o respeito do Direito não se concebe sem a possibilidade de os cidadãos poderem acionar os seus direitos em juízo.

[1183] Ver acórdãos citados na nota 988.

[1184] Acórdão de 30/9/2003, proc. C-224/01, Col. 2003, pgs. I-10239 e segs.

[1185] Para um comentário deste acórdão, cfr. JAN KOMÁREK, "Federal Elements in the Communty Judicial System: Building Coherence in the Community Legal Order", *CMLR*, 2005, p. 9 e segs; PABLO J. MARTÍN RODRIGUEZ, "La responsabilidad del Estado por atos judiciales en Derecho Comunitário", *Rev. Der. Com. Eur.*, 2004, p. 829 e segs; MARTEN BREUER, "State Liability for Judicial Wrongs and Community Law: the Case of Gerhard Köbler v Áustria", *ELR*, 2004, p. 243 e segs.

Capítulo XII
O diálogo entre Juízes nacionais e o Tribunal de Justiça da União Europeia

45. Os tribunais nacionais como tribunais comuns da União Europeia

Como temos vindo a mencionar ao longo do presente livro, a Ordem Jurídica da União Europeia não seria verdadeiramente eficaz se as suas normas não beneficiassem de uma sólida garantia jurisdicional. Ou seja, todos os seus destinatários (Estados e particulares) devem respeitar as normas da União.

Esta garantia foi deixada a cargo, por um lado, dos tribunais nacionais em geral e, por outro lado, do Tribunal de Justiça da União Europeia. Os tribunais comuns da Ordem Jurídica da União são os tribunais nacionais, uma vez que são eles que, em primeira linha, aplicam um número considerável de normas e de atos da União constituídos por disposições diretamente aplicáveis ou que gozam de efeito direto nos litígios que eventualmente ocorram nas relações entre particulares (indivíduos ou empresas) ou entre particulares e os Estados-membros.

Mas para que o princípio da aplicação descentralizada do Direito da União não beliscasse a efetividade nem a uniformidade do Direito da União, o Tribunal de Justiça desenvolveu uma Jurisprudência criativa em vários domínios, dos quais se destaca, a partir da década de 90, a que respeita à responsabilidade extracontratual dos Estados-membros por incumprimento do Direito da União e à competência dos tribunais nacionais para decretarem providências cautelares, fundadas no Direito da União Europeia, com o objetivo de proteger os direitos subjetivos conferidos ao indivíduo pela Ordem Jurídica da União, mesmo em contradição com disposições internas, o que tem contribuído para alargar o âmbito da jurisdição dos tribunais estaduais como tribunais comuns do contencioso da União Europeia.

Em suma, os tribunais nacionais zelam pela aplicação do Direito da União Europeia na ordem interna dos Estados-membros[1186].

[1186] Para maiores desenvolvimentos, cfr. DÁMASO RUIZ-JARABO COLOMER, *El Juez nacional como Juez comunitario*, Madrid, 1993.

46. O princípio da cooperação entre o Tribunal de Justiça e os tribunais estaduais

O quadro acabado de traçar não estaria completo se não se referisse a interação que se estabelece entre os tribunais nacionais e o Tribunal de Justiça, a qual permite um diálogo permanente com o intuito de encontrar as soluções mais adequadas para os eventuais conflitos que possam surgiram entre as Ordens Jurídicas nacionais e a Ordem Jurídica da União Europeia.

Na verdade, a estrutura das relações que se estabelecem entre o TJ e os tribunais nacionais foi inicialmente pensada com base num princípio da cooperação ou colaboração horizontal. Ao contrário das relações que ligam entre si os tribunais que compõem o sistema judiciário de um Estado federal, que se baseiam num princípio de hierarquia vertical, o Tribunal de Justiça não foi gizado como um tribunal federal, pois não tem competência para anular ou declarar a nulidade ou a inexistência de uma norma estadual que contrarie uma norma da União Europeia e também não foi equacionado como um tribunal hierarquicamente superior aos tribunais estaduais, pois, não é um tribunal de revista de sentenças de tribunais dos Estados-membros.

Porém, também não se pode afirmar que as relações que se estabelecem entre o TJ e os tribunais nacionais sejam meramente horizontais e bilaterais. Tendo sido essa a forma como foram originariamente concebidas, o desenvolvimento da Jurisprudência do TJ, essencialmente, baseada no processo das questões prejudiciais (atualmente previsto no artigo 267º do TFUE) tornou-as multilaterais e até em certo sentido verticais, como veremos no ponto seguinte.

47. O processo das questões prejudiciais

47.1. Terminologia

Antes de mais cumpre-nos fazer uma prevenção terminológica, no que diz respeito ao processo previsto no artigo 267º do TFUE.

Por influência da Doutrina estrangeira têm-se generalizado em Portugal expressões como «reenvio prejudicial», «recurso prejudicial» e «ação prejudicial» para se designar este meio processual. Porém, como sempre temos feito, usaremos a expressão processo das questões prejudiciais, na medida em que o que aqui está em causa são questões prejudiciais, que são suscitadas por órgãos jurisdicionais nacionais perante o TJ[1187].

47.2. Breve enquadramento do processo das questões prejudiciais

O artigo 267º do TFUE institui um processo bastante original que se inspirou, fundamentalmente, no Tratado da CECA, mas também em alguns Direitos nacionais.

[1187] Neste capítulo seguiremos de perto o que escrevemos em Fausto de Quadros / Ana Maria Guerra Martins, *Contencioso...*, p. 65 e segs.

O juiz nacional, juiz comum do Direito da União Europeia, ao resolver um caso concreto pode ver-se confrontado com a necessidade de aplicar uma norma da União, pois o Direito da União goza, em muitos casos, de aplicabilidade direta ou de efeito direto, pelo que pode ser invocado pelas partes nos órgãos jurisdicionais nacionais. Além disso, compete, em primeira-mão, ao juiz nacional assegurar o primado, ou seja, dar prevalência ao Direito da União sobre o direito nacional.

Assim sendo, o juiz nacional pode, entretanto, ter dúvidas sobre a interpretação ou a validade da concreta norma ou ato de Direito da União Europeia. Se lhe fosse permitido resolvê-las sozinho e livremente, isso implicaria, a prazo, um fracionamento do Direito da União, quebrando-se, desse modo, a uniformidade que se pretende atingir na Ordem Jurídica da União. Foi pois necessário criar um mecanismo que evitasse divergências de Jurisprudência nos vários Estados-membros.

O artigo 267º do TFUE prevê esse mecanismo: todo e qualquer tribunal nacional pode submeter ao TJ questões de interpretação ou de validade do Direito da União que sejam relevantes para a boa decisão da causa.

Além disso, há casos em que o tribunal nacional está obrigado a submeter a questão ao TJ: quando julga em última instância. Se este mecanismo funcionar corretamente toda a parte num litígio que suscite uma questão de interpretação ou aplicação do Direito da União tem a garantia de poder vir a obter uma decisão do TJ sobre a interpretação ou sobre a validade da disposição em causa.

O TJ afirmou, desde cedo, que o artigo 267º do TFUE é essencial à preservação do caráter comunitário do Direito instituído pelo Tratado e tem por efeito assegurar que em todas as circunstâncias este Direito se aplica da mesma forma em todos os Estados-membros[1188]. Foi precisamente o objetivo de assegurar a interpretação e a aplicação uniformes do Direito da União que, até ao Tratado de Nice, fundamentou a exclusão deste processo da competência do Tribunal de Primeira Instância (hoje Tribunal Geral), pois considerava-se que a uniformidade só se conseguiria atingir se apenas um tribunal tivesse competência para fixar a interpretação do Direito da União. Como vimos, apesar de atualmente ser possível, de acordo com os Tratados, o Estatuto do TJ conferir competência ao Tribunal Geral neste domínio, a verdade é que ele não a concede e continua a ser o Tribunal de Justiça o único tribunal da União a resolver as questões prejudiciais suscitadas pelos tribunais nacionais.

O artigo 267º do TFUE visa, portanto, assegurar a aplicação correta do Direito da União, colocando ao dispor do juiz nacional um meio de eliminar as dificuldades que poderiam advir da necessidade de dar ao Direito da União o seu pleno efeito nos vários sistemas jurisdicionais dos Estados-membros. Se assim não fosse,

[1188] Ac. de 16/1/74, *Rheinmühlen*, proc. 166/73, Rec. 1974, p. 38.

toda e qualquer lacuna no sistema poria em causa a eficácia das disposições dos Tratados e do Direito Derivado.

Sublinhe-se ainda que o artigo 267º do TFUE constitui uma das manifestações mais claras da especificidade da Ordem Jurídica da União[1189].

47.3. As razões da existência do artigo 267º do TFUE

As razões que justificam a existência do processo das questões prejudiciais são, fundamentalmente, cinco, a saber:

a) a aplicação descentralizada do Direito da União como premissa do processo – o juiz nacional é o juiz comum do Direito da União;

b) assegurar a uniformidade de interpretação e aplicação do Direito da União[1190] – o objetivo fundamental do processo é assegurar a uniformidade na interpretação e na aplicação do Direito da União pelos tribunais nacionais;

c) assegurar a estabilidade do Direito Derivado – a apreciação de validade constitui uma garantia e também deve impedir a desnaturação do Direito da União por parte dos tribunais nacionais;

d) favorecer o desenvolvimento do Direito da União – o artigo 267º do TFUE desempenhou um papel fundamental no desenvolvimento do Direito da União, contribuindo para a sua evolução. A maior parte das grandes inovações jurisprudenciais aconteceram em processos nele baseados;

e) a proteção jurídica dos particulares – o processo do artigo 267º do TFUE é a «última esperança» de aplicação correta do Direito da União para os particulares;

f) a compensação das restrições impostas aos particulares em sede de recurso de anulação (artigo 263º do TFUE) – o processo das questões prejudiciais, na modalidade de invalidade, pode ser visto como uma forma de compensar os particulares pelas condições muito restritivas que o Tratado lhes impõe para a impugnação de atos normativos. Nesta linha, o

[1189] Especificamente sobre o processo das questões prejudiciais em geral, cfr., entre muitos outros, Daniel Sarmiento, *Poder Judicial e Integración Europea – La construcción de un modelo jurisdiccional para la Unión*, Madrid, 2004; Jacques Pertek, *La pratique du renvoi préjudiciel en droit communautaire – Coopération entre CJCE et juges nationaux*, Paris, 2001; Bernhard Schima, *Das Vorabentscheidungs -verfahren vor dem EuGH: unter besonderer Berücksichtigung der Rechtslage in Österreich*, Viena, 1997; David W. K. Anderson, *References to the European Court*, Londres, 1995; José Carlos Moitinho De Almeida, *O reenvio prejudicial perante o Tribunal de Justiça das Comunidades Europeias*, Coimbra, 1992; Nuno Piçarra, *O Tribunal de Justiça das Comunidades Europeias como juiz legal e o processo do artigo 177º do Tratado CEE*, Lisboa, 1991; Ulrich Everling, *Das Vorabentscheidungsverfahren vor dem Gerichtshof der Europäischen Gemeinschaften – Praxis und Rechtsprechung*, Baden-Baden, 1986.

[1190] Ac. de 1/12/65, *Schwarze*, proc. 16/65, Rec. 1965, p. 1094 e 1095.

Tribunal afirmou, no caso *Unión de Pequeños Agricultores*[1191], que «*o Tratado nos seus artigos 173º e 184º (...), por um lado, e no seu artigo 177º (...), por outro, estabeleceu um sistema completo de vias de recurso e de procedimentos destinados a garantir o controlo da legalidade dos atos das instituições, confiando esse controlo ao juiz comunitário. Nesse sistema, as pessoas singulares ou coletivas que, devido aos requisitos de admissibilidade previstos no artigo 173º, parágrafo 4º, não possam impugnar diretamente atos comunitários de alcance geral, têm a possibilidade, segundo os casos, de invocar a invalidade de tais atos, ou de maneira incidental perante o juiz comunitário, (...) ou perante os órgãos jurisdicionais nacionais e instar esses órgãos, que não são competentes para declarar por si a invalidade de tais atos (...), a suscitarem uma questão prejudicial ao Tribunal de Justiça*»[1192].

47.4. O âmbito das questões prejudiciais

Segundo o artigo 267º do TFUE, o TJ tem competência para apreciar questões prejudiciais sobre:

a) a interpretação dos Tratados;
b) a interpretação e a validade dos atos adotados pelas instituições, órgãos ou organismos da União.

A questão prejudicial pode, portanto, incidir sobre a interpretação de normas e atos da União e sobre a sua validade.

47.4.1. As questões prejudiciais de interpretação

Para efeitos de aplicação do artigo 267º do TFUE interpretar significa não só esclarecer o sentido material das disposições do Direito da União Europeia em causa, mas também determinar o seu alcance e definir os seus efeitos.

As questões prejudiciais de interpretação podem incidir sobre:

a) Os Tratados – estão abrangidos, como é óbvio, o TUE e o TFUE bem como os anexos e protocolos que dele fazem parte, mas também todas as disposições que têm o mesmo valor jurídico, como é o caso da Carta dos Direitos Fundamentais da União Europeia, e de todo o Direito Originário relativo à União Europeia.
b) Os atos adotados pelas instituições, órgãos ou organismos da União – o TJ tem também competência para interpretar os atos adotados por qual-

1191 Acórdão de 25/7/2002, proc. C-50/00 P, Col. 2002, p. I-6677 e segs.

1192 Sobre as funções do processo das questões prejudiciais, cfr. Maria Inês Quadros, *A função subjetiva da competência prejudicial do Tribunal de Justiça das Comunidades Europeias*, Coimbra, 2007, p. 21 e segs e 87 e segs.

quer instituição, seja ela o Parlamento Europeu[1193], o Conselho Europeu, o Conselho ou a Comissão assim como o BCE e o Tribunal de Contas, mas também pelos órgãos consultivos e pelos organismos.

O TJ entende que a sua competência de interpretação se estende a todos os atos de Direito Derivado, sem exceções[1194], incluindo uma recomendação[1195].

O TJ aceita também questões prejudiciais de interpretação de atos atípicos, tais como as resoluções do Conselho, que considera como atos que exprimem a vontade política do seu autor[1196].

O tribunal nacional pode ainda obter esclarecimentos sobre o alcance de um acórdão anterior, o que, em última análise, implica que é possível suscitar questões prejudiciais de interpretação sobre um ato jurisdicional[1197]. Deve, todavia, sublinhar-se que o Tribunal de Justiça tem vindo a restringir esta possibilidade[1198].

Assim, o ato pode ser normativo ou individual; típico ou atípico; diretamente aplicável ou não[1199]; com ou sem efeito direto; obrigatório ou não. O tribunal nacional pode até suscitar questões prejudiciais sobre Direito não escrito, como, por exemplo, os princípios gerais de direito, pois o TJ considera a Ordem Jurídica da União como um conjunto complexo, no qual se encontram em interação os textos escritos e os princípios que não estão formulados por escrito. O caso paradigmático do que acaba de ser afirmado é o sistema de proteção de direitos fundamentais, construído pelo TJ, principalmente, em processos que tinham por base o antigo artigo 234º do TCE (atual artigo 267º do TFUE).

c) Os acordos internacionais em que a União é parte – o Tribunal considera-se ainda competente para interpretar, a título prejudicial, os acordos inter-

1193 Sobre a interpretação de atos do PE, ver ac. *Lord Bruce*, cit., p. 2205 e ac. de 10/7/86, *Wybot, Faure e a.*, proc. 149/85, Col. 1986, p. 2391.

1194 Ac. de 13/12/89, *Grimaldi*, proc. C-322/88, Col. 1989, p. 4407, 4419.

1195 Ac. de 18/6/76, *Giordano Fracasseti*, proc. 113/75, Rec. 1976, p. 983; ac. de 21/1/93, *Deutsche Shell*, proc. C-188/91, Col. 1993, p. I-363, 388.

1196 Ac. de 24/10/73, *Carl Schlüter*, proc. 9/73, Rec. 1973, p. 1135, 1161; ac. *Manghera*, proc. 59/75, de 3/2/76, Rec. 1976, p. 91, 102.

1197 Ac. de 3/4/68, *Molkerei Zentrale*, proc. 28/67, Rec. 1968, p. 211; ac. de 16/6/66, *Lütticke*, proc. 57/65, Rec. 1966, p. 293.

1198 Ver, entre muitos outros, acórdão de 6/3/2003, *Kaba*, proc. C-466/00, Col. 2003, p. I-2219 e segs, em especial, cons. 39.

1199 Embora inicialmente o TJ se tenha inclinado para a rejeição da possibilidade de suscitar questões prejudiciais sobre atos não diretamente aplicáveis (ac. de 6/10/70, *Franz Grad*, proc. 9/70, Rec. 1970, p. 839) acabou por aceitá-las (ac. de 20/5/76, *Quirino*, proc. 111/75, Rec. 1976, p. 657, 665; ac. de 10/4/84, *Von Colson*, proc. 14/83, Rec. 1984, p. 1909).

nacionais concluídos antes pela Comunidade e atualmente pela União quer sejam da competência exclusiva da Comunidade ou da União[1200], quer se trate de acordos mistos[1201]. A competência de interpretação de acordos internacionais, no âmbito do artigo 267º do TFUE, estende-se ainda aos acordos concluídos pelos Estados-membros, em que a Comunidade (e agora a União) lhes sucedeu[1202]. O Tribunal admite também a sua competência para interpretar um acordo internacional concluído pelos Estados-membros, agindo por conta e no interesse da Comunidade[1203].

A competência de interpretação do TJ estende-se também às decisões tomadas pelos órgãos instituídos por um acordo internacional, concluído pela Comunidade[1204], e aos atos não obrigatórios concluídos por esses órgãos[1205].

Mais recentemente, o Tribunal admite também a sua competência para interpretar, ao abrigo do artigo 267º do TFUE, o acordo que cria o Espaço Económico Europeu, restringindo também os efeitos do seu acórdão aos Estados-membros das Comunidades Europeias, excluindo, portanto, a sua aplicação aos Estados-membros da AELE[1206].

47.4.2. As questões prejudiciais de apreciação de validade

Além da competência de interpretação, o TJ detém igualmente competência para apreciar a validade dos atos adotados pelas instituições, órgãos ou organismos da União. A validade dos Tratados não pode ser posta em causa, o que se compreende se pensarmos que o TJ é um órgão jurisdicional por eles criado.

1200 No caso *Haegeman (*Ac. de 30/4/74, proc. 181/73, Rec. 1974, p. 449, 459), a propósito do acordo de associação CEE-Grécia, concluído pelo Conselho, o TJ defendeu que este acordo, no que diz respeito à Comunidade, é um ato adotado por um órgão comunitário e, como tal, o juiz nacional pode suscitar questões prejudiciais sobre as suas cláusulas. Quando o Tribunal se pronuncia sobre a interpretação de um acordo internacional que obriga a Comunidade está a interpretar o ato interno comunitário de conclusão do acordo e o antigo artigo 300º do TCE. Todavia, a interpretação dada pelo TJ é uma interpretação unilateral, válida apenas para a Comunidade, não oponível ao Estado terceiro com quem a Comunidade contratou.

1201 Em matéria de acordos mistos a Comunidade tem competência para interpretar as cláusulas que relevam das atribuições comunitárias – ac. de 24/11/77, *Razanatsimba*, proc. 65/77, Rec. 1977, p. 2229; ac. de 30/9/87, *Demirel*, proc. 12/86, Col. 1987, p. 3719, 3751.

1202 Ac. de 12/12/72, *International Fruit*, proc. 21 a 24/72, Rec. 1972, p. 1219.

1203 Acórdão de 16/01/2003, *Cipra e Kvasnicka*, proc. C-439/01, Col. 2003, p. I-745 e segs (cons. 23 e 24).

1204 Ac. de 20/9/90, *Sevince*, proc. C-192/89, Col. 1990, p. I-3461.

1205 Ac. *Deutsche Shell*, proc. cit., p. I-363.

1206 Ver acórdão de 15/06/1999, *Anderson*, proc. C-321/97, Col. 1999, p. I-3551 e segs (em especial, cons. 26-32); acórdão de 15/05/03, *Salzmann*, proc. C-300/01, Col. 2003, p. I-4899 e segs (em especial, cons. 65-71).

A noção de validade é idêntica à noção de legalidade, utilizada no artigo 263º do TFUE, ou seja, abrange tanto a legalidade interna como a legalidade externa. O TJ sustentou, em vários acórdãos, que o artigo 267º do TFUE tem por efeito compensar a limitação da proteção jurisdicional conferida pelo artigo 263º do TFUE, pelo que se deve adotar uma noção ampla de validade[1207].

O conceito de ato relevante, para o efeito da apreciação de validade, é muito amplo, não sendo determinante a qualificação que lhe foi dada. O que importa é o conteúdo do mesmo.

O TJ admite questões prejudiciais sobre a validade de atos não obrigatórios[1208] e de atos individuais[1209], mesmo quando se trata de decisões dirigidas aos Estados-membros[1210], pois o facto de as partes no litígio principal não terem legitimidade para impugnar diretamente o ato em causa não impede o TJ de apreciar a validade do mesmo num processo prejudicial.

O TJ parece admitir também questões de apreciação de validade em matéria de acordos internacionais, mas é evidente que a declaração de invalidade só pode ter efeitos dentro da União[1211].

O TJ, ao contrário do que acontece em sede de interpretação, não parece admitir questões prejudiciais de apreciação de validade dos seus próprios acórdãos[1212].

47.4.3. As fontes de Direito da União Europeia excluídas da interpretação e da apreciação de validade

Escapam à competência prejudicial de interpretação e de apreciação de validade do TJ, entre outros, os seguintes casos:

a) a apreciação da conformidade do Direito nacional com o Direito da União Europeia – o TJ não pode apreciar o Direito nacional[1213], mas pode fornecer ao juiz nacional todos os elementos que lhe permitam ele próprio

[1207] Ac. 18/2/64, *International Crediet*, proc. 73-74/63, Rec. 1964, p. 31; ac. de 20/2/79, *Buotini*, proc. 122/78, Rec. 1979, p. 677; ac. de 21/6/79, *Atalanta*, proc. 240/78, Rec. 1979, p. 2137.

[1208] Ac. de 13/12/89, *Grimaldi*, proc. 322/88, Col. 1989, p. 4407, 4419.

[1209] Ac. de 12/10/78, *Comissão c. Bélgica*, proc. 156/77, Rec. 1978, p. 1881; ac. de 21/5/87, *Rau c. Balm*, proc. 133 a 136/86, Col. 1987, p. 2344.

[1210] Ac. de 10/1/73, *Getreidehandel*, proc. 55/72, Rec. 1973, p. 15.

[1211] Ac. *International Fruit*, proc. cit., Rec. 1972, p. 1219; ac. de 5/5/81, *Dürbeck*, proc. 112/80, Rec. 1981, p. 1095.

[1212] Ac. de 5/3/86, *Wünschel*, proc. 69/85, Col. 1986, p. 947.

[1213] Ac. de 17/12/75, *Adlerblum*, proc. 93/75, Rec. 1975, p. 2147; ac. de 12/10/78, *Eggers*, proc. 13/78, Rec. 1978, p. 1935; ac. *Grande Distelerie Peureux*, cit, p. 975; ac. de 16/4/91, *Eurim-pharm*, proc. C-347/89, Col. 1991, p. 1747; ac. de 13/11/90, *Bonfait*, proc. C-269/89, Col. 1990, p. I-4169; ac. de 6/7/95, *BP Soupergaz*, proc. C-62/93, Col. 1995, p. I-1883 e segs.

fazer essa apreciação[1214]. Sucede, por vezes, na prática, que as respostas do TJ deixam muito pouca margem ao juiz nacional;

b) as situações puramente internas – as situações sem elementos de conexão com o Direito da União estão excluídas do âmbito de interpretação do TJ, de acordo com o artigo 267º do TFUE[1215] [1216].

47.5. As questões prejudiciais facultativas e obrigatórias

De acordo com a letra do artigo 267º do TFUE todos os órgãos jurisdicionais nacionais têm a faculdade de suscitar questões prejudiciais ao Tribunal de Justiça (par. 2º). Os órgãos jurisdicionais nacionais, cujas decisões não sejam suscetíveis de recurso judicial, previsto no Direito interno, têm a obrigação de o fazer (par. 3º). Se a questão for suscitada em processo pendente perante um órgão jurisdicional nacional relativamente a uma pessoa que se encontre detida, o Tribunal pronunciar-se-á com a maior brevidade possível (par. 4º).

Daqui decorre que os órgãos jurisdicionais internacionais e os que, de algum modo, são estranhos à União não podem colocar questões prejudiciais ao TJ. No entanto, o Tribunal já admitiu questões prejudiciais suscitadas por tribunais que não fazem parte do sistema judicial de qualquer Estado-Membro[1217] e até por tribunais internacionais, como é o caso do Tribunal do BENELUX[1218].

47.5.1. A noção de órgão jurisdicional relevante

A noção de órgão jurisdicional não está definida no artigo 267º do TFUE, pelo que importa averiguar se ela releva do Direito nacional ou do Direito da União.

Apesar de o TJ não ter dado até hoje nenhuma definição de órgão jurisdicional, já se pronunciou sobre esta matéria em vários acórdãos, dos quais se podem retirar os critérios materiais, orgânicos e processuais por ele adotados.

De notar que o TJ, numa fase inicial, foi muito pouco formalista nesta matéria, incentivando, assim, indiretamente a aplicação do Direito da União Europeia nos Estados-membros. Porém, a atual sobrecarga de processos, que tenderá

1214 Ac. de 2/2/76, *Rewe Zentrale V*, proc. 45/75, Rec. 1976, p. 194; ac. de 17/1/80, *Kefer*, procs. 95 e 96/76, Rec. 1980, p. 112; ac. de 22/10/98, *IN. CO. GE.'90 E O.*, procs. C-10/97 a C-22/97, Col. 1998, p. I-6307 e segs; ac. de 30/4/98, *Sodiprem*, procs. C-37/96 e C-38/96, Col. 1998, p. I-2039 e segs, par. 22.

1215 Ac. de 28/3/79, *Adlerblum*, cit., p. 2147; ac. *Saunders*, proc. 175/78, Rec. 1979, p. 1129; ac. de 28/76/84, *Moser*, proc. 180/83, Rec. 1984, p. 2539; ac. de 9/6/85, *Bozzetti*, proc. 179/84, Rec. 1985, p. 2301; ac. de 23/1/86, *Iorio*, proc. 298/84, Col. 1986, p. 247.

1216 Sobre as situações puramente internas, cfr. Cyril Ritter, "Purely internal situations, reverse discrimination, Guimont, Dodzi and Article 234", *ELR*, 2006, p. 690 e segs.

1217 Ver acórdãos de 12/12/90, *Kaefer e Procacci*, Proc. C-100/89, Col. 1990, p. I-4647 e segs; de 12/2/90, *Leplat*, proc. C-260/90, Col. 1992, p. I-643 e segs; de 3/7/91, *Barr e Montrose*, proc. C-355/89, Col. 1991, p. I-3479 e segs; de 16/7/98, *Pereira Roque*, proc. C-171/96, Col. 1998, p. I-4607 e segs.

1218 Ver Acórdão de 4/11/97, *Parfums Christian Dior*, proc. C-337/95, Col. 1997, p. I-6013 e segs.

a agravar-se com os recentes e futuros alargamentos, bem como as críticas de que foi alvo, incluindo dos seus Advogados-Gerais[1219], parecem ter impulsionado uma inflexão na Jurisprudência sobre esta matéria[1220].

Os principais aspetos a ter em conta na qualificação de um órgão como jurisdicional são a sua origem legal, a sua permanência, a sua jurisdição obrigatória, o processo contraditório, a aplicação de regras de Direito, bem como a sua independência[1221].

Neste contexto, o TJ aceitou questões prejudiciais de entidades tão diversas, como, por exemplo, a *Tariefcommissie*[1222], a Comissão de recursos para a medicina geral[1223] e o tribunal arbitral da caixa dos empregados das minas[1224], na Holanda, a Comissão de reclamação em matéria de seguro obrigatório contra doença e invalidez[1225], na Bélgica, o *Ufficio di Conciliazione*[1226], em Itália, o *National Insurance Commissioner*[1227], no Reino Unido e a Comissão federal de fiscalização alemã[1228].

A noção de órgão jurisdicional[1229-1230] depende da verificação dos seguintes fatores:

[1219] Ver Conclusões de 28/06/2001, *Coster*, Proc. C-17/00, nas quais o Advogado-Geral Ruiz-Jarabo Colomer crítica com veemência a Jurisprudência do TJ sobre este assunto e propõe um novo conceito de órgão jurisdicional.

[1220] Ver Acórdãos de 30/5/2002, *Walter Schmid*, proc. C-516/99, Col. 2002, p. I-4573 e segs; de 31/03/2005, *Syfait*, proc. C-53/03, Col. 2005, p. I-4609 e segs.

[1221] Vejam-se os acórdãos de 21/03/2000, *Gabalfrisa e. a.*, procs. C-110/98 a C-147/98, Col. 2000, p. I-1577 e segs (em especial, cons. 33 e 41); de 06/07/2000, *Abrahamsson e Anderson*, proc. C-407/98, Col. 2000, p. I-5539 e segs (em especial, cons. 29-30); de 18/06/2002, *HI*, proc. C-92/00, Col. 2002, p. I-5553 e segs (em especial cons. 25 a 27).

[1222] Acórdão de 5/2/63, *Van Gend & Loos*, proc. 26/62, Rec. 1963, p. 7.

[1223] Acórdão de 6/10/81, *Broekmeulen*, proc. 246/80, Rec. 1981, p. 2311.

[1224] Acórdão de 30/6/66, *Vaassen-Göbbels*, proc. 61/65, Rec. 1966, p. 395.

[1225] Acórdão de 1/12/70, *Mutualités socialistes la marca*, proc. 32/70, Rec. 1970, p. 987.

[1226] Acórdão de 7/7/76, *IRCA*, proc. 7/76, Rec. 1976, p. 1213.

[1227] Acórdão de 29/9/76, *Brack*, proc. 17/76, Rec. 1976, p. 1429; caso *Drake*, proc. 152/85, de 24/6/86, Rec. 1986, p. 1995.

[1228] Acórdão de 17/9/97, *Dorsch Consult*, proc. C-54/96, Col. 1997, p. I-4961 e segs.

[1229] Sobre a noção de órgão jurisdicional, ver ainda acórdãos de 22/10/98, *Jokela*, procs. C-9/97 e C-118/97, Col. 1998, p. I-6267 e segs; de 2/3/99, *Eddline El-yassan*, proc. C-416/96, Col. 1999, p. I-1209 e segs.

[1230] Sobre a noção de órgão jurisdicional, cfr., entre outros, na doutrina, Luigi Raimondi, "La nozione di giurisdizione nazionale ex art. 234 TCE alla luce della recente giurisprudenza comunitaria", *Dir. Un. Eur.*, 2006, p. 369 e segs; Manuel Cienfuegos Mateo, "La noción comunitaria comunitaria de órgano jurisdiccional de um Estado miembro ex artículo 234 del Tratado CE y su necesaria revisión", *GJ*, 2005, p. 3 e segs; José Carlos Moitinho De Almeida, "La notion de juridiction d'un Etat membre (article 177)", *in Mélanges en hommage à Fernand Schockweiler*, Baden-Baden, 1999, p. 463 e segs.

- a composição do órgão não deve ter sido deixada à livre escolha das partes[1231];
- a nomeação dos membros do organismo, a designação do seu presidente e a adoção do seu regulamento de processo[1232] é de competência ministerial, ou então o organismo exerce as suas funções com a aprovação das autoridades públicas e funciona por concurso[1233], ou seja, tem origem na lei;
- o órgão deve estar submetido a regras de processo contraditório análogas às que regem o funcionamento dos tribunais de Direito comum[1234];
- a sua competência não deve depender do acordo das partes[1235], estas têm que se lhe dirigir como instância judiciária[1236];
- o organismo é chamado a aplicar regras de Direito[1237];
- as decisões, apesar de recorríveis nos tribunais ordinários, devem ser de facto reconhecidas como definitivas[1238].

Assim, se estes critérios não estiverem preenchidos o TJ rejeita as questões prejudiciais. Tal sucedeu, nomeadamente, em relação a questões que lhe foram submetidas por árbitros privados[1239], com os seguintes fundamentos:

- um dos princípios básicos da arbitragem é o de que as autoridades públicas e os tribunais não tenham participado na decisão final;
- a decisão do tribunal arbitral baseia-se muitas vezes na equidade;
- a razão de ser da arbitragem é a obtenção célere da decisão;
- a aceitação de questões de todos os tribunais arbitrais sobrecarregaria o TJ;
- as decisões dos árbitros não fazem parte da jurisprudência nacional;
- os árbitros não são juízes.

O TJ rejeitou, no caso *Regina Greis Unterwerger*[1240], o pedido de decisão prejudicial da Comissão Consultiva para as infrações em matéria monetária junto

[1231] Acórdão de 17/10/89, *Danfoss*, proc. 109/88, Col. 1989, p. 3224.

[1232] Acórdão de 30/6/66, *Vaassen-Göbbels*, cit., p. 395.

[1233] Acórdão de 6/10/81, *Broekmeulen*, cit., p. 2328.

[1234] Acórdão de 30/6/66, *Vaassen-Göbbels*, cit., p. 395; acórdão de 6/10/81, *Broekmeulen*, cit., p. 2328. Mas o facto de o processo principal não ter um caráter contraditório não torna, por si só, a questão prejudicial inadmissível. Ver acórdãos de 21/2/74, *Birra-Dreher-I*, proc. 162/73, Rec. 1974, p. 212; de 17/9/97, *Dorsch consult*, cit., p. I-4994.

[1235] Acórdão de 17/10/89, *Danfoss*, cit, p. 3224.

[1236] Acórdão de 30/6/66, *Vaassen-Göbbels*, cit., p. 395.

[1237] Acórdão de 30/6/66, *Vaassen-Göbbels*, cit, p. 395.

[1238] Acórdão de 6/10/81, *Broekmeulen*, cit., p. 2328.

[1239] Acórdão de 23/3/82, *Nordsee*, proc. 102/81, Rec. 1982, p. 1095, 1110 e 1111.

[1240] Acórdão de 5/3/86, proc. 318/85, Rec. 1986, p. 955.

do Ministério Italiano do Tesouro por entender que esta Comissão era um organismo do Ministério do Tesouro italiano, que emitia pareceres fundamentados sobre as sanções administrativas a aplicar pelo Ministro. A Comissão era composta por Altos Funcionários e presidida por um magistrado, a regulamentação aplicável não estabelecia nenhuma obrigação de organizar um processo contraditório em que o interessado fosse ouvido, só os órgãos estaduais podiam desencadear o processo e o seu parecer não vinculava o ministro.

Posteriormente, no caso *Job Centre*[1241], o Tribunal reafirmou esta Jurisprudência, considerando-se incompetente para se pronunciar sobre as questões prejudiciais suscitadas pelo *Tribunale civile e penale* de Milão no âmbito de um processo de jurisdição voluntária, cujo objetivo era a homologação dos estatutos de uma sociedade para fins da sua inscrição no registo. Não existia, neste caso, um processo contraditório, o tribunal nacional não proferia uma decisão de caráter jurisdicional sobre um litígio pendente, pelo contrário, exercia funções não jurisdicionais que noutros Estados-membros são confiadas a autoridades administrativas.

O tribunal nacional, para poder suscitar questões prejudiciais, tem de estar a julgar com vista a obter uma decisão jurisdicional. Assim, o TJ rejeitou uma questão prejudicial que lhe foi suscitada pelo Conselho da Ordem dos Advogados de Paris[1242], com fundamento no facto de que este organismo não tinha capacidade para produzir uma decisão de caráter jurisdicional, mas apenas uma declaração relativa a um diferendo que opunha um advogado aos tribunais de outro Estado-membro (no caso, a Alemanha). O Tribunal reafirma esta Jurisprudência, no caso *Victoria Film*[1243], por considerar que o órgão que suscitou a questão prejudicial – a Comissão de Direito Fiscal – exercia, essencialmente, funções administrativas.

Se a questão for suscitada por um tribunal nacional, após a extinção da instância no processo principal, o TJ também rejeita liminarmente a questão[1244].

A noção de órgão jurisdicional releva, portanto, do Direito da União Europeia, pelo que o TJ pode admitir questões que lhe sejam suscitadas por órgãos que não tenham caráter jurisdicional, de acordo com as regras internas, assim como pode negar a qualidade de órgão jurisdicional a órgãos a que o Direito interno reconhece essa qualidade.

[1241] Acórdão de 19/10/95, proc. C-111/94, Col. 1995, p. I-3361 e segs. Sobre este acórdão, cfr. CARLO NIZZO, «La notion de juridiction au sens de l'article 177: la portée de l'arrêt JOB CENTRE», *Riv. Dir. Eur.*, 1995, pgs. 335 e segs.

[1242] Acórdão de 18/6/80, *Jules Borker*, proc. 138/80, Rec. 1980, p. 1975.

[1243] Acórdão de 12/11/1998, proc. C-134/97, Col. 1998, p. I-7023 e segs (em especial, cons. 14 a 16 e 18).

[1244] Acórdão de 21/4/88, *Pardini II*, proc. 378/85, Col. 1988, p. 2041.

O TJ já teve ocasião de rejeitar questões prejudiciais de órgãos considerados como tribunais pelo Direito interno de um Estado-membro. Assim, no caso *Corbiau*[1245], rejeitou o pedido do Diretor das Contribuições do Luxemburgo, apesar de a Jurisprudência do Conselho de Estado lhe ter reconhecido caráter jurisdicional quando decidia em matéria graciosa ou em matéria contenciosa.

Mais recentemente, o Tribunal, no caso *Syfait*[1246], contrariando as conclusões do seu Advogado-Geral Jacobs[1247], rejeitou uma questão prejudicial da Comissão da Concorrência Grega (*Epitroti Antagonismou*), com fundamento na falta de independência em face do Executivo[1248].

O TJ aceita questões prejudiciais de qualquer órgão jurisdicional: civil, penal[1249], administrativo, fiscal, comercial e constitucional, qualquer que seja a sua posição na hierarquia judiciária do Estado-membro e qualquer que seja a sua formação (em secções ou tribunais plenários).

A legislação nacional não deve impedir os juízes de suscitarem questões prejudiciais, pois isso é considerado contrário ao artigo 267º do TFUE e, como tal, viola o primado do Direito da União Europeia sobre os Direitos nacionais[1250].

47.5.2. As questões prejudiciais facultativas

O Tribunal reconhece aos tribunais nacionais a mais ampla faculdade de suscitar as questões prejudiciais facultativas[1251]. Esta faculdade não pode ser restringida por convenções das partes[1252], nem por regras de processo internas, dado que a repartição de competências, prevista no artigo 267º do TFUE, entre o juiz nacional e o juiz da União Europeia, é imperativa. Admitir o contrário levaria à violação do princípio do primado do Direito da União Europeia sobre o Direito nacional.

O TJ admitiu mesmo, recentemente, que um tribunal inferior pode suscitar uma questão prejudicial ainda que já exista uma decisão negativa de um tribunal superior[1253].

1245 Acórdão de 30/3/93, proc. C-24/92, Col. 1993, p. I-1277.

1246 Acórdão de 31/3/2005, proc. cit.

1247 Conclusões de 28/10/2004, *Syfait*, proc. C-53/03, Col. 2005, p. I-4609 e segs.

1248 Para um comentário deste acórdão, cfr. Luigi Raimondi, "La nozione di giurisdizione nazionale...", *maxime*, p. 373 e segs; Manuel Cienfuengos Mateo, "La noción comunitaria de órgano jurisdiccional...", p. 19 e segs.

1249 Acórdãos de 21/3/72, *Sail*, proc. 82/71, Rec. 1972, p. 119; de 29/11/78, *Pigs marketing board*, proc. 83/78, Rec. 1978, p. 2347; de 5/4/79, *Tullio Ratti*, proc. 148/78, Rec. 1979, p. 1629; Despacho de 15/01/2004, *Saetti e Fredaini*, proc. C-235/02, cons. 23.

1250 A legislação grega considerava que só o plenário do Conselho de Estado tinha competência para suscitar questões prejudiciais. Esta norma acabou por ser revogada, com fundamento na incompatibilidade com o antigo artigo 234º do TCE.

1251 Ac. *Rheinmühlen*, cit., p. 33, 38, 39.

1252 Ac. de 22/11/78, *Mattheus*, proc. 93/78, Rec. 1978, p. 2203.

1253 Ac. de 16/12/2008, *Cartesio*, proc. C-210/06, Col. 2008, p. I-9641.

A questão prejudicial é suscitada pelo juiz nacional. Todavia, ela tanto pode ter sido levantada pelas partes no processo principal como pelo próprio juiz, ao contrário do que pode sugerir a letra do artigo 267º do TFUE[1254].

O juiz nacional pode suscitar a questão, qualquer que seja a fase em que se encontra o processo principal. O TJ chegou a admitir questões prejudiciais quando os factos ainda não estavam definitivamente apurados[1255]. Não parece, porém, que atualmente o Tribunal mantenha esta abertura.

Contudo, o TJ sempre estabeleceu como limite à faculdade de um juiz nacional suscitar as questões prejudiciais a existência de um processo pendente e a sua necessidade para a boa decisão da causa, competindo ao juiz nacional decidir se a questão era ou não necessária ao julgamento da causa.

47.5.3. As questões prejudiciais obrigatórias

O artigo 267º, par. 3º, do TFUE prevê questões prejudiciais obrigatórias[1256]. Um tribunal nacional cujas decisões não sejam suscetíveis de recurso judicial, previsto no Direito interno, é obrigado a suscitar a questão prejudicial, se tiver dúvidas sobre a interpretação ou sobre a validade de uma norma da União Europeia.

Esta obrigação tem em vista impedir a formação de Jurisprudência nacional contrária ao Direito da União Europeia[1257].

O artigo 267º, par. 3º, do TFUE tem vindo a levantar diversos problemas que se enunciarão em seguida.

O primeiro deles prende-se com a delimitação do âmbito da obrigação de suscitar a questão de apreciação de validade.

Segundo a letra do artigo 267º do TFUE, o caráter facultativo ou obrigatório da questão não difere consoante se trate de questões de interpretação ou de validade. No entanto, o Tribunal, no caso *Foto-Frost*[1258], estende a obrigatoriedade de suscitar a questão prejudicial a todos os tribunais nacionais, no que diz respeito à validade dos atos da União. Assim, mesmo os tribunais que não julgam em última instância, se tiverem dúvidas quanto à validade de um ato da União, devem suscitar a questão prejudicial ao TJ[1259]. Todavia, são competentes para considerarem o ato como válido e rejeitarem as causas de invalidade invocadas.

[1254] Ac. de 16/6/81, *Salonia*, proc. 126/80, Rec. 1981, p. 1563; ac. de 6/10/82, *Cilfit*, proc. 283/81, Rec. 1982, p. 3415.

[1255] Ac. de 14/12/71, *Politi*, proc. 43/71, Rec. 1971, p. 1039, 1048; ac. de 9/11/83, *San Giorgio*, proc. 199/82, Rec. 1983, p. 3595.

[1256] Sobre as questões prejudiciais obrigatórias, cfr. Maria Inês Quadros, *A função subjetiva da competência prejudicial...*, p. 45 e segs.

[1257] Ac. de 24/5/77, *Hoffmann-La Roche*, proc. 107/76, Rec. 1977, p. 973.

[1258] Ac. de 22/10/87, *Foto-Frost*, proc. 314/85, Col. 1987, p. 4199, 4225.

[1259] Ac. *Foto-Frost*, cit., p. 4199.

Os argumentos aduzidos pelo TJ para chegar a esta interpretação *contra legem* do artigo 267º do TFUE são, fundamentalmente, os seguintes:

- a necessidade de aplicação uniforme do Direito da União Europeia;
- a coesão do sistema de proteção jurisdicional da União – a apreciação de validade dos atos da União é uma modalidade de controlo da legalidade instituído pelos Tratados, tal como o recurso de anulação ou a exceção de ilegalidade, e, como tal, deve ser da competência exclusiva do TJ;
- a natureza do processo e a sua aptidão para facilitar uma adequada apreciação de validade.

A posição do TJ nesta matéria contribui para uma maior segurança jurídica, para o reforço do princípio da legalidade e para uma mais sólida garantia dos direitos dos particulares.

O TJ reafirmou a Jurisprudência *Foto-Frost*, nomeadamente, nos casos *Zuckerfabrik*[1260] e *Bakers of nailsea*[1261].

O segundo problema de interpretação que o artigo 267º, par. 3º, do TFUE coloca é o de saber quais os tribunais que estão obrigados a suscitar a questão prejudicial, pois tal não resulta claro da sua letra. A Doutrina tem vindo a defender, fundamentalmente, duas posições:

- a teoria orgânica, de acordo com a qual só os tribunais colocados no topo da hierarquia judiciária, quer dizer, os supremos tribunais, estão obrigados a suscitar as questões prejudiciais;
- a teoria do litígio concreto segundo a qual o tribunal cuja decisão não é suscetível de recurso judicial ordinário, previsto no Direito interno, está obrigado a suscitar a questão prejudicial, ou seja, não o supremo tribunal mas o tribunal supremo naquele litígio concreto.

A teoria orgânica visa impedir a sobrecarga do TJ com processos de menor importância e impedir a formação de Jurisprudência divergente ao nível dos supremos tribunais, assegurando, deste modo, a uniformidade do Direito da União Europeia, pois são os supremos tribunais que fixam a Jurisprudência.

Todavia, o TJ tem vindo a adotar a teoria do litígio concreto[1262]. De facto, só esta teoria se compatibiliza com a letra e o espírito do artigo 267º do TFUE, uma vez que só ela assegura plenamente a uniformidade de aplicação do Direito da União Europeia. Mais recentemente, no caso *Lyckeskog*, o TJ pode ter lançado

[1260] Ac. de 21/2/91, procs. C-143/88 e C-92/89, Col. 1991, p. I-534.

[1261] Ac. de 15/4/97, proc. C-27/95, Col. 1997, p. I-1847 e segs.

[1262] Ac. de 15/7/64, *Costa c. ENEL*, proc. 6/64, Rec. 1964, p. 592 e 593; ac. *Hoffmann-La Roche*, cit., p. 973.

algumas dúvidas sobre a sua posição a este propósito ao declarar que *«um tribunal nacional não está submetido à obrigação prevista no artigo 234º, se as suas decisões são suscetíveis de recurso perante um Supremo Tribunal, mesmo quando o exame de fundo desse Tribunal depende de uma declaração prévia de admissibilidade»*[1263].

O terceiro problema de interpretação que resulta do artigo 267º, par. 3º, do TFUE tem a ver com a noção de recurso judicial de Direito interno, na medida em que o preceito prevê que um tribunal cuja decisão não é suscetível de recurso judicial de Direito interno deve suscitar a questão prejudicial. Trata-se de uma noção comunitária, que deve ser entendida como todo o recurso ordinário, ou seja, aberto a cada uma das partes no litígio, e só a elas, sem necessidade de justificação particular e em que é permitido o reexame da aplicação do Direito.

Assim, se cada uma das partes no litígio tiver o direito de obter um reexame que incida sobre o fundo da causa por um tribunal diferente, de acordo com o artigo 267º do TFUE, existe recurso judicial, independentemente da qualificação que o Direito interno dá a esse processo[1264].

Estão excluídos, portanto, os recursos extraordinários.

Note-se que a obrigação de suscitar a questão prejudicial por parte do juiz nacional não é absoluta. Pelo contrário, o Tribunal tem admitido os seguintes limites à obrigação de suscitar a questão prejudicial:

a) se o TJ já se pronunciou sobre uma questão similar, mesmo que não absolutamente idêntica, no âmbito de um processo prejudicial ou não[1265];

b) se a questão prejudicial suscitada não for pertinente e séria[1266]. O tribunal nacional só deve suscitar a questão quando considerar que a decisão do TJ é necessária para a boa decisão da causa;

c) se a norma é de tal modo evidente, que não deixa lugar a qualquer dúvida razoável[1267]. Neste caso, porém, o TJ exige ao tribunal nacional que, antes de concluir pela existência de tal clareza, se deve convencer de que a

1263 Acórdão de 4/6/2002, *Lyckeskog*, proc. C-99/00, Col. 2002, p. I-4839, cons. 16 e 19.

1264 O TJ defendeu, no ac. *Hoffmann-La Roche*, cit, p. 973, que um tribunal que está a julgar uma providência cautelar não está obrigado a suscitar a questão prejudicial.

1265 Ac. de 27/3/63, *Da Costa*, proc. 28 a 30/62, Rec. 1963, p. 73 a 76; ac. *Cilfit*, cit., p. 3415. Em anos mais recentes, a Jurisprudência do TJ tem sido muito restritiva quanto às questões manifestamente idênticas, rejeitando-as liminarmente. Cfr. Despacho de 21/03/2002, *Gründerzentrum*, proc. C-264/00, Col. 2002, p. I-3333 e segs e Despacho de 24/10/2002, *RAS*, proc. C-233/01, Col. 2002, p. I-9411 e segs.

1266 Ac. de 19/12/68, *Salgoil*, proc. 13/68, Rec.1968, p. 661. Mais recentemente, ver acórdãos de 05/07/1997, *Celestini*, proc. C-105/94, Rec. 1997, p. I-2971 e segs; de 07/09/1999, *Beck e Bergdorf*, proc. C-355/97, Col. 1999, p. I-4977 e segs (cons. 22); de 22/06/2000, *Fornasar*, proc. C-318/98, Col. 2000, p. I-4785 e segs (cons. 27, 31 e 32); de 25/04/2002, *González Sánchez*, proc. C-183/00, Col. 2002, p. I-3901 e segs (cons. 16).

1267 Ac. *Cilfit*, cit., p. 3430.

mesma evidência se impõe aos tribunais dos outros Estados-membros e ao próprio TJ. Para tal, há que ter em conta que os textos de Direito da União são redigidos em várias línguas, todas fazendo fé, pelo que convém proceder à comparação das várias versões linguísticas da disposição em causa. Mesmo que todas as versões linguísticas coincidam, há que ter em conta que o Direito da União Europeia tem a sua própria terminologia e as suas noções nem sempre coincidem com as do Direito nacional. Por fim, cada disposição deve ser interpretada no seu contexto, à luz do conjunto das disposições do sistema jurídico da União Europeia, das suas finalidades e do estado da sua evolução à data em que se deve proceder à aplicação da disposição. O TJ aplica, neste caso, a teoria do «ato claro» ou do «sentido claro».

Contudo, os requisitos exigidos, no caso *Cilfit*, tornam muito difícil a aplicação desta teoria em Direito da União Europeia. Por isso, o acórdão proferido naquele caso não se revela de grande utilidade, na medida em que exige uma série de condições indeterminadas e dificilmente verificáveis. A melhor prova do que acaba de se afirmar está no facto de o Tribunal de Cassação italiano ter acabado por colocar a questão prejudicial propriamente dita ao TJ (caso *Cilfit II*[1268]). Mais recentemente, o Tribunal de Justiça retoma esta Jurisprudência[1269], indeferindo liminarmente questões prejudiciais em que não há lugar a nenhuma dúvida razoável e em que a resposta pode ser claramente deduzida da Jurisprudência anterior por se tratar de questões manifestamente idênticas[1270].

A aplicação da teoria do ato claro teve alguns adeptos, com base nos seguintes argumentos:

- o termo "questão" parece implicar uma dificuldade real de interpretação;
- permite preservar a faculdade de discernimento do juiz e evitar o recurso a manobras dilatórias.

Contra esta teoria há, no entanto, argumentos de maior peso:

- para se saber se o ato é claro tem de se interpretar previamente;
- é um meio de tornear a repartição de poderes entre o TJ e os tribunais nacionais;
- é um obstáculo à interpretação e aplicação uniformes do Direito da União Europeia, que é o principal objetivo do artigo 267º do TFUE.

1268 Ac. de 29/4/84, proc. 77/83, Rec. 1984, p. 1257.

1269 Ver Despacho de 20/10/2000, *Vogler*, proc. C-242/99, Col. 2000, p. I-9083 e segs; Despacho de 5/04/2001, *Gaillard*, proc. C-518/99, Col. 2001, p. I-2771 e segs; Despacho de 4/03/2002, *Verwayen-Boelen*, proc. C-175/00, Col. 2002, p. 2141 e segs.

1270 Ver Despacho de 11/10/2001, *William Hinton & Sons*, proc. C-30/00, pags. I-7511 e segs.

Chegados a este ponto importa averiguar se existe alguma sanção para o desrespeito da obrigação de suscitar a questão prejudicial. Em teoria são descortináveis dois tipos de sanções. Por um lado, as que prevê a Ordem Jurídica da União e, por outro lado, as que estão previstas no Direito interno dos vários Estados-membros[1271].

Ao nível da Ordem Jurídica da União, o meio contencioso adequado para reagir contra a violação de uma obrigação imposta pelo Direito da União Europeia por parte de um órgão de um Estado-membro é o processo por incumprimento, previsto nos artigos 258º a 260º do TFUE. De acordo com este processo, a Comissão ou qualquer outro Estado-membro poderiam acionar o mecanismo previsto naqueles preceitos contra o Estado ao qual pertence o tribunal em causa.

Apesar de se terem verificado violações sistemáticas desta obrigação, a Comissão nunca desencadeou um processo por incumprimento, com este fundamento. E bem se compreende o porquê de tal atitude, se pensarmos que isso poria em causa o clima de confiança e cooperação mútua, necessário ao bom funcionamento do mecanismo do artigo 267º do TFUE. Além disso, devido ao princípio da separação de poderes vigente em todos os Estados-membros, a declaração de incumprimento poderia ser totalmente ineficaz porque o poder executivo pode não estar em condições de efetivar internamente a responsabilidade do poder judicial, ou por força da independência deste, ou pelo facto de o respetivo Direito interno não dispor de meios adequados à responsabilização do poder judicial.

Só mais recentemente, o Tribunal parece ter começado a equacionar este problema de modo diferente. Contudo, isso não significa a procura de uma sanção para o incumprimento da obrigação de suscitar a questão prejudicial, mas antes uma maior preocupação com a necessidade de proteção dos direitos fundamentais das pessoas.

Com efeito, no último trimestre de 2003 e no primeiro de 2004, o Tribunal de Justiça proferiu três acórdãos que parecem confluir no sentido da responsabilidade do juiz nacional enquanto juiz comum do Direito da União Europeia[1272]. O primeiro deles foi o já mencionado caso *Köbler*[1273], no qual o Tribunal estendeu ao Poder Judicial os princípios da responsabilidade do Estado por violação do Direito da União Europeia, embora reconhecendo as particularidades da função judicial neste domínio, bem como as dificuldades de aplicação deste regime

[1271] Sobre a responsabilidade do Estado por atos jurisdicionais, cfr. MARIA INÊS QUADROS, *A função subjetiva da competência prejudicial...*, p. 166 e segs; ANNE-SOPHIE BOTELLA, «La responsabilité du juge national», *RTDE*, 2004, p. 283 e segs.

[1272] Para uma apreciação crítica destes três acórdãos, cfr. JAN KOMÁREK, "Federal Elements in the Communty Judicial System: Building Coherence in the Community Legal Order", *CMLR*, 2005, p. 9 e segs.

[1273] Acórdão de 30/9/2003, proc. C-224/01, Col. 2003, p. I-10239 e segs.

ao incumprimento da obrigação de suscitar a questão prejudicial[1274]. Posteriormente, no caso *Comissão contra a Itália*[1275], quando podia ter declarado o incumprimento por parte de um órgão jurisdicional, o Tribunal preferiu, por um lado, fechar a porta do processo por incumprimento a violações esporádicas do Direito da União Europeia imputáveis a juízes internos e, por outro lado, iludir a condenação direta do tribunal, com fundamento no respeito da independência do Poder Judicial interno, tendo optado pela condenação do Poder Legislativo por não ter modificado a legislação interna. Por fim, no caso *Kühne*[1276], o Tribunal admitiu o reexame interno de um ato administrativo, que tinha sido objeto de uma sentença confirmativa já transitada em julgado, com fundamento no facto de a referida sentença se ter baseado numa interpretação do Direito da União Europeia que, por força de uma Jurisprudência posterior do Tribunal de Justiça, em sede de artigo 267º do TFUE, se deveria considerar errónea e que o tribunal nacional adotou sem ter submetido a questão ao Tribunal de Justiça, quando a isso estava obrigado pelo parágrafo 3º do preceito[1277].

O Tribunal consagra, assim, um princípio de conformação de ato administrativo decidido com o Direito da União Europeia posterior[1278].

De notar que esta solução só foi possível, por força das circunstâncias do caso concreto. Em primeiro lugar, o Direito nacional – holandês – reconhece ao órgão administrativo a possibilidade de revogar uma decisão administrativa definitiva. Em segundo lugar, esta apenas adquiriu o seu caráter definitivo na sequência de um acórdão de um órgão jurisdicional nacional cujas decisões não são suscetíveis de recurso judicial. Em terceiro lugar, esse acórdão fundamenta-se numa interpretação de Direito da União Europeia que era, face a um acórdão posterior do Tribunal de Justiça, errada e tinha sido aplicada sem que ao Tribunal de Justiça tivesse sido submetida uma questão prejudicial nas condições previstas no artigo 267º, par. 3º, do TFUE. Em quarto lugar, o interessado dirigiu-se ao órgão administrativo imediatamente depois de ter tido conhecimento deste acórdão do Tribunal de Justiça (cons. 26 do acórdão).

[1274] Para um comentário deste acórdão, ver PETER J. WATTEL, "KÖBLER, CILFIT and WELTHGROVE: We can't go on like this", *CMLR*, 2004, p. 177 e segs; PABLO J. MARTÍN RODRIGUEZ, "La responsabilidad del Estado por atos judiciales en Derecho Comunitario", *Rev. Der. Com. Eur.*, 2004, p. 829 e segs; MARTEN BREUER, "State Liability for Judicial Wrongs and Community Law: the Case of Gerhard Köbler v Austria", *ELR*, 2004, p. 243 e segs.

[1275] Acórdão de 9/12/2003, proc. C-129/00, Col. 2003, p. I-14637 e segs, cons. 29 e segs.

[1276] Acórdão de 13/1/2004, proc. C-453/00, Col. 2004, p. I-837 e segs, cons. 20 e segs.

[1277] Para um comentário deste acórdão, ver PABLO J. MARTÍN RODRIGUEZ, "La revisión de los atos administrativos firmes: un nuevo instrumento de la primacía y efectividad del Derecho comunitario?", *Rev. Gen. Der. Eur.*, 2004, p. 1 e segs. http://www.iustel.com

[1278] Neste sentido, ver FAUSTO DE QUADROS, *A Europeização do Contencioso Administrativo*, cit., p. 397 e 398.

Nestas circunstâncias, o órgão administrativo em causa estava obrigado, por aplicação do princípio da cooperação leal, a reexaminar o ato administrativo para ter em conta a interpretação da disposição pertinente do Direito da União Europeia entretanto feita pelo Tribunal de Justiça. A revogação do ato não deve, contudo, lesar os interesses de terceiros (cons. 27 do acórdão).

A doutrina do caso *Kühne* foi reafirmada pelo TJ no caso *Rosemarie Kapferer*[1279]. Só que neste último caso discutiu-se a conformação de uma sentença judicial transitada em julgado (e não de um ato administrativo) com o Direito da União Europeia posterior. Atendendo às circunstâncias do caso concreto, o TJ entendeu que a sentença não tinha de ser reapreciada porque isso é impedido pelo Direito nacional em causa (o Direito austríaco).

Prevaleceu o princípio da segurança jurídica.

A jurisprudência *Köbler* foi também reafirmada, no acórdão *Traghetti del Mediterraneo Spa*[1280], no qual o Tribunal acrescenta que «*o Direito Comunitário se opõe a um regime legal nacional que exclua, de uma forma geral, a responsabilidade do Estado-Membro por danos causados aos particulares em virtude de uma violação do Direito Comunitário imputável a um órgão jurisdicional que decide em última instância pelo facto de essa violação resultar de uma interpretação de normas jurídicas ou de uma apreciação dos factos e das provas efetuada por esse órgão jurisdicional. O Direito Comunitário opõe-se igualmente a um regime nacional que limite essa responsabilidade aos casos de dolo ou de culpa grave do juiz...*»[1281].

Ao nível do Direito interno de cada Estado-membro poderão existir vias jurisdicionais aptas a sancionar a violação do dever de suscitar a questão prejudicial por parte do tribunal nacional. Parece, no entanto, que apenas a Alemanha, a Áustria e a Espanha dispõem destas vias. O Direito alemão considera que o TJ é um «juiz legal» das partes para os efeitos da aplicação do artigo 101º da Lei Fundamental. Assim, se um órgão jurisdicional alemão não suscitar uma questão prejudicial quando a isso estiver obrigado ou se violar um acórdão anterior do TJ, o *Bundesverfassungsgericht* tem competência para revogar esse acórdão por violação da Constituição.

No Direito Português não existe qualquer sanção para a violação do dever de suscitar a questão prejudicial.

[1279] Acórdão de 16/3/2006, proc. C-234/04, Col. 2006, p. 2585.

[1280] Acórdão de 13/6/2006, proc. C-173/03, Col. 2006, p. 5177.

[1281] Acórdão cit., cons. 46.

47.6. Os poderes do juiz nacional no processo das questões prejudiciais

47.6.1. A ausência de formalismo para o pedido de decisão prejudicial

Não existe nenhum formalismo particular para o pedido de decisão prejudicial[1282]. Normalmente, o juiz nacional suscita a questão prejudicial através de um despacho em que formula a questão e expõe os seus fundamentos. Como veremos, o Tribunal de Justiça tem-se mostrado cada vez mais exigente quanto à necessidade de o juiz nacional fundamentar o pedido de decisão prejudicial, chegando mesmo a rejeitar liminarmente o pedido quando considera que esta exigência não está manifestamente cumprida.

47.6.2. A decisão de suscitar a questão prejudicial

A decisão de suscitar a questão prejudicial é da competência exclusiva do juiz nacional[1283]. As partes não podem dirigir-se diretamente ao TJ para lhe colocar uma questão prejudicial[1284], nem podem completar uma questão suscitada por um tribunal nacional[1285]. Daqui decorre que é o juiz nacional que tem o monopólio da iniciativa do processo prejudicial.

No puro plano teórico pode colocar-se a questão de saber se quando o artigo 267º do TFUE usa a expressão *«questão desta natureza seja suscitada»*, pretende que o juiz só possa agir a pedido das partes. O TJ não aceita esta ideia e tem admitido questões suscitadas *ex officio*[1286], com os seguintes fundamentos:

a) o princípio do primado impõe que o juiz coloque todas as questões prejudiciais que tenham a ver com a violação do Direito da União Europeia;
b) há processos ao nível interno em que não há partes ou em que estas ainda não intervieram no processo, como, por exemplo:
  - os processos penais – o TJ admitiu que um juiz italiano que exerce ao mesmo tempo funções de juiz de instrução e de ministério público, pode suscitar questões prejudiciais mesmo antes de terem sido identificados os responsáveis pela infração[1287]. O Tribunal aceitou também

[1282] Acórdãos de 6/4/62, *Bosch*, proc. 13/61, Rec. 1962, p. 89; de 12/5/64, *Wagner*, proc. 101/63, Rec. 1964, p. 393-394; *Getreidehandel*, proc. 17/72, de 8/11/72, Rec. 1972, p. 1077-1078.

[1283] Acórdão de 15/6/72, *Frateli Grassi*, proc. 5/72, Rec. 1972, p. 443; ac. de 26/11/1998, *Bronner*, proc. C-7/97, Col. 1998, p. I-7791 e segs; ac. de 16/09/1999, *WWF*, proc. C-435/97, Col. 1999, p. I-5613 e segs, cons. 31 e 32; ac. de 06/03/2003, *Kaba*, cit.., cons. 40 e 41.

[1284] Acórdão de 14/12/62, *Milchwerke Wöhrmann*, proc. 31 e 33/62, Rec. 1962, p. 965.

[1285] Acórdãos de 11/10/90, *Nespoli*, proc. C-196/89, Col. 1990, p. I-3647; de 6/6/2000, *ATB*, Col. 2000, proc. C-402/98, Col. 5501 e segs, de 06/03/2003, *Kaba*, cit.., cons. 40 e 41.

[1286] Acórdão de 16/6/81, *Salonia*, proc. 126/80, Rec. 1981, p. 1563.

[1287] Acórdão de 11/6/87, *Pretore di Saló*, proc. 14/86, Col. 1987, p. 2545. Ver também Despacho de 15/01/2004, *Saetti e Frediani*, cit., cons. 23.

uma questão prejudicial de um juiz de instrução francês que ainda não tinha procedido à pronúncia do réu[1288];

- os processos não contraditórios – o TJ entendeu que o juiz pode suscitar uma questão prejudicial neste tipo de processos[1289].

47.6.3. A apreciação da pertinência da questão

As partes não podem impedir o juiz de suscitar uma questão prejudicial. A apreciação da pertinência da questão é da exclusiva competência do juiz nacional[1290], uma vez que é ele que tem um conhecimento direto dos factos assim como dos argumentos utilizados pelas partes e será ele que vai assumir a responsabilidade da sentença ou acórdão no caso concreto. Este poder do juiz nacional não pode ser restringido por convenção das partes. Assim, a convenção entre as partes que obriga o juiz nacional a suscitar uma determinada questão prejudicial não restringe o poder de apreciação do tribunal nacional[1291].

47.6.4. A escolha do momento para suscitar a questão prejudicial

É também ao juiz nacional que cabe determinar o momento em que suscita a questão prejudicial[1292]. O TJ julga que não lhe compete tecer considerações sobre o estádio em que se encontra o processo no âmbito do qual a questão foi formulada[1293]. O TJ aceita questões prejudiciais suscitadas no âmbito de um processo sumário e urgente[1294].

47.6.5. O conteúdo material da questão

O conteúdo material da questão é também da competência do juiz nacional[1295], mas a questão deve ser formulada de tal maneira que permita ao TJ dar uma res-

[1288] Acórdão de 16/1/92, *Processo penal contra X*, proc. 373/90, Col. 1992, p. I-131.

[1289] Acórdãos de 17/12/70, *Sace*, proc. 33/79, Rec. 1970, p. 1213; de 28/6/78, *Simmenthal III*, proc. 70/77, Rec. 1978, p. 1453; de 18/6/98, *Corsica Ferries France*, proc. C-266/96, Col. 1998, p. I-3949 e segs.

[1290] Acórdãos de 5/2/63, *Van Gend & Loos*, proc. 26/62, Rec. 1963, p. 1; de 9/7/69, *Portelange*, proc. 10/69, Rec. 1969, p. 315; de 5/10/77, *Carlo Tedeschi*, proc. 5/77, Rec. 1977, p. 1555; de 13/3/79, *S.A. des grandes Peureux*, proc. 86/78, Rec. 1979, p. 897; de 29/11/78, *Pigs Marketing Board*, proc. 83/78, Rec. 1978, p. 2347; de 16/7/92, *Banca española*, proc. C-67/91, Col. 1992, p. I-4785.

[1291] Acórdão de 22/11/78, *Mattheus*, proc. 93/78, Rec. 1978, p. 2203.

[1292] Acórdão de 10/3/81, *Irish Creamery Milk*, procs. 36 e 71/80, Rec. 1981, p. 735; de 10/7/84, *Campus oil*, proc. 72/83, Rec. 1984, p. 2727.

[1293] Acórdão de 14/12/71, *Politi*, proc. 43/71, Rec. 1971, p. 1039; de 21/2/74, *Birra Dreher*, proc. 162/73, Rec. 1974, p. 201.

[1294] Acórdão de 24/5/77, *Hoffmann-La Roche*, proc. 107/76, Rec. 1977, p. 957, 972; de 12/11/69, *Stauder*, proc. 29/69, Rec. 1969, p. 419; de 8/6/71, *Gramophon*, proc. 78/70, Rec. 1971, p. 487.

[1295] Acórdão de 6/4/62, *Bosch*, cit, p. 102.

posta útil. Por isso, o juiz nacional deve, quando formula as questões, explicar as razões pelas quais tem necessidade de uma resposta[1296], transmitindo dessa forma todas as informações suficientes.

Casos há em que o TJ só poderá dar uma resposta útil se os factos estiverem estabelecidos e os problemas relacionados com o Direito nacional já resolvidos.

O TJ, numa primeira fase, admitiu questões concretas e claras[1297], questões não articuladas, com simples transmissão de *dossier*[1298], questões abstratas e complicadas, com hipóteses de resposta, formuladas em alternativa, ou questões múltiplas[1299], e ainda questões imprecisas[1300], ou formuladas de maneira imprópria[1301].

O TJ parecia inclinar-se no sentido de que o espírito de cooperação construtiva com os tribunais nacionais impunha a aceitação do máximo número possível de questões prejudiciais, pois tal também lhe permitia firmar Jurisprudência sobre os vários temas de Direito da União Europeia. Porém, uma vez fixada a Jurisprudência em vastos domínios deixou de haver razões para continuar a aceitar todas ou quase todas as questões prejudiciais.

Além disso, a constante acumulação de processos pendentes a partir da década de 80 – problema que nem a criação do TPI, atual TG, conseguiu resolver – não permitiam ao TJ continuar a política permissiva quanto às questões prejudiciais até então levada a cabo[1302].

Assim, a partir do momento em que o Tribunal se começou a aperceber de que estava a ser sobrecarregado pelos tribunais nacionais com questões menores, que em nada contribuíam para o desenvolvimento da sua Jurisprudência, passou a exigir ao tribunal nacional um maior rigor na definição do «*quadro factual e legal em que se inscrevem as questões que coloca ou que, pelo menos, explique as hipóteses factuais em que assentam essas questões*»[1303]. Passou também a considerar necessário

[1296] Acórdão de 12/6/86, *Bertini/98*, procs. 162, 258/85, Col. 1986, p. 1885.

[1297] Acórdão de 6/4/62, *Bosch*, cit, p. 102.

[1298] Acórdãos de 4/7/71, *Muller*, proc. 10/71, Rec. 1971, p. 723; de 13/12/84, *Haug-Adrion*, proc. 251/83, Rec. 1984, p. 4277; de 1/4/82, *Holdijk*, procs. 141 e 142/81, Rec. 1982, p. 1299.

[1299] Acórdãos *Pigs Marketing Board*, cit., p. 2347; de 18/5/82, *Adoui e Cornuaille*, procs. 115/81 e 116/81, Rec. 1982, p. 1665.

[1300] Acórdão de 11/7/90, *Sermes*, proc. C-323/88, Col. 1990, p. I-3027.

[1301] Acórdão de 6/4/62, *Bosch*, cit., p. 91.

[1302] Cfr. Takis Tridimas, "Knocking on Heaven's Door : Fragmentation, Efficiency and Defiance in the Preliminary Reference Procedure", *CMLR*, 2003, p. 9 e segs; Peter Oliver, "La recevabilité des questions préjudicielles: la jurisprudence des années 1990, *CDE*, 2001, p. 15 e segs.

[1303] Despachos de 20/4/98, *Testa e Modesti*, procs. C-128/97 e C-137/97, Col. 1998, p. I-2181 e segs; Despacho de 30/4/98, Col. 1998, p. I-2183 e segs; de 20/3/96, *Sunino e Data*, proc. C-2/96, Col. 1996, p. I-1543 e segs; Despacho de 28/06/2000, *Laguillaumie*, proc. C-116/00, Col. 2000, p. I-4979 e segs (cons. 14 a 19, 25 e 26); Despacho de 25/03/2003, *Simoncello e Boerio*, proc. C-445/01, Col. 2003, p. I -1807 e segs (cons. 22e 23, 30 e 31).

que o juiz nacional dê um mínimo de explicações sobre as razões de escolha das disposições da União cuja interpretação solicita e sobre o nexo que estabelece entre essas disposições e a lei nacional aplicável ao litígio[1304].

De acordo com o Tribunal, a sua função é a de contribuir para a administração da justiça e não a de formular meros pareceres sobre questões gerais ou hipotéticas, pelo que são manifestamente inadmissíveis questões prejudiciais que contenham referências insuficientemente precisas às situações de direito ou que apresentem um caráter puramente hipotético[1305].

47.7. Os poderes do Tribunal de Justiça ao abrigo do artigo 267º do TFUE

47.7.1. A repartição de poderes entre os tribunais nacionais e o TJ

O processo das questões prejudiciais baseia-se numa repartição de poderes entre o TJ e os tribunais nacionais. O TJ começou por afirmar a separação entre o Direito nacional e o Direito Comunitário e, consequentemente, a separação entre a aplicação do Direito Comunitário, reservada ao tribunal nacional, e a interpretação do Direito Comunitário, da competência do TJ. Este não deve conhecer dos factos nem censurar os motivos e os objetivos da questão prejudicial (caso *Costa c. Enel*[1306]).

Posteriormente, o TJ veio defender a cooperação entre os tribunais nacionais e ele próprio, na solução de problemas que são de interesse comum. Por essa razão vai abolir todo o rigor formalista, passando a entender que o tribunal nacional e o TJ são chamados a contribuir direta e reciprocamente para a elaboração de uma sentença ou de um acórdão, com vista à interpretação e aplicação uniformes do Direito da União Europeia no conjunto dos Estados-membros[1307].

Esta cooperação e confiança recíprocas implicam que o juiz da União e o juiz nacional respeitem mutuamente os limites das suas funções.

O Tribunal tem vindo a modelar a repartição de competência entre ele próprio e os tribunais nacionais[1308]. Assim, apesar de continuar a afirmar que «*segundo um*

[1304] Acórdão de 7/4/95, *Grau Gomis*, cit., p. I-1025 e segs; ac. de 12/07/2001, *Ordine degli Architetti*, proc. C-399/98, Col. 2001, p. 5409 e segs (cons. 105 a 107).

[1305] Acórdão de 23/3/95, *Mostafa Saddik*, proc. C-458/93, de 23/3/95, Col. 1995, p. I-511 e segs; ac. de 27/02/2003, *Adolf Truley*, proc. C-373/00, Col. 2003, p. I-1931 e segs (cons. 22).

[1306] Proc. cit., p. 1158.

[1307] Ac. de 1/12/65, *Schwarze*, proc. 16/65, Rec. 1965, p. 1195.

[1308] Cfr. DAVID O'KEEFFE, "Is the Spirit of Article 177 under Attack? Preliminary References and Admissibility", *ELR*, 1998, p. 509 e segs; CATHERINE BARNARD / ELEANOR SHARPSON, "The Changing Face of Article 177 References", *CMLR*, 1997, p. 1113 e segs; GEORGES ROUHETTE, "Quelques aspects de l'application du mécanisme du renvoi préjudiciel", *Rev. Gen. Dr. Proc.*, 1997, p. 15 e segs; WILLY ALEXANDER, "La recevabilité des renvois préjudiciels dans la perspective de la réforme institutionnelle de 1996", *CDE*, 1995, p. 561 e segs; MARCO DARMON, "Réflexions sur le recours préjudiciel", *CDE*, 1995, p. 577 e segs; LUIGI FUMAGALLI, "Competenza della

jurisprudência constante, é da competência dos órgãos jurisdicionais nacionais, a quem é submetido o litígio e que devem assumir a responsabilidade pela decisão judicial a proferir, apreciar, à luz das particularidades de cada caso, tanto a necessidade de uma decisão judicial para poderem proferir a sua decisão, como a pertinência das questões submetidas ao Tribunal»[1309], declara-se competente para «*proceder a quaisquer apreciações inerentes ao desempenho das suas próprias funções, designadamente para, sendo caso disso, e como compete a qualquer órgão jurisdicional, verificar a sua própria competência*»[1310].

Nesta medida, o TJ recusa questões que não considera pertinentes e não responde nos casos em que lhe parece desnecessário suscitar as questões prejudiciais.

O Tribunal rejeita um pedido se for manifesto que a interpretação solicitada não tem qualquer relação com a realidade ou com o objeto do litígio no processo principal[1311]. Mas o juiz nacional continua a deter a competência exclusiva quanto à formulação das questões[1312], não podendo o TJ substituir-se-lhe neste domínio. Além disso, o TJ não tem competência para averiguar se o órgão jurisdicional que suscitou a questão prejudicial é competente para conhecer do litígio[1313].

Mas já compete ao TJ extrair do conjunto dos elementos fornecidos pelo tribunal nacional os elementos de Direito da União Europeia que necessitam de uma interpretação tendo em conta o objeto do litígio[1314].

Ultimamente, o Tribunal parece ter voltado a encarar a sua relação com os tribunais nacionais de modo bastante rígido, aludindo, frequentemente, nos seus acórdãos «*à nítida separação de funções*»[1315] entre ambos.

47.7.2. A reformulação das questões suscitadas pelos tribunais nacionais

O TJ reserva-se o direito de reformular as questões no quadro das coordenadas conceptuais do Direito da União, reduzir as questões múltiplas[1316], modificar a

Corte di Giustizia e ricevibilità della domanda nella procedura prègiudiziale", *DCDSI*, 1993, p. 311 e segs.

1309 Ac. de 18/10/90, *Dzodzi*, proc. C-297/88 e C-197/89, Col. 1990, p. I-3763 e segs; ac. de 8/11/90, *Gmurzynska*, proc. C-231/89, Col. 1990, p. I-4003 e segs; ac. de 9/2/95, *Leclerc/Siplec*, proc. 412/93, Col. 1995, p. I-215; ac. de 5/10/95, *Aprile*, proc. C-125/94, Col. 1995, p. I-2946; ac. de 17/7/97, *Leur-Bloem*, proc. C-28/95, Col. 1997, p. I-4161 e segs; ac. de 30/4/98, *Cabour*, proc. C-230/96, p. 2094.

1310 Ac. de 15/6/95, *Zabala Erasun*, procs. C-422/93, C-423/93 e C-424/93, Col. 1995, p. I- 1583.

1311 Ac. de 26/10/95, *Furlanis*, proc. C-143/95, Col. 1995, p. I-3633; ac. *Cabour*, cit., p. I-2094; ac. de 18/1/96, *Seim*, proc. C-446/93, Col. 1996, pgs I-73 e segs.

1312 Ac. de 12/12/96, *Kontogeorgas*, proc. C-104/95, Col. 1996, p. I-6643 e segs.

1313 Ac. de 19/12/68, *Cicco*, proc. 19/68, Rec. 1968, p. 689, 698; ac. de 5/6/97, *Celestini*, proc. C-105/94, Col. 1997, p. I-2971 e segs.

1314 Ac. de 29/11/78, *Pigs Marketing Board*, proc. 83/78, Rec.1978, p. 2347.

1315 Acórdão de 16/10/2003, *Traunfellner*, proc. C-421/01, Col. 2003, p. I-11941 e segs, cons. 21.

1316 Ac. de 18/5/82, *Adoui et Cornuaille*, proc. 115/81 e 116/81, Rec. 1982, p. 1665.

ordem das questões[1317], completá-las[1318], responder-lhes globalmente[1319], subdividir a questão[1320], delimitar a questão[1321], determinar o seu verdadeiro objeto[1322] e não responder a certas questões, que se tornaram irrelevantes pela resposta dada a outras[1323].

Embora inicialmente o TJ respondesse a todas as questões que lhe eram suscitadas, atualmente é bastante mais exigente, recusando-se a responder a questões muito imprecisas, por considerar que não são úteis para a solução do litígio principal[1324].

O TJ recusa-se também a responder a questões puramente hipotéticas[1325].

O TJ pode transformar uma questão de interpretação numa questão de apreciação de validade[1326].

Apesar de competir ao tribunal nacional indicar quais os vícios do ato, o TJ pode também conhecê-los *ex officio*[1327]. O TJ recusa-se, no entanto, a fazê-lo quando o vício é suscitado pelas partes e não o foi por iniciativa do próprio juiz nacional. Neste último caso, atém-se ao vício invocado pelo tribunal nacional, ainda que – repete-se – ele tenha sido invocado pelas partes[1328].

O TJ reformula a questão quando o juiz nacional lhe solicita a interpretação de disposições de Direito nacional ou a aplicação do Direito da União ao caso concreto[1329].

1317 Ac. de 2/5/90, *Hakvoort et St Bremen*, proc. C-348/88, Col. 1990, p. I-395; ac. de 4/7/90, *Roermond*, proc. 354/88 a 356/88, Col. 1990, p. I-2753; ac. de 19/3/92, *Batista Morais*, proc. C-60/91, Col. 1992, p. I-2085.

1318 Ac. de 18/2/64, *Internationale Crediet*, proc. 73 e 74/63, Rec. 1964, p. 3.

1319 Ac. de 27/6/90, *Berkenheide*, proc. C-67/89, Col. 1990, p. I-2615; ac. de 3/6/92, *Paletta*, proc. C-45/90, Col. 1992, p. I-3423.

1320 Ac. de 12/12/90, *Sarpp*, proc. C-241/89, Col. 1990, p. I-4695.

1321 Ac. de 10/5/81, *Irish creamery*, proc. 36/80 e 71/80, Rec. 1981, p. 752 (ponto 21).

1322 Ac. de 26/1/90, *Falcolia*, proc. C-286/88, Col. 1990, p. I-191.

1323 Ac. de 26/4/88, *Bond van adverteerders*, proc. 352/85, Col. 1988, p. 2085.

1324 Ac. de 3/2/77, *Benedetti*, proc. 52/76, Rec. 1977, p. 179 e 180; ac. de 28/3/79, *ICAP*, proc. 222/78, Rec. 1979, p. 1163, 1178; ac. de 21/9/83, *Deutsche Milchkontor*, proc. 205 a 215/82, Rec. 1983, p. 2633; ac. *Pretore di Saló*, cit., p. 2565; ac. de 16/9/82, *Vlaeminck*, proc. 132/81, Rec. 1982, p. 2963.

1325 Ac. *Mattheus*, cit, p. 2203; ac. de 16/6/81, *Salonia*, proc. 126/80, Rec. 1981, p. 1563; ac. de 21/4/88, *Pardini*, proc. 338/85, Col. 1988, p. 2041.

1326 Ac. de 3/2/77, *Schwarze*, cit.; ac. *Strehl*, proc. 62/76, Rec. 1977, p. 211; ac. de 7/7/81, *Rewe*, proc. 158/80, Rec. 1981, p. 1805; ac. de 14/6/90, *Weiser*, proc. C-37/89, Col. 1990, p. I-2395.

1327 Ac. de 10/1/73, *Getreide Import*, proc. 41/72, Rec. 1973, p. 1 e ac. de 25/10/78, *Royal Scholten Honig*, proc. 103 e 145/77, Rec. 1978, p. 2037, 2079.

1328 Ac. *Internationale Crediet*, cit., p. 1, 28; ac. de 13/12/67, *Neumann*, proc. 17/67, Rec. 1967, p. 571, 587 a 593.

1329 Ac. de 8/12/70, *Witt*, proc. 28/70, Rec. 1970, p. 1021; ac. de 12/7/73, *Getreide Import*, proc. 11/73, Rec. 1973, p. 919; ac. de 23/10/75, *Matisa*, proc. 35/75, Rec. 1975, p. 1205; ac. de 20/6/91, *Newton*, proc. C-356/89, Col. 1991, p. I-3017; ac. de 8/6/92, *Knoch*, proc. C-102/91, Col. 1992, p. I-4341.

47.7.3. Os casos de rejeição do pedido de questões prejudiciais por parte do TJ

Os casos de rejeição do pedido de questões prejudiciais são cada vez mais frequentes. Porém, da análise de muitos acórdãos do Tribunal poderia inferir-se exatamente o contrário. Este continua a afirmar, por um lado, que é obrigado a decidir, desde que as questões prejudiciais suscitadas pelos órgãos jurisdicionais se refiram à interpretação de uma disposição de Direito da União Europeia[1330], e, por outro lado, que quem tem competência exclusiva para suscitar a questão é o juiz nacional.

Mas a verdade é que quem decide se a questão se refere ou não a disposições de Direito da União Europeia é o Tribunal de Justiça e a competência exclusiva do juiz nacional para suscitar a questão está sujeita à condição da aplicação do Direito da União Europeia para resolver um litígio.

Assim, o juiz nacional não deve suscitar a questão nos seguintes casos:

a) se não houver litígio;
b) se manifestamente o Direito da União Europeia não se aplicar.

O TJ declarou-se incompetente para responder às questões suscitadas por um tribunal italiano, no caso *Foglia v. Novello*[1331], com fundamento no caráter fictício do litígio.

Perante a recusa do TJ de responder às questões, o tribunal italiano voltou a suscitar uma série de questões prejudiciais ao abrigo do antigo artigo 234º do TCE. O TJ reafirmou a sua incompetência para responder às questões colocadas no quadro de construções processuais criadas pelas partes para levar o TJ a tomar posição sobre certos problemas de Direito Comunitário que não correspondem a uma necessidade objetiva relativamente à solução de um caso concreto.

O tribunal nacional só pode suscitar questões prejudiciais no âmbito de um litígio real.

A Jurisprudência *Foglia Novello* pareceu, durante algum tempo, bastante isolada, não tendo o TJ rejeitado pedidos de questões prejudiciais com este fundamento, limitando-se a breves referências em alguns acórdãos dos finais da década de 80[1332].

Contudo, mais recentemente, o TJ parece ter retomado a jurisprudência *Foglia Novello* ao considerar que o processo das questões prejudiciais pressupõe que *«um*

[1330] Ac. *Leur-Bloem*, cit., p. 4200; ac. de 17/7/97, *Giloy*, proc. C-130/95, Col. 1997, p. 4302; ac. de 9/7/2002, *Flightline*, proc. C-181/00, Col. 2002, p. I-6139 e segs, cons. 20 e 21.

[1331] Ac. de 11/3/80, proc. 104/79, Rec. 1980, p. 745.

[1332] Ac. de 21/9/88, *Van Eycke*, proc. 267/86, Col. 1988, p. 4769 e ac. de 23/11/89, *Eau de cologne*, proc. 150/88, Col. 1989, p. 3891.

litígio esteja efetivamente pendente nos órgãos jurisdicionais nacionais» e a sua justificação é *«a necessidade inerente à efetiva solução de um contencioso»*[1333].

Deve notar-se que a Jurisprudência do Tribunal, neste domínio, está longe de ser constante, pois parece vacilar perante o interesse da matéria que lhe foi perguntada. Assim, o Tribunal, num caso relativo à exclusão da publicidade televisiva do setor económico da distribuição, parece arrepiar caminho, ao considerar que *«o facto de as partes no processo principal estarem de acordo quanto ao resultado a obter em nada diminui a realidade do litígio»*, pelo que a questão submetida, *«na medida em que se prende com esse objeto, corresponde a uma realidade objetiva inerente à resolução do litígio principal»*[1334].

O juiz nacional deve igualmente abster-se de colocar questões prejudiciais, no caso de o Direito da União Europeia não se aplicar manifestamente ao caso concreto[1335], ou seja, se a situação não tiver qualquer conexão com o Direito Comunitário[1336].

Mais recentemente, porém, o Tribunal parece ter-se afastado desta Jurisprudência mais restritiva. Com efeito, no caso *BIAO*[1337], embora partindo, no considerando 89, da afirmação de que *«o Tribunal de Justiça é, em princípio, obrigado a pronunciar-se, salvo se for manifesto que o pedido prejudicial visa, na realidade, levá-lo a pronunciar-se através de um litígio que não existe ou a emitir opiniões consultivas sobre questões gerais ou hipotéticas, que a interpretação do direito comunitário solicitada não tem qualquer relação com a realidade ou com o objeto do litígio ou ainda quando o Tribunal não dispõe dos elementos de facto e de direito necessários para responder utilmente às questões que lhe são colocadas»*, acaba por concluir que *«no caso em apreço, embora as questões sejam relativas à situação fiscal interna e pareçam, à primeira vista, estranhas ao Direito Comunitário, os problemas de interpretação deste que o órgão jurisdicional nacional pretende resolver têm a ver, na verdade e fundamentalmente, com a perspetiva contabilística imposta pela Quarta Diretiva, sobretudo no que respeita à tomada em consideração de perdas eventuais resultantes de uma garantia concedida relativamente a um crédito cujo*

[1333] Ac. de 12/3/98, *Djabali*, proc. C-314/98, Col. 1998, p. I-1149 e segs.

[1334] Ac. de 9/2/95, *Leclerc/Siplec*, proc. C-412/93, Col. 1995, p. 214 e 215.

[1335] Ac. de 16/6/81, *Salonia*, proc. 126/80, Rec. 1981, p. 1563; ac. de 16/9/82, *Vlaeminck*, proc. 132/81, Rec. 1982, p. 2953, 2963; ac. de 11/6/92, *Di Crescendo e Casagrande*, proc. C-90/91 e C-91/91, Col.1992, p. I-3851.

[1336] O TJ, no caso *Ferrer Laderer* (ac. de 25/6/92, proc. C-147/91, Col.1992, p. I-4097), considerou-se incompetente para responder às questões suscitadas por um juiz penal espanhol, com fundamento no facto de as disposições comunitárias sobre direito de estabelecimento não se aplicarem, uma vez que a senhora Laderer era de nacionalidade suíça. O TJ reafirmou a sua posição nos casos *Lourenço Dias* (ac. de 16/7/92, proc. C-343/90, Col. 1992, p. I-4673), *Meilicke* (ac. de 16/7/92, proc. C-83/91, Col. 1992, p. I-4919) e *Telemarsicabruzzo* (ac. de 26/1/93, proc. C-320 a 322/90, Col. 1993, p. I-423).

[1337] Acórdão de 7/1/2003, proc. C-306/99, Col. 2003, p. I-1 e segs.

futuro era ainda incerto na data de encerramento do balanço da sociedade em causa no litígio principal. Não se trata, portanto, nem de um problema hipotético nem de uma questão que não tem qualquer relação com a realidade ou o objeto desse litígio».

47.8. Os efeitos do acórdão proferido no âmbito do processo das questões prejudiciais

Há que distinguir os efeitos materiais dos efeitos temporais dos acórdãos prejudiciais[1338].

43.8.1. Os efeitos materiais do acórdão prejudicial

A questão dos efeitos materiais do acórdão prejudicial resume-se a saber se este acórdão produz efeitos obrigatórios ou se, pelo contrário, tem apenas uma autoridade moral. Se se optar pelos efeitos obrigatórios, há ainda que averiguar em relação a quem tais efeitos se produzem.

Várias podem ser as respostas a esta questão, a saber:

- o acórdão vincula apenas o juiz nacional que suscitou a questão prejudicial e, consequentemente, as partes no processo principal;
- ficam vinculados todos os tribunais que forem chamados a pronunciar-se sobre o processo principal, no caso de haver recurso da decisão;
- o acórdão vincula todos os tribunais nacionais, inferiores e superiores, do Estado que suscitou a questão ou de qualquer outro Estado-membro da União;
- o próprio TJ fica vinculado pelo acórdão.

Questão diversa é a de saber se quem fica obrigado pelo acórdão pode posteriormente suscitar a interpretação ou a apreciação de validade de uma norma que já foi interpretada ou declarada inválida pelo TJ.

Os efeitos materiais do acórdão proferido pelo TJ, no âmbito de um processo das questões prejudiciais, podem ser diferentes consoante se trate de acórdão interpretativo ou de declaração de invalidade ou de validade. Por isso, vamos analisá-los separadamente.

O acórdão interpretativo obriga o juiz nacional que suscitou a questão, pelo que este não se pode basear, na solução do litígio principal, numa interpretação diferente da que foi dada pelo TJ[1339]. Esta obrigação de respeitar a interpretação

[1338] Ana Maria Guerra Martins, *Os efeitos dos acórdãos prejudiciais do art. 177º do TR (CEE)*, Lisboa, 1988.

[1339] Ac. de 3/2/77, *Benedetti*, proc. 52/76, Rec. 1977, p. 163; ac. de 14/12/2000, *Fazenda Pública*, proc. C-446/98, Col. 2000, p. I-11435 e segs.

dada pelo Tribunal incide não só sobre a decisão propriamente dita, mas também sobre a sua fundamentação[1340].

Além disso, o acórdão interpretativo obriga todos os outros juizes nacionais. O TJ afirmou, no caso *Milch-, Fett-, und Eierkontor*[1341], que a interpretação obriga todas as instâncias nacionais que se ocuparam do litígio, ou seja, mesmo que se trate de tribunais superiores estes devem considerar-se vinculados pelo acórdão proferido a pedido de um tribunal inferior.

O acórdão interpretativo tem pois um alcance geral. A interpretação incorpora-se na norma interpretada, pelo que os juízes nacionais que a quiserem aplicar têm a obrigação de o fazer com o sentido e o alcance que lhe foi dado pelo acórdão[1342].

Daqui resulta que esta interpretação só pode ser posta em causa se posteriormente houver uma modificação da norma ou das normas que com ela se relacionam[1343] e que só o próprio TJ pode alterar a sua interpretação anterior[1344].

O TJ admite, no entanto, que um tribunal nacional lhe pode suscitar questões prejudiciais mesmo que o TJ já tenha respondido a questões idênticas, por considerar que não está ainda suficientemente esclarecido[1345].

A posição que o TJ tem defendido, em sede de efeitos materiais dos acórdãos interpretativos, assemelha-se à tese do precedente anglo-saxónico, embora não se confunda com ela. Aquela tese fundamenta-se na hierarquia dos tribunais. O precedente forma-se das decisões dos tribunais superiores em relação aos inferiores e das decisões de cada tribunal em relação a si próprio, com exceção da *House of Lords*, que, colocada no topo da hierarquia, não está vinculada às decisões por ela própria proferidas, embora as suas decisões vinculem todos os outros tribunais.

O TJ não se situa no topo de uma hierarquia de tribunais da União, pelo que o fundamento do precedente, neste caso, tem de ser outro. Parece-nos que são os próprios princípios consagrados na Ordem Jurídica da União que impõem que assim seja. Em primeiro lugar, é o próprio caráter evolutivo da integração europeia e da sua Ordem Jurídica que exige que o TJ possa adaptar o seu juízo prejudicial às novas condições da integração. Isso ficaria prejudicado se o acórdão prejudicial do TJ fosse por ele definitivamente imodificável. Além disso, não faz sentido que o TJ, ao interpretar o Direito da União, que, de acordo com o princípio do primado deste sobre o Direito nacional, prevalece sobre os Direi-

[1340] Ac. de 16/3/78, *Bosch*, proc. 135/77, Rec. 1978, p. 855.

[1341] Ac. de 24/6/69, proc. 29/68, Rec. 1969, p. 165.

[1342] Ac. de 27/3/63, *Da Costa*, proc. 28 e 30/62, Rec. 1963, p. 61; ac. *Milch-, Fett- und Eierkontor*, proc. cit., p. 165; ac. *Luigi Benedetti*, cit. p. 183; ac. *Cilfit*, cit, p. 3429.

[1343] Ac. de 17/5/90, *Barber*, proc. C-262/88, Col. 1990, p. I-1889.

[1344] Ac. de 17/10/90, *Hag II*, proc. C-10/89, Col. 1990, p. I-3711.

[1345] Ac. *Da Costa*, cit., p. 55; ac. *Milch-*, cit., p. 163.

tos nacionais, pudesse ver as suas decisões postas em causa pelos tribunais dos Estados-membros.

Vejamos agora os efeitos materiais da declaração de validade. Note-se que esta não acrescenta nada ao ato, o qual goza da presunção de legalidade até prova em contrário. O TJ limita-se a declarar que o exame das questões que lhe foram suscitadas não revela nenhum elemento de natureza a afetar a validade do ato. Posteriormente, o mesmo ou outros tribunais nacionais podem invocar novos fundamentos de invalidade.

Todavia, a declaração de validade produz efeitos obrigatórios e não apenas morais. O tribunal nacional que suscitou a questão prejudicial não pode recusar a aplicação do ato ao caso concreto, com fundamento em invalidade. O mesmo se verifica relativamente aos outros tribunais nacionais. Este raciocínio infere-se do caso *Foto-Frost*[1346].

Quanto aos efeitos materiais da declaração de invalidade, esta obriga o juiz que suscitou a questão prejudicial. Este não pode aplicar um ato da União declarado inválido pelo TJ, salvo se o acórdão dispuser em sentido contrário. Um acórdão que declara a invalidade de um ato constitui razão suficiente para qualquer outro juiz o considerar como não válido, quando o pretender aplicar a qualquer processo pendente. Assim, a declaração de invalidade obriga todo e qualquer tribunal nacional, pois um ato declarado inválido não deve ser aplicado[1347].

Do que acaba de ser dito não se deve inferir que os tribunais nacionais ficam privados do direito de suscitar novamente questões prejudiciais sobre o ato declarado inválido. Tal pode justificar-se se subsistirem dúvidas relativas aos fundamentos, à extensão ou às consequências da invalidade precedentemente declarada[1348].

A declaração de invalidade de um ato da União pode ter também implicações para as instituições e os órgãos legislativos da União[1349] e para os órgãos nacionais[1350]. Foi assim que o TJ considerou, nos casos *Quellmehl*[1351] e *Gritz maïs*[1352], que declarar a invalidade das normas em causa não apagaria imediatamente a ilegalidade, pelo que competiria aos órgãos comunitários competentes adotar as medidas necessárias para obviar à incompatibilidade dos preceitos com o prin-

[1346] Ac. cit., p. 4199.

[1347] Ac. de 13/5/81, *International Chemical Corporation (ICC)*, proc. 66/80, Rec. 1981, p. 1215.

[1348] Ac. *ICC*, cit., p. 1215.

[1349] Ac. de 19/10/77, *«Quellmehl»*, procs. 117/76 e 16/77, Rec. 1977, p. 1753 e segs; ac. de 19/10/77, *«Gritz de maïs»*, proc. 124/76, Rec. 1977, p. 1795; ac. de 29/6/88, *Luc van Landschoot*, proc. 300/86, Col. 1988, p. 3463.

[1350] Ac. de 30/10/75, *Rey Soda*, proc. 23/75, Rec. 1975, p. 1307.

[1351] Ac. cit. p. 1753.

[1352] Ac. cit., p. 1795.

cípio da igualdade. Esta solução inspira-se no artigo 266º do TFUE, relativo ao recurso de anulação.

Se o ato foi declarado inválido, a ilegalidade pode ser invocada pelo particular na exceção de ilegalidade e na ação de responsabilidade (artigo 268º e artigo 340º do TFUE), sem ter de ser reapreciada.

43.8.2. Os efeitos temporais do acórdão prejudicial

A problemática dos efeitos temporais do acórdão visa esclarecer se o acórdão prejudicial se aplica aos factos ou situações que ocorreram antes da data em que este foi proferido ou se, pelo contrário, se aplica apenas aos factos ou situações que ocorreram após essa data, ou seja, trata-se de saber se o acórdão produz ou não efeitos retroativos.

Caso se chegue à conclusão que o acórdão produz efeitos retroativos, há que averiguar a partir de que momento se dá essa retroação.

O acórdão interpretativo tem efeito retroativo, ou seja, a interpretação dada pelo TJ aplica-se *ab initio*[1353]. A regra, com a interpretação que lhe foi dada pelo TJ, pode e deve ser aplicada pelo juiz às relações jurídicas nascidas e constituídas antes do acórdão interpretativo, «*se estiverem reunidas as condições que permitem submeter aos órgãos jurisdicionais competentes um litígio relativo à aplicação da mesma regra*»[1354].

Os principais fundamentos da retroatividade são os seguintes:

- a natureza declarativa do acórdão – quando o TJ interpreta uma regra da União limita-se a precisar o significado, o sentido e os limites da regra já existente, não está a criar uma nova regra, pelo que não há razões para restringir os efeitos do acórdão para o passado;
- a finalidade e a natureza do processo do artigo 267º do TFUE – a interpretação e aplicação uniformes do Direito da União Europeia só poderá ser assegurada se o acórdão tiver efeitos retroativos;
- o princípio da legalidade – implica uma interpretação correta do Direito da União. Atribuir à norma um sentido até um dado momento e outro a partir daí acarretaria o fracionamento do sentido da norma que deve ser um só. Este princípio só deve ceder perante considerações de segurança jurídica, confiança legítima e estabilidade nas relações jurídicas em situações muito excecionais.

[1353] Ac. de 27/3/80, *Salumi*, proc. 66, 127 e 128/79, Rec. 1980, p. 1237; ac. de 27/3/80, *Denkavit italiana*, proc. 61/79, Rec. 1980, p. 1205; ac. de 10/6/80, *Mireco*, proc. 826/79, Rec. 1980, p. 2559; ac. de 2/2/88, *Blaizot*, proc. 24/86, Col. 1988, p. 379; ac. de 11/8/95, *Roders*, procs. C-367/93 e C-377/93, Col. 1995, p. I-2264; ac. de 19/10/95, *Richardson*, proc. C-137/94, Col. 1995, p. I-3432; ac. de 20/09/2001, *Grzelczyk*, proc. C-184/99, Col. 2001, p. I-6193 e segs.

[1354] Ac. *Roders*, cit., p. I-2264.

Efetivamente, o TJ, no caso *Defrenne II*[1355] limitou os efeitos retroativos, por razões de estabilidade económica e segurança jurídica, tendo considerado que a interpretação que foi dada só é válida para o futuro[1356]. Todavia, o TJ admite, nestes casos, que as pessoas que já interpuseram um recurso contencioso ou reclamaram, antes de o acórdão ter sido proferido, podem prevalecer-se da interpretação dada pelo TJ.

De acordo com a Jurisprudência do TJ, a limitação no tempo dos efeitos do acórdão é da sua competência exclusiva. Trata-se de uma derrogação à regra de repartição de competências entre o juiz nacional e o juiz da União Europeia, pela qual é o juiz nacional que tem competência para aplicar a norma ao caso concreto e, como tal, é a ele que compete definir os efeitos do acórdão. Esta derrogação baseia-se no objetivo da interpretação e aplicação uniformes do Direito da União Europeia, pois, se cada tribunal nacional pudesse fixar os efeitos no tempo dos acórdãos interpretativos, isso significaria que a norma poderia ser aplicada pelos vários tribunais nacionais de modo divergente, o que exatamente o processo das questões prejudiciais pretende evitar.

A declaração de invalidade de um ato da União produz também efeitos retroativos[1357].

O TJ admitiu, no entanto, em vários acórdãos[1358], a limitação no tempo dos efeitos da declaração de invalidade, com base na aplicação analógica do artigo 264º, par. 2º, do TFUE. O recurso de anulação e a apreciação de validade fazem parte dos meios de fiscalização de legalidade, havendo até quem defenda que o artigo 267º do TFUE é a última via aberta para que, expirado o prazo de interposição do recurso de anulação, a legalidade possa ser reposta, se não levarmos em conta, obviamente, a exceção de ilegalidade. Daqui decorre que faz todo o sentido a aplicação do artigo 264º, par. 2º, TFUE ao processo das questões prejudiciais.

A faculdade de limitar no tempo os efeitos do acórdão fundamenta-se em razões de segurança jurídica e é da competência exclusiva do TJ.

[1355] Ac. de 8/4/76, *Defrenne II*, proc. 43/75, Rec. 1976, p. 455.

[1356] Ac. *Defrenne II*, cit., p. 455; ac. *Barber*, cit., p. I-1899; ac. de 16/7/92, *Legros*, proc. C- 163/90, Col. 1992, p. I-4625; ac. de 31/3/92, *Dansk*, proc. 200/90, Col. 1992, p. I-2217.

[1357] Ac. de 12/6/80, *Express dairy foods*, proc. 130/79, Rec. 1980, p. 1887; ac. de 15/10/80, *Roquette frères*, proc. 145/79, Rec. 1980, p. 2917; ac. de 15/10/80, *Société coopérative «Providence agricole de Champagne*, proc. 4/79, Rec. 1980, p. 2823 ; ac. de 15/10/80, *Maïseries de beauce*, proc. 109/79, Rec. 1980, p. 2883; ac. de 22/5/85, *SPA Fragd*, proc. 33/84, Rec. 1985, p. 1605; ac. de 27/2/85, *Société de produits de maïs*, proc. 112/83, Rec. 1985, p. 719 e segs.

[1358] Ac. *Roquette frères*, cit., p. 2917; *Société coopérative «Providence agricole de Champagne*, cit., p. 2823, *Maïseries de beauce*, cit., p. 2883; ac. *SPA Fragd*, cit., p. 1605; *Société de produits de maïs*, cit., p. 719 e segs.

47.9. Conclusão

Do estudo efetuado a propósito do processo das questões prejudiciais importa extrair algumas conclusões.

Em primeiro lugar, importa sublinhar que, tal como defendemos em anteriores trabalhos, continuamos a sustentar que o processo das questões prejudiciais estabelece uma relação de cooperação entre os tribunais nacionais e o TJ e não relações de subordinação hierárquica, de tipo federal. Parte da ideia de que o poder judicial da União pertence tanto ao TJ como aos tribunais nacionais, ou seja, de que uns e outros são tribunais do Contencioso da União Europeia, pelo que todos eles devem cooperar na aplicação uniforme do Direito da União Europeia. O TJ não pode reformar, revogar ou anular a sentença do tribunal nacional. Só é competente para a questão prejudicial e na justa medida em que o tribunal nacional lhe suscita essa questão.

Dito isto, não se pode, todavia, esquecer que, na prática, o Tribunal de Justiça desempenha o papel de um verdadeiro Tribunal Constitucional que aprecia a conformidade de todo o Direito da União Europeia "*infraconstitucional*" com o Direito Originário, aí se incluindo o TUE, o TFUE e a Carta dos Direitos Fundamentais. Além disso, o artigo 267º do TFUE permitiu-lhe pronunciar-se igualmente sobre a conformidade do Direito dos Estados-membros com o Direito da União Europeia. A Jurisprudência do TJ relativa à obrigatoriedade dos efeitos dos acórdãos proferidos com base no artigo 267º do TFUE, os quais devem ser respeitados pelos tribunais nacionais, sob pena de incumprimento, a forma como o Tribunal delimitou os seus poderes no âmbito do artigo 267º do TFUE e assim condicionou os poderes dos tribunais nacionais, o modo como traçou a distinção entre interpretação e aplicação do Direito da União e do Direito dos Estados-membros que, com alguma frequência, pouca margem de manobra deixou aos tribunais dos Estados, o modo restritivo como construiu a teoria do ato claro são alguns dos exemplos que demonstram que a relação de cooperação entre o Tribunal de Justiça e os tribunais nacionais já inclui também muitos elementos de subordinação. Se à Jurisprudência relacionada com o processo das questões prejudiciais juntarmos a que se debruça sobre o primado do Direito da União sobre os Direitos nacionais, a relativa ao efeito direto, a que se relaciona com a responsabilidade civil dos Estados-membros por violação do Direito da União facilmente se compreende que o TJ nunca deixou de admitir a competência dos tribunais nacionais para aplicar o Direito da União Europeia mas também nunca abdicou dos seus poderes de controlo e de supervisão.

Em suma, a relação que se estabelece entre o TJ e os tribunais nacionais é muito mais complexa e profunda do que inicialmente se podia antever[1359].

[1359] Cfr. GIOVANNI RATTI, "Prima e dopo Nizza : il futuro della «pregiudiziale comunitaria» tra opposte istanze di conservazione e innovazione", *Riv. Trim. Dir. Proc. Civ.*, 2002, p. 605 e segs; ANTHONY ARNULL, "The Past and Future of the Preliminary Rulings Procedure, *EBLR*, 2002, p. 183 e segs.

ÍNDICE IDEOGRÁFICO